Die lauterkeitsrechtliche Impressumspflicht in Vertriebssystemen

Saarbrücker Studien
zum Privat- und Wirtschaftsrecht
Herausgegeben von Hannes Ludyga,
Michael Martinek (geschäftsführender Herausgeber),
Helmut Rüßmann und Markus Würdinger

Band 103

PETER LANG

Cynthia C. Staiger

Die lauterkeitsrechtliche Impressumspflicht in Vertriebssystemen

PETER LANG

Bibliografische Information der Deutschen Nationalbibliothek
Die Deutsche Nationalbibliothek verzeichnet diese Publikation in der Deutschen Nationalbibliografie; detaillierte bibliografische Daten sind im Internet über http://dnb.d-nb.de abrufbar.

Zugl.: Saarbrücken, Univ., Diss., 2020

Gedruckt auf alterungsbeständigem,
säurefreiem Papier.

D 291
ISSN 1433-8866
ISBN 978-3-631-85044-2 (Print)
E-ISBN 978-3-631-86773-0 (E-PDF)
E-ISBN 978-3-631-86774-7 (EPUB)
DOI 10.3726/b19144

Peter Lang – Berlin · Bern · Bruxelles · New York ·
Oxford · Warszawa · Wien

Diese Publikation wurde begutachtet.

www.peterlang.com

Meinen Eltern

Vorwort

Die vorliegende Arbeit wurde im Wintersemester 2020/2021 von der Rechtswissenschaftlichen Fakultät der Universität des Saarlandes als Dissertation angenommen. Die zitierte Literatur und Rechtsprechung befinden sich auf dem Stand von Ende Mai 2020.

Besonderer Dank gebührt meinem Doktorvater Herrn Prof. Dr. Dr. Dr. h.c. mult. Michael Martinek für die exzellente Betreuung meiner Promotion und die Erstellung des Erstgutachtens. Bei ihm möchte ich mich herzlichst für sein herausragendes Engagement und die stets motivierenden Worte sowie die Aufnahme meiner Arbeit in die vorliegende Schriftenreihe bedanken.

Für die Erstellung des Zweitgutachtens danke ich Herrn Prof. Dr. Georg Borges.

Meinen Eltern, Annette Hain-Staiger und Ulrich Staiger, danke ich von ganzem Herzen für ihre vorbildhafte Offenheit, ihre großartige und vertrauensvolle Unterstützung, auf die ich mich nicht nur im Verlauf meines juristischen Werdegangs zu jeder Zeit verlassen konnte. Ihnen ist diese Arbeit gewidmet.

Berlin, Juli 2021
Cynthia C. Staiger

Inhaltsübersicht

Inhaltsverzeichnis

Abkürzungsverzeichnis

a.A.	anderer Ansicht/Auffassung
a.E.	am Ende
a.F.	alte Fassung
ABl.	Amtsblatt
Abs.	Absatz
AG	Amtsgericht
AGB	Allgemeine Geschäftsbedingungen
allg.	allgemein(e)
Alt.	Alternative
Anm.	Anmerkung
Art.	Artikel
Aufl.	Auflage
Az.	Aktenzeichen
B2B	Business to Business
B2C	Business to Consumer
BB	Betriebs-Berater
Begr.	Begründung
Beschl.	Beschluss
BGBl.	Bundesgesetzblatt
BGH	Bundesgerichtshof
BKartA	Bundeskartellamt
BT-Drucks.	Drucksache des Deutschen Bundestages
BWB	Bundeswettbewerbsbehörde

C2B	Consumer to Business
ders.	derselbe
Einf.	Einführung
Einl.	Einleitung
engl.	englische
Entsch.	Entscheidung
Erg.-Lfg.	Ergänzungslieferung
EuGH	Europäischer Gerichtshof
EuZW	Europäische Zeitschrift für Wirtschaftsrecht
Fn.	Fußnote
franz.	französische
FS	Festschrift
GA	Generalanwalt
gem.	gemäß
GRUR	Gewerblicher Rechtsschutz und Urheberrecht
GRUR Int.	Gewerblicher Rechtsschutz und Urheberrecht – Internationaler Teil
GRUR-Prax	Gewerblicher Rechtsschutz und Urheberrecht, Praxis im Immaterialgüter- und Wettbewerbsrecht
Hervorh. (d. Verf.)	Hervorhebung(en) (durch Verfasserin)
hins.	hinsichtlich
HRefG	Handelsrechtsreformgesetz
Hs.	Halbsatz
i.E.	im Ergebnis
i.R.d.	im Rahmen des/der
i.R.e.	im Rahmen eines/einer
i.R.v.	im Rahmen von

i.S.d.	im Sinne des/der
i.V.m.	in Verbindung mit
IHK Berlin	Industrie- und Handelskammer zu Berlin
IHK Saarland	Industrie- und Handelskammer des Saarlandes
JuS	Juristische Schulung
KG	Kammergericht
Kommission	Europäische Kommission
LEH	Lebensmitteleinzelhandel
LG	Landgericht
m.w.N.	mit weiterem Nachweis / mit weiteren Nachweisen
MMR	MultiMedia und Recht – Zeitschrift für Informations-, Telekommunikations- und Medienrecht
n.F.	neue Fassung
n.v.	nicht veröffentlicht
NJOZ	Neue Juristische Online Zeitschrift
NJW	Neue Juristische Wochenschrift
NJW-RR	Neue Juristische Wochenschrift Rechtsprechungsreport
NZKart	Neue Zeitschrift für Kartellrecht
OLG	Oberlandesgericht
RefE	Referentenentwurf
RegE	Regierungsentwurf
Rn.	Randnummer
Rs.	Rechtssache
S.	Seite
SchlA	Schlussantrag/Schlussanträge

sog.	sogenannte(r/n)
Tz.	Textziffer
UmsG	Umsetzungsgesetz
Urt.	Urteil
UVP	unverbindliche Preisempfehlung
Vorb.	Vorbemerkungen
VuR	Verbraucher und Recht
WRP	Wettbewerb in Recht und Praxis
ZVertriebsR	Zeitschrift für Vertriebsrecht

Verzeichnis zitierter Rechtsquellen

AEUV	Vertrag über die Arbeitsweise der Europäischen Union
AGB-Richtlinie	Richtlinie 93/13/EWG des Rates vom 5. April 1993 über mißbräuchliche Klauseln in Verbraucherverträgen, ABl. EG 1993 Nr. L 95/29
AktG	Aktiengesetz
alte Vertikal-GVO	Verordnung (EG) Nr. 2790/1999 der Kommission vom 22. Dezember 1999 über die Anwendung von Artikel 81 Absatz 3 des Vertrages auf Gruppen von vertikalen Vereinbarungen und aufeinander abgestimmten Verhaltensweisen, ABl. EG 1999 Nr. L 336/21
AMG	Gesetz über den Verkehr mit Arzneimitteln (Arzneimittelgesetz)
AMPreisV	Arzneimittelpreisverordnung
BGB	Bürgerliches Gesetzbuch
BuchPrG	Gesetz über die Preisbindung für Bücher (Buchpreisbindungsgesetz)
De-minimis-Bekanntmachung	Mitteilung der Kommission: Bekanntmachung über Vereinbarungen von geringer Bedeutung, die im Sinne des Artikels 101 Absatz 1 des Vertrags über die Arbeitsweise der Europäischen Union den Wettbewerb nicht spürbar beschränken, ABl. EU 2014 Nr. C 291/1
DL-InfoV	Verordnung über Informationspflichten für Dienstleistungserbringer (Dienstleistungs-Informationspflichten-Verordnung)

DL-RL	Richtlinie 2006/123/EG des Europäischen Parlaments und des Rates vom 12. Dezember 2006 über Dienstleistungen im Binnenmarkt, ABl. EU 2006 Nr. L 376/36
EC-RL	Richtlinie 2000/31/EG des Europäischen Parlaments und des Rates vom 8. Juni 2000 über bestimmte rechtliche Aspekte der Dienste der Informationsgesellschaft, insbesondere des elektronischen Geschäftsverkehrs, im Binnenmarkt („Richtlinie über den elektronischen Geschäftsverkehr"), ABl. EG 2000 Nr. L 178/1
EGBGB	Einführungsgesetz zum Bürgerlichen Gesetzbuche
EGV	Vertrag zur Gründung der Europäischen Gemeinschaft (EG-Vertrag)
EUV	Vertrag über die Europäische Union (EU-Vertrag)
EWGV	Vertrag zur Gründung der Europäischen Wirtschaftsgemeinschaft
Finanzdienstleistungs-Fernabsatz-RL	Richtlinie 2002/65/EG des Europäischen Parlaments und des Rates vom 23. September 2002 über den Fernabsatz von Finanzdienstleistungen an Verbraucher und zur Änderung der Richtlinie 90/619/EWG des Rates und der Richtlinien 97/7/EG und 98/27/EG, ABl. EG 2002 Nr. L 271/16
Franchise-GVO	Verordnung (EWG) Nr. 4087/88 der Kommission vom 30. November 1988 über die Anwendung von Artikel 85 Absatz 3 des Vertrags auf Gruppen von Franchisevereinbarungen, ABl. EG 1988 Nr. L 359/46
GenG	Gesetz betreffend die Erwerbs- und Wirtschaftsgenossenschaften (Genossenschaftsgesetz)
GewO	Gewerbeordnung
GG	Grundgesetz für die Bundesrepublik Deutschland

GmbHG	Gesetz betreffend die Gesellschaften mit beschränkter Haftung
GRCh	Charta der Grundrechte der Europäischen Union (Grundrechtecharta)
GWB	Gesetz gegen Wettbewerbsbeschränkungen
Handelsbeeinträchtigungs-LL	Bekanntmachung der Kommission, Leitlinien über den Begriff der Beeinträchtigung des zwischenstaatlichen Handels in den Artikeln 81 und 82 des Vertrags, ABl. EU 2004 Nr. C 101/81
HGB	Handelsgesetzbuch
Horizontal-Leitlinien / Horizontal-LL	Leitlinien zur Anwendbarkeit von Artikel 101 des Vertrags über die Arbeitsweise der Europäischen Union auf Vereinbarungen über horizontale Zusammenarbeit, ABl. EU 2011 Nr. C 11/1
HWG	Gesetz über die Werbung auf dem Gebiete des Heilwesens (Heilmittelwerbegesetz)
Irreführungs-RL	Richtlinie 84/450/EWG des Rates vom 10. September 1984 zur Angleichung der Rechts- und Verwaltungsvorschriften der Mitgliedstaaten über irreführende Werbung, ABl. EWG 1984 Nr. L 250/17
Leitlinien Art. 81 Abs. 3 EGV	Bekanntmachung der Kommission, Leitlinien zur Anwendung von Artikel 81 Absatz 3 EG-Vertrag, ABl. EU 2004 Nr. C 101/97
Marktmissbrauchs-VO	Verordnung (EU) Nr. 596/2014 des Europäischen Parlaments und des Rates vom 16. April 2014 über Marktmissbrauch (Marktmissbrauchsverordnung) und zur Aufhebung der Richtlinie 2003/6/EG des Europäischen Parlaments und des Rates und der Richtlinien 2003/124/EG, 2003/125/EG und 2004/72/EG der Kommission, ABl. EU 2014 Nr. L 173/1

MEG III	Drittes Gesetz zum Abbau bürokratischer Hemmnisse insbesondere in der mittelständischen Wirtschaft (Drittes Mittelstandsentlastungsgesetz)
Omnibus-Richtlinie (zum EU-Verbraucherrecht)	Richtlinie (EU) 2019/2161 des Europäischen Parlaments und des Rates vom 27. November 2019 zur Änderung der Richtlinie 93/13/EWG des Rates und der Richtlinien 98/6/EG, 2005/29/EG und 2011/83/EU des Europäischen Parlaments und des Rates zur besseren Durchsetzung und Modernisierung der Verbraucherschutzvorschriften der Union, ABl. EU 2019 Nr. L 328/7
PAngV	Preisangabenverordnung
RStV	Staatsvertrag für Rundfunk und Telemedien (Rundfunkstaatsvertrag)
TabStG	Tabaksteuergesetz
TDG	Teledienstegesetz
TMG	Telemediengesetz
UGP-RL	Richtlinie 2005/29/EG des Europäischen Parlaments und des Rates vom 11. Mai 2005 über unlautere Geschäftspraktiken im binnenmarktinternen Geschäftsverkehr zwischen Unternehmen und Verbrauchern und zur Änderung der Richtlinie 84/450/EWG des Rates, der Richtlinien 97/7/EG, 98/27/EG und 2002/65/EG des Europäischen Parlaments und des Rates sowie der Verordnung (EG) Nr. 2006/2004 des Europäischen Parlaments und des Rates (Richtlinie über unlautere Geschäftspraktiken), ABl. EU 2005 Nr. L 149/22, Berichtigung der dt. Sprachfassung ABl. EU 2009 Nr. L 253/18
UGP-RL 2020	Richtlinie über unlautere Geschäftspraktiken in der durch die Omnibus-Richtlinie geänderten Fassung

UKlaG	Gesetz über Unterlassungsklagen bei Verbraucherrechts- und anderen Verstößen (Unterlassungsklagengesetz)
UWG	Gesetz gegen den unlauteren Wettbewerb in der Fassung der Bekanntmachung vom 3. März 2010, zuletzt geändert durch Artikel 5 des Gesetzes vom 18. April 2019
UWG 2004	Gesetz gegen den unlauteren Wettbewerb in der Fassung vom 3. Juli 2004, BGBl. 2004 Teil I Nr. 32, S. 1414
UWG 2008	Gesetz gegen den unlauteren Wettbewerb in der Fassung vom 22. Dezember 2008, BGBl. 2008 Teil I Nr. 64, S. 2949
Verbraucherkredit-RL	Richtlinie 2008/48/EG des Europäischen Parlaments und des Rates vom 23. April 2008 über Verbraucherkreditverträge und zur Aufhebung der Richtlinie 87/102/EWG des Rates, ABl. EU 2008 Nr. L 133/66
Vertikal-GVO	Verordnung (EU) Nr. 330/2010 der Kommission vom 20. April 2010 über die Anwendung von Artikel 101 Absatz 3 des Vertrags über die Arbeitsweise der Europäischen Union auf Gruppen von vertikalen Vereinbarungen und abgestimmten Verhaltensweisen, ABl. EU 2010 Nr. L 102/1
Vertikal-Leitlinien / Vertikal-LL	Leitlinien für vertikale Beschränkungen, ABl. EU 2010 Nr. C 130/1
VO 1/2003	Verordnung (EG) Nr. 1/2003 des Rates vom 16. Dezember 2002 zur Durchführung der in den Artikeln 81 und 82 des Vertrags niedergelegten Wettbewerbsregeln, ABl. EG 2003 Nr. L 1/1

VR-RL	Richtlinie 2011/83/EU des Europäischen Parlaments und des Rates vom 25. Oktober 2011 über die Rechte der Verbraucher, zur Abänderung der Richtlinie 93/13/EWG des Rates und der Richtlinie 1999/44/EG des Europäischen Parlaments und des Rates sowie zur Aufhebung der Richtlinie 85/577/EWG des Rates und der Richtlinie 97/7/EG des Europäischen Parlaments und des Rates, ABl. EU 2011 Nr. L 304/64
VVG	Gesetz über den Versicherungsvertrag (Versicherungsvertragsgesetz)
VVG-InfoV	Verordnung über Informationspflichten bei Versicherungsverträgen (VVG-Informationspflichtenverordnung)
Werbe-RL	Richtlinie 2006/114/EG des europäischen Parlaments und des Rates vom 12. Dezember 2006 über irreführende und vergleichende Werbung, ABl. EU 2006 Nr. L 376/21
Wohnimmobilien-kredit-RL	Richtlinie 2014/17/EU des Europäischen Parlaments und des Rates vom 4. Februar 2014 über Wohnimmobilienkreditverträge für Verbraucher und zur Änderung der Richtlinien 2008/48/EG und 2013/36/EU und der Verordnung (EU) Nr. 1093/2010, ABl. EU 2014 Nr. L 60/34
ZPO	Zivilprozessordnung

Einleitung

A. Untersuchungsgegenstand und Erkenntnisziel der Arbeit

Gegenstand der nachfolgenden Arbeit ist die in § 5a Abs. 2, Abs. 3 Nr. 2 des Gesetzes gegen den unlauteren Wettbewerb[1] (UWG) geregelte sog. Impressumspflicht für Unternehmer, die gegenüber Verbrauchern werben:

„*(2) [1]Unlauter handelt, wer im konkreten Fall unter Berücksichtigung aller Umstände dem Verbraucher eine wesentliche Information vorenthält,*
1. *die der Verbraucher je nach den Umständen benötigt, um eine informierte geschäftliche Entscheidung zu treffen, und*
2. *deren Vorenthalten geeignet ist, den Verbraucher zu einer geschäftlichen Entscheidung zu veranlassen, die er andernfalls nicht getroffen hätte.*

[2]Als Vorenthalten gilt auch
1. *das Verheimlichen wesentlicher Informationen,*
2. *die Bereitstellung wesentlicher Informationen in unklarer, unverständlicher oder zweideutiger Weise,*
3. *die nicht rechtzeitige Bereitstellung wesentlicher Informationen.*

(3) Werden Waren oder Dienstleistungen unter Hinweis auf deren Merkmale und Preis in einer dem verwendeten Kommunikationsmittel angemessenen Weise so angeboten, dass ein durchschnittlicher Verbraucher das Geschäft abschließen kann, gelten folgende Informationen als wesentlich im Sinne des Absatzes 2, sofern sie sich nicht unmittelbar aus den Umständen ergeben:
1. *(...)*
2. *die Identität und Anschrift des Unternehmers, gegebenenfalls die Identität und Anschrift des Unternehmers, für den er handelt;*

(...)

(5) Bei der Beurteilung, ob Informationen vorenthalten wurden, sind zu berücksichtigen:
1. *räumliche oder zeitliche Beschränkungen durch das für die geschäftliche Handlung gewählte Kommunikationsmittel sowie*
2. *alle Maßnahmen des Unternehmers, um dem Verbraucher die Informationen auf andere Weise als durch das Kommunikationsmittel nach Nummer 1 zur Verfügung zu stellen.*“

---

1 In der seit dem 10.12.2015 geltenden Fassung aufgrund des Zweiten Gesetzes zur Änderung des Gesetzes gegen den unlauteren Wettbewerb v. 2.12.2015 (BGBl. 2015 Teil I Nr. 49, S. 2158).

Neben einer Analyse des Tatbestands als solchem werden die besonderen Probleme, die seine Anwendung im Rahmen von Vertriebssystemen mit sich bringt, einer eingehenden Betrachtung unterzogen. Dort ergibt sich folgende Fallkonstellation: In Franchisesystemen (McDonald's, OBI, Fressnapf), Vertragshändlersystemen (Audi, BMW) und Verbundgruppen (Intersport, Euronics) sind häufig Gemeinschaftswerbungen einer Vielzahl gleichartiger Unternehmen anzutreffen.[2] So erfolgt in Franchisesystemen regelmäßig überregionale Angebotswerbung, die zentral vom Franchisegeber organisiert wird, der sich hierzu typischerweise vertraglich verpflichtet hat. Muss in dieser Situation die Systemzentrale neben ihrer eigenen Identität und Anschrift auch diejenigen sämtlicher Franchisenehmer-Standorte in der Werbung nennen?

Dafür spricht der Aspekt der Transparenz in Bezug auf den zukünftigen Vertragspartner. Kauft der Verbraucher nämlich eines der beworbenen Produkte, schließt er einen Vertrag mit dem Franchisenehmer als selbständig handelndem Unternehmer. Andererseits erscheint eine Verpflichtung des Franchisegebers zur Auflistung sämtlicher Franchisenehmer neben den eigenen Angaben und/oder dem Systemlogo bereits in der Werbung überzogen und bei großen Vertriebssystemen aus Platzgründen praktisch unmöglich. Überdies wird sich das Interesse der angesprochenen Verkehrskreise auf die teilnehmenden Märkte beschränken.

In flächendeckenden Werbeprospekten sind typischerweise Hinweise wie *„Alle Angebote sind ausschließlich unverbindliche Preisempfehlungen und nur in teilnehmenden Märkten erhältlich"* abgedruckt. Ob bzw. welche der beworbenen Produkte die dem Vertriebssystem angeschlossenen Franchisenehmer, Fach-/Vertragshändler, Verbundgruppen-Anschlusshäuser etc. zu den angepriesenen Preisen anbieten, entscheiden aus kartellrechtlichen Gründen allein sie selbst. Denn das Kartellverbot gem. Art. 101 Abs. 1 lit. a AEUV bzw. § 1 GWB verbietet es der Systemzentrale, die Verkaufspreise z.B. der Franchisenehmer unmittelbar oder mittelbar festzusetzen. Die Preisangaben der beworbenen Produkte stellen daher lediglich sog. *unverbindliche Preisempfehlungen (UVP)* dar, wie zumeist in einem Sternchenhinweis mitgeteilt. In Konflikt mit dem Kartellverbot gerät aber auch die zum Teil geforderte bloße Nachfrage bei den Systempartnern, ob und bzgl. welcher Produkte sie die UVP befolgen bzw. an der beworbenen Aktion teilnehmen. Denn möglicherweise ist bereits dieses Vorgehen als unzulässige Einflussnahme auf die Preisgestaltung einzustufen. Insofern bewegt sich überregionale Preiswerbung des Franchisegebers im Spannungsfeld zwischen Lauterkeitsrecht einerseits und Kartellrecht andererseits.

---

2 *DFV*, ZVertriebsR 2015, 63.

Ungeachtet der rechtlichen Zulässigkeit stößt eine solche Nachfrage bei umfangreichen Vertriebssystemen aber auch an praktische Grenzen: Neben den beschränkten Platzkapazitäten des Kommunikationsmittels könnte der mit der Informationsbeschaffung verbundene Aufwand die Schwelle der Unzumutbarkeit für die werbende Systemzentrale überschreiten. Außerdem wird zu klären sein, ob die Angabe aller (teilnehmenden) Märkte beim Verbraucher nicht zu einem sog. *information overload* führt, den es zu verhindern gilt.

Gegenstand der Untersuchung werden Franchise- und Filialsysteme, Verbundgruppen sowie der Vertrieb über Fachhändler, Vertragshändler, Handelsvertreter, Kommissionäre und Kommissionsagenten sein. Der Fokus wird dabei auf der Handhabung des § 5a Abs. 2, Abs. 3 Nr. 2 UWG im Franchisekontext liegen.

Inhalt und Umfang der lauterkeitsrechtlichen Impressumspflicht sind für die Situation in Vertriebssystemen noch weitgehend ungeklärt. Um der bestehenden Rechtsunsicherheit entgegenzuwirken, ist ein vermittelnder Kompromiss unter Beachtung des Normzwecks von § 5a Abs. 2, Abs. 3 Nr. 2 UWG gefragt: Dieser sollte dem berechtigten Informations- und Schutzbedürfnis des Verbrauchers Rechnung tragen ohne dabei das Unternehmerinteresse am Erhalt der Funktionsfähigkeit kommerzieller Kommunikation aus dem Auge zu verlieren. Ziel der nachfolgenden Arbeit ist die Erarbeitung vernünftiger und praxistauglicher Lösungsvorschläge für die Problemstellung. Zwar richten sich die Anforderungen der UWG-Impressumspflicht nach der konkreten Werbemaßnahme und dem werbenden Vertriebssystem. Entwickelt werden soll aber eine Art „Leitfaden“, d.h. allgemeingültige Kriterien bzw. Rahmenvorgaben, an denen sich Franchisegeber und andere werbende Unternehmen orientieren können.

B. Wissenschaftliche und praktische Relevanz der Fragestellung

Im Unterschied zu den unternehmensbezogenen Angaben nach Nr. 2 betreffen die anderen Nummern des § 5a Abs. 3 UWG die Modalitäten der Leistung bzw. Gegenleistung. In diesen Fällen wird die Handhabung der Informationspflicht v.a. durch das angepriesene Produkt, aber auch das Kommunikationsmittel und dessen Beschränkungen bestimmt. Dagegen haben Größe und Struktur des werbenden Unternehmens keine maßgebliche Bedeutung.

Anders ist das bei § 5a Abs. 3 Nr. 2 UWG. Zunächst stellt sich die Frage nach dem Inhalt der Informationspflicht: Welche Angaben fallen allgemein unter „Identität und Anschrift des Unternehmers“? Ferner, wie es sich auf den geschuldeten Informationsumfang auswirkt, ob der Werbende ein Einzelkaufmann oder etwa der Franchisegeber eines bundesweiten Systems ist.

Die Konformitätsbeurteilung von Gemeinschaftswerbungen mit der UWG-Impressumspflicht erfordert auch eine Auseinandersetzung mit der vertraglichen Werbeverteilung sowie der Struktur der Marketing- und Werbeorganisation in Franchisesystemen.

§ 5a Abs. 2, Abs. 3 Nr. 2 UWG wurde aus dem Blickwinkel moderner Vertriebsstrukturen und -systeme sowie dazu ergangener aktueller nationaler wie europäischer Rechtsprechung noch nicht beleuchtet. Bisher wurden allgemeine Überlegungen zum Schutzzweck der lauterkeitsrechtlichen Impressumspflicht nicht mit den verschiedenen Vertriebsmethoden verknüpft und die Normanwendung an diese angepasst. Zu untersuchen ist daher auch, inwieweit sich den – zu einzelnen Werbemaßnahmen ergangenen – Gerichtsentscheidungen allgemeingültige Aussagen für werbende Unternehmen und Vertriebssysteme entnehmen lassen.

Die praktische Relevanz der Fragestellung auf Unternehmerseite ergibt sich aus der erheblichen Rechtsunsicherheit hins. Umfang und Grenzen der UWG-Impressumspflicht. Welche systemweiten Werbemöglichkeiten für Franchise- und andere Vertriebssysteme bestehen, ist unklar. Entspricht die Gestaltung der Werbung nicht den Vorgaben des § 5a Abs. 2, Abs. 3 Nr. 2 UWG, besteht das Risiko einer Inanspruchnahme v.a. auf Unterlassung durch Mitbewerber oder Wirtschafts-, Berufs- und Verbraucherverbände. Daraus resultiert in der Praxis eine divergierende Handhabung der Impressumsangaben. Die Verwendung einheitlicher Informationsmodelle würde aber auch der Marktgegenseite zugutekommen und die Transparenz für den Verbraucher entscheidend erhöhen. Gerade auf dessen Schutz zielt die richtlinienbasierte UWG-Impressumspflicht. Daher besteht ein besonderes Interesse an der Erarbeitung praktikabler Lösungsansätze, wie sich Werbemaßnahmen umfangreicher Vertriebssysteme UWG-Impressumspflicht konform gestalten lassen.

In wissenschaftlicher Hinsicht geht es letztlich um die Frage, ob die in § 5a Abs. 2, Abs. 3 Nr. 2 UWG geregelte Informationspflicht auch für moderne Vertriebsformen passt: Ist die Vorschrift in diesem Kontext einer Auslegung zugänglich, die dem Informationsbedürfnis der Verbraucher gerecht wird und zugleich Praktikabilität für werbende Unternehmen gewährleistet? Oder bedürfte es der Normierung einer neuen, speziell auf Franchise- und andere vergleichbare Vertriebssysteme zugeschnittenen Regelung?

Bereits im Zuge der UWG-Novelle 2015 hätte der deutsche Gesetzgeber die – bekannten und verschiedentlich angemahnten –[3] Anwendungsprobleme mit der

3 Vgl. etwa die Stellungnahmen zum RefE des UWG 2015: *DFV*, ZVertriebsR 2015, 63 ff.; *DIHK*, WRP 2014, 1426 Rn. 29 f.; *HDE*, WRP 2014, 1430 Rn. 30 ff.; *Markenverband*,

Informationspflicht des § 5a Abs. 3 Nr. 2 UWG in Vertriebssystemen angehen können. Diese Gelegenheit verstrich jedoch ungenutzt.

C. Gang der Untersuchung

Die Untersuchung der ins Auge gefassten Fragestellung orientiert sich am Prüfungsschema der Impressumspflicht des UWG unter Berücksichtigung der 2015 erfolgten Änderungen. Einschlägige nationale wie europäische Rechtsprechung wird nicht isoliert abgehandelt, sondern zur besseren Kontextualisierung bei den jeweils problematischen bzw. problematisierten Tatbestandsmerkmalen thematisiert.

Da der Fokus der Arbeit auf der Auslegung und Handhabung des § 5a Abs. 2, Abs. 3 Nr. 2 UWG im Franchisekontext liegt, wird die Vertriebsmethode Franchising und deren spezifische Charakteristik im ersten Kapitel zunächst abstrakt beleuchtet. Neben einer Auseinandersetzung mit den kartellrechtlichen Besonderheiten findet an dieser Stelle auch eine Abgrenzung des Franchisings gegenüber anderen Vertriebsformen statt. Dabei werden die Gemeinsamkeiten und Unterschiede von Franchise- und Filialsystemen, Verbundgruppen sowie dem Vertrieb über Handelsvertreter, Kommissionsagenten und Fach-/Vertragshändler aufgezeigt.

Im zweiten Kapitel werden allgemeine, aber grundlegende Aspekte rund um § 5a Abs. 2, Abs. 3 Nr. 2 UWG anhand des gängigen juristischen Auslegungskanons im Detail analysiert: neben der systematischen Stellung der Vorschrift deren Sinn und Zweck sowie die Normhistorie. Auf den Richtlinienursprung des § 5a Abs. 2 bis 5 UWG und die schrittweise Umsetzung des zugrunde liegenden Art. 7 UGP-RL wird ein besonderes Augenmerk gelegt. Infolgedessen kommt bei der UWG-Impressumspflicht die richtlinienkonforme Auslegung zum klassischen juristischen Auslegungskanon hinzu. Die Ermittlung der richtliniengeprägten Zielsetzung bildet einen Schwerpunkt des zweiten Kapitels.

Anschließend setzt sich das dritte Kapitel konkret mit den einzelnen Elementen des in § 5a Abs. 2, Abs. 3 Nr. 2 UWG geregelten Unlauterkeitstatbestands auseinander. In Rechtsprechung und Literatur vertretene Auffassungen werden einer kritischen Betrachtung unterzogen, um die Tatbestandsmerkmale und die mit diesen verbundenen konkreten Rechtsprobleme einer weitergehenden Auslegung zuzuführen. Insb. zur Handhabung des § 5a Abs. 2, Abs. 3 Nr. 2 UWG in

---

WRP 2015, 46 Rn. 24; *ZAW*, WRP 2015, 180 Rn. 25 ff.; *ZGV*, Rn. 8; sowie *BdS*, Stellungnahme zum RegE des UWG 2015, S. 1 f.

Franchisesystemen als Musterbeispiel netzwerkartiger Kooperationen selbständiger Unternehmen wird ein Auslegungsergebnis entwickelt. Hierfür sind die im ersten und zweiten Kapitel gemachten abstrakten Ausführungen und gewonnenen Erkenntnisse heranzuziehen.

Früher wurde angenommen, dass der Franchisegeber bei überregionaler Dachwerbung für das Franchisesystem nicht gehalten ist, auf die einzelnen Unternehmen der Franchisenehmer hinzuweisen, sich vielmehr mit der Herausstellung des Franchiselogos als Geschäftsbezeichnung begnügen darf.[4] Diese Einschätzung aus der Zeit vor Inkrafttreten des § 5a Abs. 2, Abs. 3 Nr. 2 UWG und der zugrunde liegenden UGP-RL kann auf die aktuell geltende Rechtslage nicht ohne weiteres übertragen werden. Damit ist ein – jedenfalls für bestimmte Konstellationen – deckungsgleiches Ergebnis nicht ausgeschlossen. Entscheidend ist aber die zuvor durchzuführende Einzelfallprüfung. Die UWG-Impressumspflicht werbender Vertriebssysteme mit vielen selbständigen oder unselbständigen Standorten hängt von diversen Aspekten ab, die es anhand der nunmehr im UWG normierten Tatbestandsmerkmale zu beleuchten gilt. Eine pauschale Antwort für jegliche Gemeinschaftswerbung scheidet von vornherein aus.

Darüber hinaus ist bei der Frage, ob im Wege der lauterkeitsrechtlichen Impressumspflicht faktisch überregionale Werbung in Franchisesystemen verboten werden sollte, eine zusätzliche Erwägung anzustellen: Ist das systemeinheitliche Auftreten derart wesensprägend und funktionsnotwendig für das Franchising, dass dessen Rechtsnatur und besondere Charakteristik im Hinblick auf systemweite Werbung eine abweichende Beurteilung gegenüber anderen Vertriebssystemen rechtfertigen? Hier soll aufgezeigt werden, ob und ggf. wie sich die im ersten Kapitel herausgearbeiteten Unterschiede zwischen den verschiedenen Vertriebssystemen auf den Inhalt und Umfang der UWG-Impressumspflicht auswirken.

Eine Zusammenfassung der Untersuchungsergebnisse verbunden mit einem Fazit zur Handhabung des § 5a Abs. 2, Abs. 3 Nr. 2 UWG mit Blick auf Franchise- sowie andere moderne Vertriebssysteme und -strukturen schließen die Arbeit ab.

---

4 *Ullmann*, NJW 1994, 1255, 1262; LG Frankfurt a.M., Beschl. v. 27.9.1989 – 6 O 356/89, n.v.; unter Verweis auf diese Quellen in jüngerer Zeit auch BeckOF Vertrag/*Pour Rafsendjani*, Form. 23.3 (Anm. 18); *Lettl*, WRP 2013, 1105 Rn. 10, 27.

Erstes Kapitel – Franchising und andere Vertriebsformen

A. Die Vertriebsmethode Franchising

Franchisesysteme sind aus dem heutigen Wirtschaftsleben nicht mehr wegzudenken und begegnen dem Verbraucher in den unterschiedlichsten Bereichen. Dabei nimmt die praktische und wirtschaftliche Bedeutung des Franchisings in Deutschland stetig zu. 2018 erzielte die deutsche Franchisewirtschaft einen Umsatz von 122,8 Mrd. Euro.[1] Dabei verteilen sich die bestehenden Franchisesysteme auf die Branchen Dienstleistung mit rund 40%, gefolgt von Handel sowie „Gastronomie, Touristik und Freizeit" (jeweils ca. 24%) und etwa 12% für „Handwerk, Bau und Sanierung".[2] In der gesamten EU soll eine weitere Ausbreitung des Franchisings gefördert werden.[3]

Beim Franchising handelt es sich um eine Form des indirekten Vertriebs (dazu S. 54). Der Aufbau eines Franchisesystems bietet sich für Unternehmen an, denen es nicht allein um den Vertrieb der Waren/Dienstleistungen, sondern um die Vermarktung eines unternehmerischen Gesamtkonzepts (sog. Franchisepaket) geht. Neben der Fastfood- und Systemgastronomie erfreut sich das Franchising im Dienstleistungsbereich (Sport- und Fitnessprogramme, Nachhilfeunterricht) wie auch im Einzelhandel (Drogerie-, Heimwerkermärkte sowie Optikergeschäfte) wachsender Beliebtheit.

I. Rechtsquellen und Definition des Franchisings

Deutschland verfügt über keine spezifische Franchisegesetzgebung. Den Rechtsrahmen bilden daher das allgemeine Zivilrecht (insb. zu Verträgen, AGB und Verbraucherschutz) und das Handelsrecht sowie das deutsche und EU-Kartellrecht. Deren Auslegung und Handhabung im Franchisekontext war und ist Gegenstand jahrzehntelanger Rechtsprechung, die entscheidend zur Entwicklung des deutschen Franchiserechts beigetragen hat.

---

1 *DFV*, Franchisestatistik 2018, S. 40, 91.

2 *DFV*, Franchisestatistik 2018, S. 44.

3 *Europäisches Parlament*, Entwurf einer Entschließung zur Franchisingpraxis im Einzelhandel v. 9.1.2017, 2016/2244(INI).

Eine gesetzliche Definition des Franchisings sucht man im deutschen Recht vergeblich, v.a. da es in Deutschland kein kodifiziertes Franchiserecht gibt. Aber bis heute wird folgende vom Deutschen Franchiseverband e.V. (DFV)[4] vorgeschlagene Definition des Franchisings zugrunde gelegt (Hervorh. nur hier):[5]

> *„Franchising ist ein vertikal-kooperativ organisiertes Absatzsystem rechtlich selbständiger Unternehmen auf der Basis eines vertraglichen Dauerschuldverhältnisses. Dieses System tritt am Markt einheitlich auf und wird geprägt durch das arbeitsteilige Leistungsprogramm der System-Partner, sowie durch ein Weisungs- und Kontrollsystem eines systemkonformen Verhaltens. Das Leistungsprogramm des Franchisegebers ist das Franchise-Paket. Es besteht aus einem Beschaffungs-, Absatz- und Organisations-Konzept, dem Nutzungsrecht an Schutzrechten, der Ausbildung des Franchisenehmers und der Verpflichtung des Franchisegebers, den Franchisenehmer aktiv und laufend zu unterstützen und das Konzept ständig weiterzuentwickeln. Der Franchisenehmer ist im eigenen Namen und für eigene Rechnung tätig; er hat das Recht und die Pflicht, das Franchise-Paket gegen Entgelt zu nutzen. Als Leistungsbeitrag liefert er Arbeit, Kapital und Informationen."*

Diese Definition enthält die für die vorliegende Untersuchung relevanten Merkmale des Franchisings. Daneben ist auch eine auf die wesentlichen Elemente des Franchisevertrags, insb. das entwickelte Know-how als Kernstück eines jeden Franchisesystems, gestützte Definition gebräuchlich.[6]

II. Rechtsnatur und besondere Charakteristik des Franchisings

Von anderen Vertriebsmethoden unterscheidet sich das Franchising durch den hohen Abstimmungsgrad zwischen der Systemzentrale und den einzelnen Franchisenehmern sowie durch deren enge Eingliederung in die Absatzorganisation des Franchisegebers. Die Rechte und Pflichten der Vertragsparteien sind im Franchisevertrag geregelt und werden üblicherweise im Franchisehandbuch näher ausgeführt.

---

4 Der DFV vertritt die Interessen der Franchisewirtschaft, ihm gehören derzeit 360 Mitglieder an.

5 Vgl. aus jüngerer Zeit *Billing/Lang*, ZVertriebsR 2013, 207, 211; krit. *Martinek* in Martinek/Semler/Flohr, § 3 Rn. 15; Metzlaff/*Skaupy*, Praxishandbuch Franchising, § 2 Rn. 3 ff.; sowie bereits *Skaupy*, NJW 1992, 1785, 1786.

6 Siehe dazu auf der Webseite der European Franchise Federation (EFF) die Rubrik „Franchising: definition & descriptions"; *DFV*, Ethikkodex v. 16.5.2008, S. 1. Zur Definition von Know-how und seinen Bestandteilen siehe bereits Art. 1 Abs. 3 lit. f-i der alten Franchise-GVO sowie nunmehr Art. 1 Abs. 1 lit. g Vertikal-GVO.

1. *Rechtliche Stellung des Franchisenehmers*

Der Franchisenehmer kann sowohl eine natürliche Person als auch eine juristische Person (z.B. in Form einer Betriebs-GmbH) sein.[7] Er betreibt ein oder mehrere Systemstandorte nach der Franchisemethode des Franchisegebers. Dabei ist der Franchisenehmer rechtlich und meist auch wirtschaftlich selbständig.[8] Eingeschränkt wird seine unternehmerische Freiheit allerdings durch die franchisetypische enge Einbindung in die zentral verwaltete Absatzorganisation des Franchisegebers.[9] Dem Franchisenehmer muss nach den Vertragsbestimmungen jedoch ein gewisser Kernbereich an unternehmerischer Gestaltungsfreiheit belassen bleiben.[10]

Gegenüber seinen Kunden wird der Franchisenehmer im eigenen Namen und für eigene Rechnung tätig. Das bedeutet: Er handelt auf eigene Gefahr, trägt das Unternehmer- bzw. Absatzrisiko.[11] Insofern treten die Angestellten nach den Grundsätzen über unternehmensbezogene Geschäfte im Außenverhältnis als Vertreter des Franchisenehmers auf, der Franchisegeber wird aus Rechtsgeschäften mit den Kunden ohne entsprechende Vollmacht grundsätzlich nicht verpflichtet.[12] Das einheitliche äußere Erscheinungsbild eines Franchisesystems begründet für sich genommen weder eine Stellvertretung des Franchisegebers durch den Franchisenehmer noch eine Rechtsscheinhaftung des Franchisegebers oder anderer Franchisenehmer.[13] Alleiniger Vertragspartner des Endkunden ist daher im Regelfall der Franchisenehmer. Um im Falle hinzutretender Umstände[14] einer Verpflichtung nach Rechtsscheingrundsätzen zu entgehen, sollte der Franchisegeber seine Franchisepartner vertraglich verpflichten, auf

---

7 Vgl. BeckFormB ZivilR/*Rauser/Reiling*, Form. P.III.1. (Anm. 1).

8 Metzlaff/*Metzlaff*, Praxishandbuch Franchising, § 8 Rn. 97.

9 Vgl. BGH, Urt. v. 13.1.2000 – III ZR 342/98 juris Rn. 6; OLG Düsseldorf, Beschl. v. 7.9.2009 – 16 U 62/08 juris Rn. 24; EBJS/*Löwisch*, § 84 HGB Rn. 216.

10 Vgl. *Liesegang*, BB 1991, 2381, 2383.

11 Metzlaff/*Metzlaff*, Praxishandbuch Franchising, § 8 Rn. 97.

12 BGH, Teilurt. v. 18.12.2007 – X ZR 137/04, NJW 2008, 1214 Rn. 14; *K. Schmidt*, JuS 2008, 665, 668; *Canaris*, HandelsR, § 18 Rn. 6, 71; a.A. für bestimmte Konstellationen Giesler/Nauschütt/*Zumbroich*, Kap. 6 Rn. 12 ff.

13 BGH, Teilurt. v. 18.12.2007 – X ZR 137/04, NJW 2008, 1214 Rn. 14; AG Wuppertal, Urt. v. 27.4.2012 – 94 C 28/11 juris Rn. 40 ff.; *Billing* in Jahrbuch Franchising 2009, S. 178 ff.; *Flohr* in Martinek/Semler/Flohr, § 30 Rn. 353; *Ullmann*, NJW 1994, 1255, 1256.

14 Dazu näher *Billing* in Jahrbuch Franchising 2009, S. 178, 186; *Canaris*, HandelsR, § 18 Rn. 72.

ihre rechtliche Selbständigkeit hinzuweisen,[15] und die Einhaltung dieser Pflicht regelmäßig kontrollieren.

2. *Systemeinheitliches Auftreten (sog. Gruppenimage)*

Bei Franchisesystemen erfasst die Zusammenarbeit praktisch den gesamten Geschäftsbetrieb des Franchisenehmers, weshalb sie unabhängig von ihrer konkreten Erscheinungsform an der Spitze der Intensitätsskala der Verhaltensabstimmung in Vertriebssystemen stehen.[16]

Der Franchisenehmer ist trotz rechtlicher Selbständigkeit beim Betrieb seines Standorts an die Vorgaben des Franchisegebers zur Umsetzung von dessen Geschäftskonzept gebunden. Grundlegend ist in diesem Zusammenhang das *McDonald's*-Urteil des *BGH*: Danach ist zur Verwirklichung des unternehmerischen Konzepts, d.h. zur Standardisierung der Speisen sowie Restaurantbetriebe und ihrer Services, ein umfassendes System von Qualitätsnormen und -richtlinien nicht zu beanstanden.[17] Denn der Kunde erwartet ein identisches Geschmackserlebnis unabhängig davon, welchen Standort er aufsucht. AGB-rechtlich zulässig sind solche Verhaltensrichtlinien (bzgl. Personalschulung, Geschäftsausstattung, Werbung, Service und Kundendienst) jedoch nur, soweit sie zur Wahrung des einheitlichen Erscheinungsbilds und des Produktvertriebs in gleichbleibender Qualität erforderlich sind.[18] Denn unter dieser Voraussetzung scheidet eine unangemessene Benachteiligung des Franchisenehmers aus, da die Richtlinien sämtlichen Systembeteiligten und nicht allein dem Franchisegeber zugutekommen.

Durch das einheitliche äußere Erscheinungsbild der Standorte im Geschäftsverkehr verfügt das Franchisesystem als Ganzes über eine Corporate Identity, auch wenn es sich um mehrere selbständige Unternehmen handelt. Erreicht wird die Systemeinheitlichkeit u.a. durch die Verwendung gemeinsamer Logos, Symbole sowie sonstiger Geschäftsbezeichnungen des Franchisegebers und durch die

---

15 BeckOF Vertrag/*Pour Rafsendjani*, Form. 23.3 (§ 3 Abs. 11, Anm. 29) mit einem Formulierungsbeispiel.

16 *Flohr* in Martinek/Semler/Flohr, § 29 Rn. 20, 26; *Martinek*, Moderne Vertragstypen II, S. 27 f.

17 BGH, Urt. v. 3.10.1984 – VIII ZR 118/83 juris Rn. 22, 5 f. – *McDonald's*; *Ensthaler et al.*, Technikrecht, S. 172.

18 LG Düsseldorf, Urt. v. 21.11.2013 – 14c O 129/12 juris Rn. 53 („*Subway*"); AGB-Klauselwerke/*Graf von Westphalen*, Franchising Rn. 43; vgl. EuGH, Urt. v. 28.1.1986 – C-161/84, NJW 1986, 1415 Rn. 27 – *Pronuptia*.

Homogenität in Hinblick auf Produktangebot, Aufmachung der Geschäftsräume, Bekleidung der Angestellten sowie gemeinsame Werbung.[19] Im Bereich der Systemgastronomie wird der Wiedererkennungswert zusätzlich durch übereinstimmenden Produktgeschmack erreicht.[20] Infolge der geschaffenen Imageeinheit (sog. *Gruppenimage*) bzw. Betriebstypenfixierung erscheinen die selbständigen Franchisenehmer nach außen als Einheit bzw. einheitliche Unternehmung mit Filialen.[21] Für den Verbraucher unterscheiden sich Franchisestandorte durch ihr einheitliches Erscheinungsbild und Auftreten am Markt nicht von unternehmenseigenen Verkaufsstellen (Stichwort der *Quasifilialität*).[22]

3. *Werbeverteilung in Franchisesystemen*

Da die Informationspflicht nach § 5a Abs. 3 Nr. 2 UWG unter dem Verdacht bzw. Vorwurf steht, überregionale Werbung in Franchisesystemen unmöglich zu machen, lohnt ein Blick auf die typische vertragliche Werbeverteilung im Franchising.

Jeder Franchisevertrag enthält detaillierte Regelungen darüber, wer welche Werbung durchführt und wer die Kosten dafür zu tragen hat. Die Werbeverteilung hängt mithin von den konkreten Vereinbarungen ab. Aber die Betriebsförderungspflicht des Franchisegebers umfasst auch die Entwicklung des Marketingkonzepts zur Stärkung der Marke und Marktstellung des Systems (inkl. Werbematerialien).[23] Daher übernimmt der Franchisegeber in der Regel neben der Presse- und Öffentlichkeitsarbeit die Konzeption, Gestaltung und Beauftragung der Werbung auf nationaler/überregionaler Ebene sowie die Image- und Dachmarken-Kampagnen, während die regionale bzw. lokale Werbung den Franchisenehmern zugewiesen ist.[24] Letztere können auf der systemweiten

---

19 *Buck-Heeb/Dieckmann*, JuS 2008, 583, 584; Giesler/Nauschütt/*Zumbroich*, Kap. 6 Rn. 6, 20 ff.; *Martinek*, Moderne Vertragstypen II, S. 29.

20 LG Düsseldorf, Urt. v. 21.11.2013 – 14c O 129/12 juris Rn. 58 („*Subway*").

21 *Martinek*, Moderne Vertragstypen II, S. 28 f.; *Flohr* in Martinek/Semler/Flohr, § 29 Rn. 20; vgl. OLG Köln, Urt. v. 17.9.2004 – 19 U 171/03 juris Rn. 11; Langen/Bunte/*Bahr*, Nach § 2 GWB Rn. 345.

22 *Martinek* in Martinek/Semler/Flohr, § 2 Rn. 94; Metzlaff/*Schulz*, Praxishandbuch Franchising, § 22 Rn. 2; vgl. auch OLG München, Urt. v. 31.3.2011 – 6 U 3517/10 juris Rn. 21 – *Identitätsangabe in der Prospektwerbung*.

23 Metzlaff/*Metzlaff*, Praxishandbuch Franchising, § 8 Rn. 187, 189; BeckFormB ZivilR/*Rauser/Reiling*, Form. P.III.1. (Anm. 18).

24 Metzlaff/*Metzlaff*, Praxishandbuch Franchising, § 8 Rn. 188 ff.; *Flohr*, Franchise-Vertrag, S. 140; BeckFormB BHW/*Nägele*, Form. III. SchuldR BT I.2 (§ 9 Abs. 1 und Abs. 2, Anm. 26 und 27).

Franchisegeber-Werbung aufbauen und ihre eigenen Werbemaßnahmen unter Wahrung der einheitlichen Vorgaben auf regionale Besonderheiten ausrichten. Dadurch trägt die typische Werbeverteilung der Systemeinheitlichkeit als besonderem Charakteristikum des Franchisings Rechnung. Außerdem erfordern überregionale Werbemaßnahmen einen finanziellen und organisatorischen Aufwand, den die einzelnen Franchisenehmer nicht leisten können.[25]

a) *Systemweite bzw. überregionale Werbung*

Von der Werbung, die der Franchisegeber für das gesamte System entwirft und veröffentlicht, sollen alle in diesem zusammengeschlossenen Unternehmen profitieren.[26] Daher schuldet der Franchisenehmer in der Regel eine umsatzabhängige Werbegebühr als Gegenleistung, wenn die Durchführung der überregionalen Werbung und Marketingorganisation vertraglich dem Franchisegeber zugewiesen ist.[27] Letzterer muss die vereinnahmten Werbekostenbeiträge den vertraglichen Vereinbarungen entsprechend verwenden, d.h. in aller Regel zur Steigerung der Franchisenehmer-Umsätze.[28] Den Franchisenehmern steht diesbezüglich ein Auskunfts- und Rechenschaftsanspruch zu (§§ 675, 666 BGB), um Zweck- und Verhältnismäßigkeit der Verwaltung des Werbefonds beurteilen zu können.[29] Abzulehnen ist die bestimmungsgemäße Verwendung auch bei einer gegen § 1 GWB verstoßenden Werbung.[30]

Ferner stellt sich die Frage, ob der Franchisegeber bei der Gestaltung der zentralen Werbung freie Hand hat oder Abstimmungserfordernisse bestehen. Im

---

25 Metzlaff/*Metzlaff*, Praxishandbuch Franchising, § 8 Rn. 191.

26 *Billing/Lang*, ZVertriebsR 2013, 207, 211; *DFV*, ZVertriebsR 2015, 63 f.

27 Metzlaff/*Metzlaff*, Praxishandbuch Franchising, § 8 Rn. 272; BeckFormB ZivilR/*Rauser/Reiling*, Form. P.III.1. und BeckOF Vertrag/*Pour Rafsendjani*, Form. 23.3 (jeweils § 5 Abs. 2).

28 Giesler/Nauschütt/*Giesler*, Kap. 5 Rn. 300.

29 OLG Düsseldorf, Urt. v. 6.4.2011 – U (Kart) 20/10 juris Rn. 62 ff.; Giesler/Nauschütt/*Giesler*, Kap. 5 Rn. 295 f.; abgelehnt von OLG München, Urt. v. 7.11.2019 – 29 U 4165/18 Kart Rn. 91 (a.A. noch die Vorinstanz LG München I, Teilurt. v. 26.10.2018 – 37 O 10335/15, ZVertriebsR 2019, 34 Rn. 83 ff. – *King des Monats*).

30 LG München I, Teilurt. v. 26.10.2018 – 37 O 10335/15, ZVertriebsR 2019, 34 Rn. 59 ff. – *King des Monats*; in der Nachinstanz hat das OLG München jedoch einen Verstoß gegen § 1 GWB verneint, Urt. v. 7.11.2019 – 29 U 4165/18 Kart Rn. 55 ff. Der Franchisevertrag sah die Verwendung der Werbekostenbeiträge „zum allgemeinen Nutzen" der Franchise-Restaurants bzw. „auf einer ausgewogenen und sachgerechten Grundlage" vor.

Hinblick auf ein franchiseähnliches Verhältnis hat der *BGH* in der *Benetton*-Entscheidung die überregionale Werbekampagne des Herstellers zumindest nicht mit dem Argument beanstandet, dass die Systempartner zuvor nicht unterrichtet wurden bzw. keine Abstimmung mit ihnen über die Art und Weise der Werbung stattgefunden hatte.[31] Die Eigenverantwortlichkeit des Franchisegebers werde allerdings begrenzt durch die Pflicht, bei derartigen unternehmerischen Entscheidungen auch auf die schutzwürdigen Belange der Franchisenehmer Rücksicht zu nehmen.[32]

b) Regionale bzw. lokale Werbung

Unter regionaler bzw. lokaler Werbung, die in aller Regel den Franchisenehmern obliegt, sind solche Werbemaßnahmen zu verstehen, die auf das Vertragsgebiet des Franchisenehmers beschränkt sind. Häufig sieht der Franchisevertrag eine Anzeigepflicht gegenüber dem Franchisegeber sowie einen bestimmten Prozentsatz (ca. 5%) vor, den der Franchisenehmer von seinem Jahresumsatz in lokale Werbung investieren muss.[33] Dem stehen angesichts der Absatzförderungspflicht des Franchisenehmers keine rechtlichen Bedenken entgegen.

Im Interesse eines einheitlichen Markenauftritts wird der Franchisegeber den Franchisenehmern für die regionale Werbung allgemeine Vorgaben etwa hins. Druck und Layout auferlegen (sog. *Werberichtlinien*).[34] Da die Werbung das öffentliche Erscheinungsbild des Franchisesystems mitbestimmt, darf jede Werbung des Franchisenehmers von der Zustimmung des Franchisegebers abhängig gemacht werden, soweit es dabei nur um die Art der Werbung geht.[35] Hierfür sprechen auch die Haftungsrisiken des Franchisegebers in Bezug auf Franchisenehmer-Werbung. Ist eine wettbewerbswidrige Werbung nicht erkennbar rein auf den Franchisenehmerbetrieb bezogen, kann nämlich auch der Franchisegeber auf Unterlassung und Beseitigung in Anspruch genommen werden (§ 8 Abs. 2 UWG).[36] Um die unternehmerische Selbständigkeit des

---

31 BGH, Urt. v. 23.7.1997 – VIII ZR 130/96 juris Rn. 32, 35 – *Benetton*.

32 BGH, Urt. v. 23.7.1997 – VIII ZR 130/96 juris Rn. 33 ff. – *Benetton*.

33 So auch BeckOF Vertrag/*Pour Rafsendjani*, Form. 23.3 (§ 3 Abs. 7, Anm. 14).

34 Metzlaff/*Metzlaff*, Praxishandbuch Franchising, § 8 Rn. 187, 195.

35 EuGH, Urt. v. 28.1.1986 – C-161/84, NJW 1986, 1415 Rn. 22 – *Pronuptia*; vgl. Art. 3 Abs. 1 lit. g der alten Franchise-GVO (sog. weiße Klausel, *Schultze/Pautke/Wagener*, Art. 4 lit. b Vertikal-GVO Rn. 808 f.).

36 Flohr/Wauschkuhn/*Flohr*, § 8 UWG Rn. 1; BeckOF Vertrag/*Pour Rafsendjani*, Form. 23.3 (Anm. 29); vgl. BGH, Urt. v. 5.4.1995 – I ZR 133/93 juris Rn. 27 ff. – *Franchise-Nehmer*

Franchisenehmers zu bewahren, muss ihm ein Entscheidungsspielraum verbleiben. Deshalb darf die vom Franchisenehmer durchzuführende lokale Werbung über reine Mindestvorgaben hinaus nicht hins. Umfang, Werbemedium und inhaltlicher Gestaltung von der Zustimmung des Franchisegebers abhängig gemacht werden.[37]

III. Zwischenergebnis und Stellungnahme

Die Franchisenehmer sind selbständige Unternehmen, die im eigenen Namen und für eigene Rechnung tätig sind und daher das Absatzrisiko tragen. Sie sind jedoch eng in die Absatzorganisation des Franchisegebers eingegliedert und treten infolge intensiver Verhaltensabstimmung einheitlich am Markt auf.

Das einheitliche äußere Erscheinungsbild von Franchisesystemen wird u.a. durch die Verwendung gemeinsamer Logos sowie sonstiger Geschäftsbezeichnungen des Franchisegebers und durch gemeinsame Werbung erreicht. Daneben beruht das Gruppenimage auf Homogenität hins. Produktpalette, Design der Verkaufsstellen, Bekleidung der Angestellten etc. Zur Bildung und Aufrechterhaltung der Imageeinheit bzw. Betriebstypenfixierung als besonderem Charakteristikum des Franchisings sind Qualitäts- und Verhaltensrichtlinien zulässig. Insofern sind die Franchisenehmer beim Betrieb ihrer Standorte an die Vorgaben des Franchisegebers u.a. in Bezug auf Geschäftsausstattung, Service und Werbung gebunden.

Dass zur Systemeinheitlichkeit nicht zuletzt die gemeinsame Werbung beiträgt, zeigt auch die typische Werbeverteilung in Franchisesystemen: Neben Presse- und Öffentlichkeitsarbeit ist der Franchisegeber regelmäßig für die überregionale Werbung sowie Dachmarken- und Image-Kampagnen zuständig, während die Franchisenehmer die regionale bzw. lokale Werbung übernehmen. Durch Werberichtlinien und Zustimmungsvorbehalte des Franchisegebers wird hier das franchisetypische einheitliche Erscheinungsbild gewahrt.

B. Abgrenzung des Franchisings gegenüber anderen Vertriebsformen

Nachdem das Franchising in den vorangegangenen Abschnitten vorgestellt wurde, erfolgt nun eine Einordnung in das Gesamtbild der Vertriebsmöglichkeiten

---

zur Vorgängervorschrift; OLG Düsseldorf, Beschl. v. 8.5.2014 – 20 W 48/14 juris Rn. 27; *Ullmann*, NJW 1994, 1255, 1262.

37 *Liesegang*, BB 1991, 2381, 2382.

bzw. -strukturen. Hierfür sind Franchisesysteme gegenüber dem Vertrieb durch andere selbständige Absatzmittler wie Handelsvertreter, Kommissionäre, Kommissionsagenten, Fachhändler und Vertragshändler sowie gegenüber Filialsystemen und Verbundgruppen abzugrenzen. Darauf aufbauend wird später zu klären sein, ob und inwiefern sich die Unterschiede zwischen den Vertriebssystemen auf die Handhabung der UWG-Impressumspflicht auswirken.

Die Entscheidung des Unternehmers, wie er den Vertrieb organisiert und rechtlich strukturiert, ist Teil der Distributionspolitik.[38] Hersteller bzw. Unternehmenszentralen können im Grundsatz das Absatzsystem nach eigenem Ermessen wirtschaftlich sinnvoll strukturieren, sind mithin in dessen Gestaltung einschließlich der Festlegung der Vertriebskanäle frei.[39] Der Waren-/Dienstleistungsvertrieb kann dabei in eigener Regie (*Eigen-/Direktvertrieb*) und/oder durch Einschaltung externer Absatzmittler (*Fremd- oder indirekter Vertrieb*) erfolgen.[40]

I. Direktvertrieb

Beim Direktvertrieb verkaufen Unternehmen ihre Produkte über unternehmenseigene Vertriebsstellen stationärer wie virtueller Art unmittelbar an den Endkunden.

Im Konsumgüterbereich dominierte traditionell der indirekte Absatz.[41] Reine Filialsysteme sind v.a. im Lebensmitteleinzelhandel anzutreffen, als Beispiele seien ALDI, Lidl und Kaufhof genannt. Aber auch in anderen Branchen sind deutliche Direktvertriebstendenzen zu vermerken, etwa bei den Sportartikelherstellern[42] sowie in der Modeindustrie z.B. bei H&M und Zara.[43]

1. Vertrieb über ein physisches Filialsystem

Unternehmen können ihre Produkte in eigenen, räumlich von der Zentrale bzw. Hauptniederlassung getrennten physischen Standorten unmittelbar an den Endkunden verkaufen. Da die Verkaufsstellen weitgehend in die Organisation

---

38 Oetker/*Busche*, § 84 HGB Rn. 1; vgl. auch *Billing/Metzlaff*, BB 2015, 1347, 1351, 1354.

39 Immenga/Mestmäcker/*Markert*, § 19 GWB Rn. 148, 136 ff. ausführlich auch zu den Grenzen der Gestaltungsfreiheit; *Thume*, BB 2018, 770, 771; vgl. *Billing/Metzlaff*, BB 2015, 1347, 1351, 1354 zu Franchisegebern.

40 *Beater*, Unlauterer Wettbewerb, Rn. 172.

41 *Beater*, Unlauterer Wettbewerb, Rn. 173.

42 Vgl. WiWo online, Artikel v. 30.3.2016: Sportartikel-Hersteller verärgern Fachhändler.

43 *Lakkis* in Martinck/Semler/Flohr, § 56 Rn. 12; *Martinek*, ZVertriebsR 2014, 273, 274.

des Unternehmers eingebunden sind und der einheitlichen Leitung durch die Unternehmenszentrale unterstehen, wird auch vom „vertikal konzentrierten Eigenvertrieb“[44] gesprochen. Bei der Etablierung eines Filialsystems stehen drei Möglichkeiten zur Verfügung: die Gründung von Tochterunternehmen/-gesellschaften sowie die Errichtung selbständiger Zweigniederlassungen oder unselbständiger Niederlassungen.[45]

a) *Unternehmenseigene Vertriebsstellen*

Eine *Tochtergesellschaft* mag zwar in wirtschaftlicher Hinsicht von der Muttergesellschaft abhängig sein, ist aber gegenüber dieser ein rechtlich selbständiges Unternehmen und schließt eigenständig Verträge mit den Kunden, ohne dass die Muttergesellschaft Vertragspartner wird.[46] Wesentlicher Unterschied zum ebenfalls rechtlich selbständigen Franchisenehmer ist die gesellschaftsrechtliche Verflechtung zwischen Mutter- und Tochterunternehmen (verbundene Unternehmen i.S.d. §§ 15 ff. AktG).[47] Der gesetzliche Rahmen für Gründung, Gewerbeanmeldung und Handelsregistereintragung des Tochterunternehmens richtet sich nach dem für die gewählte Gesellschaftsform (OHG, GmbH etc.) geltenden Recht.

Eine *Zweigniederlassung* i.S.d. §§ 13 ff. HGB ist dagegen keine eigene juristische Person und damit organisatorisch wie auch rechtlich als Teil der Hauptniederlassung anzusehen.[48] Sie ist zwar im Handelsregister einzutragen, aber nicht rechtsfähig, sodass handelndes Rechtssubjekt – und Vertragspartner des Kunden – die Unternehmenszentrale ist.[49] Eine Zweigniederlassung muss allerdings

---

44 Oetker/*Busche*, § 84 HGB Rn. 1.

45 *IHK Berlin*, Informationen zur Gründung von Zweigniederlassungen; *IHK Saarland*, Merkblatt Zweigniederlassungen, S. 1; Immenga/Mestmäcker/*Markert*, § 19 GWB Rn. 148.

46 *IHK Saarland*, Merkblatt Zweigniederlassungen, S. 1 f.; vgl. auch *K. Schmidt*, JuS 2008, 665, 668; *Billing/Lang*, ZVertriebsR 2013, 207, 211.

47 *Billing/Lang*, ZVertriebsR 2013, 207, 211; vgl. *K. Schmidt*, JuS 2008, 665, 668.

48 Aber besonderer Gerichtsstand gem. § 21 ZPO, *IHK Berlin*, Informationen zur Gründung von Zweigniederlassungen; *IHK Saarland*, Merkblatt Zweigniederlassungen, S. 2; Baumbach/Hopt/*Hopt*, § 13 HGB Rn. 4.

49 *K. Schmidt*, JuS 2008, 665, 666; *IHK Saarland*, Merkblatt Zweigniederlassungen, S. 2 f.; Oetker/*Preuß*, § 13 HGB Rn. 22 f., 30 ff.: Die Firma der Zweigniederlassung kann, muss aber nicht mit der Firma der Hauptniederlassung identisch sein, bei unterschiedlichem Firmenkern muss allerdings die Zugehörigkeit zur Firma der Hauptniederlassung erkennbar sein, z.B. durch einen Zweigniederlassungszusatz.

so organisiert sein, dass sie selbständig am Geschäftsverkehr teilnehmen und bei Wegfall der Hauptniederlassung fortbestehen kann.[50]

Im Unterschied dazu handelt es sich bei den von der Hauptniederlassung abhängigen *Filialen*, Zweigstellen oder angestellten Verkäufern um einen einheitlichen Geschäftsbetrieb.[51] Diese rechtlich wie wirtschaftlich *unselbständigen Vertriebsstellen* dürfen nicht im Handelsregister eingetragen werden, d.h. keine von der Hauptniederlassung abweichende eigene Firma führen, sind aber beim zuständigen Gewerbeamt anzumelden.[52]

Die in der vorliegenden Arbeit angestellten Erwägungen zu Filialen und Filialsystemen gelten für alle soeben dargestellten Gestaltungsformen, eine Beschränkung auf unselbständige Vertriebsstellen ist damit nicht intendiert.[53]

b) Vergleich zu Franchisenehmer-Betrieben

Auf den ersten Blick besteht zwischen Filial- und Franchisesystemen eine hohe Ähnlichkeit, da beide durch das einheitliche äußere Erscheinungsbild der einzelnen Standorte geprägt sind. Infolgedessen ist für Kunden ohne gezielte Nachforschungen regelmäßig nicht erkennbar, ob es sich bei einer Vertriebsstelle um eine unternehmenseigene Filiale oder einen Franchisenehmerbetrieb handelt.[54] Übernommen wird in beiden Fällen ein vorgegebenes Konzept der Unternehmens-/Systemzentrale, die durch umfassende Richtlinien und Weisungen einen äußerst starken Einfluss auf die Vertriebsstellen ausübt.

Beim Franchisenehmer handelt es sich aber um einen selbständigen Kaufmann, während der Filialleiter ein persönlich abhängiger leitender Angestellter des Filialsystems ist, der den arbeitsrechtlichen Bestimmungen unterliegt.[55] Franchisenehmer agieren im eigenen Namen und für eigene Rechnung und müssen für die mit ihrem Betrieb verbundenen Kosten (Steuern, Gehälter etc.) aufkommen. Im Unterschied dazu sind Filialleiter trotz verbleibender Handlungsfreiheiten an die Einzelanweisungen ihrer Chefs in der Unternehmenszentrale

---

50 MüKoHGB/*Krafka*, § 13 Rn. 8; Baumbach/Hopt/*Hopt*, § 13 HGB Rn. 3; *IHK Berlin*, Informationen zur Gründung von Zweigniederlassungen; *IHK Saarland*, Merkblatt Zweigniederlassungen, S. 2.

51 *IHK Berlin*, Informationen zur Gründung von Zweigniederlassungen.

52 *IHK Saarland*, Merkblatt Zweigniederlassungen, S. 3.

53 So auch die Begriffsverwendung bei MüKoHGB/*Jickeli*, § 116 Rn. 27; *Martinek* in Martinek/Semler/Flohr, § 2 Rn. 50, § 31 Rn. 15.

54 *Flohr* in Martinek/Semler/Flohr, § 29 Rn. 11; siehe dazu S. 44 f.

55 Metzlaff/*Skaupy*, Praxishandbuch Franchising, § 4 Rn. 7; vgl. *Flohr*, Franchise-Vertrag, S. 30.

gebunden, bei deren Unternehmensträger sie angestellt sind und in dessen Namen und für dessen Rechnung sie arbeiten.[56] Die unterschiedliche rechtliche Stellung der Vertriebsstellen spiegelt sich auch beim Umsatz wieder: Während die Unternehmenszentrale im Filialsystem die Gewinne unmittelbar erwirtschaftet, wird der Franchisegeber an den Gewinnen der Franchisenehmer indirekt über die Franchisegebühren beteiligt.

c) Kartellrechtliche Privilegierung

Erhebliche Bedeutung hat die rechtliche Struktur von Filialsystemen für die kartellrechtliche Beurteilung u.a. der Preiswerbung. Beim Direktvertrieb über unternehmenseigene Standorte sind Fest- und Mindestpreise nämlich ohne weiteres zulässig, da sie wegen des eingreifenden Konzernprivilegs nicht dem Kartellverbot des § 1 GWB und Art. 101 Abs. 1 AEUV unterfallen.[57] Zweigniederlassungen und Filialen sind rechtlich unselbständige Teile der Hauptniederlassung, sodass von vornherein ein einheitliches Unternehmen vorliegt. Und die als rechtlich selbständige Tochtergesellschaften firmierenden Vertriebsstellen bilden mit der Muttergesellschaft eine wirtschaftliche Einheit.[58] Demzufolge ist die Unternehmenszentrale beim Vertrieb über ein eigenes Filialsystem kartellrechtlich nicht gehindert, die Endverkaufspreise verbindlich festzulegen und mit diesen zu werben. Lediglich wenn das Unternehmen über eine marktbeherrschende Stellung verfügt, sind seiner Preis- und Rabattgestaltung Grenzen durch das Missbrauchsverbot gesetzt (§§ 19, 20 GWB / Art. 102 AEUV).

2. Direktvertrieb über das Internet

Um ihre Waren und Dienstleistungen auf direktem Weg an den Endkunden zu verkaufen, bietet sich für Unternehmen neben der Unterhaltung eines physischen Filialsystems auch das Medium Internet an. Der Internetvertrieb stellt kein eigenständiges Vertriebssystem dar, sondern nur einen weiteren Vertriebskanal insb. neben dem stationären Handel. Der E-Commerce hat inzwischen den Markt nahezu aller Konsumgüter, insb. der Unterhaltungselektronik und Modebranche, erreicht.[59] Und so konstatiert auch die Europäische Kommission: Das

---

56 Vgl. Metzlaff/*Skaupy*, Praxishandbuch Franchising, § 4 Rn. 7.

57 *BKartA*, Hinweispapier Preisbindungsverbot, Rn. 17; *Billing/Lang*, ZVertriebsR 2013, 207, 211; *Hack/dos Santos Goncalves*, GWR 2015, 514; *K. Schmidt*, JuS 2008, 665, 669, 671.

58 *Billing/Lang*, ZVertriebsR 2013, 207, 211.

59 *Thume*, BB 2018, 770.

starke Wachstum des elektronischen Handels über die letzten Jahre hat zur Folge, dass viele Hersteller ihre Produkte nun in Onlineshops direkt an die Kunden verkaufen.[60] Hiermit können sie ihre Margen gegenüber dem stationären und indirekten Vertrieb steigern und zugleich die Distributionsdichte auch außerhalb der urbanen Zentren verbessern.[61] Durch die Ubiquität des Internets werden unabhängig von Öffnungszeiten und physischen Verkaufsstandorten schnell und ohne großen Kostenaufwand mehr Kunden erreicht.

Neben dem Betrieb eines eigenen Onlineshops erfolgt der Direktvertrieb auf Internetverkaufsplattformen, die lediglich Geschäfte vermitteln und nicht selbst als Verkäufer auftreten. Solche Online-Marktplätze ermöglichen einen schnellen und effizienten Zugang zu internationalen Verbrauchermärkten über das Internet und sind daher für Unternehmen oft unverzichtbar.[62] Als Beispiele seien Amazon, Rakuten und Etsy genannt, wo zumeist Händler, aber auch Hersteller (insb. kleine, junge Unternehmen) ihre Produkte anbieten. Vor dem Hintergrund der Bedeutungszunahme des mobilen Internets[63] betreiben viele Onlineshops auch mobile Apps, über die ihre Produkte ebenfalls von den Kunden gekauft werden können.

3. *Zwischenergebnis zum Direktvertrieb*

Beim direkten Vertrieb, ob stationär oder über das Internet, behält der Unternehmer vollständig die Kontrolle über den Produktabsatz bis hin zum Endkunden. Er allein bestimmt die Warenpräsentation sowie aufgrund der kartellrechtlichen Privilegierung die Verkaufspreise und kann einheitliche Preiswerbung steuern. Dadurch wird die Bildung einer Corporate Identity des Vertriebssystems erleichtert. Die für den Vertrieb eingesetzten Personen bis hin zum Filialleiter sind eigene Angestellte des Unternehmens und unterliegen dessen Weisungen.

---

60 *Kommission*, Abschlussbericht Sektoruntersuchung E-Commerce v. 10.5.2017, COM(2017) 229 final, S. 6.

61 *Martinek*, ZVertriebsR 2014, 273 f.

62 *Kommission*, Pressemitteilung v. 17.4.2019, Digitaler Binnenmarkt: Kommission begrüßt die Zustimmung des Europäischen Parlaments zu den neuen Vorschriften für mehr Fairness und Transparenz auf Online-Plattformen.

63 52% der Onlineumsätze werden über den PC/Laptop getätigt, 34% erfolgen mit Smartphones und 14% über Tablets, *HDE*, Online-Monitor 2019, S. 35.

II. Indirekter Vertrieb über selbständige Absatzmittler

In Abgrenzung zum Direktvertrieb können Unternehmen für den Vertrieb ihrer Produkte auch selbständige Absatzmittler einsetzen, die insofern als „verlängerter Arm“[64] des Herstellers bzw. Lieferanten fungieren. In Betracht kommen neben Franchisenehmern auch Handelsvertreter, Kommissionäre und Kommissionsagenten sowie Fach- und Vertragshändler.

Zwischen den Unternehmen auf höherer Wirtschaftsstufe und denjenigen auf der nachgeordneten Stufe werden sog. Absatzmittlungs- bzw. Vertriebsverträge geschlossen, um der absatzwirtschaftlichen Zusammenarbeit eine langfristige vertragliche Grundlage zu geben.[65]

1. Handelsvertreter, Kommissionäre und Kommissionsagenten

Während die anderen Formen des indirekten bzw. Fremdvertriebs nicht kodifiziert sind, verfügt das Handelsvertreterrecht mit den §§ 84 ff. HGB über dezidierte gesetzliche Regelungen, die auch für Kommissionäre und Kommissionsagenten gelten.

Bereiche, in denen typischerweise Handelsvertreter eingesetzt werden, sind der Kraftstoffverkauf über Tankstellenpächter, die Vermittlung von Mobilfunkverträgen, Finanz- und Kapitalanlageprodukten sowie bereits kraft Gesetzes der Versicherungsvertrieb (vgl. § 92 HGB).[66] Auch als Handelsvertretung i.S.d. HGB lässt sich die Zimmervermittlung über Online-Hotelportale klassifizieren.[67] Als klassisches Anwendungsfeld von Kommissionsgeschäften und Kommissionsagentursystemen ist das Kunstgewerbe anzusehen.[68]

a) Rechtsrahmen und zivilrechtliche Charakteristika

Nach der Legaldefinition des § 84 Abs. 1 Satz 1 HGB sind Handelsvertreter selbständige Gewerbetreibende, die ständig damit betraut sind, für einen anderen Unternehmer Geschäfte zu vermitteln oder in dessen Namen abzuschließen. Auf

---

64 Vgl. AGB-Klauselwerke/*Graf von Westphalen*, Franchising Rn. 5; *Martinek* in Martinek/Semler/Flohr, § 4 Rn. 19, § 25 Rn. 5 (*Manderla*), § 29 Rn. 21 (*Flohr*).

65 *Martinek* in Martinek/Semler/Flohr, § 1 Rn. 4; Langen/Bunte/*Bahr*, Nach § 2 GWB Rn. 345.

66 Flohr/Wauschkuhn/*Billing*, Vor §§ 84 ff. HGB Rn. 3, 7; vgl. auch *K. Schmidt*, JuS 2008, 665, 666.

67 *Emde/Valdini*, BB 2016, 899 ff.; Flohr/Wauschkuhn/*Billing*, Vor §§ 84 ff. HGB Rn. 7.

68 *Anton*, ZVertriebsR 2013, 294, 296.

den Ausübungsort kommt es nicht an, sodass Handelsvertreter stationär (insb. beim Unternehmer), ambulant (bei den Kunden) oder online tätig sein können, ggf. also auch als Online-Plattform.[69]

Gegenüber dem Kunden agiert der Handelsvertreter im fremden Namen und für fremde Rechnung.[70] Vertragspartner des Verbrauchers ist mithin der Prinzipal[71], wodurch sich die Konstellation vom Franchising unterscheidet. Das gilt gleichermaßen für Handelsmakler, die sich von Handelsvertretern nur durch die fehlende ständige Betrauung unterscheiden (§ 93 HGB). Demgegenüber handeln Kommissionäre wie Franchisenehmer im eigenen Namen, aber für Rechnung eines anderen, des Kommittenten (§ 383 HGB). Gleiches gilt für den Kommissionsagenten, dessen Unterschied zum Kommissionär sich auf die hinzutretende ständige Betrauung beschränkt.[72] Im Außenverhältnis treten beide wie echte Zwischenhändler auf,[73] während das Innenverhältnis demjenigen der Handelsvertretung entspricht.[74]

Handelsvertreter, Kommissionäre und Kommissionsagenten sind als Interessenvertreter den Weisungen ihres Auftraggebers unterworfen, der im Gegenzug das Risiko aus den getätigten Geschäften trägt.[75] Dass in allen drei Konstellationen kein Zwischenerwerb der Ware durch den Vertriebsmittler stattfindet, spiegelt sich auch im Vergütungssystem wieder: Handelsvertreter und Kommissionäre erhalten eine Provision (§ 87 bzw. § 396 HGB), ihr Verdienst liegt nicht in der Handelsspanne zwischen Ein- und Verkauf.[76]

---

69 Die Tätigkeit muss aber unabhängig (d.h. selbständig) ausgeübt werden, EuGH, Urt. v. 21.11.2018 - C-452/17, ZVertriebsR 2019, 20 Rn. 22-29, 36 – *Zako/Sanidel*; *Rohrßen*, ZVertriebsR 2019, 153, 159.

70 Flohr/Wauschkuhn/*Billing*, Vor §§ 84 ff. HGB Rn. 7; Langen/Bunte/*Bahr*, Nach § 2 GWB Rn. 337.

71 BGH, Urt. v. 21.7.2016 – I ZR 229/15, NJW 2017, 475 Rn. 12; AGB-Klauselwerke/*Graf von Westphalen*, Handelsvertretervertrag Rn. 10.

72 Langen/Bunte/*Bahr*, Nach § 2 GWB Rn. 337; Flohr/Wauschkuhn/*Billing*, Vor §§ 84 ff. HGB Rn. 19; *Canaris*, HandelsR, § 16 Rn. 2; *K. Schmidt*, JuS 2008, 665, 667; vgl. BGH, Urt. v. 20.3.2003 – I ZR 225/00 juris Rn. 55 ff.; Urt. v. 21.7.2016 – I ZR 229/15, NJW 2017, 475 Rn. 10 ff.

73 *K. Schmidt*, JuS 2008, 665, 667; vgl. BGH, Urt. v. 21.7.2016 – I ZR 229/15, NJW 2017, 475 Rn. 10 ff.

74 Flohr/Wauschkuhn/*Billing*, Vor §§ 84 ff. HGB Rn. 19.

75 Vgl. §§ 86, 384 ff. HGB; BGH, Urt. v. 20.3.2003 – I ZR 225/00 juris Rn. 62; Langen/Bunte/*Bahr*, Nach § 2 GWB Rn. 337, 352 f., 357.

76 *K. Schmidt*, JuS 2008, 665, 667.

b) Kartellrechtliches Handelsvertreterprivileg

Handelsvertreter sind selbständige Unternehmer und daher im Ausgangspunkt als Unternehmen im kartellrechtlichen Sinne einzuordnen. Allerdings stellen Handelsvertreter und Prinzipal im Hinblick auf den Absatzmarkt keine zwei unterschiedlichen Unternehmen dar. Sämtliche einem Handelsvertreter auferlegten Verpflichtungen bzgl. der für den Prinzipal geschlossenen/vermittelten Verträge (u.a. Preisbindungen) unterfallen daher nicht dem Kartellverbot.[77] Dieses sog. *Handelsvertreterprivileg*[78] gilt allerdings nur, wenn den *echten Handelsvertreter* (erfasst auch Kommissionäre und Kommissionsagenten)[79] über das bloße Provisionsrisiko hinaus keine oder nur unbedeutende finanzielle oder geschäftliche Risiken bzgl. der ihm vom Auftraggeber übertragenen Tätigkeiten treffen.[80] Verbleibt das Absatzrisiko beim Prinzipal, sind Preisbindungen gegenüber Handelsvertretern, Kommissionären und Kommissionsagenten mithin kartellrechtlich zulässig. Die Vorgaben unterliegen lediglich der Missbrauchsaufsicht (§§ 19, 20 GWB / Art. 102 AEUV), sofern der Unternehmer eine marktbeherrschende Stellung innehat. Trägt der Handelsvertreter hingegen nicht nur unbedeutende Absatzrisiken – man spricht dann auch vom *unechten Handelsvertreter* –, bleibt es bei der Anwendung des Kartell- und Preisbindungsverbots.[81]

---

77 *Kommission*, Vertikal-LL, ABl. EU 2010 Nr. C 130/1, Tz. 18; *BKartA*, Hinweispapier Preisbindungsverbot, Rn. 17; *BWB*, Standpunkt vertikale Preisbindungen, S. 14 f.; Langen/Bunte/*Bahr*, Nach § 2 GWB Rn. 339, 352; *Lettl*, WRP 2011, 710, 732 f.

78 *Flohr/Feldmann* in Martinek/Semler/Flohr, § 19 Rn. 47, 57; Dauses/Ludwigs/*Emmerich*, EU-Wirtschaftsrecht, Kap. H.I.§ 2 Rn. 98a ff.

79 Vgl. die Definition des Handelsvertretervertrags in *Kommission*, Vertikal-LL, ABl. EU 2010 Nr. C 130/1, Tz. 12, wonach Handeln im eigenen Namen oder im Namen des Auftraggebers umfasst sind; BGH, Urt. v. 20.3.2003 – I ZR 225/00 juris Rn. 62 zum Preisbindungsverbot des § 15 GWB a.F.

80 *Kommission*, Vertikal-LL, ABl. EU 2010 Nr. C 130/1, Tz. 13-17; *BKartA*, Hinweispapier Preisbindungsverbot, Rn. 17; EuGH, Urt. v. 16.12.1975 – 40/73 u.a., NJW 1976, 470, 472 – *Suiker Unie u.a./Kommission*; Urt. v. 14.12.2006 – C-217/05, GRUR 2007, 437 Rn. 44 – *Confederatión/CEPSA*; *K. Schmidt*, JuS 2008, 665, 670.

81 Vgl. *Kommission*, Vertikal-LL, ABl. EU 2010 Nr. C 130/1, Tz. 21, 17; *BWB*, Standpunkt vertikale Preisbindungen, S. 15; EuGH, Urt. v. 16.12.1975 – 40/73 u.a., NJW 1976, 470, 472 – *Suiker Unie u.a./Kommission*; Urt. v. 14.12.2006 – C-217/05, GRUR 2007, 437 Rn. 45 – *Confederatión/CEPSA*; *K. Schmidt*, JuS 2008, 665, 670.

2. *Vertragshändler und Fachhändler*

Als selbständige Absatzorgane kann ein Hersteller oder Importeur auch Fach- oder Vertragshändler einsetzen. Diese stehen anders als die in den voranstehenden Abschnitten analysierten Vertriebsmittler auch funktional auf einer anderen Wirtschaftsstufe als ihr Vertragspartner, nämlich auf der Handelsstufe.[82]

a) *Zivilrechtliche Charakteristika und Abgrenzung*

Auch ohne gesetzliche Regelung des Vertragshändlervertrags in Deutschland besteht bzgl. dessen Rechtsnatur Einigkeit: ein auf gewisse Dauer gerichteter Rahmenvertrag eigener Art, durch den sich der Vertragshändler verpflichtet, ständig die Vertragswaren des Herstellers bzw. Lieferanten im eigenen Namen und auf eigene Rechnung im Vertragsgebiet zu vertreiben und ihren Absatz zu fördern, und durch den der Vertragshändler in die Vertriebsorganisation des Herstellers/Lieferanten eingegliedert wird.[83] Das geradezu klassische Anwendungsfeld des Vertragshändlers ist wohl der Kfz-Vertrieb.[84]

Fachhändler handeln gegenüber ihren Kunden wie Vertragshändler im eigenen Namen und für eigene Rechnung.[85] Beide sind echte Zwischenhändler und treten nicht als Stellvertreter des Herstellers/Lieferanten auf. Der Integrationsgrad in die Absatzorganisation ist jedoch bei Fachhändlern deutlich niedriger als bei Vertragshändlern: Der „autorisierte" Fachhändler übt seine auf den Warenumschlag gerichteten Vertriebsfunktionen und die händlerischen Abstimmungsaufgaben gemäß den Interessen des Herstellers, aber eigenständig und weisungsfrei aus.[86] Dagegen unterliegt der Vertragshändler mehr oder weniger einschneidenden Weisungen im Hinblick auf die ihm verbleibenden Umschlagsaufgaben und den Produktabsatz.[87]

---

82 *Martinek* in Martinek/Semler/Flohr, § 3 Rn. 4, 6.

83 BGH, Urt. v. 21.10.1970 – VIII ZR 255/68, NJW 1971, 29; Urt. v. 9.10.2002 – VIII ZR 95/01, NJW-RR 2003, 98; Flohr/Wauschkuhn/*Billing*, Vor §§ 84 ff. HGB Rn. 12; *Manderla* in Martinek/Semler/Flohr, § 25 Rn. 1.

84 Aus jüngerer Rspr. BGH, Urt. v. 5.2.2015 – VII ZR 315/13, NJW 2015, 1300; Flohr/Wauschkuhn/*Billing*, Vor §§ 84 ff. HGB Rn. 3; *Canaris*, HandelsR, § 17 Rn. 14.

85 *Martinek* in Martinek/Semler/Flohr, § 3 Rn. 4; EBJS/*Löwisch*, § 84 HGB Rn. 169.

86 *Martinek* in Martinek/Semler/Flohr, § 3 Rn. 4 f.

87 *Martinek* in Martinek/Semler/Flohr, § 3 Rn. 8 f.

Unter den selbständigen Absatzmittlern weist der Franchisenehmer die größte Ähnlichkeit zum Vertragshändler auf.[88] Die letzterem auferlegten Pflichten umfassen beispielsweise auch Vorgaben für die Warenpräsentation, Werbung und andere Marketing-Aktivitäten sowie die Erbringung von Serviceleistungen (z.B. Kundendienst, Ersatzteillager).[89] Allerdings bleiben die systemweite Vereinheitlichung und die Einbindung des Vertragshändlers in die Absatzorganisation hinter derjenigen des Franchisenehmers (S. 44 f.) zurück. Während es beim Franchising um ein unternehmerisches Gesamtkonzept bzw. die „Multiplikation einer Geschäftsidee"[90] geht, steht bei Vertragshändlern das Produkt im Zentrum. Dass Vertragshändlersysteme kein einheitliches Gruppenimage aufweisen, spiegelt sich auch in der Wahrnehmung des Kunden wider: Dieser dürfte z.B. in einem Kfz-Händler regelmäßig einen selbständigen Unternehmer und keine Filiale des Automobilherstellers erblicken.

b) *Kartellrechtliche Behandlung*

Da die selbständigen Vertrags- und Fachhändler die Produkte wie Franchisenehmer im eigenen Namen und für eigene Rechnung weiterverkaufen, trifft auch sie das volle wirtschaftliche Risiko des Geschäfts (sog. *Absatzrisiko*)[91]. Infolgedessen kommen weder Vertragshändler noch Fachhändler in den Genuss des kartellrechtlichen Handelsvertreterprivilegs.[92] Damit ist das deutsche wie europäische Kartellverbot uneingeschränkt anwendbar, sodass z.B. vertikale Preisbindungen zulasten der Händler unzulässig sind.

3. *Zwischenergebnis zum indirekten Vertrieb*

Gegenüber den anderen selbständigen Absatzmittlern weisen Franchisenehmer den höchsten Grad vertikaler Integration auf („*Quasi-Filialen*"). Das betrifft die Einbindung in die Absatzorganisation sowie das systemeinheitliche äußere

---

88 So auch *Canaris*, HandelsR, § 18 Rn. 1 f., § 17 Rn. 14; Metzlaff/*Skaupy*, Praxishandbuch Franchising, § 4 Rn. 1; *Flohr*, Franchise-Vertrag, S. 27 f.; Flohr/Wauschkuhn/*Billing*, Vor §§ 84 ff. HGB Rn. 14.

89 Oetker/*Busche*, § 84 HGB Rn. 8; MüKoBGB/*Westermann*, Vor § 433 Rn. 27.

90 *Ensthaler et al.*, Technikrecht, S. 169; Giesler/Nauschütt/*Lerchenmüller*, Kap. 1 Rn. 39 ff.

91 EBJS/*Löwisch*, § 84 HGB Rn. 191; Flohr/Wauschkuhn/*Billing*, Vor §§ 84 ff. HGB Rn. 12; *Manderla* in Martinek/Semler/Flohr, § 25 Rn. 1, 5.

92 Zum Vertragshändler: Flohr/Wauschkuhn/*Billing*, Vor §§ 84 ff. HGB Rn. 13; *Canaris*, HandelsR, § 17 Rn. 50; vgl. BGH, Beschl. v. 15.4.1986 – KVR 3/85 juris Rn. 43 ff. – *EH-Partner-Vertrag* zu § 15 GWB a.F.

Erscheinungsbild der Franchisenehmerstandorte, die aufgrund des Gruppenimages aus Kundensicht wie unternehmenseigene Filialen wirken. Am ähnlichsten unter den Möglichkeiten des Fremdvertriebs ist der Franchisenehmer dem Vertragshändler trotz diesem gegenüber stärkerer Einbindung in die Vertriebsorganisation. Denn beide handeln im eigenen Namen und für eigene Rechnung und tragen das Absatzrisiko. Das gilt auch für Fachhändler, deren Integration in die Absatzorganisation des Herstellers/Lieferanten jedoch noch hinter derjenigen von Vertragshändlern zurückbleibt. Wie die echten Zwischenhändler treten im Außenverhältnis auch Kommissionäre (§ 383 HGB) und Kommissionsagenten auf. Im Innenverhältnis handeln sie dagegen wie Handelsvertreter für fremde Rechnung und unterliegen den Weisungen ihres Auftraggebers, der das Risiko aus den getätigten Geschäften trägt. Darüber hinaus agieren Handelsvertreter (§ 84 HGB) und Handelsmakler (§ 93 HGB) auch nach außen im fremden Namen, wodurch sie sich von den übrigen selbständigen Absatzmittlern unterscheiden.

Bedeutung hat die unterschiedliche Risikoverteilung im Vertriebsverhältnis auch für die kartellrechtliche Beurteilung: Preisbindungen und andere einem echten Handelsvertreter (erfasst auch Kommissionäre und Kommissionsagenten) auferlegten Verpflichtungen bzgl. der für den Prinzipal geschlossenen/vermittelten Verträge unterfallen nicht dem Kartellverbot. Dieses Handelsvertreterprivileg gilt hingegen nicht bei Fach-/Vertragshändlern und unechten Handelsvertretern, die nicht nur unbedeutende Absatzrisiken tragen. Daher sind hier Wettbewerbsbeschränkungen wie vertikale Preisbindungen kartellrechtlich unzulässig.

III. Verbundgruppen

Neben dem Eigenvertrieb und dem Einsatz selbständiger Absatzmittler sind v.a. im Lebensmitteleinzelhandel Verbundgruppen anzutreffen. Die auch als Einkaufsverband/-gemeinschaft o.ä. bezeichnete Absatzform zeichnete sich ursprünglich durch eine institutionalisierte, auf Dauer angelegte Kooperation mit eigener Infrastruktur von meist mittelständischen Handelsunternehmen im Hinblick auf den gemeinsamen Einkauf sowie die mit diesem verbundenen Dienstleistungen aus.[93] Um wettbewerbsfähig zu bleiben, haben die leitenden Verbundgruppenzentralen nach und nach mehr Funktionen etwa hins.

93 *Kutscher Puis* in Martinek/Semler/Flohr, § 38 Rn. 1, 4 f.

Werbung, Beratung, Schulung und Sortimentsplanung (inkl. Eigenmarkenpolitik) bis hin zum „Full-Service" übernommen.[94]

Die traditionelle Rechtsform der Verbundgruppe ist die eingetragene Genossenschaft (vgl. § 1 GenG), wie sie bis heute z.B. bei der Rewe Group, dem Edeka-Verbund, Euronics, Intersport oder der BÄKO anzutreffen ist.[95] Daneben existieren zunehmend Verbundgruppen in Form von Personen- oder Kapitalgesellschaften, v.a. der GmbH und GmbH & Co. KG (Hagebau, duo schreib & spiel), aber auch der Aktiengesellschaft (Vedes AG).[96] Die Interessen von ca. 230.000 mittelständischen Unternehmen, die in rund 310 Verbundgruppen aus ca. 45 Branchen organisiert sind, vertritt der Mittelstandsverbund – ZGV e.V.

Die einzelnen der zentralen Leitung unterliegenden Mitglieder der Verbundgruppe, auch als Anschlusshäuser/-unternehmen bezeichnet, sind rechtlich und wirtschaftlich selbständige Unternehmen.[97] Insofern sind sie mit den selbständigen Absatzmittlern vergleichbar, insb. mit Franchisenehmern, Fach- und Vertragshändlern, da sie wie diese im eigenen Namen und für eigene Rechnung handeln. Allerdings erfolgt die Kooperation bei den Verbundgruppen zwischen Parteien derselben Wirtschaftsstufe, hat demnach horizontalen Charakter.[98] Hierin liegt ein entscheidender Unterschied zu den vertikalen Vertriebsverhältnissen. Da jedoch unter funktionalen Gesichtspunkten eine zunehmende Vertikalisierung der Verbundgruppen v.a. des Lebensmitteleinzelhandels zu vermerken ist, wird in Bezug auf diese bisweilen vom Quasi-Franchising gesprochen.[99] Aber trotz ihrer Wandlung „von defensiven, genossenschaftlichen Beschaffungsvereinigungen zu offensiven Marketinggemeinschaften unter der Führung der Zentrale" werden Verbundgruppen in Deutschland, anders als in den USA, nicht zum Franchising gezählt.[100] Ferner unterscheiden sich Verbundgruppen vom Franchising und den anderen vertikalen Vertriebsverhältnissen durch die Zweigleisigkeit der Rechtsbeziehungen zwischen der Verbundgruppe

94 *Martinek* in Martinek/Semler/Flohr, § 3 Rn. 34 f.
95 *Kutscher-Puis* in Martinek/Semler/Flohr, § 38 Rn. 16 ff.
96 *Kutscher-Puis* in Martinek/Semler/Flohr, § 38 Rn. 15, 19-24.
97 *Kutscher-Puis* in Martinek/Semler/Flohr, § 38 Rn. 4 ff.
98 Metzlaff/*Skaupy*, Praxishandbuch Franchising, § 4 Rn. 13; Langen/Bunte/*Bahr*, Nach § 2 GWB Rn. 265.
99 *Martinek* in Martinek/Semler/Flohr, § 3 Rn. 33 ff., § 29 Rn. 9 (*Flohr*).
100 *Flohr* in Martinek/Semler/Flohr, § 29 Rn. 9.

und ihren Mitgliedern, die zugleich Kunde und Genosse bzw. Gesellschafter der Verbundgruppe sind.[101]

Vereinbarungen zwischen den selbständigen Verbundgruppen-Anschlusshäusern fallen unter das Kartellverbot (Art. 101 Abs. 1 AEUV / § 1 GWB). Preisabsprachen und -bindungen sind mithin verboten. Da es sich um Unternehmen derselben Wirtschaftsstufe handelt, erfolgt die Zulässigkeitsprüfung zunächst nach Maßgabe der Horizontal-Leitlinien.[102]

IV. Kombination verschiedener Vertriebsformen und -kanäle

Unternehmen müssen sich nicht auf eine in den vorangegangenen Abschnitten aufgezeigte Vertriebsform beschränken, sondern können ihre Produkte auch über mehrere Absatzwege anbieten. So kann der Direktvertrieb in Form eines Filialnetzes – von Beginn an oder nachträglich – mit anderen Vertriebswegen über selbständige Absatzmittler kombiniert werden (sog. *dualer* oder *mehrgleisiger Vertrieb*)[103]. Solche Mischsysteme tauchen in der Praxis immer häufiger auf. So ist etwa bei Edeka und Rewe die Kombination von Filialen und genossenschaftlichen Verkaufsstellen anzutreffen. Möglich ist auch der Vertrieb über unternehmenseigene Standorte kombiniert mit dem Einsatz von Kommissionären.[104] Und Franchisegeber können zugleich eigene Ladenlokale bzw. Regiebetriebe betreiben (Beispiel: OBI).[105] In letzterem Fall ist zu beachten, dass ein

---

101 *Kutscher-Puis* in Martinek/Semler/Flohr, § 38 Rn. 14; Langen/Bunte/*Bahr*, Nach § 2 GWB Rn. 265.

102 *Kommission*, Horizontal-LL, ABl. EU 2011 Nr. C 11/1, Tz. 194 ff.; Langen/Bunte/*Nolte*, Nach Art. 101 AEUV Rn. 338. Im dt. Recht ist ferner die gesetzliche Freistellung für Mittelstandskartelle gem. § 3 GWB zu beachten. Auf einer zweiten Stufe werden von der Vertikal-GVO die vertikalen Vereinbarungen zwischen der Verbundgruppe und ihren Mitgliedern (Art. 2 Abs. 2) sowie den Lieferanten erfasst.

103 *Martinek* in Martinek/Semler/Flohr, § 3 Rn. 19, § 31 Rn. 15; *Kommission*, Vertikal-LL, ABl. EU 2010 Nr. C 130/1, Tz. 28 Satz 4 f.: Freistellungsmöglichkeit nach der Vertikal-GVO trotz Wettbewerbsverhältnis.

104 MüKoHGB/*Häuser*, § 383 HGB Rn. 8; so etwa früher bei Tchibo praktiziert, vgl. OLG Hamburg, Urt. v. 25.2.1993 – 3 U 132/92, GRUR 1993, 772, 773 – *Kaffeeverkauf*. Heute werden die „Filialen" von Franchisenehmern betrieben, während Tchibo einen eigenen Onlineshop unterhält. Ob die Depots weiterhin nach dem Kommissionsmodell funktionieren, lässt sich der Unternehmenshomepage nicht entnehmen.

105 *Martinek* in Martinek/Semler/Flohr, § 3 Rn. 19, § 31 Rn. 15; *Flohr*, Franchise-Vertrag, S. 30; *Billing/Metzlaff*, BB 2015, 1347, 1353; *Buck-Heeb/Dieckmann*, JuS 2008, 583, 584; *Kicthc*, WRP 2004, 1004, 1006.

Franchisegeber kartellrechtlich nicht gehindert ist, eigene Unternehmen gegenüber den Franchisenehmern zu bevorzugen, da ein solches Verhalten einer Wettbewerbsordnung immanent und in der Regel nicht unbillig i.S.v. §§ 19, 20 GWB ist.[106]

Ferner ist es dem Franchisegeber grundsätzlich erlaubt, durch die Etablierung eines eigenen Onlineshops in den Direktvertrieb einzusteigen, um im Wettbewerb mit anderen im Internet agierenden Unternehmen (v.a. Amazon) bestehen zu können.[107] Die konkurrierende Tätigkeit des Franchisegebers darf allerdings weder gegen dessen vertragliche Pflichten verstoßen noch für die Franchisenehmer existenzgefährdend sein.[108] Diese Maßstäbe dürften Geltung auch für Vertragshändlersysteme und Verbundgruppen beanspruchen,[109] sodass auch hier der parallele Internetvertrieb der Systemzentrale grundsätzlich zulässig ist, sofern weder der Vertriebsvertrag ausdrücklich etwas anderes besagt noch die selbständigen Vertriebspartner hierdurch in ihrer Existenz gefährdet werden.

1. *Multi-Channel- und Cross-Channel-Vertrieb*

Generell ist zu beobachten, dass sich auch die Kombination mehrerer Vertriebskanäle in immer mehr Branchen durchsetzt (sog. *Multi-Channel-* und *Omni-Channel-Vertrieb*).[110] Hersteller wie auch Händler nutzen parallel insb. den Internet- und den stationären Vertrieb. Dadurch sollen die Nachteile der einzelnen Absatzkanäle ausgeglichen und deren jeweilige spezifische Vorteile für das Unternehmen kumuliert werden. Vor diesem Hintergrund haben viele Unternehmen zu Recht erkannt, dass die Zukunft in einer effektiven Vernetzung der verschiedenen Vertriebskanäle anstelle isolierten Parallelvertriebs liegt und

---

106 *Billing/Metzlaff*, BB 2015, 1347, 1351; vgl. BGH, Beschl. v. 11.11.2008 - KVR 17/08, NJW 2009, 1753 Rn. 24 - *Bau und Hobby* („*Praktiker*", Kartellsache) und OLG Düsseldorf, Urt. v. 13.12.2006 - VI-U (Kart) 36/05 juris Rn. 28 (Zivilsache).

107 Zur vertrags- und kartellrechtlichen Zulässigkeit und deren Grenzen ausführlich OLG Düsseldorf, Urt. v. 15.10.2014 - VI-U (Kart) 4/14, ZVertriebsR 2016, 44; *Billing/Metzlaff*, BB 2015, 1347 ff.

108 OLG Düsseldorf, Urt. v. 15.10.2014 - VI-U (Kart) 4/14, ZVertriebsR 2016, 44 Rn. 20, 29.

109 Dem stehen mangels Übertragbarkeit auf den Internetvertrieb als Form des passiven Verkaufs auch nicht BGH, Urt. v. 10.2.1993 - VIII ZR 47/92, NJW-RR 1993, 678, 682 f. und Urt. v. 12.1.1994 - VIII ZR 165/92, NJW 1994, 1060, 1061 - *DAIHATSU* hins. der Zulässigkeitsgrenzen des parallelen aktiven Direktvertriebs entgegen.

110 *BKartA*, Vertikale Beschränkungen in der Internetökonomie, S. 19; *Martinek*, ZVertriebsR 2014, 273 f.

sog. *Cross-Channel-Strategien* entwickelt. Die neuen Vertriebs- bzw. Einkaufskonzepte verknüpfen den Online- und Offlinevertrieb miteinander,[111] wobei die Grenzen zwischen stationärem und elektronisch vermitteltem Geschäft zunehmend verschwimmen.[112] Hier sind die bereits heute gängigen „Click&Collect"-Modelle, bei denen online bestellte Waren im Ladengeschäft abgeholt werden können, erst der Anfang. Diese sind nicht nur bei Filialsystemen, sondern auch in Franchisesystemen wie OBI oder in Mischsystemen[113] anzutreffen. Die Multi- und Cross-Channel-Konzepte sind zu begrüßen und weiterzuentwickeln, da auch die Endkunden sich typischerweise in mehreren Vertriebskanälen bewegen, wodurch Informationssammlung bzw. Vorbereitung des Geschäfts und dessen Abschluss nicht zwingend im gleichen Medium stattfinden.

2. Kooperationstrend im Vertrieb

In Bezug auf Franchisesysteme wird häufig von „vertikaler Gruppenkooperation" gesprochen, da die einzelnen Franchiseunternehmen durch ihr einheitliches äußeres Erscheinungsbild der Marktgegenseite als Gruppe gegenübertreten.[114] Feststellen lässt sich mit Blick auf das partnerschaftliche Zusammenwirken der Franchisenehmer und des Franchisegebers: Das Franchising ist nur ein, wenn auch das bedeutsamste, Beispiel für eine Generation neuartiger Netzwerkverträge.[115] Hierunter fallen sich im Detail unterscheidende Kooperationsformen rechtlich und wirtschaftlich selbständiger Unternehmen, die geprägt sind durch eine Vielzahl gegenseitiger Pflichten der Partner, die gleichgerichtete Interessen verfolgen. Denn die zunehmende Vernetzung und Arbeitsteilung der Wirtschaft bringt es mit sich, dass immer komplexere neuartige Vertriebsformen entstehen.[116] Zuvor unabhängige Unternehmen gehen Partnerschaften

---

111 *BKartA*, Beschl. v. 26.8.2015 – B2-98/11 Rn. 97 („*ASICS*"); OLG Düsseldorf, Urt. v. 15.10.2014 – VI-U (Kart) 4/14, ZVertriebsR 2016, 44 Rn. 3.

112 *Billing/Metzlaff*, BB 2015, 1347.

113 Vgl. OLG Düsseldorf, Urt. v. 15.10.2014 – VI-U (Kart) 4/14, ZVertriebsR 2016, 44 Rn. 1, 3: Die Märkte der beklagten Baumarktkette werden teils als Filial-/Regiebetriebe, teils von Franchisenehmern oder als Joint-Venture betrieben.

114 So etwa *Martinek*, Moderne Vertragstypen II, S. 27 ff.; dazu auch S. 44 f.

115 *Martinek*, ZVertriebsR 2015, 350, 352; in diese Richtung auch Giesler/Nauschütt/*Giesler*, Kap. 5 Rn. 238 ff. Eine Netzwerkhaftung ist jedoch abzulehnen, *Flohr* in Martinek/Semler/Flohr, § 30 Rn. 392.

116 *Martinek* in Martinek/Semler/Flohr, § 1 Rn. 15; vgl. *K. Schmidt*, JuS 2008, 665, 672.

und „strategische Allianzen“[117] ein, schließen sich zu netzwerkartigen Vertriebsstrukturen zusammen, um wettbewerbsfähig zu bleiben. Durch intensive Zusammenarbeit, konformes Auftreten am Markt und überregionale bzw. systemweite Werbemaßnahmen bilden die Vertriebssysteme teilweise sogar eine Corporate Identity.[118]

Verstärkt wird die Notwendigkeit von Kooperationen durch die mit der Digitalisierung einhergehenden Neuerungen wie dem Vertrieb über Onlineshops, Plattformen, Apps sowie mithilfe von Sprachassistenten. Insofern dürfte die Zukunft in Mischsystemen zwischen Direktvertrieb und indirektem Systemvertrieb und in Kooperationsmodellen liegen.[119]

Mit dieser Entwicklung hält das geschriebene Vertriebsrecht jedoch nicht Schritt. Geregelt sind im HGB lediglich die Handelsvertretung und das Kommissionsgeschäft. Dagegen fehlt bzgl. Fach- und Vertragshandel sowie Franchising jede Kodifikation. Diese etablierteren Absatzmittlungsverhältnisse wurden aber zumindest eingehend in Rechtsprechung und Literatur analysiert. Demgegenüber steht die Beschäftigung mit neu entstandenen partnerschaftlichen Vertriebsformen noch am Anfang, eine gesetzliche Regelung ist nicht in Sicht.

V. Zusammenfassung zu den Vertriebsformen

Im Grundsatz sind Unternehmen in der Gestaltung ihres Absatzsystems einschließlich der Wahl der Vertriebskanäle frei. Die möglichen Vertriebsformen lassen sich in zwei Gruppen gliedern: den Eigen-/Direktvertrieb einerseits und den Fremd- oder indirekten Vertrieb über externe Absatzmittler andererseits.

Beim Direktvertrieb verkauft das Unternehmen seine Produkte über unternehmenseigene Vertriebsstellen stationärer und/oder virtueller Art unmittelbar an den Endkunden und behält dadurch die Kontrolle über Produktabsatz und Kundenkontakt. Preisbindungen sind hier ohne weiteres zulässig. In vielen Branchen sind Direktvertriebstendenzen zu vermerken, insb. verkaufen Unternehmen ihre Produkte vermehrt im Internet direkt an den Endkunden; und zwar in eigenen Onlineshops, aber auch auf Online-Plattformen bzw. -Marktplätzen. Zur Sicherung der Wettbewerbsfähigkeit ist der Einstieg der

---

117 *Martinek*, ZVertriebsR 2015, 350, 351 ff. nennt als Beispiel die „Star Alliance“, einen Zusammenschluss wichtiger Fluggesellschaften u.a. der deutschen Lufthansa.

118 *Martinek*, ZVertriebsR 2015, 350, 352; *ders.*, ZVertriebsR 2018, 139, 140; fürs Franchising Metzlaff/*Schulz*, Praxishandbuch Franchising, § 22 Rn. 2.

119 Wie hier auch *Martinek*, ZVertriebsR 2018, 139, 143; zustimmend *Rohrßen*, ZVertriebsR 2019, 153, 159.

Vertriebssystemzentrale in den Internetvertrieb grundsätzlich zulässig, sofern er weder gegen die Regelungen des Vertriebsvertrags verstößt noch für die Vertriebsmittler existenzgefährdend ist.

Daneben hat sich aber auch der indirekte Vertrieb über Handelsvertreter, Kommissionsagenten, Fach- und Vertragshändler sowie Franchisenehmer bewährt. Diese vom Unternehmer ständig betrauten selbständigen Vertriebsmittler unterscheiden sich voneinander im Hinblick auf die Risikoverteilung und den Grad der Verhaltensabstimmung mit der Systemzentrale. Letzterer ist bei Franchisesystemen am stärksten ausgeprägt. Fach-/Vertragshändler und Franchisenehmer handeln im eigenen Namen und für eigene Rechnung, tragen mithin das Absatzrisiko. Letzteres verbleibt in Handelsvertretungen und Kommissionsagentursystemen beim Prinzipal. Infolgedessen gilt hier das kartellrechtliche Handelsvertreterprivileg, sodass z.B. Preisbindungen – anders als in Fach-/Vertragshändlersystemen und Verbundgruppen – zulässig sind. Die horizontalen Verbundgruppen insb. des Lebensmitteleinzelhandels sind mit den vertikalen Vertriebssystemen insofern vergleichbar als deren selbständige Anschlusshäuser wie Franchisenehmer und Fach-/Vertragshändler im eigenen Namen und für eigene Rechnung handeln. Ferner findet unter funktionalen Gesichtspunkten eine zunehmende Vertikalisierung der Verbundgruppen statt.

Die Vertriebslandschaft ist nicht zuletzt aufgrund der fortschreitenden Digitalisierung des Vertriebs geprägt durch Kooperationsmodelle und Mischsysteme, auch zwischen Eigen- und Fremdvertrieb. Außerdem wird angesichts der wachsenden Bedeutung des E-Commerce der von immer mehr Unternehmen praktizierte Multi-Channel-Vertrieb zu Cross-Channel-Strategien weiterentwickelt, bei denen sich zunehmend die Grenzen zwischen stationärem und Online-Handel auflösen bzw. die Vertriebskanäle bewusst kombiniert werden.

C. Franchising und Kartellverbot

Einen Aspekt zur Entwicklung der franchisetypischen Imageeinheit bildet die Abstimmung der Werbemaßnahmen zwischen dem Franchisegeber und den Franchisenehmern seines Systems. Infolgedessen ruft Werbung im Kontext von Franchisesystemen neben dem Lauterkeitsrecht auch das Kartellrecht auf den Plan.

Angesichts der franchisetypischen engen Einbindung des Franchisenehmers in die zentral verwaltete Absatzorganisation des Franchisegebers stellt sich hier zunächst die Frage nach der Anwendbarkeit des deutschen und EU-Kartellverbots auf Franchisevereinbarungen. Sodann richtet sich der Blick auf das Verbot vertikaler Preisbindung, welches stetig Gegenstand der wirtschaftlichen wie juristischen Diskussion ist. Angesichts der Bedeutung des Preises als Wettbewerbsparameter betreiben auch Franchisesysteme in erster Linie Preiswerbung. Da dem Preisbindungsverbot somit für die Untersuchungsthematik maßgebliche Bedeutung zukommt, werden neben dessen Inhalt und Reichweite insb. auch die Anwendung im Franchisekontext sowie Freistellungsmöglichkeiten beleuchtet. Dabei wird es auch um die Möglichkeiten kartellrechtskonformer Kommunikation im Rahmen von Werbebeiräten gehen.

I. Kartellverbot, Art. 101 Abs. 1 AEUV / § 1 GWB

Art. 101 Abs. 1 AEUV und § 1 GWB verbieten Vereinbarungen zwischen Unternehmen, Beschlüsse von Unternehmensvereinigungen und aufeinander abgestimmte Verhaltensweisen, die eine Verhinderung, Einschränkung oder Verfälschung des Wettbewerbs bezwecken oder bewirken. Erfasst werden horizontale (zwischen Wettbewerbern) sowie vertikale Verhaltensweisen (zwischen verschiedenen Wirtschaftsstufen).[120] Das EU-Kartellverbot enthält über die sonst wortgleiche deutsche Vorschrift hinaus eine sog. Zwischenstaatlichkeitsklausel[121].

Für das Verhältnis zwischen deutschem und europäischem Kartellverbot gilt: Art. 101 Abs. 1 AEUV ist bei zwischenstaatlichen Sachverhalten neben § 1 GWB parallel anwendbar und hat bei inhaltlichen Divergenzen Vorrang außer bzgl. einseitiger Handlungen (Art. 3 VO 1/2003, § 22 Abs. 1 und Abs. 2 GWB).[122] Da die Beurteilung der unternehmerischen Verhaltensweisen wie Preisbindungen i.R.d. § 1 GWB an den europäischen Maßstäben zu orientieren ist,[123] wird sich allerdings nur selten ein Vorrangproblem ergeben.

In das deutsche bzw. EU-Kartellverbot ist als ungeschriebenes Tatbestandsmerkmal die „Spürbarkeit“ der Wettbewerbsbeschränkung hineinzulesen.[124]

---

120 EuGH, Urt. v. 13.7.1966 – C-56/64, ECLI:EU:C:1966:41 S. 387 f. – *Consten und Grundig/Kommission*; *Nordemann* in Loewenheim/Meessen/Riesenkampff et al., § 1 GWB Rn. 1 ff.

121 Die Vereinbarung muss geeignet sein, den Handel zwischen Mitgliedstaaten zu beeinträchtigen. Näher dazu im Kontext vertikaler Preisbindung *Kommission*, Leitlinien über den Begriff der Beeinträchtigung des zwischenstaatlichen Handels in den Art. 81 und 82 des Vertrags, ABl. EU 2004 Nr. C 101/81, Tz. 72, 88.

122 Immenga/Mestmäcker/*Rehbinder*, § 22 GWB Rn. 2; Art. 3 VO 1/2003 Rn. 1 ff.

123 Immenga/Mestmäcker/*Zimmer*, § 1 GWB Rn. 355; *Nordemann* in Loewenheim/Meessen/Riesenkampff et al., § 1 GWB Rn. 10, 21 ff.

124 EuGH, Urt. v. 13.12.2012 – C-226/11, GRUR Int. 2013, 285 Rn. 16 f. – *Expedia*; *Nordemann* in Loewenheim/Meessen/Riesenkampff et al., § 1 GWB Rn. 22, Art. 101 Abs. 1

Anzunehmen ist sie nach der sog. *De-minimis-Bekanntmachung* der Kommission bei Überschreiten einer Marktanteilsschwelle von 10% bei Horizontal- bzw. 15% bei Vertikalvereinbarungen.[125]

1. Grundsätzliche Anwendbarkeit auf Franchisevereinbarungen

Für die vorliegende Untersuchung ist zu klären, inwieweit das Kartell- und Preisbindungsverbot im Franchisekontext zur Anwendung kommt. Da Franchisegeber und Franchisenehmer rechtlich selbständige Unternehmen sind, unterfallen Franchiseverträge im Grundsatz dem Kartellverbot, stellen aber für sich genommen noch keinen Kartellrechtsverstoß dar.[126] Denn beim Franchising handelt es sich dem *EuGH* zufolge „weniger um eine Vertriebsform als vielmehr um eine Art wirtschaftlicher Verwertung eines Wissensschatzes ohne Einsatz von eigenem Kapital"[127]. Mithin hängt die kartellrechtliche Zulässigkeit eines Franchisevertrags von dessen wirtschaftlichem Zusammenhang sowie den Vertragsbestimmungen ab.[128]

Indem der Franchisenehmer gegenüber dem Endkunden im eigenen Namen und für eigene Rechnung handelt, trägt er das finanzielle und geschäftliche Absatzrisiko. Dies hat zur Folge, dass Franchisevereinbarungen nicht vom Handelsvertreterprivileg (S. 56) profitieren.

In der Leitentscheidung *Preisbindung durch Franchisegeber* hat der BGH klargestellt: Das Verbot vertikaler Preisbindung gilt auch für Franchisebeziehungen, wenn der Franchisenehmer – wie regelmäßig der Fall – das volle wirtschaftliche Risiko seiner geschäftlichen Tätigkeit selbst trägt.[129] Eine Einschränkung des gesetzlichen Tatbestands gestützt auf die durch das einheitliche Erscheinungsbild

---

AEUV Rn. 288 ff. (*Grave/Nyberg*): Bei Art. 101 AEUV bezieht sich das Spürbarkeitskriterium auch auf die Zwischenstaatlichkeitsklausel.

125 *Kommission*, De-minimis-Bekanntmachung, ABl. EU 2014 Nr. C 291/1, Tz. 8 ff. Dieser sog. SAFE-Harbour-Bereich (Tz. 13) ist für die Gerichte und Wettbewerbsbehörden der Mitgliedstaaten nicht verbindlich (Tz. 5; EuGH, Urt. v. 13.12.2012 – C-226/11, GRUR Int. 2013, 285 Rn. 24-31 – *Expedia*).

126 EuGH, Urt. v. 28.1.1986 – C-161/84, NJW 1986, 1415 Rn. 14 f. – *Pronuptia*; *Hack/dos Santos Goncalves*, GWR 2015, 514.

127 EuGH, Urt. v. 28.1.1986 – C-161/84, NJW 1986, 1415 Rn. 15 – *Pronuptia*.

128 EuGH, Urt. v. 28.1.1986 – C-161/84, NJW 1986, 1415 Rn. 14, 27 – *Pronuptia*; OLG Hamburg, Urt. v. 5.6.1986 – 3 U 181/85, EWiR 1986, 899; *Kommission*, Vertikal-LL, ABl. EU 2010 Nr. C 130/1, Tz. 189 ff.

129 BGH, Urt. v. 2.2.1999 – KZR 11/97 juris Rn. 37 f. – *Preisbindung durch Franchisegeber* zu § 15 GWB a.F.

vermittelte Erwartung der Verbraucher nach einheitlichen Preisen bei allen Systemteilnehmern lehnte der *BGH* ab, da das Preisbindungsverbot nicht dem Schutz des Verkehrs vor Fehlvorstellungen über die Preisgestaltung in einem Franchisesystem diene.[130] Die Anwendbarkeit des auf den Schutz der unternehmerischen Preisgestaltungsfreiheit abzielenden Preisbindungsverbots scheide hingegen bei Verträgen aus, wo sie ohnehin fehlt, weil ihr beispielsweise „von der Rechtsordnung anerkannte institutionelle Gegebenheiten" entgegenstehen.[131] Demnach sind Preisbindungen zulässig, sofern das unternehmerische Risiko beim Hersteller bzw. Lieferanten liegt, der korrespondierend über ein Weisungsrecht gegenüber dem Absatzmittler verfügt – wie beim Handelsvertreter oder Kommissionär der Fall.[132] Dabei richtet sich die Anwendung des Preisbindungsverbots nach dem Gesamtbild der geschäftlichen Beziehungen, wobei in erster Linie auf die Risikoverteilung im konkreten Absatzmittlungsverhältnis und nicht auf dessen äußere Form bzw. Bezeichnung abzustellen ist.[133]

2. Pronuptia-Urteil des EuGH: Möglichkeit der Tatbestandsrestriktion

Vom BGH im Wege eines Vorabentscheidungsersuchens (heute Art. 267 AEUV) angerufen, hatte der EuGH im Jahr 1986 erstmals Gelegenheit, sich zur kartellrechtlichen Zulässigkeit von Franchiseverträgen zu äußern.[134] In einem Rechtsstreit zwischen *Pronuptia de Paris*, einem Unternehmen für Braut- und Hochzeitsmoden, und einer Franchisenehmerin legte der BGH dem EuGH insb. folgende Frage vor:

> *„Ist Art. 85 I 1 EWGV [jetzt Art. 101 Abs. 1 AEUV] auf Franchiseverträge wie die Verträge zwischen den Parteien anwendbar, deren Gegenstand die Durchführung eines besonderen Vertriebssystems ist, innerhalb dessen der Franchisegeber dem Franchisenehmer außer Waren auch Geschäftsnamen, Warenzeichen, Warenausstattung und andere Dienstleistungen überläßt?"*[135]

---

130 BGH, Urt. v. 2.2.1999 – KZR 11/97 juris Rn. 42 – *Preisbindung durch Franchisegeber.*

131 BGH, Beschl. v. 5.12.1968 – KVR 2/68 juris Rn. 31 – *Farbumkehrfilme*; Beschl. v. 15.4.1986 – KVR 3/85 juris Rn. 41 – *EH-Partner-Vertrag; Böhner*, BB 1997, 1427 f.

132 BGH, Beschl. v. 15.4.1986 – KVR 3/85 juris Rn. 40, 42 – *EH-Partner-Vertrag*; Urt. v. 2.2.1999 – KZR 11/97 juris Rn. 38 – *Preisbindung durch Franchisegeber.*

133 BGH, Beschl. v. 15.4.1986 – KVR 3/85 juris Rn. 42 ff. m.w.N. – *EH-Partner-Vertrag*; vgl. Begr. zum RegE des GWB 1957, BT-Drucks. 2/1158, S. 35; Langen/Bunte/*Bahr*, Nach § 2 GWB Rn. 338.

134 EuGH, Urt. v. 28.1.1986 – C-161/84, NJW 1986, 1415 – *Pronuptia.*

135 EuGH, Urt. v. 28.1.1986 – C-161/84, NJW 1986, 1415 Vorlagefrage 1 – *Pronuptia.*

In seiner Antwort konstatierte der *EuGH*, dass einzelne Bestimmungen in Verträgen über Vertriebsfranchising keine Wettbewerbsbeschränkungen i.S.d. Kartellverbots darstellen.[136] Dies setze jedoch voraus, dass sie zum Schutz des vermittelten Know-hows und der vom Franchisegeber gewährten Unterstützung oder zur Wahrung der Identität und des Ansehens der durch die Geschäftsbezeichnung symbolisierten Vertriebsorganisation *unerlässlich* sind.[137] Eben solche Beschränkungen bzw. Verpflichtungen in Franchiseverträgen erklären auch die Vertikal-Leitlinien für zulässig.[138] Als insofern für die Funktionsfähigkeit des Franchisesystems erforderlich sah der *EuGH* etwa Vorgaben und Kontrollen hins. der Anwendung der Geschäftsmethoden und eines einheitlichen Erscheinungsbilds (Werbung, Gestaltung und Lage der Ladengeschäfte etc.) sowie Bezugsverpflichtungen zur Qualitätssicherung an.[139] Nicht unerlässlich zum Schutz des Know-hows oder zur Wahrung von Identität und Ansehen des Franchisesystems sind hingegen u.a. Nebenabreden, die den Preiswettbewerb zwischen den Franchisenehmern beeinträchtigen durch Einschränkung von deren Preisgestaltungsfreiheit.[140] Allerdings sollen bloße Richtpreise nicht unter das Kartellverbot fallen, sofern im Hinblick auf deren tatsächliche Anwendung keine aufeinander abgestimmte Verhaltensweise zwischen dem Franchisegeber und den Franchisenehmern oder unter den Franchisenehmern besteht.[141]

Die aufgestellte Voraussetzung *unerlässlicher* Beschränkungen legt zwar wegen Art. 101 Abs. 3 lit. a AEUV eine Behandlung i.R.d. Freistellungsmöglichkeit nahe. Zum Schutz des Know-hows und/oder zur Wahrung der Einheitlichkeit und des Rufs des Franchisesystems notwendige Beschränkungen sind jedoch von vornherein dem Anwendungsbereich des Kartellverbots sowie der Einzel- und Gruppenfreistellung entzogen.[142] Indem der *EuGH* hier bereits auf

---

136 EuGH, Urt. v. 28.1.1986 – C-161/84, NJW 1986, 1415 Rn. 27, 13 f. – *Pronuptia.*

137 EuGH, Urt. v. 28.1.1986 – C-161/84, NJW 1986, 1415 Rn. 16 f., 27 – *Pronuptia.*

138 *Kommission*, Vertikal-LL, ABl. EU 2010 Nr. C 130/1, Tz. 189 ff. knüpft damit an die EuGH-Rechtsprechung und die darauf aufbauenden Klauseln der seit Ende 1999 außer Kraft getretenen Franchise-GVO an, vgl. *Schultze/Pautke/Wagener*, Art. 4 lit. b Vertikal-GVO Rn. 783.

139 EuGH, Urt. v. 28.1.1986 – C-161/84, NJW 1986, 1415 Rn. 16-22 – *Pronuptia.*

140 EuGH, Urt. v. 28.1.1986 – C-161/84, NJW 1986, 1415 Rn. 23, 25 – *Pronuptia*; dem folgend BGH, Urt. v. 8.2.1994 – KZR 2/93 juris Rn. 32, 39 – *Pronuptia II*; vgl. *BWB*, Standpunkt vertikale Preisbindungen, S. 15.

141 EuGH, Urt. v. 28.1.1986 – C-161/84, NJW 1986, 1415 Rn. 25, 27 – *Pronuptia*; *Kommission*, Entsch. v. 2.12.1988, ABl. EG Nr. L 35/31 Rn. 29, 18 – *Charles Jourdan.*

142 Vgl. *Schultze/Pautke/Wagener*, Art. 4 lit. b Vertikal-GVO Rn. 779.

Tatbestandsebene das Vorliegen einer Wettbewerbsbeschränkung verneint,[143] trägt er einerseits dem besonderen, auf Systemeinheitlichkeit ausgelegten Charakter des Franchisings Rechnung. Andererseits zeigt die auch hins. Preisvorgaben vorgenommene Differenzierung: Möglich ist die Tatbestandsrestriktion nur bei Beschränkungen, die Franchiseverträgen immanent und für diese wesensprägend und funktionsnotwendig sind. Die bloße Nützlichkeit einer Vertragsbestimmung für den Franchisegeber ist dagegen nicht ausreichend.

Für die kartellrechtliche Behandlung von Franchiseverträgen kann das *Pronuptia*-Urteil des EuGH als Leitentscheidung bezeichnet werden, auf dessen Grundsätze auch die nationale Rechtsprechung[144] zurückgreift.

3. Verbot vertikaler Preisbindung

Hersteller und Lieferanten versuchen regelmäßig, den Gestaltungsspielraum des Handels in Hinblick auf die Endkundenpreise der Vertragswaren zu minimieren. Das gilt gleichermaßen für das Verhältnis zwischen Franchisegeber und Franchisenehmer. Werden Franchisenehmer und andere als Wiederverkäufer auftretende Abnehmer in ihrer Freiheit bzgl. der Festsetzung von Preisen, Preisbestandteilen oder der Rabattgestaltung beschränkt, spricht man von *vertikaler Preisbindung* bzw. *Preisbindung der zweiten Hand.*[145]

Die unmittelbare oder mittelbare Festsetzung der An- oder Verkaufspreise ist in Art. 101 Abs. 1 lit. a AEUV als erstes Regelbeispiel („insbesondere“) für verbotene Verhaltensweisen genannt. Der Grund dürfte in der herausragenden Bedeutung des Preises als Wettbewerbsparameter liegen. Preisbindungen

---

143 EuGH, Urt. v. 28.1.1986 - C-161/84, NJW 1986, 1415 Rn. 24, 27 - *Pronuptia*; vgl. auch *Kommission*, Leitlinien zur Anwendung von Art. 81 Abs. 3 EG-Vertrag, ABl. EU 2004 Nr. C 101/97, Tz. 30 f.

144 Vgl. OLG Köln, Urt. v. 8.3.1995 - 27 U 90/94 juris Rn. 9; LG Düsseldorf, Urt. v. 21.11.2013 - 14c O 129/12 juris Rn. 58, 61 („*Subway*“) bejaht die Erforderlichkeit der Bezugsbindung zur Sicherung der Funktionsfähigkeit des Franchisesystems hins. Brotrohlingen, Fleisch, Fisch, Gewürzgurken usw., nicht hingegen bzgl. Reinigungsmitteln, H-Milch und Dosenthunfisch, die für den Wiedererkennungswert keine Rolle spielen.

145 Begr. zum RegE des GWB 1957, BT-Drucks. 2/1158, S. 35 f.; *Beckmann/Müller* in Hoeren/Sieber/Holznagel, Teil 10 Rn. 164; Immenga/Mestmäcker/*Zimmer*, Art. 101 Abs. 1 AEUV Rn. 253 f. Erfasst wird auch die Konstellation, dass der Franchisenehmer die Produkte wie beim Händler- oder Kettenfranchising von einem Dritten und nicht vom Franchisegeber bezieht (Langen/Bunte/*Nolte*, Nach Art. 101 AEUV Rn. 431 m.w.N.).

laufen daher in der Regel unmittelbar dem Wesen des Wettbewerbs zuwider.[146] Erfasst werden auch Vereinbarungen und Verhaltenskoordinationen hins. preisbildender Faktoren wie Gewinnspannen, Rabatte, Skonti oder die Koppelung der Verkaufspreise des Handels an die Preise des Lieferanten oder von Konkurrenten (indirekte Preisbindung).[147] Fest- bzw. Mindestpreisvorgaben schwächen den *markeninternen* bzw. *intrabrand-Wettbewerb* oder schalten diesen gänzlich aus.[148] Damit geht zumeist auch eine Verringerung des Preiswettbewerbs zwischen den konkurrierenden Vertriebsorganisationen (*Marken-* bzw. *interbrand-Wettbewerb*) einher. Insofern will das Preisbindungsverbot verhindern, dass ein Vertragspartner über das durch den Vertragszweck Gebotene hinausgehend in den Bereich der geschäftlichen Entschließung und Selbstbestimmung des anderen eindringt, der an sich den Grundsätzen des freien Wettbewerbs überlassen bleiben sollte.[149]

Für Vereinbarungen und abgestimmte Verhaltensweisen ohne Zwischenstaatlichkeitsbezug gelten wegen der Harmonisierung des nationalen und EU-Kartellrechts die gleichen Grundsätze. Das war jedoch nicht immer so. Preisbindungen waren bei Markenwaren in Deutschland bis 1973 zulässig.[150] Seit 2005 enthält das deutsche Recht kein explizites Preisbindungsverbot mehr, womit aber keine Abkehr von diesem verbunden ist. Vielmehr wurde das seit der 6. GWB-Novelle geltende Verbot wettbewerbsbeschränkender Horizontalvereinbarungen auf Vertikalvereinbarungen erstreckt, um das deutsche Recht unter Aufgabe der bisher charakteristischen Unterscheidung an die europäische Regelung anzugleichen.[151] Ausnahmen vom Verbot vertikaler Preisbindung

---

146 *Lettl*, WRP 2013, 1272 Rn. 18; vgl. *Mestmäcker/Schweitzer*, EU-WettbewerbsR, § 14 Rn. 57.

147 *Kommission*, Vertikal-LL, ABl. EU 2010 Nr. C 130/1, Tz. 48 Satz 3 f.; *Martinek*, ZVertriebsR 2013, 3, 6.

148 *Martinek*, ZVertriebsR 2013, 3, 9; grundlegend zur Schutzwürdigkeit des markeninternen Wettbewerbs EuGH, Urt. v. 13.7.1966 – C-56/64, ECLI:EU:C:1966:41 S. 390 – *Consten und Grundig/Kommission.*

149 Vgl. zum Preisbindungsverbot im GWB a.F.: Begr. zum RegE des GWB 1957, BT-Drucks. 2/1158, S. 26; BGH, Beschl. v. 27.1.1981 – KVR 4/80 juris Rn. 39 – *Garant-Lieferprogramm*; Urt. v. 2.2.1999 – KZR 11/97 juris Rn. 37 – *Preisbindung durch Franchisegeber.*

150 Vgl. § 16 Abs. 1 Nr. 1, Abs. 2 GWB 1958. Eine Legaldefinition des Begriffs der Markenwaren fand sich in § 38a Abs. 2 GWB 1974 bzw. § 23 Abs. 2 GWB 1998.

151 Begr. zum RegE des GWB 2005, BT-Drucks. 15/3640, S. 23; Langen/Bunte/*Bahr*, Nach § 2 GWB Rn. 308.

sieht das deutsche Recht lediglich für Bücher (§ 5 BuchPrG), Presse (§ 30 GWB), Tabakwaren (§§ 24 ff. TabStG) und verschreibungspflichtige Arzneimittel (§§ 1, 3 AMPreisV i.V.m. § 78 Abs. 1, Abs. 2 Satz 2 AMG) vor.

Die vertikale Preisbindung zulasten des Abnehmers wird auch aufgrund ihrer Einstufung als Kernbeschränkung in Art. 4 lit. a Vertikal-GVO als *bezweckte Wettbewerbsbeschränkung* betrachtet.[152] Infolgedessen stellt sie ihrer Natur nach und unabhängig von ihren konkreten Auswirkungen eine spürbare Wettbewerbsbeschränkung dar und fällt nicht unter die oben angesprochene *De-minimis*-Bekanntmachung.[153]

Die Kommission ist im Rahmen ihres *more economic approach* im EU-Kartellrecht nicht vom grundsätzlichen Verbot vertikaler Preisbindung abgekehrt, auch nicht infolge der Rechtsprechungsänderung des U.S. Supreme Courts in der Sache „*Leegin*" hin zu einer Einzelfallprüfung nach der *rule of reason*.[154] Zur Auslegung des Preisbindungsverbots können daher die Ausführungen der *Kommission* in den Vertikal-Leitlinien herangezogen werden. Diese binden aufgrund des fehlenden Normcharakters zwar nur die Kommission selbst, entfalten demnach gegenüber den nationalen Gerichten und Kartellbehörden zwar keine rechtliche, wohl aber eine faktische Bindungswirkung.[155] Das *Bundeskartellamt* hat die Vertikal-Leitlinien mit einem im Juli 2017 veröffentlichten Hinweispapier zum Preisbindungsverbot im stationären Lebensmitteleinzelhandel für das deutsche Recht ergänzt.[156] Und

---

152 *Kommission*, Leitlinien zur Anwendung von Art. 81 Abs. 3 EG-Vertrag, ABl. EU 2004 Nr. C 101/97, Tz. 23; *BKartA*, Hinweispapier Preisbindungsverbot, Rn. 14 ff.; BGH, Urt. v. 17.10.2017 – KZR 59/16, ZVertriebsR 2018, 57 Rn. 20 ff. – *Almased Vitalkost*; Langen/Bunte/*Bahr*, Nach § 2 GWB Rn. 311.

153 *Kommission*, De-minimis-Bekanntmachung, ABl. EU 2014 Nr. C 291/1, Tz. 2, 13; Leitlinien zur Anwendung von Art. 81 Abs. 3 EG-Vertrag, ABl. EU 2004 Nr. C 101/97, Tz. 20 ff.; EuGH, Urt. v. 13.12.2012 – C-226/11, GRUR Int. 2013, 285 Rn. 35 ff. m.w.N. – *Expedia*.

154 Langen/Bunte/*Nolte*, Nach Art. 101 AEUV Rn. 435 ff.

155 *Nordemann* in Loewenheim/Meessen/Riesenkampff et al., § 1 GWB Rn. 15, 7. Teil B. Einf. Rn. 16 (*Baron*); *Schultze/Pautke/Wagener*, Einl. Rn. 26 ff. sprechen den Vertikal-LL sogar eine „quasi-gesetzliche" Funktion zu. Zur Bindungswirkung von Leitlinien siehe auch S. 107 f.

156 *BKartA*, Hinweispapier Preisbindungsverbot Rn. 1 ff. hat Bedeutung auch für Wirtschaftsbereiche mit dem stationären LEH ähnlichen Marktverhältnissen. Zur Bindungswirkung des Hinweispapiers siehe dessen Rn. 4.

auch in anderen Bereichen steht die vertikale Preisbindung im Fokus der Kartellbehörden.[157]

Somit erfüllen Fest- und Mindestpreisvorgaben des Franchisegebers gegenüber dem Franchisenehmer grundsätzlich den Tatbestand des deutschen und ggf. des EU-Kartellverbots.

4. Beurteilung von Preisempfehlungen des Franchisegebers

Angesichts des kartellrechtlichen Preisbindungsverbots werden in der Praxis von Herstellern und Franchisegebern zunehmend Preisempfehlungen ausgesprochen, um die Preisbildung gegenüber den Endverbrauchern zumindest indirekt zu lenken. Eine vom Anbieter ausgesprochene Preisempfehlung stellt für sich genommen ein einseitiges Verhalten dar und unterfällt daher dem Anwendungsbereich des Kartellverbots zunächst einmal nicht.[158]

a) Alte Rechtslage in Deutschland

Das deutsche Recht hielt indes noch bis zum 1. Juli 2005 ein Empfehlungsverbot bereit (§ 22 Abs. 1 GWB a.F.). Hier setzte sich die Sonderbehandlung von Markenwaren fort, bei denen das Empfehlungsverbot unter folgenden Voraussetzungen nicht anwendbar war:[159] Die ausdrücklich als unverbindlich zu bezeichnende Empfehlung enthält ausschließlich eine bestimmte Preisangabe und wird nicht unter Anwendung von wirtschaftlichem, gesellschaftlichem oder sonstigem Druck durchgesetzt (Nr. 1). Ferner musste sie in der Erwartung ausgesprochen werden, der empfohlene Preis entspreche dem von der Mehrheit der Empfehlungsempfänger voraussichtlich geforderten Preis (Nr. 2).

Auch die Streichung des Empfehlungsverbots diente der Angleichung des deutschen an das europäische Wettbewerbsrecht, das keine entsprechenden Vorschriften enthält.[160]

---

157 Etwa *BKartA*, Pressemitteilung v. 25.7.2017: Bußgelder wegen Preisbindungen bei Bekleidung i.H.v. insgesamt ca. 10,9 Mio. Euro gegen Wellensteyn und Peek & Cloppenburg Düsseldorf.

158 Immenga/Mestmäcker/*Zimmer*, § 1 GWB Rn. 364; *Lettl*, WRP 2011, 710, 713 ff.; *Billing/Lang*, ZVertriebsR 2013, 207, 212; vgl. auch BeckFormB BHW/*Nägele*, Form. III. SchuldR BT I.2 (Anm. 37).

159 § 38a GWB 1974 bzw. § 23 Abs. 1 GWB 1998.

160 Begr. zum RegE des GWB 2005, BT-Drucks. 15/3640, S. 30, 46.

b) Zulässigkeit unverbindlicher Preisempfehlungen

Fortan sind Preisempfehlungen allein am Maßstab des Kartellverbots in Art. 101 AEUV und § 1 GWB zu messen.[161] Zulässig ist die einseitige Mitteilung von Preisempfehlungen, sofern sie vom Franchisenehmer unter- und überschritten werden dürfen.[162] Den Franchisenehmern dürfen auch Werbematerialien zur Verfügung gestellt werden, in denen unverbindliche Preisempfehlungen genannt werden.[163] Von ihrer Grundidee ausgehend dienen letztere dem Verbraucher als Orientierung und dem Händler als Erleichterung bei der Kalkulation.[164]

Die Unanwendbarkeit des Kartellverbots erfordert allerdings eine in rechtlicher wie tatsächlicher Hinsicht *unverbindliche Preisempfehlung (UVP)*, die Bezeichnung als „unverbindlich“ oder „nicht bindend“ reicht nicht aus. Abzulehnen ist die Unverbindlichkeit, wenn Franchisegeber ihre Franchisenehmer mithilfe von Druck- und/oder Anreizmaßnahmen zur Einhaltung der Preisempfehlungen zu veranlassen suchen. Ab wann dabei die Schwelle zur kartellrechtswidrigen Einflussnahme auf die Preisgestaltungsfreiheit der Franchisenehmer überschritten ist, gilt es im Folgenden zu untersuchen.

c) Faktische bzw. wirtschaftliche Preisbindung

Empfohlene Verkaufspreise können mit dem deutschen und EU-Kartellrecht unvereinbar sein, wenn sie durch Hinzutreten weiterer Umstände einer vertraglichen Preisbindung gleichkommen.[165] Insb. unterfallen Preisempfehlungen als bezweckte Wettbewerbsbeschränkungen dem Tatbestand des Kartellverbots, wenn sie infolge der Ausübung von Druck oder der Gewährung von Anreizen faktisch wie Fest- oder Mindestverkaufspreise wirken.[166] Ein unzulässiges Druck- oder Anreizverhalten kann sich dabei auch aus einer Kombination für sich genommen unbedenklicher Maßnahmen ergeben.

---

161 Begr. zum RegE des GWB 2005, BT-Drucks. 15/3640, S. 30, 46; Immenga/Mestmäcker/*Zimmer*, § 1 GWB Rn. 353 f.; Langen/Bunte/*Bahr*, Nach § 2 GWB Rn. 323, 311 ff. mit beispielhaften BKartA-Entscheidungen.

162 Vgl. *BKartA*, Hinweispapier Preisbindungsverbot, Rn. 52; *Beckmann/Müller* in Hoeren/Sieber/Holznagel, Teil 10 Rn. 166; *Lettl*, WRP 2013, 1272 Rn. 27 ff.

163 *Hack/dos Santos Goncalves*, GWR 2015, 514, 515.

164 *Grafunder/Kofler-Senoner*, NZKart 2018, 342, 345; Wiedemann/*Kirchhoff*, HdB KartellR, § 12 Rn. 32.

165 Vgl. *Billing/Lang*, ZVertriebsR 2013, 207, 212.

166 KG, Urt. v. 2.2.2012 – 2 U 2/06 Kart, BeckRS 2012, 24579; vgl. Art. 4 lit. a Vertikal-GVO.

Allgemein wird eine faktische bzw. „wirtschaftliche Preisbindung“[167] z.B. durch folgende Druckmaßnahmen zur Durchsetzung der UVP des Franchisegebers begründet: Drohungen, Warnungen, Einschüchterung, Strafen, Lieferverzögerung/-aussetzung und Vertragskündigung bei Nichteinhaltung.[168] Dabei erhöhen innerhalb des Franchisesystems praktizierte Kontroll- und Preisüberwachungsmechanismen den auf die Franchisenehmer ausgeübten Druck.[169] Gleiches gilt für Anreizmaßnahmen seitens des Franchisegebers. Angenommen wird ein wettbewerbswidriger Anreiz, wenn die Gewährung von Nachlässen, Ausgleichsvergütungen, Boni, Werbekostenzuschüssen oder Spannengarantien vom Befolgen der ausgesprochenen Preisempfehlungen abhängig gemacht wird.[170] Eine kartellrechtlich unzulässige Preisbindung kann sich ferner durch vom Franchisegeber zur Verfügung gestellte Kalkulations- und Buchhaltungshilfen ergeben, wenn deren Einsatz die Einhaltung der empfohlenen Preise durch den Franchisenehmer voraussetzt.[171] Als unterstützende Anreize sollen auch der Aufdruck eines empfohlenen Abgabepreises auf den Vertragswaren oder entsprechende Aufkleber in Betracht kommen.[172] Für sich genommen begründet der auf Produkten platzierte UVP-Hinweis, wie er in Deutschland weit verbreitet ist, jedoch noch keine faktische Preisbindung.[173]

---

167 Langen/Bunte/*Bahr*, Nach § 2 GWB Rn. 313; *Kiethe*, WRP 2004, 1004, 1005.

168 *Kommission*, Vertikal-LL, ABl. EU 2010 Nr. C 130/1, Tz. 48 Satz 4, 7; *BKartA*, Hinweispapier Preisbindungsverbot, Rn. 50; *BWB*, Standpunkt vertikale Preisbindungen, S. 11.

169 Vgl. *Kommission*, Vertikal-LL, ABl. EU 2010 Nr. C 130/1, Tz. 48 Satz 5, 7; *BKartA*, Vorsitzendenschreiben v. 13.4.2010, WuW 2010, 786, 790 f.; Entsch. v. 25.9.2009 - B3-123/08 Rn. 51 - *Kontaktlinsen („CIBA Vision“)*.

170 *Kommission*, Vertikal-LL, ABl. EU 2010 Nr. C 130/1, Tz. 48 Satz 4, 7; *BKartA*, Hinweispapier Preisbindungsverbot, Rn. 50, 80 ff.; *BWB*, Standpunkt vertikale Preisbindungen, S. 11; BGH, Urt. v. 8.5.1990 - KZR 23/88 juris Rn. 10 - *Nora-Kunden-Rückvergütung*; Langen/Bunte/*Bahr*, Nach § 2 GWB Rn. 326, 328.

171 Langen/Bunte/*Bahr*, Nach § 2 GWB Rn. 328; *Kiethe*, WRP 2004, 1004, 1006; *Martinek*, ZVertriebsR 2013, 3, 6. Zu zulässigen Kalkulationshilfen *BKartA*, Hinweispapier Preisbindungsverbot, Rn. 52.

172 *Kommission*, Vertikal-LL, ABl. EU 2010 Nr. C 130/1, Tz. 48 Satz 6 f.; zustimmend *Lettl*, WRP 2013, 1272 Rn. 38; zurückhaltender *BKartA*, Vorsitzendenschreiben v. 13.4.2010, WuW 2010, 786, 790. Bei Preisaufdruck ohne Hinweis auf Unverbindlichkeit ist eine faktische Preisbindung anzunehmen, LG Düsseldorf, Urt. v. 18.4.2010 - 14c O 234/09, WRP 2010, 801 - *Preisangaben auf Verpackungen*.

173 Wie hier Wiedemann/*Kirchhoff*, HdB KartellR, § 12 Rn. 34; Langen/Bunte/*Bahr*, Nach § 2 GWB Rn. 327.

Diese Beispiele verdeutlichen: Es lässt sich nicht immer leicht und eindeutig beantworten, sondern muss anhand aller Umstände des konkreten Falls ermittelt werden, ob ein wettbewerbswidriger Versuch der Einflussnahme auf die Preisgestaltungsfreiheit des Franchisenehmers gegeben ist. Denn zwischen verbotenen Preisbindungen und erlaubten unverbindlichen Preisempfehlungen liegt eine weite „Grauzone".[174]

aa) Position der Kartellbehörden und des BGH

Die strenge Praxis des Bundeskartellamts in diesem Bereich – allen voran die *Kontaktlinsen*-Entscheidung aus dem Jahr 2009 – hat immer wieder für Aufsehen gesorgt und begegnet massiver Kritik von Seiten der Literatur und Praxis.[175] Von der Position der Kartellbehörden lassen sich für das Franchising folgende Kernaussagen ableiten: Eine vertikale Preisbindung wird nicht allein dadurch bewirkt, dass der Franchisegeber den Franchisenehmern eine Liste mit UVP oder Höchstpreisen überreicht.[176] Bei der kartellrechtlichen Zulässigkeit soll es selbst dann bleiben, wenn der Franchisegeber die Gründe für die Preisempfehlungen oder die Strategie hins. der Positionierung und Vermarktung seiner Produkte erläutert.[177] Dagegen wurde eine unzulässige Druckausübung vom *Bundeskartellamt* bislang in jeder Kontaktaufnahme gesehen, die über die reine Mitteilung hinausgeht und den Preisempfehlungen durch nachträgliche bzw. erneute Thematisierung Nachdruck verleiht und damit deren Unverbindlichkeit in Frage stellt.[178] Die Begründung lautet: Von einem Gespräch über die bisherige/zukünftige Preisgestaltung des Abnehmers gehe das Signal aus, dass die Weiterverkaufspreise beobachtet werden und es nicht ohne Konsequenz bleibt, wenn sie nicht dem gewünschten Niveau entsprächen.[179] Von der Annahme

---

174 *Martinek*, ZVertriebsR 2013, 3, 7; in diese Richtung auch *Grafunder/Kofler-Senoner*, NZKart 2018, 342, 347.

175 Ausführlich zur Kartellamtspraxis und der dagegen vorgebrachten Kritik *Martinek*, ZVertriebsR 2013, 3, 7 ff.

176 Vgl. *Kommission*, Vertikal-LL, ABl. EU 2010 Nr. C 130/1, Tz. 48 Satz 8; *BKartA*, Vorsitzendenschreiben v. 13.4.2010, WuW 2010, 786, 787; *BWB*, Standpunkt vertikale Preisbindungen, S. 10, 13.

177 Vgl. *BKartA*, Hinweispapier Preisbindungsverbot, Rn. 52 ff.; *BWB*, Standpunkt vertikale Preisbindungen, S. 10, 13; *Sekunde*, NZKart 2016, 168, 170 (Vortrag *Mundt*).

178 *BKartA*, Entsch. v. 25.9.2009 – B3-123/08 Rn. 44, 53 – *Kontaktlinsen („CIBA Vision")*; sich anschließend KG, Urt. v. 2.2.2012 – 2 U 2/06 Kart, BeckRS 2012, 24579; zweifelnd dagegen Immenga/Mestmäcker/*Zimmer*, § 1 GWB Rn. 365; *Lettl*, WRP 2013, 1272 Rn. 13 ff., 33 f.

179 *BKartA*, Entsch. v. 25.9.2009 – B3-123/08 Rn. 52 – *Kontaktlinsen („CIBA Vision")*.

eines strikten Per-se-Verbots nachträglich bzw. erneut thematisierter UVP nimmt das Hinweispapier von 2017 allerdings Abstand.[180] Einen unzulässigen Einflussnahmeversuch auf die Entscheidung des Franchisenehmers in Richtung der UVP-Einhaltung sieht das *Bundeskartellamt* aber jedenfalls in Erklärungen mit zusätzlichen Informationen zum geplanten Preissetzungsverhalten konkurrierender Wiederverkäufer.[181]

Der *BGH* hat bisher offengelassen, ob nach UVP-Übersendung jedes Gespräch des Lieferanten mit Händlern über deren Preisgestaltung eine wettbewerbswidrige Druckausübung darstellt.[182] Und im Vertikalverhältnis ist Kommunikation der selbständigen Unternehmen – anders als unter Wettbewerbern – zumindest notwendig und im Ausgangspunkt legitim. Vor diesem Hintergrund erscheint eine einzelfallbezogene Beurteilung des Empfehlungsverhaltens unter Berücksichtigung sämtlicher Umstände der nachträglichen Thematisierung der UVP vorzugswürdig. Den Rahmen der Unverbindlichkeit verlassen dürfte jedenfalls „nachdrückliches Insistieren" des Franchisegebers, d.h. jede gezielte und wiederholte Bearbeitung der Franchisenehmer mit dem Ziel einer möglichst systemeinheitlichen Preisgestaltung.[183] Wegen der bestehenden Rechtsunsicherheit und der strengen Sichtweise der Kartellbehörden rät auch die anwaltliche Beratung zur Vorsicht hins. einer erneuten Thematisierung der UVP, zumindest solle sich der Hersteller ausdrücklich von der Androhung jeglicher Druckmittel distanzieren und dies auch deutlich dokumentieren.[184] Das gilt gleichermaßen für Franchisegeber.

---

180 *BKartA*, Hinweispapier Preisbindungsverbot, Rn. 66.

181 *BKartA*, Hinweispapier Preisbindungsverbot, Rn. 52, 67 f.

182 BGH, Beschl. v. 6.11.2012 – KZR 13/12, NZKart 2013, 84 Rn. 6 – *UVP für Rucksäcke*: Zurückweisung der Nichtzulassungsbeschwerde, da Berufungsgericht (KG, Urt. v. 2.2.2012 – 2 U 2/06 Kart) unter Berücksichtigung aller Einzelfallumstände (u.a. Machtgefälle) eine Intervention des Herstellers im Interesse einer Preisangleichung angenommen hatte. Ein Außendienstmitarbeiter des Herstellers hatte dem Händler in einem Anruf mitgeteilt, dass dessen Preisgestaltung für den Hersteller „betriebswirtschaftlich nicht nachvollziehbar sei".

183 Wie hier auch *BWB*, Standpunkt vertikale Preisbindungen, S. 10, 13, wonach die Unverbindlichkeit bereits bei der „Empfehlung, Preise ‚möglichst' einzuhalten" abzulehnen ist.

184 *Sekunde*, NZKart 2016, 168, 169 (Vortrag *Westermann*).

bb) Systemweite Preiswerbung des Franchisegebers

Die Preisbindung durch Franchisegeber ist Gegenstand zweier wegweisender *BGH*-Urteile: In beiden Fällen wurde die nicht nach Filial- und Franchisebetrieben differenzierende Preiswerbung der Unternehmen (*Sixt* bzw. *Apollo-Optik*) als kartellrechtswidrige faktische Preisbindung eingestuft.[185] Die Franchisenehmer wurden zwar nicht ausdrücklich zur Einhaltung bestimmter Preise verpflichtet, ausgesprochen wurden etwa in den Verträgen mit der Autovermietung *Sixt* bloße Preisempfehlungen.[186] Von überregionaler Werbung unter der Geschäftsbezeichnung des Franchisegebers geht aber ein vertraglicher Preisbindung gleichkommender, wirtschaftlicher Druck auf die Franchisenehmer aus, die angegebenen Endverkaufspreise zu übernehmen.[187] Da der Kunde die Preise wegen des einheitlichen Erscheinungsbilds auf alle Verkaufsstandorte bezieht, verringern vom Franchisenehmer geforderte höhere Preise dessen Aussichten auf Geschäftsabschlüsse.[188] Die unzulässige wirtschaftliche Preisbindung entfällt nicht durch am Franchisenehmer-Werbematerial angebrachte Preiszusätze wie „ab" und „bis zu", da der Kunde diese nicht auf die unterschiedliche Organisationsform der einzelnen Standorte, sondern auf die beworbenen Produkte bezieht.[189]

Zur Preiswerbung des Franchisegebers kann festgehalten werden: Stellt dieser seinen Franchisenehmern Werbematerialien mit festen Wiederverkaufspreisen zur Verfügung, liegt darin eine unzulässige faktische Preisbindung.[190] Eine solche ist auch anzunehmen, wenn Werbemaßnahmen einen hinreichend wahrnehmbaren Hinweis darauf, dass nicht alle Systemstandorte an der beworbenen

---

185 BGH, Urt. v. 2.2.1999 – KZR 11/97 juris Rn. 32 ff. – *Preisbindung durch Franchisegeber („Sixt")*; Urt. v. 20.5.2003 – KZR 27/02 juris Rn. 34, 37 – *Preisbindung durch Franchisegeber II („Apollo-Optik")*.

186 BGH, Urt. v. 2.2.1999 – KZR 11/97 juris Rn. 5 – *Preisbindung durch Franchisegeber.*

187 BGH, Urt. v. 2.2.1999 – KZR 11/97 juris Rn. 31 ff. – *Preisbindung durch Franchisegeber*; Urt. v. 20.5.2003 – KZR 27/02 juris Rn. 34, 37 – *Preisbindung durch Franchisegeber II.*

188 BGH, Urt. v. 2.2.1999 – KZR 11/97 juris Rn. 33 – *Preisbindung durch Franchisegeber*; Urt. v. 20.5.2003 – KZR 27/02 juris Rn. 34 – *Preisbindung durch Franchisegeber II*; *Kiethe*, WRP 2004, 1004, 1009.

189 BGH, Urt. v. 20.5.2003 – KZR 27/02 juris Rn. 34, 37 – *Preisbindung durch Franchisegeber II.* Überdies wird unzulässiger Festpreis durch den Zusatz „ab" lediglich zu unzulässigem Mindestpreis, Langen/Bunte/*Bahr*, Nach § 2 GWB Rn. 328, 349.

190 *Hack/dos Santos Goncalves*, GWR 2015, 514, 515; *Flohr* in Liebscher/Flohr/Petsche, § 14 Rn. 134.

Aktion teilnehmen, vermissen lassen.[191] Daher ist in überregionaler Werbung von Franchisesystemen auf die Unverbindlichkeit der Preise hinzuweisen (z.B. *„Alle Angebote sind ausschließlich unverbindliche Preisempfehlungen und nur in teilnehmenden Märkten erhältlich“*). Dem Kunden wird dadurch verdeutlicht, dass die Aktionspreise nicht zwingend an jedem Standort gelten. Insofern setzt die Vereinbarkeit der Preiswerbung mit dem Kartellverbot bei dualem Vertrieb entweder eine explizite Beschränkung auf die eigenen Filialen oder einen Hinweis auf die Unverbindlichkeit der Preise für die Franchisestandorte voraus. Ebenso scheidet die Annahme faktischer Preisbindung bei Preisangaben im Onlineshop des Franchisegebers aus, sofern ausdrücklich auf deren Gültigkeit allein im Internethandel hingewiesen wird.[192]

d) Verhaltenskoordinierung / Willensübereinstimmung

Das Eingreifen von § 1 GWB und Art. 101 Abs. 1 AEUV erfordert, dass die Preisempfehlung Gegenstand einer Vereinbarung oder Verhaltensabstimmung ist. Deren Zustandekommen kann auf Druck- oder Anreizverhalten des Franchisegebers beruhen, letzteres ist aber keine zwingende Voraussetzung.

Ist die Preisempfehlung Bestandteil des Franchisevertrags, kommt eine Vereinbarung i.S.d. Kartellverbots in Betracht.[193] Demgegenüber erfasst die Tathandlungsalternative der aufeinander abgestimmten Verhaltensweisen jede Form der Koordinierung zwischen Unternehmen, die zwar noch nicht bis zum Abschluss eines Vertrags im eigentlichen Sinn gediehen ist, jedoch bewusst eine praktische Zusammenarbeit an die Stelle des mit Risiken verbundenen Wettbewerbs treten lässt.[194] Die Wettbewerbswidrigkeit hängt von den Zielen ab, die das abgestimmte Verhalten objektiv zu erreichen sucht, sowie von dessen wirtschaftlichem und rechtlichem Zusammenhang.[195] Ein Verstoß gegen das Kartellverbot setzt mithin eine zumindest konkludente Willensübereinstimmung voraus, der

---

191 LG München I, Teilurt. v. 26.10.2018 – 37 O 10335/15, ZVertriebsR 2019, 34 Rn. 60, 67 ff. – *King des Monats*.

192 OLG Düsseldorf, Urt. v. 15.10.2014 – VI-U (Kart) 4/14, ZVertriebsR 2016, 44 Rn. 45; *Billing/Metzlaff*, BB 2015, 1347, 1351, 1355 f.

193 Vgl. Langen/Bunte/*Bahr*, Nach § 2 GWB Rn. 323, 330.

194 EuGH, Urt. v. 16.12.1975 – 40/73 u.a., NJW 1976, 470, 471 – *Suiker Unie u.a./Kommission*; Urt. v. 4.6.2009 – C-8/08, EuZW 2009, 505 Rn. 26 – *T-Mobile Netherlands BV u.a.*

195 EuGH, Urt. v. 4.6.2009 – C-8/08, EuZW 2009, 505 Rn. 27 m.w.N. – *T-Mobile Netherlands BV u.a.*

bloße Wille des Empfehlenden, das Verhalten des Empfehlungsempfängers zu beeinflussen, genügt nicht.[196]

Eine Wettbewerbsbeschränkung i.S.d. Art. 101 Abs. 1 AEUV und § 1 GWB wird angenommen, wenn hins. der tatsächlichen Anwendung der empfohlenen Preise zwischen Empfehlendem und Empfehlungsempfänger oder unter den Empfehlungsempfängern eine Abstimmung stattfindet.[197] Demnach darf es nicht bei der versuchten Einflussnahme seitens des Franchisegebers bleiben. Erforderlich ist vielmehr eine explizite oder stillschweigende Zustimmung der Franchisenehmer.[198] Diese können ihren Abstimmungswillen etwa dadurch signalisieren, dass sie die Preisempfehlungen umsetzen oder ihre Preise diesen zumindest annähern.[199] Befolgen einzelne oder alle Franchisenehmer die Preisempfehlung des Franchisegebers, der seinerseits eine Preisdisziplin durch Kontrollen, Druck, Anreize oder Sanktionen durchführt, dürfte eine kartellrechtswidrige Verhaltenskoordinierung anzunehmen sein.[200] Demgegenüber begründet die Einhaltung unverbindlicher Preisempfehlungen für sich genommen keine Vereinbarung oder aufeinander abgestimmte Verhaltensweise, da sie auch auf einer autonomen – und damit kartellrechtlich zulässigen – Entscheidung des Franchisenehmers beruhen kann.[201] Dies wird zum Teil selbst bei

---

196 EuGH, Urt. v. 6.1.2004 – C-2/01 P und C-3/01 P, EuZW 2004, 309 Rn. 122 f. – *Adalat*; Langen/Bunte/*Bahr*, Nach § 2 GWB Rn. 323; Immenga/Mestmäcker/*Zimmer*, § 1 GWB Rn. 364.

197 Begr. zum RegE des GWB 2005, BT-Drucks. 15/3640, S. 30; zum Franchising EuGH, Urt. v. 28.1.1986 – C-161/84, NJW 1986, 1415 Rn. 25 ff. – *Pronuptia*; Langen/Bunte/*Nolte*, Nach Art. 101 AEUV Rn. 459.

198 Vgl. EuGH, Urt. v. 13.7.2006 – C-74/04 P juris Rn. 39 – *Kommission/Volkswagen*; EuG, Urt. v. 3.12.2003 – T-208/01, GRUR Int. 2004, 427 Rn. 34 ff., 53 f. – *VW-Händlerverträge*; *Kommission*, Vertikal-LL, ABl. EU 2010 Nr. C 130/1, Tz. 25 lit. a; *Mestmäcker/Schweitzer*, EU-WettbewerbsR, § 10 Rn. 21.

199 So auch *BKartA*, Entsch. v. 25.9.2009 – B3-123/08 Rn. 40, 57 ff. – *Kontaktlinsen („CIBA Vision")*; Langen/Bunte/*Bahr*, Nach § 2 GWB Rn. 323, 326; i.E. auch LG München I, Teilurt. v. 26.10.2018 – 37 O 10335/15, ZVertriebsR 2019, 34 Rn. 61 f. – *King des Monats.*

200 Vgl. *BKartA*, Hinweispapier Preisbindungsverbot, Rn. 62 ff.; Köhler/*Bornkamm/Feddersen*, § 5 UWG Rn. 3.79; EuGH, Urt. v. 6.1.2004 – C-2/01 P und C-3/01 P, EuZW 2004, 309 Rn. 83 – *Adalat.*

201 *BKartA*, Hinweispapier Preisbindungsverbot, Rn. 52, 56; Immenga/Mestmäcker/*Ellger*, Art. 4 Vertikal-GVO Rn. 25; Langen/Bunte/*Nolte*, Nach Art. 101 AEUV Rn. 458; *Lettl*, WRP 2013, 1272 Rn. 44.

flächendeckender Umsetzung der UVP im Markt angenommen.[202] Für die Feststellung der erforderlichen Willensübereinstimmung zwischen Franchisegeber und Franchisenehmer müssen vielmehr weitere Umstände bzw. Plusfaktoren hinzutreten.

Im Kontext vertikaler Preisbindung für Aufsehen gesorgt hat die *Kontaktlinsen*-Entscheidung des *Bundeskartellamts*: Danach stellt eine den Wiederverkaufspreis betreffende Kontaktaufnahme zwischen Lieferant und Händler eine verbotene Vereinbarung oder Verhaltensabstimmung im Vertikalverhältnis dar, wenn es zu einer Verständigung über die zukünftige Preisgestaltung des nachfragenden Händlers kommt.[203] Hierdurch kann zugleich im Horizontalverhältnis der Händler untereinander - ohne unmittelbaren Kontakt - eine abgestimmte Verhaltensweise bewirkt oder bezweckt werden, wenn die Preisempfehlungen im Bewusstsein gemeinsamen Handelns befolgt werden (sog. *Hub and Spoke*).[204]

Vor diesem Hintergrund können auch Verhaltensweisen unterhalb der Schwelle einer wirtschaftlichen bzw. faktischen Preisbindung, wie z.B. bloßer Informationsaustausch, eine unzulässige Verhaltenskoordinierung bedeuten. Denn im Kartellrecht gilt der Grundsatz, dass jedes Unternehmen seine Wettbewerbspolitik selbständig und unabhängig von seinen Mitbewerbern bestimmt.[205] Diesem sog. *Selbständigkeitspostulat* läuft jede unmittelbare oder mittelbare Fühlungnahme zuwider, die bezweckt oder bewirkt, entweder das Marktverhalten eines Mitbewerbers zu beeinflussen oder diesen über das eigene geplante Marktverhalten ins Bild zu setzen.[206] Daran anknüpfend hat der *EuGH* entschieden: Bereits eine einmalige und punktuelle Kontaktaufnahme zwischen Wettbewerbern kann - je nach Marktstruktur - ausreichen, um eine wettbewerbswidrige Abstimmung ihres Marktverhaltens zu ermöglichen, insb. wenn

---

202 *Grafunder/Kofler-Senoner*, NZKart 2018, 342, 345 m.w.N.; a.A. Immenga/Mestmäcker/*Zimmer*, § 1 GWB Rn. 365; Langen/Bunte/*Bahr*, Nach § 2 GWB Rn. 323.

203 *BKartA*, Entsch. v. 25.9.2009 - B3-123/08 Rn. 45 - *Kontaktlinsen („CIBA Vision“).*

204 *BKartA*, Hinweispapier Preisbindungsverbot, Rn. 5, 59 f.; *BWB*, Standpunkt vertikale Preisbindungen, S. 4 f.

205 EuGH, Urt. v. 16.12.1975 - 40/73 u.a., NJW 1976, 470, 471 - *Suiker Unie u.a./Kommission*; Urt. v. 4.6.2009 - C-8/08, EuZW 2009, 505 Rn. 32 f. - *T-Mobile Netherlands BV u.a.*

206 EuGH, Urt. v. 16.12.1975 - 40/73 u.a., NJW 1976, 470, 471 - *Suiker Unie u.a./Kommission*; Urt. v. 4.6.2009 - C-8/08, EuZW 2009, 505 Rn. 32 f. - *T-Mobile Netherlands BV u.a.*; eine unzulässige Fühlungnahme bejaht etwa OLG Düsseldorf, Urt. v. 13.9.2006 - VI-Kart 2/06 (OWi) juris Rn. 31 - *OTC-Präparate.*

diese nur einen einzigen Wettbewerbsparameter betrifft.[207] Diese im Kontext von Horizontalverhältnissen getroffene Aussage kann auf Verhaltenskoordination im Vertikalverhältnis nicht uneingeschränkt übertragen werden, da hier Kontakt und Dialog im Grundsatz notwendig und legitim sind.[208] Der damit verbundene Informationsaustausch unterliegt jedoch in Bezug auf das Thema Preise den kartellrechtlichen Grenzen. Das Vorliegen einer unzulässigen Abstimmung beurteilt sich anhand aller maßgeblichen Umstände des Einzelfalls sowie dessen wirtschaftlichen und rechtlichen Kontexts.[209] Problematisch sind dabei unter Anwendung der aufgezeigten Grundsätze jegliche Äußerungen des Franchisenehmers, die den Anschein einer Zusage erwecken, dass die empfohlenen Verkaufspreise eingehalten werden.[210]

e) Spürbarkeit

Ist die Preisempfehlung nach den vorstehenden Ausführungen Gegenstand einer Koordinierung zwischen den Unternehmen innerhalb eines Franchisesystems, liegt eine Wettbewerbsbeschränkung i.S.d. Kartellverbots vor. Diese muss jedoch auch das ungeschriebene Tatbestandsmerkmal der Spürbarkeit erfüllen. Ist die Preisempfehlung nicht als faktische Preisbindung und/oder als bezweckte Wettbewerbsbeschränkung einzustufen, gelten die Grundsätze der *De-minimis*-Bekanntmachung der EU-Kommission: Rein vertikale Preisempfehlungen dürften danach regelmäßig eine spürbare Wettbewerbsbeschränkung bewirken, wenn der Marktanteil des Franchisegebers 15% übersteigt und eine Vielzahl der Franchisenehmer dem empfohlenen Preis tatsächlich folgt.[211]

f) Einseitiges Druck- bzw. Anreizverhalten des Franchisegebers

Fehlt es an einer Verhaltenskoordinierung bzw. Willensübereinstimmung im weiter oben aufgezeigten Sinn, greifen Art. 101 Abs. 1 AEUV und § 1 GWB nicht ein. Sofern der auf die Franchisenehmer ausgeübte Druck und/oder die

---

207 EuGH, Urt. v. 4.6.2009 – C-8/08, EuZW 2009, 505 Rn. 59 f. – *T-Mobile Netherlands BV u.a.*

208 EuGH, Urt. v. 10.2.2011 – C-260/09 P, GRUR Int. 2011, 320 Rn. 72 – *Nintendo*; *Grafunder/Kofler-Senoner*, NZKart 2018, 342 ff.; *Lettl*, WRP 2013, 1272 Rn. 13; *Sekunde*, NZKart 2016, 168, 170 (Vortrag *Mundt*).

209 Vgl. EuGH, Urt. v. 10.2.2011 – C-260/09 P, GRUR Int. 2011, 320 Rn. 72 – *Nintendo*.

210 Vgl. *BKartA*, Hinweispapier Preisbindungsverbot, Rn. 57 f.

211 Vgl. *Kommission*, De-minimis-Bekanntmachung, ABl. EU 2014 Nr. C 291/1, Tz. 2, 8, 13 f.; Langen/Bunte/*Bahr*, Nach § 2 GWB Rn. 324.

gesetzten Anreize auf eine kartellrechtswidrige Verhaltensabstimmung abzielen, sind sie bereits für sich genommen wettbewerbsschädlich. Aus diesem Grund verbietet das deutsche Kartellrecht einseitige Druck- und Anreizmaßnahmen des Franchisegebers, unabhängig davon, ob es zu einer Verhaltenskoordination kommt: Unternehmen und Unternehmensvereinigungen dürfen anderen Unternehmen keine Nachteile androhen oder zufügen und keine Vorteile versprechen oder gewähren, um sie zu einem Verhalten zu veranlassen, das nach dem GWB oder den Art. 101, 102 AEUV nicht zum Gegenstand einer vertraglichen Bindung gemacht werden darf (§ 21 Abs. 2 Nr. 1 und Nr. 2 GWB).

5. *Gemeinsame Werbung der Franchisenehmer*

Kartellrechtlichen Grenzen unterliegt nicht nur zentrale Werbung des Franchisegebers, sondern auch solche, die gemeinschaftlich von den Systempartnern organisiert wird. Die selbständigen Franchisenehmer sind Unternehmen i.S.d. des Kartellrechts, die ihr Marktverhalten unabhängig voneinander ausrichten müssen. Gemeinsame Werbemaßnahmen von Franchisenehmern eines Systems ohne Beteiligung des Franchisegebers können als horizontale Verhaltenskoordination gegen das Kartellverbot verstoßen.

Dabei lässt sich der Gedanke des *EuGH*-Urteils in der Sache *Pronuptia* auf gemeinsame Werbemaßnahmen mehrerer Franchisenehmer übertragen: Deren Koordination kann zur Wahrung von Identität und einheitlichem Erscheinungsbild der Vertriebsorganisation unerlässlich sein.[212] Preisabsprachen zwischen den um die Endkunden konkurrierenden Franchisenehmern zählen allerdings zu den sog. *Hardcore-Kartellen* (vgl. Art. 101 Abs. 1 lit. a AEUV). Und der im Zuge gemeinsamer Werbung erfolgende Austausch von sensiblen Geschäftsdaten, insb. zu Preisen und Marketingstrategien, kann zu einem Kollusionsergebnis führen.[213] Demzufolge sind Gemeinschaftswerbungen kartellrechtlich zulässig, sofern keine sensiblen Informationen ausgetauscht werden und die individuelle wettbewerbliche Handlungsfreiheit der Systempartner nicht beeinträchtigt wird.[214] Möglich ist mithin reine Aufmerksamkeitswerbung ohne Preisangaben, da die Preisbildungsfreiheit der Franchisenehmer unangetastet bleibt. Dagegen ist Gemeinschaftswerbung mit verbindlichen Preisen mangels

---

212 Vgl. EuGH, Urt. v. 28.1.1986 – C-161/84, NJW 1986, 1415 Rn. 17, 22, 27 – *Pronuptia*.

213 *Kommission*, Horizontal-LL, ABl. EU 2011 Nr. C 11/1, Tz. 244 f.

214 Langen/Bunte/*Krauß*, § 1 GWB Rn. 242; *Hack/dos Santos Goncalves*, GWR 2015, 514, 516.

Kartellrechtskonformität zu unterlassen.[215] Und selbst wenn die Franchisenehmer mit unverbindlichen Preisempfehlungen werben, ist die kartellrechtliche Zulässigkeit problematischer als bei Franchisegeber-Werbung. Denn an der Unverbindlichkeit der beworbenen Preise bestehen bei gemeinsamen Werbemaßnahmen von Wettbewerbern durchaus Zweifel.[216] Die selbst abgesprochenen Preise werden die Unternehmen eher einhalten bzw. besteht die Gefahr, dass die „unverbindlichen Preisempfehlungen" das Ergebnis kartellrechtswidriger Absprachen zwischen den Franchisenehmern darstellen, die diese auch tatsächlich umsetzen.

6. *Gremien in Franchisesystemen, insb. Werbebeiräte/ -gemeinschaften*

In Anbetracht des für Franchisesysteme charakteristischen Gruppenimages verfolgen der Franchisegeber und seine Franchisenehmer gleichgerichtete Interessen in Hinblick auf den Erfolg der Franchisemethode. Um zwischen den Franchisepartnern Synergien sowie eine Weiterentwicklung des Systems zu erzielen, praxisrelevante Erfahrungen auszutauschen und das franchisetypische „Wir-Gefühl" zu kultivieren, sind systeminterne Kommunikationsinstrumente unerlässlich.[217] Zu nennen sind hier v.a. ERFA(=Erfahrungsaustausch)-Tagungen, Beiräte und Ausschüsse.[218] Sie finden in Zeiten der Digitalisierung zum Teil bereits in Form von Web-Konferenzen statt und werden durch permanente Intranet-Kommunikation aller Systempartner und ihrer Mitarbeiter flankiert.[219] Im Rahmen dieser freiwilligen, demokratischen Gremien erhalten die Franchisenehmer Mitsprache- und Mitwirkungsmöglichkeiten in den partnerschaftlich angelegten Franchisesystemen.

Häufig sind Werbebeiräte bzw. -gemeinschaften eingerichtet, an denen neben den Franchisenehmern auch die Systemzentrale organ- und/oder kapitalmäßig

---

215 Vgl. *BKartA*, Pressemitteilung v. 8.1.2008: Geldbußen gegen Hildesheimer Apotheken wg. gemeinsamer Preiswerbung für OTC-Arzneimittel; *Hack/dos Santos Goncalves*, GWR 2015, 514, 516.

216 Vgl. KG, Beschl. v. 1.12.1988 – Kart W 240/88, WuW 1989, 749, 750 – *Bettenpreise*.

217 BeckFormB ZivilR/*Rauser/Reiling*, Form. P.III.1. (Anm. 16); Giesler/Nauschütt/*Giesler*, Kap. 5 Rn. 281; Metzlaff/*Metzlaff*, Praxishandbuch Franchising, § 8 Rn. 232; *Nebel/Schulz/Flohr*, Franchisesystem, S. 375.

218 *Nebel/Schulz/Flohr*, Franchisesystem, S. 375 f.; BeckFormB ZivilR/*Rauser/Reiling*, Form. P.III.1. (Anm. 16).

219 *Martinek*, ZVertriebsR 2018, 139, 142; *ders.*, ZVertriebsR 2019, 138, 142.

beteiligt ist.[220] Sofern in einem Franchisesystem vorhanden, werden diese Gremien bei der Organisation von zentralen Marketing- und Werbemaßnahmen einbezogen, um die Franchisenehmer an der Entwicklung und Umsetzung des Werbekonzepts zu beteiligen. Konkret werden Werbevorschläge erarbeitet und Werbematerial entwickelt.

Das auf Partnerschaft angelegte Franchising „lebt [zwar] vom Informationsaustausch zwischen Franchisenehmer und Franchisegeber"[221]. Die Organisationsform der Werbebeiräte begibt sich aber wegen der selbständigen Unternehmerstellung der Franchisepartner in Konflikt mit dem kartellrechtlichen Selbständigkeitspostulat (dazu S. 81). Bis zu einem gewissen Grad unterfallen Dialog und Kontakt im Franchiseverhältnis aufgrund dessen besonderen Charakters nicht dem Kartellverbot oder sind freigestellt.[222] Ansonsten unterliegt der Informationsaustausch den allgemeinen kartellrechtlichen Zulässigkeitsgrenzen. Verringert er die strategische Ungewissheit auf dem Markt mit der Folge erleichterter Kollusion, kann darin eine abgestimmte Verhaltensweise liegen.[223] Demzufolge darf die Gremienarbeit nicht als Forum für den Austausch wettbewerblich sensibler Informationen zwischen den selbständigen Franchisepartnern genutzt werden. Insb. darf es zu keiner Absprache oder Abstimmung des Preissetzungsverhaltens zwischen Franchisegeber und Franchisenehmer oder unter den Franchisenehmern kommen.[224] Und bei der Übermittlung von Absatzdaten aus der Vergangenheit ist darauf zu achten, dass diese nicht als Instrument einer kartellrechtswidrigen Preisüberwachung dienen.[225] Zulässig sind im Gegensatz zu individuellen strategischen Marktverhaltensvorhaben folgende Themen: Die Geschäftsentwicklung im Gesamtmarkt sowie wirtschaftliche, rechtliche und politische Entwicklungen und Rahmenbedingungen.[226]

---

220 BeckOF Vertrag/*Pour Rafsendjani*, Form. 23.3 (Anm. 14); Metzlaff/*Metzlaff*, Praxishandbuch Franchising, § 8 Rn. 201.

221 Metzlaff/*Metzlaff*, Praxishandbuch Franchising, § 8 Rn. 234.

222 Der Informationsaustausch kann für das Funktionieren des an sich wettbewerbsneutralen Franchisings unerlässlich sein, EuGH, Urt. v. 28.1.1986 – C-161/84, NJW 1986, 1415 Rn. 15 ff., 27 – *Pronuptia*. Und bei tatbestandlichem Eingreifen des Kartellverbots kommt eine Freistellung nach der Vertikal-GVO in Betracht: *Kommission*, Vertikal-LL, ABl. EU 2010 Nr. C 130/1, Tz. 45 lit. d.

223 *Kommission*, Horizontal-LL, ABl. EU 2011 Nr. C 11/1, Tz. 61.

224 Vgl. *BKartA*, Hinweispapier Preisbindungsverbot, Rn. 96; OLG Düsseldorf, Urt. v. 13.9.2006 – VI-Kart 2/06 (OWi) juris Rn. 30 f. – *OTC-Präparate*.

225 *BKartA*, Hinweispapier Preisbindungsverbot, Rn. 97.

226 Allg. Grundsätze wettbewerblicher Würdigung des Informationsaustauschs ergeben sich aus *Kommission*, Horizontal-LL, ABl. EU 2011 Nr. C 11/1, Tz. 55 ff. Ein geringes

Die Entscheidungen der Werbebeiräte/-gemeinschaften dürfen nur empfehlenden Charakter haben.[227] Dagegen liegt ein Kartellrechtsverstoß vor, wenn der Beirat für die Organmitglieder bindende Beschlüsse trifft und damit letztlich die Geschäftspolitik des Franchisegebers bestimmt.[228] Problematisch sind daher Marketinggesellschaften, bei denen die Vertreter der Franchisenehmerschaft nicht nur ein Mitsprache-, sondern auch ein Stimmrecht bei bindenden Entscheidungen über Marketingmaßnahmen des Franchisesystems haben. Werbebeiräte sollen es den Franchisepartnern ermöglichen, im Rahmen des kartellrechtlich Zulässigen untereinander Informationen, Gedanken und Erfahrungen auszutauschen. Dies wird auch dem Franchisegeber zuteil, indem die Franchisenehmer die aufgrund ihrer Marktnähe gewonnenen Erkenntnisse durch die nicht bindenden Beschlüsse in die Gestaltung der überregionalen Werbung einfließen lassen können. Die aufgezeigten Maßstäbe gelten auch für ERFA-Tagungen. Sie sind mangels bindender Beschlüsse hins. der Geschäftspolitik des Franchisegebers mit dem Kartellverbot vereinbar, wenn sich die Partizipation der Franchisenehmer dem Namen entsprechend auf den Erfahrungsaustausch beschränkt.

II. Freistellungsmöglichkeit nach der Vertikal-GVO

Verstößt eine Vereinbarung oder abgestimmte Verhaltensweise zwischen Franchisegeber und Franchisenehmer gegen das Kartellverbot, besteht die Möglichkeit einer Freistellung nach der Vertikal-Gruppenfreistellungsverordnung (Vertikal-GVO)[229]. Als sog. Schirm-GVO[230] gilt sie allgemein für vertikale Vereinbarungen und abgestimmte Verhaltensweisen, erfasst folglich auch

---

Wettbewerbsrisiko besteht danach bei Informationen, die hinreichend aggregiert, anonymisiert, historisch und/oder öffentlich sind (Tz. 86 ff.).

227 Metzlaff/*Metzlaff*, Praxishandbuch Franchising, § 8 Rn. 201, 237.

228 *Flohr*, Franchise-Vertrag, S. 298; Giesler/Nauschütt/*Rosenfeld*, Kap. 2 Rn. 134; Metzlaff/*Metzlaff*, Praxishandbuch Franchising, § 8 Rn. 201, 237; BeckOF Vertrag/*Pour Rafsendjani*, Form. 23.3 (Anm. 14).

229 *Kommission*, Verordnung (EU) Nr. 330/2010 v. 20.4.2010 über die Anwendung von Art. 101 Abs. 3 des Vertrags über die Arbeitsweise der Europäischen Union auf Gruppen von vertikalen Vereinbarungen und abgestimmten Verhaltensweisen, ABl. EU 2010 Nr. L 102/1. Mit ihrem Inkrafttreten am 1.6.2010 ist sie an die Stelle der alten Vertikal-GVO (Verordnung Nr. 2790/1999 v. 22.12.1999, ABl. EG 1999 Nr. L 336/21) getreten.

230 *Martinek*, ZVertriebsR 2013, 3, 5.

Franchiseverhältnisse,[231] seitdem die spezifische Franchise-GVO Ende 1999 ausgelaufen ist; und zwar auch dann, wenn der Franchisegeber selbst physische Standorte und/oder einen eigenen Onlineshop betreibt (sog. dualer Vertrieb).[232] Unmittelbar zur Anwendung kommt die Vertikal-GVO über § 2 Abs. 2 GWB auch bei innerdeutschen Sachverhalten.

Eine gruppenweise Freistellung nach der Vertikal-GVO setzt zunächst voraus, dass der Marktanteil sowohl des Franchisegebers als auch des Franchisenehmers an dem jeweils relevanten Markt nicht mehr als 30% beträgt (Art. 3 Abs. 1 Vertikal-GVO).

Trotz Einhaltung der Marktanteilsschwellen scheidet aber die Annahme eines „sicheren Hafens“[233] für den gesamten Franchisevertrag aus, sofern dieser eine Kernbeschränkung i.S.v. Art. 4 Vertikal-GVO bezweckt.[234] Zu den *schwarzen Klauseln* zählt auch die Beschränkung der Möglichkeit des Abnehmers, seinen Verkaufspreis selbst festzusetzen (lit. a). Demnach stellt die vertikale Preisbindung im Franchiseverhältnis in Form von Fest- oder Mindestpreisen eine unter keinen Umständen freistellungsfähige Kernbeschränkung dar.

Dagegen können schwächere Preisvorgaben des Franchisegebers gegenüber den Franchisenehmern – vorbehaltlich der Einhaltung der o.g. Marktanteilsschwellen – vom Kartellverbot gruppenweise freigestellt und damit zulässig sein. Denn Art. 4 lit. a Vertikal-GVO räumt dem Anbieter die Möglichkeit ein, Höchstverkaufspreise festzusetzen oder Preisempfehlungen auszusprechen, sofern sich diese nicht infolge der Ausübung von Druck oder der Gewährung von Anreizen durch eines der beteiligten Unternehmen tatsächlich wie Fest- oder Mindestverkaufspreise auswirken (dazu S. 74 ff.). Preisempfehlungen kommen mithin nur bei Unverbindlichkeit in den Genuss der Gruppenfreistellung.

---

231 Die Vertikal-GVO gilt für Vertriebs- und Dienstleistungsfranchising, nicht aber für Produktionsfranchising: *Kommission*, Vertikal-LL, ABl. EU 2010 Nr. C 130/1, Tz. 31 ff., 43 ff.; *Schultze/Pautke/Wagener*, Art. 2 Abs. 3 Vertikal-GVO Rn. 437, 439; Langen/Bunte/*Nolte*, Nach Art. 101 AEUV Rn. 358 ff.

232 Art. 2 Abs. 4 lit. b Vertikal-GVO; Wiedemann/*Seeliger*, HdB KartellR, § 11 Rn. 458.

233 *Martinek*, ZVertriebsR 2013, 3, 6.

234 Die besondere Rechtsfolge ergibt sich aus der von Art. 5 Abs. 1 Vertikal-GVO abweichenden Formulierung des Art. 4 Abs. 1. Vgl. auch *Kommission*, Vertikal-LL, ABl. EU 2010 Nr. C 130/1, Tz. 47 Satz 1; *BWB*, Standpunkt vertikale Preisbindungen, S. 5; *Schultze/Pautke/Wagener*, Art. 4 Vertikal-GVO Rn. 545, 549 ff.

III. Freistellungsmöglichkeit im Einzelfall

Fällt eine Vereinbarung oder abgestimmte Verhaltensweise im Franchiseverhältnis in Bezug auf die Endkundenpreise unter das Kartellverbot ohne die Gruppenfreistellungsvoraussetzungen zu erfüllen, ist sie nicht per se unzulässig. Denn Fest- und Mindestverkaufspreise sowie nicht als unverbindlich einzustufende Preisempfehlungen können im Einzelfall gem. Art. 101 Abs. 3 AEUV bzw. § 2 Abs. 1 GWB freigestellt und damit erlaubt sein. Dadurch wird eine Würdigung der wettbewerbsfördernden und -hemmenden Wirkungen der Maßnahme ganz im Sinne des *effects-based* oder *more economic approach* der Kommission ermöglicht. Eine Freistellung ist selbst bei bezweckten Wettbewerbs- und Kernbeschränkungen nicht ausgeschlossen.[235] Nichtsdestotrotz dürfte bei Preisvorgaben des Franchisegebers eine – von den Kartellbehörden akzeptierte – Freistellung in der Praxis äußerst selten sein.

1. *Einzelfreistellungsvoraussetzungen und System der Legalausnahme*

Die Einzelfreistellung gem. Art. 101 Abs. 3 AEUV bzw. § 2 Abs. 1 GWB hat folgende vier kumulative Voraussetzungen: Die Vereinbarung oder abgestimmte Verhaltensweise trägt (i) zur Verbesserung der Warenerzeugung oder -verteilung oder zur Förderung des technischen oder wirtschaftlichen Fortschritts bei, (ii) werden die Verbraucher an dem entstehenden Gewinn angemessen beteiligt, ohne dass (iii) die auferlegten Beschränkungen für die Verwirklichung dieser Ziele nicht unerlässlich sind oder (iv) Möglichkeiten eröffnet werden, für einen wesentlichen Teil der betreffenden Waren den Wettbewerb auszuschalten.

Sind diese zwei positiven und zwei negativen Voraussetzungen erfüllt, ist die Vereinbarung bzw. abgestimmte Verhaltensweise *ex lege* vom Kartellverbot freigestellt. Dieses „System der Legalausnahme“[236] ist mit Inkrafttreten der Kartellverfahrens-Verordnung (VO 1/2003)[237] am 1. Mai 2004 an die Stelle des bis dahin geltenden Anmeldesystems getreten. Seither bedürfen weder das Eingreifen einer Gruppenfreistellungsverordnung noch die individuelle Freistellung

---

235 *Kommission*, Vertikal-LL, ABl. EU 2010 Nr. C 130/1, allg. Tz. 47, 60 Satz 3 und konkret für die Preisbindung der zweiten Hand Tz. 223, 225 Satz 1; EuG, Urt. v. 27.9.2006 – T-168/01 juris Rn. 233 – *GlaxoSmithKline/Kommission*; *Schultze/Pautke/Wagener*, Art. 4 Vertikal-GVO Rn. 546.

236 Erwägungsgrund 4 VO 1/2003; Langen/Bunte/*Hengst*, Art. 101 AEUV Rn. 409.

237 Verordnung (EG) Nr. 1/2003 des Rates v. 16.12.2002 zur Durchführung der in den Art. 81 und 82 des Vertrags niedergelegten Wettbewerbsregeln, ABl. EG 2003 Nr. L 1/1.

vom Kartellverbot einer konstitutiven Entscheidung seitens der Kartellbehörde. Das Unternehmen muss selbst beurteilen (ggf. mithilfe juristischer Beratung), ob sein Verhalten kartellrechtskonform ist (*Prinzip der Selbsteinschätzung*).[238]

Die Darlegungs- und Beweislast für das Vorliegen der Voraussetzungen liegt bei den Unternehmen, die sich auf die Freistellung berufen.[239] Da immer das Risiko besteht, dass dem Unternehmen der Beweis der Legalausnahme nicht gelingt bzw. die Kartellbehörde zu einer anderen Einschätzung gelangt, besteht gerade bei Preisbindungen ein erhebliches Bußgeldrisiko (§ 81 GWB / Art. 23 VO 1/2003).

2. *Einzelfreistellungsmöglichkeiten der vertikalen Preisbindung*

Bei der Preisbindung der zweiten Hand dürften die Anforderungen an den zu erbringenden Nachweis aufgrund der Einstufung als bezweckte Wettbewerbsbeschränkung und Kernbeschränkung besonders hoch sein und eine individuelle Freistellungsfähigkeit nur in sehr engen Ausnahmefällen in Betracht kommen.[240] Denn vertikale Preisbindungen können durch Ausschaltung des markeninternen Preiswettbewerbs zu Preisanstiegen und Kollusion zwischen den Anbietern und/oder den Abnehmern führen sowie generell den markeninternen und Marken-Wettbewerb aufweichen, auf der Vertriebsebene Dynamik und Innovation hemmen und gegenüber Wettbewerbern marktverschließende Wirkung entfalten.[241] Nichts anderes gilt für Preisempfehlungen, welche die Schwelle der Unverbindlichkeit überschreiten. Sie können als Orientierungspreis fungieren, an den sich die Wiederverkäufer halten, den Wettbewerb aufweichen und/oder eine Kollusion zwischen Anbietern begünstigen.[242] Diese Gefahren sind umso größer, je stärker die Marktstellung des Anbieters ist und/oder je stärker die betroffenen

---

238 Vgl. *Nordemann* in Loewenheim/Meessen/Riesenkampff et al., Art. 101 Abs. 3 AEUV Rn. 9; Wiedemann/*Klawitter*, HdB KartellR, § 14 Rn. 15.

239 Art. 2 VO 1/2003; Begr. zum RegE des GWB 2005, BT-Drucks. 15/3640, S. 23, 44; EuGH, Urt. v. 6.10.2009 – C-501/06 P, C-513/06 P, C-515/06 P und C-519/06 P juris Rn. 82 – *GlaxoSmithKline/Kommission*; *Nordemann* in Loewenheim/Meessen/Riesenkampff et al., Art. 101 Abs. 3 AEUV Rn. 209, § 2 GWB Rn. 54 ff.

240 Vgl. *Kommission*, Vertikal-LL, ABl. EU 2010 Nr. C 130/1, Tz. 47 Satz 4 f., 223 ff.; Langen/Bunte/*Hengst*, Art. 101 AEUV Rn. 433.

241 *Kommission*, Vertikal-LL, ABl. EU 2010 Nr. C 130/1, Tz. 224; *BKartA*, Hinweispapier Preisbindungsverbot, Rn. 25 ff.; *Lettl*, WRP 2011, 710, 712; Langen/Bunte/*Hengst*, Art. 101 AEUV Rn. 271.

242 *Kommission*, Vertikal-LL, ABl. EU 2010 Nr. C 130/1, Tz. 227 f.

Märkte auf der vor- und nachgelagerten Stufe konzentriert sind.[243] Ferner ist die Entfaltung der kollusionsfördernden Wirkungen abhängig vom Ausmaß bestehender Liefer- und Bezugsverflechtungen und vom Grad der Flächendeckung vertikaler Preisbindungen im Markt.[244] Hat der Franchisegeber auf dem Markt eine herausragende Position gegenüber seinen Wettbewerbern, erscheint demnach die Legalausnahme gem. Art. 101 Abs. 3 AEUV bzw. § 2 Abs. 1 GWB für Preisvorgaben besonders unwahrscheinlich.

Als kompensierende Effizienzgewinne kommen eine Stärkung des Marken-Wettbewerbs sowie anderer Wettbewerbsfaktoren als dem Preis (z.B. Sortimentsbreite und -tiefe, Qualität, Serviceleistungen) in Betracht. Wenngleich das Preisbindungsverbot in Deutschland seit 1974 auch bei Markenwaren gilt, kann das Argument des Markenimages als legitimes Ziel auf der Freistellungsebene berücksichtigt werden. Allerdings sieht das *Bundeskartellamt* das Markenimage nicht generell durch niedrige Preise als beschädigt an, sondern hält eine Einzelfallprüfung für erforderlich, auch bzgl. der Funktion des Preises als Qualitätssignal.[245] Und etwa im Lebensmitteleinzelhandel bestünden wenig Anhaltspunkte für effizienzsteigernde Wirkungen angesichts stark konzentrierter Absatz- und Beschaffungsmärkte, unwesentlicher Neuerungen und geringer Beratungsintensität der Produkte.[246]

Die *Kommission* schildert in ihren Vertikal-Leitlinien drei Konstellationen, in denen Preisbindungen der zweiten Hand wegen effizienzsteigernder Wirkungen einzelfreigestellt und damit kartellrechtlich zulässig sein können.[247] Dabei wird jeweils explizit das Erfordernis der angemessenen Verbraucherbeteiligung an den Effizienzgewinnen betont. Nichtsdestotrotz dürften bei den aufgeführten Fallgestaltungen die Nachweisanforderungen für die betroffenen Unternehmen etwas erleichtert sein. Diese Annahme scheint vor dem Hintergrund, dass das *Bundeskartellamt* die Ausnahmen in seinem Hinweispapier zum Preisbindungsverbot (2017) aufgegriffen hat, auch für die Vertriebspraxis in Deutschland gerechtfertigt.[248]

---

243 *Kommission*, Vertikal-LL, ABl. EU 2010 Nr. C 130/1, Tz. 227 f.; *BKartA*, Hinweispapier Preisbindungsverbot, Rn. 35, zum Lebensmitteleinzelhandel Rn. 37 ff.

244 *BKartA*, Hinweispapier Preisbindungsverbot, Rn. 35.

245 *BKartA*, Hinweispapier Preisbindungsverbot, Rn. 33.

246 *BKartA*, Hinweispapier Preisbindungsverbot, Rn. 37 ff., 42 ff.

247 *Kommission*, Vertikal-LL, ABl. EU 2010 Nr. C 130/1, Tz. 225.

248 *BKartA*, Hinweispapier Preisbindungsverbot, Rn. 19.

Als erstes Beispiel nennt die Kommission die *Markteinführung neuer Produkte*, bei der vertikale Preisbindungen zur Steigerung der sich noch entwickelnden Nachfrage auf dem Markt eingesetzt werden können.[249] Gleiches dürfte für die Einführungsphase eines andernorts schon bekannten Produkts auf einem neuen räumlichen Markt gelten.[250] Je höher die notwendigen Investitionen der Händler sind bzw. je größer die Nachfrageunsicherheit ist, desto eher können Effizienzgewinne angenommen werden.[251]

Die zweite Konstellation betrifft kurzfristige *Sonderangebotskampagnen* von zumeist zwei bis sechs Wochen *in Franchise- oder ähnlichen Vertriebssystemen* mit einheitlichen Vertriebsmethoden: Feste Weiterverkaufspreise sollen hier neben Preisobergrenzen möglich sein.[252] Die nationale Literatur und Rechtsprechung hält solche vom Franchisegeber initiierten Verkaufsförderaktionen mangels spürbarer Einschränkung der Preisgestaltungsfreiheit der Franchisenehmer bereits für mit § 1 GWB vereinbar.[253] Als bezweckte Wettbewerbsbeschränkung ist die vertikale Preisbindung jedoch stets spürbar, sofern ihr nicht die generelle Eignung fehlt, den betreffenden Markt mehr als nur geringfügig zu beeinträchtigen.[254] Unabhängig von der Verortung auf Tatbestands- oder Freistellungsebene ist die Ausnahmemöglichkeit vom Preisbindungsverbot für Angebotskampagnen in Franchisesystemen zu begrüßen; besonders vor dem Hintergrund der aus Verbrauchersicht häufig fehlenden Unterscheidbarkeit von Filialsystemen (Stichwort der Quasifilialität). So werden Wettbewerbsnachteile für Franchisesysteme ausgeglichen,[255] da die Möglichkeit von Sonderangebotskampagnen

---

249 *Kommission*, Vertikal-LL, ABl. EU 2010 Nr. C 130/1, Tz. 225 Satz 2 f.; vgl. *BKartA*, Hinweispapier Preisbindungsverbot, Rn. 31 unter Hinweis auf die separate Vergütung der spezifischen Investitionen als möglicherweise milderes Mittel.

250 Langen/Bunte/*Nolte*, Nach Art. 101 AEUV Rn. 445; *Schultze/Pautke/Wagener*, Art. 4 lit. a Vertikal-GVO Rn. 597; vgl. *Kommission*, Vertikal-LL, ABl. EU 2010 Nr. C 130/1, Tz. 61 Satz 1 hins. ausnahmsweise zulässiger Beschränkungen passiver Verkäufe.

251 *BKartA*, Hinweispapier Preisbindungsverbot, Rn. 36: nur „echte", innovative Produktneueinführungen.

252 *Kommission*, Vertikal-LL, ABl. EU 2010 Nr. C 130/1, Tz. 225 Satz 4; *BKartA*, Hinweispapier Preisbindungsverbot, Rn. 75.

253 BGH, Urt. v. 8.4.2003 – KZR 3/02, NJW 2003, 2682, 2683 f. – *1 Riegel extra* noch unter Geltung von § 14 GWB a.F.; Langen/Bunte/*Bahr*, Nach § 2 GWB Rn. 312; *Hack/dos Santos Goncalves*, GWR 2015, 514, 515.

254 BGH, Urt. v. 17.10.2017 – KZR 59/16, ZVertriebsR 2018, 57 Rn. 20-27 – *Almased Vitalkost*.

255 So auch *Nordemann* in Loewenheim/Meessen/Riesenkampff et al., Art. 101 Abs. 3 AEUV Rn. 198.

mit einheitlichen Preisen Filialsystemen wegen Unanwendbarkeit des Kartellverbots offensteht. Die Ausnahme zielt indes nicht auf andauernde einheitliche Preiswerbeaktionen, bei denen nur die beworbenen Produkte regelmäßig wechseln. Dementsprechend wurde den monatlich wechselnden Angeboten der Franchise-Fastfoodkette Burger King („*King des Monats*" und „*Probierwochen*") der Charakter freistellungsfähiger Sonderangebotskampagnen abgesprochen.[256] Auch die wöchentlichen Angebotsprospekte im Einzelhandel sind als fortlaufende Preiswerbung mit wechselnden Produkten anzusehen und kommen daher nicht in den Genuss der Legalausnahme.

Die dritte Ausnahmefallgruppe bilden nach den Vertikal-Leitlinien Preisbindungen der zweiten Hand zur Vermeidung der sog. *Trittbrettfahrerproblematik* bei Erfahrungsgütern oder komplizierten Produkten: Eine Preisbindung kann hier verhindern, dass Einzelhändler nachfragesteigernde Serviceleistungen wegen etwaigen Trittbrettfahrens von Einzelhändlern ohne Beratungsdienst einstellen oder einschränken.[257] Generell dürfte das Service-Argument zur Darlegung möglicher Effizienzgewinne nur bei komplexen und beratungsintensiven, nicht hingegen bei Standard-Produkten in Betracht kommen.[258]

IV. Zusammenfassung zum Kartellverbot

Festzuhalten ist, dass Franchiseverträge im Grundsatz dem Kartell- und damit auch dem Preisbindungsverbot des § 1 GWB und Art. 101 Abs. 1 AEUV unterfallen, aber nicht per se dagegen verstoßen. Dem Anwendungsbereich des Kartellverbots bereits tatbestandlich entzogen sind allerdings Regelungen, die zum Schutz des vom Franchisegeber vermittelten Know-hows und/oder zur Wahrung von Identität und Ansehen des Franchisesystems unerlässlich sind. Nicht funktionsnotwendig und Franchiseverträgen immanent sind u.a. Bestimmungen, die die Preisgestaltungsfreiheit der Franchisenehmer einschränken. Fest- und Mindestpreisvorgaben sind von wenigen gesetzlichen Ausnahmen abgesehen – auch bei Markenwaren – als Kernbeschränkungen kartellrechtlich unzulässig. Insofern scheidet auch eine gruppenweise Freistellung nach der Vertikal-GVO,

---

256 LG München I, Teilurt. v. 26.10.2018 – 37 O 10335/15, ZVertriebsR 2019, 34 Rn. 71 – *King des Monats*.

257 *Kommission*, Vertikal-LL, ABl. EU 2010 Nr. C 130/1, Tz. 225 Satz 5 ff.; sehr zurückhaltend hins. dieser Fallgruppe *BKartA*, Hinweispapier Preisbindungsverbot, Rn. 30; unter Hinweis auf mildere, gleich geeignete Mittel wie die Einführung eines Selektivvertriebs *Schultze/Pautke/Wagener*, Art. 4 lit. a Vertikal-GVO Rn. 598.

258 So auch *BKartA*, Hinweispapier Preisbindungsverbot, Rn. 36.

ungeachtet der Marktanteile von Franchisegeber und Franchisenehmer, aus. Im Einzelfall können vertikale Preisbindungen im Franchiseverhältnis unter engen Voraussetzungen vom Kartellverbot freigestellt sein, insb. bei Produktneueinführungen und kurzfristigen Sonderangebotskampagnen von zwei bis sechs Wochen.

Zulässig sind Preisempfehlungen des Franchisegebers, sofern sie rechtlich und tatsächlich unverbindlich sind. Mit anderen Worten dürfen sie nicht durch Druckausübung oder Anreizgewährung wie Fest- oder Mindestpreise wirken. Solange jeder Franchisenehmer seinen Preis autonom festsetzen kann, ist auch überregionale Preiswerbung des Franchisegebers mit dem Kartellverbot vereinbar. Dabei ist jedoch explizit auf die Unverbindlichkeit der beworbenen Preise hinzuweisen. Dagegen stellt Preiswerbung dualer Vertriebssysteme, die nicht nach Franchisenehmerbetrieben und eigenen Filialen – stationärer wie virtueller Art – differenziert, eine unzulässige faktische Preisbindung dar.

Das Vorliegen eines wettbewerbswidrigen Einflussnahmeversuchs auf die Preisgestaltungsfreiheit des Franchisenehmers ist anhand sämtlicher Einzelfallumstände zu bestimmen. Dabei fällt die Bejahung nicht bei jeder über die reine Mitteilung hinausgehenden Thematisierung der UVP so leicht wie im Falle nachdrücklichen Insistierens des Franchisegebers in Richtung der UVP-Einhaltung. Dennoch ist hier äußerste Vorsicht geboten wegen der strengen Praxis der Kartellbehörden (insb. des Bundeskartellamts), sodass sich der Franchisegeber jedenfalls ausdrücklich von jeglichem Druck- oder Anreizverhalten distanzieren sollte. Da das Befolgen der Preisempfehlung auch das Ergebnis einer autonomen Entscheidung des Franchisenehmers sein kann, müssen für die Annahme einer kartellrechtswidrigen Verhaltenskoordination weitere Umstände hinzutreten.

Im Horizontalverhältnis der Franchisenehmer untereinander sollte auf gemeinsame Werbung mit Festpreisen oder „unverbindlichen Preisempfehlungen" mangels Vereinbarkeit mit § 1 GWB und Art. 101 Abs. 1 AEUV verzichtet werden. Kartellrechtlich unproblematisch ist hier lediglich gemeinsame Aufmerksamkeitswerbung ohne Preisangaben, bei deren Organisation kein Austausch wettbewerblich sensibler Informationen zwischen den selbständigen Franchisenehmern stattfindet.

In Franchisesystemen eingerichtete Werbebeiräte dürfen keine bindenden Beschlüsse hins. der Geschäftspolitik des Franchisegebers, sondern nur Entscheidungen mit empfehlendem Charakter treffen. In- und außerhalb dieser Gremien unterliegt der Informationsaustausch zwischen den selbständigen Franchiseunternehmen den kartellrechtlichen Grenzen, er darf sich daher nicht auf wettbewerblich sensible Daten wie die künftige Preissetzung beziehen.

D. Zwischenergebnis zum ersten Kapitel

Der Waren- und Dienstleistungsvertrieb kann auf unterschiedlichste Weise erfolgen, ohne dass sich der Endkunde diesbezüglich Gedanken macht oder gar Kenntnis von der Vertriebsorganisation hat. Letzteres bildet vielmehr die Ausnahme. Beim Kauf eines Produkts im herstellereigenen Onlineshop oder Werksverkauf dürfte sich der Verbraucher über den Direkterwerb vom Hersteller bewusst sein. Dagegen wird er nur in den seltensten Fällen wissen bzw. erkennen, ob es sich bei dem nahegelegenen Standort einer „Kette“ um die Vertriebsstelle eines Filialsystems oder um einen Franchisenehmerbetrieb handelt. Das gilt besonders vor dem Hintergrund der stetigen Zunahme von dualen bzw. mehrgleisigen Vertriebssystemen. Der klare Trend geht in Richtung von Kooperationsmodellen und Mischsystemen, die verschiedene Formen des Fremdvertriebs nutzen und/oder diesen mit dem Direktvertrieb – auch über das Internet – kombinieren. Insofern ist auch eine zunehmende Vernetzung v.a. des stationären mit dem Online-Handel zu beobachten (sog. Multi-Channel- und Cross-Channel-Vertrieb).

Beim Produktabsatz über unternehmenseigene Vertriebsstellen stationärer und virtueller Art sind Preisbindungen sowie systemweite Preiswerbung ohne weiteres zulässig. Wie Filialsysteme verfügen Franchisesysteme über ein einheitliches äußeres Erscheinungsbild, das u.a. durch gemeinsame Werbung erreicht wird. Zur Wahrung des Gruppenimages sind Werberichtlinien und Zustimmungsvorbehalte des Franchisegebers zulässig. Ungeachtet der Systemeinheitlichkeit sind Franchisenehmer selbständige Unternehmen und tragen das Absatzrisiko, sodass auch das kartellrechtliche Handelsvertreterprivileg nicht eingreift. Vielmehr fallen Vertriebsfranchiseverträge in den Anwendungsbereich des Kartellverbots (Art. 101 Abs. 1 AEUV und § 1 GWB), verstoßen aber nicht per se dagegen. Zulässig sind Regelungen, die zum Schutz des vom Franchisegeber vermittelten Know-hows und/oder zur Wahrung von Identität und Ansehen des Franchisesystems unerlässlich sind. Nicht funktionsnotwendig in diesem Sinn sind allerdings rechtliche wie wirtschaftliche Preisbindungen. Unbenommen bleibt dem Franchisegeber die einseitige Aussprache und Übersendung unverbindlicher Preisempfehlungen (UVP). Angesichts der strengen Praxis insb. des Bundeskartellamts läuft jede über die reine Mitteilung hinausgehende Thematisierung der UVP Gefahr, als unzulässiger Einflussnahmeversuch eingestuft zu werden. Das Befolgen der UVP durch den Franchisenehmer begründet für sich genommen keine wettbewerbswidrige Verhaltenskoordination, hinzukommen müssen weitere Plusfaktoren, d.h. Umstände eines Zusammenwirkens.

Fach- und Vertragshändlersysteme sowie Verbundgruppen haben mit Franchisesystemen gemeinsam, dass die einzelnen Vertriebsstandorte rechtlich selbständig sind und gegenüber dem Kunden im eigenen Namen und für eigene Rechnung agieren. Infolgedessen sind hier auch Preisvorgaben und gemeinsame Preiswerbung im Grundsatz kartellrechtlich gleich zu beurteilen. Insofern unterscheiden sich diese Vertriebssysteme vom kartellrechtlich privilegierten Vertrieb über Handelsvertreter und Kommissionsagenten, die zwar ebenfalls rechtlich selbständige Absatzmittler sind, aber höchstens unbedeutende Absatzrisiken tragen.

Zweites Kapitel – Die Impressumspflicht nach § 5a Abs. 2, Abs. 3 Nr. 2 UWG

Bevor sich das nächste Kapitel eingehend mit den Tatbestandsmerkmalen des § 5a Abs. 2, Abs. 3 Nr. 2 UWG und deren Anwendung im Rahmen von Franchise- und anderen Vertriebssystemen befasst, ist die Informationspflicht mittels der verschiedenen juristischen Auslegungsansätze abstrakt zu beleuchten.

A. Entstehungsgeschichte

Zunächst ist der Blick auf die Entstehungsgeschichte der Impressumspflicht des Unternehmers im deutschen Lauterkeitsrecht zu richten. § 5a UWG wurde erst durch die UWG-Novelle 2008 eingeführt, wobei in Abs. 2 bis 4 Informationspflichten u.a. über die Identität und Anschrift des Unternehmers aufgenommen wurden.

I. Europarechtlicher Hintergrund: Art. 7 UGP-RL

Das am 30. Dezember 2008 in Kraft getretene „Erste Gesetz zur Änderung des Gesetzes gegen den unlauteren Wettbewerb“[1] sollte die Vorgaben der Richtlinie 2005/29/EG über unlautere Geschäftspraktiken (UGP-RL)[2] ins deutsche Recht umsetzen. Obwohl die UGP-RL in ihren Grundzügen dem UWG von 2004 entspricht, bestand hins. einzelner konkreter Bestimmungen auch in Deutschland noch Transformationsbedarf.[3] Dabei diente § 5a Abs. 2 bis 4 UWG 2008 der Umsetzung des Art. 7 UGP-RL.[4] Die am 27. November 2019 verabschiedete sog. Omnibus-Richtlinie zum EU-Verbraucherrecht[5] sieht einige Änderungen der

---

1 Gesetz v. 22.12.2008, BGBl. 2008 Teil I Nr. 64, S. 2949.

2 Richtlinie 2005/29/EG des Europäischen Parlaments und des Rates v. 11.5.2005 über unlautere Geschäftspraktiken (…), ABl. EU 2005 Nr. L 149/22; Berichtigung der dt. Sprachfassung ABl. EU 2009 Nr. L 253/18.

3 *Ohly*/Sosnitza, Einf. A. Rn. 49; in diesem Sinne auch *Timm-Wagner*, GRUR 2013, 245 f.

4 Begr. zum RegE des UWG 2008, BT-Drucks. 16/10145, S. 10, 25.

5 Richtlinie (EU) 2019/2161 des Europäischen Parlaments und des Rates v. 27.11.2019 zur Änderung der Richtlinie 93/13/EWG des Rates und der Richtlinien 98/6/EG, 2005/29/EG und 2011/83/EU des Europäischen Parlaments und des Rates (…), ABl. EU 2019 Nr. L 328/7.

UGP-RL sowie weiterer drei verbraucherschützender Richtlinien vor (insb. für die Bereiche Rechtsschutz und Sanktionen), auf die an späteren Stellen dieser Arbeit eingegangen wird.

1. Anwendungsbereich der UGP-RL: B2C-Verkehr

Der Anwendungsbereich des Art. 7 UGP-RL ist nicht auf die Werbephase beschränkt. Nach ihrem Art. 3 Abs. 1 gilt die UGP-RL vielmehr für unlautere Geschäftspraktiken „von Unternehmen gegenüber Verbrauchern“[6] (business to consumer – B2C)[7] vor, während und nach Abschluss eines auf ein Produkt bezogenen Handelsgeschäfts; und zwar unabhängig davon, ob tatsächlich ein Vertrag geschlossen wird.

Die umgekehrte Situation, dass Gewerbetreibende Produkte von Verbrauchern kaufen, fällt grundsätzlich nicht in den Anwendungsbereich der UGP-RL, außer es besteht eine Verbindung zu einer B2C-Geschäftspraxis.[8] Das wird z.B. angenommen, wenn ein Autohaus im Zuge des Neu-/Gebrauchtwagenkaufs eines Verbrauchers dessen Kfz in Zahlung nimmt, sowie unter gewissen Umständen beim Gold-Kauf und -Wiederverkauf.[9]

a) Verbraucher, Art. 2 lit. a UGP-RL

Art. 2 lit. a UGP-RL definiert den Verbraucher als jede natürliche Person, die im Geschäftsverkehr i.S.d. Richtlinie zu Zwecken handelt, die nicht ihrer gewerblichen, handwerklichen oder beruflichen Tätigkeit zugerechnet werden können. Die für die vorliegende Untersuchung relevanten Kaufaufforderungen i.S.d. Art. 7 Abs. 4 UGP-RL von Franchise- und anderen Vertriebssystemen z.B. im Einzelhandel richten sich typischerweise an Verbraucher i.S.d. Richtliniendefinition. Ist der Adressatenkreis auf Gewerbetreibende beschränkt, muss dies klargestellt werden. Maßstab für die Erkennbarkeit ist der objektive Empfängerhorizont. Ergibt sich die Tatsache, dass eine Kaufaufforderung nicht an

---

6 So die neue Formulierung seit Berichtigung der dt. Sprachfassung (siehe Fn. 2); in der ursprünglichen Fassung der UGP-RL hieß es noch „zwischen Unternehmen und Verbrauchern“.

7 Siehe die engl. Sprachfassung des Art. 3 Abs. 1 UGP-RL.

8 *Kommissionsdienststellen*, UGP-Leitlinien 2016, SWD(2016) 163 final, S. 8; vgl. Art. 2 lit. d UGP-RL; *Alexander*, GRUR Int. 2012, 1 f.

9 Dazu näher *Kommissionsdienststellen*, UGP-Leitlinien 2016, SWD(2016) 163 final, S. 8 f.

Verbraucher gerichtet ist, nicht explizit aus dieser, kommen die Schutzvorschriften der UGP-RL dennoch zur Anwendung.

b) Gewerbetreibender, Art. 2 lit. b UGP-RL

In den Anwendungsbereich der UGP-RL fallen jedoch nur „Geschäftspraktiken von Unternehmen". Dazu zählt jedes Verhalten eines Gewerbetreibenden (inkl. Werbung und Marketing), das unmittelbar mit der Absatzförderung, dem Verkauf oder der Lieferung eines Produkts an Verbraucher zusammenhängt (Art. 2 lit. d UGP-RL).

Demnach steht dem Verbraucher auf der Marktgegenseite der Gewerbetreibende bzw. Unternehmer gegenüber.[10] „Geschäftspraktiken von Unternehmen" sowie „Gewerbetreibender" sind als Begriffe des Unionsrechts autonom auszulegen und setzen eine marktbezogene, wirtschaftliche Tätigkeit eines Unternehmens voraus.[11] Genauer wird der Gewerbetreibende in Art. 2 lit. b UGP-RL definiert als jede natürliche oder juristische Person, die im Geschäftsverkehr im Rahmen ihrer gewerblichen, handwerklichen oder beruflichen Tätigkeit handelt. Der vom Unionsgesetzgeber besonders weit konzipierte Begriff ist dem *EuGH* zufolge anhand des „korrelativen, aber antinomischen" Verbraucherbegriffs zu bestimmen, wobei alle relevanten Einzelfallumstände zu prüfen sind.[12] Die Vertriebsunternehmen einschließlich der selbständigen Absatzmittler auf der nachgelagerten Wirtschaftsstufe, um die es im Rahmen der vorliegenden Arbeit geht, sind Gewerbetreibende i.S.d. UGP-RL. Erfasst werden auch „im Namen oder Auftrag" eines Gewerbetreibenden auftretende Personen bzw. Vermittler, wie z.B. Vergleichsplattformen oder Meta-Suchmaschinen.[13]

c) Die UGP-RL als „Rahmenrichtlinie": Abkehr vom spezifischen Ansatz

Die UGP-RL ist, wie ihr Art. 3 Abs. 1 zeigt, weder auf die Werbe- oder Vermarktungsphase begrenzt noch sektorspezifisch.[14] Ihr gehen allerdings andere

---

10 Die beiden Begriffe stimmen im Kontext der UGP-RL in ihrer Bedeutung und rechtlichen Tragweite überein, EuGH, Urt. v. 3.10.2013 – C-59/12, WRP 2013, 1454 Rn. 31 – *BKK Mobil Oil*.

11 BGH, Urt. v. 30.4.2014 – I ZR 170/10, WRP 2014, 1304 Rn. 18 m.w.N. – *Betriebskrankenkasse II*.

12 Statt vieler EuGH, Urt. v. 4.10.2018 – C-105/17, GRUR 2018, 1154 Rn. 30, 33, 45 – *KfV/Kamenova*.

13 *Kommissionsdienststellen*, UGP-Leitlinien 2016, SWD(2016) 163 final, S. 171 f.

14 Vgl. *Kommission*, Mitteilung über die Anwendung der UGP-RL v. 14.3.2013, COM(2013) 138 final, S. 2.

EU-Rechtsvorschriften vor, die spezielle Aspekte unlauterer Geschäftspraktiken im B2C-Verkehr regeln.[15] Wegen ihres breiten Geltungsbereichs fungiert die UGP-RL als „Sicherheitsnetz" v.a. in Bezug auf Sektoren, in denen keine bzw. unzureichende Verbraucherschutz-Regelungen existieren.[16]

Daher war anfangs im Kontext der UGP-RL von einer Rahmenrichtlinie[17] die Rede. Um die Regelungen über Geschäftspraktiken im B2C-Bereich stärker zu harmonisieren, befürwortete die *Kommission* im Grünbuch zum Verbraucherschutz in der Europäischen Union (2001) einen „kombinierten Ansatz", d.h. eine umfassende Rahmenrichtlinie ergänzt durch spezifische Einzelrichtlinien.[18] Bis dato war das EU-Sekundärrecht vom „spezifischen Ansatz" geprägt, der zunächst eine stärkere Rechtsangleichung verspricht.[19] Dabei hinkten die EU-Vorschriften jedoch wegen des langen Zeitraums zwischen Vorschlag und Inkrafttreten sowie für die Abänderung von Richtlinien den sich fortentwickelnden Marktpraktiken hinterher.[20] Demgegenüber weist der kombinierte Regelungsansatz den Vorteil der Flexibilität auf, für veränderte bzw. neu entstehende Geschäftspraktiken und Verbrauchergewohnheiten müssen nicht permanent neue Vorschriften erlassen werden.[21] Das führt zu übersichtlichen Regelungen auf EU-Ebene, birgt aber auch die Gefahr divergierender Handhabung in den Mitgliedstaaten. Eine Rahmenrichtlinie bildet aber eine Basis für eine EU-weite Selbstregulierung im Bereich Verbraucherschutz sowie für die Erarbeitung nicht bindender praktischer Leitlinien.[22] So kann die schlank und abstrakt gehaltene Rahmenrichtlinie in den Leitlinien bzgl. konkreter Geschäftspraktiken präzisiert werden. Dieser Mechanismus trägt zu einheitlicher Rechtsanwendung im Binnenmarkt bei und ermöglicht eine schnelle Reaktion auf neue Praktiken, ohne dass eine Anpassung im aufwändigen Gesetzgebungsverfahren notwendig wäre.

---

15 Art. 3 Abs. 4, Erwägungsgrund 10 Satz 3 UGP-RL; EuGH, Urt. v. 16.7.2015 – C-544/13, C-545/13, GRUR 2015, 1028 Rn. 81 f. – *Abcur/Farmaci u.a.*

16 *Kommissionsdienststellen*, UGP-Leitlinien 2016, SWD(2016) 163 final, S. 16; *Kommission*, Mitteilung über die Anwendung der UGP-RL v. 14.3.2013, COM(2013) 138 final, S. 2; Erwägungsgrund 10 Satz 4 UGP-RL.

17 Begr. zum KommE der UGP-RL v. 18.6.2003, KOM (2003) 356 endg., Tz. 2 ff.; Begr. zum RegE des UWG 2004, BT-Drucks. 15/1487, S. 12; *Sosnitza*, WRP 2006, 1, 2.

18 *Kommission*, Grünbuch v. 2.10.2001, KOM(2001) 531 endg., S. 13 f.

19 *Kommission*, Grünbuch v. 2.10.2001, KOM(2001) 531 endg., S. 13.

20 *Kommission*, Grünbuch v. 2.10.2001, KOM(2001) 531 endg., S. 5.

21 *Kommission*, Grünbuch v. 2.10.2001, KOM(2001) 531 endg., S. 13 f.; *Göhre*, WRP 2002, 36, 44.

22 So auch *Kommission*, Grünbuch v. 2.10.2001, KOM(2001) 531 endg., S. 14.

Demnach kommt der Bezeichnung als Rahmenrichtlinie keine Bedeutung in Hinblick auf den Harmonisierungsgrad der UGP-RL zu.[23] Denn anders als es der gewöhnliche Wortsinn vermuten lässt, gibt eine Rahmenrichtlinie nicht nur einen allgemeinen Rahmen vor, der durch mitgliedstaatliche Umsetzungsvorschriften ausgefüllt werden soll.

2. *Vollharmonisierungsansatz der UGP-RL*

Die UGP-RL stellt einheitliche Regeln für unlautere Geschäftspraktiken einschließlich der unlauteren Werbung auf, welche die wirtschaftlichen Interessen der Verbraucher unmittelbar und dadurch die wirtschaftlichen Interessen rechtmäßig handelnder Mitbewerber mittelbar schädigen.[24] Erreicht werden soll hierdurch ein reibungsloses Funktionieren des Binnenmarkts und ein hohes Verbraucherschutzniveau (Art. 1 UGP-RL).

Denn durch unterschiedliche nationale Rechtsvorschriften können erhebliche Wettbewerbsverzerrungen und Handelshemmnisse entstehen.[25] Dagegen soll die Einführung eines unionsweiten generellen Verbots unlauterer Geschäftspraktiken Verbraucher und Unternehmen in die Lage versetzen, sich an einem einzigen gemeinsamen Rechtsrahmen zu orientieren.[26] Innerhalb ihres Anwendungsbereichs bezweckt die UGP-RL anders als frühere Rechtsinstrumente auf ihrem Gebiet keine bloße Mindestharmonisierung, sondern eine vollständige Angleichung des Lauterkeitsrechts der Mitgliedstaaten.[27] Wegen des Vollharmonisierungsansatzes darf das nationale Recht für den B2C-Verkehr weder über die Vorgaben der UGP-RL hinausgehen noch dahinter zurückbleiben. In diesem Bereich dürfen die Mitgliedstaaten grundsätzlich[28] keine strengeren Maßnahmen erlassen oder aufrechterhalten, nicht einmal, um ein höheres

23 Wie hier auch *Sosnitza*, WRP 2006, 1, 2.

24 Erwägungsgründe 5 Satz 3, 6 Satz 1 UGP-RL.

25 Erwägungsgründe 3 und 4 UGP-RL.

26 Erwägungsgrund 11 Satz 2, Erwägungsgrund 12, Erwägungsgrund 13 Satz 1 und 2 UGP-RL.

27 Erwägungsgründe 14 Satz 5, 15 Satz 4 UGP-RL; Begr. zum RegE des UWG 2008, BT-Drucks. 16/10145, S. 1, 10 f.; EuGH, Urt. v. 14.1.2010 – C-304/08, NJW 2010, 1867 Rn. 41 – *Plus Warenhandelsgesellschaft*; BGH, Urt. v. 5.10.2010 – I ZR 4/06, GRUR 2011, 532 Rn. 19 – *Millionen-Chance II*.

28 Zu beachten ist die Ausnahme in Art. 3 Abs. 9 UGP-RL bei Finanzdienstleistungen und Immobilien.

Verbraucherschutzniveau zu erreichen.[29] Ergo regelt die UGP-RL die Unlauterkeit von Geschäftspraktiken von Unternehmen gegenüber Verbrauchern, insb. die in diesem Verhältnis bestehenden Informationspflichten, abschließend.[30]

3. Bindung der nationalen Gesetzgeber an die Richtlinienvorgaben

Die EU-Richtlinie ist nach Art. 288 Abs. 3 AEUV zwar für jeden Mitgliedstaat, an den sie gerichtet wird, hins. des zu erreichenden Ziels verbindlich, überlässt jedoch den innerstaatlichen Stellen die Wahl der Form und Mittel. Als „Instrument zweistufiger Rechtsetzung"[31] bedarf sie im Unterschied zur Verordnung (Art. 288 Abs. 2 AEUV) grundsätzlich der Umsetzung durch die Mitgliedstaaten. Kommen diese als Adressaten der Richtlinie ihrer Umsetzungspflicht nicht nach, droht ihnen ein Vertragsverletzungsverfahren gem. Art. 258 ff. AEUV.

Von Interesse ist daher, wie weit die Bindung der nationalen Gesetzgeber an die Vorgaben der UGP-RL bei deren Transformation reicht. Allgemein gilt: Je höher die Regelungsdichte einer Richtlinie ist, desto geringer ist der verbleibende Umsetzungsspielraum. Das betrifft besonders vollharmonisierende Richtlinien wie die UGP-RL. Die Umsetzungspflicht umfasst den Zweck und Inhalt der UGP-RL und damit auch deren Systematik. Demgegenüber ist den Mitgliedstaaten die „Wahl der Form und Mittel" überlassen, sodass sie über einen Gestaltungsspielraum bei der Integration in die nationale Rechtsordnung sowie bei der Strukturierung und Formulierung der Umsetzungsnormen verfügen. Eine wortwörtliche Übernahme des Richtlinientextes ist nicht erforderlich.[32] Begrenzt wird der Umsetzungsspielraum durch das in Art. 4 Abs. 3 EUV niedergelegte Loyalitäts- oder Effizienzgebot (*effet utile*).[33]

---

29 EuGH, Urt. v. 23.4.2009 – C-261/07 und C-299/07, GRUR 2009, 599 Rn. 52 – *VTB-VAB und Galatea*; Urt. v. 14.1.2010 – C-304/08, NJW 2010, 1867 Rn. 41 – *Plus Warenhandelsgesellschaft*; Urt. v. 26.10.2016 – C-611/14, WRP 2017, 31 Rn. 26 – *Canal Digital Danmark*.

30 BGH, Urt. v. 4.2.2010 – I ZR 66/09, NJW-RR 2010, 1560 Rn. 15 – *Gallardo Spyder*; Urt. v. 21.12.2011 – I ZR 190/10, NJW 2012, 2276 Rn. 15 – *Neue Personenkraftwagen*; Harte-Bavendamm/Henning-Bodewig/*Dreyer*, § 5a UWG Rn. 1.

31 Calliess/Ruffert/*Ruffert*, Art. 288 AEUV Rn. 23; vgl. *Kubitza*, EuZW 2016, 691.

32 EuGH, Urt. v. 20.3.1997 – C-96/95, NVwZ 1998, 48 Rn. 35 – *Kommission/Deutschland*; *Klagge*, S. 185, 201; *Hetmank*, GRUR 2015, 323; *Ohly*, GRUR 2014, 1137, 1138; *Timm-Wagner*, GRUR 2013, 245, 246.

33 Calliess/Ruffert/*Calliess/Kahl/Puttler*, Art. 4 EUV Rn. 55 f.; *Beater*, Unlauterer Wettbewerb, Rn. 626.

Geleitet von der Zielsetzung, ein möglichst einheitliches Lauterkeitsrecht für Mitbewerber, Verbraucher und sonstige Marktteilnehmer beizubehalten, erfolgte die Umsetzung der UGP-RL im bestehenden UWG.[34] Dieser „integrierte Ansatz“ trägt dem Umstand Rechnung, dass unternehmerisches Verhalten am Markt im Prinzip unteilbar ist und in der Regel Verbraucher und Mitbewerber gleichermaßen betrifft.[35]

4. *Gebot zu richtlinienkonformer Auslegung*

Die in Art. 288 Abs. 3 AEUV verankerte Verbindlichkeit des zu erreichenden Richtlinienziels ist an „die Mitgliedstaaten“ gerichtet (vgl. Art. 291 Abs. 1 AEUV, Art. 4 Abs. 3 EUV). Daher binden die vollharmonisierenden Vorgaben der UGP-RL nicht nur den nationalen Gesetzgeber. Vielmehr werden Interpretation und Verständnis des § 5a Abs. 2, Abs. 3 Nr. 2 UWG maßgeblich durch die Pflicht zu richtlinienkonformer Auslegung geprägt. Diese obliegt „allen Trägern öffentlicher Gewalt in den Mitgliedstaaten und damit im Rahmen ihrer Zuständigkeiten auch den Gerichten“[36]. Denn eben jene sollen die volle Wirkung der unionsrechtlichen Vorschriften und den sich aus diesen für den Einzelnen ergebenden Rechtsschutz gewährleisten.[37]

a) Herleitung des Prinzips

Da die Richtlinie hins. ihres Ergebnisses bzw. Ziels verbindlich ist, erschöpft sich die Umsetzungspflicht nicht im legislatorischen Umsetzungsakt, sondern begründet eine fortdauernde Verpflichtung, die Richtlinienvorgaben zu beachten.[38] Dem *EuGH* zufolge ist das Gebot einer unionsrechtskonformen Auslegung

---

34 Begr. zum RegE des UWG 2015, BT-Drucks. 18/4535, S. 8. Diesen Ansatz begrüßen ausdrücklich: *DIHK*, WRP 2014, 1426 Rn. 2; *Markenverband*, WRP 2015, 46 Rn. 1.

35 Begr. zum RegE des UWG 2008, BT-Drucks. 16/10145, S. 11; *Erdmann/Loschelder* in UWG-HdB, § 3 Rn. 8; *Timm-Wagner*, GRUR 2013, 245; näher zum integrierten Ansatz *Henning-Bodewig*, GRUR 2013, 238 ff.

36 EuGH, Urt. v. 26.10.2016 – C-611/14, WRP 2017, 31 Rn. 30 – *Canal Digital Danmark*; vgl. bereits Urt. v. 13.11.1990 – C-106/89 juris Rn. 8 – *Marleasing* mit Verweis auf Urt. v. 10.4.1984 – C-14/83, NJW 1984, 2021, 2022 – *Von Colson und Kamann*, beide noch zu Art. 5 EWGV; *Herresthal*, JuS 2014, 289 f.

37 EuGH, Urt. v. 15.4.2008 – C-268/06, NZA 2008, 581 Rn. 42 – *Impact*; Urt. v. 8.9.2011 – C-177/10, NZA 2011, 1219 Rn. 52 – *Rosado Santana*; Urt. v. 26.10.2016 – C-611/14, WRP 2017, 31 Rn. 31 – *Canal Digital Danmark*.

38 *Roth*, EWS 2005, 385.

des nationalen Rechts dem AEUV immanent.[39] Die konkrete normative Grundlage der mitgliedstaatlichen Pflicht zur richtlinienkonformen Auslegung bildet Art. 288 Abs. 3 AEUV i.V.m. Art. 4 Abs. 3 EUV.[40]

b) Inhalt und Umfang

Gegenstand der richtlinienkonformen Auslegung sind alle Normen des nationalen Rechts, die der Umsetzung der Richtlinie dienen oder ihrem Regelungsbereich unterfallen – gleich, ob vor oder nach der Richtlinie erlassen.[41] Nach ständiger Rechtsprechung des *EuGH* müssen die mitgliedstaatlichen Gerichte die Auslegung der nationalen Rechtsnormen „soweit wie möglich am Wortlaut und Zweck der Richtlinie ausrichten (...), um das mit der Richtlinie verfolgte Ziel zu erreichen".[42] Demnach ist die UGP-RL zunächst selbst einer Auslegung zuzuführen. Sodann ist die UWG-Impressumspflicht, das Bestehen eines Auslegungsspielraums vorausgesetzt, im Lichte der UGP-RL auszulegen, um deren praktische Wirksamkeit zu wahren. Dabei gilt wegen der Vollharmonisierung: Den Generalklauseln und unbestimmten Rechtsbegriffen der UGP-RL kann keine mitgliedstaatliche Konkretisierungszuständigkeit im Sinne einer Verlagerung der Auslegungskompetenz an die nationalen Gesetzgeber und Gerichte entnommen werden.[43]

Die richtlinienkonforme Auslegung tritt als eigenständige Methode neben die klassischen nationalen Auslegungskriterien (Wortlaut, Systematik, Telos und Entstehungsgeschichte), genießt diesen gegenüber allerdings Vorrang.[44]

---

39 EuGH, Urt. v. 26.10.2016 – C-611/14, WRP 2017, 31 Rn. 33 – *Canal Digital Danmark*; vgl. Urt. v. 5.10.2004 – C-397/01 bis C-403/01, NJW 2004, 3547 Rn. 114 – *Pfeiffer u.a.* zum EGV.

40 EuGH, Urt. v. 13.11.1990 – C-106/89 juris Rn. 8 – *Marleasing*; BGH, Urt. v. 26.11.2008 – VIII ZR 200/05, NJW 2009, 427 Rn. 19 f. – *Quelle*, beide noch zu den Vorgängervorschriften; Calliess/Ruffert/*Ruffert*, Art. 288 AEUV Rn. 23, 78; *Herresthal*, JuS 2014, 289, 290.

41 EuGH, Urt. v. 5.10.2004 – C-397/01 bis C-403/01, NJW 2004, 3547 Rn. 115 – *Pfeiffer u.a.*; *Herresthal*, JuS 2014, 289, 290; *Roth*, EWS 2005, 385, 388.

42 EuGH, Urt. v. 13.11.1990 – C-106/89 juris Rn. 8 – *Marleasing*; vgl. Urt. v. 19.4.2016 – C-441/14, NZA 2016, 537 Rn. 31 – *Dansk Industri*; Urt. v. 26.10.2016 – C-611/14, WRP 2017, 31 Rn. 32 – *Canal Digital Danmark*.

43 Harte-Bavendamm/Henning-Bodewig/*Glöckner*, Einl. B Rn. 178; MüKoUWG/*Leible*, Teil III.A. Rn. 189.

44 *Herresthal*, JuS 2014, 289, 291; *Canaris*, in: FS Bydlinski, S. 47, 67 ff., 79 f.; *Roth*, EWS 2005, 385, 392.

Die Formulierung *„soweit wie möglich"* macht deutlich, dass der *EuGH* keine grenzenlose Pflicht zu richtlinienkonformer Auslegung annimmt. Ihre Grenze findet sie in den allgemeinen Rechtsgrundsätzen (Rechtssicherheit, Rückwirkungsverbot etc.), sie darf daher nicht als Grundlage für eine Auslegung des nationalen Rechts *contra legem* dienen.[45] Gemeint ist damit jedoch nicht die Wortlautgrenze, vielmehr muss die Rechtsfindung zu einem nach nationalen Auslegungsmethoden zulässigen Ergebnis gelangen.[46] Zum methodisch Erlaubten zählt in Deutschland neben der richtlinienkonformen Auslegung im engeren Sinn auch die richtlinienkonforme Rechtsfortbildung im Wege der Analogie oder teleologischen Reduktion bei planwidrigen Regelungslücken.[47]

Zeitlich besteht die Verpflichtung der nationalen Gerichte, das innerstaatliche Recht richtlinienkonform auszulegen, erst nach Ablauf der Umsetzungsfrist.[48] Am 12. Juni 2007 ist die in Art. 19 vorgesehene Umsetzungsfrist der UGP-RL abgelaufen. Seitdem ist das Erfordernis richtlinienkonformer Auslegung uneingeschränkt zu beachten. Aber bereits vor diesem Zeitpunkt war es den Mitgliedstaaten untersagt, Vorschriften zu erlassen, die geeignet sind, das in der Richtlinie vorgeschriebene Ziel ernsthaft in Frage zu stellen (sog. *Vorwirkung*).[49]

c) UGP-RL und ihre Erwägungsgründe

Um § 5a Abs. 2, Abs. 3 Nr. 2 UWG einer richtlinienkonformen Auslegung zuzuführen, ist es zunächst erforderlich, sich ein Bild von den als Vorbild dienenden Richtlinienvorschriften zu machen. Ausgangspunkt für das europäische Normverständnis ist der Text der UGP-RL selbst sowie deren Erwägungsgründe.

Die Bestimmungen der UGP-RL müssen in der gesamten Union eine „autonome und einheitliche Auslegung" erhalten, die unter Berücksichtigung von Regelungszusammenhang und verfolgtem Zweck zu erfolgen hat.[50] Dabei ist die

---

45 EuGH, Urt. v. 15.4.2008 - C-268/06, NZA 2008, 581 Rn. 100 m.w.N. - *Impact*; Urt. v. 19.4.2016 - C-441/14, NZA 2016, 537 Rn. 32 - *Dansk Industri*.

46 BVerfG, Beschl. v. 26.9.2011 - 2 BvR 2216/06 u.a., NJW 2012, 669 Rn. 47, 56; BGH, Urt. v. 26.11.2008 - VIII ZR 200/05, NJW 2009, 427 Rn. 21 - *Quelle*.

47 BGH, Urt. v. 26.11.2008 - VIII ZR 200/05, NJW 2009, 427 Rn. 21 f. - *Quelle*; Urt. v. 7.5.2014 - IV ZR 76/11, NJW 2014, 2646 Rn. 21 ff., 33; Harte-Bavendamm/Henning-Bodewig/*Glöckner*, Einl. B Rn. 181.

48 EuGH, Urt. v. 4.7.2006 - C-212/04, NJW 2006, 2465 Rn. 115 - *Adeneler u.a.*

49 EuGH, Urt. v. 23.4.2009 - C-261/07 und C-299/07, GRUR 2009, 599 Rn. 38 f. m.w.N. - *VTB-VAB und Galatea*; bestätigt durch BVerfG, Beschl. v. 6.7.2010 - 2 BvR 2661/06, NJW 2010, 3422 Rn. 75 f. - *Fall Honeywell*; *Kubitza*, EuZW 2016, 691 f.

50 EuGH, Urt. v. 3.10.2013 - C-59/12, WRP 2013, 1454 Rn. 25 m.w.N. - *BKK Mobil Oil*.

Formulierung einer Sprachfassung nicht als alleinige Grundlage für die Auslegung heranzuziehen oder ihr insoweit Vorrang gegenüber den anderen einzuräumen.[51] Die in der vorliegenden Arbeit vorzunehmende Auslegung des Art. 7 UGP-RL beschränkt sich daher nicht auf die deutsche Sprachfassung, auszuwerten sind etwa auch die englischen oder französischen Formulierungen. Weichen die Sprachfassungen voneinander ab, ist die Regelung nach der allgemeinen Systematik und ihrem Zweck auszulegen.[52] Zentrale Bedeutung für die autonome und einheitliche Auslegung des Art. 7 UGP-RL haben somit dessen Systematik und Telos.

d) *Leitlinien zur UGP-RL*

Neben der UGP-RL mitsamt ihren Erwägungsgründen erlangen bei der richtlinienkonformen Auslegung auch die von den *Kommissionsdienststellen* herausgegebenen Leitlinien zur UGP-RL Bedeutung. 2016 wurde eine Neuauflage veröffentlicht, die auf der ursprünglichen Fassung von 2009[53] beruht und diese ersetzt.[54] Die UGP-Leitlinien werden nämlich unter Berücksichtigung von neu entstandenen Praktiken sowie Beiträgen der nationalen Durchsetzungsstellen bzw. anderer Interessenträger weiterentwickelt.[55] Demzufolge kann auf den Inhalt der Ursprungsfassung nicht mehr ohne weiteres zurückgegriffen werden.

Durch die Neufassung der UGP-Leitlinien wird der zusätzliche Nutzen und Vorteil dieses Rechtsinstruments offensichtlich. Diese lassen sich deutlich schneller an neue Geschäftspraktiken im Binnenmarkt anpassen als der Richtlinientext selbst. Dem Erlass entsprechend bedarf eine Änderung der UGP-RL der Mitwirkung von Europäischem Parlament, Rat, Kommission und Europäischem Wirtschafts- und Sozialausschuss (vgl. Art. 114, 294 AEUV). Die damit verbundene Beteiligung der einzelnen Mitgliedstaaten erschwert eine schnelle Konsensfindung, die in der Lage wäre, mit den tatsächlichen Entwicklungen Schritt zu halten.

---

51 EuGH, Urt. v. 19.12.2013 – C-281/12, WRP 2014, 161 Rn. 26 – *Trento Sviluppo*.

52 EuGH, Urt. v. 19.12.2013 – C-281/12, WRP 2014, 161 Rn. 26 m.w.N. – *Trento Sviluppo*.

53 *Kommissionsdienststellen*, Leitlinien zur Umsetzung/Anwendung der Richtlinie 2005/29/EG über unlautere Geschäftspraktiken, Arbeitspapier v. 3.12.2009, SEK(2009) 1666.

54 *Kommissionsdienststellen*, Leitlinien zur Umsetzung/Anwendung der Richtlinie 2005/29/EG über unlautere Geschäftspraktiken, Arbeitsunterlage v. 25.5.2016, SWD(2016) 163 final, S. 5.

55 *Kommission*, Mitteilung über die Anwendung der UGP-RL v. 14.3.2013, COM(2013) 138 final, S. 8.

aa) Rechtliche Unverbindlichkeit

Bei den UGP-Leitlinien stellt sich die Frage, für wen und inwieweit sie bindend wirken. Denn wie andere generellabstrakte Mitteilungen oder Bekanntmachungen sind Leitlinien den nicht verbindlichen Empfehlungen und Stellungnahmen (Art. 288 Abs. 5 AEUV) zuzuordnen.[56] Das gilt neben den UGP-Leitlinien auch für andere in dieser Arbeit thematisierte Leitlinien, Mitteilungen und Bekanntmachungen. Mithilfe rechtlich unverbindlicher Leitlinien (sog. *Soft Law*) soll die Anwendung und Auslegung des EU-Rechts gesteuert werden.[57] Formale Bindungswirkung entfalten sie allerdings weder gegenüber den Unionsgerichten noch den Gerichten und Behörden der Mitgliedstaaten.[58] Insofern betonen auch die UGP-Leitlinien, dass sie weder zwangsläufig die Auffassung der Kommission widerspiegeln noch rechtsverbindlich sind und ausschließlich der *EuGH* für die Auslegung des Unionsrechts zuständig ist.[59] Unter Hinweis auf die fehlende Bindungswirkung lehnten diverse Oberlandesgerichte eine auf Aussagen der UGP-Leitlinien gestützte Auslegung der Umsetzungsvorschriften im UWG ab.[60]

bb) Faktische Wirkung und Selbstbindung der Kommissionsdienststellen

Ein formalrechtlicher Status kommt den UGP-Leitlinien zwar nicht zu. Dessen ungeachtet kann ihnen eine erhebliche faktische Wirkung aber nicht abgesprochen werden.[61]

Zum einen bewirken die UGP-Leitlinien nach dem allgemeinen Vertrauensgrundsatz eine Selbstbindung der Kommissionsdienststellen: Von den geäußer-

---

56 So *von Graevenitz*, EuZW 2013, 169; vgl. *Stelkens* in Stelkens/Bonk/Sachs, EU-Verwaltungsrecht Rn. 79; a.A. MüKoKartellR/*Säcker/Jaecks*, Art. 101 Abs. 1 AEUV Rn. 617.

57 *Von Graevenitz*, EuZW 2013, 169; vgl. *Kommission*, Weissbuch über die Modernisierung der Vorschriften zur Anwendung der Art. 85 und 86 EG-Vertrag, ABl. EG 1999 Nr. C 132/1, Rn. 86; zum Begriff des EU Soft Law auch *Stelkens* in Stelkens/Bonk/Sachs, EU-Verwaltungsrecht Rn. 79.

58 Immenga/Mestmäcker/*Ellger*, Art. 101 Abs. 3 AEUV Rn. 72 ff.; *Mestmäcker/Schweitzer*, EU-WettbewerbsR, § 4 Rn. 77; vgl. auch EuGH, Urt. v. 13.12.2012 – C-226/11, GRUR Int. 2013, 285 Rn. 29 ff. – *Expedia*.

59 *Kommissionsdienststellen*, UGP-Leitlinien 2016, SWD(2016) 163 final, S. 5.

60 OLG Brandenburg, Beschl. v. 26.6.2012 – 6 W 72/12 juris Rn. 18; OLG Düsseldorf, Urt. v. 2.10.2012 – 20 U 223/11 juris Rn. 21; KG, Urt. v. 28.5.2013 – 5 U 93/12 juris Rn. 46 ff.

61 *Von Graevenitz*, EuZW 2013, 169, 173; MüKoKartellR/*Säcker/Jaecks*, Art. 101 Abs. 1 AEUV Rn. 617.

ten Rechtsauffassungen darf nur aus sachlich gerechtfertigtem Grund abgewichen werden (z.B. EuGH/EuG-Entscheidung oder Neuausrichtung der Wettbewerbspolitik).[62] Zum anderen dürften Unternehmen und andere private Rechtsanwender den UGP-Leitlinien eine nicht unerhebliche Bedeutung beimessen: Diesen werden sie in Fällen bestehender Rechtsunsicherheit zumindest einen Anhaltspunkt in Hinblick auf die ungewisse Entscheidung der europäischen wie nationalen Behörden und Gerichte entnehmen und ihr Marktverhalten daran ausrichten.

Denn die UGP-Leitlinien enthalten Hinweise zu den Bestimmungen und Schlüsselbegriffen der UGP-RL sowie Beispiele zu deren Durchführung aus der Rechtsprechung des EuGH und der nationalen Gerichte.[63] Bezweckt wird damit die Entwicklung eines gemeinsamen Verständnisses und ein einheitliches Vorgehen bei der Umsetzung und Anwendung der UGP-RL in den Mitgliedstaaten.[64] Auch wenn sie keine formelle Bindungswirkung entfalten, können die UGP-Leitlinien den Rechtsanwendern zumindest als Auslegungs- und Orientierungshilfe dienen. Die enthaltenen Informationen und Beispiele ermöglichen ein detailliertes Richtlinienverständnis, das weit über den Text und die Erwägungsgründe der UGP-RL hinausgeht. Bedeutung erlangen die UGP-Leitlinien auch bei der Auslegung des § 5a Abs. 2, Abs. 3 Nr. 2 UWG, der in Wortlaut und Inhalt weitgehend dem Richtlinienvorbild entspricht. Deshalb sollten die UGP-Leitlinien trotz ihrer rechtlichen Unverbindlichkeit im Interesse einer einheitlichen Rechtsanwendung von den nationalen Gerichten stärker herangezogen werden.[65]

Gleichwohl gewähren die UGP-Leitlinien dem privaten Rechtsanwender keinen „sicheren Hafen", da ihnen lediglich *persuasive*, aber keine binding *authority* zukommt.[66]

---

62 Vgl. Immenga/Mestmäcker/*Ellger*, Art. 101 Abs. 3 AEUV Rn. 72; *Baron* in Loewenheim/Meessen/Riesenkampff et al., B. Vertikalvereinbarungen Rn. 16 zur Vertikal-GVO; EuGH, Urt. v. 13.12.2012 – C-226/11, GRUR Int. 2013, 285 Rn. 28 – *Expedia* hins. der De-minimis-Bekanntmachung.

63 *Kommissionsdienststellen*, UGP-Leitlinien 2016, SWD(2016) 163 final, S. 5.

64 *Kommissionsdienststellen*, UGP-Leitlinien 2009, SEK(2009) 1666, S. 7.

65 So auch *von Walter/Kluge*, WRP 2013, 866 Rn. 13; *von Graevenitz*, EuZW 2013, 169, 172 f.

66 Immenga/Mestmäcker/*Ellger*, Art. 101 Abs. 3 AEUV Rn. 74; vgl. *von Graevenitz*, EuZW 2013, 169, 173.

e) *Rechtsprechung des EuGH*

Wie bereits angesprochen, liegt die Auslegungshoheit für Rechtsnormen des Unionsrechts beim *EuGH*. Folglich kommt diesem auch die ausschließliche Auslegungskompetenz im Hinblick auf Art. 7 UGP-RL als Richtlinienvorbild der UWG-Impressumspflicht zu.

5. *Keine Übertragbarkeit der alten Rechtsprechung auf § 5a UWG 2008*

Für geschäftliche Handlungen gegenüber Verbrauchern sieht die UGP-RL spezielle Informationspflichten vor, die in § 5a Abs. 2 bis 4 UWG 2008 umgesetzt wurden. Eine uneingeschränkte Anwendung der zu § 5 Abs. 2 Satz 2 UWG 2004 ergangenen Rechtsprechung im B2C-Verkehr würde den Vollharmonisierungsansatz der UGP-RL unterlaufen. Daher muss die Anknüpfung an die frühere Spruchpraxis auf B2B-Verhältnisse beschränkt werden.[67]

II. UWG-Novelle 2015

Zum zehnjährigen Jubiläum der UGP-RL wurde das UWG am 10. Dezember 2015 mit Inkrafttreten des zweiten Änderungsgesetzes[68] erneut reformiert.

1. *Unzureichende Umsetzung der UGP-RL durch das UWG 2008*

Auch die UWG-Novelle 2015 hatte einen europarechtlichen Hintergrund: Nachdem die *Kommission* bereits frühzeitig die „schlanke Umsetzung“[69] der UGP-RL durch das UWG 2008 beanstandet und Nachbesserung verlangt hatte, zwang nun ein laufendes Vertragsverletzungsverfahren (Art. 258 AEUV) den deutschen Gesetzgeber zum Tätigwerden.[70]

Die Diskrepanz zwischen den Richtlinienvorgaben und Umsetzungsnormen wurde zwar im Wege richtlinienkonformer Auslegung verringert. Die nationalen Gerichte stellten z.B. sicher, dass die auf der UGP-RL beruhenden Anforderungen an Geschäftspraktiken gegenüber Verbrauchern nicht über die

67 Harte-Bavendamm/Henning-Bodewig/*Dreyer*, § 5a UWG Rn. 21.

68 Zweites Gesetz zur Änderung des Gesetzes gegen den unlauteren Wettbewerb v. 2.12.2015, BGBl. 2015 Teil I Nr. 49, S. 2158.

69 *Köhler*, WRP 2009, 109, 110; *ders.*, GRUR 2012, 1073; *Timm-Wagner*, GRUR 2013, 245, 246.

70 Begr. zum RegE des UWG 2015, BT-Drucks. 18/4535, S. 26 f.; Beschlussempfehlung zum UWG 2015, BT-Drucks. 18/6571, S. 12; *Köhler*, WRP 2017, 1 Rn. 2.

Generalklausel umgangen wurden.[71] Und § 5a Abs. 2 UWG wurde europarechtskonform am Maßstab des Art. 7 UGP-RL ausgelegt.[72]

Aber eine Rechtsprechung, die nationale Rechtsvorschriften den Richtlinienanforderungen entsprechend auslegt, genügt nach Ansicht des *EuGH* – besonders im Bereich des Verbraucherschutzes – nicht dem Erfordernis der Rechtssicherheit.[73] Der richtlinienkonformen Auslegung kommt nämlich mangels angemessener Publizität nicht die Qualität einer Umsetzungsmaßnahme zu.[74] Denn die Rechtslage muss für den Einzelnen hinreichend klar und bestimmt sein und ihn in die Lage versetzen, von allen seinen Rechten und Pflichten Kenntnis zu erlangen und diese ggf. vor den nationalen Gerichten geltend zu machen.[75] Die Angleichung des UWG-Wortlauts an die Vorgaben der UGP-RL liegt auch im Interesse der Rechtsanwender. Denn Verbraucher sollen ihre Rechte erkennen können, aber auch Unternehmer ihr Marktverhalten nicht immer parallel auf Konformität mit UWG und UGP-RL prüfen müssen.[76]

Beim UWG 2008 ergab sich aufgrund verschiedener Diskrepanzen noch Reformbedarf. Erklärtes Ziel des zweiten Änderungsgesetzes war eine stärkere Anpassung des UWG an die UGP-RL: Um eine vollständige Rechtsangleichung im Gesetzeswortlaut zu erzielen, bestehe „bei einzelnen Punkten noch Klarstellungsbedarf gesetzessystematischer Art".[77]

Referenten- und Regierungsentwurf des UWG 2015 stießen in der Literatur auf Kritik.[78] In der Folge wurde im Ausschuss für Recht und Verbraucherschutz

---

71 Begr. zum RegE des UWG 2015, BT-Drucks. 18/4535, S. 11 mit Verweis auf BGH, Urt. v. 5.10.2010 – I ZR 4/06, GRUR 2011, 532 Rn. 15 ff. – *Millionen-Chance II*.

72 Vgl. Götting/*Nordemann*, § 5a UWG Rn. 55; *BdS*, Stellungnahme zum RegE des UWG 2015, S. 2 mit Verweis auf BGH, Urt. v. 18.4.2013 – I ZR 180/12, WRP 2013, 1459 Rn. 16 – *Brandneu von der IFA*.

73 EuGH, Urt. v. 10.5.2001 – C-144/99, NJW 2001, 2244 Rn. 21 – *Kommission/Niederlande*.

74 *GA Tizzano*, SchlA v. 23.1.2001, Rs. C-144/99 – *Kommission/Niederlande*, ECLI:EU:C:2001:50 Rn. 35 f.

75 EuGH, Urt. v. 30.5.1991 – C-361/88, NVwZ 1991, 866 Rn. 21, 24; Urt. v. 20.3.1997 – C-96/95, NVwZ 1998, 48 Rn. 35 – *Kommission/Deutschland*; Urt. v. 10.5.2001 – C-144/99, NJW 2001, 2244 Rn. 17 – *Kommission/Niederlande*; Urt. v. 7.5.2002 – C-478/99, EuZW 2002, 465 Rn. 18 – *Kommission/Schweden*.

76 *DIHK*, WRP 2014, 1426 Rn. 2; *Köhler*, WRP 2014, 1410 Rn. 62; *ZAW*, WRP 2015, 180 Rn. 2, 4.

77 Begr. zum RegE des UWG 2015, BT-Drucks. 18/4535, S. 8; vgl. Beschlussempfehlung zum UWG 2015, BT-Drucks. 18/6571, S. 12.

78 Begr. zum RefE des UWG 2015, GRUR 2014, 1180; krit. *Köhler*, WRP 2014, 1410 ff.; *Ohly*, GRUR 2014, 1137; *Henning-Bodewig*, WRP 2014, 1407 Rn. 13 ff. Begr. zum

über einen umfangreichen Änderungsantrag beraten, der weitere Klarstellungen und Angleichungen an den Richtlinienwortlaut vorsah. Der Bundestag nahm den Gesetzentwurf in der vom Rechtsausschuss empfohlenen, geänderten Fassung[79] am 5. November 2015 an.[80]

2. *Änderungen im Rahmen der UWG-Impressumspflicht*

Den Wortlaut des § 5a Abs. 3 Nr. 2 UWG selbst ließ die Reform von 2015 unberührt. Neu gefasst wurde hingegen der Grundtatbestand des Abs. 2, der nunmehr stärker an den Wortlaut von Art. 7 Abs. 1 und Abs. 2 UGP-RL angepasst ist. Dem musste die zuvor sehr verkürzte und unzureichende Richtlinienumsetzung weichen. Einzelne Elemente wurden in den neuen § 5a Abs. 5 UWG überführt, der spezifische Beurteilungskriterien hins. des Vorenthaltens aufstellt. Diese Änderungen betreffen auch die UWG-Impressumspflicht. Für deren Auslegung entscheidend ist ferner der zentrale Begriff der geschäftlichen Entscheidung, der nunmehr dem Richtlinienverständnis entsprechend in § 2 Abs. 1 Nr. 9 UWG definiert ist. Die Neufassung des § 5a UWG führt indes zu keiner erheblichen Änderung der materiellen Rechtslage.[81]

III. Zusammenfassung zur Entstehungsgeschichte der UWG-Impressumspflicht

Was die Entstehungsgeschichte des § 5a Abs. 2, Abs. 3 Nr. 2 UWG angeht, ist dessen Richtlinienhintergrund und das damit einhergehende Gebot zu richtlinienkonformer Auslegung am Maßstab des Art. 7 UGP-RL von zentraler Bedeutung.

Die UGP-RL ist weder auf die Werbe- oder Vermarktungsphase begrenzt noch sektorspezifisch, fungiert wegen ihres allgemeinen Geltungsbereichs vielmehr als Rahmenrichtlinie bzw. Sicherheitsnetz. Indes bezweckt die UGP-RL eine vollständige Harmonisierung des Lauterkeitsrechts der Mitgliedstaaten im B2C-Verkehr, enthält demnach abschließende Regelungen für unlautere Geschäftspraktiken von Unternehmen gegenüber Verbrauchern wie insb. die in diesem Bereich bestehenden Informationspflichten.

RegE des UWG 2015, BT-Drucks. 18/4535; krit. *Kirchhoff*, WRP 2015, 659 ff.; *Köhler*, WRP 2015, 275 ff., 1037 ff. und 1311 ff.; *Ohly*, WRP 2015, 1443 ff.

79 Beschlussempfehlung zum UWG 2015, BT-Drucks. 18/6571.

80 *Deutscher Bundestag*, Plenarprotokoll Nr. 18/133, S. 13028 (C).

81 BGH, Urt. v. 4.2.2016 – I ZR 194/14, NJW-RR 2016, 1439 Rn. 28 – *Fressnapf*; Urt. v. 21.7.2016 – I ZR 26/15, WRP 2016, 1221 Rn. 18 – *LGA tested*.

Infolgedessen verfügen die Mitgliedstaaten über einen begrenzten Umsetzungsspielraum, andererseits ist ihnen die „Wahl der Form und Mittel" überlassen und eine wortwörtliche Umsetzung nicht erforderlich. Ins nationale Recht zu transformieren ist der Inhalt der UGP-RL einschließlich deren Systematik und Zweck. Um ein möglichst einheitliches Lauterkeitsrecht für Mitbewerber, Verbraucher und sonstige Marktteilnehmer beizubehalten, entschied sich der deutsche Gesetzgeber für die Umsetzung der UGP-RL im bestehenden UWG (sog. integrierter Ansatz). Die Umsetzungsdefizite des UWG 2008 gegenüber der UGP-RL wurden im Zuge der Reform von 2015 behoben, da allein die richtlinienkonforme Auslegung der Umsetzungsvorschriften nicht dem Erfordernis der Rechtssicherheit genügt. Der Wortlaut des § 5a UWG entspricht nunmehr weitestgehend dem Richtlinienvorbild in Art. 7 UGP-RL.

Interpretation und Verständnis der UWG-Impressumspflicht werden maßgeblich durch die richtlinienkonforme Auslegung bestimmt, die den Gerichten und allen anderen mit der Rechtsanwendung befassten Trägern hoheitlicher Gewalt in den Mitgliedstaaten obliegt. Dabei ist die Auslegung des § 5a Abs. 2, Abs. 3 Nr. 2 UWG soweit wie möglich am Wortlaut und Zweck der UGP-RL auszurichten, um deren Ziel und praktische Wirksamkeit zu erreichen. Hierfür sind zunächst die Richtlinienbestimmungen autonom und einheitlich auszulegen, wobei neben der deutschen auch andere Sprachfassungen heranzuziehen sind.

Demgemäß wird sich die vorliegende Arbeit nicht nur mit innerstaatlichen Aussagen zur Untersuchungsthematik auseinandersetzen, sondern auch die unterschiedlichen Sprachfassungen der UGP-RL, die Rechtsprechung des EuGH und die UGP-Leitlinien auswerten. Letztere sind für die europäischen wie nationalen Gerichte und Behörden rechtlich nicht verbindlich. Nichtsdestotrotz entfalten die UGP-Leitlinien der Kommissionsdienststellen eine erhebliche faktische Wirkung, da sie den Rechtsanwendern als Auslegungs- und Orientierungshilfe für ein einheitliches Richtlinienverständnis dienen.

B. Sinn und Zweck

Für die Auslegung des § 5a Abs. 2, Abs. 3 Nr. 2 UWG sind neben dessen europarechtlich geprägter Entstehungsgeschichte v.a. auch teleologische Aspekte bedeutend. Denn erst die Kenntnis der gesetzgeberischen Zielsetzung und beabsichtigten Schutzrichtung ermöglichen ein tiefgreifendes Verständnis der Regelung. Dabei sind als äußerer Rahmen der Sinn und Zweck der UGP-RL (I.), die Vereinbarkeit der UWG-Schutzzwecktrias mit der UGP-RL (II.) sowie das

Verbraucherleitbild des UWG (III.) zu ermitteln. Darauf aufbauend gilt es die Zielsetzung des Richtliniengebers in Bezug auf die Pflicht zur Angabe von Identität und Anschrift des Unternehmers zu konkretisieren (IV.).

I. Zielsetzung der UGP-RL

Der Zweck der UGP-RL lässt sich deren Art. 1 entnehmen: Sie soll einen Beitrag zum reibungslosen Funktionieren des Binnenmarkts und zum Erreichen eines hohen Verbraucherschutzniveaus leisten. Der Zusammenhang zwischen diesen beiden Zielsetzungen lässt sich anhand folgender Ausführungen der *Kommission* verdeutlichen:

> *„Die(...) grenzübergreifende Dimension des Waren- und Dienstleistungsverkehrs ermöglicht es den Verbrauchern, von den günstigsten Angeboten zu profitieren und sich innovative Produkte und Dienstleistungen zu erschließen, wodurch gewährleistet wird, dass sie die bestmöglichen Kaufentscheidungen treffen können. Diese grenzübergreifende Nachfrage verstärkt den Wettbewerbsdruck im Binnenmarkt und schafft die Voraussetzungen für eine effizientere Versorgung mit Waren und Dienstleistungen zu wettbewerbsfähigeren Kosten. Zustandekommen kann dieser ‚circulus virtuosus' nur, wenn der bestehende Regelungsrahmen die Verbraucher und die Wirtschaft dazu ermutigt, im grenzübergreifenden Handel aktiv zu werden. Beeinträchtigt aber wird diese Entwicklung u.U. durch die divergierenden nationalen Rechtsvorschriften über Geschäftspraktiken im B2C-Bereich.“*[82]

Demgemäß zielt die UGP-RL auf die Angleichung der mitgliedstaatlichen Rechtsvorschriften über unlautere Geschäftspraktiken einschließlich der unlauteren Werbung, welche die wirtschaftlichen Interessen der *Verbraucher* unmittelbar und dadurch die wirtschaftlichen Interessen rechtmäßig handelnder *Mitbewerber* mittelbar schädigen.[83]

1. *Eingliederung in die Schutzzwecktrias des sekundären EU-Lauterkeitsrechts*

Die Interessen von Mitbewerbern, Verbrauchern und der Allgemeinheit sind im Bereich der Irreführung untrennbar miteinander verbunden.[84] Über Jahrzehnte ist man daher im sekundären EU-Lauterkeitsrecht von einer

---

82 *Kommission*, Grünbuch v. 2.10.2001, KOM(2001) 531 endg., S. 3; Begr. zum KommE der UGP-RL v. 18.6.2003, KOM (2003) 356 endg., Tz. 14 ff.; in diesem Sinne auch Erwägungsgründe 3 bis 5 UGP-RL.

83 Erwägungsgrund 6 Satz 1, Art. 1 UGP-RL.

84 *Henning-Bodewig*, GRUR 2013, 238, 240; vgl. Erwägungsgrund 8 Satz 1 f. UGP-RL.

Schutzzwecktrias ausgegangen.[85] So auch die Irreführungs-RL[86], die nach ihrem Art. 1 dem Schutz der Verbraucher, der Handel-/Gewerbetreibenden und der Allgemeinheit gegen irreführende Werbung und deren unlautere Auswirkungen diente. Das Richtlinienziel war mithin ein umfassender Irreführungsschutz in horizontaler wie vertikaler Richtung.[87] In diesem Punkt unterscheidet sich die UGP-RL von ihrer Vorgängerin: Während der Verbraucherschutz im Vordergrund steht, werden die Mitbewerber lediglich mittelbar geschützt und die Allgemeinheit findet überhaupt keine Erwähnung. Damit ist allerdings keine Abkehr von der Schutzzwecktrias im EU-Lauterkeitsrecht verbunden. Für einen derart weitgehenden Schritt fehlen jegliche Hinweise in den Erwägungsgründen zur UGP-RL.[88] Ferner ist der Zweck der neu kodifizierten Richtlinie 2006/114/EG (Werbe-RL) auf den „Schutz von Gewerbetreibenden" beschränkt (Art. 1), womit indes auch vertikale B2B-Verhältnisse erfasst sind. Wer eine Verengung auf den Konkurrentenschutz annimmt,[89] verkennt, dass der Richtliniengeber nicht ihm bekannte Begriffe wie Mitbewerber oder Konkurrenten verwendet hat.[90] Außerdem berührt Werbung die wirtschaftlichen Interessen auch der Verbraucher.[91]

Da im Irreführungsbereich die Interessen der drei Schutzsubjekte (Verbraucher, sonstige Marktteilnehmer inkl. Mitbewerber und Allgemeinheit) regelmäßig aufeinandertreffen, ist eine isolierte Regelung nicht möglich. Während der Fokus der UGP-RL auf dem Verbraucherschutz liegt, konzentriert sich die Werbe-RL auf den B2B-Verkehr. Im Zusammenspiel verfolgt das sekundäre EU-Lauterkeitsrecht damit weiterhin eine Schutzzwecktrias.[92]

2. *Verbraucherschutz als zentraler Zweck der UGP-RL*

Kernstück der Zielsetzung der UGP-RL ist der Verbraucherschutz (vgl. Art. 38 GRCh, Art. 169 AEUV). Inhalt und Umfang dieses Regelungszwecks werden durch die Rechtsprechung des EuGH präzisiert. Nach dessen Auffassung beruht der Verbraucherschutzansatz auf dem Umstand, dass sich ein Verbraucher im

---

85 *Henning-Bodewig*, GRUR 2013, 238, 239 f.
86 Richtlinie 84/450/EWG des Rates v. 10.9.1984, ABl. EWG 1984 Nr. L 250/17.
87 MüKoUWG/*Ruess*, § 5 Rn. 28.
88 So auch MüKoUWG/*Sosnitza*, § 1 Rn. 22.
89 MüKoUWG/*Ruess*, § 5 Rn. 28.
90 Siehe z.B. Erwägungsgrund 9 Satz 1 sowie Art. 2 lit. b und lit. c Werbe-RL.
91 Erwägungsgrund 4 Werbe-RL.
92 Vgl. Ohly/*Sosnitza*, § 1 UWG Rn. 7.

Vergleich zu einem Unternehmer insb. im Hinblick auf das Informationsniveau in einer unterlegenen Position befindet, da er als wirtschaftlich schwächer und rechtlich weniger erfahren als sein Vertragspartner angesehen werden muss.[93]

a) *Inhalt und Grenzen des bezweckten Verbraucherschutzes*

Die UGP-RL zielt auf die Verhinderung von Geschäftspraktiken, welche die Fähigkeit des Verbrauchers, eine informierte Entscheidung zu treffen, spürbar beeinträchtigen und ihn damit zu einer geschäftlichen Entscheidung veranlassen, die er andernfalls nicht getroffen hätte (vgl. Art. 2 lit. e i.V.m. Art. 5 Abs. 2 lit. b UGP-RL).

Der angestrebte Schutz der Entscheidungsautonomie[94] soll eine „informierte und deshalb effektive Wahl“[95] des Verbrauchers ermöglichen. Dabei erfasst die UGP-RL nur Geschäftspraktiken, die in unmittelbarem Zusammenhang mit der Beeinflussung der geschäftlichen Entscheidungen des Verbrauchers in Bezug auf Produkte stehen und nicht vorrangig anderen Zielen dienen.[96] Dass diese geschäftlichen Entscheidungen (en detail zum Begriff im nächsten Abschnitt) „informiert“ erfolgen, soll durch die Informationspflichten des Unternehmers erreicht werden. Eine *informierte geschäftliche Entscheidung* setzt voraus, dass der Verbraucher sie auf der Grundlage bzw. in Kenntnis der für eine rationale Entscheidung relevanten Informationen trifft.[97] Und hierzu soll der Verbraucher befähigt werden, um seine Schiedsrichterfunktion im Markt wirksam ausüben zu können.[98] Hingegen kommt es auf die Rationalität der geschäftlichen Entscheidung des Verbrauchers nicht an.[99]

---

93 EuGH, Urt. v. 3.10.2013 – C-59/12, WRP 2013, 1454 Rn. 35 – *BKK Mobil Oil*; Urt. v. 16.4.2015 – C-388/13, WRP 2015, 698 Rn. 53 – *UPC*; Urt. v. 4.10.2018 – C-105/17, GRUR 2018, 1154 Rn. 34 – *KfV/Kamenova*.

94 Fezer/Büscher/*Obergfell*, § 5a UWG Rn. 76; *Klagge*, S. 24.

95 Erwägungsgrund 14 Satz 1 UGP-RL.

96 Erwägungsgrund 7 Satz 1 f. UGP-RL: Vorrangig anderen Zielen dienende Geschäftspraktiken sind z.B. kommerzielle, für Investoren gedachte Mitteilungen wie Jahresberichte und Unternehmensprospekte.

97 *Köhler*/Bornkamm/Feddersen, § 5a UWG Rn. 3.37; *Lettl*, WRP 2019, 1265 Rn. 5, 8; vgl. die franz. Sprachfassung der UGP-RL (*„décision commerciale en conaissance de cause“*); EuGH, Urt. v. 16.4.2015 – C-388/13, WRP 2015, 698 Rn. 40 – *UPC* (*„in voller Kenntnis der Sachlage“*).

98 *Beater*, Unlauterer Wettbewerb, Rn. 1093, 1175; *Böhler*, GRUR 2018, 886, 887; *Lettl*, GRUR 2004, 449, 452.

99 Das erkennt auch *Lettl*, WRP 2019, 1265 Rn. 5.

Die UGP-RL schützt die Verbraucher im Einklang mit dem Verhältnismäßigkeitsprinzip nur vor wesentlichen Auswirkungen unlauterer Geschäftspraktiken, zu berücksichtigen sind auch die Unternehmerinteressen an freier wettbewerblicher Entfaltung.[100] Einen grenzenlosen Verbraucherschutz bezweckt die UGP-RL folglich nicht. Vielmehr soll die Funktionsfähigkeit kommerzieller Kommunikation weitestmöglich aufrechterhalten werden.

Konkret zeigt sich dieser Ansatz u.a. darin, dass die Informationspflichten des Art. 7 Abs. 4 UGP-RL erst ab der Schwelle einer Aufforderung zum Kauf zur Anwendung kommen (S. 171). Eine weitere Ausprägung stellt Art. 7 Abs. 3 UGP-RL dar, wonach die medienspezifischen Besonderheiten und anderweitigen Maßnahmen des Unternehmers bei der Prüfung eines Verstoßes gegen die UWG-Impressumspflicht zu berücksichtigen sind (S. 309 ff.).

Die UGP-RL schützt ohne Beschränkung auf die „wirtschaftlichen Interessen"[101] schlechthin die Fähigkeit des Verbrauchers, geschäftliche Entscheidungen auf informierter Grundlage zu treffen.[102] Folglich kommt es auf die hinter dem wirtschaftlichen Verhalten des Verbrauchers stehenden Motive für dessen Schutzwürdigkeit nicht an. Dementsprechend lehnt der *BGH* es ausdrücklich ab, die Unlauterkeit einer geschäftlichen Handlung mit der Begründung zu verneinen, sie beeinträchtige lediglich ideelle – etwa auf dem Gebiet des Umweltschutzes liegende – Interessen des Verbrauchers.[103]

b) *Begriff der geschäftlichen Entscheidung*

Die geschäftlichen Entscheidungen, die frei von unlauterer Beeinflussung bleiben sollen, definiert Art. 2 lit. k UGP-RL als „jede Entscheidung eines Verbrauchers darüber, ob, wie und unter welchen Bedingungen er einen Kauf[104] tätigen, eine Zahlung insgesamt oder teilweise leisten, ein Produkt behalten oder

---

100 Erwägungsgrund 6 Satz 2 UGP-RL; *Lettl*, GRUR 2004, 449, 452; vgl. auch Art. 5 Abs. 2 lit. b („*wesentlich beeinflusst*") und Art. 2 lit. e UGP-RL („*spürbar*").

101 Mit dieser Formulierung in Art. 1, Erwägungsgründe 6 und 8 (jeweils Satz 1) UGP-RL dürfte gemeint sein, dass die UGP-RL nationale Vorschriften aus Gründen der Sicherheit sowie des Gesundheits- oder Umweltschutzes nicht beeinträchtigt, *Kommissionsdienststellen*, UGP-Leitlinien 2016, SWD(2016) 163 final, S. 10.

102 So auch BGH, Urt. v. 4.2.2010 – I ZR 66/09, NJW-RR 2010, 1560 Rn. 16 – *Gallardo Spyder* mit Hinweis auf Art. 2 lit. e UGP-RL; *Lubberger* in UWG-HdB, § 40 Rn. 35; vgl. Art. 169 Abs. 1 AEUV.

103 BGH, Urt. v. 4.2.2010 – I ZR 66/09, NJW-RR 2010, 1560 Rn. 16 – *Gallardo Spyder*.

104 Erfasst sämtliche produktbezogenen Handelsgeschäfte (vgl. Art. 3 Abs. 1 UGP-RL), nicht nur Kaufverträge.

abgeben oder ein vertragliches Recht im Zusammenhang mit dem Produkt ausüben will, unabhängig davon, ob der Verbraucher beschließt, tätig zu werden oder ein Tätigwerden zu unterlassen".

Das bedeutet zunächst einmal: Die UGP-RL schützt nur diejenigen Entscheidungen des Verbrauchers, die mit einem Produkterwerb oder der Abwicklung eines produktbezogenen Vertrags zusammenhängen.[105] Nach Geschäftsabschluss sind dies z.B. die Bitte um Stundung des Kaufpreises, die Einsendung des Kassenbons zwecks Gewinnspielteilnahme, das Geltendmachen von Gewährleistungsrechten sowie die Einwilligung in außergerichtliche Schlichtung diesbezüglicher Streitigkeiten.[106]

Für die Werbe- und vorvertragliche Phase zielt der Begriff der geschäftlichen Entscheidung in erster Linie auf den Erwerbsentschluss. Doch auch zu Entscheidungen, welche diejenige über den Geschäftsabschluss ergänzen oder ihr vorgelagert sind, wird der Verbraucher vom Unternehmer mit dem Ziel der Absatzförderung veranlasst.[107]

Daher hat der *EuGH* in der Rechtssache *Trento Sviluppo* klargestellt: Erfasst werden sämtliche Entscheidungen, die mit der Entscheidung über den Erwerb oder Nichterwerb eines Produkts unmittelbar zusammenhängen, insb. vorbereitende Handlungen wie der Weg des Verbrauchers zum Geschäft oder das Betreten des Geschäfts.[108] Der Umstand, dass diese Entscheidungen für sich genommen noch keine nachteiligen finanziellen Konsequenzen für den Verbraucher haben, wurde mithin als unschädlich eingestuft.

Das weite Begriffsverständnis ist in der *Literatur* auf Zustimmung gestoßen. Damit lasse sich jede tatsächliche Reaktion des Verbrauchers erfassen, die einen Zwischenschritt in Richtung der vom Unternehmer angestrebten finalen Erwerbsentscheidung darstellt, unabhängig davon, ob es zu dieser anschließend kommt.[109]

Als Beispiele für geschäftliche Entscheidungen vor Vertragsschluss werden neben dem Aufsuchen oder Betreten eines physischen Verkaufsstandorts oder einer Internetseite u.a. das Anfordern von Informationen oder Warenproben,

---

105 *Alexander*, WRP 2013, 716 Rn. 27; *ders.*, in: FS Ahrens, S. 17, 26; vgl. Erwägungsgrund 7 Satz 1 UGP-RL.

106 *Köhler*, WRP 2014, 259 Rn. 11; Harte-Bavendamm/Henning-Bodewig/*Keller*, § 2 UWG Rn. 229 f.

107 *Köhler*/Bornkamm/Feddersen, § 2 UWG Rn. 156.

108 EuGH, Urt. v. 19.12.2013 – C-281/12, WRP 2014, 161 Rn. 36 ff. – *Trento Sviluppo*.

109 *Köhler*, WRP 2014, 259 Rn. 10; Harte-Bavendamm/Henning-Bodewig/*Keller*, § 2 UWG Rn. 225.

die Kündigung eines Vertrags mit einem Mitbewerber sowie die Einwilligung in Werbemaßnahmen genannt.[110] Demgegenüber könnte es bei der Preisgabe von personenbezogenen Daten im Rahmen von Gewinnspielen oder Newsletteranmeldungen am erforderlichen Zusammenhang zu einem Produkterwerb fehlen.[111] Vor dem Hintergrund der *EuGH*-Rechtsprechung dürfte die Preisausschreiben- oder Gewinnspielteilnahme aber als geschäftliche Entscheidung einzustufen sein, da die gesammelten Daten vom Unternehmer im Anschluss zur werblichen Ansprache genutzt werden können.[112]

Die Frage, wann eine geschäftliche Entscheidung des Verbrauchers vorliegt, erlangt maßgebliche Bedeutung bei der Rechtzeitigkeit der Informationsbereitstellung (Art. 7 Abs. 2 Alt. 3 UGP-RL bzw. § 5a Abs. 2 Satz 2 Nr. 3 UWG).

c) Verbraucherleitbild der UGP-RL

Die Bestimmungen der UGP-RL sind wegen des bezweckten Verbraucherschutzes im Wesentlichen aus der Sicht des Verbrauchers als Adressat und Opfer unlauterer Geschäftspraktiken konzipiert.[113] Von besonderer Relevanz auch für die Auslegung der Impressumspflicht ist daher das der UGP-RL zugrunde liegende Verbraucherleitbild.

Den Erwägungsgründen zufolge sind „die Auswirkungen auf einen fiktiven typischen Verbraucher zu prüfen".[114] In gefestigter Rechtsprechung stellt der *EuGH* auf die mutmaßliche Erwartung eines normal informierten, angemessen aufmerksamen und verständigen Durchschnittsverbrauchers ab.[115] An diesem Verbraucherleitbild hält die UGP-RL fest. Nach ihrem 18. Erwägungsgrund nimmt sie „den Durchschnittsverbraucher, der angemessen gut unterrichtet

---

110 Harte-Bavendamm/Henning-Bodewig/*Keller*, § 2 UWG Rn. 226 f.; Ohly/*Sosnitza*, § 2 UWG Rn. 103; *Köhler*, WRP 2014, 259 Rn. 10.

111 So *Alexander*, WRP 2013, 716 Rn. 27 mit Fn. 37.

112 I.E. auch Büscher/*Schilling*, § 2 Abs. 1 Nr. 9 UWG Rn. 7; Harte-Bavendamm/Henning-Bodewig/*Keller*, § 2 UWG Rn. 227; *Alexander*, in: FS Ahrens, S. 17, 27; *Köhler*, WRP 2014, 259 Rn. 10.

113 EuGH, Urt. v. 3.10.2013 – C-59/12, WRP 2013, 1454 Rn. 36 – *BKK Mobil Oil*; vgl. Urt. v. 19.9.2013 – C-435/11, WRP 2014, 38 Rn. 43 – *CHS Tour Services* zu Art. 6 Abs. 1 UGP-RL.

114 Vgl. Erwägungsgrund 18 Satz 1 UGP-RL.

115 Statt vieler EuGH, Urt. v. 16.7.1998 – C-210/96, NJW 1998, 3183 Rn. 31 – *Gut Springenheide*; Urt. v. 12.5.2011 – C-122/10, WRP 2012, 189 Rn. 23 – *Ving Sverige*. Krit. zum Merkmal der Verständigkeit, das auf einer unrichtigen dt. Übersetzung beruht, *Helm*, WRP 2005, 931, 932 ff.

und angemessen aufmerksam und kritisch ist, unter Berücksichtigung sozialer, kultureller und sprachlicher Faktoren in der Auslegung des Gerichtshofs als Maßstab".[116] Das Verbraucherleitbild enthält danach sowohl normative als auch empirische Elemente.[117] Mit dem von der UGP-RL angestrebten Schutz aller Verbraucher vor unlauteren Geschäftspraktiken wäre ein fiktiver Idealverbraucher als Maßstab unvereinbar.[118] Dagegen ermöglicht der Durchschnittsverbraucher als Standardmodell die wirksame Anwendung der Schutzmaßnahmen und durch Abwägung gegenüber den Erfordernissen des freien Waren- und Dienstleistungsverkehrs (Art. 34, 56 AEUV) wird das Verhältnismäßigkeitsprinzip gewahrt.[119]

Wendet sich eine Geschäftspraxis nicht an die Allgemeinheit, sondern an eine bestimmte Verbrauchergruppe, ist die Sicht eines durchschnittlichen Mitglieds maßgeblich (Art. 5 Abs. 2 lit. b Alt. 2 UGP-RL). Ferner enthält die UGP-RL auch Bestimmungen zur Vermeidung der Ausnutzung von Verbrauchern, deren Eigenschaften sie für unlautere Geschäftspraktiken besonders anfällig machen.[120] Insofern wird das Verbraucherleitbild etwa bei Werbung, die ausschließlich Kinder oder ältere Menschen betrifft, dahingehend konkretisiert, dass die Sicht des besonders schutzwürdigen Adressatenkreises maßgeblich ist.

3. *Mittelbarer Mitbewerberschutz*

Die UGP-RL schützt mittelbar auch rechtmäßig handelnde Unternehmen vor Mitbewerbern, die sich nicht an die vorgeschriebenen Regeln halten, und gewährleistet so einen fairen Wettbewerb in dem durch sie koordinierten Bereich.[121]

Im Unterschied zum unmittelbaren Verbraucherschutz als primärem Ziel der UGP-RL soll der durch sie veranlasste Mitbewerberschutz nur *mittelbarer* oder

---

116 Erwägungsgrund 18 Satz 2 UGP-RL. Näher zum Verbraucherleitbild *Kommissionsdienststellen*, UGP-Leitlinien 2016, SWD(2016) 163 final, S. 49 ff. unter Hinweis auf eine Untersuchung der Kommission über die Schutzbedürftigkeit von Verbrauchern in Schlüsselmärkten in der Europäischen Union.

117 *Lubberger* in UWG-HdB, § 40 Rn. 23; *Lederer*, NJOZ 2011, 1833, 1834; *Klagge*, S. 160 f.

118 *Helm*, WRP 2005, 931, 939.

119 Erwägungsgrund 18 Satz 2 UGP-RL; *Köhler*/Bornkamm/Feddersen, § 1 UWG Rn. 22; vgl. EuGH, Urt. v. 13.1.2000 – C-220/98, NJW 2000, 1173 Rn. 27 f. – *Lifting-Creme*.

120 Art. 5 Abs. 3 Satz 1, Erwägungsgründe 18 Satz 2, 19 Satz 1 UGP-RL. Näher zu den besonders schutzbedürftigen Verbrauchergruppen *Kommissionsdienststellen*, UGP-Leitlinien 2016, SWD(2016) 163 final, S. 54 ff.

121 Erwägungsgründe 8 Satz 2, 6 Satz 1 UGP-RL.

reflexartiger[122] Natur sein. Mit anderen Worten: Während die UGP-RL den Verbraucherschutz bezweckt, wird der Schutz der Mitbewerber durch die Regelungen lediglich mit*bewirkt*. Denn Geschäftspraktiken im Vertikalverhältnis von Unternehmen gegenüber Verbrauchern haben zugleich Auswirkungen auf das Horizontalverhältnis der Wettbewerber untereinander. Eine Trennung würde hier zur Aufspaltung eines einheitlichen Lebenssachverhalts führen.

4. *Zwischenergebnis*

Der Schutzzweck der UGP-RL lässt sich wie folgt zusammenfassen: Dem Verbraucher soll es ermöglicht werden, seine geschäftlichen Entscheidungen im weiteren Sinne auf informierter Basis und damit effektiv zu treffen. Dabei sollen die Möglichkeiten kommerzieller Kommunikation für Unternehmen nicht unverhältnismäßig eingeschränkt werden. Mittelbar werden auch die Interessen rechtmäßig handelnder Mitbewerber geschützt.

II. Vereinbarkeit der UWG-Schutzzwecktrias mit der UGP-RL

Seit 2004 ist die *Schutzzwecktrias* des UWG in dessen § 1 normiert:

> *„[1]Dieses Gesetz dient dem Schutz der Mitbewerber, der Verbraucherinnen und Verbraucher sowie der sonstigen Marktteilnehmer vor unlauteren geschäftlichen Handlungen. [2]Es schützt zugleich das Interesse der Allgemeinheit an einem unverfälschten Wettbewerb."*

Im Hinblick auf die verschiedenen Marktteilnehmer (§ 2 Abs. 1 Nr. 2 UWG) sieht § 1 kein Stufenverhältnis vor. Und die Verknüpfung des Allgemeininteresses mit den anderen Schutzgütern durch das Wort „zugleich" spricht gegen eine Priorisierung.[123] Es ist vielmehr mit den Interessen der Marktteilnehmer verbunden und bei deren Betroffenheit gleichzeitig mitgeschützt. Insofern ist in den Gesetzesmaterialien die Rede vom „integrierten Modell eines gleichberechtigten Schutzes der Mitbewerber, der Verbraucher und der Allgemeinheit".[124]

An der Schutzzwecktrias des UWG regen sich allerdings Zweifel angesichts der verbraucherorientierten Zwecksetzung der vollharmonisierenden UGP-RL.

---

122 *Henning-Bodewig*, GRUR 2013, 238, 240.

123 Gegen ein Auffassen als allein oder überragend maßgeblichen Schutzzweck ausführlich *Klagge*, S. 283 ff.

124 Begr. zum RegE des UWG 2004, BT-Drucks. 15/1487, S. 16.

Für die Annahme einer richtlinienkonformen Schutzzweckbestimmung spricht, dass § 1 UWG die Verbraucher ausdrücklich nennt.[125] Im deutschen Lauterkeitsrecht stehen insb. der Schutz der Verbraucher und der Mitbewerber gleichrangig, aber auch selbständig nebeneinander.[126] Das bedeutet: Zwischen ihnen besteht kein abstraktes bzw. generelles Rangverhältnis. Abhängig vom Einzelfall können die Schutzzwecke unterschiedlich stark betroffen sein, die Unlauterkeit einer geschäftlichen Handlung kann sich somit auch daraus ergeben, dass nur der Verbraucherschutz berührt ist.

Außerdem markiert der auf unlautere Geschäftspraktiken im B2C-Verhältnis beschränkte Anwendungsbereich der UGP-RL (Art. 3 Abs. 1) nur einen Teilbereich des UWG. Es bleibt den Mitgliedstaaten überlassen, Regelungen zum Schutz der Mitbewerber sowie in Bezug auf Geschäftspraktiken zwischen Gewerbetreibenden zu treffen.[127] Da die UGP-RL keine Vorgaben zum unmittelbaren Schutz der Mitbewerber und sonstigen Marktteilnehmer enthält, betrifft der weiter gefasste Schutzbereich des UWG den Regelungsgegenstand der UGP-RL nicht.[128] Hier ist der nationale Gesetzgeber frei, ob und welche Rechtsvorschriften er erlässt bzw. beibehält. Demnach ist die Schutzzwecktrias des UWG mit der UGP-RL vereinbar.

§ 5a Abs. 2, Abs. 3 Nr. 2 UWG setzt Art. 7 Abs. 1, Abs. 4 lit. b UGP-RL um, sodass Auslegung und Handhabung der Schutzzweckpriorisierung auf den Verbraucher folgen.

III. Verbraucherleitbild des UWG

Bei der Anwendung der UWG-Impressumspflicht ist – der UGP-RL entsprechend – grundsätzlich der Durchschnittsverbraucher maßgeblich (vgl. § 3 Abs. 4 Satz 1 Alt. 1 UWG). In Anlehnung an das europäische Verbraucherleitbild wird nunmehr auch im Kontext des UWG auf die Sicht des durchschnittlich informierten und verständigen Verbrauchers abgestellt, der einer Werbung die der Situation angemessene Aufmerksamkeit entgegenbringt.[129] Sofern sich

---

125 So auch Begr. zum RegE des UWG 2008, BT-Drucks. 16/10145, S. 11; *Ohly*/Sosnitza, Einf. A. Rn. 49.

126 MüKoUWG/*Sosnitza*, § 1 Rn. 38 f.; *Köhler*/Bornkamm/Feddersen, § 1 UWG Rn. 45 f.; vgl. Begr. zum RegE des UWG 2004, BT-Drucks. 15/1487, S. 15.

127 Erwägungsgründe 6 und 8 (jeweils Satz 3) UGP-RL. Dazu auch S. 145 ff.

128 Begr. zum RegE des UWG 2008, BT-Drucks. 16/10145, S. 10 f.; *Timm-Wagner*, GRUR 2013, 245 f.

129 BGH, Urt. v. 20.10.1999 – I ZR 167/97, NJW-RR 2000, 1490, 1491 – *Orient-Teppichmuster*; Urt. v. 5.2.2015 – I ZR 136/13, NJW 2015, 3377 Rn. 22 – *TIP der Woche*.

die geschäftliche Handlung an eine bestimmte Verbrauchergruppe wendet, ist auf ein durchschnittliches Mitglied dieser Gruppe abzustellen (§ 3 Abs. 4 Satz 1 Alt. 2 UWG). Dabei ist eine Anpassung des Verbraucherleitbilds in beide Richtungen möglich, abhängig davon, ob eine besonders schutzbedürftige (hier ist auch § 3 Abs. 4 Satz 2 UWG zu beachten) oder etwa eine geschäftlich erfahrene Gruppe von Verbrauchern den Adressatenkreis bildet.[130]

Werbung für Konsumartikel des täglichen Bedarfs richtet sich grundsätzlich an die Gesamtbevölkerung,[131] sodass bei der lauterkeitsrechtlichen Beurteilung auf das allgemeine Verbraucherleitbild rekurriert werden kann. Etwas anderes dürfte bzgl. solcher Waren gelten, die nicht dem Massenkonsum zuzurechnen sind, da sie aufgrund ihres Preises oder aus anderen Gründen nur für einen Teil der Verbraucher von Interesse sind. So kann etwa bei Luxusartikeln die Perspektive derjenigen Verbraucher maßgeblich sein, die als Abnehmer oder Interessenten von Waren der beworbenen Art sowie Qualitäts- und Preisklasse für sich selbst oder z.B. als Geschenk in Betracht kommen.[132]

Von Bedeutung sind die Preiskategorie und Art der beworbenen Produkte nicht nur im Kontext des relevanten Adressaten- oder Verkehrskreises, sondern auch zur Bestimmung der situationsadäquaten Aufmerksamkeit, die der Werbung entgegengebracht wird. Der Grad der Aufmerksamkeit des Verbrauchers ist nicht stets der gleiche, er hängt u.a. vom Gegenstand der Betrachtung ab.[133] Beispielsweise wird er – so auch der *BGH* – dort eher gering bzw. flüchtig sein, wo es um den Erwerb geringwertiger Gegenstände des täglichen Bedarfs (sog. Erfahrungsgüter) geht.[134] Ein ähnlich niedriges Aufmerksamkeitsniveau ist in der Regel beim beiläufigen ersten Durchblättern von Werbebeilagen und Zeitungsanzeigen anzunehmen.[135] Werbung für langlebige und höherwertige

---

130 Harte-Bavendamm/Henning-Bodewig/*Podszun*, § 1 UWG Rn. 57 f.; *Lubberger* in UWG-HdB, § 40 Rn. 37, 40; vgl. *Lederer*, NJOZ 2011, 1833, 1835.

131 *Helm*, WRP 2005, 931, 936.

132 BGH, Urt. v. 6.5.1982 – I ZR 94/80 juris Rn. 18 ff. – *Aufmachung von Qualitätsseifen*; vgl. Urt. v. 16.11.1989 – I ZR 107/87 juris Rn. 19 – *RDM* zu einer Immobilienanzeige; KG, Urt. v. 19.4.1983 – 5 U 2275/83, GRUR 1984, 218, 219 – *Kfz-Fortschrittsvergleich* hins. einer BMW-Anzeige; *Helm*, WRP 2005, 931, 936.

133 BGH, Urt. v. 2.10.2003 – I ZR 150/01, GRUR 2004, 244, 245 – *Marktführerschaft*.

134 BGH, Urt. v. 20.10.1999 – I ZR 167/97, NJW-RR 2000, 1490, 1491 – *Orient-Teppichmuster*; *Köhler*/Bornkamm/Feddersen, § 1 UWG Rn. 35; *Lettl*, GRUR 2004, 449, 454 f.

135 BGH, Urt. v. 20.10.1999 – I ZR 167/97, NJW-RR 2000, 1490, 1491 – *Orient-Teppichmuster*; Urt. v. 11.10.2017 – I ZR 78/16, WRP 2018, 413 Rn. 27 – *Tiegelgröße*.

Produkte (sog. Such- und Vertrauensgüter) wird der Verbraucher aber mit erhöhter Aufmerksamkeit betrachten und daher mehr enthaltene Informationen aufnehmen und verarbeiten können.[136]

Neben den beworbenen Waren/Dienstleistungen hängt der situationsspezifische Aufmerksamkeitsgrad des Durchschnittsverbrauchers auch vom verwendeten Werbemedium ab. So wird z.B. bei Fernseh- und Rundfunkwerbung die durchschnittliche Aufmerksamkeit der Zuschauer bzw. Zuhörer eher gering bzw. flüchtig sein.[137] Denn häufig werden sie nur verfolgt, um die Unterbrechung der ausgewählten Sendung zu überbrücken oder die Fortsetzung des Programms nach der Werbepause nicht zu versäumen.[138] Rundfunk- und Fernsehwerbung wird folglich nur beiläufig vom Durchschnittsverbraucher wahrgenommen, dessen Möglichkeiten zur Informationsaufnahme und -verarbeitung in dieser Situation zeitlich ohnehin auf die kurze Dauer des Werbespots beschränkt sind.

Auch bei der Werbung im Internet ist das Leitbild eines durchschnittlich informierten, situationsadäquat aufmerksamen und verständigen Verbrauchers zugrunde zu legen.[139] Die Besonderheit des elektronischen Geschäftsverkehrs, dass es sich bei einer Homepage um eine passive Darstellungsplattform handelt, die mitsamt der angebotenen Informationen vom Nutzer erst aktiv aufgerufen werden muss,[140] rechtfertigt als solche nicht die Heranziehung eines anderen Verbraucherleitbilds.[141] Zu berücksichtigen sind die besonderen Umstände der Werbung und des Vertragsschlusses im Internet bei der Bestimmung des situationsadäquaten Aufmerksamkeitsgrads, der beim im Internet surfenden Durchschnittsverbraucher eher gering ist.[142] Die Vielzahl der abrufbaren Informationen

---

136 BGH, Urt. v. 20.10.1999 – I ZR 167/97, NJW-RR 2000, 1490, 1491 f. – *Orient-Teppichmuster*; *Helm*, WRP 2005, 931, 938; *Lettl*, GRUR 2004, 449, 454 f.

137 OLG Frankfurt, Urt. v. 23.9.2004 – 6 U 147/03 juris Rn. 22; OLG Hamburg, Urt. v. 10.2.2005 – 5 U 48/04 juris Rn. 14; GK-UWG/*Lindacher*, Vor §§ 5, 5a Rn. 85 ff.; *Lubberger* in UWG-HdB, § 40 Rn. 42.

138 OLG Frankfurt, Urt. v. 23.9.2004 – 6 U 147/03 juris Rn. 22.

139 BGH, Urt. v. 16.12.2004 – I ZR 222/02, WRP 2005, 480, 483 – *Epson-Tinte*; Urt. v. 7.4.2005 – I ZR 314/02, NJW 2005, 2229, 2230 – *Internet-Versandhandel*; Ohly/*Sosnitza*, § 2 UWG Rn. 124.

140 BVerfG, Beschl. v. 26.8.2003 – 1 BvR 1003/02, NJW 2003, 3470 m.w.N. – *Internetwerbung von Zahnärzten*.

141 BGH, Urt. v. 16.12.2004 – I ZR 222/02, WRP 2005, 480, 483 – *Epson-Tinte*.

142 OLG Frankfurt a.M., Urt. v. 4.12.2008 – 6 U 186/07, GRUR-RR 2009, 265 – *Abo-Fallen*; Beschl. v. 17.12.2010 – 1 Ws 29/09, NJW 2011, 398 Rn. 39; *Blasek*, GRUR 2010, 396, 398; *Lederer*, NJOZ 2011, 1833, 1835.

und die Möglichkeit, rasch zwischen diesen hin und her zu wechseln, haben zur Folge, dass Informationen im Internet „nur fragmentarisch" wahrgenommen werden.[143] Abhängig vom Einzelfall ist jedoch auch im Internet nicht zwingend von einem aufmerksamkeitsreduzierenden Faktor auszugehen.[144]

IV. Funktionen der richtlinienbasierten UWG-Impressumspflicht

Unabhängig vom eingesetzten Medium – Fernsehen, Hörfunk, Prospekt, Plakat oder Internet – haben alle Werbungen eines gemeinsam: Der Unternehmer verfolgt mit ihnen das Ziel, den Verbraucher zum Geschäftsabschluss zu veranlassen. Hierbei trifft der Verbraucher den Kaufentschluss und/oder mit diesem unmittelbar zusammenhängende geschäftliche Entscheidungen. Dass diese „informiert" erfolgen, sollen die Informationspflichten des Art. 7 UGP-RL und § 5a Abs. 2 bis 4 UWG ermöglichen. Ergo lautet das Leitprinzip *„Verbraucherschutz durch Information"*.[145] Insofern hat im deutschen und EU-Lauterkeitsrecht ein Paradigmenwechsel stattgefunden hin zum Informationsmodell,[146] als dessen Ausprägung auch die Impressumspflicht anzusehen ist. Dabei bilden die Informationspflichten einen Ausgleich zum liberalen Verbraucherleitbild.[147] Darauf aufbauend gilt es die konkreten Funktionen der nach § 5a Abs. 3 Nr. 2 UWG bzw. Art. 7 Abs. 4 lit. b UGP-RL vorgeschriebenen Identitäts- und Anschriftsangaben zu erarbeiten.

1. Zuordnung des Angebots zu Verkaufsstellen

Zielte § 5a Abs. 3 Nr. 2 UWG lediglich darauf ab, dem Verbraucher den Kauf der beworbenen Produkte zu ermöglichen, indem ihm das Auffinden eines Verkaufsgeschäfts erleichtert wird, hätte die Pflicht zur Angabe der Anschrift

143 OLG Frankfurt a.M., Urt. v. 4.12.2008 – 6 U 186/07, GRUR-RR 2009, 265 – *Abo-Fallen*.

144 So auch *Lederer*, NJOZ 2011, 1833, 1835 insb. bei Bezug zu einem konkreten Rechtsgeschäft.

145 *Köhler*, WRP 2017, 1 Rn. 1; in diese Richtung auch MüKoUWG/*Alexander*, § 5a Rn. 43 m.w.N.

146 Fezer/Büscher/*Obergfell*, § 5a UWG Rn. 12; *Kieffer*, S. 47 ff.; *Zecca-Jobst*, S. 10.

147 Dauses/Ludwigs/*Micklitz/Rott*, EU-Wirtschaftsrecht, Kap. H.V. Rn. 631; *Böhler*, S. 129 f.

ausgereicht.[148] Außerdem wird der Unternehmer über die Örtlichkeit der Verkaufsstellen schon im eigenen Absatzinteresse informieren.[149]

Dessen ungeachtet ist bei lebensnaher Betrachtung davon auszugehen, dass sich der Adressatenkreis im Hinblick auf die in einer Werbung aufgeführten unternehmensbezogenen Informationen jedenfalls auch für die Verkaufsstandorte interessiert. Insofern sollen die Anschriftsangaben dem Verbraucher das Aufsuchen eines Geschäfts, in dem die beworbenen Angebote erhältlich sind, erleichtern. Darin liegt jedoch nicht die einzige Funktion der UWG-Impressumspflicht, sodass sich einschränkend sagen lässt: Sinn und Zweck des § 5a Abs. 3 Nr. 2 UWG ist es *nicht nur* dem Verbraucher eine Zuordnung des Angebots zu einer bestimmten Verkaufsstelle zu ermöglichen.[150] Besonders relevant wird diese Funktion, wenn der Unternehmer über einen umfangreichen Vertriebsapparat verfügt.

2. Verhinderung anonym erfolgender Wettbewerbsauftritte

Hinter § 5a Abs. 3 Nr. 2 UWG steht der Grundgedanke, dass Wettbewerbsauftritte nicht anonym erfolgen sollen.[151] Der Verbraucher soll das dahinterstehende Unternehmen identifizieren und ohne Schwierigkeiten kontaktieren können. Erhebliche Bedeutung hat diese Funktion im Fernabsatz, z.B. bei der Bestellung von Waren oder Dienstleistungen über das Internet. Hier gilt es zu vermeiden, dass sich der Anbieter in der „Anonymität des Internets" versteckt.[152] Deshalb existiert auch eine entsprechende fernabsatzrechtliche Informationspflicht (Art. 246a § 1 Abs. 1 Nr. 2 EGBGB). Aber auch bei Werbemaßnahmen

---

148 So auch OLG Düsseldorf, Urt. v. 2.10.2012 - 20 U 223/11 juris Rn. 20; KG, Urt. v. 28.5.2013 - 5 U 93/12 juris Rn. 32; LG Köln, Urt. v. 19.4.2012 - 31 O 633/11 juris Rn. 21.

149 OLG Saarbrücken, Urt. v. 6.3.2013 - 1 U 41/12-13, WRP 2013, 940 Rn. 20 zu einem Filialsystem.

150 OLG Hamburg, Beschl. v. 20.10.2011 - 5 W 134/11 juris Rn. 5; OLG Brandenburg, Beschl. v. 26.6.2012 - 6 W 72/12 juris Rn. 15.

151 BGH, Urt. v. 18.4.2013 - I ZR 180/12, WRP 2013, 1459 Rn. 14 - *Brandneu von der IFA*; Urt. v. 19.4.2018 - I ZR 244/16, NJW 2018, 3242 Rn. 30 - *Namensangabe*; OLG Saarbrücken, Urt. v. 6.3.2013 - 1 U 41/12-13, WRP 2013, 940 Rn. 18; so bereits Fezer/*Peifer*, 2. Aufl. 2010, § 5a UWG Rn. 49.

152 *Lettl*, WRP 2013, 1105 Rn. 21; *Lorenz*, WRP 2010, 1224, 1228; vgl. allg. Fezer/Büscher/*Obergfell*, § 5a UWG Rn. 139 ohne Beschränkung auf geschäftliche Handlungen im Internet.

des stationären Handels, ob im Fernsehen, Rundfunk oder in Printmedien, spielt die Zielsetzung der zu verhindernden Anonymität eine wichtige Rolle.

3. *Identifizierung des zukünftigen Vertragspartners*

Dass die Pflicht zur Identitätsangabe auch die Funktion hat, den Unternehmer zu identifizieren bzw. zu individualisieren, legt bereits der natürliche Wortsinn nahe. Basis für eine effektive und informierte geschäftliche Entscheidung des Verbrauchers ist schließlich auch die Kenntnis, wer sein zukünftiger Vertragspartner wird und mit wem er sich ggf. später gerichtlich oder außergerichtlich auseinandersetzen muss.[153] Insofern besteht in *Rechtsprechung* und *Literatur* Einigkeit: Ein Zweck des § 5a Abs. 3 Nr. 2 UWG ist es, im Falle von konkreten Angeboten dem Verbraucher klare und unmissverständliche Angaben darüber zu verschaffen, mit wem er in geschäftlichen Kontakt tritt.[154] Demnach sollen die Pflichtangaben dem Verbraucher zur eindeutigen Identifizierung des potentiellen Vertragspartners verhelfen.[155]

4. *Vereinfachte Kontaktaufnahme*

Neben der Angabe der Identität verlangt § 5a Abs. 3 Nr. 2 UWG auch die der Anschrift des Unternehmers. Insofern erstreckt sich die Funktion über die Identifizierung des zukünftigen Vertragspartners hinaus auch darauf, wie der Verbraucher diesen persönlich („räumlich") oder mittels Schriftstücken („brieflich") erreichen kann.[156] Die bereitzustellenden Informationen sollen den Verbraucher in die Lage versetzen, ohne weitere Nachforschungen oder Schwierigkeiten Kontakt zum anbietenden Unternehmer aufnehmen zu können.[157] Unerheblich ist

---

153 *Köhler*/Bornkamm/Feddersen, § 5a UWG Rn. 4.32; Fezer/Büscher/*Obergfell*, § 5a UWG Rn. 139; Götting/*Nordemann*, § 5a UWG Rn. 139; vgl. OLG Stuttgart, Urt. v. 12.12.2013 – 2 U 12/13 juris Rn. 53.

154 OLG München, Urt. v. 31.3.2011 – 6 U 3517/10 juris Rn. 28 – *Identitätsangabe in der Prospektwerbung*; OLG Brandenburg, Beschl. v. 26.6.2012 – 6 W 72/12 juris Rn. 15; Harte-Bavendamm/Henning-Bodewig/*Dreyer*, § 5a UWG Rn. 144.

155 BGH, Urt. v. 18.4.2013 – I ZR 180/12, WRP 2013, 1459 Rn. 12 f. – *Brandneu von der IFA*; OLG München, Urt. v. 11.4.2013 – 6 U 2646/12 juris Rn. 18 – *Firmenlogo*.

156 BGH, Urt. v. 9.10.2013 – I ZR 24/12, NJW-RR 2014, 817 Rn. 21 – *Alpenpanorama im Heißluftballon*; Urt. v. 18.10.2017 – I ZR 260/16 juris Rn. 29; *Köhler*/Bornkamm/Feddersen, § 5a UWG Rn. 4.34.

157 BGH, Urt. v. 18.4.2013 – I ZR 180/12, WRP 2013, 1459 Rn. 13 – *Brandneu von der IFA*; OLG Hamm, Beschl. v. 13.10.2011 – 4 W 84/11 juris Rn. 19 – *Roller*; OLG Düsseldorf,

dabei, in welcher Form (persönlich, telefonisch oder schriftlich) die etwaige Kontaktaufnahme anschließend erfolgt.

Damit dient die Anschriftsangabe dem angesprochenen Verkehrskreis zunächst dazu, den Unternehmer problemlos zwecks Geschäftsabschlusses kontaktieren zu können. Im Hinblick auf Barkäufe des täglichen Lebens dürfte dieser Aspekt im Vordergrund stehen. Neben dem Erwerb der beworbenen Waren bzw. Dienstleistungen sollen dem Verbraucher aber auch Nachfragen zum Angebot ermöglicht werden.[158]

Die Funktion des § 5a Abs. 3 Nr. 2 UWG erschöpft sich indes nicht in der Ermöglichung bzw. Erleichterung des Erstkontakts im Zusammenhang mit dem Vertragsschluss. Auch nach diesem Zeitpunkt soll die Pflicht zur Angabe der Anschrift des Unternehmers eine problemlose Kontaktaufnahme sicherstellen; etwa wenn es um Auskünfte, Beschwerden oder die Geltendmachung vertraglicher Rechte des Verbrauchers (z.B. Einfordern einer Quittung, Anfechtung, Rücktritt, Kündigung, Schadensersatzansprüche) geht.[159] Demgemäß soll die Regelung nach der *Rechtsprechung* u.a. verhindern, dass der Verbraucher im Falle einer späteren Auseinandersetzung die exakte Identität und eine Anschrift seines Vertragspartners erst ermitteln muss, an die ggf. eine Zustellung von Schriftverkehr erfolgen kann.[160] Auch bei Problemen in der Phase nach Vertragsschluss soll der Verbraucher folglich die Kontaktdaten des Unternehmers nicht erst aufwändig – etwa durch Aufsuchen des Geschäftslokals – eruieren müssen.

5. *Informationen über den zukünftigen Vertragspartner*

Für eine informierte geschäftliche Entscheidung soll der Verbraucher über Identität und Anschrift des Unternehmers verfügen. Erhebliche Relevanz hat die Person des Vertragspartners und dessen Solvenz für den Verbraucher beim Kauf langlebiger Wirtschaftsgüter oder bei einem Garantieversprechen. So macht es bei Ansprüchen wegen eines Sachmangels und/oder Mangelfolgeschäden einen

---

Urt. v. 30.4.2015 – I-15 U 100/14, WRP 2015, 898 Rn. 28 – *0 %-Finanzierung*; *Köhler*/Bornkamm/Feddersen, § 5a UWG Rn. 4.32.

158 OLG München, Urt. v. 31.3.2011 – 6 U 3517/10 juris Rn. 32 – *Identitätsangabe in der Prospektwerbung*; LG Köln, Urt. v. 19.4.2012 – 31 O 633/11 juris Rn. 21.

159 *Köhler*/Bornkamm/Feddersen, § 5a UWG Rn. 4.32; GK-UWG/*Lindacher*, § 5a Rn. 50.

160 BGH, Urt. v. 18.4.2013 – I ZR 180/12, WRP 2013, 1459 Rn. 13 – *Brandneu von der IFA*; OLG Hamburg, Beschl. v. 20.10.2011 – 5 W 134/11 juris Rn. 5; OLG Brandenburg, Beschl. v. 26.6.2012 – 6 W 72/12 juris Rn. 15; OLG München, Urt. v. 17.10.2013 – 6 U 3929/12 juris Rn. 41.

Unterschied, ob der Verkäufer Einzelkaufmann oder eine GmbH ist und ob er seinen Sitz im In- oder Ausland hat.[161]

Entscheidend kann für den Verbraucher etwa der Sitz des Verkäufers sein. Hier stufte der *BGH* eine Werbung mit folgender Argumentation als irreführend und damit wettbewerbswidrig ein: Wenngleich das Angebot tatsächlich von einer niederländischen Versandapotheke ausging, entstünde beim Verbraucher der unzutreffende Eindruck, sein Vertragspartner werde bei Vertragsschluss ein in Deutschland ansässiges Drogeriemarktunternehmen.[162] In dieser Konstellation war dem angesprochenen Verkehr eine eindeutige Identifizierung des Anbieters nicht möglich. Allerdings ist die Auskunft darüber, in welchem Land das Unternehmen ansässig ist, der Impressumsangabe immanent, weitere Recherchen des Verbrauchers sind nicht erforderlich. Demnach ist der Sitz noch als Bestandteil der eindeutigen Identifizierung und Individualisierung des Anbieters anzusehen.

Zwar verpflichtet die UWG-Impressumspflicht den Unternehmer nicht unmittelbar zur Offenbarung weiterer Informationen, z.B. zu den vertretungsberechtigten Personen oder Vermögensverhältnissen der Gesellschaft.[163] Aber durch die unternehmensbezogenen Angaben nach § 5a Abs. 3 Nr. 2 UWG wird es dem Verbraucher ermöglicht, sich über die wirtschaftlichen und finanziellen Verhältnisse des Unternehmers zu informieren.[164] Damit ist aber zunächst nur gesagt, dass die eindeutige Identifizierung als Grundlage für eigens vom Verbraucher angestellte Nachforschungen dienen kann; nicht dagegen, dass die Identitätsangabe funktionsgemäß selbst Rückschlüsse auf die Finanzsituation des Anbieters zulassen soll.

Eine dahingehende Funktion wurde vom *OLG Köln* sogar ausdrücklich verneint: Den Verbrauchern Auskunft über Gesellschafts- oder Haftungsverhältnisse beim Anbietenden zu geben, sei nicht Aufgabe der Identitätsangabe.[165] Dieser Auslegung der Vorinstanz hat der *BGH* jedoch in seinem *Brandneu von der IFA*-Urteil eine klare Absage erteilt und § 5a Abs. 3 Nr. 2 UWG folgende,

161 *Köhler*, WRP 2013, 1419 Rn. 32; wohl a.A. LG Köln, Urt. v. 19.4.2012 – 31 O 633/11 juris Rn. 26 f.

162 BGH, Urt. v. 19.7.2012 – I ZR 40/11, WRP 2013, 479 Rn. 12 ff. – *Pharmazeutische Beratung über Call-Center*.

163 Diese Feststellung macht auch MüKoUWG/*Alexander*, § 5a Rn. 366.

164 *Köhler*, WRP 2013, 1419 Rn. 32.

165 OLG Köln, Urt. v. 7.9.2012 – 6 U 86/12, WRP 2013, 191 Rn. 4 – *Kaufappell ohne Rechtsformzusatz*; so auch Anm. *Becker*, GRUR-Prax 2013, 22; *von Walter/Kluge*, WRP 2013, 866 Rn. 16; *ZGV*, Stellungnahme zum RefE des UWG 2015, Rn. 8.

weitreichende Funktion beigemessen: Durch „die Mitteilung der Identität des Vertragspartners“ wird der Verbraucher in die Lage versetzt, „den Ruf des Unternehmers im Hinblick auf Qualität und Zuverlässigkeit der von ihm angebotenen Waren oder Dienstleistungen, aber auch dessen wirtschaftliche Potenz, Bonität und Haftung einzuschätzen.“[166] Diese Auffassung zum Sinn und Zweck der UWG-Impressumspflicht ist über den konkreten Fall hinaus verallgemeinerungsfähig, wie auch deren Inbezugnahme und fast wortgleiche Wiederholung in späteren *BGH*-Urteilen[167] zeigt.

Man mag dem zwar entgegenhalten, dass aus der Rechtsform eines Unternehmens nicht zweifelsfrei auf dessen Bonität geschlossen werden kann.[168] Aber von Bedeutung für eine informierte geschäftliche Entscheidung des Verbrauchers dürfte u.a. der Umstand sein, ob sein Vertragspartner als Gesellschaft mit beschränkter Haftung (GmbH) nur mit dem Gesellschaftsvermögen und in aller Regel nicht mit dem Privatvermögen der Gesellschafter haftet. Indes signalisiert die Rechtsformangabe „GmbH“ den Gläubigern wegen des gesetzlich vorgeschriebenen Mindeststammkapitals von 25.000 Euro (§ 5 Abs. 1 GmbHG), dass eine Haftungsmasse zumindest in dieser Höhe zur Verfügung steht. Demgegenüber lässt die Firmierung „*Unternehmergesellschaft (haftungsbeschränkt)*“ bzw. „*UG (haftungsbeschränkt)*“ (§ 5a GmbHG) erkennen, dass das Stammkapital unter 25.000 Euro liegt.[169] Die Haftungsmasse ist angesichts häufiger Vorleistungspflicht des Verbrauchers und etwaiger Mängelgewährleistungsansprüche keineswegs zu vernachlässigen.[170] Daher kommt der Rechtsformangabe aus Verbrauchersicht durchaus eine Aussagekraft bzgl. der wirtschaftlichen Potenz und Bonität des Unternehmers zu. Mit dem BGH ist demnach davon auszugehen, dass die Identitätsangabe den Verbraucher in die Lage versetzen soll, die

166 BGH, Urt. v. 18.4.2013 – I ZR 180/12, WRP 2013, 1459 Rn. 13 – *Brandneu von der IFA*.

167 BGH, Urt. v. 14.9.2017 – I ZR 231/14, GRUR 2017, 1269 Rn. 29 – *MeinPaket.de II*; Urt. v. 18.10.2017 – I ZR 84/16, WRP 2018, 320 Rn. 18, 25 – *Kraftfahrzeugwerbung*; Urt. v. 19.4.2018 – I ZR 244/16, NJW 2018, 3242 Rn. 30 – *Namensangabe*; zustimmend MüKoUWG/*Alexander*, § 5a Rn. 358, 365.

168 So etwa *Gutachterausschuss für Wettbewerbsfragen*, WRP 1991, 679, 680 und *Ullmann*, NJW 1994, 1255, 1261 mit dem Hinweis, dass auch bedeutende Großunternehmen in der Rechtsform einer GmbH geführt werden, ohne dass Zweifel an deren geschäftlicher Leistungsfähigkeit bestehen.

169 Vgl. zur Rechtsscheinhaftung bei Handeln für UG mit unrichtigem GmbH-Rechtsformzusatz BGH, Urt. v. 12.6.2012 – II ZR 256/11, NJW 2012, 2871 Rn. 13 ff.

170 Vgl. KG, Urt. v. 20.12.2016 – 5 U 134/15 juris Rn. 17.

wirtschaftlichen Verhältnisse und das Ansehen des Unternehmers u.a. im Hinblick auf die Produktqualität einzuschätzen.

6. *Schutz des Verbrauchers vor einem „information overload“*

Bei der Bestimmung des Normzwecks von § 5a Abs. 3 Nr. 2 UWG dürfen auch verhaltensökonomische Aspekte nicht außer Betracht bleiben. Denn die kognitiven Fähigkeiten des Menschen sind begrenzt mit der Folge, dass nicht jede zusätzliche Information automatisch eine besser informierte Entscheidung bedeutet. Aus der Zielsetzung der UGP-RL, den Verbraucher zu befähigen, seine geschäftlichen Entscheidungen auf informierter Grundlage zu treffen, folgt im Umkehrschluss: Der Verbraucher darf nicht mit für ihn nutzlosen Angaben überfrachtet werden (Problem des *information overloads*).[171] Mit der UGP-RL soll daher „dem Informationsbedarf des Verbrauchers ebenso Rechnung getragen werden wie dem Umstand, dass ein Übermaß an Informationen genauso ein Problem darstellen kann wie unzureichende Angaben.“[172]

Erkenntnissen der Verhaltenspsychologie und der Ökonomie zufolge sind Menschen keine Informationsverarbeitungsmaschinen mit Vollständigkeitsanspruch.[173] Denn sie können nicht alle ihnen zur Verfügung gestellten Informationen aufnehmen und verarbeiten, um sie anschließend für ihre geschäftlichen Entscheidungen zu nutzen. Damit das verbraucherschützende Telos des § 5a Abs. 2, Abs. 3 Nr. 2 UWG nicht in sein Gegenteil verkehrt wird, ist eine Begrenzung der Informationspflicht mit Blick auf die Bedeutung für die geschäftlichen Entscheidungen des Verbrauchers geboten. Für letztere können sich negative Auswirkungen ergeben, wenn die Informationsversorgung über das für eine präferenzgerechte Verbraucherentscheidung erforderliche Maß hinausgeht.[174] Bei Überforderung der begrenzten Informationsverarbeitungs- und Informationsaufnahmekapazitäten des Verbrauchers stagniert die Entscheidungsqualität zunächst und verschlechtert sich sodann.[175] Auch eine Fülle von Identitäts- und Anschriftsinformationen kann den Verbraucher verwirren anstatt ihn, wie beabsichtigt, durch Information auf Augenhöhe des Unternehmers zu bringen.

---

171 *Billing/Lang*, ZVertriebsR 2013, 207 f., 213; *Köhler*, WRP 2013, 1419 Rn. 42; vgl. zur Problematik auch *Böhler*, S. 40 ff.

172 Begr. zum KommE der UGP-RL v. 18.6.2003, KOM(2003) 356 endg., Tz. 65.

173 *Blasek*, GRUR 2010, 396, 397; vgl. Harte-Bavendamm/Henning-Bodewig/*Glöckner*, Einl. B Rn. 298.

174 Fezer/Büscher/*Obergfell*, § 5a UWG Rn. 77; *Klagge*, S. 142.

175 *Böhler*, S. 40 f.; GK-UWG/*Lindacher*, § 5a Rn. 36.

Es besteht die Gefahr, dass er „den Wald vor lauter Bäumen nicht mehr sieht". Um den Normzweck nicht ad absurdum zu führen, ist eine Flut an Impressumsangaben zu vermeiden, die der Verbraucher erst auf ihre Bedeutung für seine geschäftlichen Entscheidungen filtern muss.[176]

Diese Erwägungen korrespondieren mit dem Blickwinkel des Unternehmers: § 5a Abs. 3 UWG soll keine unnötigen oder unverhältnismäßigen Informationspflichten auferlegen,[177] sondern informierte geschäftliche Entscheidungen der Verbraucher ermöglichen.

7. *Reflexartiger Schutz der Mitbewerber*

Aufgrund des Richtlinienursprungs gelten für die UWG-Impressumspflicht die allgemein im Kontext der UGP-RL angestellten Erwägungen zum Mitbewerberschutz: Der primäre Verbraucherschutzzweck des § 5a Abs. 2, Abs. 3 Nr. 2 UWG schließt eine Berücksichtigung von Mitbewerberinteressen nicht aus. Aber im Unterschied zum zentral in § 4 UWG verorteten, unmittelbaren Mitbewerberschutz schützt die Impressumspflicht rechtmäßig handelnde Mitbewerber lediglich mittelbar bzw. reflexartig.

V. Zusammenfassung zum Sinn und Zweck der UWG-Impressumspflicht

§ 5a Abs. 3 Nr. 2 UWG verfolgt verschiedene, durch die UGP-RL geprägte Funktionen, in erster Linie die Identifizierung des potentiellen Vertragspartners und vereinfachte Kontaktaufnahme zu diesem. Die Informationspflicht über die Anschrift dient auch dazu, dass der Verbraucher das Angebot einzelnen Verkaufsstellen zuordnen kann. Die Identitätsangabe soll ihn in die Lage versetzen, Bonität und Haftung des Unternehmers sowie dessen Ruf etwa hins. der Produktqualität einzuschätzen. Ferner will die UWG-Impressumspflicht anonym erfolgende Wettbewerbsauftritte verhindern, den Verbraucher jedoch auch vor einem sog. information overload schützen.

Damit trägt die Pflicht, Identität und Anschrift des Unternehmers mitzuteilen, zur zentralen Zielsetzung der UGP-RL bei, informierte „geschäftliche Entscheidungen" des Verbrauchers zu ermöglichen. Der Begriff erfasst nicht nur die Entscheidung über den Erwerb oder Nichterwerb eines Produkts, sondern

176 *Billing/Lang*, ZVertriebsR 2013, 207 f., 213.

177 Vgl. *Kommissionsdienststellen*, UGP-Leitlinien 2016, SWD(2016) 163 final, S. 84 zu Art. 7 Abs. 4 UGP-RL.

auch damit unmittelbar zusammenhängende Entscheidungen, insb. vorbereitende Handlungen wie den Weg des Verbrauchers zum Geschäft oder das Betreten des Geschäfts. Die Funktionsfähigkeit kommerzieller Kommunikation soll indes nicht unverhältnismäßig eingeschränkt werden. Trotz des klaren Fokus auf dem Schutz der Verbraucher und des lediglich mittelbaren bzw. reflexartigen Mitbewerberschutzes fügt sich die Impressumspflicht in die Schutzzwecktrias des UWG ein, da der Anwendungsbereich der UGP-RL nur einen Teilbereich des UWG darstellt.

Maßgeblich für die Auslegung des verbraucherschützenden § 5a Abs. 2, Abs. 3 Nr. 2 UWG ist das zugrunde liegende Verbraucherleitbild, welches auch für Werbung im Internet gilt. Der UGP-RL entsprechend wird im Rahmen der UWG-Impressumspflicht auf die Sicht des durchschnittlich informierten und verständigen Verbrauchers abgestellt, der einer Werbung die der Situation angemessene Aufmerksamkeit entgegenbringt. Der Maßstab des Durchschnittsverbrauchers ist anzupassen, wenn sich die geschäftliche Handlung an eine Verbrauchergruppe richtet, die besonders schutzbedürftig oder geschäftlich erfahren ist. Der situationsadäquate Aufmerksamkeitsgrad hängt vom verwendeten Werbemedium und von den beworbenen Produkten ab: Eher gering bzw. flüchtig ist er bei geringwertigen Gegenständen des täglichen Bedarfs, beim im Internet surfenden Durchschnittsverbraucher, bei Fernseh- und Rundfunkwerbung sowie beim beiläufigen ersten Durchblättern von Werbebeilagen und Zeitungsanzeigen. Demgegenüber wird Werbung für langlebige und/oder höherwertige Produkte mit größerer bzw. normaler Aufmerksamkeit betrachtet.

C. Systematik

Nach Ermittlung der gesetzgeberischen Zielsetzung ist der Blick im Folgenden auf die Systematik des § 5a Abs. 2, Abs. 3 Nr. 2 UWG zu richten, da sich dessen Funktion durch Kenntnis der Kontextualisierung im Rechtssystem leichter verstehen lässt.

Dabei gilt es zunächst die innere Systematik des § 5a UWG aufzuzeigen (I.), um sodann die Einbindung und Bedeutung der Impressumspflicht innerhalb des Systems der Unlauterkeitstatbestände des UWG auszumachen (II.). Als abschließende systematische Erwägung werden verwandte Informationspflichten anderer nationaler Rechtsgebiete gegenüber § 5a Abs. 2, Abs. 3 Nr. 2 UWG abgegrenzt (III.).

I. Innere Systematik des § 5a UWG: Zweiteilung

§ 5a UWG beinhaltet zwei selbständige Regelungskomplexe, weshalb auch vom „Patchwork"-Charakter[178] der Vorschrift gesprochen wird.

1. § 5a Abs. 2 bis 6 UWG: Informationsgebote im B2C-Bereich

Dem Richtlinienvorbild entsprechend enthält § 5a Abs. 2 bis 6 UWG auf geschäftliche Handlungen gegenüber Verbrauchern beschränkte Informationsgebote.[179] Die Erstreckung auf reine B2B-Verhältnisse hätte zu einer unnötigen Belastung des kaufmännischen Geschäftsverkehrs geführt.[180] Regelungsgehalt und Struktur der Umsetzungsvorschrift sind dabei erkennbar an Art. 7 UGP-RL angelehnt, mit dieser Bestimmung aber nicht völlig deckungsgleich.

Die systematische Stellung in § 5a UWG unter der Überschrift „*Irreführung* durch Unterlassen" erweckt den Anschein einer Zuordnung zum Irreführungsverbot des § 5 UWG. Aber Art. 7 UGP-RL und ihm folgend § 5a Abs. 2 bis 6 UWG sollen eine ausreichende Informationsbasis gewährleisten und sanktionieren das Vorenthalten wesentlicher Informationen unabhängig von etwaigen Fehlvorstellungen des Verbrauchers.[181] Diesem dogmatischen Kerngehalt widerspricht die Systematik.[182] Der Grundtatbestand des § 5a Abs. 2 Satz 1 UWG stellt einen eigenständigen Unlauterkeitstatbestand dar.

2. § 5a Abs. 1 UWG: Informationsgebote im B2B-Bereich

Nach § 5a Abs. 1 UWG sind bei der Beurteilung, ob das Verschweigen einer Tatsache irreführend ist, insb. deren Bedeutung für die geschäftliche Entscheidung nach der Verkehrsauffassung und die Eignung des Verschweigens zur Beeinflussung der Entscheidung zu berücksichtigen. Die Regelung geht auf § 5 Abs. 2 Satz 2 UWG 2004 zurück.[183] Kodifiziert werden sollte die von der Rechtsprechung anerkannte Möglichkeit der Irreführung durch Unterlassen unter

---

178 MüKoUWG/*Alexander*, § 5a Rn. 3.

179 GK-UWG/*Lindacher*, § 5a Rn. 4; *Bornkamm*, WRP 2012, 1 f.

180 Begr. zum RegE des UWG 2008, BT-Drucks. 16/10145, S. 25.

181 Fezer/Büscher/*Obergfell*, § 5a UWG Rn. 69; Harte-Bavendamm/Henning-Bodewig/*Dreyer*, § 5a UWG Rn. 38.

182 Fezer/Büscher/*Obergfell*, § 5a UWG Rn. 69; GK-UWG/*Lindacher*, Vor §§ 5, 5a Rn. 115, 124 f.

183 Begr. zum RegE des UWG 2008, BT-Drucks. 16/10145, S. 25; Ohly/*Sosnitza*, § 5a UWG Rn. 3.

der Voraussetzung einer Aufklärungspflicht.[184] Eine solche trifft den Unternehmer im Wettbewerb nicht generell, da der Verkehr nicht ohne weiteres die Offenlegung aller negativen Umstände des Angebots erwartet.[185] Würde bei deren Unterbleiben der angesprochene Verkehr in einem wesentlichen Punkt getäuscht, der seine geschäftliche Entscheidung zu beeinflussen geeignet ist, besteht aber eine Pflicht zur Aufklärung, sofern sie unter Berücksichtigung der berechtigten Interessen des Werbenden unerlässlich ist.[186]

Dem Wortlaut nach stellt der seit 2008 geltende § 5a Abs. 1 UWG keinen eigenständigen Unlauterkeitstatbestand dar und wurde daher bislang redaktionell als Fortsetzung bzw. tatbestandliche Erweiterung des Irreführungsverbots in § 5 UWG verstanden.[187] Eine dahingehende Zuordnung ist jedoch weder zwingend durch den Wortlaut noch durch die Normüberschrift („*Irreführung* durch Unterlassen") geboten, wie die fehlvorstellungsunabhängigen Informationsgebote in § 5a Abs. 2 bis 6 UWG zeigen. Außerdem regelt § 5 UWG irreführende geschäftliche Handlungen, worunter nach § 2 Abs. 1 Nr. 1 jedes Verhalten einer Person und damit auch Unterlassen fällt. Insofern hat § 5a Abs. 1 UWG bzgl. der Möglichkeit einer Irreführung durch Unterlassen allenfalls klarstellende Funktion. Um § 5a Abs. 1 UWG einen eigenständigen, an die folgenden Absätze strukturell angepassten Bedeutungsgehalt beizumessen, sollte er als fehlvorstellungsunabhängiges Informationsgebot verstanden werden.[188] Damit würde die Unterscheidung zwischen Desinformationsverboten und Informationsgeboten im UWG bereits aus der äußeren Normsystematik hervorgehen.

Geschäftliche Handlungen gegenüber sonstigen Marktteilnehmern wie gewerblichen Abnehmern sind ausschließlich nach § 5a Abs. 1 UWG zu

---

184 Begr. zum RegE des UWG 2004, BT-Drucks. 15/1487, S. 19.

185 BGH, Urt. v. 3.12.1998 – I ZR 63/96, NJW 1999, 2190, 2191 – *Auslaufmodelle I*; Urt. v. 10.1.2013 – I ZR 190/11, NJW 2013, 2756 Rn. 34 – *Standardisierte Mandatsbearbeitung*; Ohly/*Sosnitza*, § 5a UWG Rn. 20; *Helm/Sonntag/Burger* in UWG-HdB, § 59 Rn. 98.

186 Harte-Bavendamm/Henning-Bodewig/*Dreyer*, § 5a UWG Rn. 50; vgl. bereits Begr. zum RegE des UWG 2004, BT-Drucks. 15/1487, S. 19; BGH, Urt. v. 19.8.1999 – I ZR 225/97, NJW 1999, 3491 m.w.N. – *EG-Neuwagen II*.

187 MüKoUWG/*Alexander*, § 5a Rn. 49; *ders.*, WRP 2016, 139 Rn. 6; in diesem Sinne auch BGH, Urt. v. 16.5.2012 – I ZR 74/11, WRP 2013, 57 Rn. 36 – *Zweigstellenbriefbogen*; Büscher/*Büscher*, § 5a UWG Rn. 11, 18; *Zecca-Jobst*, S. 58; *Bornkamm*, WRP 2012, 1, 3.

188 Wie hier auch Fezer/Büscher/*Obergfell*, § 5a UWG Rn. 4 ff., 14; GK-UWG/*Lindacher*, Vor §§ 5, 5a Rn. 127; *Köhler*/Bornkamm/Feddersen, § 5a UWG Rn. 2.4 f.; *Böhler*, S. 169.

beurteilen. Bei solchen gegenüber Verbrauchern stellt sich indes die Frage, ob die Prüfung sowohl am Maßstab des § 5a Abs. 2 bis 6 UWG als auch des Abs. 1 erfolgt. Seinem Wortlaut nach ist letzterer auf alle geschäftlichen Handlungen anwendbar. Und auch der Gesetzesbegründung zufolge gilt die Vorschrift „für alle Marktteilnehmer".[189] Das liefe jedoch der Zielsetzung der UGP-RL, den Schutz der Verbraucher vor unlauteren Geschäftspraktiken vollständig zu harmonisieren, zuwider. Im B2C-Verkehr ist § 5a Abs. 1 UWG daher im Lichte des Art. 7 UGP-RL auszulegen;[190] mit der Folge, dass die Handhabung dort exakt den Festlegungen des § 5a Abs. 2 bis 6 UWG entspricht. Insofern kommt Abs. 1 bei geschäftlichen Handlungen gegenüber Verbrauchern keine erkennbare praktische Bedeutung zu.[191] Um einen Konflikt mit den Vorgaben der UGP-RL und eine gespaltene Auslegung des § 5a Abs. 1 UWG zu verhindern, ist dessen Anwendungsbereich einzuschränken: Er statuiert ein fehlvorstellungsunabhängiges Informationsgebot, das sich auf den B2B-Bereich beschränkt.[192] Im Interesse der Rechtsklarheit und Transparenz wäre es allerdings zu begrüßen, wenn diese Eingrenzung auch im Gesetzeswortlaut klargestellt würde.

Nach hier vertretener Auffassung regelt der gesamte § 5a UWG fehlvorstellungsunabhängige Informationsgebote: Abs. 1 für den B2B-Verkehr und die folgenden Absätze für B2C-Verhältnisse, sodass die parallele Anwendbarkeit von ersterem neben § 5a Abs. 2, Abs. 3 Nr. 2 UWG ausscheidet.

3. *Verhältnis von § 5a Abs. 3 Nr. 2 UWG zu Abs. 2 und 4*

Für die weitere Untersuchung des § 5a Abs. 3 Nr. 2 UWG ist dessen Verhältnis zu den Absätzen 2 und 4 auszuloten.

a) *Wesentliche Informationen*

Die „wesentlichen Informationen" bilden ein Kernelement des in § 5a Abs. 2 UWG bzw. Art. 7 Abs. 1 UGP-RL geregelten Unlauterkeitstatbestands.

---

189 Begr. zum RegE des UWG 2008, BT-Drucks. 16/10145, S. 25. Dem folgend Götting/*Nordemann*, § 5a UWG Rn. 6; Ohly/*Sosnitza*, § 5a UWG Rn. 3; *Bornkamm*, WRP 2012, 1, 3.

190 *Köhler*/Bornkamm/Feddersen, § 5a UWG Rn. 2.2; *Alexander*, WRP 2013, 716 Rn. 15.

191 Das erkennt auch Harte-Bavendamm/Henning-Bodewig/*Dreyer*, § 5a UWG Rn. 47.

192 GK-UWG/*Lindacher*, Vor §§ 5, 5a Rn. 127, § 5a Rn. 6, 13; Fezer/Büscher/*Obergfell*, § 5a UWG Rn. 14 f.

Allerdings ist der Begriff weder im UWG noch in der UGP-RL ausdrücklich definiert.[193]

Durch das Erfordernis der Wesentlichkeit wird das Ausmaß der Informationspflichten zusätzlich begrenzt, da das hinzugefügte Adjektiv sonst überflüssig wäre.[194] Insofern legt der Wortlaut nahe: Dass der Verbraucher die Information benötigt, um eine informierte geschäftliche Entscheidung zu treffen (§ 5a Abs. 2 Satz 1 Nr. 1 UWG), reicht für die Annahme der Wesentlichkeit nicht aus. Nach *herrschender Meinung* verpflichtet § 5a Abs. 2 UWG zur Offenlegung derjenigen Informationen, die für die geschäftliche Entscheidung des Verbrauchers erhebliches Gewicht haben und deren Angabe unter Berücksichtigung der beiderseitigen Interessen vom Unternehmer erwartet werden kann.[195] Um die Informationslasten und -risiken zwischen Unternehmer und Verbraucher angemessen zu verteilen, ist eine umfassende Abwägung unter Berücksichtigung der Einzelfallumstände und des Verhältnismäßigkeitsgrundsatzes vorzunehmen.[196] Auf Seiten des Verbrauchers fließt dessen Interesse an einer informierten und deshalb effektiven geschäftlichen Entscheidung ein, wofür z.B. auch die Information erforderlich sein könnte, in welchen Märkten das beworbene Produkt erhältlich ist.[197] Diese Information dem Verbraucher zu geben, muss für den Unternehmer auf der anderen Seite aber auch zumutbar sein.[198] Zu berücksichtigen sind hierbei der zeitliche und kostenmäßige Aufwand für die Informationsbeschaffung, die für den Unternehmer mit der Informationserteilung verbundenen Nachteile sowie möglicherweise bestehende Geheimhaltungsbelange.[199]

---

193 Wie hier auch MüKoUWG/*Alexander*, § 5a Rn. 213; a.A. Fezer/Büscher/*Obergfell*, § 5a UWG Rn. 75 f., 82, die den Relativsatz „die der durchschnittliche Verbraucher je nach den Umständen benötigt, um eine informierte geschäftliche Entscheidung zu treffen“ auf die wesentliche Information als semantisches Bezugsnomen bezieht, sodass sich aus der Satzstruktur des Art. 7 Abs. 1 UGP-RL doch eine Definition ergebe.

194 So auch *Köhler*/Bornkamm/Feddersen, § 5a UWG Rn. 3.13; *Böhler*, S. 140; a.A. wohl EuGH, Urt. v. 8.2.2017 – C-562/15, NJW 2017, 1657 Rn. 30, 35 – *Carrefour/ITM*.

195 BGH, Urt. v. 16.5.2012 – I ZR 74/11, WRP 2013, 57 Rn. 36 – *Zweigstellenbriefbogen*; Urt. v. 21.7.2016 – I ZR 26/15, WRP 2016, 1221 Rn. 31 – *LGA tested*; Harte-Bavendamm/Henning-Bodewig/*Dreyer*, § 5a UWG Rn. 84; MüKoUWG/*Alexander*, § 5a Rn. 215, 222; Ohly/*Sosnitza*, § 5a UWG Rn. 24.

196 *Köhler*/Bornkamm/Feddersen, § 5a UWG Rn. 3.14 ff.; *Lettl*, WRP 2013, 1105 Rn. 37; *Böhler*, GRUR 2018, 886 ff.; gegen die Einbeziehung der unternehmerischen Interessen i.R.d. Wesentlichkeit Fezer/Büscher/*Obergfell*, § 5a UWG Rn. 78.

197 *Lettl*, WRP 2013, 1105 Rn. 37.

198 *Köhler*, WRP 2009, 109, 116 f.; *Lettl*, WRP 2013, 1105 Rn. 37.

199 BGH, Urt. v. 21.7.2016 – I ZR 26/15, WRP 2016, 1221 Rn. 33 – *LGA tested*.

Da sich die Wesentlichkeit nicht abstrakt bestimmt, muss die gleiche Information nicht in jedem Fall wesentlich sein.[200] Bei der Abwägung ist folgende Wechselwirkung anzunehmen: Je wichtiger eine Information für die geschäftliche Entscheidung des Verbrauchers ist, desto eher ist ihre Bereitstellung dem Unternehmer zumutbar.[201]

Die Beschränkungen des Kommunikationsmittels stellen im Rahmen der Wesentlichkeit kein relevantes Abwägungskriterium dar (S. 310 f.). Deren Bedeutung erschöpft sich – wie der Wortlaut des § 5a Abs. 5 Nr. 1 UWG nunmehr verdeutlicht – in der Beurteilung, ob die wesentliche Information vorenthalten wurde.

b) Konkretisierung des Merkmals der Wesentlichkeit gem. § 5a Abs. 3 UWG

Nach § 5a Abs. 3 UWG „gelten" in Umsetzung von Art. 7 Abs. 4 UGP-RL unter erhöhten tatbestandlichen Voraussetzungen bestimmte Informationen als wesentlich i.S.d. Absatz 2. Unwiderleglich vermutet[202] bzw. fingiert[203] werden u.a. die Identität und Anschrift des Unternehmers, ggf. auch des Unternehmers, für den er handelt, womit die sonst vorzunehmende Interessenabwägung entfällt. Konkretisiert wird das Merkmal der Wesentlichkeit, sodass § 5a Abs. 2, Abs. 3 Nr. 2 UWG den normativen Anknüpfungspunkt der Impressumspflicht bildet. Die anderen Elemente des § 5a Abs. 2 UWG erfasst die Fiktion hingegen nicht.[204] Deren Vorliegen muss auch bei als wesentlich fingierten Informationen geprüft werden.

c) Parallele Anwendung von § 5a Abs. 3 Nr. 2 und Abs. 4 UWG

§ 5a Abs. 4 UWG fingiert als wesentlich i.S.d. Abs. 2 auch Informationen, die dem Verbraucher aufgrund unionsrechtlicher Verordnungen oder nach Rechtsvorschriften zur Umsetzung von EU-Richtlinien für kommerzielle Kommunikation einschließlich Werbung und Marketing nicht vorenthalten werden dürfen; mit der Folge, dass unter den zusätzlichen Voraussetzungen des Abs. 2

---

200 Fezer/Büscher/*Obergfell*, § 5a UWG Rn. 77; MüKoUWG/*Alexander*, § 5a Rn. 218; GK-UWG/*Lindacher*, § 5a Rn. 27; vgl. *Steinbeck*, WRP 2006, 632, 635: Theorie abgestufter Informationspflichten.

201 *Köhler*/Bornkamm/Feddersen, § 5a UWG Rn. 3.15.

202 *Helm/Sonntag/Burger* in UWG-HdB, § 59 Rn. 479; Ohly/*Sosnitza*, § 5a UWG Rn. 68.

203 Fezer/Büscher/*Obergfell*, § 5a UWG Rn. 116; *Körber/Heinlein*, WRP 2009, 780, 786.

204 GK-UWG/*Lindacher*, § 5a Rn. 20, 43; *Kieffer*, S. 144 f.; *Köhler*, WRP 2013, 1419 Rn. 20.

die Unlauterkeit zu bejahen ist. Umgesetzt wird damit Art. 7 Abs. 5 UGP-RL, der diesbezüglich auf die nicht erschöpfende Liste in Anhang II verweist[205].

Die Informationsanforderung des § 5a Abs. 3 Nr. 2 UWG wird durch Abs. 4 UWG nicht verdrängt.[206] Allerdings gehen EU-Rechtsvorschriften, die besondere Aspekte unlauterer Geschäftspraktiken regeln, der UGP-RL im Kollisionsfall vor (Art. 3 Abs. 4). Daher ist die Auslegung von Art. 7 Abs. 4 UGP-RL und § 5a Abs. 3 UWG im Anwendungsbereich europäischer Sondervorschriften an deren Maßstäben auszurichten.[207]

d) Sperrwirkung des § 5a Abs. 3 UWG gegenüber Abs. 2

Bei der Untersuchung der inneren Systematik ist ferner zu klären, ob sich neben § 5a Abs. 3 Nr. 2 UWG die Wesentlichkeit sonstiger Informationen aus Abs. 2 ergeben kann.

Aufschluss darüber gibt weder der Wortlaut des § 5a UWG noch derjenige des Art. 7 UGP-RL. Beide Vorschriften deklarieren die aufgelisteten Informationen zwar nicht ausdrücklich, etwa durch das Adverb „insbesondere", als Regelbeispiele. Jedoch sprechen die offene Formulierung und der tatbestandlich eingeschränkte Anwendungsbereich des § 5a Abs. 3 UWG dafür, neben diesem Raum für die Anwendung des Grundtatbestands des Abs. 2 zu belassen.

Auf letzteren lässt sich eine Informationspflicht daher zumindest stützen, wenn kein Angebot i.S.d. § 5a Abs. 3 UWG vorliegt, etwa im Zeitraum nach Vertragsschluss.[208] Und beim Angebot eines Gebrauchtwagenhändlers an den Verbraucher zum Ankauf eines Fahrzeugs soll § 5a Abs. 3 UWG nicht zur Anwendung kommen, da eine Bezugs- und keine Absatzförderung vorliegt.[209] Hier könnte sich abhängig von den konkreten Umständen eine Pflicht des Unternehmers zur Angabe seiner Identität und Anschrift aus § 5a Abs. 2 Satz 1 UWG ergeben. Denn dieser gilt im

---

205 Näher zur nicht abschließenden und dynamischen Bezugnahme MüKoUWG/*Alexander*, § 5a Rn. 413.

206 Vgl. allg. für Abs. 3 Harte-Bavendamm/Henning-Bodewig/*Dreyer*, § 5a UWG Rn. 10, 120.

207 Harte-Bavendamm/Henning-Bodewig/*Dreyer*, § 5a UWG Rn. 10, 120; vgl. *Köhler*/Bornkamm/Feddersen, § 5a UWG Rn. 4.9a, der in Fällen des Art. 3 Abs. 4 UGP-RL von einem Vorrang des § 5a Abs. 4 UWG ausgeht.

208 Ohly/*Sosnitza*, § 5a UWG Rn. 69; in diese Richtung auch *Köhler*, WRP 2009, 109, 116.

209 *Köhler*/Bornkamm/Feddersen, § 5a UWG Rn. 4.20; MüKoUWG/*Alexander*, § 5a Rn. 314, 107; *ders.*, WRP 2012, 125, 129; a.A. Götting/*Nordemann*, § 5a UWG Rn. 45.

Unterschied zu seinem Richtlinienpendant auch bei Nachfragehandlungen von Unternehmern gegenüber Verbrauchern (C2B-Verkehr).[210]

Ein Rückgriff auf den Grundtatbestand kommt auch für geschäftliche Handlungen in Betracht, die nicht die Schwelle eines Angebots i.S.d. § 5a Abs. 3 UWG erreichen. Um dessen Wertentscheidungen nicht zu unterlaufen, darf die Informationspflicht des Abs. 3 Nr. 2 auf diesem Wege allerdings nicht auf vorhergehende Werbesituationen erstreckt werden. Auch nach den Erwägungsgründen zur UGP-RL müssen die Informationen des Art. 7 Abs. 4 „nicht notwendigerweise in jeder Werbung enthalten sein, sondern nur dann, wenn der Gewerbetreibende zum Kauf auffordert".[211] Insofern ist § 5a Abs. 3 Nr. 2 UWG dahingehend abschließend, dass die Impressumsangaben erst bei hinreichend konkreter Werbung mitzuteilen sind. Andere Informationspflichten können zuvor aber auf Abs. 2 gestützt werden.

Zu klären bleibt, ob § 5a Abs. 3 UWG in seinem Anwendungsbereich die Rolle einer abschließenden Sonderregelung zukommt. Dagegen spricht die Bezeichnung als Basisinformationen[212] in der UGP-RL, die Art. 7 Abs. 4 UGP-RL als Mindestbasis an Pflichtinformationen erscheinen lässt, die im konkreten Fall ergänzt werden kann. Eine solche Bedeutung kommt der Formulierung jedoch nicht zu, wie ein Blick auf die englische Sprachfassung der Erwägungsgründe zur UGP-RL zeigt: Der verwendete Terminus „key items of information" ist vielmehr als Kerninformationen zu verstehen. Auch dem Kommissionsentwurf der UGP-RL zufolge ist der Unternehmer zur Vermeidung eines Übermaßes an Informationen nur zur Mitteilung einer begrenzten Anzahl an Kerninformationen verpflichtet.[213] Dementsprechend enthält Art. 7 Abs. 4 UGP-RL nach Ansicht des *EuGH* eine abschließende Liste der Informationen, die im Rahmen einer Aufforderung zum Kauf als wesentlich einzustufen sind.[214] Allerdings schließe die Bereitstellung der aufgelisteten Informationen nicht aus, dass die Geschäftspraxis als irreführend i.S.v. Art. 6 Abs. 1 oder Art. 7 Abs. 2 UGP-RL eingestuft werden kann.[215] Demgegenüber scheidet eine Irreführung gem. dem

---

210 *Köhler*/Bornkamm/Feddersen, § 2 UWG Rn. 38, § 5a Rn. 4.20; *Alexander*, GRUR Int. 2012, 1, 5 f.

211 Erwägungsgrund 14 Satz 4 UGP-RL.

212 Erwägungsgrund 14 Satz 3 UGP-RL; zweifelnd daher auch Ohly/*Sosnitza*, § 5a UWG Rn. 69.

213 Begr. zum KommE der UGP-RL v. 18.6.2003, KOM (2003) 356 endg., Tz. 64 f.

214 EuGH, Urt. v. 26.10.2016 – C-611/14, WRP 2017, 31 Rn. 68 – *Canal Digital Danmark* mit ausdrücklichem Hinweis auf Erwägungsgrund 14 UGP-RL.

215 EuGH, Urt. v. 26.10.2016 C 611/14, WRP 2017, 31 Rn. 71 – *Canal Digital Danmark.*

Grundtatbestand des Art. 7 Abs. 1 UGP-RL bzw. § 5a Abs. 2 UWG aus. Vielmehr ist der Informationskatalog des § 5a Abs. 3 UWG bei dessen tatbestandlichem Eingreifen als abschließend aufzufassen,[216] sodass sich bei einem Angebot i.S.d. Vorschrift keine weitergehenden Informationspflichten aus Abs. 2 ergeben.

II. Die Impressumspflicht im System der Unlauterkeitstatbestände des UWG

Als nächstes ist die Einbettung und Funktion des § 5a Abs. 2, Abs. 3 Nr. 2 UWG im System der Unlauterkeitstatbestände zu klären.

1. *Verhältnis zur allgemeinen Generalklausel des § 3 Abs. 1 UWG*

Bei § 5a Abs. 2, Abs. 3 Nr. 2 UWG handelt es sich lediglich um einen Unlauterkeitstatbestand, die Funktion eines Verbotstatbestands kommt ihm nicht zu.[217] Die eigentliche Verbotsgrundlage bildet der zentrale § 3 Abs. 1 UWG,[218] der die Unzulässigkeit unlauterer geschäftlicher Handlungen anordnet. Erst durch dieses Zusammenspiel werden bei einem Verstoß gegen die Impressumspflicht des UWG die Rechtsfolgen der §§ 8 bis 10 ausgelöst. § 3 Abs. 1 UWG ist in dieser Konstellation mangels Aufstellens eigener Voraussetzungen nur eine Verweisungs- bzw. „Scharniernorm".[219] An diesem Mechanismus hat sich durch die UWG-Novelle 2015 nichts geändert.

Neben der Bedeutung als Rechtsfolgenregelung kam § 3 Abs. 1 UWG a.F. auch die Funktion einer für sich stehenden Generalklausel der Unlauterkeit zu.[220] Die Vorschrift begründete im Sinne einer Auffangregelung tatbestandlich die Unlauterkeit von Verhaltensweisen, die von den normierten Unlauterkeitstatbeständen nicht erfasst wurden. Referentenentwurf und Regierungsentwurf zum UWG 2015 sahen eine Auftrennung dieser Doppelfunktion vor: Die

---

216 Wie hier auch *Helm/Sonntag/Burger* in UWG-HdB, § 59 Rn. 473; *Lettl*, WRP 2013, 1105 Rn. 36; a.A. noch Begr. zum RegE des UWG 2008, BT-Drucks. 16/10145, S. 26; BGH, Urt. v. 21.7.2016 – I ZR 26/15, WRP 2016, 1221 Rn. 48 m.w.N. – *LGA tested*; *Alexander*, WRP 2016, 139 Rn. 27. Die Gegenansicht beschränkt die Möglichkeit weitergehender Informationspflichten allerdings auf Umstände außerhalb des Katalogs, da andernfalls die darin zum Ausdruck kommenden Wertungen umgangen würden.

217 *Köhler*, WRP 2013, 1419 Rn. 3.

218 *Köhler*, WRP 2013, 1419 Rn. 3.

219 *Ohly*, GRUR 2016, 3, 4; *Ohly/Sattler*, GRUR 2016, 1229, 1235.

220 Begr. zum RegE des UWG 2015, BT-Drucks. 18/4535, S. 11.

Unlauterkeit ergebe sich generell aus den Spezialtatbeständen, während § 3 Abs. 1 UWG nur noch die Rechtsfolge benenne.[221]

Der vollharmonisierenden UGP-RL ist zu umfassender Wirksamkeit zu verhelfen. Daher verbietet sich in deren Anwendungsbereich – aber eben auch nur dort – ein Rückgriff auf § 3 Abs. 1 UWG als Auffangtatbestand.[222] Folglich ist bzgl. der Generalklausel zu differenzieren: Für geschäftliche Handlungen im B2C-Verhältnis, mit denen sich die vorliegende Arbeit befasst, enthält § 3 Abs. 1 UWG lediglich eine Rechtsfolgenregelung, außerhalb des harmonisierten Bereichs kann er dagegen wie bisher als Auffangtatbestand dienen.[223]

2. *Verhältnis zur Verbrauchergeneralklausel des § 3 Abs. 2 UWG*

Die sog. *Verbrauchergeneralklausel*[224] des § 3 Abs. 2 UWG könnte angesichts des identischen personellen Anwendungsbereichs neben § 5a Abs. 2, Abs. 3 Nr. 2 UWG zur Anwendung kommen. Da der 2008 eingeführte § 3 Abs. 2 UWG der Umsetzung von Art. 5 Abs. 2 UGP-RL dient,[225] kommt es bei richtlinienkonformer Auslegung entscheidend auf dessen Verhältnis zu Art. 5 Abs. 4 i.V.m. Art. 7 UGP-RL an.[226]

a) Wortlaut und Systematik der Art. 5 und 7 UGP-RL

Die Systematik des Art. 5 verdeutlicht das „dreistufige Verbotskonzept“[227] der UGP-RL: Nach Abs. 5 i.V.m. Anhang I sind bestimmte Geschäftspraktiken als unter allen Umständen unlauter anzusehen. Abs. 2 erklärt als Auffangtatbestand eine Geschäftspraxis für unlauter, wenn sie den Erfordernissen der beruflichen Sorgfaltspflicht widerspricht (lit. a) und bzgl. des jeweiligen Produkts das Verbraucherverhalten wesentlich beeinflusst oder hierzu jedenfalls

221 Begr. zum RefE des UWG 2015, GRUR 2014, 1180, 1183; Begr. zum RegE des UWG 2015, BT-Drucks. 18/4535, S. 11.

222 Götting/Nordemann/*Wirtz*, § 3 UWG Rn. 60; *Köhler*, WRP 2015, 275 Rn. 8; *Ohly*, GRUR 2016, 3, 4.

223 Vgl. in begrüßenswerter Klarheit Beschlussempfehlung zum UWG 2015, BT-Drucks. 18/6571, S. 13 f.

224 Begr. zum RegE des UWG 2015, BT-Drucks. 18/4535, S. 12; Ohly/*Sosnitza*, § 3 UWG Rn. 69.

225 Begr. zum RegE des UWG 2008, BT-Drucks. 16/10145, S. 15, 22.

226 *Alexander*, WRP 2013, 716 Rn. 17.

227 *Köhler*, GRUR 2012, 1073, 1074; MüKoUWG/*Micklitz/Namysłowska*, Art. 5 UGP-RL Rn. 1 ff.

geeignet ist (lit. b). Und das generelle Verbot unlauterer Geschäftspraktiken wird durch Abs. 4 i.V.m. den Spezialtatbeständen über irreführende und aggressive Geschäftspraktiken konkretisiert.[228] Der irreführende Charakter beurteilt sich dabei nur anhand der Kriterien der Spezialvorschriften.[229] Sonst wären diese praktisch bedeutungslos,[230] ihre Wirksamkeit wäre jedenfalls stark eingeschränkt. Somit ist eine gegen Art. 7 Abs. 1, Abs. 4 lit. b UGP-RL verstoßende Geschäftspraxis unlauter, ohne dass zusätzlich die Einhaltung der beruflichen Sorgfalt zu prüfen ist.

b) Übertragung auf das nationale Recht

Die aufgezeigten Wertungen lassen sich im Wege richtlinienkonformer Auslegung auf die Relation der UWG-Impressumspflicht zur Verbrauchergeneralklausel des § 3 Abs. 2 UWG übertragen. So lässt sich auch den Gesetzesmaterialien zum UWG 2015 und der Rechtsprechung des *BGH* entnehmen, dass bei den speziellen Irreführungstatbeständen kein gesonderter Sorgfaltsverstoß zu prüfen ist.[231]

Anders noch der *BGH* im Jahr 2009: I.R.d. § 5a Abs. 2 UWG a.F. prüfte er, ob die geschäftliche Handlung der für den Unternehmer geltenden fachlichen Sorgfalt entsprach.[232] Der Grund hierfür dürfte allerdings darin liegen, dass die Norm in der für die Entscheidung maßgeblichen Fassung noch einen expliziten Verweis auf § 3 Abs. 2 UWG a.F. enthielt. Dieser zielte jedoch in Umsetzung von Art. 7 UGP-RL auf die Inbezugnahme des Relevanzkriteriums.[233] Mangels expliziter Erstreckung des Verweises auf den ersten Teil des § 3 Abs. 2 wurde die zusätzliche Prüfung eines Sorgfaltsverstoßes i.R.d. § 5a Abs. 2 UWG a.F. in der *Literatur* zu Recht für nicht erforderlich gehalten.[234] Da die Verweisung

---

228 Erwägungsgrund 13 Satz 4 UGP-RL; vgl. die Formulierung „insbesondere“ in Art. 5 Abs. 4 UGP-RL; EuGH, Urt. v. 19.9.2013 - C-435/11, WRP 2014, 38 Rn. 40 - *CHS Tour Services*; *Klagge*, S. 105 f.

229 So auch *Kommissionsdienststellen*, UGP-Leitlinien 2016, SWD(2016) 163 final, S. 61 f.; EuGH, Urt. v. 19.9.2013 - C-435/11, WRP 2014, 38 Rn. 39 f., 48 - *CHS Tour Services*; Urt. v. 16.4.2015 - C-388/13, WRP 2015, 698 Rn. 63 - *UPC*.

230 EuGH, Urt. v. 19.9.2013 - C-435/11, WRP 2014, 38 Rn. 46 - *CHS Tour Services*.

231 Begr. zum RegE des UWG 2015, BT-Drucks. 18/4535, S. 14 ff.; BGH, Urt. v. 31.3.2016 - I ZR 86/13, WRP 2016, 1004 Rn. 35 - *Himalaya Salz* im Kontext der §§ 126 ff. MarkenG, für die Irreführungstatbestände des UWG dürfte die getroffene Wertung ebenso gelten.

232 BGH, Urt. v. 16.7.2009 - I ZR 50/07, NJW-RR 2010, 915 Rn. 31 - *Kamerakauf im Internet*.

233 Begr. zum RegE des UWG 2008, BT-Drucks. 16/10145, S. 17, 25; *Kieffer*, S. 140 m.w.N.

234 *Alexander*, WRP 2013, 716 Rn. 16 ff.; *Köhler*, GRUR 2012, 1073, 1076 f.

der UWG-Novelle 2015 zum Opfer fiel, ist das BGH-Urteil im Hinblick auf die aktuelle Gesetzeslage als überholt anzusehen.[235]

Folglich stehen Impressumspflicht und Verbrauchergeneralklausel des UWG, der Systematik der UGP-RL entsprechend, in einem Spezialitätsverhältnis zueinander. Die allgemeinen Unlauterkeitskriterien werden durch § 5a Abs. 2, Abs. 3 Nr. 2 UWG konkretisiert. Liegen dessen spezifische Anforderungen vor, erübrigt sich daher ein Rückgriff auf den Sorgfaltsmaßstab des § 3 Abs. 2 UWG.

3. *Verhältnis zum Rechtsbruchtatbestand des § 3a UWG*

Der Zweck des UWG liegt darin, das Marktverhalten der Unternehmen im Interesse der Marktteilnehmer und damit zugleich das Interesse der Allgemeinheit an einem unverfälschten Wettbewerb zu regeln.[236] Demzufolge sollen Verstöße gegen außerwettbewerbsrechtliche Marktverhaltensregeln über den Rechtsbruchtatbestand auch lauterkeitsrechtlich sanktioniert werden.[237] Ohne Änderung für die materielle Rechtslage wurde 2015 die zuvor in § 4 Nr. 11 UWG a.F. enthaltene Regelung um eine Spürbarkeitsklausel ergänzt und in § 3a UWG verschoben, um die Rechtsanwendung zu erleichtern.[238]

Einer uneingeschränkten Anwendung des § 3a UWG steht im Geltungsbereich des § 5a Abs. 2, Abs. 3 Nr. 2 allerdings die diesem zugrunde liegende UGP-RL entgegen. Denn letztere bezweckt eine Vollharmonisierung des Lauterkeitsrechts im B2C-Geschäftsverkehr und regelt insb. die Informationspflichten in diesem Verhältnis abschließend (S. 101 f.). Deshalb nahm die *Rechtsprechung* unter Geltung des § 4 Nr. 11 UWG 2008 an: Die Unlauterkeit nach dieser Vorschrift wird im Anwendungsbereich der UGP-RL nur durch Verstoß gegen nationale Marktverhaltensregelungen mit unionsrechtlicher Grundlage begründet.[239] Diese Einschränkung ist auf den nunmehr geltenden § 3a UWG zu übertragen.

Überschneidungen des Anwendungsbereichs von § 4 Nr. 11 UWG a.F. mit demjenigen des § 5a Abs. 4 hielt der Gesetzgeber ausdrücklich für möglich, aber

---

235 So auch *Köhler*/Bornkamm/Feddersen, § 5a UWG Rn. 3.45.

236 Begr. zum RegE des UWG 2004, BT-Drucks. 15/1487, S. 15 f.; vgl. § 1 UWG und S. 120.

237 *Köhler*/Bornkamm/Feddersen, § 3a UWG Rn. 1.6.

238 Das Spürbarkeitskriterium entspricht demjenigen des § 3 Abs. 1 UWG 2008: BGH, Urt. v. 4.2.2016 – I ZR 181/14, NJW-RR 2016, 1379 Rn. 11 – *Energieeffizienzklasse*; *Köhler*/Bornkamm/Feddersen, § 3a UWG Rn. 1.5.

239 BGH, Urt. v. 4.2.2010 – I ZR 66/09, NJW-RR 2010, 1560 Rn. 15 – *Gallardo Spyder*; Urt. v. 7.5.2015 – I ZR 158/14, WRP 2015, 1464 Rn. 19 – *Der Zauber des Nordens*.

unschädlich.[240] Das Erfordernis einer unionsrechtlichen Grundlage der Informationspflichten auch i.R.d. Rechtsbruchtatbestands löst jedoch für sich genommen nicht den Konflikt mit dem Vollharmonisierungsansatz der UGP-RL. Denn die Spürbarkeitsklausel in § 3a UWG entspricht nicht den Kriterien des § 5a Abs. 2 Satz 1 Nr. 1 und Nr. 2 (Benötigen der Information und geschäftliche Relevanz), die auch für die Impressumspflicht gelten. Keine Entsprechung im Rechtsbruchtatbestand haben ferner das Erfordernis der Einzelfallbetrachtung und die Medienklausel (§ 5a Abs. 5 UWG). Insofern würden die in § 5a Abs. 2, Abs. 3 Nr. 2 UWG umgesetzten Vorgaben der UGP-RL bei paralleler Anwendung des Rechtsbruchtatbestands durch dessen abweichende Anforderungen umgangen. Um dies zu verhindern, ist § 3a UWG im Anwendungsbereich der UGP-RL am Maßstab von deren Art. 7 auszulegen.[241] Damit ergeben sich keine Abweichungen gegenüber § 5a Abs. 2, Abs. 3 Nr. 2 UWG. Letzterer entspricht jedoch im Unterschied zur richtlinienkonformen Auslegung des Rechtsbruchtatbestands den vom *EuGH* aufgestellten Anforderungen an die Klarheit und Bestimmtheit der Richtlinienumsetzung.[242] Aufgrund dessen ist § 5a Abs. 2 bis 4 UWG im Anwendungsbereich der UGP-RL der Vorrang gegenüber § 3a einzuräumen.[243] Aus Rechtssicherheitsgründen würde es sich empfehlen, im Wortlaut des § 3a UWG den auf den B2B-Verkehr beschränkten Geltungsbereich klarzustellen.

4. *Verhältnis zum Irreführungsverbot des § 5 UWG*

Die Normüberschriften der § 5 und 5a UWG lassen auf den ersten Blick vermuten, dass sich deren Anwendungsverhältnis nach der – im Einzelfall äußerst schwierigen –[244] Abgrenzung zwischen irreführenden Angaben und irreführendem Unterlassen richtet. Anders als das Irreführungsverbot des § 5 UWG erfordert der Tatbestand des Vorenthaltens wesentlicher Informationen jedoch gerade keine Irreführung im Sinne einer konkreten Fehlvorstellung des Verbrauchers

---

240 Begr. zum RegE des UWG 2008, BT-Drucks. 16/10145, S. 27; die beiden Vorschriften für gleichrangig hält auch der BGH, Urt. v. 31.10.2013 – I ZR 139/12, GRUR 2014, 576 Rn. 15 – *2 Flaschen GRATIS*.

241 Beschlussempfehlung zum UWG 2015, BT-Drucks. 18/6571, S. 14; BGH, Urt. v. 31.10.2018 – I ZR 73/17, GRUR 2019, 82 Rn. 31 – *Jogginghosen*; *Alexander*, in: FS Fezer, S. 901, 912 ff.

242 So auch *Ohly*/Sosnitza, § 3a UWG Rn. 8a; vgl. EuGH, Urt. v. 10.5.2001 – C-144/99, NJW 2001, 2244 Rn. 21 – *Kommission/Niederlande* in anderem Kontext.

243 Harte-Bavendamm/Henning-Bodewig/*Dreyer*, § 5a UWG Rn. 14; MüKoUWG/*Alexander*, § 5a Rn. 85, 88; *Ohly*, WRP 2015, 1443, 1448; *Köhler*, WRP 2017, 1 Rn. 53 ff.; *Lettl*, WRP 2019, 1265 Rn. 32.

244 Dazu näher Harte-Bavendamm/Henning-Bodewig/*Dreyer*, § 5a UWG Rn. 39 ff.

(S. 133). Demzufolge besitzt das fehlvorstellungsunabhängige Informationsgebot des § 5a Abs. 2, Abs. 3 Nr. 2 UWG im Verhältnis zum Desinformationsverbot des § 5 Aliud-Charakter mit der Folge, dass beide nebeneinander anwendbar sind.[245] Bzgl. der Identitätsangabe ist bei Hinzutreten einer Fehlvorstellung des Verbrauchers eine parallele Verletzung des § 5 Abs. 1 Nr. 3 UWG denkbar. Es besteht kein Exklusivitäts- oder Vorrangverhältnis, sodass die UWG-Impressumspflicht auch bei einem Irreführungserfolg anwendbar bleibt.

5. *Verhältnis zum Mitbewerberschutz gem. § 4 UWG: Doppelkontrolle*

Während im Mittelpunkt der UWG-Impressumspflicht der Verbraucher auf der Marktgegenseite des werbenden Unternehmers steht, nimmt § 4 UWG, wie bereits die amtliche Überschrift erkennen lässt, den Mitbewerber in den Fokus. Damit unterscheidet das UWG 2015 deutlicher und systematisch klarer als frühere Gesetzesfassungen zwischen dem Schutz im Horizontal- und Vertikalverhältnis.[246] Während der Verbraucherschutz durch die UGP-RL eine Vollharmonisierung auf EU-Ebene erfahren hat, fehlt bislang eine Vereinheitlichung des mitbewerberschützenden Lauterkeitsrechts der Mitgliedstaaten.[247]

§ 4 UWG 2008 sah noch eine Liste von elf nicht abschließenden Beispieltatbeständen vor („Unlauter handelt *insbesondere*"). Aber auch § 4 UWG n.F. enthält Regelbeispiele unlauteren Verhaltens.[248] Die Streichung des Zusatzes „insbesondere" lässt sich darauf zurückführen, dass die Norm seit der UWG-Reform 2015 keine zentrale Auflistung von Beispieltatbeständen mehr darstellt. Die verbliebenen Nummern 1 bis 4 des § 4 UWG n.F. adressieren den Schutz des Mitbewerbers und entsprechen § 4 Nr. 7 bis 10 a.F. Die Tatbestände schließen Bagatellfälle selbst aus, sodass die Spürbarkeit tatbestandsimmanent ist.[249]

Adressatenkreis bzw. Zielrichtung der geschäftlichen Handlung ermöglichen nur eine sachgerechte Unterscheidung zwischen privaten und gewerblichen

---

245 Vgl. allg. für § 5a Abs. 2 bis 6 UWG: Fezer/Büscher/*Obergfell*, § 5a UWG Rn. 25; GK-UWG/*Lindacher*, Vor §§ 5, 5a Rn. 124; *Böhler*, S. 164, 166; *Klagge*, S. 139; i.E. auch *Bornkamm*, WRP 2012, 1, 3.

246 *Ohly*/Sosnitza, § 4 UWG Rn. 1.

247 *Ohly*/Sosnitza, § 4 UWG Rn. 3.

248 So auch *Alexander*, BB 2016 Heft 5, Die erste Seite (Editorial); *Redeker/Pres*, GRUR-Prax 2016, 7.

249 BGH, Urt. v. 5.2.2009 – I ZR 119/06, NJW-RR 2009, 1493 Rn. 26 – *Änderung der Voreinstellung II*; *Köhler*/Bornkamm/Feddersen, § 3 UWG Rn. 2.20; *Ohly*/Sosnitza, § 4 UWG Rn. 4.

Abnehmern, der Mitbewerberschutz greift aber gleichermaßen im B2C- wie B2B-Verkehr ein.[250] Möglich ist daher eine Kollision zwischen § 4 UWG und dem verbraucherschützenden § 5a Abs. 2, Abs. 3 Nr. 2. Hier ist der Vollharmonisierungsansatz der zugrunde liegenden UGP-RL zu beachten (S. 101 f.).

Allerdings erfasst und berührt die UGP-RL nach ihren Erwägungsgründen „nicht die nationalen Rechtsvorschriften in Bezug auf unlautere Geschäftspraktiken, die lediglich die wirtschaftlichen Interessen von Mitbewerbern schädigen oder sich auf ein Rechtsgeschäft zwischen Gewerbetreibenden beziehen".[251] Daraus ist mit dem *EuGH* zu schließen: Vorschriften, die auch auf den Schutz der Verbraucher abzielen, sind nicht vom Anwendungsbereich der UGP-RL ausgenommen.[252] Dagegen unterliegen nationale Bestimmungen, die ausschließlich den Schutz von Mitbewerbern oder sonstigen Marktteilnehmern bezwecken, nicht den Richtlinienvorgaben. Ob sie auch dem Verbraucherschutz dienen, haben die mitgliedstaatlichen Gerichte zu klären.[253] Positive Auswirkungen reichen für sich genommen nicht aus, der Verbraucherschutz muss vielmehr Regelungszweck sein. § 4 UWG n.F. dient in erster Linie dem Individualschutz des betroffenen Mitbewerbers.[254] Die Verbraucher werden durch die Tatbestände nur reflexartig mitgeschützt.[255] Da deren Schutz aber nicht mitbezweckt ist, bleibt die Vorschrift von der UGP-RL unberührt.

Angesichts der divergierenden Zielsetzungen sind § 5a Abs. 3 Nr. 2 UWG und § 4 parallel anwendbar. So lässt sich eine durch die UGP-RL nicht gebotene Verkürzung des Mitbewerberschutzes verhindern.[256] Vorzunehmen ist eine auch von prominenten *Literaturstimmen* befürwortete Doppelkontrolle der geschäftlichen Handlung nach verbraucher- und mitbewerberschützenden Normen.[257] Dadurch wird das regelmäßig mehrere Schutzzwecke berührende unternehmerische Verhalten aus unterschiedlichen Blickwinkeln beurteilt. Eine

---

250 So auch *Ohly*, WRP 2015, 1443, 1447.

251 Erwägungsgrund 6 Satz 3 UGP-RL; vgl. auch Erwägungsgrund 8 Satz 3.

252 EuGH, Urt. v. 14.1.2010 – C-304/08, NJW 2010, 1867 Rn. 39 f. – *Plus Warenhandelsgesellschaft*; Urt. v. 9.11.2010 – C-540/08, GRUR 2011, 76 Rn. 21 ff. – *Mediaprint*.

253 EuGH, Beschl. v. 30.6.2011 – C-288/10 juris Rn. 28 – *Wamo*; Urt. v. 17.10.2013 – C-391/12, WRP 2013, 1574 Rn. 35 – *RLvS Verlagsgesellschaft/Stuttgarter Wochenblatt*.

254 Vgl. BGH, Urt. v. 19.5.2011 – I ZR 147/09, WRP 2012, 77 Rn. 28 – *Coaching-Newsletter* zu § 4 Nr. 7 UWG a.F.; *Köhler*, WRP 2015, 275 Rn. 58.

255 *Köhler*, WRP 2015, 1311, 1314.

256 In diesem Sinne auch *Klagge*, S. 226 ff.; *Hetmank*, GRUR 2015, 323, 326.

257 *Kirchhoff*, WRP 2015, 659 Rn. 37; *Köhler*, WRP 2015, 275 Rn. 59 f.; *Ohly*/Sosnitza, § 4 UWG Rn. 3, 6.

gegen die UWG-Impressumspflicht verstoßende geschäftliche Handlung kann folglich gleichzeitig die mitbewerberschützenden Tatbestände des § 4 UWG verwirklichen.

6. *§ 4 Nr. 4 UWG a.F. – Verkaufsförderungsmaßnahmen*

Thematisiert wird in einigen Urteilen zur UWG-Impressumspflicht bei Gemeinschaftswerbung auch deren Vereinbarkeit mit § 4 Nr. 4 UWG a.F. Dieser lautete in seiner bis zur UWG-Novelle 2015 geltenden Fassung:

> *„Unlauter handelt insbesondere, wer bei Verkaufsförderungsmaßnahmen wie Preisnachlässen, Zugaben oder Geschenken die Bedingungen für ihre Inanspruchnahme nicht klar und eindeutig angibt".*

Dieses Transparenzgebot[258] wurde entbehrlich, da die Fälle von den Irreführungstatbeständen der §§ 5, 5a UWG n.F. erfasst werden.[259] Mit anderen Worten sind die bisherigen Anforderungen an Verkaufsförderungsmaßnahmen durch die Gesetzesänderung nicht entfallen.[260]

a) Normzweck und Tatbestand

§ 4 Nr. 4 UWG a.F. begegnete der Missbrauchsgefahr, die aus der hohen Attraktivität und Anlockwirkung von Verkaufsförderungsmaßnahmen resultiert und einen gesteigerten Informationsbedarf des Kunden nach sich zieht.[261] Letzterer soll mithilfe der Informationen nach dem Prinzip der Eigenverantwortung selbst entscheiden können, ob eine Aktion wirklich attraktiv ist („*Schutz durch Aufklärung*").[262]

Unter einer Verkaufsförderungsmaßnahme wird jede geldwerte Vergünstigung verstanden, die zur Förderung des Waren- oder Dienstleistungsabsatzes gewährt wird und die Kaufentscheidung des Verbrauchers oder eines sonstigen

---

258 OLG Köln, Urt. v. 22.9.2009 – 6 U 26/09, NJW-RR 2010, 1132, 1133 – *„Wir erstatten die Differenz doppelt zurück"*; *Lettl*, WRP 2013, 1105 Rn. 2; *Sosnitza*, GRUR-Beilage 2014, 93, 96.

259 Beschlussempfehlung zum UWG 2015, BT-Drucks. 18/6571, S. 14.

260 OLG Bamberg, Urt. v. 22.6.2016 – 3 U 18/16, WRP 2016, 1147 Rn. 28 – *Sternchenhinweis im Medienbruch.*

261 Begr. zum RegE des UWG 2004, BT-Drucks. 15/1487, S. 17; BGH, Urt. v. 21.7.2011 – I ZR 192/09, GRUR 2012, 402 Rn. 20 – *Treppenlift.*

262 Harte-Bavendamm/Henning-Bodewig/*Bruhn*, 3. Aufl. 2013, § 4 Nr. 4 UWG Rn. 10.

Marktteilnehmers beeinflussen kann.[263] Die Auslegung und Anwendung des § 4 Nr. 4 UWG a.F. war an den beispielhaft genannten Preisnachlässen, Zugaben und Geschenken zu orientieren. Demnach adressierte die Vorschrift besondere Aktionsmaßnahmen, nicht dagegen die bloße Produktbeschreibung unter Angabe des Preises.[264] In diesem Punkt unterscheidet sich der Anwendungsbereich des § 4 Nr. 4 UWG a.F. von demjenigen des § 5a Abs. 3 Nr. 2 UWG, der solche Fälle umfasst. Bei Angeboten i.S.d. Norm zum Normalpreis stellen sich mangels Vorliegens einer Verkaufsförderungsmaßnahme mithin keine Konkurrenzprobleme. Anders verhält es sich bei Werbemaßnahmen, die Aktionen wie Preisnachlässe oder Zugaben anpreisen.

Wegen der verbraucherschützenden Zielsetzung des § 4 Nr. 4 UWG a.F. ist der Begriff der Inanspruchnahmebedingung weit auszulegen und erfasst alle aus Verbrauchersicht nicht ohne weiteres zu erwartenden Umstände, die die Möglichkeit einschränken, in den Genuss der Vergünstigung zu gelangen.[265] Dazu zählen mengenmäßige Beschränkungen und ausgeschlossene Waren, zeitliche Befristungen der Aktion sowie Beschränkungen des Teilnehmerkreises.[266] Letzteres meint neben Einschränkungen hins. der Berechtigung, die Vergünstigung in Anspruch zu nehmen, auch solche auf Anbieterseite.[267] Insofern ließe sich aus § 4 Nr. 4 UWG a.F. die Pflicht zur Angabe der teilnehmenden Händler bzw. Franchisenehmer bei einer Gemeinschaftswerbung herleiten.

b) Verhältnis zu § 5a Abs. 2, Abs. 3 Nr. 2 UWG

Grundlage des § 4 Nr. 4 UWG a.F. bildete Art. 6 lit. c der Richtlinie über den elektronischen Geschäftsverkehr (EC-RL).[268] Eine Differenzierung zwischen elektronischem und nichtelektronischem Geschäftsverkehr wurde angesichts des Schutzzwecks für nicht sachgerecht befunden und die Regelung daher

---

263 BGH, Urt. v. 11.3.2009 – I ZR 194/06, NJW 2010, 612 Rn. 22 – *Geld-zurück-Garantie II*; *Köhler*/Bornkamm, 32. Aufl. 2014, § 4 UWG Rn. 1.85, 4.7; *Lettl*, WRP 2013, 1105 Rn. 3.

264 *Lettl*, WRP 2013, 1105 Rn. 3; *Köhler*/Bornkamm, 32. Aufl. 2014, § 4 UWG Rn. 1.85, 4.7.

265 BGH, Urt. v. 18.6.2009 – I ZR 224/06, NJW 2010, 618 Rn. 13 – *Solange der Vorrat reicht.*

266 BGH, Urt. v. 10.12.2009 – I ZR 195/07, GRUR 2010, 649 Rn. 26 m.w.N. – *Preisnachlass für Vorratsware.*

267 *Lettl*, WRP 2013, 1105 Rn. 4.

268 BGH, Urt. v. 18.6.2009 – I ZR 224/06, NJW 2010, 618 Rn. 13 – *Solange der Vorrat reicht.*

auf das gesamte deutsche Lauterkeitsrecht erstreckt.[269] Für den nichtelektronischen Geschäftsverkehr stellte sich § 4 Nr. 4 UWG a.F. als Konkretisierung der Art. 7 Abs. 1, 5 Abs. 2 UGP-RL dar.[270] Die Vorschrift stand nach ständiger *BGH*-Rechtsprechung bei der gebotenen richtlinienkonformen Auslegung mit der UGP-RL in Einklang.[271] Die als Inanspruchnahmebedingungen eingestuften Informationen dürften in aller Regel auch wesentlich i.S.d. § 5a Abs. 2 UWG sein, sodass dieser parallel zur Anwendung kam.[272]

In der Rechtssache Fressnapf (S. 248 ff.) stufte das *OLG Düsseldorf* den streitgegenständlichen Werbeprospekt als Verkaufsförderungsmaßnahme i.S.d. § 4 Nr. 4 UWG a.F. ein.[273] Und in der Information, welchen Markt der Verbraucher aufsuchen muss, um im Aktionszeitraum das Angebot in Anspruch zu nehmen, sahen die Richter eine Bedingung für die Inanspruchnahme.[274] Dies gelte jedenfalls, wenn nicht alle Märkte an der Aktion teilnehmen, und unabhängig von dem in der Werbung enthaltenen Hinweis auf die Unverbindlichkeit der angegebenen Preisempfehlungen.[275] Für die Anwendbarkeit der Norm hins. der Information über die teilnehmenden Franchisenehmer spricht auch, dass diese – und nicht die Systemzentrale – im Falle eines Vertragsschlusses Vertragspartner des Verbrauchers werden.

Nachdem der *BGH* einen Verstoß gegen die UWG-Impressumspflicht positiv festgestellt hatte, ließ er offen, ob die beanstandete Werbung auch nach § 4 Nr. 4 UWG a.F. unlauter war.[276] Daraus kann jedoch nicht zwingend auf einen nach höchstrichterlicher Auffassung bestehenden Vorrang des § 5a Abs. 2 UWG geschlossen werden. Denn der geltend gemachte Unterlassungsanspruch setzt gem. § 8 Abs. 1 UWG Wiederholungsgefahr voraus, sodass die Werbung auch noch im Entscheidungszeitpunkt gegen geltendes Recht verstoßen muss. Zum

---

269 Begr. zum RegE des UWG 2004, BT-Drucks. 15/1487, S. 17.

270 BGH, Urt. v. 11.3.2009 – I ZR 194/06, NJW 2010, 612 Rn. 19 – *Geld-zurück-Garantie II.*

271 BGH, Urt. v. 11.3.2009 – I ZR 194/06, NJW 2010, 612 Rn. 14, 17 – *Geld-zurück-Garantie II*; Urt. v. 21.7.2011 – I ZR 192/09, GRUR 2012, 402 Rn. 13 – *Treppenlift.*

272 Vgl. BGH, Urt. v. 17.3.2011 – I ZR 81/09, GRUR 2011, 1151 Rn. 22 – *Original Kanchipur.*

273 OLG Düsseldorf, Urt. v. 5.8.2014 – I-20 U 140/11, GRUR-RS 2016, 04247 Rn. 28.

274 OLG Düsseldorf, Urt. v. 5.8.2014 – I-20 U 140/11, GRUR-RS 2016, 04247 Rn. 31; a.A. *Billing/Lang*, ZVertriebsR 2013, 207, 213, die eine Pflicht zur Angabe der teilnehmenden Franchisenehmer/Händler weder aus § 4 Nr. 4 UWG a.F. noch aus § 5a Abs. 3 Nr. 2 UWG ableiten.

275 OLG Düsseldorf, Urt. v. 5.8.2014 – I-20 U 140/11, GRUR-RS 2016, 04247 Rn. 31.

276 BGH, Urt. v. 4.2.2016 – I ZR 194/14, NJW-RR 2016, 1439 Rn. 8 – *Fressnapf.*

Zeitpunkt des *BGH*-Urteils in der Sache *Fressnapf* war § 4 Nr. 4 UWG a.F. bereits aufgehoben. Anders bei Erlass des Berufungsurteils, weshalb das *OLG Düsseldorf* die Unlauterkeit auf § 5a Abs. 2, Abs. 3 Nr. 2 UWG und zugleich auf § 4 Nr. 4 UWG a.F. stützte.[277]

Nunmehr sind Informationspflichten bei Verkaufsförderungsmaßnahmen aus § 5a Abs. 2 UWG abzuleiten, ohne dass damit eine materielle Änderung der Rechtslage verbunden wäre. Entscheidend ist, inwieweit sich Informationspflichten neben § 5a Abs. 3 Nr. 2 UWG aus dem Grundtatbestand des Abs. 2 ergeben können (dazu S. 138 ff.).

III. Äußere Systematik: Abgrenzung von verwandten Informationspflichten

Die UWG-Impressumspflicht gilt „allgemein für alle Fälle des Angebots von Waren und Dienstleistungen gegenüber Verbrauchern"[278]. Daneben existieren in anderen Rechtsgebieten einige Informationspflichten mit ähnlichem Inhalt. Soweit diese über eine unionsrechtliche Grundlage verfügen,[279] können Verstöße lauterkeitsrechtliche Relevanz über § 5a Abs. 4 UWG erlangen, der – im Unterschied zum Rechtsbruchtatbestand –[280] parallel neben § 5a Abs. 2, Abs. 3 Nr. 2 anwendbar ist (S. 138). Der Anwendungsbereich von letzterem ist jedoch weiter gefasst, weshalb dem Gesetzgeber die Regelung zur vollständigen Umsetzung der UGP-RL notwendig erschien.[281]

Daran anknüpfend gilt es die verwandten Informationspflichten im Hinblick auf ihren Inhalt, ggf. europarechtlichen Hintergrund und die vom Gesetzgeber verfolgte Zielsetzung zu analysieren und gegenüber der UWG-Impressumspflicht abzugrenzen.

1. *Impressumspflicht gem. § 5 Abs. 1 Nr. 1 TMG*

§ 5 Abs. 1 Nr. 1 TMG verpflichtet Diensteanbieter für geschäftsmäßige, in der Regel gegen Entgelt angebotene Telemedien ihren Namen und ihre Anschrift

---

277 OLG Düsseldorf, Urt. v. 5.8.2014 – I-20 U 140/11, GRUR-RS 2016, 04247 Rn. 11.

278 Begr. zum RegE des UWG 2008, BT-Drucks. 16/10145, S. 26.

279 *Alexander*, in: FS Fezer, S. 901, 910 ff. Keine wesentlichen Informationen sind daher nationale Informationsanforderungen, die über einen unionsrechtlich vorgegebenen Mindeststandard hinausgehen.

280 Im Anwendungsbereich der UGP-RL ist § 3a UWG richtlinienkonform auszulegen, weshalb hier § 5a Abs. 2 bis 4 UWG der Vorrang einzuräumen ist (S. 143 f.).

281 Begr. zum RegE des UWG 2008, BT-Drucks. 16/10145, S. 26.

leicht erkennbar, unmittelbar erreichbar und ständig verfügbar zu halten. Diese im TMG normierte Impressumspflicht kommt nicht bei Werbung via Flyer, Prospekt oder Zeitungsanzeige zur Anwendung, sondern nur bei der Verwendung von Telemedien i.S.d. § 1 Abs. 1 Satz 1 TMG. Dazu zählen v.a. Webseiten (inkl. Unternehmenspräsentationen auf Plattformen und sozialen Netzwerken), E-Mail-Newsletter und RSS-Newsfeeds.[282] Hier ergeben sich häufig Überschneidungen zwischen der Impressumspflicht des TMG und derjenigen des UWG. Denn erstere ist auch anwendbar, wenn keine Online-Bestellmöglichkeit gegeben ist.[283]

§ 5 Abs. 1 Nr. 1 TMG sieht nähere Angaben zur Anbieterkennzeichnung im Interesse des Verbraucherschutzes und der Transparenz geschäftsmäßig erbrachter Telemediendienste vor, z.B. für eine mögliche Rechtsverfolgung.[284] Dies geht in Richtung der Zielsetzungen der UWG-Impressumspflicht, den Verbraucher vor anonym erfolgenden Wettbewerbsauftritten zu schützen und ihm die Identifizierung des Vertragspartners sowie die Kontaktaufnahme zu diesem zu ermöglichen.

Die Impressumspflicht des TMG geht auf Art. 5 Abs. 1 lit. a EC-RL[285] zurück.[286] Und in Umsetzung von Art. 6 lit. b EC-RL muss nach § 6 Abs. 1 Nr. 2 TMG bei kommerzieller Kommunikation in Telemedien die natürliche oder juristische Person, in deren Auftrag diese erfolgt, klar identifizierbar sein. Soweit die Informationsanforderungen der §§ 5, 6 TMG in der EC-RL vorgesehen sind, gelten sie nach § 5a Abs. 4 UWG als wesentlich.[287]

---

282 Spindler/Schuster/*Micklitz/Schirmbacher*, § 5 TMG Rn. 7; vgl. auch die in der Begr. zum RegE des ElGVG (2006), BT-Drucks. 16/3078, S. 13 f. genannten Beispiele.

283 Vgl. *Goldmann*, in: FS Fezer, S. 225 f.

284 BGH, Urt. v. 25.2.2016 – I ZR 238/14, WRP 2016, 980 Rn. 24 – *Mehrwertdienstenummer*; vgl. Begr. zum RegE des EGG (2001), BT-Drucks. 14/6098, S. 21; *Holznagel* in Hoeren/Sieber/Holznagel, Teil 3 Rn. 146.

285 Richtlinie 2000/31/EG des Europäischen Parlaments und des Rates v. 8.6.2000 über bestimmte rechtliche Aspekte der Dienste der Informationsgesellschaft, insbesondere des elektronischen Geschäftsverkehrs, im Binnenmarkt („Richtlinie über den elektronischen Geschäftsverkehr"), ABl. EG 2000 Nr. L 178/1.

286 Begr. zum RegE des EGG (2001), BT-Drucks. 14/6098, S. 11 f., 21.

287 OLG Frankfurt, Urt. v. 14.3.2017 – 6 U 44/16, WRP 2017, 718 Rn. 13; vgl. zu den zugrunde liegenden Richtlinienvorschriften *Kommissionsdienststellen*, UGP-Leitlinien 2016, SWD(2016) 163 final, S. 91.

2. Impressumspflichten der Landespressegesetze

Impressumspflichten sind auch in den Pressegesetzen der Bundesländer vorgesehen. Diese verlangen für Druckwerke bzw. Presseerzeugnisse in der Regel die Angabe von Name oder Firma und Anschrift der Drucker und Verleger (bzw. Verfasser oder Herausgeber).[288] Ziel dieser Vorschriften ist es, dem Verbraucher die für die Presseinhalte verantwortlichen Personen mitzuteilen (sog. Anbieterkennzeichnung).[289]

3. Informationspflichten für Verbraucherverträge im BGB, insb. Fernabsatz- und Außergeschäftsraumverträge

Allgemein lässt sich feststellen, dass den Impressumspflichten bei Fernabsatz- oder Distanzgeschäften eine besondere Bedeutung zukommt.[290] Daher ist bei Fernabsatzverträgen i.S.d. § 312c Abs. 1 BGB (mit Ausnahme von solchen über Finanzdienstleistungen) der Unternehmer verpflichtet, dem Verbraucher vor Abgabe von dessen Vertragserklärung in klarer und verständlicher Weise u.a. folgende Informationen zur Verfügung zu stellen (§ 312d Abs. 1 Satz 1 BGB i.V.m. Art. 246a §§ 4 Abs. 1, 1 Abs. 1 Nr. 2 EGBGB):

> *„seine Identität, beispielsweise seinen Handelsnamen sowie die Anschrift des Ortes, an dem er niedergelassen ist, seine Telefonnummer und gegebenenfalls seine Telefaxnummer und E-Mail-Adresse sowie gegebenenfalls die Anschrift und die Identität des Unternehmers, in dessen Auftrag er handelt“.*

Diese unternehmensbezogenen Informationspflichten gelten gleichermaßen bei außerhalb von Geschäftsräumen geschlossenen Verträgen i.S.d. § 312b Abs. 1 Satz 1 BGB, sofern diese keine Finanzdienstleistungen zum Gegenstand haben. Die Vorschriften dienen der Umsetzung von Art. 6 Abs. 1 lit. b und lit. c der Richtlinie über die Rechte der Verbraucher (VR-RL)[291] ins deutsche Recht.

Bei Verbraucherverträgen, die nicht in einer der beiden besonderen Vertriebsformen geschlossen werden, muss der Unternehmer *„seine Identität, beispielsweise seinen Handelsnamen und die Anschrift des Ortes, an dem er niedergelassen*

288 Z.B. Art. 7 Abs. 1 Berliner Pressegesetz, Art. 7 Abs. 1 Bayerisches Pressegesetz und Art. 8 Abs. 1 Saarländisches Mediengesetz. Zu den Vorschriften und ihrem Wortlaut näher S. 222.

289 *Von Walter/Kluge*, WRP 2013, 866 Rn. 16.

290 So auch *Billing/Lang*, ZVertriebsR 2013, 207, 208.

291 Richtlinie 2011/83/EU des Europäischen Parlaments und des Rates v. 25.10.2011 über die Rechte der Verbraucher (…), ABl. EU 2011 Nr. L 304/64.

ist, sowie seine Telefonnummer" mitteilen, sofern sie sich nicht aus den Umständen ergeben (§ 312a Abs. 2 Satz 1 BGB i.V.m. Art. 246 Abs. 1 Nr. 2 EGBGB). Damit wird Art. 5 Abs. 1 lit. b VR-RL umgesetzt.

Und für Fernabsatz- und Außergeschäftsraumverträge über Finanzdienstleistungen normieren § 312d Abs. 2 BGB i.V.m. Art. 246b § 1 Abs. 1 EGBGB strengere Vorgaben hins. Inhalt und Form der Informationspflichten. Den Richtlinienhintergrund bilden Art. 3 und 5 der Finanzdienstleistungs-Fernabsatz-RL[292], der Schutz wurde auf Außergeschäftsraumverträge über Finanzdienstleistungen erstreckt (vgl. Erwägungsgrund 32 VR-RL).[293]

Durch die EU-weite Harmonisierung der Informationspflichten für Verbraucherverträge soll ein echter Binnenmarkt mit einem ausgewogenen Verhältnis zwischen einem hohen Verbraucherschutzniveau und der Wettbewerbsfähigkeit der Unternehmen gefördert werden.[294] Der besonderen Schutzbedürftigkeit des Verbrauchers bei Vertragsschlüssen im Fernabsatz und außerhalb von Geschäftsräumen hat der Richtliniengeber dadurch Rechnung getragen, dass er für diese Situationen strengere Informationspflichten vorgesehen hat.

Die richtlinienbasierten BGB-Informationspflichten für Verbraucherverträge gelten nach § 5a Abs. 4 UWG als wesentlich.[295] Wie die UWG-Impressumspflicht sollen sie dem Verbraucher zur eindeutigen Identifizierung seines Vertragspartners verhelfen.[296] Die Auskunft über Identität und Anschrift des Unternehmers dient außerdem dazu, dem Verbraucher für die Vertragsabwicklung mitsamt eines möglichen Rechtsstreits eine schnelle Kontaktaufnahme sowie eine unmittelbare und effiziente Kommunikation zu ermöglichen.[297] Den zugrunde liegenden Richtlinienbestimmungen entsprechend ist der Handelsname ausdrücklich als lediglich *beispielhafte*, d.h. nicht abschließende,[298] Identitätsangabe genannt.

---

292 Richtlinie 2002/65/EG des Europäischen Parlaments und des Rates v. 23.9.2002 über den Fernabsatz von Finanzdienstleistungen an Verbraucher (…), ABl. EG 2002 Nr. L 271/16.

293 HK-BGB/*Hans Schulte-Nölke*, § 312d Rn. 1.

294 Erwägungsgrund 4 Satz 2 VR-RL.

295 Vgl. *Alexander*, in: FS Fezer, S. 901, 908 f. zur fernabsatzrechtlichen Informationspflicht im BGB.

296 BeckOKBGB/*Martens*, Art. 246b § 1 EGBGB Rn. 10.

297 BGH, Beschl. v. 5.10.2017 – I ZR 163/16, WRP 2018, 72 Rn. 26 – *Rückrufsystem*; BeckOKBGB/*Martens*, Art. 246 EGBGB Rn. 13 unter Hinweis auf EuGH, Urt. v. 16.10.2008 – C-298/07, NJW 2008, 3553 – *Verbraucherzentrale Bundesverband/DIV*, dessen Gegenstand allerdings Art. 5 Abs. 1 lit. c EC-RL war.

298 BeckOKBGB/*Martens*, Art. 246 EGBGB Rn. 13, Art. 246a § 1 EGBGB Rn. 5 f.

Ungenau ist die Umsetzung aber insofern, als sich das Adverb „beispielsweise“ auch auf die Anschrift bzw. weiteren Kontaktdaten zu beziehen scheint. Diese stellen aber gerade keine optionalen Bestandteile der geforderten Identitätsangabe, sondern separate, in jedem Fall zwingend erforderliche Informationen dar.[299]

Die unternehmensbezogenen Informationspflichten für Verbraucherverträge im BGB betreffen den vorvertraglichen Bereich, während § 5a Abs. 3 Nr. 2 UWG bereits in der Werbephase eingreift. Erstere treten, sobald ihr Anwendungsbereich eröffnet ist, neben die allgemeinere UWG-Impressumspflicht. § 5a Abs. 2, Abs. 3 Nr. 2 UWG wird weder verdrängt noch kommt die Heilung eines Verstoßes durch spätere Erfüllung der vorvertraglichen Informationspflicht über Identität und Anschrift des Unternehmers nach dem BGB in Betracht.

4. *Informationspflichten bei Werbung für Verbraucherdarlehen, § 6a PAngV*

Betrachtet man die Formulierung des § 5a Abs. 3 Nr. 2 UWG, fällt die Ähnlichkeit zu einer weiteren Norm auf: § 6a Abs. 2 Satz 1 Nr. 1 Preisangabenverordnung (PAngV) verpflichtet bei der Konditionenwerbung für Verbraucherdarlehensverträge[300] zur Angabe der *„Identität und Anschrift des Darlehensgebers oder gegebenenfalls des Darlehensvermittlers“* in klarer, eindeutiger und auffallender Art und Weise.

Diese Informationspflicht sieht § 6a PAngV erst seit 2016 vor. Umgesetzt wurde damit Art. 11 Abs. 2 lit. a Wohnimmobilienkredit-RL.[301] Dieser schreibt jedoch nur die Angabe der Identität vor, sodass nur diese eine wesentliche Information i.S.d. § 5a Abs. 4 UWG darstellt. Zur Erreichung eines höheren Verbraucherschutzniveaus ist die strengere mitgliedstaatliche Bestimmung möglich, da die Wohnimmobilienkredit-RL nach ihrem Art. 2 – im Gegensatz zur UGP-RL – grundsätzlich nur Mindeststandards aufstellt. Im Interesse des Verbraucherschutzes gilt die Informationspflicht des § 6a Abs. 2 Satz 1 Nr. 1 PAngV für

---

299 Vgl. BeckOKBGB/*Martens*, Art. 246a § 1 EGBGB Rn. 5.

300 Gem. § 6c PAngV gilt das Gleiche für Verträge, durch die ein Unternehmer einem Verbraucher einen entgeltlichen Zahlungsaufschub oder eine sonstige entgeltliche Finanzierungshilfe i.S.d. § 506 BGB gewährt.

301 Begr. zum RegE eines UmsG der Wohnimmobilienkredit-RL (2015), BT-Drucks. 18/5922, S. 133.

alle Verbraucherdarlehensverträge und ist nicht auf Werbungen für Immobiliar-Verbraucherdarlehen beschränkt.[302]

Zweck der PAngV insgesamt ist nach ständiger *BGH*-Rechtsprechung die Gewährleistung von Preiswahrheit und Preisklarheit durch eine sachlich zutreffende und vollständige Verbraucherinformation.[303] Durch optimale Preisvergleichsmöglichkeiten soll die Stellung der Verbraucher gegenüber dem Handel und Gewerbe gestärkt und zugleich der Wettbewerb gefördert werden.[304] Die generelle Zielrichtung der PAngV konkretisiert § 6a in Bezug auf Werbungen für Verbraucherdarlehensverträge. Die Offenlegung der Identität des Darlehensgebers bzw. -vermittlers soll größtmögliche Transparenz gewährleisten und Missbrauch infolge möglicher Interessenkonflikte bei der Inanspruchnahme der Dienste von Kreditvermittlern durch Verbraucher verhindern.[305]

Bleibt die Frage zu klären, wie sich § 5a Abs. 3 Nr. 2 UWG und § 6a Abs. 2 Satz 1 Nr. 1 PAngV zueinander verhalten. Letzteren könnte man als lex specialis bzgl. Werbungen für Verbraucherdarlehen ansehen, der innerhalb seines Anwendungsbereichs der allgemeineren UWG-Regelung vorgeht. Die Gesetzesmaterialien zur Neufassung des § 6a PAngV enthalten keine Aussagen zu einer etwaigen Sperrwirkung des Abs. 2 Satz 1 Nr. 1 gegenüber der UWG-Impressumspflicht. Auf § 5a Abs. 3 Nr. 2 UWG wird lediglich hingewiesen,[306] was für eine parallele Anwendbarkeit spricht.[307] Außerdem gilt das Richtlinienvorbild „unbeschadet" der UGP-RL (Art. 11 Abs. 7 Wohnimmobilienkredit-RL). Daraus lässt sich schließen, dass die Vorgaben der Wohnimmobilienkredit-RL neben diejenigen der UGP-RL treten und diese nicht verdrängen. In richtlinienkonformer Auslegung kommt § 5a Abs. 2, Abs. 3 Nr. 2 UWG demzufolge auch im Geltungsbereich des § 6a Abs. 2 Satz 1 Nr. 1 PAngV zur Anwendung.

---

302 Begr. zum RegE eines UmsG der Wohnimmobilienkredit-RL (2015), BT-Drucks. 18/5922, S. 133.

303 BGH, Urt. v. 3.7.2003 – I ZR 211/01, NJW 2003, 3343, 3344 – *Telefonischer Auskunftsdienst*; Urt. v. 7.3.2013 – I ZR 30/12, WRP 2013, 1022 Rn. 13 – *Grundpreisangabe im Supermarkt*.

304 BGH, Urt. v. 3.7.2003 – I ZR 211/01, NJW 2003, 3343, 3344 – *Telefonischer Auskunftsdienst*; Urt. v. 31.10.2013 – I ZR 139/12, GRUR 2014, 576 Rn. 19 – *2 Flaschen GRATIS*.

305 Vgl. Erwägungsgrund 47 Satz 1 Wohnimmobilienkredit-RL.

306 Begr. zum RegE eines UmsG der Wohnimmobilienkredit-RL (2015), BT-Drucks. 18/5922, S. 133.

307 So i.E. auch *Köhler*/Bornkamm/Feddersen, § 6a PAngV Rn. 2, 26.

5. *Informationspflichten für Dienstleistungserbringer, § 2 Abs. 1 DL-InfoV*

Dem § 5a Abs. 3 Nr. 2 UWG ähnliche Verpflichtungen hält auch § 2 Abs. 1 Dienstleistungs-Informationspflichten-Verordnung (DL-InfoV) bereit. Danach muss ein Dienstleistungserbringer vor Abschluss eines schriftlichen Vertrags bzw. vor Erbringung der Dienstleistung in klarer und verständlicher Form stets folgende Daten zur Verfügung stellen:

Nr. 1 *„seinen Familien- und Vornamen, bei rechtsfähigen Personengesellschaften und juristischen Personen die Firma unter Angabe der Rechtsform“;*

Nr. 2 *„die Anschrift seiner Niederlassung oder, sofern keine Niederlassung besteht, eine ladungsfähige Anschrift sowie weitere Angaben, die es dem Dienstleistungsempfänger ermöglichen, schnell und unmittelbar mit ihm in Kontakt zu treten, insbesondere eine Telefonnummer und eine E-Mail-Adresse oder Faxnummer“.*

Umgesetzt wird damit Art. 22 Abs. 1 lit. a EU-Dienstleistungs-Richtlinie (DL-RL)[308]. Unabhängig vom Eingreifen des § 5a Abs. 3 Nr. 2 UWG werden Verstöße gegen § 2 Abs. 1 DL-InfoV auch lauterkeitsrechtlich sanktioniert: Soweit die in Nr. 1 und Nr. 2 genannten Informationen die Mindestvorgaben[309] der DL-RL umsetzen, gelten sie als wesentlich gem. § 5a Abs. 4 UWG.[310]

Nach seinem ausdrücklichen Wortlaut gilt § 2 Abs. 1 DL-InfoV „unbeschadet weiter gehender Informationspflichten aus anderen Rechtsvorschriften“. Er ergänzt folglich andere, sich aus nationalem oder EU-Recht ergebende Informationsanforderungen ohne sie zu verdrängen.[311] Demnach ist die UWG-Impressumspflicht neben § 2 Abs. 1 Nr. 1 und Nr. 2 DL-InfoV anwendbar.

Die Informationspflichten nach § 2 Abs. 1 DL-InfoV gelten auch für Anbieter von Internetdienstleistungen (z.B. E-Mail-Dienste, soziale Netzwerke,

---

308 Richtlinie 2006/123/EG des Europäischen Parlaments und des Rates v. 12.12.2006 über Dienstleistungen im Binnenmarkt, ABl. EU 2006 Nr. L 376/36.

309 Vgl. Art. 22 Abs. 5, Erwägungsgrund 97 Satz 3 DL-RL.

310 OLG Hamm, Urt. v. 28.2.2013 – 4 U 159/12 juris Rn. 35 – *Berufshaftpflicht in Impressum*; vgl. BGH, Urt. v. 16.5.2012 – I ZR 74/11, WRP 2013, 57 Rn. 31 ff. – *Zweigstellenbriefbogen* und hins. der zugrunde liegenden Richtlinienvorschriften Urt. v. 7.5.2015 – I ZR 158/14, WRP 2015, 1464 Rn. 25 – *Der Zauber des Nordens*.

311 Vgl. Art. 22 Abs. 5, Erwägungsgrund 32 DL-RL; BGH, Urt. v. 7.5.2015 – I ZR 158/14, WRP 2015, 1464 Rn. 29 – *Der Zauber des Nordens*; HK-DL-RL/*Schmidt-Kessel*, Art. 22 Rn. 1, 6.

elektronische Zeitungen, Auktionsportale).[312] Sie sind jedoch generell nur dann verletzt, wenn ohne vorherige Information tatsächlich ein schriftlicher Vertrag geschlossen oder die Dienstleistung erbracht wird.[313] Darin liegt ein entscheidender Unterschied zur lauterkeitsrechtlichen Impressumspflicht.

Ein Zweck der DL-InfoV insgesamt ist es, zur Gewährleistung einer hohen Qualität der Dienstleistungen dem Dienstleistungsempfänger diejenigen Informationen zu verschaffen, die er für eine informierte Entscheidung über Abschluss und Durchführung eines Vertrags mit einem bestimmten Dienstleistungserbringer über eine bestimmte Dienstleistung benötigt.[314] Dabei dient § 2 Abs. 1 Nr. 1 DL-InfoV der Identifizierung des Dienstleistungserbringers als künftigem Vertragspartner.[315] Und die Funktion der Anschriftsangabe (Nr. 2) beschränkt sich nicht auf die Kommunikation bzw. Kontaktaufnahme, sondern soll in erster Linie die Rechtsverfolgung ermöglichen.[316] Da diese Zielsetzungen denjenigen der UWG-Impressumspflicht entsprechen, können im Rahmen der Auslegung vergleichende Erwägungen angestellt werden. Der Informationskatalog des § 2 Abs. 1 DL-InfoV sieht zwar detailliertere Angaben zur Person des Dienstleistungserbringers vor als § 5a Abs. 3 UWG, aber das lässt sich damit begründen, dass letzterer in zeitlicher Hinsicht deutlich früher eingreift (bereits in der Werbe- oder Marketingphase, nicht erst vor Vertragsschluss) und sich daher auf die Mitteilung der Basisinformationen beschränkt.

6. *Informationspflichten des Versicherers, § 1 Abs. 1 VVG-InfoV*

Unternehmensbezogene Informationspflichten halten auch § 7 Abs. 1 Satz 1, Abs. 2 Satz 1 Versicherungsvertragsgesetz (VVG) i.V.m. § 1 Abs. 1 Nr. 1 und Nr. 3 der Verordnung über Informationspflichten bei Versicherungsverträgen (VVG-InfoV) bereit. Danach muss der Versicherer den Versicherungsnehmer rechtzeitig vor Abgabe von dessen Vertragserklärung über seine Identität und ladungsfähige Anschrift informieren. Die daneben geforderte etwaige

312 Erwägungsgrund 33 DL-RL a.E.; näher zur Anwendbarkeit auf Internetangebote *Lorenz*, VuR 2010, 323 f.

313 *Köhler*/Bornkamm/Feddersen, § 2 DL-InfoV Rn. 3; *Goldmann*, in: FS Fezer, S. 225, 233.

314 Art. 1, Erwägungsgrund 97 DL-RL; OLG Hamm, Urt. v. 28.2.2013 – 4 U 159/12 juris Rn. 25 – *Berufshaftpflicht in Impressum*; *Köhler*/Bornkamm/Feddersen, Vorb. DL-InfoV Rn. 3.

315 *Köhler*/Bornkamm/Feddersen, § 2 DL-InfoV Rn. 5; HK-DL-RL/*Schmidt-Kessel*, Art. 22 Rn. 11.

316 HK-DL-RL/*Schmidt-Kessel*, Art. 22 Rn. 12; *Lorenz*, VuR 2010, 323, 325.

Niederlassungsangabe ist insb. bei ausländischen Versicherern mit deutscher Niederlassung von Bedeutung, betrifft dagegen nicht eine am Zustandekommen des Vertrags beteiligte handelsrechtliche Niederlassung eines Versicherers mit Sitz in Deutschland.[317]

Die Angaben zur Person des Versicherers sollen neben der Ansprechbarkeit des Geschäftspartners und der effektiven prozessualen Rechtsdurchsetzung gewährleisten, dass sich der Versicherungsnehmer über den Versicherer (z.B. im Internet) informieren kann.[318] Insofern deckt sich die Zielsetzung mit derjenigen der UWG-Impressumspflicht. Durch § 1 Abs. 1 Nr. 1 und Nr. 3 VVG-InfoV werden verschiedene EU-Richtlinienvorgaben auf alle Versicherungsverträge erstreckt, unabhängig vom Versicherungszweig und von der Art des Zustandekommens.[319] Soweit die Informationspflichten über die Identität und Anschrift des Versicherers europäische Vorgaben umsetzen, gelten sie nach § 5a Abs. 4 UWG als wesentlich.[320]

Wie die Informationspflichten für Dienstleistungserbringer ist auch der Informationskatalog des § 1 Abs. 1 VVG-InfoV deutlich umfangreicher als derjenige des § 5a Abs. 3 UWG, setzt aber erst im vorvertraglichen Bereich ein. Daher kommt die schon in der Werbephase einschlägige, allgemeinere UWG-Impressumspflicht auch bei Werbungen für Versicherungsleistungen uneingeschränkt zur Anwendung.

7. § 15a GewO a.F.

Mit § 15a Abs. 1 und Abs. 2 Gewerbeordnung (GewO) a.F. existierte eine ausdrückliche Pflicht zur Anbringung des Namens bzw. der Handelsfirma des Gewerbetreibenden. Diese musste in deutlich lesbarer Schrift an Außenseite oder Eingang von offenen Verkaufsstellen, Gaststätten oder sonstigen offenen Betriebsstätten erfolgen. Der Begriff der offenen Verkaufsstellen war weit zu verstehen und erfasste alle Erscheinungsformen des Einzelhandels.[321]

---

317 HK-VVG/*Baroch Castellvi*, § 1 VVG-InfoV Rn. 4; MüKoVVG/*Armbrüster*, § 1 VVG-InfoV Rn. 3.

318 MüKoVVG/*Armbrüster*, § 1 VVG-InfoV Rn. 4, 10 f.; HK-VVG/*Baroch Castellvi*, § 1 VVG-InfoV Rn. 8.

319 Langheid/Rixecker/*Gal*, § 1 VVG-InfoV Rn. 1, 3; MüKoVVG/*Armbrüster*, § 1 VVG-InfoV Rn. 1.

320 Vgl. *Helm/Sonntag/Burger* in UWG-HdB, § 59 Rn. 480; Ohly/*Sosnitza*, § 5a UWG Rn. 86.

321 Landmann/Rohmer/*Marcks*, 53. Erg.-Lfg. 2009, § 15a GewO Rn. 2; *Goldmann*, in: FS Fezer, S. 225, 228.

Die Regelung diente dem Schutz des Rechtsverkehrs vor anonym auftretenden Gewerbetreibenden.[322] Damit war Ziel des § 15a GewO a.F. ein verbesserter Schutz des Verbrauchers: Dieser sollte Kenntnis über die Person seines Geschäftspartners erhalten, um etwaige zivilrechtliche Ansprüche (wie Reklamationen) sowie öffentlich-rechtliche Belange (z.B. bei fehlender Preisauszeichnung) verfolgen zu können.[323] Insofern deckte sich die Zielsetzung der Vorschrift mit den Funktionen des § 5a Abs. 3 Nr. 2 UWG, den zukünftigen Vertragspartner zu identifizieren und anonym erfolgende Wettbewerbsauftritte zu verhindern.

§ 15a GewO ist mit Wirkung zum 25. März 2009 durch das Dritte Mittelstandsentlastungsgesetz (MEG III) ersatzlos gestrichen worden. Seitdem fehlt es an einer expliziten gesetzlichen Regelung, die eine Anbringung des Handelsnamens gerade an der Außenseite der Verkaufsstelle vorschreibt. Diese stellt den Gesetzesmaterialien zufolge im heutigen Geschäftsverkehr eine Selbstverständlichkeit dar, weil der Gewerbetreibende dem Verbraucher für die Geschäftsbeziehungen erforderliche Grunddaten wie Name und Firma bereits im eigenen Interesse mitteilen wird.[324] Unabhängig davon, ob das tatsächlich der Realität entspricht, lässt sich der Begründung entnehmen: Der Gesetzgeber hat § 15a GewO a.F. nicht aufgehoben, weil er die Information über den potentiellen Geschäftspartner des Verbrauchers für irrelevant oder überflüssig hält. Dahingehende Rückschlüsse bzgl. der korrespondierenden Funktionen der UWG-Impressumspflicht sind mithin nicht angezeigt.

8. *Angaben zum Unternehmensträger auf Geschäftsbriefen*

Für alle an einen bestimmten Empfänger gerichteten Geschäftsbriefe eines Kaufmanns verlangt § 37a HGB die Angabe seiner Firma, Bezeichnung nach § 19 Abs. 1 Nr. 1, des Ortes seiner Handelsniederlassung, Registergerichts und der Nummer, unter der die Firma ins Handelsregister eingetragen ist. Geschützt werden soll die Sicherheit des Geschäftsverkehrs, indem dieser allgemeine Grundinformationen über den Kaufmann und sein Handelsgeschäft erhält.[325]

---

322 BeckOKGewO/*Kirchesch*, 6. Edition April 2009, § 15a.

323 Landmann/Rohmer/*Marcks*, 53. Erg.-Lfg. 2009, § 15a GewO Rn. 2; BeckOKGewO/*Kirchesch*, 6. Edition April 2009, § 15a Rn. 1. Eine ähnliche Offenbarungspflicht sah auch Art. 4 lit. c der alten Franchise-GVO vor, wonach der Franchisenehmer seine Selbständigkeit bekanntgeben musste.

324 Begr. zum RegE des MEG III (2008), BT-Drucks. 16/10490, S. 19; gegenteilige Beobachtungen schildert *Goldmann*, in: FS Fezer, S. 225, 230 f.

325 Begr. zum RegE des HRefG (1998), BT-Drucks. 13/8444, S. 61; Baumbach/Hopt/*Hopt*, § 37a HGB Rn. 1.

Im Sinne eines einheitlichen Firmenrechts bestehen entsprechende Pflichten auch für andere Unternehmensträger:[326] §§ 125a, 177a HGB (Personenhandelsgesellschaften), § 35a GmbHG und § 80 AktG (Kapitalgesellschaften) sowie § 25a GenG (Genossenschaften).

Auch wenn der Begriff des Geschäftsbriefs i.S.d. § 37a HGB weit auszulegen ist, greift die Informationspflicht bei Werbesendungen, Katalogen, Printanzeigen oder Webseiten mangels konkreter Adressaten nicht ein.[327] Für diese vorgelagerte Werbephase kommt der UWG-Impressumspflicht eine Auffangfunktion zu.

Handelsniederlassung meint grundsätzlich die Hauptniederlassung.[328] Allerdings ist bei Geschäftsbriefen von Zweigniederlassungen eines Einzelkaufmanns deren Ort anzugeben, da sie eine eigene Firma, eigene Vertretungsverhältnisse und ein eigenes Register haben, eine Pflicht zur Angabe der Hauptniederlassung besteht hingegen nicht.[329]

§ 37a HGB stellt eine Marktverhaltensregel i.S.d. § 3a UWG dar, sodass ein Verstoß unlauter sein kann, wenn er z.B. planmäßig erfolgt oder zur Verschleierung der Identität des Kaufmanns im Geschäftsverkehr führt und damit spürbar ist.[330] Aber im Geltungsbereich der UGP-RL und damit auch der UWG-Impressumspflicht scheidet die lauterkeitsrechtliche Berücksichtigung des § 37a HGB über den Rechtsbruchtatbestand mangels einer unionsrechtlichen Grundlage aus (siehe dazu S. 143 f.).

IV. Zusammenfassung zur Systematik der UWG-Impressumspflicht

Die systematischen Zusammenhänge im Hinblick auf die Impressumspflicht des UWG lassen sich wie folgt zusammenfassen:

Als Teil des auf der UGP-RL basierenden Regelungskomplexes stellt § 5a Abs. 2, Abs. 3 Nr. 2 UWG ein auf den Geschäftsverkehr von Unternehmern gegenüber Verbrauchern beschränktes, fehlvorstellungsunabhängiges Informationsgebot dar. Verstößt eine geschäftliche Handlung dagegen, folgt deren Unzulässigkeit aus § 3 Abs. 1 UWG und die Rechtsfolgen der §§ 8 bis 10 werden ausgelöst; ohne dass es auf die Nichteinhaltung der unternehmerischen Sorgfalt nach § 3 Abs. 2

---

326 Begr. zum RegE des HRefG (1998), BT-Drucks. 13/8444, S. 38 f., 61.

327 Oetker/*Schlingloff*, § 37a HGB Rn. 5 f.; EBJS/*Hillmann*, § 37a HGB Rn. 7 f.

328 MüKoHGB/*Krebs*, § 37a Rn. 7; Oetker/*Schlingloff*, § 37a HGB Rn. 4.

329 MüKoHGB/*Krebs*, § 37a Rn. 7; Oetker/*Schlingloff*, § 37a HGB Rn. 4.

330 Oetker/*Schlingloff*, § 37a HGB Rn. 11; vgl. *Köhler*/Bornkamm/Feddersen, § 3a UWG Rn. 1.296, 1.305.

ankäme. Im Anwendungsbereich des § 5a Abs. 3 UWG regelt dieser die bestehenden Informationspflichten abschließend, entfaltet insofern Sperrwirkung gegenüber § 5a Abs. 1 und Abs. 2 und auch ein Rückgriff auf die Generalklausel des § 3 Abs. 1 scheidet aus. Die Verkaufsförderungsmaßnahmen betreffende Regelung des § 4 Nr. 4 UWG a.F. ist in § 5a UWG n.F. aufgegangen. Eine gegen § 5a Abs. 2, Abs. 3 Nr. 2 UWG verstoßende geschäftliche Handlung kann zugleich nach den parallel anwendbaren § 5 UWG (Irreführungsverbot) und § 4 (Mitbewerberschutz) unlauter sein. Während die UWG-Impressumspflicht über § 5a Abs. 2 Satz 1 nicht auf vorhergehende Werbesituationen erstreckt werden darf, kann sich aus der Vorschrift im Einzelfall eine Pflicht des Unternehmers zur Angabe seiner Identität und/oder Anschrift ergeben, etwa im Zeitraum nach Vertragsschluss oder im C2B-Verkehr.

Der Anwendbarkeit der allgemeinen, zeitlich bereits in der Werbephase einsetzenden UWG-Impressumspflicht steht das Eingreifen anderer Informationspflichten über Identität bzw. Name und Anschrift des Unternehmers nicht entgegen. Parallel anwendbar sind etwa die Impressumspflicht des TMG sowie die unternehmerbezogenen Informationspflichten für Verbraucherverträge im BGB, für Dienstleistungserbringer nach der DL-InfoV, des Versicherers (VVG-InfoV) oder § 6a PAngV bei Werbung für Verbraucherdarlehen. Soweit diese verwandten Informationsanforderungen anderer Rechtsgebiete unionsrechtliche Vorgaben umsetzen, erhalten sie durch § 5a Abs. 4 UWG lauterkeitsrechtliche Beachtung. Unter den zusätzlichen Voraussetzungen des Abs. 2 ist ihr Vorenthalten unlauter. Über den Rechtsbruchtatbestand des § 3a UWG ist ein von § 5a Abs. 2 bis 4 abweichendes Ergebnis wegen der zugrunde liegenden vollharmonisierenden UGP-RL nicht möglich.

D. Zwischenergebnis zum zweiten Kapitel

Die Auslegung des § 5a Abs. 2, Abs. 3 Nr. 2 UWG wird maßgeblich durch das Erfordernis zu richtlinienkonformer Auslegung am Maßstab des zugrunde liegenden Art. 7 UGP-RL bestimmt. Dieser ist zunächst autonom und einheitlich auszulegen, wobei neben der deutschen auch andere Sprachfassungen heranzuziehen sind. Ferner ist die Rechtsprechung des EuGH von zentraler Bedeutung, aber auch die rechtlich nicht verbindlichen UGP-Leitlinien können den Rechtsanwendern als Auslegungs- und Orientierungshilfe für ein einheitliches Richtlinienverständnis dienen. Darauf aufbauend müssen die Gerichte und alle anderen mit der Rechtsanwendung befassten Träger hoheitlicher Gewalt in den Mitgliedstaaten die Auslegung der UWG-Impressumspflicht soweit wie möglich am Wortlaut und Zweck der UGP-RL ausrichten, um deren Ziel und praktische

Wirksamkeit zu erreichen. Die UGP-RL bezweckt eine vollständige Harmonisierung des Lauterkeitsrechts der Mitgliedstaaten im B2C-Verkehr, enthält demnach abschließende Regelungen für unlautere Geschäftspraktiken von Unternehmen gegenüber Verbrauchern einschließlich der Informationspflichten.

Die lauterkeitsrechtliche Impressumspflicht trägt zur zentralen Zielsetzung der UGP-RL bei, informierte „geschäftliche Entscheidungen" des Verbrauchers zu ermöglichen. Darunter fallen sämtliche Entscheidungen, die mit der Entscheidung über den Erwerb oder Nichterwerb eines Produkts unmittelbar zusammenhängen (z.B. das Aufsuchen des Geschäfts oder Internetverkaufsportals). Konkret hat der verbraucherschützende § 5a Abs. 3 Nr. 2 UWG die Identifizierung des potentiellen Vertragspartners und erleichterte Kontaktaufnahme zum Ziel. Funktion der Anschriftsangabe ist ferner die Zuordnung des Angebots zu einzelnen Verkaufsstellen. Die Identitätsangabe soll den Verbraucher auch in die Lage versetzen, Bonität und Haftung des Unternehmers sowie dessen Ruf etwa hins. der Produktqualität einzuschätzen. Ferner will die UWG-Impressumspflicht anonym erfolgende Wettbewerbsauftritte verhindern, den Verbraucher jedoch zugleich vor einem sog. information overload schützen. Obwohl der klare Fokus der Regelung auf dem Verbraucherschutz liegt, darf die Funktionsfähigkeit kommerzieller Kommunikation nicht unverhältnismäßig eingeschränkt werden.

Der UGP-RL entsprechend liegt der Impressumspflicht des UWG folgendes Verbraucherleitbild zugrunde: Maßgeblich ist die Sicht des durchschnittlich informierten und verständigen Verbrauchers, der einer Werbung die der Situation angemessene Aufmerksamkeit entgegenbringt. Der situationsadäquate Aufmerksamkeitsgrad hängt vom Werbemedium und von den beworbenen Produkten ab. Bei Werbung gegenüber geschäftlich erfahrenen oder besonders schutzbedürftigen Verbrauchergruppen ist das Verbraucherleitbild anzupassen.

Eine gegen die UWG-Impressumspflicht verstoßende geschäftliche Handlung ist nach § 3 Abs. 1 unzulässig und löst die Rechtsfolgen der §§ 8 bis 10 aus; ohne dass die Voraussetzungen der Verbrauchergeneralklausel (§ 3 Abs. 2) zu prüfen sind. § 5a Abs. 2, Abs. 3 Nr. 2 UWG statuiert ein fehlvorstellungsunabhängiges Informationsgebot für den B2C-Verkehr. In Bezug auf die Identitätsangabe kann bei Hinzutreten einer Fehlvorstellung des Verbrauchers § 5 Abs. 1 Nr. 3 UWG parallel verletzt sein. Außerhalb des Anwendungsbereichs von § 5a Abs. 3 Nr. 2 UWG ist die Pflicht zur Mitteilung der Identität und Anschrift des Unternehmers über § 5a Abs. 2 Satz 1 nicht auf jede Werbung auszudehnen, sie kann sich jedoch im Einzelfall aus dieser Vorschrift ergeben. Bei Eingreifen des § 5a Abs. 3 UWG bestehen für den Unternehmer keine weitergehenden Informationspflichten, weder aus § 3 noch aus § 5a Abs. 1 oder Abs. 2. Die geschäftliche

Handlung kann jedoch mangels eines Spezialitätsverhältnisses zusätzlich nach § 5 UWG (Irreführungsverbot) und § 4 (Mitbewerberschutz) unlauter sein.

Neben der allgemeinen, bereits in der Werbephase einsetzenden UWG-Impressumspflicht erhalten verwandte Informationspflichten über § 5a Abs. 4 UWG lauterkeitsrechtliche Beachtung, soweit sie unionsrechtliche Vorgaben umsetzen. Das betrifft insb. die Impressumspflicht des TMG sowie die unternehmerbezogenen Informationspflichten für Verbraucherverträge im BGB. Ein von den vollharmonisierenden Vorgaben der UGP-RL abweichendes Ergebnis ist hier auch nicht über den Rechtsbruchtatbestand des § 3a UWG möglich.

Drittes Kapitel – Anwendung der UWG-Impressumspflicht in Franchise- und anderen Vertriebssystemen

Das folgende Kapitel wird sich detailliert mit dem Unlauterkeitstatbestand des § 5a Abs. 2, Abs. 3 Nr. 2 UWG und seiner Anwendung auf Franchise- und andere Vertriebssysteme befassen. Dabei dienen die Ausführungen und Erkenntnisse der ersten beiden Kapitel als eine Art Grundstock, auf den im Rahmen der Auslegung und Handhabung der einzelnen Tatbestandselemente der sog. Impressumspflicht des UWG zurückzugreifen ist.

§ 5a Abs. 2, Abs. 3 Nr. 2 UWG gilt ausweislich des Wortlauts nur für *geschäftliche*[1] *Handlungen* gegenüber Verbrauchern. Darunter ist jedes Verhalten zugunsten des eigenen oder eines fremden Unternehmens vor, bei oder nach Geschäftsabschluss zu verstehen, das mit der Absatz- oder Bezugsförderung oder mit dem Abschluss bzw. der Durchführung eines Vertrags über Waren/Dienstleistungen objektiv zusammenhängt (§ 2 Abs. 1 Nr. 1 UWG). Ob es dabei tatsächlich zu einem Vertragsschluss kommt, ist unerheblich.

Eine geschäftliche Handlung ist demnach u.a. Werbung[2] von Unternehmen, z.B. in Printmedien oder im Internet[3]. Auch die neue, wirtschaftlich äußerst bedeutsame Werbeform des Influencer-Marketings kann die Anforderungen erfüllen: Jedenfalls, wenn die Werbung in den Blogs und Posts in sozialen Netzwerken (YouTube, Instagram, Facebook, Twitter etc.) auftragsgemäß und/oder gegen Bezahlung erfolgt, ist darin eine geschäftliche Handlung der sog. Influencer gegenüber ihren Abonnenten bzw. Followern zu sehen.[4] Folglich ist der

---

1 Das Adjektiv ist nach *Köhler*/Bornkamm/Feddersen, § 5a UWG Rn. 3.6 in den Wortlaut des § 5a Abs. 2 UWG hineinzulesen, ergibt sich überdies aus der Verweisungsnorm des § 3 Abs. 1 UWG.

2 Zum Begriff der Werbung: Art. 2 lit. a Werbe-RL; BGH, Urt. v. 12.9.2013 – I ZR 208/12, ZVertriebsR 2014, 37 Rn. 17 – *Empfehlungs-E-Mail*; Urt. v. 15.12.2015 – VI ZR 134/15, NJW 2016, 870 Rn. 16 – *„No-Reply"-E-Mails*.

3 Siehe zu Online-Werbung *BKartA*, Sektoruntersuchung (Pressemitteilung v. 1.2.2018) und Publikation (2018).

4 Spindler/Schuster/*Micklitz/Namyslowska*, § 5a UWG Rn. 75; *Henning-Bodewig*, WRP 2017, 1415 Rn. 19 ff.; *Mallick/Weller*, WRP 2018, 155 Rn. 16 ff. nimmt bei Vorliegen bestimmter objektiver Anhaltspunkte sogar eine widerlegliche Vermutung für

Influencer – unabhängig davon, ob er selbst Unternehmer i.S.d. UWG ist –[5] neben dem Unternehmen, für dessen Produkt er wirbt, lauterkeitsrechtlich verantwortlich.

A. Personeller Anwendungsbereich: B2C-Geschäftsverkehr

Der auf *B2C-Verhältnisse* beschränkte Anwendungsbereich des § 5a Abs. 2, Abs. 3 Nr. 2 UWG rührt daher, dass die Vorschrift der Umsetzung von Art. 7 UGP-RL dient, der lediglich unlautere Geschäftspraktiken von Unternehmen gegenüber Verbrauchern erfasst (S. 98). Die Mitgliedstaaten waren bei der Umsetzung der vollharmonisierenden UGP-RL strengstens an deren Vorgaben gebunden. Außerhalb des Anwendungsbereichs, d.h. für den B2B-Verkehr (business to business), sind sie in der Normgebung hingegen frei. Entsprechend der Differenzierung der UGP-RL hat sich der deutsche Gesetzgeber gegen die Erstreckung des § 5a Abs. 2 bis 6 UWG auf Geschäftspraktiken zwischen Unternehmern entschieden. Damit wurde ausdrücklich eine Ausnahme vom Grundsatz der einheitlichen Anwendung des UWG auf Mitbewerber, Verbraucher und sonstige Marktteilnehmer gemacht, um einer unnötigen Belastung des kaufmännischen Geschäftsverkehrs vorzubeugen.[6]

I. Verbraucherbegriff des UWG

Um den Anwendungsbereich der UWG-Impressumspflicht näher zu bestimmen, ist zunächst der Verbraucherbegriff zu klären. Hier gilt § 13 BGB gem. § 2 Abs. 2 UWG *entsprechend*. Das bedeutet eine Heranziehung unter Berücksichtigung von Schutzzweck und Anwendungsbereich des UWG, nicht dagegen eine unmittelbare Übernahme der zivilrechtlichen Legaldefinition.[7] Grundlage des im Kontext von § 5a Abs. 2, Abs. 3 Nr. 2 UWG maßgeblichen Verbraucherbegriffs muss allerdings Art. 2 lit. a UGP-RL sein. Das Unionsrecht unterscheidet nämlich zwischen einem lauterkeits- und einem vertragsrechtlichen

---

eine geschäftliche Handlung an. Vgl. auch OLG Celle, Urt. v. 8.6.2017 – 13 U 53/17, WRP 2017, 1236 Rn. 6.

5 Zu den Anforderungen *Henning-Bodewig*, WRP 2017, 1415 Rn. 19; *Mallick/Weller*, WRP 2018, 155 Rn. 14 f.

6 Begr. zum RegE des UWG 2008, BT-Drucks. 16/10145, S. 25.

7 Ohly/*Sosnitza*, § 2 UWG Rn. 104; in diesem Sinne auch Büscher/*Schilling*, § 2 Abs. 2 UWG Rn. 4 f.

Verbraucherbegriff.[8] Und anders als i.R.d. BGB kann im Lauterkeitsrecht nicht auf den mit einem Rechtsgeschäft verfolgten Zweck abgestellt werden.[9] Denn die Bekämpfung unlauterer Geschäftspraktiken greift bereits bei Werbemaßnahmen, d.h. im Vorfeld von vertraglichen Beziehungen und Vertragsanbahnungen ein.[10] Im Kontext des UWG ist „Verbraucher" daher jede natürliche Person, die im Geschäftsverkehr *zu Zwecken handelt*, die nicht ihrer gewerblichen oder selbständigen beruflichen Tätigkeit zugerechnet werden können.[11] Dieser funktionale Verbraucherbegriff erfasst auch ansonsten unternehmerisch tätige Personen wie Freiberufler, Einzelkaufleute oder Geschäftsführer, soweit sie als private Konsumenten handeln.[12]

An wen sich eine geschäftliche Handlung richtet, ist objektiv zu bestimmen.[13] Ob Adressat zumindest auch der Verbraucher ist, hängt daher nicht davon ab, an welchen Abnehmerkreis der Unternehmer die Werbung richten wollte.[14] Die Beschränkung eines Angebots auf Gewerbetreibende ist für den Anbieter zwar möglich, bedarf aber neben deutlicher Hinweise an geeigneter Stelle, dass der Ausschluss von Verträgen mit Verbrauchern in erheblichem Maße sichergestellt ist.[15] Die für die Untersuchungsthematik relevanten geschäftlichen Handlungen sind in aller Regel solche gegenüber Verbrauchern.

---

8 Art 2 lit. a UGP-RL einerseits und Art. 2 Nr. 1 VR-RL andererseits, *Köhler*, WRP 2015, 1311, 1313.

9 *Fezer*/Büscher/Obergfell, § 2 Abs. 2 UWG Rn. 19; Ohly/*Sosnitza*, § 2 UWG Rn. 105.

10 Harte-Bavendamm/Henning-Bodewig/*Keller*, § 2 UWG Rn. 232; MüKoUWG/*Bähr*, § 2 Rn. 389.

11 Art. 2 lit. a UGP-RL; *Köhler*/Bornkamm/Feddersen, § 2 UWG Rn. 162; *Lettl*, GRUR 2004, 449, 451.

12 LG Münster, Urt. v. 4.2.2005 – 23 O 3/05, WRP 2005, 639 – *Telefonwerbung für Versicherungsberatung*; vgl. OLG Düsseldorf, Urt. v. 1.4.2015 – U (Kart) 19/14 juris Rn. 26 i.R.v. § 13 BGB; Harte-Bavendamm/Henning-Bodewig/*Keller*, § 2 UWG Rn. 239; MüKoUWG/*Leible*, § 7 Rn. 115.

13 Büscher/*Schilling*, § 2 Abs. 2 UWG Rn. 10; vgl. BGH, Urt. v. 30.9.2009 – VIII ZR 7/09, NJW 2009, 3780 Rn. 8 ff. – *Lieferadresse „Kanzlei"* zu § 13 BGB.

14 BGH, Urt. v. 29.4.2010 – I ZR 99/08, GRUR 2011, 82 Rn. 23 – *Preiswerbung ohne Umsatzsteuer*.

15 BGH, Urt. v. 29.4.2010 – I ZR 99/08, GRUR 2011, 82 Rn. 23, 26 – *Preiswerbung ohne Umsatzsteuer*; OLG Hamm, Urt. v. 16.11.2016 – I-12 U 52/16, ZVertriebsR 2017, 107 Rn. 34 f.; zu den Grenzen der Kontrollpflicht des Unternehmers BGH, Urt. v. 11.5.2017 – I ZR 60/16, GRUR 2017, 1140 Rn. 25 ff. – *Testkauf im Internet*.

II. Unternehmerbegriff des UWG

Für den Unternehmerbegriff des UWG wurde im Zuge der Novelle 2008 der Verweis auf § 14 BGB durch eine neue, eigene Definition ersetzt. Unternehmer ist gem. § 2 Abs. 1 Nr. 6 UWG nunmehr „jede natürliche oder juristische Person, die geschäftliche Handlungen im Rahmen ihrer gewerblichen, handwerklichen oder beruflichen Tätigkeit vornimmt und jede Person, die im Namen oder Auftrag einer solchen Person handelt".

Umgesetzt wurde damit die Definition des „Gewerbetreibenden" aus Art. 2 lit. b UGP-RL, wobei der Begriff ersetzt wurde, da nicht nur gewerbliche, sondern auch handwerkliche und berufliche Tätigkeiten erfasst sind.[16] Infolgedessen ist der Unternehmerbegriff des UWG im Lichte des Wortlauts und Zwecks der Richtliniendefinition (dazu S. 99) auszulegen.[17] Erfasst werden daher auch teilrechtsfähige Personengesellschaften (z.B. GbR, OHG und KG).[18] Ebenso unterfallen alle selbständigen Absatzmittler dem Unternehmerbegriff;[19] sie können somit Adressat der Impressumspflicht des UWG sein.

Einen Unternehmer kennzeichnet, dass er – über dem privaten Bereich zuzurechnende gelegentliche Verkaufsgeschäfte hinaus – planmäßig und dauerhaft als Anbieter oder Nachfrager von Leistungen gegen ein Entgelt am Markt auftritt.[20] Für die Abgrenzung entscheidend ist nicht die Rechtsform oder Finanzierung, sondern die Art der Tätigkeit.[21] So können auch Betreiber neuer, im Zuge der Digitalwirtschaft entstehender Geschäftsmodelle wie Online-Plattformen Unternehmer sein.[22] Bei als Marktplätzen ausgestalteten Plattformen hängt die Unternehmereigenschaft der Verkäufer vom Einzelfall ab.[23]

---

16 Begr. zum RegE des UWG 2008, BT-Drucks. 16/10145, S. 12, 21.

17 BGH, Urt. v. 22.1.2014 – I ZR 218/12, NJW 2014, 2282 Rn. 15 m.w.N. – *Nordjob-Messe*.

18 Ohly/*Sosnitza*, § 2 UWG Rn. 89; MüKoUWG/*Bähr*, § 2 Rn. 310; *Goldmann*, in: FS Fezer, S. 225, 239.

19 Vgl. OLG Karlsruhe, Beschl. v. 10.3.2009 – 4 U 168/08 juris Rn. 22; MüKoUWG/*Alexander*, § 5a Rn. 368.

20 Harte-Bavendamm/Henning-Bodewig/*Keller*, § 2 UWG Rn. 249a.

21 BGH, Beschl. v. 18.1.2012 – I ZR 170/10, WRP 2012, 309 Rn. 11 m.w.N. – *Betriebskrankenkasse I*; Harte-Bavendamm/Henning-Bodewig/*Keller*, § 2 UWG Rn. 249a.

22 Vgl. ausführlich zur Anwendbarkeit der UGP-RL auf die unterschiedlichen Typen von Online-Plattformen *Kommissionsdienststellen*, UGP-Leitlinien 2016, SWD(2016) 163 final, S. 137 ff.

23 Zu den für die Einordnung relevanten Indizien *Föhlisch* in Hoeren/Sieber/Holznagel, Teil 13.4 Rn. 14 ff.; LG Dessau-Roßlau, Urt. v. 11.1.2017 – 3 O 36/16, MMR 2017, 424 f. – *Unternehmereigenschaft bei eBay-Verkäufen*.

B. Erfordernis der Einzelfallbetrachtung

Nur wenn dem Verbraucher die Identität und/oder Anschrift des Unternehmers „im konkreten Fall unter Berücksichtigung aller Umstände" vorenthalten wird, liegt darin nach § 5a Abs. 2 UWG eine unlautere geschäftliche Handlung.

I. Normative Zuordnung zum Tatbestandsmerkmal des Vorenthaltens

Vorbild der Regelung ist die nahezu wortgleiche Regelung in Art. 7 Abs. 1 UGP-RL. Das Erfordernis der Einzelfallbetrachtung war auch in § 5a Abs. 2 UWG 2008 verankert. Dessen Wortlaut stellte allerdings durch die fälschliche Zuordnung zum Begriff der Wesentlichkeit der Information eine ungenaue Umsetzung der Einzelfallklausel des Art. 7 Abs. 1 UGP-RL dar.[24] Korrigiert wurde die Unrichtigkeit im Zuge der UWG-Novelle 2015.

Während der *BGH* die Einzelfallbetrachtung – entsprechend dem alten Gesetzeswortlaut – zunächst auf die Wesentlichkeit der Information beschränkte,[25] änderte er noch vor der Gesetzeskorrektur seinen Kurs: Die Einzelfallprüfung betreffe nicht die Frage, welche Anforderungen z.B. an die Mitteilung der Identität des Unternehmens zu stellen sind, sondern die Bewertung der Vorenthaltung dieser Information als unlauter.[26]

Nach dem Wortlaut des § 5a Abs. 2 UWG n.F. soll die Einzelfallbetrachtung bei der Prüfung, ob wesentliche Informationen *vorenthalten* wurden, Berücksichtigung finden.[27] Sie entfaltet ihre Wirkung daher auch bei den als wesentlich fingierten Identitäts- und Anschriftsinformationen des § 5a Abs. 3 Nr. 2 UWG.

II. Genereller Grundgedanke für die Auslegung des § 5a Abs. 2, Abs. 3 Nr. 2 UWG

Der angeordneten Berücksichtigung der Einzelfallumstände ist aber ein über das Tatbestandsmerkmal des Vorenthaltens hinausgehender genereller Grundgedanke für die Auslegung und Handhabung des § 5a Abs. 2, Abs. 3 Nr. 2 UWG zu entnehmen.

---

24 Vgl. auch *Köhler*/Bornkamm/Feddersen, § 5a UWG Rn. 1.5, 3.32; *ders.*, WRP 2014, 1410 Rn. 13 unter Hinweis auf die engl. und franz. Sprachfassung der UGP-RL.

25 Z.B. BGH, Urt. v. 16.5.2012 – I ZR 74/11, WRP 2013, 57 Rn. 34 – *Zweigstellenbriefbogen*.

26 BGH, Urt. v. 18.4.2013 – I ZR 180/12, WRP 2013, 1459 Rn. 16 – *Brandneu von der IFA*.

27 Vgl. *Kommissionsdienststellen*, UGP-Leitlinien 2016, SWD(2016) 163 final, S. 78; zum alten Recht bereits *Köhler*, GRUR 2012, 1073, 1076; *ders.*, WRP 2013, 1419 Rn. 25, 19.

Dafür spricht auch die Systematik der zugrunde liegenden UGP-RL: Per-se-Verbote sind auf den Anhang I begrenzt, der zur Schaffung größerer Rechtssicherheit eine abschließende Liste von 31 Geschäftspraktiken enthält, die „unter allen Umständen" unlauter sind (sog. *Schwarze Liste*).[28] Ansonsten sind bei der Anwendung der UGP-RL die Umstände des Einzelfalls umfassend zu würdigen.[29] Folglich sind innerhalb ihres Anwendungsbereichs Per-se-Verbote jenseits der in Anhang I normierten nicht mit der UGP-RL vereinbar, selbst wenn sie ein höheres Verbraucherschutzniveau bezwecken.[30]

Dementsprechend ist bei sämtlichen Tatbestandsmerkmalen des § 5a Abs. 2, Abs. 3 Nr. 2 UWG das Erfordernis der Einzelfallbetrachtung zu beachten. Denn nur so lassen sich die Verbraucher- und Unternehmerinteressen in angemessenen Ausgleich bringen.

C. Sachlicher Anwendungsbereich: Angebot von Waren oder Dienstleistungen

Der sachliche Anwendungsbereich des § 5a Abs. 3 Nr. 2 UWG ist eröffnet, wenn „Waren oder Dienstleistungen (...) unter Hinweis auf deren Merkmale und Preis in einer dem verwendeten Kommunikationsmittel angemessenen Weise so *angeboten* [werden], dass ein durchschnittlicher Verbraucher das Geschäft abschließen kann".

Die Auslegung des „Angebots" in § 5a Abs. 3 UWG hat wegen dessen unionsrechtlichen Ursprungs richtlinienkonform zu erfolgen. Maßgeblich sind daher v.a. die diesbezüglichen Aussagen des EuGH. In diesem Abschnitt soll der Angebotsbegriff i.S.d. Vorschrift definiert und gegenüber demjenigen des BGB abgegrenzt werden. Besonderes Augenmerk liegt dabei auf den Anforderungen an die Angabe der Produktmerkmale und des Preises.

---

28 Erwägungsgrund 17 UGP-RL; *Kommissionsdienststellen*, UGP-Leitlinien 2016, SWD(2016) 163 final, S. 61, 98; EuGH, Urt. v. 14.1.2010 – C-304/08, NJW 2010, 1867 Rn. 45 – *Plus Warenhandelsgesellschaft*.

29 Erwägungsgründe 7 a.E. und 17 Satz 3 UGP-RL; *Kommissionsdienststellen*, UGP-Leitlinien 2016, SWD(2016) 163 final, S. 6; EuGH, Beschl. v. 8.9.2015 – C-13/15, GRUR Int. 2015, 1140 Rn. 38 – *Cdiscount*.

30 EuGH, Urt. v. 10.7.2014 – C-421/12, GRUR Int. 2014, 964 Rn. 61 – *Kommission/Belgien*; *Köhler*, WRP 2013, 1419 Rn. 18.

I. Richtlinienhintergrund: „Aufforderung zum Kauf“ in Art. 7 Abs. 4 UGP-RL

§ 5a Abs. 3 UWG dient der Umsetzung des Art. 7 Abs. 4 UGP-RL, dessen Eingreifen das Vorliegen einer „Aufforderung zum Kauf“ voraussetzt.[31] Dem Richtliniengeber zufolge existiert „eine bestimmte Anzahl von Basisinformationen (...), die der Verbraucher benötigt, um eine informierte geschäftliche Entscheidung treffen zu können. Solche Informationen müssen [jedoch] nicht notwendigerweise in jeder Werbung enthalten sein, sondern nur dann, wenn der Gewerbetreibende zum Kauf auffordert“.[32]

Der in Art. 7 Abs. 4 UGP-RL verwendete Begriff der *Aufforderung zum Kauf* wird in Art. 2 lit. i definiert: jede kommerzielle Kommunikation, die die Merkmale des Produkts und den Preis in einer Weise angibt, die den Mitteln der verwendeten kommerziellen Kommunikation angemessen ist und den Verbraucher dadurch in die Lage versetzt, einen Kauf zu tätigen. Eine Legaldefinition der *kommerziellen Kommunikation* hält wiederum Art. 2 lit. f EC-RL bereit: alle Kommunikationsformen, die der unmittelbaren oder mittelbaren Förderung des Waren- und Dienstleistungsabsatzes oder Erscheinungsbilds u.a. von Unternehmen dienen. Wegen des notwendigen Merkmals der Absatzförderung unterfallen Handlungen nach Vertragsschluss dem Begriff nur, wenn der Verbraucher eine geschäftliche Entscheidung darüber treffen soll, ob er an den Vertragsbedingungen oder dem Vertragspartner festhalten möchte.[33]

In allgemeiner marken- und produktbezogener Werbung sieht der Richtliniengeber keine „Aufforderung zum Kauf“, da der Verbraucher die bereitzustellenden Kerninformationen erst in demjenigen Stadium benötigt, in dem er über einen Vertragsschluss nachdenkt.[34]

1. *Konzept abgestufter Informationsanforderungen*

Das Eingreifen der Informationspflichten des Art. 7 Abs. 4 UGP-RL erst ab Vorliegen einer „Aufforderung zum Kauf“ hat ihren Grund in der erhöhten Schutzwürdigkeit des mit ihr konfrontierten Verbrauchers. Diese direkte und unmittelbare Form der Verkaufsförderung stellt einen wichtigen Aspekt im Rahmen des Entscheidungsprozesses dar, weil sie den Verbraucher durch Auslösen

---

31 Begr. zum RegE des UWG 2008, BT-Drucks. 16/10145, S. 18.

32 Erwägungsgrund 14 Satz 3 f. UGP-RL.

33 Fezer/Büscher/*Obergfell*, § 5a UWG Rn. 120; MüKoUWG/*Alexander*, § 5a Rn. 314.

34 Begr. zum KommE der UGP-RL v. 18.6.2003, KOM (2003) 356 endg., Tz. 64.

eines Kaufimpulses einem höheren Risiko aussetzt.[35] Der typisierenden Betrachtung bedarf es im Interesse der Praktikabilität und Rechtssicherheit, obgleich Dauer und Ablauf des jeder geschäftlichen Entscheidung vorausgehenden Prozesses einzelfall- und produktabhängig sind.[36] Mit dem erhöhten Schutz-/Informationsbedürfnis des Verbrauchers korrespondiert gleichsam spiegelbildlich eine erhöhte Informationsverantwortung des Unternehmers.[37] Daher ist die Wesentlichkeitsfiktion gerechtfertigt und die sonst i.R.d. Art. 7 Abs. 1 UGP-RL vorzunehmende Interessenabwägung entbehrlich.

Ergo verfolgen Art. 7 UGP-RL und § 5a Abs. 2, Abs. 3 UWG ein Konzept abgestufter Informationsanforderungen: Diese sind nicht immer gleich, sondern verdichten sich, je konkreter der Unternehmer wirbt.[38] Denn damit rückt der Geschäftsabschluss näher, womit ein erhöhtes Informationsbedürfnis des Verbrauchers einhergeht. Dem trägt die gesteigerte Informationspflicht des Unternehmers Rechnung, dem Verbraucher bestimmte Basisinformationen mitzuteilen. Im Vergleich zu verwandten vorvertraglichen Informationspflichten anderer Rechtsgebiete statuiert Art. 7 Abs. 4 UGP-RL aber in inhaltlicher Hinsicht geringere Anforderungen, gewährleistet nur eine Informationsbasis. Dafür setzt die Norm zeitlich früher ein, da bei einer „Aufforderung zum Kauf" der nächste Schritt nicht zwangsläufig im Vertragsschluss liegt.

2. *UGP-Leitlinien und Auslegung durch den EuGH*

Einen Anhaltspunkt, in welchen Fällen eine „Aufforderung zum Kauf" i.S.d. UGP-RL in Betracht kommt, bilden die in den rechtlich unverbindlichen UGP-Leitlinien aufgeführten Beispiele:[39] Werbeblätter und -anzeigen (z.B. in Zeitschriften) sowie Radiowerbung oder Produktangebote auf einer Webseite. Auch Restaurant-Speisekarten, ausgepreiste Produkte im Ladenregal sowie Zeitungswerbung oder TV-Werbespots dürften als Aufforderung zum Kauf klassifizierbar sein.[40] Dass jedoch in all diesen Fällen eine Angabe der Produktmerkmale und des Preises zwingend erforderlich ist, ergibt sich unmittelbar aus der Definition in Art. 2 lit. i UGP-RL. Folgerichtig stellen die UGP-Leitlinien klar: Weder

---

35 *Kommissionsdienststellen*, UGP-Leitlinien 2009, SEK(2009) 1666, S. 57.

36 *Alexander*, WRP 2012, 125, 126.

37 *Alexander*, WRP 2012, 125, 126.

38 *Steinbeck*, WRP 2006, 632, 635; in diese Richtung auch MüKoUWG/*Alexander*, § 5a Rn. 307 f.

39 *Kommissionsdienststellen*, UGP-Leitlinien 2016, SWD(2016) 163 final, S. 59 f.

40 Vgl. *Kommissionsdienststellen*, UGP-Leitlinien 2009, SEK(2009) 1666, S. 56.

bei Werbungen, die zwar die Merkmale eines spezifischen Produkts ausführen, aber keinen Preis angeben, noch bei reiner Markenwerbung, d.h. Werbemaßnahmen für die Marke eines Gewerbetreibenden insgesamt und nicht für ein bestimmtes Produkt, ist eine „Aufforderung zum Kauf" gegeben.[41]

Präzisieren lassen sich diese allgemeinen Vorgaben durch die Rechtsprechung des *EuGH*. Danach steht nur eine nicht restriktive Auslegung des Begriffs der Kaufaufforderung mit der Richtlinienintention, ein hohes Verbraucherschutzniveau zu erreichen, in Einklang.[42] Der in der Definition enthaltene Bestandteil „den Verbraucher dadurch in die Lage versetzt, einen Kauf zu tätigen" (Art. 2 lit. i UGP-RL) sei daher nicht als zusätzliche Voraussetzung für die Einstufung als „Aufforderung zum Kauf" zu verstehen, sondern als Hinweis auf den hinter den Erfordernissen bzgl. Produktmerkmalen und Preis stehenden Zweck.[43] Infolgedessen reicht den Luxemburger Richtern für das Vorliegen einer „Aufforderung zum Kauf", wenn der Verbraucher hinreichend über das beworbene Produkt und dessen Preis informiert wird, um eine geschäftliche Entscheidung treffen zu können.[44] Eine solche stellt nicht nur die Entscheidung über den Erwerb oder Nichterwerb eines Produkts dar, sondern auch damit unmittelbar zusammenhängende Entscheidungen wie insb. das Betreten des Geschäfts.[45] Diese weite Auslegung durch den *EuGH* ist vor dem Hintergrund des Richtlinienziels, freie und informierte geschäftliche Entscheidungen des Verbrauchers insgesamt zu ermöglichen, auch in Art. 2 lit. i UGP-RL hineinzulesen, dessen Wortlaut auf das Tätigen des Kaufs abstellt.

Nach der Rechtsprechung des *EuGH* setzt eine „Aufforderung zum Kauf" allerdings nicht voraus, dass die kommerzielle Kommunikation auch eine tatsächliche Möglichkeit bietet, das Produkt direkt zu kaufen (z.B. mittels Bestellcoupon), oder im Zusammenhang mit einer solchen Möglichkeit steht (z.B. Werbung vor einem Ladengeschäft).[46] Folglich kommt das Merkmal der „Aufforderung zum Kauf" bei sämtlichen Formen kommerzieller Kommunikation

---

41 *Kommissionsdienststellen*, UGP-Leitlinien 2016, SWD(2016) 163 final, S. 60.

42 EuGH, Urt. v. 12.5.2011 – C-122/10, WRP 2012, 189 Rn. 29 – *Ving Sverige*.

43 EuGH, Urt. v. 12.5.2011 – C-122/10, WRP 2012, 189 Rn. 30 f. – *Ving Sverige*.

44 EuGH, Urt. v. 12.5.2011 – C-122/10, WRP 2012, 189 Rn. 33 – *Ving Sverige*.

45 EuGH, Urt. v. 19.12.2013 – C-281/12, WRP 2014, 161 Rn. 36 ff. – *Trento Sviluppo*; dazu ausführlich S. 116 ff.

46 EuGH, Urt. v. 12.5.2011 – C-122/10, WRP 2012, 189 Rn. 20, 32 f. – *Ving Sverige*; Urt. v. 26.10.2016 – C-611/14, WRP 2017, 31 Rn. 52 – *Canal Digital Danmark*. So halten auch die *Kommissionsdienststellen*, UGP-Leitlinien 2016, SWD(2016) 163 final, S. 59 z.B. eine Telefonnummer oder einen Coupon für entbehrlich.

in Betracht – vor Ort im Ladengeschäft sowie auf Internetseiten, aber auch bei Radio-, TV- und Printwerbung (wie Werbeprospekten oder -anzeigen).

II. Umsetzung ins deutsche Recht

Der deutsche Gesetzgeber hat den Begriff der „Aufforderung zum Kauf" aus Art. 7 Abs. 4 UGP-RL in § 5a Abs. 3 UWG „übersetzt" und zugleich auf die Notwendigkeit einer richtlinienkonformen Auslegung hingewiesen.[47]

Im Zuge der Umsetzung der UGP-RL ins deutsche Recht wurden deren Formulierungen zumeist wortwörtlich übernommen. Warum § 5a Abs. 3 UWG die „Aufforderung zum Kauf" lediglich umschreibt, lässt sich durch einen Blick in die Gesetzesmaterialien beantworten: Der Begriff wurde zur Vermeidung terminologischer Abgrenzungsprobleme zum nationalen Vertragsrecht bewusst nicht übernommen.[48] Auf den Bestandteil „Kauf" wurde verzichtet, um dem Missverständnis einer Beschränkung auf Kaufverträge i.S.d. §§ 433 ff. BGB vorzubeugen. Dass § 5a Abs. 3 UWG auch Dienstleistungen erfasst, gebietet jedoch bereits die richtlinienkonforme Auslegung.[49] Denn die Definition der „Aufforderung zum Kauf" in Art. 2 lit. i UGP-RL verwendet den Begriff des Produkts, worunter jede Ware oder Dienstleistung fällt, einschließlich Immobilien,[50] Rechte und Verpflichtungen (Art. 2 lit. c). Die in diesem Punkt klarere deutsche Formulierung ist aus Transparenzgründen zu begrüßen. Befürchtet wurde außerdem, dass der Begriff der Aufforderung den unzutreffenden Eindruck erwecke, die Vorschrift erfasse lediglich Fälle, in denen „durch eine invitatio ad offerendum schon unmittelbar zum Vertragsabschluss" aufgefordert wird.[51] Diese Assoziation sollte wegen des durch die UGP-RL gebotenen weiten Begriffsverständnisses vermieden werden.

Ob die gewählte Umschreibung in § 5a Abs. 3 UWG überzeugt, erscheint fraglich, da sie wiederum Assoziationen mit dem vertragsrechtlichen

---

47 *Birk*, GRUR-Prax 2014, 100 mit Verweis auf Begr. zum RegE des UWG 2008, BT-Drucks. 16/10145, S. 25; Fezer/Büscher/*Obergfell*, § 5a UWG Rn. 119.

48 Begr. zum RegE des UWG 2008, BT-Drucks. 16/10145, S. 25.

49 OLG Düsseldorf, Urt. v. 30.4.2015 – I-15 U 100/14, WRP 2015, 898 Rn. 25 – *0%-Finanzierung*; Harte-Bavendamm/Henning-Bodewig/*Dreyer*, § 5a UWG Rn. 124, 127.

50 An dieser Stelle wird die Definition durch die sog. Omnibus-Richtlinie zum EU-Verbraucherrecht (S. 97) klarstellend dahingehend ergänzt, dass auch digitale Dienstleistungen und digitale Inhalte erfasst sind.

51 Begr. zum RegE des UWG 2008, BT-Drucks. 16/10145, S. 25.

Angebotsbegriff (§§ 145 ff. BGB) nahelegt.[52] Das wäre jedoch unschädlich, würden sich die Bedeutungen decken.

1. *Übertragung der EuGH-Rechtsprechung auf den Angebotsbegriff des UWG*

Die Anforderungen an ein Angebot i.S.d. § 5a Abs. 3 UWG wurden zunächst mit folgender Formel zusammengefasst: Entscheidend sei, ob die mitgeteilten Angaben den Verbraucher in die Lage versetzen, eine konkrete Erwerbsentscheidung zu treffen und seinerseits einen Antrag i.S.v. § 145 BGB abzugeben.[53] Ein solches Verständnis des Angebotsbegriffs in § 5a Abs. 3 UWG lässt sich jedoch angesichts des Normzwecks, informierte „geschäftliche Entscheidungen" des Verbrauchers zu ermöglichen, und der weiten Auslegung dieses Begriffs durch den EuGH[54] nicht mehr halten. Das europäische Begriffsverständnis gilt im Wege richtlinienkonformer Auslegung auch für § 5a Abs. 3 UWG, sodass es nicht darauf ankommt, ob sich der Verbraucher bereits zum Kauf entschließen kann. Für das Vorliegen eines Angebots i.S.d. Norm ist daher nicht entscheidend, ob alle wesentlichen Vertragsbestandteile bzw. essentialia negotii enthalten sind.[55] Dazu würde nämlich auch der zukünftige Vertragspartner gehören. Es käme allerdings einem unzulässigen Zirkelschluss gleich, würde man die Anwendbarkeit der Informationspflicht zum Vertragspartner nach § 5a Abs. 3 Nr. 2 UWG mit dem Argument eines fehlenden Hinweises auf diesen bzw. unvollständiger Angaben ablehnen.[56]

Vielmehr sind die vom EuGH hins. der „Aufforderung zum Kauf" (Art. 7 Abs. 4 UGP-RL) aufgestellten Grundsätze auf § 5a Abs. 3 UWG zu übertragen. Demgemäß ist für dessen Anwendbarkeit nach jüngerer *nationaler Rechtsprechung* erforderlich, aber auch ausreichend, dass der Verbraucher

---

52 So auch *Alexander*, WRP 2012, 125, 127.

53 Begr. zum RegE des UWG 2008, BT-Drucks. 16/10145, S. 25; OLG Hamm, Beschl. v. 11.8.2011 – 4 W 66/11 juris Rn. 4 – *Roller*; GK-UWG/*Lindacher*, § 5a Rn. 23; *Körber/Heinlein*, WRP 2009, 780, 785; *Lettl*, WRP 2013, 1105 Rn. 16.

54 EuGH, Urt. v. 19.12.2013 – C-281/12, WRP 2014, 161 Rn. 36 ff. – *Trento Sviluppo*. Siehe dazu S. 116 ff., 297 ff.

55 OLG Düsseldorf, Urt. v. 30.4.2015 – I-15 U 100/14, WRP 2015, 898 Rn. 24 m.w.N. – *0%-Finanzierung*; Götting/*Nordemann*, § 5a UWG Rn. 125; Spindler/Schuster/*Micklitz/Namyslowska*, § 5a UWG Rn. 33.

56 LG Hamburg, Urt. v. 1.8.2013 – 327 O 116/13, WRP 2013, 1668 Rn. 16 – *Gebrauchtwagenanzeige*; so i.E. auch OLG Stuttgart, Urt. v. 12.12.2013 – 2 U 12/13 juris Rn. 63 f.; *Billing/Lang*, ZVertriebsR 2013, 207, 209.

hinreichend über das beworbene Produkt und dessen Preis informiert ist, um eine geschäftliche Entscheidung treffen zu können.[57] Die Auswahl anderer angebotener Ausführungen des Produkts muss der Verbraucher nicht aufgegeben haben.[58]

Unter Berufung auf die *EuGH*-Rechtsprechung geht auch der *BGH* davon aus, dass die kommerzielle Kommunikation des Unternehmers weder eine tatsächliche Möglichkeit bieten muss, das Produkt zu kaufen, noch im Zusammenhang mit einer solchen Möglichkeit stehen muss.[59] Hierin liegt ein maßgeblicher Unterschied zu den Anwendungsvoraussetzungen der fernabsatzrechtlichen Informationspflichten nach § 312d BGB i.V.m. Art. 246a EGBGB.[60] Denn das Vorliegen eines Fernabsatzvertrags hängt u.a. davon ab, dass der Vertragsschluss im Rahmen eines für den Fernabsatz organisierten Vertriebs- oder Dienstleistungssystems erfolgt (§ 312c Abs. 1 BGB). Erfasst werden auch von einem Dritten angebotene Fernabsatzsysteme (z.B. Online-Plattformen wie Amazon Marketplace).[61] Dagegen soll das Tatbestandsmerkmal nicht schon dann erfüllt sein, wenn Webseiten lediglich Informationen über den Unternehmer sowie seine Produkte und Kontaktdaten anbieten.[62] Im Kontext des § 5a Abs. 3 UWG ist eine unmittelbare Bestellmöglichkeit dagegen nicht erforderlich.[63] Unschädlich ist insofern, wenn der Verbraucher für den Erwerb eines via Printwerbung angepriesenen Produkts eine Verkaufsstelle oder Internetseite des Unternehmers aufsuchen muss.

2. *Vergleich zum Angebotsbegriff des BGB*

Die richtlinienkonforme Auslegung hat gezeigt: § 5a Abs. 3 UWG ist nicht nur bei einer sog. invitatio ad offerendum oder gar einem rechtlich bindenden

---

57 BGH, Urt. v. 18.4.2013 – I ZR 180/12, WRP 2013, 1459 Rn. 10 – *Brandneu von der IFA*; Urt. v. 9.10.2013 – I ZR 24/12, NJW-RR 2014, 817 Rn. 12 – *Alpenpanorama im Heißluftballon*; Urt. v. 4.2.2016 – I ZR 194/14, NJW-RR 2016, 1439 Rn. 13 – *Fressnapf*; KG, Urt. v. 20.12.2016 – 5 U 134/15 juris Rn. 7.

58 BGH, Urt. v. 2.3.2017 – I ZR 41/16, NJW-RR 2017, 1190 Rn. 17 m.w.N. – *Komplettküchen*; OLG Köln, Urt. v. 25.5.2012 – 6 U 236/11 juris Rn. 16; *Köhler*/Bornkamm/Feddersen, § 5a UWG Rn. 4.19.

59 BGH, Urt. v. 19.2.2014 – I ZR 17/13, WRP 2014, 686 Rn. 9 – *Typenbezeichnung*; Beschl. v. 28.1.2016 – I ZR 231/14, GRUR 2016, 399 Rn. 12 – *MeinPaket.de*.

60 Vgl. OLG Köln, Beschl. v. 9.1.2012 – 6 W 3/12 juris Rn. 2 zu den Vorgängervorschriften.

61 Erwägungsgrund 20 Satz 6 VR-RL; BeckOKBGB/*Martens*, § 312c BGB Rn. 25.

62 Erwägungsgrund 20 Satz 6 VR-RL.

63 OLG Hamm, Urt. v. 2.2.2012 – 4 U 168/11, WRP 2012, 984 Rn. 29; *von Oelffen*, Rn. 519.

Vertragsangebot i.S.d. § 145 BGB einschlägig.[64] Da der Grad der rechtlichen Verbindlichkeit des unternehmerischen Handelns kein taugliches Abgrenzungskriterium i.R.d. § 5a Abs. 3 UWG bildet, kann nicht auf den Angebotsbegriff des deutschen Zivilrechts zurückgegriffen werden.

Vor diesem Hintergrund sollten bzgl. des sachlichen Anwendungsbereichs der UWG-Impressumspflicht Formulierungen unterbleiben, die dahingehend missverstanden werden könnten, in der rechtlichen Verbindlichkeit eine zwingende Voraussetzung zu sehen. Das gilt insb. für die in älteren Urteilen gebrauchten Wendungen, wonach für ein Angebot gem. § 5a Abs. 3 UWG die Nennung der „wesentlichen Vertragsbestandteile“[65] bzw. „essentialia negotii“[66] ausreicht.[67] Diese assoziiert der juristische Leser mit dem deutschen Vertragsrecht, auch wenn ihnen eine dahingehende Bedeutung gar nicht zukommen sollte. Denn aus dem jeweiligen Kontext wird deutlich: Gemeint ist nichts anderes, als dass § 5a Abs. 3 UWG bei hinreichender Konkretisierung im Hinblick auf Produktmerkmale und Preis eingreift. In dieser Arbeit dienen daher die Termini „(hinreichend) konkretes Angebot“ und „Kaufaufforderung“ als kurze Umschreibungen des aufgezeigten Begriffsverständnisses.

3. *Zwischenergebnis*

Festhalten lässt sich, dass ein Angebot i.S.d. § 5a Abs. 3 UWG keinen bestimmten Grad an rechtlicher Verbindlichkeit erfordert. Vielmehr ist der sachliche Anwendungsbereich der UWG-Impressumspflicht eröffnet, wenn der Verbraucher hinreichend über Produkt und Preis informiert ist, um eine geschäftliche Entscheidung treffen zu können.

---

64 So bereits Begr. zum RegE des UWG 2008, BT-Drucks. 16/10145, S. 25; zustimmend BGH, Urt. v. 9.10.2013 – I ZR 24/12, NJW-RR 2014, 817 Rn. 12 – *Alpenpanorama im Heißluftballon*; *Köhler*/Bornkamm/Feddersen, § 5a UWG Rn. 4.19; *Billing/Lang*, ZVertriebsR 2013, 207, 208.

65 BGH, Urt. v. 29.4.2010 – I ZR 99/08, GRUR 2011, 82 Rn. 33 – *Preiswerbung ohne Umsatzsteuer*; OLG München, Urt. v. 20.10.2011 – 29 U 2357/11, WRP 2012, 230 Rn. 1 – *Identität.*

66 OLG München, Urt. v. 31.3.2011 – 6 U 3517/10 juris Rn. 27 – *Identitätsangabe in der Prospektwerbung*; OLG Hamm, Beschl. v. 11.8.2011 – 4 W 66/11 juris Rn. 4 – *Roller.*

67 So auch *Köhler*/Bornkamm/Feddersen, § 5a UWG Rn. 4.18; einschränkend nunmehr auch Harte-Bavendamm/Henning-Bodewig/*Dreyer*, § 5a UWG Rn. 129: Ein „Angebot“ liegt *jedenfalls* dann vor, wenn der Verbraucher das Geschäft abschließen kann, weil ihm die wesentlichen Vertragsbestandteile bekannt sind.

III. Anforderungen an die hinreichende Konkretisierung

Zu klären bleibt, welche Anforderungen an den hinreichend konkreten Hinweis auf die Merkmale und den Preis der angebotenen Waren oder Dienstleistungen zu stellen sind.

Zur Gewährleistung einer flexiblen, einzelfallbezogenen Handhabung legt § 5a Abs. 3 UWG fest, dass der Hinweis „in einer dem verwendeten Kommunikationsmittel angemessenen Weise" erfolgen muss. Umgesetzt wird damit der inhaltlich entsprechende Bestandteil der Definition der „Aufforderung zum Kauf" in Art. 2 lit. i UGP-RL. Somit hängen die Anforderungen an Genauigkeit und Ausführlichkeit der die UWG-Impressumspflicht auslösenden Angabe der Produktmerkmale und des Preises von der gewählten Kommunikationsform ab,[68] sie variieren zwischen Prospekt-, Internet-, Radio- und Fernsehwerbung. Die Einschränkung bedeutet aber keinen Verzicht auf das Erfordernis, dass das angebotene Produkt erkennbar und individualisiert sein muss.[69] Dass bei „Kleinanzeigen" in der Regel die Schwelle zur Kaufaufforderung noch nicht überschritten ist,[70] dürfte daher allenfalls bei Produkten mit hohem Individualisierungsgrad zutreffen.

Weder § 5a Abs. 3 UWG noch Art. 7 UGP-RL schränken die Freiheit des Unternehmers hins. der Wahl des Kommunikationsmittels ein, er muss sich lediglich an der verwendeten Werbeform messen lassen.[71]

1. *Angabe der Produktmerkmale*

Der Anwendungsbereich der UWG-Impressumspflicht ist nicht erst dann eröffnet, wenn ein Produkt eindeutig und in allen seinen Merkmalen genau beschrieben wird.[72] Würde man dies fordern, wäre § 5a Abs. 3 Nr. 1 UWG, der die Informationspflicht des Unternehmers auf alle wesentlichen Merkmale

---

68 Vgl. allg. zu § 5a Abs. 3 UWG: EuGH, Urt. v. 12.5.2011 – C-122/10, WRP 2012, 189 Rn. 45 – *Ving Sverige*; Urt. v. 26.10.2016 – C-611/14, WRP 2017, 31 Rn. 60 – *Canal Digital Danmark*; MüKoUWG/*Alexander*, § 5a Rn. 317 f.; Fezer/Büscher/*Obergfell*, § 5a UWG Rn. 122.

69 OLG Jena, Beschl. v. 20.3.2013 – 2 W 137/13, WRP 2013, 821 Rn. 3 – *Werbung mit einer Marke*.

70 *Gutachterausschuss für Wettbewerbsfragen*, WRP 2012, 924 f. unter Berufung auf OLG München, Urt. v. 3.12.2009 – 6 U 4594/09, n.v. nimmt das „insbesondere" für Gebrauchtwagen- und Immobilienanzeigen an.

71 *Alexander*, WRP 2012, 125, 129. Dazu auch S. 312 f.

72 *Birk*, GRUR-Prax 2014, 100.

ausweitet, überflüssig.[73] Somit gebietet die Regelung den zwingenden Umkehrschluss, dass für die Einstufung als Angebot i.S.d. § 5a Abs. 3 UWG nicht einmal die wesentlichen Produktmerkmale genannt sein müssen.

Entscheidend ist vielmehr, „ob der Verbraucher hinreichend informiert ist, um das Produkt im Hinblick auf eine geschäftliche Entscheidung identifizieren und unterscheiden zu können."[74] Das gilt ebenso für Produkte, die in verschiedenen Ausführungen angeboten werden, auch wenn zu deren näherer Darstellung auf die Webseite des Werbenden verwiesen wird.[75] Andernfalls könnte sich der Unternehmer leicht den erhöhten Informationsanforderungen des § 5a Abs. 3 UWG entziehen. Der Verweis kann jedoch nicht gänzlich über eine fehlende Individualisierung in der Werbung hinweghelfen.[76] Mit anderen Worten ist in einer Werbung nicht schon dadurch ein Angebot i.S.d. § 5a Abs. 3 UWG zu erblicken, dass sie auf eine Internetseite verweist, auf der die Produkte hinreichend konkret und individualisiert dargestellt sind.

Mithin richtet sich das Eingreifen der UWG-Impressumspflicht nach dem Grad der – aus Verbrauchersicht zu beurteilenden – Konkretisierung und Individualisierung des beworbenen Produkts, d.h. dessen Abgrenzbarkeit gegenüber anderen. Unter Berücksichtigung des Informationsinteresses des Verbrauchers dürften die Anforderungen umso größer sein, je höherwertig und komplex bzw. weniger standardisiert und bekannt das beworbene Produkt ist.[77]

a) Formen der Produktpräsentation

Ob das beworbene Produkt im Hinblick auf seine Merkmale ausreichend individualisiert ist, hängt auch vom eingesetzten Kommunikationsmittel ab.

Die umfangreichsten Möglichkeiten hat der stationäre Handel: Produkt-Hinweisschilder treten hier zum visuellen und haptischen Produkterlebnis hinzu. Unproblematisch zu bejahen ist ein ausreichender Hinweis auf die

---

73 Wie hier auch BGH, Urt. v. 18.10.2017 – I ZR 84/16, WRP 2018, 320 Rn. 16 – *Kraftfahrzeugwerbung*; OLG Schleswig, Urt. v. 3.7.2013 – 6 U 28/12, WRP 2013, 1366 Rn. 15.

74 EuGH, Urt. v. 12.5.2011 – C-122/10, WRP 2012, 189 Rn. 48 f. – *Ving Sverige*; BGH, Urt. v. 12.9.2013 – I ZR 123/12, WRP 2014, 435 Rn. 10 – *DER NEUE*.

75 EuGH, Urt. v. 12.5.2011 – C-122/10, WRP 2012, 189 Rn. 49 – *Ving Sverige*; *Birk*, GRUR-Prax 2014, 100.

76 OLG Jena, Beschl. v. 20.3.2013 – 2 W 137/13, WRP 2013, 821 Rn. 8 f. – *Werbung mit einer Marke*.

77 Vgl. *Köhler*/Bornkamm/Feddersen, § 5a UWG Rn. 4.16.

Produktmerkmale bei unmittelbarer Produktpräsentation z.B. in Form der Warenauslage im Ladengeschäft oder Schaufenster.[78]

Da aber bereits das Betreten der Verkaufsstelle eine geschäftliche Entscheidung darstellt (S. 116 ff., 297 ff.), kann z.B. bei Print-/Online-Werbung das Vorliegen eines Angebots i.S.d. § 5a Abs. 3 UWG nicht mit dem Argument abgelehnt werden, der Verbraucher wolle das Produkt vor dem endgültigen Kaufentschluss „live" in Augenschein nehmen.[79] Entscheidend ist allein, dass sich der Verbraucher eine Meinung über die Beschaffenheit und Merkmale des Produkts bilden kann, sodass auch eine „Bezugnahme in Wort oder Bild" ausreicht, selbst wenn das Produkt in verschiedenen Ausführungen angeboten wird.[80] Daher kann die Produktbeschreibung selbstverständlich auch durch Worte und Abbildungen (im Internet, in Prospekten wie auch Speisekarten) oder durch bewegte Bilder (in Film- oder Fernsehwerbespots) erfolgen.[81] Ob der Verbraucher hinreichend informiert wird, um das Produkt im Hinblick auf eine geschäftliche Entscheidung identifizieren und unterscheiden zu können, ist dabei einzelfallabhängig zu ermitteln.[82] Ein sehr anschauliches Beispiel, wo dies vom zuständigen Gericht bei bloßer bildlicher Darstellung bejaht wurde, bildet eine ganzseitige Werbeanzeige für die in den Aral „Petit Bistros" erhältlichen „Crossinos – Unsere Genießerbaguettes":

> *„Die Abbildung enthält (...) eine hinreichende Zahl an Informationen über die Zusammensetzung der Baguettes (…). So lässt sich der Abbildung entnehmen, dass das vordere ‚Crossino' aus einem Mehrkorn- oder Vollkornbrot, belegt mit Tomate, Salat und Käse, besteht (...). Das mittlere Baguette lässt einen Belag aus Salat, Tomate und Fleisch (vermutlich Geflügel) erkennen. Das hintere Baguette ist mit Salat, Gurken, Ei und Wurst (oder Schinken) belegt."*[83]

Im konkreten Fall war die ausreichende Identifizierung v.a. deshalb möglich, weil sich die Kaufentscheidung eines Tankstellenkunden für eine Zwischenmahlzeit in erster Linie am äußeren Erscheinungsbild orientieren wird.[84]

---

78 *Alexander*, WRP 2012, 125, 129; *von Oelffen*, Rn. 498, 507.

79 OLG Nürnberg, Urt. v. 19.8.2014 – 3 U 1081/14, GRUR-RR 2015, 117 Rn. 17 – *Komplette Gleitsichtbrille*; LG Aachen, Urt. v. 10.2.2017 – 42 O 120/16 juris Rn. 24.

80 EuGH, Urt. v. 12.5.2011 – C-122/10, WRP 2012, 189 Rn. 46 – *Ving Sverige*; OLG Düsseldorf, Urt. v. 2.10.2012 – 20 U 223/11 juris Rn. 19; OLG Saarbrücken, Urt. v. 6.3.2013 – 1 U 41/12-13, WRP 2013, 940 Rn. 15.

81 *Alexander*, WRP 2012, 125, 129; LG Aachen, Urt. v. 10.2.2017 – 42 O 120/16 juris Rn. 21.

82 EuGH, Urt. v. 12.5.2011 – C-122/10, WRP 2012, 189 Rn. 48 f. – *Ving Sverige*.

83 OLG Hamm, Urt. v. 27.2.2014 – 4 U 144/13 juris Rn. 45 ff. – *Aral Crossinos*.

84 OLG Hamm, Urt. v. 27.2.2014 – 4 U 144/13 juris Rn. 47 – *Aral Crossinos*.

Mit der wachsenden Verbreitung der Sprachsteuerung im Alltag der Menschen nehmen auch deren Einsatzfelder zu. Inzwischen können Verbraucher auch Kaufverträge mithilfe der Sprachassistenten Siri, Alexa und Cortana schließen. Wird im Rahmen der Sprachassistenz die Möglichkeit geboten, Waren/Dienstleistungen zu bestellen, ist ein Angebot i.S.d. § 5a Abs. 3 gegeben,[85] da der Verbraucher eine Kaufentscheidung treffen kann.

b) Abgrenzung gegenüber reiner Aufmerksamkeitswerbung

Aufgrund des bezweckten Verbraucherschutzes ist der Angebotsbegriff des § 5a Abs. 3 UWG zwar weit auszulegen. Seine Grenze findet er jedoch in bloßer *Aufmerksamkeitswerbung*, welche die Voraussetzungen an ein Angebot i.S.d. Vorschrift nicht erfüllt.[86] Gleiches gilt für *Image- oder Erinnerungswerbung* sowie Produktwerbung ohne Angabe irgendwelcher Preise (dazu später mehr).[87] Bei diesen Werbeformen kommt die UWG-Impressumspflicht nicht zur Anwendung. Dem Anwendungsbereich des § 5a Abs. 3 Nr. 2 UWG unterfällt nur hinreichend konkrete Absatzwerbung. Dagegen hat Aufmerksamkeits- oder Imagewerbung die Präsentation von Unternehmen, Marken oder Produktsortimenten zum Gegenstand. Herausgestellt werden dabei etwa die hohe Qualität oder positive Bewertung durch das Zielpublikum. Wird eine Marke bzw. Produktgattung beworben, fehlt die ausreichende Individualisierung.[88] In diesem Fall zielt die Werbung lediglich auf die Aufmerksamkeit und das Interesse des Verbrauchers. Da letzterer auf Grundlage derart abstrakt gehaltener Werbungen keine geschäftlichen Entscheidungen treffen kann, erfüllen diese im Gegensatz zu Werbemaßnahmen für konkrete Produkte nicht die vom EuGH aufgestellten Anforderungen.

Veranschaulichen lässt sich die Abgrenzung zwischen Angeboten i.S.d. § 5a Abs. 3 UWG und reiner Aufmerksamkeitswerbung anhand einer Entscheidung des *OLG Jena*: Nicht ausgelöst wird die Informationspflicht des § 5a Abs. 3 Nr. 2 UWG durch Aussagen wie „hochwertige Winterjacken eingetroffen",

---

85 Spindler/Schuster/*Micklitz/Namyslowska*, § 5a UWG Rn. 62; *Koch/Schmidt-Hern*, WRP 2018, 671 Rn. 15.

86 Begr. zum RegE des UWG 2008, BT-Drucks. 16/10145, S. 25.

87 *Köhler*/Bornkamm/Feddersen, § 5a UWG Rn. 4.20; *Birk*, GRUR-Prax 2014, 100, 101; vgl. OLG Schleswig, Urt. v. 3.7.2013 – 6 U 28/12, WRP 2013, 1366 Rn. 16.

88 OLG Jena, Beschl. v. 20.3.2013 – 2 W 137/13, WRP 2013, 821 Rn. 3 ff. – *Werbung mit einer Marke*; *Billing/Lang*, ZVertriebsR 2013, 207, 209.

„Markenkleidung ständig günstig" und „Autorisierter Markenhändler".[89] Denn diese pauschalen Anpreisungen beziehen sich nicht auf ein konkretes Produkt, sondern generell auf den Verkäufer und dessen Produktpalette. Sie bilden keine hinreichende Informationsgrundlage für eine geschäftliche Entscheidung des Verbrauchers. Anzunehmen ist eine unzureichende Individualisierung auch für die weitere Werbeaussage „L. 10,- € günstiger – jedes Teil ab 24,99 € ggü. UVP" – und zwar ungeachtet der nicht hinreichend konkreten Preisangabe.[90] Denn „L." bezeichnet nur die Marke, sodass unterschiedliche Produkte und nicht mehrere Ausführungen eines Produkts beworben werden. Welche das genau sind, geht aus der Zeitungsanzeige allerdings weder wörtlich noch bildlich hervor. Und auch der Aussage „B. Jeans je 39,- €" kann der Verbraucher ohne detaillierte Abbildung nicht entnehmen, welche Hosen der Marke B. zum genannten Preis angeboten werden.[91] Anders bei einem gleich lautenden Aufsteller im Ladengeschäft: Eine ausreichende Konkretisierung ergibt sich hier regelmäßig durch die in unmittelbarer räumlicher Nähe befindlichen Produkte mit entsprechendem Preisetikett.

Eine hinreichende Individualisierung ist etwa bei der nachfolgend abgedruckten Zeitungsanzeige anzunehmen. Denn durch die Abbildung und angegebenen Produktmerkmale wird – wie auch der *BGH* festgestellt hat – ein bestimmtes Kraftfahrzeugmodell („Suzuki Swift 1.2 3-Türer Club") beworben und trotz fehlender Angaben zu Motorstärke und benötigtem Treibstoff nicht lediglich eine unspezifische Modellreihe.[92]

---

89 OLG Jena, Beschl. v. 20.3.2013 – 2 W 137/13, WRP 2013, 821 Rn. 10 – *Werbung mit einer Marke*; vgl. auch *von Stumm*, GWR 2017, 5, 6 „Wir verkaufen Möbel online, besucht unsere Website".

90 OLG Jena, Beschl. v. 20.3.2013 – 2 W 137/13, WRP 2013, 821 Rn. 5 ff. – *Werbung mit einer Marke*.

91 OLG Jena, Beschl. v. 20.3.2013 – 2 W 137/13, WRP 2013, 821 Rn. 9 – *Werbung mit einer Marke*.

92 BGH, Urt. v. 18.10.2017 – I ZR 84/16, WRP 2018, 320 Rn. 16 – *Kraftfahrzeugwerbung*; sowie in einem nahezu gleich gelagerten Fall mit Urt. vom selben Tag (I ZR 260/16 juris Rn. 18).

Abbildung 1: Zeitungswerbung für einen „Suzuki Swift 1.2 3-Türer Club“ (BGH, Urt. v. 18.10.2017 – I ZR 84/16 – *Kraftfahrzeugwerbung*)

Das Kriterium der hinreichenden Individualisierung gilt nicht nur für Gattungskäufe, sondern kommt auch im Hinblick auf Stückkäufe (z.B. Gebrauchtwagen) zur Anwendung.[93]

Auch bei Reisewerbung, die neben einer Preisangabe den Anbieter, Leistungsgegenstand sowie Buchungszeitraum und die Reisedauer bezeichnet, sieht die *Rechtsprechung* die Voraussetzungen des § 5a Abs. 3 UWG als erfüllt an.[94] So stufte das *OLG Celle* die Werbeanzeige für eine Kreuzfahrt („FlussErlebnis“) als hinreichend individualisiertes und konkretes Angebot ein, da neben der Preisbeschreibung „Doppelkabine mit Vollpension pro Person ab € 649“ die

93 OLG Karlsruhe, Urt. v. 28.8.2013 – 6 U 57/13 juris Rn. 16 f. – *gebrauchter Ferrari.*

94 BGH, Urt. v. 7.5.2015 – I ZR 158/14, WRP 2015, 1464 Rn. 38 – *Der Zauber des Nordens* im Kontext von § 1 PAngV; KG, Urt. v. 20.12.2016 – 5 U 134/15 juris Rn. 8; siehe dazu auch S. 187 f.

Reisetermine, -dauer und -route genannt wurden.[95] Auch ohne weitergehende Angaben zum Standard der Schiffskabinen beschränke sich die Werbung nicht auf die Anpreisung einer Produktgattung bzw. Marke.[96]

2. Angabe des Preises

Neben der erforderlichen Individualisierung des beworbenen Produkts verlangt § 5a Abs. 3 UWG – wie auch das zugrunde liegende Richtlinienmerkmal der „Aufforderung zum Kauf“ – die Angabe des Preises. Eine Werbemaßnahme für ein spezifisches Produkt, dessen Art, Merkmale und Vorteile ausführlich beschrieben werden, ohne dass zugleich ein Preis genannt wird, erfüllt folglich nicht die Anforderungen.[97] Das bedeutet: Um der Informationspflicht des § 5a Abs. 3 Nr. 2 UWG zu entgehen, kann der werbende Unternehmer auf die Angabe des Preises verzichten. Es bleibt dann bei der Anwendung des Grundtatbestands (§ 5a Abs. 2 UWG), womit sich die Vorschrift als Ausprägung des Konzepts abgestufter Informationspflichten (S. 171 f.) darstellt. Ein solches liegt auch der Preisangabenverordnung zugrunde, die den Unternehmer nicht generell zur Angabe seiner Preise verpflichtet. Wirbt er aber mit Preisen, muss er die Regelungen der PAngV beachten, soweit diese unionsrechtskonform sind.[98] So trifft den Unternehmer auch die Informationspflicht des § 6a PAngV nur bzgl. Werbung für Verbraucherdarlehen unter Verwendung konkreter Zahlen (wie Zinssätze oder sonstige Kosten), nicht hingegen bei reiner Imagewerbung.[99]

Als Preisangabe i.S.d. § 5a Abs. 3 UWG ist aus Gründen des bezweckten Verbraucherschutzes auch ein 0,0%-Zinssatz anzusehen, sodass die UWG-Impressumspflicht bei der Werbung für unentgeltliche Finanzdienstleistungen zur Anwendung kommt.[100] Allgemein können kostenlose bzw. unentgeltliche

---

95 OLG Celle, Beschl. v. 29.10.2013 – 13 W 79/13 juris Rn. 13 – *FlussErlebnis*.

96 OLG Celle, Beschl. v. 29.10.2013 – 13 W 79/13 juris Rn. 13 – *FlussErlebnis*; so bereits OLG Frankfurt a.M., Beschl. v. 21.5.2013 – 6 U 60/13 juris Rn. 6.

97 *Kommissionsdienststellen*, UGP-Leitlinien 2009, SEK(2009) 1666, S. 56.

98 *Köhler*/Bornkamm/Feddersen, Vorb. PAngV Rn. 2; Harte-Bavendamm/Henning-Bodewig/*Weidert*, Einf. zur PAngV Rn. 1.

99 Harte-Bavendamm/Henning-Bodewig/*Weidert*, § 6a PAngV Rn. 10; vgl. auch Begr. zum RegE des Gesetzes zur Umsetzung der Verbraucherkredit-RL (2009), BT-Drucks. 16/11643, S. 143.

100 OLG Düsseldorf, Urt. v. 30.4.2015 – I-15 U 100/14, WRP 2015, 898 Rn. 27, 29 – *0 %-Finanzierung*.

Waren-/Dienstleistungsofferten ein Angebot i.S.d. § 5a Abs. 3 UWG darstellen, sofern den Verbraucher bei Geschäftsabschluss Nebenpflichten treffen oder er als Gegenleistung mit seinen Daten bezahlt.[101]

Parallel zu den Überlegungen hins. der Produktmerkmale ergibt sich die Frage, wie konkret die geforderte Preisangabe erfolgen muss, damit keine reine Aufmerksamkeitswerbung vorliegt. Mit anderen Worten: Was genau ist unter dem Begriff des „Preises“ in § 5a Abs. 3 UWG bzw. Art. 2 lit. i UGP-RL zu verstehen?

a) Entbehrlichkeit einer konkreten Endpreisangabe

Erwägen ließe sich, dass der Terminus eine exakte Fest- bzw. Endpreisangabe meint, mit dem Argument, einzig diese versetze den Verbraucher in die Lage, eine geschäftliche Entscheidung zu treffen. Ein derart enges Verständnis erscheint jedoch unter Berücksichtigung der vorstehenden Ausführungen zu den Produktmerkmalen sehr zweifelhaft, da in Bezug auf beide Aspekte äquivalente Anforderungen gelten dürften. Für eine weite Auslegung spricht außerdem der Begriff des „Preises“ selbst. Wäre in den Augen des Richtliniengebers die Angabe eines exakten Fest- bzw. Endpreises erforderlich, hätte er dies durch eine entsprechende Formulierung explizit klarstellen können. Das ist jedoch gerade nicht geschehen. Gestützt wird dieses Verständnis auch durch einen Umkehrschluss aus dem Wortlaut der Nr. 5 im Anhang I zur UGP-RL, der neben der Aufforderung zum Kauf die Angabe eines bestimmten Preises verlangt.[102]

Ferner zeigt ein systematischer Vergleich zur Informationspflicht des § 5a Abs. 3 Nr. 3 UWG, dass Preisbegriffe mit strengeren Anforderungen bekannt sind: Unter „Gesamtpreis“ ist in richtlinienkonformer Auslegung am Maßstab des Art. 7 Abs. 4 lit. c UGP-RL der Endpreis (so auch der frühere UWG-Wortlaut) einschließlich aller Steuern und Abgaben (insb. der Umsatzsteuer)[103] zu verstehen.[104] Überdies lässt sich der Regelung des § 5a Abs. 3 Nr. 3 UWG – entsprechend dem oben zu Nr. 1 Gesagten – im Umkehrschluss entnehmen: Für

---

101 So auch *Köhler*/Bornkamm/Feddersen, § 5a UWG Rn. 4.13.

102 MüKoUWG/*Alexander*, § 5a Rn. 322.

103 BGH, Urt. v. 29.4.2010 – I ZR 99/08, GRUR 2011, 82 Rn. 32 – *Preiswerbung ohne Umsatzsteuer*.

104 *Kommissionsdienststellen*, UGP-Leitlinien 2016, SWD(2016) 163 final, S. 87; Fezer/Büscher/*Obergfell*, § 5a UWG Rn. 148; *Köhler*/Bornkamm/Feddersen, § 5a UWG Rn. 4.44; Ohly/*Sosnitza*, § 5a UWG Rn. 77.

ein hinreichend konkretes Angebot ist die Gesamtpreisangabe ausreichend, aber nicht zwingend erforderlich.[105] Denn wäre bereits zur Eröffnung des Anwendungsbereichs von § 5a Abs. 3 UWG ein Hinweis auf den Gesamt- bzw. Endpreis notwendig, käme der Informationspflicht der Nr. 3 keine eigenständige Bedeutung mehr zu.

Festzuhalten bleibt daher: Auch ohne einen exakten Endpreis für die beworbene Ware/Dienstleistung zu nennen, kann eine Werbemaßnahme die Informationspflicht des § 5a Abs. 3 Nr. 2 UWG auslösen. Um deren sachlichem Anwendungsbereich zu entgehen, variieren Unternehmer die Gestaltung ihrer Werbung hins. der Preisangaben auf unterschiedlichste Weise. Zu nennen sind hier v.a. Disclaimer und sog. „ab"-Preise („*Alle Angebote sind ausschließlich unverbindliche Preisempfehlungen*" und/oder „*Nur in teilnehmenden Märkten erhältlich*"). Inwieweit sich diese tatsächlich auf das Eingreifen der UWG-Impressumspflicht auswirken, soll im Folgenden untersucht werden.

b) Preisuntergrenzen (sog. „ab"-Preise)

Ist ein Produkt in verschiedenen Ausführungsmodalitäten erhältlich, wird in der Werbung häufig nur eine Preisuntergrenze (sog. „ab"-Preis) angegeben. Unternehmer berufen sich in diesen Fällen darauf, es handele sich um reine Aufmerksamkeitswerbung ohne Angebotscharakter. Eine solche Werbemaßnahme sei – so das vorgebrachte Argument – in Richtung auf einen Geschäftsabschluss noch nicht hinreichend konkret.

Der Einfluss von Preisuntergrenzen auf die Anwendbarkeit der gesteigerten Informationspflichten nach Art. 7 Abs. 4 UGP-RL bzw. § 5a Abs. 3 UWG ist Gegenstand diverser Gerichtsurteile. Davon zu unterscheiden ist die nachgelagerte Frage, ob „ab"-Preise den in Art. 7 Abs. 4 lit. c UGP-RL / § 5a Abs. 3 Nr. 3 UWG festgelegten Erfordernissen bzgl. der Nennung des Gesamtpreises genügen.[106]

aa) Ving Sverige-Urteil des EuGH

2011 bekam der *EuGH* Gelegenheit, sich zur Werbung mit Preisuntergrenzen zu äußern: Er wurde von einem schwedischen Gericht um Vorabentscheidung ersucht in einem Rechtsstreit zwischen dem schwedischen Verbraucherschutzbeauftragten und der Ving Sverige AB, einem Reisebüro, das Charter- und Pauschalreisen mit Linienflügen veranstaltet und vertreibt – und zwar über Internet

---

105 Vgl. OLG Hamm, Urt. v. 27.2.2014 – 4 U 144/13 juris Rn. 45 – *Aral Crossinos*.
106 EuGH, Urt. v. 12.5.2011 – C-122/10, WRP 2012, 189 Rn. 60 ff. – *Ving Sverige*.

und Telefon, in Verkaufsstellen des Unternehmens sowie in ausgewählten Reisebüros in ganz Schweden.[107] Dabei ging es um folgende Werbeanzeige:

> *„New York (USA) ab 7.820 Kronen", „Flüge ab Arlanda mit British Airways, zwei Übernachtungen im Hotel Bedford - Preis pro Person im Doppelzimmer - einschließlich Flughafengebühren. (...) Betrifft ausgewählte Reisen von September-Dezember. Begrenzte Platzzahl", „Vingflex.se Tel. 0771-995 995".*[108]

Einen festen Endpreis nannte die in einer Tageszeitung erschienene Werbung nicht. Das Luxemburger Gericht entschied zum Tatbestandsmerkmal der „Aufforderung zum Kauf": Die Voraussetzung der Preisangabe kann auch bei Nennung lediglich des Preises der kostengünstigsten von mehreren erhältlichen Ausführungen des Produkts bzw. der Produktgruppe erfüllt sein (sog. „ab"-Preis), sofern der Verbraucher in die Lage versetzt wird, eine geschäftliche Entscheidung zu treffen.[109] Diese Beurteilung erscheint zwingend, andernfalls könnten die Pflichten nach Art. 7 Abs. 4 UGP-RL und der damit bezweckte Verbraucherschutz leicht umgangen werden. Kommerzielle Kommunikation bräuchte nur einen „ab"-Preis nennen, um nicht als Aufforderung zum Kauf mit der Folge der verstärkten Informationspflichten eingestuft zu werden, wodurch deren praktische Wirksamkeit stark beeinträchtigt würde.[110] Außerdem hat die Preisangabe nach Art. 2 lit. i UGP-RL in einer den Mitteln der verwendeten kommerziellen Kommunikation angemessenen Weise zu erfolgen. Ist das Produkt jedoch in verschiedenen Ausführungen oder mit unterschiedlichen Merkmalen erhältlich, kann die Auflistung sämtlicher Preisalternativen je nach eingesetztem Medium schwierig sein.[111] Man denke etwa an den begrenzten Platz in Zeitungsanzeigen oder kurzen Fernsehwerbespots.

bb) Nationale Rechtsprechung im Kontext von Reisewerbungen

Mit dem Angebotscharakter von Werbungen mit Preisuntergrenzen beschäftigen sich auch diverse nationale Gerichtsentscheidungen. Die zugrunde liegenden Fallkonstellationen weisen starke Ähnlichkeiten zur Fallkonstellation des *Ving Sverige*-Urteils des EuGH auf.

---

107 EuGH, Urt. v. 12.5.2011 - C-122/10, WRP 2012, 189 f. - *Ving Sverige*.

108 EuGH, Urt. v. 12.5.2011 - C-122/10, WRP 2012, 189 Rn. 16 - *Ving Sverige*.

109 EuGH, Urt. v. 12.5.2011 - C-122/10, WRP 2012, 189 Rn. 41 - *Ving Sverige*.

110 EuGH, Urt. v. 12.5.2011 - C-122/10, WRP 2012, 189 Rn. 39 - *Ving Sverige*; so bereits zur selben Rechtssache *GA Mengozzi*, SchlA v. 3.2.2011, ECLI:EU:C:2011:47 Rn. 35.

111 EuGH, Urt. v. 12.5.2011 - C-122/10, WRP 2012, 189 Rn. 37 - *Ving Sverige*.

Insofern überrascht nicht, dass dessen Argumentationslinie von den nationalen Gerichten aufgegriffen wurde. So kamen etwa die *Oberlandesgerichte Hamburg* und *Schleswig* zu dem Ergebnis, dass der Verbraucher hinreichend über den Reisepreis sowie die maßgeblichen Leistungsinhalte informiert sei, um eine geschäftliche Entscheidung zu treffen.[112] Dem *OLG Hamburg* lag eine Zeitungsanzeige für Mittelmeer-Kreuzfahrten mit der Preisangabe „ab € 1.999*" vor, welche „p.P. in einer Deluxe-Außenkabine mit Balkon" gelten sollte.[113] Dass die Werbung zwar Reiseregion und -zeit, aber weder das jeweilige Schiff mitsamt Reiseroute, An- und Abfahrtshäfen noch den von der Buchungsvariante abhängigen tatsächlich zu zahlenden Preis benennt, hielt das Gericht für unschädlich und bejahte das Vorliegen eines Angebots i.S.d. § 5a Abs. 3 UWG.[114] Und das *OLG Schleswig* beanstandete die Angabe von Abfahrts-/Zielort, Reisedauer, inkludierten Unterbringungs- und Verpflegungsleistungen nicht, obwohl die Werbeanzeige weder einen Reisezeitraum erkennen ließ, noch für welche konkreten Übernachtungsmodalitäten (Kabinentyp) die genannten „ab"-Preise gelten sollten.[115] Der Durchschnittsverbraucher sei daran gewöhnt, dass sich die Mindest- oder „ab"-Preise auf die Doppelbelegung in der einfachsten Zimmer- bzw. Kabinenkategorie beziehen.[116] Dieser Annahme des Gerichts ist zuzustimmen, da z.B. Hotelpreise in der Regel auf ähnliche Weise angegeben werden, nämlich pro Nacht und Person im Doppelzimmer. Dagegen fällt der Preis für ein Doppelzimmer zur Einzelbelegung oder ein Einzelzimmer höher aus. Ferner dürfte dem angesprochenen Verkehr die mit einer komfortableren Unterbringung wie einem größeren Zimmer oder zusätzlichen Inklusivleistungen (Sport-/Freizeitprogramme, Benutzung von Business-/Executive-Lounges etc.) verbundene Preiserhöhung bewusst sein.

In die Entscheidungsserie zu Printwerbungen für Kreuzfahrten reiht sich ein späteres *BGH*-Urteil ein, das ohne lange Ausführungen zur Preisangabe auskommt: Hierfür könne ein „ab"-Preis genügen, wenn dieser aufgrund der Beschaffenheit und der Merkmale von Produkt und verwendetem Medium den Verbraucher in die Lage versetzt, eine geschäftliche Entscheidung

---

112 OLG Hamburg, Beschl. v. 14.9.2012 – 3 W 76/12 juris Rn. 12-15; OLG Schleswig, Urt. v. 3.7.2013 – 6 U 28/12, WRP 2013, 1366 Rn. 13 f., 18 f.

113 OLG Hamburg, Beschl. v. 14.9.2012 – 3 W 76/12 juris Rn. 6.

114 OLG Hamburg, Beschl. v. 14.9.2012 – 3 W 76/12 juris Rn. 15.

115 OLG Schleswig, Urt. v. 3.7.2013 – 6 U 28/12, WRP 2013, 1366 Rn. 10, 18 f.; so auch OLG Rostock, Urt. v. 27.3.2013 – 2 U 21/12, WRP 2013, 1368 Rn. 24 ff.

116 OLG Schleswig, Urt. v. 3.7.2013 – 6 U 28/12, WRP 2013, 1366 Rn. 19.

zu treffen.[117] Damit bestätigt der *BGH* die von den Oberlandesgerichten auf § 5a Abs. 3 UWG übertragenen Kriterien des EuGH zur Beurteilung von Preisuntergrenzen.

cc) Produktwerbung außerhalb der Reisebranche

Außerhalb der Reisebranche sei auf ein Urteil des *OLG München* hingewiesen, das eine BILD-Zeitungsanzeige für ein Frühstücksangebot bei McDonald's zum Gegenstand hat.[118] Dessen maßgebliche Aussagen betreffen die Frage, ob der Werbende hins. der nach § 5a Abs. 3 Nr. 2 UWG geforderten Informationen zulässigerweise auf seine Webseite verweisen darf (dazu S. 327 ff.). Zunächst musste sich das Gericht allerdings mit dem Angebotscharakter – insb. im Hinblick auf die Angabe lediglich eines als unverbindliche Preisempfehlung bezeichneten Eckpreises (ab 1€) – in der Werbeanzeige für einen 0,2l-Becher Kaffee auseinandersetzen:

117 BGH, Urt. v. 7.5.2015 – I ZR 158/14, WRP 2015, 1464 Rn. 37 – *Der Zauber des Nordens* zu § 1 PAngV; so bereits die Vorinstanz OLG München, Urt. v. 15.5.2014 – 6 U 3188/13 juris Rn. 41; jeweils unter Verweis auf EuGH, Urt. v. 12.5.2011 – C-122/10, WRP 2012, 189 Rn. 40 f. – *Ving Sverige.*

118 OLG München, Urt. v. 15.5.2014 – 6 U 3500/13, ZVertriebsR 2015, 51 – *McDonald's.* Die gegen das Urt. eingelegte Nichtzulassungsbeschwerde hat der BGH zurückgewiesen, Beschl. v. 2.4.2015 – I ZR 131/14.

Abbildung 2: *McDonald's*-Werbeanzeige mit Eckpreisangabe (OLG München, Urt. v. 15.5.2014 – 6 U 3500/13)

Die Beklagte berief sich darauf, dass es bereits an einem Angebot i.S.d. § 5a Abs. 3 UWG fehle: Der beworbene „ab"-Preis stelle nur eine Aufmerksamkeitswerbung mit einer unverbindlichen Preisempfehlung dar, die in Richtung auf einen Geschäftsabschluss noch nicht hinreichend konkret sei.[119] Dieses Vorbringen wies das *OLG München* unter Hinweis auf die EuGH-Rechtsprechung knapp, aber bestimmt zurück und stellte klar: Die erforderliche Preisinformation umfasse nicht notwendig den Preis, „den der Verbraucher zu bezahlen

119 OLG München, Urt. v. 15.5.2014 – 6 U 3500/13, ZVertriebsR 2015, 51 Rn. 33 – *McDonald's*.

hätte", ausreichen könne auch die Angabe eines Eck- bzw. „ab"-Preises.[120] Damit bekräftigt das Urteil die mittlerweile herrschende Auffassung, dass die Verwendung von Preisuntergrenzen nicht geeignet ist, der Werbemaßnahme den Angebotscharakter zu nehmen. Denn eine geschäftliche Entscheidung trifft ein Verbraucher nicht nur, wenn der Werbende einen festen Endpreis angibt, sondern auch bei einem bloßen Eck- oder Mindestpreis.[121] Dass dies nach Ansicht des *OLG München* auch für unverbindliche Preisempfehlungen gilt, kann dem Urteil mangels hierzu getroffener abweichender Aussagen zwischen den Zeilen entnommen werden. Ausführlich wird diese weitere spezielle Form der Preisangabe und deren Behandlung in Rechtsprechung und Literatur auf S. 194 ff. analysiert.

Die streitgegenständliche Zeitungswerbung wurde vom *OLG München* auch hins. des erforderlichen Hinweises auf die Produktmerkmale als Angebot i.S.d. § 5a Abs. 3 UWG eingestuft: Die Abbildung informiere den Verbraucher hinreichend über die beworbenen Waren, um ihm eine geschäftliche Entscheidung zu ermöglichen.[122]

dd) Stellungnahme

Bei Reisen stehen regelmäßig verschiedene Buchungsvarianten zur Verfügung und der vom Verbraucher zu zahlende Preis variiert je nach Reisedauer und gewählter Kategorie (Zimmerbelegung, Verpflegung etc.). Eine exakte Endpreisangabe ist in der Werbung noch nicht möglich, weshalb in der Regel nur ein „ab"-Preis genannt ist. Dieser löst zusammen mit identifizierenden Reisemerkmalen die Informationspflichten des § 5a Abs. 3 UWG aus. Denn durch die erlangten Anhaltspunkte konkretisiert sich die Vorstellung des Verbrauchers von der beworbenen Reise und deren Preis-Leistungsverhältnis. Er kann sie von anderen unterscheiden sowie beurteilen, ob sie seinen Vorstellungen und seinem Budget entspricht, und infolgedessen eine geschäftliche Entscheidung treffen. Überdies zielt Werbung mit Mindestpreisen nicht nur auf eine abstrakte

---

120 OLG München, Urt. v. 15.5.2014 – 6 U 3500/13, ZVertriebsR 2015, 51 Rn. 33 – *McDonald's*; so auch OLG Nürnberg, Urt. v. 19.8.2014 – 3 U 1081/14, GRUR-RR 2015, 117 Rn. 18 – *Komplette Gleitsichtbrille*.

121 I.E. auch Götting/*Nordemann*, § 5a UWG Rn. 125; *Kieffer*, S. 152 f.; *von Oelffen*, Rn. 473; *Birk*, GRUR-Prax 2014, 100.

122 OLG München, Urt. v. 15.5.2014 – 6 U 3500/13, ZVertriebsR 2015, 51 Rn. 34 – *McDonald's*.

Reiselust, wie das etwa bei reiner Imagewerbung zu Reisezielen/-regionen bzw. Hotelketten oder Reiseveranstaltern der Fall ist.

Die Erwägungen gelten allgemein für Produkte, die in verschiedenen Ausführungen erhältlich sind. Eine Einstufung von Preisuntergrenzen als hinreichende Preisangabe i.S.d. § 5a Abs. 3 UWG gebietet auch das weite Begriffsverständnis der geschäftlichen Entscheidung: Darunter fällt nicht nur der Entschluss des Verbrauchers zum Kauf bzw. zur Buchung, sondern auch vorgelagerte Entscheidungen wie das Aufsuchen der Verkaufsstelle (S. 116 ff., 297 ff.). Hierzu schaffen aber auch „ab"-Preise einen ausreichenden Anreiz, da sie als Vergleichsgrundlage verschiedener Angebote dienen. Denn aus ihnen lässt sich für den Verbraucher entnehmen, dass zumindest eine Produktversion zu diesem Preis sowie weitere Varianten zu höheren Preisen erhältlich sind.[123] Das gilt jedoch nur bei mehreren Ausführungen eines Produkts bzw. einer Produktgruppe, sodass anders als bei der Bewerbung eines ganzen Sortiments mit einem „ab"-Preis nicht nur der Eindruck eines allgemeinen Preisniveaus entsteht.[124]

c) Internetauktionen

Im E-Commerce erfolgt heute ein nicht zu vernachlässigender Anteil der Kaufverträge über Internet-Auktionsplattformen wie *eBay*, *Amazon Marketplace* etc.

Der Vertragsschluss erfolgt bei Online-Auktionen durch Willenserklärungen des Anbieters und des Bieters (§§ 145 ff. BGB), nicht durch hoheitlichen Akt in Form eines Zuschlags (§ 156 BGB) wie bei herkömmlichen Versteigerungen.[125] Damit handelt es sich beim Einstellen des Auktionsgegenstands durch den Verkäufer um eine rechtsverbindliche Erklärung (Angebot ad incertas personas oder antizipierte Annahme)[126]. Dieser könnte aber mangels Preisangabe der Angebotscharakter gem. § 5a Abs. 3 UWG abzusprechen sein, da in diesem Zeitpunkt der spätere Kaufpreis noch nicht feststeht. Das steht allerdings selbst der Annahme einer rechtlich bindenden Willenserklärung nicht entgegen, weil der

123 *GA Mengozzi*, SchlA v. 3.2.2011, Rs. C-122/10 – *Ving Sverige*, ECLI:EU:C:2011:47 Rn. 36.

124 So auch *Alexander*, WRP 2012, 125, 130.

125 BGH, Urt. v. 7.11.2001 – VIII ZR 13/01, NJW 2002, 363, 364 – *ricardo.de*; MüKoBGB/*Busche*, § 145 Rn. 17, § 156 Rn. 3; Spindler/Schuster/*Spindler*, § 156 BGB Rn. 4 f. unter Hinweis auf anders zu beurteilende Live-Auktionen; *Neubauer/Steinmetz* in Hoeren/Sieber/Holznagel, Teil 14 Rn. 15 ff.

126 BGH, Urt. v. 7.11.2001 – VIII ZR 13/01, NJW 2002, 363, 364 – *ricardo.de*; *Neubauer/Steinmetz* in Hoeren/Sieber/Holznagel, Teil 14 Rn. 20 f.; MüKoBGB/*Busche*, § 145 Rn. 17; *Deutsch*, MMR 2004, 586.

Preis zumindest hinreichend bestimmbar ist.[127] In diese Richtung lässt sich auch hins. der Anwendbarkeit des § 5a Abs. 3 UWG argumentieren: Der sich aus dem Mindestgebot ergebende Mindestpreis entspricht nicht einer als ausreichende Preisangabe i.S.d. Vorschrift anerkannten Preisuntergrenze (S. 186 ff.), da er nicht die kostengünstigste, erhältliche Ausführung betrifft. Aber bei Internetversteigerungen trifft der Verbraucher wegen des besonderen Vertragsschluss-Mechanismus bereits auf der Grundlage der das Produkt und Mindestgebot ausweisenden Auktionsseite die geschäftliche Entscheidung, ein verbindliches Gebot abzugeben oder den Artikel (bis zum Auktionsablauf) im Auge zu behalten. Daher ist hier das Vorliegen eines die UWG-Impressumspflicht auslösenden, konkreten Angebots zu bejahen.[128]

d) Unverbindliche Preisempfehlungen (UVP)

Die Beurteilung von Werbungen mit reinen Preisuntergrenzen hat gezeigt, dass Ausnahmen von dem Erfordernis einer festen Endpreisangabe in Betracht kommen.

Überregionale Werbung von Franchisesystemen enthält typischerweise – zumeist in einem Sternchenhinweis mitgeteilt – „*unverbindliche Preisempfehlungen*“ (UVP) und/oder weist auf die optionale Gültigkeit der Angebote hin („*nur in teilnehmenden Märkten*“). Nach dem Vorbringen werbender Unternehmen handelt es sich um reine Aufmerksamkeitswerbung, welche die lauterkeitsrechtliche Impressumspflicht gerade nicht auslöst.

aa) Kartellrechtlicher Hintergrund

Hersteller und Franchisegeber versuchen u.a. aus Gründen des Marken- bzw. Systemimages weitestgehenden Einfluss auf die Preisgestaltung zu behalten, auch wenn der Produktvertrieb über Franchisenehmer oder Vertragshändler organisiert ist. Der Möglichkeit von Preisvorgaben werden hier allerdings Grenzen durch das Kartellrecht gesetzt, zu beachten ist die Preissetzungsautonomie der selbständigen Absatzmittler. Unterschieden werden muss in diesem Kontext zwischen kartellrechtlich verbotener vertraglicher sowie faktischer Preisbindung und zulässigen unverbindlichen Preisempfehlungen (dazu näher S. 70 ff.).

127 *Deutsch*, MMR 2004, 586 m.w.N.: Für den Vertragspartner gilt das gleichermaßen.

128 Ebenso Fezer/*Peifer*, 2. Aufl. 2010, § 5a UWG Rn. 38; a.A. *von Oelffen*, Rn. 482 ff.

bb) UVP als ausreichende Preisangabe i.S.d. § 5a Abs. 3 UWG

Der Hinweis auf die Unverbindlichkeit der angegebenen Preise und/oder die Verwendung ähnlicher Disclaimer könnte dazu führen, dass der in Rede stehenden Werbung der Angebotscharakter i.S.d. § 5a Abs. 3 UWG abzusprechen ist.

Zur lauterkeitsrechtlichen Beurteilung unverbindlicher Preisempfehlungen sei zunächst angemerkt, dass der *BGH* die Angabe „UVP" ausdrücklich für zulässig befunden hat: Da sie als gängige Abkürzung bekannt sei, werde der angesprochene Verkehr nicht irregeführt.[129] Dem Verbraucher sei ferner bekannt, dass Preisempfehlungen üblicherweise unverbindlich sind und/oder vom Hersteller stammen, weshalb allein durch das Fehlen eines entsprechenden Hinweises Angaben wie „empfohlener Verkaufspreis" nicht irreführend sind.[130]

(1) Werbung des Herstellers oder Franchisegebers

Die Frage nach der Eröffnung des Anwendungsbereichs von § 5a Abs. 3 Nr. 2 UWG trotz bloßer UVP-Angabe stellt sich in erster Linie bei Werbung von Herstellern oder Franchisegebern. Bei dieser Gestaltung mögen verlässliche Informationen zum Preis der beworbenen Produkte fehlen.[131] Denn Händler und Franchisenehmer sind in ihrer Preisgestaltung gegenüber dem Verbraucher frei. Da sie nicht zu den sog. echten Handelsvertretern zählen, sind Preisbindungen der Systemzentrale abgesehen von engen Ausnahmen kartellrechtlich unzulässig (S. 66 ff.). Dem Hersteller bzw. Franchisegeber bleibt nur die Möglichkeit, unverbindliche Preisempfehlungen auszusprechen und mit diesen zu werben. Die Konstellation wird von einigen *Literaturstimmen* für nicht vergleichbar mit „ab"-Preisen gehalten.[132] Dafür spricht zunächst: Einer „unverbindlichen Preisempfehlung" entnimmt der Verbraucher ohne weiteres, dass das beworbene Produkt nicht in jedem Markt zum beworbenen Preis erhältlich ist und nicht der

---

129 BGH, Urt. v. 7.12.2006 – I ZR 271/03, GRUR 2007, 603 Rn. 23 – *UVP*: Ob die Abkürzung „systemwidrig" erfolge und vielmehr „u.P." oder „uPE" lauten müsste, sei nicht entscheidend.

130 BGH, Urt. v. 7.12.2006 – I ZR 271/03, GRUR 2007, 603 Rn. 20 ff. – *UVP*; *Helm/Sonntag/Burger* in UWG-HdB, § 59 Rn. 367. Unter Geltung des § 23 Abs. 1 Nr. 1 GWB a.F. zwingend noch a.A. BGH, Urt. v. 27.11.2003 – I ZR 94/01, NJW-RR 2004, 616 – *Mondpreise*.

131 In diese Richtung *Billing/Lang*, ZVertriebsR 2013, 207, 209; *von Oelffen*, Rn. 473.

132 *Lettl*, WRP 2013, 1105 Rn. 19; *Billing/Lang*, ZVertriebsR 2013, 207, 209.

Werbende über die Teilnahme an der Werbeaktion entscheidet.[133] Der Verbraucher muss demnach in Erfahrung bringen, ob die UVP vom jeweiligen Marktbetreiber befolgt wird. Erst nach diesem Zwischenschritt kann er sich endgültig für den Kauf entscheiden.

Dennoch wird in *Rechtsprechung* und *Literatur* angenommen, dass die Anforderungen des § 5a Abs. 3 UWG auch bei der Werbung mit unverbindlichen Preisempfehlungen erfüllt sein können.[134] Der Verbraucher erkennt zwar, dass jeder Verkaufsstandort seinen Verkaufspreis eigenständig bestimmt. Aber Kenntnis von der Struktur des werbenden Vertriebssystems und dem Preisbindungsverbot dürfte zu bezweifeln sein.[135] Eine kartellrechtliche Bewertung der Werbung ist dem Verbraucher nicht möglich. Deshalb sollte auch die Anwendbarkeit der UWG-Impressumspflicht nicht von der kartellrechtlichen Zulässigkeit von Preisvorgaben der werbenden Systemzentrale gegenüber den Systempartnern abhängen.[136]

Teilweise wird bezweifelt, dass eine unverbindliche Hersteller-Preisangabe eine ausreichende Entscheidungsbasis liefert, da dem Verbraucher bekannt sei, dass die tatsächlich von den Händlern geforderten Preise häufig erheblich davon abweichen.[137] In einer Werbung mit UVP wäre dann vielmehr nur eine Aufforderung an den Verbraucher zu sehen, sich darüber zu informieren, welcher Absatzmittler die Ware zu den angegebenen Konditionen verkauft.[138] Dass der Verbraucher allein auf Basis der UVP ohne Kenntnis der teilnehmenden Standorte bzw. des Preises, den die nicht teilnehmenden Standorte fordern, noch keine finale Erwerbsentscheidung treffen kann, ist jedoch unschädlich. Denn ermöglicht werden sollen informierte „geschäftliche Entscheidungen", worunter auch unmittelbar mit dem Kaufentschluss zusammenhängende Entscheidungen wie das Betreten des Geschäfts fallen.[139]

---

133 *Lettl*, WRP 2013, 1105 Rn. 7-10.

134 OLG Hamm, Urt. v. 27.2.2014 - 4 U 144/13 juris Rn. 48 - *Aral Crossinos*; OLG Düsseldorf, Urt. v. 5.8.2014 - I-20 U 140/11, GRUR-RS 2016, 04247 Rn. 20; *Beater*, Unlauterer Wettbewerb, Rn. 1460; *Kieffer*, S. 153; *Köhler*/Bornkamm/Feddersen, § 5a UWG Rn. 4.15; *Alexander*, WRP 2012, 125, 130.

135 In diesem Sinne auch OLG Düsseldorf, Urt. v. 5.8.2014 - I-20 U 140/11, GRUR-RS 2016, 04247 Rn. 18, 21.

136 Vgl. OLG Köln, Urt. v. 25.5.2012 - 6 U 236/11 juris Rn. 23 zur Anwendung der PAngV auf eine Gemeinschaftswerbung mehrerer Kfz-Händler.

137 *Birk*, GRUR-Prax 2014, 100, 101.

138 *Billing/Lang*, ZVertriebsR 2013, 207, 209.

139 EuGH, Urt. v. 19.12.2013 - C-281/12, WRP 2014, 161 Rn. 36 ff. - *Trento Sviluppo*; dazu S. 116 ff., 297 ff.

Außerdem gibt auch eine unverbindliche Preisempfehlung dem angesprochenen Verkehr einen Anhaltspunkt, in welchem Bereich das beworbene Produkt preislich angesiedelt sein wird. Denn die Erwartung des Verbrauchers dürfte – zutreffend – dahingehen, dass die UVP eingehalten oder unterschritten, selten aber deutlich überschritten wird.[140] Stimmt die UVP mit den Marktverhältnissen überein, informiert sie über den ungefähr zu erwartenden Verkaufspreis, wodurch der Verbraucher über eine angemessene Entscheidungsgrundlage verfügt.[141] Damit ist die Preisangabe jedenfalls so konkret, dass keine reine Aufmerksamkeits- oder Imagewerbung anzunehmen ist. Insofern weist die Gestaltungsform Parallelen zur Werbung mit Preisuntergrenzen auf.

Auch in dem Fressnapf-Werbeprospekt, der den Urteilen von *BGH* und *OLG Düsseldorf* zur Handhabung des § 5a Abs. 3 Nr. 2 UWG im Franchisekontext zugrunde liegt, befindet sich auf jeder Doppelseite unten der Hinweis „Alle Angebote sind (…) unverbindliche Preisempfehlungen und nur in teilnehmenden Märkten erhältlich“ (S. 249). Dessen ungeachtet sprechen beide Gerichte dem Prospekt angesichts der daraus zu entnehmenden Information, dass der Verbraucher die beworbenen Produkte zu den angegebenen Preisen in den Fressnapf-Märkten erwerben kann, Angebotscharakter i.S.d. § 5a Abs. 3 UWG zu.[142] Ob dessen Anwendungsbereich auch bei Kenntnisnahme des Verbrauchers vom Disclaimer eröffnet ist – wie vom Berufungsgericht hilfsweise angenommen –, konnte der *BGH* offenlassen.[143] Seine Begründung stellt vielmehr darauf ab, dass der Verbraucher aufgrund der erteilten Information eine geschäftliche Entscheidung treffen kann.[144]

Der Hinweis auf die Unverbindlichkeit der ausgewiesenen Preise und/oder deren Gültigkeit nur in teilnehmenden Märkten darf auch aus folgendem Grund der Werbung nicht den Angebotscharakter gem. § 5a Abs. 3 UWG nehmen: Für den Unternehmer wäre es sonst ein Leichtes, der Pflicht zur Mitteilung u.a. der Identität und Anschrift zu entgehen, wodurch der bezweckte Verbraucherschutz stark eingeschränkt würde. Außerdem hinge

140 OLG Düsseldorf, Urt. v. 5.8.2014 – I-20 U 140/11, GRUR-RS 2016, 04247 Rn. 20; ähnlich auch OLG Hamm, Urt. v. 27.2.2014 – 4 U 144/13 juris Rn. 48 – *Aral Crossinos.*

141 *Beater*, Unlauterer Wettbewerb, Rn. 1460; *Alexander*, WRP 2012, 125, 130.

142 BGH, Urt. v. 4.2.2016 – I ZR 194/14, NJW-RR 2016, 1439 Rn. 14 f. – *Fressnapf*; OLG Düsseldorf, Urt. v. 5.8.2014 – I-20 U 140/11, GRUR-RS 2016, 04247 Rn. 18 ff.

143 BGH, Urt. v. 4.2.2016 – I ZR 194/14, NJW-RR 2016, 1439 Rn. 16 – *Fressnapf.*

144 BGH, Urt. v. 4.2.2016 – I ZR 194/14, NJW-RR 2016, 1439 Rn. 15 – *Fressnapf.*

die Informationspflicht von der im Einzelfall schwer feststellbaren Wahrnehmung bzw. richtigen Interpretation des Disclaimers durch den Verbraucher ab. Wahrgenommen werden dürfte der UVP-Hinweis jedenfalls, wenn er aufgrund der Schriftgröße und Textrichtung hinreichend lesbar und direkt bei den einzelnen Preisangaben platziert ist oder dort per Sternchenhinweis in Bezug genommen und in räumlicher Nähe (z.B. auf der gleichen Seite) aufgelöst wird.[145] Denn auf diese Weise erfolgende Einschränkungen sind aus Verbrauchersicht nicht ungewohnt.[146]

Die vorstehenden Argumente sprechen dafür, dass § 5a Abs. 3 UWG auch bei Werbung eines Herstellers oder Franchisegebers mit unverbindlichen Preisempfehlungen eingreifen kann. Automatisch ist das jedoch nicht der Fall. Vielmehr muss im Einzelfall geprüft werden, ob die Werbemaßnahme den Verbraucher hinreichend informiert, um eine geschäftliche Entscheidung treffen zu können. Insofern sind die gleichen Maßstäbe wie bei Werbung mit „ab"-Preisen anzulegen.

(2) Werbung von Händlern mit Hersteller-UVP

Die Existenz von UVP machen sich auch auf der Einzelhandelsstufe tätige Händler zunutze. Hier stellt sich die Frage, ob der Anwendungsbereich des § 5a Abs. 3 Nr. 2 UWG auch bei Werbung von Händlern eröffnet ist, die auf die Hersteller-UVP Bezug nimmt ohne ihr einen Händlerpreis gegenüberzustellen. Diese Konstellation ergibt sich häufiger in Vertragshändler- als in Franchisesystemen, da die einzelnen Franchisenehmer bei der ihnen verbleibenden lokalen Werbung in der Regel mit ihren eigenen Preisen ohne UVP-Angaben werben.

Ob in der bloßen Angabe der Hersteller-UVP eine neutrale Information über deren Inhalt oder eine händlerseitige Preisangabe zu erblicken ist, bestimmt die *Rechtsprechung* nach der Verkehrsauffassung, wie sie sich anhand des Gesamteindrucks der Anzeige bildet.[147]

---

145 Abgelehnt von OLG Düsseldorf, Urt. v. 5.8.2014 – I-20 U 140/11, GRUR-RS 2016, 04247 Rn. 19. Einen unzureichenden Hinweis nimmt auch LG München I, Teilurt. v. 26.10.2018 – 37 O 10335/15, ZVertriebsR 2019, 34 Rn. 67 f. – *King des Monats* an. Dem ist i.E. wegen des fehlenden Sternchenhinweises zuzustimmen, die Schriftgröße und Einblendungszeit von 2-3 Sekunden im TV-Werbespot könnte man auch anders beurteilen.

146 Vgl. etwa BGH, Urt. v. 16.7.2009 – I ZR 50/07, NJW-RR 2010, 915 Rn. 27 – *Kamerakauf im Internet* hins. des Hinweises „zzgl. Versandkosten".

147 BGH, Urt. v. 23.6.1983 – I ZR 75/81, NJW 1983, 2705, 2706 – *Hersteller-Preisempfehlung in Kfz-Händlerwerbung*; Urt. v. 23.5.1990 – I ZR 211/88, GRUR 1990,

Zu der nachfolgend abgedruckten, von mehreren Kfz-Händlern gemeinsam geschalteten Werbeanzeige *„Der NEUE“* urteilte der *BGH*: Die Angabe der unverbindlichen Preisempfehlung des Herstellers in Verbindung mit der Formulierung „Den genauen Endpreis erfahren Sie bei Ihrem PEUGEOT-Vertragspartner.“ steht der Annahme einer händlerseitigen Preisangabe und damit dem Vorliegen eines Angebots i.S.d. § 5a Abs. 3 UWG entgegen.[148]

Abbildung 3: „DER NEUE“-Werbung mit Hersteller-UVP (BGH, Urt. v. 12.9.2013 – I ZR 123/12)

Da die am Kauf eines Kraftfahrzeugs interessierten Kunden Kenntnis von der Unverbindlichkeit der Hersteller-Preisempfehlungen hätten, setze die Annahme eines eigenen Händlerpreises das Vorliegen weiterer Umstände neben dem Hinweis auf die UVP voraus.[149] Die Hersteller-Preisempfehlung kann nach der *Rechtsprechung* zugleich als Preisangabe verstanden werden, die sich der Händler als seinen Verkaufspreis – oder zumindest ungefähren Grundpreis –[150] zu eigen macht, wenn die Anzeige weder eine Preisgegenüberstellung enthält noch sonst auf einen abweichenden Händlerpreis

1022, 1023 – *Importeurwerbung*, beide zu § 1 Abs. 1 PAngV; OLG München, Urt. v. 2.2.2012 – 29 U 4176/11, WRP 2012, 736 Rn. 18 – *Angebot*.

148 BGH, Urt. v. 12.9.2013 – I ZR 123/12, WRP 2014, 435 Rn. 9, 15 f., 19 – *DER NEUE*; a.A. noch die Vorinstanz OLG Köln, Urt. v. 25.5.2012 – 6 U 236/11 juris Rn. 17.

149 BGH, Urt. v. 12.9.2013 – I ZR 123/12, WRP 2014, 435 Rn. 15 f. – *DER NEUE*; sowie bereits Urt. v. 23.5.1990 – I ZR 211/88, GRUR 1990, 1022, 1023 f. – *Importeurwerbung*.

150 BGH, Urt. v. 23.5.1990 – I ZR 211/88, GRUR 1990, 1022, 1023 – *Importeurwerbung*; OLG Köln, Urt. v. 25.5.2012 – 6 U 236/11 juris Rn. 19 ff.

hinweist (etwa „Händlerpreis auf Anfrage").[151] Unter diesen Voraussetzungen spricht für die Annahme einer dem Händler zuzurechnenden Kaufaufforderung folgender Umstand: Da selbst der Werbung eines Herstellers oder Franchisegebers mit UVP, wie gesehen, Angebotscharakter i.S.d. § 5a Abs. 3 UWG zukommen kann, muss das erst recht für entsprechende Händler-Werbung gelten. Denn bei einer Werbung seines potentiellen Vertragspartners mit unverbindlichen Preisempfehlungen wird der Verbraucher deren Einhaltung für deutlich wahrscheinlicher halten.[152]

Im Fall *„DER NEUE"* lag die Situation anders: Der Zusatz, der genaue Endpreis könne beim jeweiligen Händler in Erfahrung gebracht werden, nimmt der Preisangabe die Verlässlichkeit. Der Verbraucher wird nicht hinreichend informiert, um eine geschäftliche Entscheidung zu treffen, weshalb § 5a Abs. 3 Nr. 2 UWG nicht anwendbar ist.

(3) Werbung mit Preisgegenüberstellung zur Hersteller-UVP

Wachsender Beliebtheit erfreut sich in der Praxis auch die Gegenüberstellung der unverbindlichen Hersteller-Preisempfehlung mit dem eigenen, günstigeren Preis. Hierdurch bringt der Händler nicht zum Ausdruck, dass andere Händler das Produkt zum empfohlenen Preis vertreiben, sondern lediglich, dass sein Angebot die UVP unterschreitet.[153] Doch wie sieht es in dieser Konstellation mit der Anwendbarkeit des § 5a Abs. 3 Nr. 2 UWG aus?

Die werbende Bezugnahme auf eine kartellrechtlich zulässige unverbindliche Preisempfehlung ist auch lauterkeitsrechtlich grundsätzlich zulässig.[154] Irreführend ist bei Preisgegenüberstellungen jedoch z.B. die Verwendung eines mehrdeutigen Vergleichspreises, der neben der UVP des Herstellers auch ein früherer Preis des Werbenden oder der Preis eines anderen Herstellers oder Händlers sein

---

151 BGH, Urt. v. 2.3.1989 – I ZR 70/87, GRUR 1989, 606, 608 – *Unverb. Preisempfehlung*; OLG München, Urt. v. 2.2.2012 – 29 U 4176/11, WRP 2012, 736 Rn. 19 – *Angebot*.

152 In diese Richtung auch *Billing/Lang*, ZVertriebsR 2013, 207, 209; *Weidert*, GRUR-Prax 2014, 137, der bei weniger deutlichem Fußnotentext als im Fall *„DER NEUE"* ein anderes Ergebnis ausdrücklich für möglich hält.

153 MüKoUWG/*Busche*, § 5 Rn. 463 unter Hinweis auf BGH, Urt. v. 5.1.1966 – Ib ZR 23/64, NJW 1966, 977 – *Richtpreiswerbung I*.

154 BGH, Urt. v. 27.11.2003 – I ZR 94/01, NJW-RR 2004, 616 – *Mondpreise*; Urt. v. 3.3.2016 – I ZR 110/15, NJW 2016, 3306 Rn. 26 – *Herstellerpreisempfehlung bei Amazon*; *Köhler/Bornkamm/Feddersen*, § 5 UWG Rn. 3.81.

könnte.[155] Ferner muss die angegebene Hersteller-UVP aktuell und richtig sein, damit der Verbraucher deren Inhalt erkennen, aber auch die Abweichung des Händlerpreises von dieser nachvollziehen kann.[156] Ist die UVP im Zeitpunkt der Werbung nicht mehr gültig, weil sie keinen Bestand mehr hat und der Werbende auf diesen Umstand nicht hinweist, ist eine Irreführung anzunehmen.[157] Denn die beim angesprochenen Verbraucher ausgelöste Erwartung, die UVP sei an eine Mehrzahl von Händlern gerichtet, die ihr aktuelles Wettbewerbsverhalten in der Regel daran ausrichten, stimmt nicht mit den tatsächlichen Marktverhältnissen überein.[158] Kurzum: Existiert für das beworbene Produkt (wie regelmäßig bei Auslaufmodellen) keine UVP mehr, muss die Werbung das durch den Hinweis „ehemalige unverbindliche Hersteller-Preisempfehlung" klarstellen.

Bei der Gegenüberstellung mit unverbindlichen Preisempfehlungen ist zwischen zwei Konstellationen zu unterscheiden:

Teils wird die UVP als z.B. durchgestrichener Vergleichsmaßstab neben dem geforderten Preis angegeben. Ist letzterer auch zahlenmäßig ausgewiesen, wie in der nachfolgend abgedruckten Werbung, liegt eine hinreichend konkrete Preisangabe i.S.d. § 5a Abs. 3 UWG vor.

---

155 So OLG Stuttgart, Urt. v. 28.4.1997 – 2 U 215/96 juris Rn. 51 f. hins. der Bezeichnung „Neupreis"; vgl. *Helm/Sonntag/Burger* in UWG-HdB, § 59 Rn. 363.

156 MüKoUWG/*Busche*, § 5 Rn. 464.

157 BGH, Urt. v. 29.1.2004 – I ZR 132/01, NJW-RR 2004, 980, 981 – *Fortfall einer Herstellerpreisempfehlung*; OLG Köln, Urt. v. 24.4.2015 – 6 U 175/14, WRP 2015, 983 Rn. 22 f. – *Ungültige UVP auf Amazon Marketplace*. Von der Fortgeltung kann – jedenfalls nach einer kurzen Übergangsfrist – regelmäßig nicht mehr ausgegangen werden, wenn der Hersteller diese nicht mehr allgemein (z.B. in aktuellen Preislisten) anführt.

158 MüKoUWG/*Busche*, § 5 Rn. 465; vgl. *Helm/Sonntag/Burger* in UWG-HdB, § 59 Rn. 365 f.

Abbildung 4: Ausschnitt Karstadt-Werbeprospekt (S. 47, Gültigkeitszeitraum: 13.3.-19.3.2019)

Die zweite Möglichkeit der Inbezugnahme einer unverbindlichen Preisempfehlung liegt in der Angabe des gegenüber dieser gewährten Rabatts. Werbungen, welche die UVP als Bezugsgröße neben dem Differenzbetrag/-prozentsatz, nicht aber den tatsächlich geforderten Preis angeben, werden in der Praxis eher selten vorkommen. Für die Bejahung des Angebotscharakters spricht hier, dass der Verbraucher den Verkaufspreis leicht errechnen kann, zumindest ohne weitere Informationen zu benötigen. Häufiger dürfte „vage" Preiswerbung sein, die sich auf die Anpreisung des gegenüber der unverbindlichen Preisempfehlung reduzierten Betrags/Prozentsatzes beschränkt. Gehen aus der Werbemaßnahme weder UVP noch zu zahlender Preis hervor, ist der Anwendungsbereich des § 5a Abs. 3 UWG nicht eröffnet.[159] Bei dieser Gestaltung kann der Verbraucher der Werbung keinen konkreten Produktpreis entnehmen, nicht einmal denjenigen der günstigsten Ausführung. Damit liegt auch keine mit „ab"-Preisen vergleichbare Konstellation vor. Im Unterschied zu Preisuntergrenzen versetzt die Angabe der Differenz zur UVP den Verbraucher für sich genommen nicht in die Lage, eine geschäftliche Entscheidung treffen zu können. Denn ohne

159 Zu diesem Ergebnis kommt auch OLG Jena, Beschl. v. 20.3.2013 – 2 W 137/13, WRP 2013, 821 Rn. 5 – *Werbung mit einer Marke* hins. des Werbeslogans „L. 10,- € günstiger – jedes Teil ab 24,99 € ggü. UVP".

weitergehende Recherche hat der Durchschnittsverbraucher keine Kenntnis von den unverbindlichen Preisempfehlungen der beworbenen Produkte. Dass er diese z.B. über die Internetseite des Herstellers in Erfahrung bringen kann, genügt für die Annahme einer hinreichend konkreten Preisangabe i.S.d. § 5a Abs. 3 UWG nicht.

In der Gegenüberstellung mit unverbindlichen Preisempfehlungen des Herstellers oder Franchisegebers ist mithin nur dann eine die UWG-Impressumspflicht auslösende Preisangabe zu sehen, wenn die Werbung neben der UVP entweder den geforderten Preis oder zumindest den Differenzbetrag/-prozentsatz nennt. Ist hingegen allein die Reduzierung gegenüber der UVP ausgewiesen, aber weder diese Bezugsgröße noch der günstigere Händler-Preis aufgeführt, ist der Anwendungsbereich des § 5a Abs. 3 Nr. 2 UWG nicht eröffnet.

e) Werbung mit Preisreduzierungen oder Rabattcodes

Wirbt ein Händler mit einer Preisreduzierung, handelt es sich bei dem durchgestrichenen Bezugspreis nicht notwendig um die unverbindliche Hersteller-Preisempfehlung. Den Regelfall bildet außerhalb des Bereichs von Markenwaren vielmehr die Bezugnahme auf den eigenen zuvor oder später geforderten Preis. Sofern ein solcher Eigenpreisvergleich auch den aktuell geltenden Preis nennt, liegt unproblematisch eine Preisangabe i.S.d. § 5a Abs. 3 UWG vor. Dagegen wird der Verbraucher durch die Angabe allein der Preisreduzierung als Differenzbetrag oder -prozentsatz nicht in die Lage versetzt, eine geschäftliche Entscheidung zu treffen. Hierfür erforderlich sind weitere Informationen, die Rückschlüsse auf den Verkaufspreis ermöglichen. Eine hinreichend konkrete Preisangabe ist anzunehmen, wenn die Werbung neben der Preisersparnis auch den Bezugspreis zahlenmäßig ausweist, da vom Verbraucher leichte Rechenoperationen verlangt werden können.

Die gleichen Maßstäbe gelten auch für das Influencer-Marketing in sozialen Netzwerken. Hier werden zwar regelmäßig hinreichend individualisierte Produkte von den sog. Influencern beworben, die dabei aber typischerweise keinen Preis nennen. Beschränkt wird sich vielmehr auf die Anpreisung eines Rabattcodes, bei dessen Nutzung den Followern ein Preisnachlass bei dem das Produkt anbietenden Unternehmen gewährt wird. Dadurch wird der Verbraucher mangels konkreter Preisangabe jedoch nicht in die Lage versetzt, eine geschäftliche Entscheidung zu treffen. Bei Influencer-Werbung ist daher im Regelfall der Anwendungsbereich der UWG-Impressumspflicht nicht eröffnet.

f) Individuell anzupassende Produkte

Einen weiteren Sonderfall bildet Werbung für individuell anzufertigende, d.h. auf die konkreten Kundenwünsche angepasste, Produkte. Da hier die Berechnung eines Gesamtpreises im Voraus aufgrund der Beschaffenheit nicht möglich ist, reichen Angaben über die Art der Preisberechnung aus. Dem vorgelagert muss jedoch geklärt werden, ob in dieser Konstellation auch eine Listen-/Grundpreisangabe die Informationspflicht des § 5a Abs. 3 Nr. 2 UWG auslöst. Dies setzt nach den vorstehenden Erörterungen voraus, dass die Preisinformation den Verbraucher in die Lage versetzt, eine geschäftliche Entscheidung zu treffen.

Ein Beispiel für die auf Kundenbedürfnisse zugeschnittenen Waren sind – abhängig vom Individualisierungsgrad – Einbauküchen. Die *Rechtsprechung* hat sich in diesem Kontext mit der Anwendung des § 5a Abs. 3 UWG auf Werbeprospekte für Komplettküchen befasst: Dass der Verbraucher über den verbindlichen Komplettpreis der im Einzelnen abgebildeten Küchen inkl. der enthaltenen Elektrogeräte informiert wird, sei ausreichend, auch wenn beim Kauf deutlich mehr als die genannten Faktoren eine Rolle spielen.[160] Die Entscheidungen betrafen allerdings Standard-Einbauküchen und nicht solche, die auf individuellen Kundenwunsch hin angefertigt werden. Bzgl. ersterer ist den Gerichten zuzustimmen, da es dem Verbraucher mit den in der Werbung enthaltenen Produkt- und Preisangaben möglich ist, eine geschäftliche Entscheidung (z.B. über das Aufsuchen des Möbelhauses) zu treffen.

Demgegenüber hat der *BGH* bei einem u.a. durch Postwurfsendungen verteilten Wertgutschein für Treppenlift-Anfertigungen in Privathäusern den Angebotscharakter i.S.d. § 5a Abs. 3 UWG verneint.[161] Die Argumentation der Karlsruher Richter lautete: Treppenlifte sind Einzelanfertigungen, die an die vor Ort vorhandenen baulichen Gegebenheiten angepasst werden müssen, sodass sich der für den Verbraucher relevante Preis erst bei einem Beratungsgespräch ergibt.[162] Diese Überlegung einer erforderlichen Leistungskonkretisierung zwischen Werbung und Vertragsschluss soll auch für andere individuell

160 BGH, Urt. v. 2.3.2017 – I ZR 41/16, NJW-RR 2017, 1190 Rn. 21 – *Komplettküchen*; OLG Celle, Urt. v. 16.7.2015 – 13 U 71/15, WRP 2015, 1396 Rn. 17; OLG Bamberg, Beschl. v. 11.3.2016 – 3 U 8/16 juris Rn. 35 f.

161 „Gegen Vorlage dieses Wertgutscheins erhält (Namensangabe) beim Kauf eines neuen ...-Treppenliftes einen Preisvorteil in Höhe von 500 €", BGH, Urt. v. 21.7.2011 – I ZR 192/09, GRUR 2012, 402 Rn. 32 – *Treppenlift*; zustimmend Fezer/Büscher/*Obergfell*, § 5a UWG Rn. 126.

162 BGH, Urt. v. 21.7.2011 – I ZR 192/09, GRUR 2012, 402 Rn. 24, 32 – *Treppenlift*.

anzupassende Produkte gelten, wie etwa Einbauküchen/-schränke.[163] Allerdings beziehen sich die Ausführungen des *BGH* schwerpunktmäßig auf § 4 Nr. 4 UWG a.F. und § 5a Abs. 3 Nr. 3 UWG, erfolgen hingegen nicht im Kontext der Impressumspflicht.

Dem *BGH* ist zwar darin zuzustimmen, dass sich bei individuellen Einzelanfertigungen ein Beratungsgespräch durch die Angabe von Listenpreisen in der Werbung nicht erübrigt und auch ein verlässlicher Preisvergleich in der Regel erst nach Einholung konkreter Einzelangebote möglich ist.[164] Deshalb ist Werbeanzeigen für individuell anzufertigende Produkte jedoch nicht generell der Angebotscharakter i.S.d. § 5a Abs. 3 UWG abzusprechen. Der danach erforderlichen Preisangabe dürften Listen-/Grundpreise genügen, da sie – wie Preisuntergrenzen (S. 186 ff.) – dem Verbraucher einen ausreichenden Anhaltspunkt für den zu zahlenden Preis bieten. Beschränkt sich die Werbemaßnahme auch hins. der Produktmerkmale nicht auf die Nennung der Produktgattung (z.B. Treppenlift, Einbauküche), kann keine bloße Aufmerksamkeitswerbung angenommen werden. Außerdem zählt zu den geschäftlichen Entscheidungen, die auf informierter Basis erfolgen sollen, auch das Aufsuchen des Geschäfts, etwa zur näheren Betrachtung der beworbenen Produkte oder Durchführung eines Beratungsgesprächs. Daher sind dem Verbraucher vor diesem Zeitpunkt Identität und Anschrift des Unternehmers zur Verfügung zu stellen. Die diesbezügliche Informationspflicht bezweckt gerade die Erleichterung der Kontaktaufnahme, hier z.B. zur Leistungskonkretisierung in Form des Beratungsgesprächs. Auch bei individueller Anfertigung setzt eine hinreichend konkrete Werbung jedoch voraus, dass die Ware oder Dienstleistung beschrieben und zumindest ein Listen- oder Grundpreis im Sinne einer Preisuntergrenze genannt wird. Eben daran fehlte es bei der dem *Treppenlift*-Urteil des *BGH* zugrunde liegenden Werbepostwurfsendung.

g) Bereitstellung eines Produktkonfigurators

Eine interessante Gestaltung lag dem *OLG München* vor, welches über den Angebotscharakter eines Online-Möbelkonfigurators zu urteilen hatte: Auf der Internetseite des Unternehmers wählt der Kunde unter verschiedenen Herstellern bzw. Marken ein Möbelstück aus, das er in mehreren Schritten nach Modell, Typ, Material, Farbe, Größe etc. zusammenstellen kann

---

163 *Birk*, GRUR-Prax 2014, 100, 101.

164 BGH, Urt. v. 21.7.2011 – I ZR 192/09, GRUR 2012, 402 Rn. 32 – *Treppenlift*.

(Abbildung 5).[165] Die mit „Angebot" überschriebene Seite mitsamt Preisangabe (Abbildung 6) erscheint dem Kunden erst zeitversetzt durch Aufrufen eines Links, der ihm nach der formularmäßigen Angabe seiner E-Mail-Adresse und dem Bestätigen des Buttons „Angebot anfordern" (siehe rechte Spalte der Abbildung 5) zugesandt wird.[166]

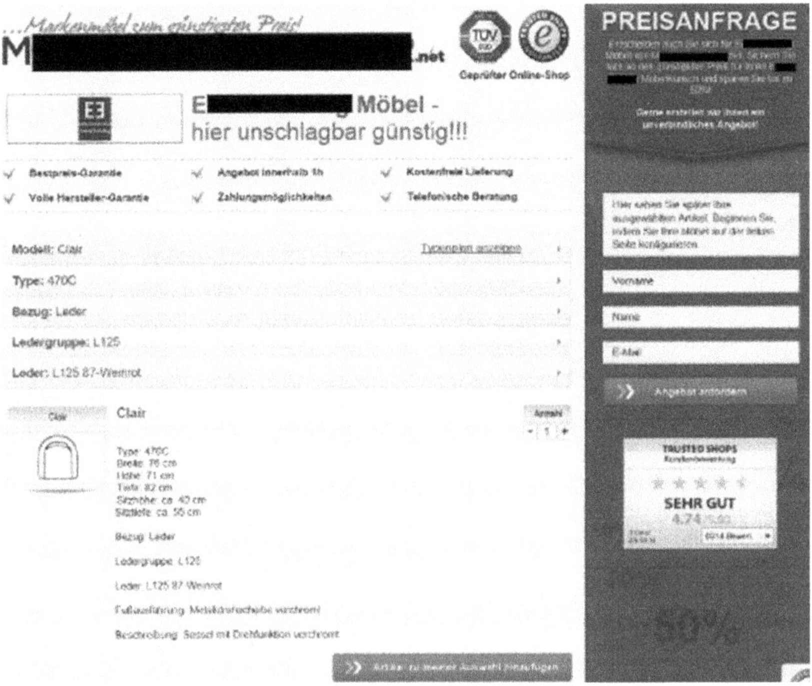

Abbildung 5: Online-Möbelkonfigurator (OLG München, Urt. v. 17.12.2015 - 6 U 1711/15)

165 OLG München, Urt. v. 17.12.2015 - 6 U 1711/15, GRUR-RR 2016, 509 - *Möbelkonfigurator.*

166 OLG München, Urt. v. 17.12.2015 - 6 U 1711/15, GRUR-RR 2016, 509 f. - *Möbelkonfigurator.*

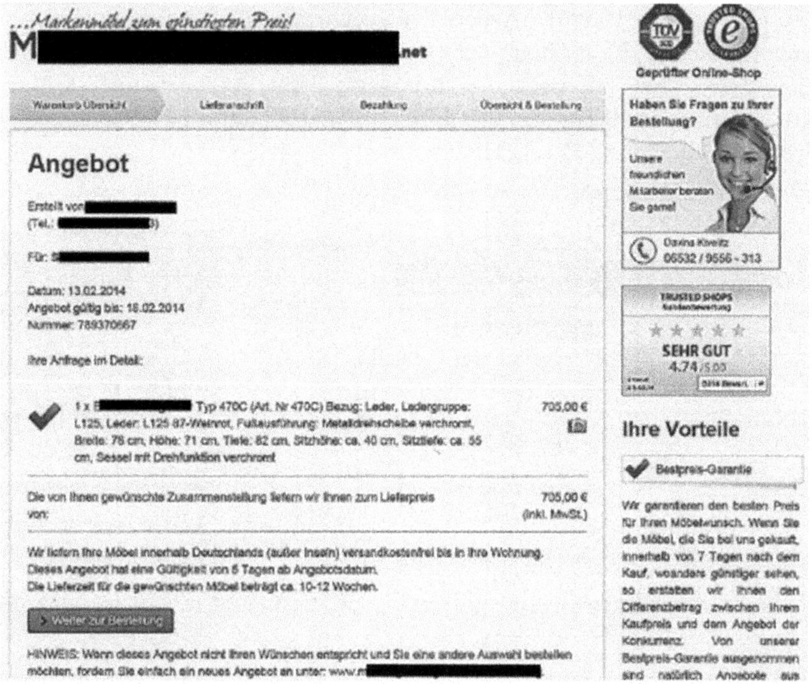

Abbildung 6: Zeitversetzt über E-Mail-Link einsehbares „Angebot" für konfiguriertes Möbel (OLG München, Urt. v. 17.12.2015 – 6 U 1711/15 – *Möbelkonfigurator*)

Zunächst sei klargestellt: Der Angebotsbegriff des § 5a Abs. 3 UWG steht nicht zur Disposition des Unternehmers. Entscheidend ist daher nicht, ob dieser die Bezeichnung „Angebot" im Rahmen des Produktkonfigurators oder erst bei einem späteren Schritt im Verlauf der Bestellung des Kunden verwendet. Die entsprechende Betitelung erst der zeitversetzt über den E-Mail-Link einsehbaren Internetseite bedeutet nicht automatisch, dass die Schwelle des § 5a Abs. 3 UWG zuvor noch nicht überschritten ist.

Dem Kunden fehlt jedoch ohne konkrete Ziffernangabe jegliche Größenorientierung für den Preis, weshalb nach Ansicht des *OLG München* bei dem geschilderten Konfigurator keine hinreichende Preisangabe erfolgt.[167] Auch

167 OLG München, Urt. v. 17.12.2015 – 6 U 1711/15, GRUR-RR 2016, 509 Rn. 51 – *Möbelkonfigurator*. Die dagegen eingelegte Nichtzulassungsbeschwerde hat BGH, Beschl. v.

durch die am oberen Rand der Webseite positionierte Werbeaussage „Markenmöbel zum günstigsten Preis“ erschließt sich dem Verbraucher nicht, ob der Kaufpreis innerhalb seines persönlichen Budgets liegt.[168] Anders würde die Bewertung ausfallen, wenn der Online-Produktkonfigurator neben den Angaben zu den Produktmerkmalen von Beginn an jedenfalls „ab“- oder Grundpreise auflistet. Das Urteil des *OLG München* begibt sich auch nicht in Widerspruch zu den im letzten Abschnitt erörterten Maßstäben bzgl. individuell anzufertigender Produkte. Denn die Besonderheit bildete im Fall des Online-Möbelkonfigurators nicht die Einzelanfertigung, sondern der konkrete Aufbau des Bestellprozesses.

h) Preisangabe im Login-geschützten virtuellen Warenkorb

Die Frage der Anwendbarkeit des § 5a Abs. 3 Nr. 2 UWG stellt sich auch bei Produktpräsentationen auf Internetverkaufsportalen, wenn der konkrete Endpreis erst in einem Login-geschützten virtuellen Warenkorb für den Nutzer ersichtlich ist.[169] Diese Konstellation ergibt sich etwa bei Online-Shoppingclubs mit preisgünstigen, zeitlich begrenzten Verkaufsaktionen bestimmter Marken oder Themen. Dazu zählen Portale wie Zalando Lounge, bei denen der Webseitebesuch insgesamt von einem Login- bzw. Registrierungsvorgang abhängig gemacht wird. Bei anderen Webseiten kann der Verbraucher das Produktangebot direkt einsehen, das Erstellen bzw. Innehaben eines Benutzerkontos wird erst im Rahmen des Bestellvorgangs und zum Einsehen einzelner Preise erforderlich (z.B. MONOQI Club). Hier geht es nicht darum, dass eine konkrete Preisangabe erst nach einer Produktkonfiguration seitens des Verbrauchers möglich ist, sondern diese aufgrund des Geschäftsmodells ausschließlich nach erfolgter Anmeldung angezeigt wird. Ist der Kunde eingeloggt und der Verkaufspreis auf der Artikelseite genannt, die zugleich das Produkt hinreichend individualisiert, ist darin ein Angebot i.S.d. § 5a Abs. 3 UWG zu sehen. Vor dem Login löst die einzelne Produktseite die Impressumspflicht des UWG nur aus, sofern die gemachten Produkt- und Preisangaben den Verbraucher in die Lage versetzen, eine geschäftliche Entscheidung zu treffen. Das wäre, wie in den vorangegangenen Abschnitten erörtert, bei einem „ab“-Preis oder einer unverbindlichen Preisempfehlung (UVP) möglich. Bei Shoppingportalen mit Login-geschützten virtuellen

---

3.11.2016 – I ZR 8/16 zurückgewiesen.

168 OLG München, Urt. v. 17.12.2015 – 6 U 1711/15, GRUR-RR 2016, 509 Rn. 51 – *Möbelkonfigurator*.

169 Vgl. Spindler/Schuster/*Micklitz/Namyslowska*, § 5a UWG Rn. 39; *von Oelffen*, Rn. 502 ff.

Warenkörben ist jedoch in aller Regel ohne Anmeldung höchstens eine durchgestrichene UVP genannt, nicht der im Vergleich zu dieser günstigere Aktionspreis oder Differenzbetrag/-prozentsatz (vgl. die nachstehende Abbildung 7).

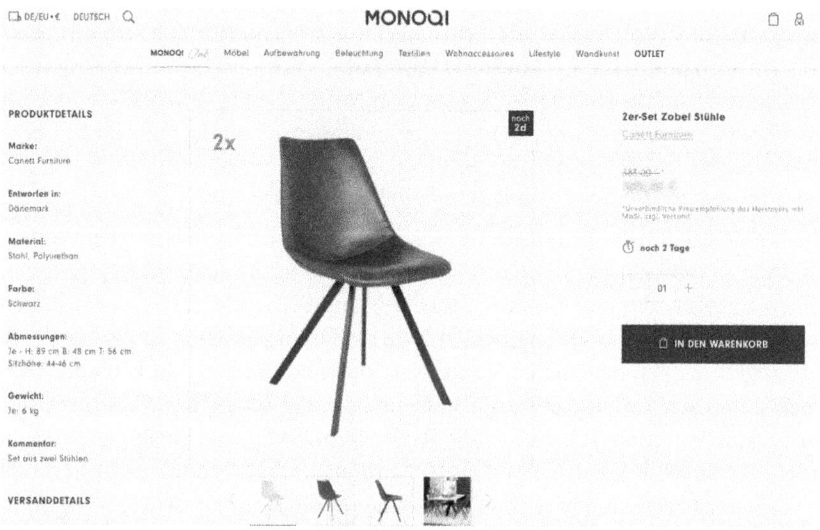

Abbildung 7: MONOQI Club-Produktseite mit Login-geschützter Preisangabe (abgerufen am 7.9.2018)

Bei dieser Gestaltung wird die UVP vom Verbraucher jedenfalls nicht zugleich als Preisangabe verstanden, die sich der Händler als seinen Verkaufspreis zu eigen macht.[170] Die angedeutete Preisgegenüberstellung stellt sich vielmehr als bloße Preisobergrenze dar, eine die Informationspflicht des § 5a Abs. 3 Nr. 2 UWG auslösende Preisangabe ist darin grundsätzlich nicht zu sehen. Es fehlt der gegenüber der UVP gewährte Preisnachlass bzw. der Endpreis, auf den es dem Verbraucher ankommen wird. Jedoch könnte die besondere Fallkonstellation, dass der Verkaufspreis erst nach dem Login einsehbar ist, eine abweichende

170 Vgl. zum umgekehrten Fall, dass die Anzeige keinen Hinweis auf einen von der Hersteller-Preisempfehlung abweichenden Händlerpreis enthält: BGH, Urt. v. 2.3.1989 – I ZR 70/87, GRUR 1989, 606, 608 – *Unverb. Preisempfehlung*; OLG München, Urt. v. 2.2.2012 – 29 U 4176/11, WRP 2012, 736 Rn. 19 – *Angebot*.

Beurteilung gebieten. Denn die zuvor gegebene Preisdarstellung (Abbildung 7) ruft beim betrachtenden Verbraucher den Anreiz hervor, sich in dem Online-Shoppingclub anzumelden bzw. zu registrieren, um den tatsächlichen Verkaufspreis einzusehen. Dieser Entschluss bildet einen notwendigen Zwischenschritt auf dem Weg zum finalen Kaufentschluss. Er hängt mit diesem folglich unmittelbar zusammen – wie schon das Aufsuchen des Internetverkaufsportals – und bildet damit eine „geschäftliche Entscheidung“[171] i.S.v. UWG und UGP-RL. Da die Produktseite den Verbraucher trotz des bis zum Login unsichtbaren bzw. versteckten Verkaufspreises in die Lage versetzt, eine geschäftliche Entscheidung zu treffen, ist der Angebotscharakter i.S.d. § 5a Abs. 3 UWG zu bejahen.[172]

3. *Aussagekraft enthaltener Anschrifts- und Identitätsangaben*

Darin, dass in der Werbung die „Anschrift (...) neben den notwendigen Kontaktinformationen aufgeführt“ war, sah das *OLG Celle* ein Argument für das Vorliegen eines hinreichend konkreten Angebots.[173] Ob die Anschrift – und gleichermaßen die Identität – des Unternehmers in der Werbung angegeben ist, kann jedoch keine auf Tatbestandsebene des § 5a Abs. 3 UWG relevante Frage darstellen. Die Impressumspflicht ist vielmehr die grundsätzliche Konsequenz, wenn ein Angebot i.S.d. Vorschrift vorliegt. Bereits im Rahmen des Angebotsbegriffs eine Anschrifts- und/oder Identitätsangabe zu verlangen, käme einem Zirkelschluss gleich: Durch Verzicht auf die entsprechenden Angaben könnten Unternehmer der Informationspflicht des § 5a Abs. 3 Nr. 2 UWG entgehen.

IV. Eingreifen bei Werbung zugunsten Dritter

Beim Angebotsbegriff des § 5a Abs. 3 UWG nimmt *Köhler* eine Einschränkung vor: Die UWG-Impressumspflicht kann den Werbenden nur treffen, wenn er selbst Anbieter des beworbenen Produkts und damit potentieller Vertragspartner des Verbrauchers ist, nicht dagegen bei Werbung zugunsten eines anderen Unternehmens.[174] Unter Klassifizierung als reine Aufmerksamkeitswerbung schildert er sodann folgendes Beispiel:

---

171 Zum weiten Begriffsverständnis siehe EuGH, Urt. v. 19.12.2013 – C-281/12, WRP 2014, 161 Rn. 36 ff. – *Trento Sviluppo* sowie S. 116 ff., 297 ff.

172 Zum gleichen Ergebnis kommt mit anderer Begründung auch *von Oelffen*, Rn. 502 ff.

173 OLG Celle, Beschl. v. 29.10.2013 – 13 W 79/13 juris Rn. 13, 1. Leitsatz – *FlussErlebnis*.

174 *Köhler*, WRP 2013, 1419 Rn. 25 mit Verweis auf *Lettl*, WRP 2013, 1105, der zwar in Rn. 1 auf die kartellrechtlich unzulässige Preisbindung gegenüber Vertragshändlern

„Wirbt ein Zigarettenhersteller für eine neue Zigarettenpackung unter Angabe von Preisen, ist klar, dass nicht er selbst Verkäufer ist, der Verkauf vielmehr über Händler erfolgt. Ihn trifft also weder die Pflicht, über sich selbst Angaben zu machen noch die Pflicht, solche Angaben zu Tausenden von Tankstellenpächtern, Lebensmittelhändlern, Kiosk- und Automatenbetreibern zu machen.“[175]

Unzutreffend ist daran zunächst die Einstufung als reine Aufmerksamkeitswerbung, da hier ein konkretes Produkt mitsamt Preisangabe beworben wird (vgl. S. 181 ff.). Insofern könnte der Zigarettenhersteller, um bei dem Beispiel zu bleiben, auch reine Imagewerbung für seine Marke betreiben oder unter Verzicht auf Preisangaben eine konkrete Zigarettenschachtel bewerben, um der UWG-Impressumspflicht zu entgehen.

Ferner ist die Problematik von Werbungen zugunsten Dritter nicht auf Tatbestandsebene des § 5a Abs. 3 UWG zu verorten. Denn beim Angebotsbegriff geht es um die Fragestellung, inwieweit die geschäftliche Handlung beim Verbraucher einen Kaufimpuls auslöst mit der Folge gesteigerter Informationsverantwortung des werbenden Unternehmers. Ob er später Vertragspartner des Verbrauchers wird, ist dafür jedoch irrelevant. Dementsprechend ist mit der *herrschenden Meinung* davon auszugehen, dass die Vorschrift auch die Werbung für konkrete Waren und Dienstleistungen Dritter erfasst.[176] Ein Angebot i.S.d. § 5a Abs. 3 UWG scheide allerdings aus, wenn der potentielle Vertragspartner ganz unbestimmt und für den Verbraucher nicht erkennbar ist.[177]

Mit der Frage hat sich auch der *BGH* beschäftigt, der auf der Internetseite der Jochen Schweizer GmbH zu buchende und bei Partnerunternehmen einlösbare Erlebnisgutscheine zu beurteilen hatte: Die fehlende Angabe der die Ballonfahrt durchführenden Erlebnispartner stehe der Annahme eines Angebots i.S.d. § 5a Abs. 3 UWG nicht entgegen.[178] Zur Begründung heben die Karlsruher Richter hervor: Maßgeblich für die UWG-Impressumspflicht des Anbieters sei die von

---

und Franchisenehmern hinweist, daraus allerdings nicht schlussfolgert, dass den Werbenden in diesen Fällen die Impressumspflicht nicht treffen kann.

175 *Köhler*, WRP 2013, 1419 Rn. 26 f.

176 Vgl. OLG Köln, Urt. v. 26.9.2014 – 6 U 56/14, MMR 2015, 391 Rn. 30 ff.; bestätigt durch BGH, Beschl. v. 28.1.2016 – I ZR 231/14, GRUR 2016, 399 Rn. 8 – *MeinPaket.de*; LG München I, Endurt. v. 4.6.2019 – 33 O 6588/17, BeckRS 2019, 10541 Rn. 43; MüKoUWG/*Alexander*, § 5a Rn. 333; *ders.*, WRP 2012, 125, 131.

177 *Alexander*, WRP 2012, 125, 131; in diese Richtung wohl auch *Beater*, Unlauterer Wettbewerb, Rn. 1460.

178 BGH, Urt. v. 9.10.2013 – I ZR 24/12, NJW-RR 2014, 817 Rn. 11, 13 f. – *Alpenpanorama im Heißluftballon*.

diesem angebotene Dienstleistung, die hier in der Vermittlung und nicht der Durchführung des Erlebnisses bestehe.[179] Diese Würdigung verdient unbedingte Zustimmung, da die zum Kauf angebotenen Gutscheine durch die Leistungsbeschreibung und Einlöseinformationen hinreichend individualisiert sind. Durch die unmittelbare Bestellmöglichkeit auf der Webseite ist sogar ein Antrag i.S.d. § 145 BGB gegeben. Und da es für die Anwendbarkeit des § 5a Abs. 3 UWG, wie gesehen, nicht auf die Impressumsangaben des Werbenden ankommt, ist deren Fehlen bzgl. der Erlebnispartner erst recht unschädlich. Die Werbung „zugunsten" Dritter betrifft – unabhängig von deren Bestimmtheitsgrad – vielmehr die Frage des geschuldeten Informationsumfangs. Den Anknüpfungspunkt bietet das Merkmal des „Handelns für einen anderen Unternehmer" (§ 5a Abs. 3 Nr. 2 Hs. 2 UWG). An entsprechender Stelle werden verschiedene Dreipersonenkonstellationen eingehend behandelt.

V. Keine Tatbestandsrestriktion bei Werbung für hochwertige Investitionsgüter

Von Unternehmerseite wird mitunter vorgebracht, § 5a Abs. 3 UWG sei bei Werbungen für hochwertige Investitionsgüter nicht einschlägig. Infolgedessen wären Werbemaßnahmen im Hinblick auf das Eingreifen der UWG-Impressumspflicht unterschiedlich zu behandeln, je nach Preiskategorie bzw. Beratungsintensität der beworbenen Waren/Dienstleistungen.

Eine generelle Sonderbehandlung von Werbung für hochwertige Produkte ließe sich, da der Wortlaut von Art. 7 UGP-RL und § 5a UWG hierfür keinen Anhaltspunkt bietet, allenfalls im Wege einer Tatbestandsrestriktion erreichen. Eine teleologische Reduktion für diese Fälle würde aber voraussetzen, dass der Normzweck der Ermöglichung informierter geschäftlicher Entscheidungen nicht betroffen ist. Darauf zielte das Vorbringen des beklagten Pkw-Handelshauses in einem Fall vor dem *OLG Hamburg*, der eine Verkaufswerbung für Volvo-Neuwagenfahrzeuge zum Gegenstand hatte: Anders als Anschaffungen im Niedrigpreissegment, die keiner langen Abwägung bedürfen, bedeute der Kauf hochpreisiger Konsumgüter eine langfristige Investitionsentscheidung, die der Verbraucher indes nicht auf eine Anzeige hin, sondern erst nach eingehender Überlegung und Beratung treffe.[180] Dieser Auffassung mit der Konsequenz einer

---

179 BGH, Urt. v. 9.10.2013 – I ZR 24/12, NJW-RR 2014, 817 Rn. 14 – *Alpenpanorama im Heißluftballon.*

180 OLG Hamburg, Urt. v. 29.11.2012 – 3 U 37/12 juris Rn. 16, 40.

einschränkenden Auslegung des § 5a Abs. 3 UWG vermochte das Gericht nicht zu folgen.[181] Dem ist zuzustimmen, da es vor dem Hintergrund des bezweckten Verbraucherschutzes sinnwidrig wäre, wenn den Unternehmer im Hochpreissegment geringere Informationspflichten träfen als im Normal- und Niedrigpreissegment. Denn bei hochwertigen Produkten macht sich der Verbraucher die Kaufentscheidung regelmäßig schwerer, womit ein gesteigerter Informationsbedarf einhergeht. Da die Informationspflicht des § 5a Abs. 3 Nr. 2 UWG bereits in der Werbephase vor Vertragsschluss einsetzt, wird sie auch nicht dadurch entbehrlich, dass z.B. wegen der Werthaltigkeit des Kaufobjekts oder aus Beweisgründen im Anschluss ein schriftlicher Vertrag geschlossen wird.

Darauf, ob der Verbraucher das beworbene Produkt vor einem Kauf regelmäßig in Augenschein nimmt (z.B. durch Anprobe oder Probefahrt) kann es nicht ankommen. Denn die nach § 5a Abs. 3 Nr. 2 UWG bereitzustellenden Informationen sollen den Verbraucher in die Lage versetzen, eine informierte geschäftliche Entscheidung zu treffen. Hier sei daran erinnert, dass der Begriff neben dem Kaufentschluss auch diesem unmittelbar vorgelagerte Entscheidungen umfasst, z.B. das Aufsuchen des Geschäfts bzw. Online-Portals.[182] Solche kommen bei hochpreisigen und beratungsintensiven Konsumgütern ebenso wie bei Alltagsprodukten in Betracht, sind hier für den Verbraucher sogar von größerer Bedeutung.

Außerdem zielt die UWG-Impressumspflicht konkret darauf ab, es dem Verbraucher zu ermöglichen, ohne Schwierigkeiten Kontakt zum potentiellen Vertragspartner aufzunehmen und Informationen über diesen (wie z.B. die wirtschaftlichen Verhältnisse) einzuholen. Dieser Schutzzweck kommt besonders bei hochpreisigen Konsumgütern zum Tragen: Wegen der Höhe und Langfristigkeit der Investition gewinnt die Person des zukünftigen Vertragspartners für den Verbraucher an Bedeutung, etwa in Hinblick auf spätere Auseinandersetzungen wie die Geltendmachung von Mängelgewährleistungsrechten. Diese Aspekte treten hingegen bei Bargeschäften des täglichen Lebens in den Hintergrund.

Überdies existieren vielfältige Wege, Verträge zu schließen, wobei sich der Internetvertrieb – auch im Hochpreissegment – auf dem Vormarsch befindet. Infolgedessen kommt es auch bei hochwertigen Produkten zu Kaufabschlüssen

---

181 OLG Hamburg, Urt. v. 29.11.2012 – 3 U 37/12 juris Rn. 40 unter Hinweis auf Köhler/*Bornkamm*, 30. Aufl. 2012, § 5a UWG Rn. 30c mit dem Beispiel einer Werbung für eine kostspielige Uhr; so auch Götting/*Nordemann*, § 5a UWG Rn. 61.

182 EuGH, Urt. v. 19.12.2013 – C-281/12, WRP 2014, 161 Rn. 36 ff. – *Trento Sviluppo*. Siehe dazu S. 116 ff., 297 ff.

über Online-Portale, ohne dass zuvor eine individuelle Beratung stattgefunden hätte.[183]

Zusammenfassend lässt sich daher sagen: Das Eingreifen der UWG-Impressumspflicht hängt nicht davon ab, ob der finale Kaufentschluss typischerweise auf die Werbeanzeige hin oder erst nach reiflicher Überlegung und individueller Beratung getroffen wird. Denn eine Differenzierung nach dem Wert der beworbenen Produkte dergestalt, bei Werbungen im Hochpreissegment den Anwendungsbereich des § 5a Abs. 3 UWG als nicht eröffnet anzusehen, ist unter Berücksichtigung des Normzwecks nicht angezeigt.

VI. Zwischenergebnis zum Anwendungsbereich der UWG-Impressumspflicht

Hins. der Anforderungen an ein Angebot i.S.d. § 5a Abs. 3 UWG sind die vom EuGH zum Richtlinienvorbild der „Aufforderung zum Kauf" (Art. 7 Abs. 4 UGP-RL) aufgestellten Grundsätze heranzuziehen: Die in der Werbung enthaltenen Produkt- und Preisangaben müssen den Verbraucher in die Lage versetzen, eine geschäftliche Entscheidung treffen zu können. Hierfür muss das beworbene Produkt hinreichend individualisiert sein, ohne dass die Nennung sämtlicher Produktmerkmale oder eine exakte Endpreisangabe erforderlich wären. Der Verbraucher soll eine konkrete Vorstellung von der angepriesenen Ware/Dienstleistung und dem Verhältnis zu der von ihm geschuldeten Gegenleistung erlangen. Vertragsangebote i.S.d. § 145 BGB wie auch eine invitatio ad offerendum sind für die Bejahung eines Angebots ausreichend, aber nicht zwingend notwendig. Dagegen ist die erforderliche Individualisierung, deren Grad sich auch nach dem verwendeten Kommunikationsmittel richtet, bei bloßer Aufmerksamkeitswerbung abzulehnen. Gegenstand eines Angebots i.S.d. § 5a Abs. 3 UWG können folglich nur konkrete Produkte sein, nicht aber Warengruppen oder eine gesamte Marke. Denn solange die Produktangaben abstrakt bleiben, wird beim Verbraucher noch kein Kaufimpuls ausgelöst, weshalb mangels erhöhter Schutzbedürftigkeit die UWG-Impressumspflicht nicht eingreift. Insofern liegt der Vorschrift ein Konzept abgestufter Informationsanforderungen zugrunde.

Das Vorliegen eines Angebots setzt nicht voraus, dass die kommerzielle Kommunikation auch eine tatsächliche Möglichkeit bietet, das Produkt direkt zu kaufen oder im Zusammenhang mit einer solchen Möglichkeit steht. Daher kann der Hinweis auf die Produktmerkmale z.B. durch eine Abbildung und

183 So auch OLG Hamburg, Urt. v. 29.11.2012 – 3 U 37/12 juris Rn. 40.

einen kurzen Text erfolgen, sodass neben der physischen Warenpräsentation im Ladengeschäft z.B. auch Werbeprospekte, Print- und Internetanzeigen oder Fernsehspots die tatbestandlichen Anforderungen erfüllen können. Gleiches gilt auch für Radiospots, wobei hier an die Stelle von bildlicher Darstellung und Text eine Produktbeschreibung in Wort bzw. Ton tritt. Erforderlich ist allerdings stets noch ein dem Produkt zugeordneter Preis. Im Interesse des Verbraucherschutzes stehen dabei als unentgeltlich angepriesene Waren/Dienstleistungen (z.B. 0,0%-Finanzierung) dem Vorliegen eines die UWG-Impressumspflicht auslösenden Angebots nicht entgegen.

Eine hinreichend konkrete Preisangabe kann auch bei Werbung mit „ab"-Preisen, d.h. Preisuntergrenzen, oder Listen-/Grundpreisen für individuell anzufertigende Produkte sowie im Rahmen von Internetauktionen und bei Login-geschützten Preisangaben vorliegen, sofern diese den Verbraucher in die Lage versetzen, eine geschäftliche Entscheidung zu treffen. Das gilt gleichermaßen für Hersteller- oder Franchisegeber-Werbung mit unverbindlichen Preisempfehlungen. Dagegen unterfällt Händler-Werbung mit UVP dem Angebotsbegriff des § 5a Abs. 3 UWG nur, sofern sie nicht auf einen abweichenden Händlerpreis hinweist oder diesen konkret angibt. Preisreduzierungen oder Rabattcodes genügen ohne Nennung des Bezugspreises oder des geforderten Verkaufspreises nicht den Anforderungen, weshalb die Impressumspflicht des UWG z.B. beim Influencer-Marketing im Regelfall nicht zur Anwendung kommt.

Die vorstehenden Maßstäbe finden uneingeschränkt Anwendung auch bei hochwertigen Produkten sowie bei Werbemaßnahmen zugunsten Dritter, wenn also nicht der Werbende potentieller Vertragspartner des Verbrauchers ist.

D. Inhalt der Impressumspflicht des UWG

Kommt man unter Anwendung der aufgezeigten Auslegungsgrundsätze zum Ergebnis, dass die geschäftliche Handlung ein Angebot i.S.d. § 5a Abs. 3 UWG darstellt, gelten nach dessen Nr. 2 folgende Informationen als wesentlich: die Identität und Anschrift des Unternehmers, ggf. die Identität und Anschrift des Unternehmers, für den er handelt. Damit wird der nahezu wortlautidentische Art. 7 Abs. 4 lit. b UGP-RL ins deutsche Recht umgesetzt.

Vor der Frage, auf welche Identitäten und Anschriften sich die unternehmensbezogene Informationspflicht beim Franchising und anderen umfangreichen Vertriebssystemen erstreckt, ist zunächst abstrakt die inhaltliche Bedeutung der beiden Begriffe zu klären.

I. Anschrift

Was generell unter Anschrift i.S.d. § 5a Abs. 3 Nr. 2 UWG zu verstehen ist, soll als erstes ermittelt werden.

1. Geographische bzw. ladungsfähige Adresse

Ausgangspunkt ist dabei der Wortlaut: Der natürliche Sprachgebrauch des im UWG und in der deutschen Sprachfassung der UGP-RL verwendeten Begriffs der „Anschrift" deutet in Richtung einer Postadresse. Denn der Terminus wird, nicht zuletzt wegen der Verwandtschaft zum Begriff des „Anschreibens", in der Regel im Zusammenhang mit dem herkömmlichen Schriftverkehr verwendet. Der Wortlaut legt mithin nahe, dass die Angabe einer Telefon- oder Telefaxnummer unzureichend wäre. Und auch die E-Mail-Adresse (sog. digitales Postfach) oder Webseite eines Unternehmers werden im allgemeinen Sprachgebrauch nicht als dessen Anschrift bezeichnet. Eine postalische Adresse stellen hingegen sowohl eine physische mit Briefkasten als auch ein Postfach dar.

Das natürliche Begriffsverständnis lässt sich durch einen Vergleich mit den anderen Sprachfassungen der UGP-RL noch dahingehend präzisieren, dass eine geographische Adresse gefordert ist. Denn um das jeweilige Adjektiv sind etwa die englische („*the geographical address*") und französische („*l'adresse géographique*") Formulierung des Art. 7 Abs. 4 lit. b UGP-RL ergänzt. Damit wird die Bedeutung des geographischen Standorts des Unternehmers betont. Vor diesem Hintergrund wahrt auch eine Postfachangabe nicht die Anforderungen der UWG-Impressumspflicht.[184] Denn die Adresse eines in Postfilialen befindlichen Fachs gibt keinen Aufschluss darüber, wo sich der Unternehmer physisch befindet. Mit geographischer Adresse ist vielmehr die Straße, Hausnummer, Postleitzahl und der Ort gemeint.[185] Allein die Angabe des Bezirks genügt dagegen nicht.[186]

Dass die bloße Nennung von Internetadresse und Telefonnummer des Unternehmers dessen Anschrift nicht in UWG-Impressumspflicht konformer Weise

184 So ohne nähere Begründung auch LG Mosbach, Urt. v. 15.2.2018 – 4 O 39/17 KfH juris Rn. 51; Büscher/*Büscher*, § 5a UWG Rn. 107; Fezer/Büscher/*Obergfell*, § 5a UWG Rn. 141.

185 LG Düsseldorf, Urt. v. 5.9.2018 – 12 O 204/17 juris Rn. 42 f. Die Postleitzahl hält BGH, Urt. v. 18.10.2017 – I ZR 84/16, WRP 2018, 320 Rn. 20 – *Kraftfahrzeugwerbung* in Ausnahmefällen für entbehrlich, dem folgend *Köhler*/Bornkamm/Feddersen, § 5a UWG Rn. 4.34, krit. dagegen *Möller*, NJW 2018, 1579, 1581.

186 LG Frankfurt, Urt. v. 24.11.2011 – 3/11 O 46/11 juris Rn. 26.

zugänglich macht,[187] wird durch teleologische Erwägungen bekräftigt: Diese Kontaktdaten ermöglichen es dem Verbraucher nicht, mit dem Unternehmer persönlich oder brieflich in Kontakt zu treten.[188] Gerade darin liegt jedoch eine Funktion der Pflicht zur Anschriftsangabe nach § 5a Abs. 3 Nr. 2 UWG bzw. Art. 7 Abs. 4 lit. b UGP-RL. Entsprechendes gilt für Angaben eines Postfachs oder eines die Post elektronisch weiterleitenden sog. „virtual office"[189], da sie zwar die briefliche, aber nicht die räumliche Kontaktaufnahme ermöglichen.

Dabei soll die lauterkeitsrechtliche Impressumspflicht nicht nur die Kontaktaufnahme im Zusammenhang mit dem Vertragsschluss, sondern auch für spätere Auskünfte, Beschwerden oder die Geltendmachung vertraglicher Rechte des Verbrauchers erleichtern (S. 126 f.). Im Hinblick auf rechtserhebliche Korrespondenz wie Klagezustellung oder Mahnungen wird zumeist eine zustellungs- oder ladungsfähige Anschrift (§§ 253 Abs. 2 Nr. 1, 130 Nr. 1 ZPO) gefordert,[190] obwohl § 5a Abs. 3 Nr. 2 UWG eine solche nicht ausdrücklich verlangt.

Für diese Lesart spricht auch ein systematischer Vergleich des § 5a Abs. 3 Nr. 2 UWG zu verwandten Informationspflichten: Bei § 5 Abs. 1 Nr. 1 TMG wird zur Ermöglichung einer effektiven Rechtsverfolgung ebenfalls eine geographische bzw. ladungsfähige Anschrift des Diensteanbieters für erforderlich gehalten.[191] Eine Postfachangabe soll nicht ausreichen.[192] Nichts anderes gilt für die Informationspflichten sowohl des Dienstleistungserbringers gem. § 2 Abs. 1 Nr. 2 DL-InfoV als auch bei Verbraucherverträgen nach dem BGB.[193] Die

---

187 So auch OLG Schleswig, Urt. v. 3.7.2013 – 6 U 28/12, WRP 2013, 1366 Rn. 21.

188 *Köhler*/Bornkamm/Feddersen, § 5a UWG Rn. 4.35.

189 Vgl. OLG München, Urt. v. 19.10.2017 – 29 U 8/17, MMR 2018, 243 Rn. 9 ff. zu § 5 Abs. 1 Nr. 1 TMG.

190 OLG Hamm, Urt. v. 30.10.2012 – 4 U 61/12 juris Rn. 77 – *Unternehmensschlagwort*; GK-UWG/*Lindacher*, § 5a Rn. 51; *Helm/Sonntag/Burger* in UWG-HdB, § 59 Rn. 475; Fezer/Büscher/*Obergfell*, § 5a UWG Rn. 141; MüKoUWG/*Alexander*, § 5a Rn. 367; *von Walter/Kluge*, WRP 2013, 866 Rn. 44.

191 Begr. zum RegE des EGG (2001), BT-Drucks. 14/6098, S. 21; Spindler/Schuster/*Micklitz/Schirmbacher*, § 5 TMG Rn. 49; *Föhlisch* in Hoeren/Sieber/Holznagel, Teil 13.4 Rn. 128; der zugrunde liegende Art. 5 Abs. 1 lit. b EC-RL verlangt explizit die Angabe der geographischen Adresse.

192 Begr. zum RegE des EGG (2001), BT-Drucks. 14/6098, S. 21; OLG München, Urt. v. 19.10.2017 – 29 U 8/17, MMR 2018, 243 Rn. 8; Spindler/Schuster/*Micklitz/Schirmbacher*, § 5 TMG Rn. 49.

193 BeckOKBGB/*Martens*, Art. 246 EGBGB Rn. 13, Art. 246a § 1 EGBGB Rn. 6; *Köhler*/Bornkamm/Feddersen, § 2 DL-InfoV Rn. 9; *Lorenz*, VuR 2010, 323, 325.

korrespondierende Informationspflicht des Versicherers (§ 1 Abs. 1 Nr. 3 VVG-InfoV) verlangt sogar explizit die Angabe einer ladungsfähigen Anschrift.

Angesichts der hinter der UWG-Impressumspflicht stehenden Zielsetzung wird die notwendige Angabe der vollständigen Postanschrift auch nicht entbehrlich, wenn es sich beim Werbenden um ein bekanntes Unternehmen handelt.[194]

Nach alledem erfordert die gem. § 5a Abs. 3 Nr. 2 UWG mitzuteilende Anschrift des Unternehmers die Angabe einer geographischen bzw. ladungsfähigen Adresse, welche in Deutschland in der Regel aus der Straße, Hausnummer, Postleitzahl und dem Ort besteht.

2. *Fakultative Angabe weiterer Verbindungsdaten*

Im Hinblick auf den von § 5a Abs. 3 Nr. 2 UWG angestrebten Schutzzweck ist die Angabe der geographischen bzw. ladungsfähigen Adresse zwingend erforderlich, aber auch ausreichend. Weitere Verbindungsdaten sind nicht gefordert,[195] anders als im Rahmen der bei Verbraucherverträgen geltenden Informationspflichten. Diese umfassen auch die Telefonnummer – bzw. einen vergleichbaren Kommunikationsweg –[196] (§ 312a Abs. 2 Satz 1 BGB i.V.m. Art. 246 Abs. 1 Nr. 2 EGBGB). Hinzu kommen bei Fernabsatz- und Außergeschäftsraumverträgen die Telefaxnummer und E-Mail-Adresse (§ 312d Abs. 1 Satz 1 BGB i.V.m. Art. 246a § 1 Abs. 1 Satz 1 Nr. 2 EGBGB), sofern der Unternehmer über das Kommunikationsmittel verfügt.[197] Im vorvertraglichen Bereich sind auch Dienstleistungserbringer zur Angabe von Telefonnummer und E-Mail-Adresse oder Faxnummer verpflichtet (§ 2 Abs. 1 Nr. 2 DL-InfoV). Und bei Telemedien

---

194 Wie hier auch OLG Köln, Urt. v. 25.10.2013 – 6 U 226/12 juris Rn. 16; LG Hamburg, Urt. v. 1.8.2013 – 327 O 116/13, WRP 2013, 1668 Rn. 19 – *Gebrauchtwagenanzeige*.

195 *Helm/Sonntag/Burger* in UWG-HdB, § 59 Rn. 475; *Köhler*/Bornkamm/Feddersen, § 5a UWG Rn. 4.35.

196 BeckOKBGB/*Martens*, Art. 246 EGBGB Rn. 13; vgl. EuGH, Urt. v. 16.10.2008 – C-298/07, NJW 2008, 3553 Rn. 31 ff. – *Verbraucherzentrale Bundesverband/DIV* im Kontext von Art. 5 Abs. 1 lit. c EC-RL bzgl. Telefax oder elektronischer Anfragemaske.

197 Vgl. die insofern deutlichere Formulierung der zugrunde liegenden Richtlinienvorschrift des Art. 6 Abs. 1 lit. c VR-RL; BeckOKBGB/*Martens*, Art. 246a § 1 EGBGB Rn. 6; OLG Köln, Urt. v. 8.7.2016 – 6 U 180/15, WRP 2016, 1396 Rn. 23 ff. – *Kontakttelefonnummer*; nachgehend BGH, Beschl. v. 5.10.2017 – I ZR 163/16, WRP 2018, 72 Rn. 15 – *Rückrufsystem*: Da die Pflicht zur Angabe der Telefonnummer nach dem Wortlaut des Art. 246a § 1 Abs. 1 Satz 1 Nr. 2 EGBGB nicht nur ggf., sondern stets bestehe, hat dieser dem EuGH die Vereinbarkeit mit dem Unionsrecht sowie Folgefragen zur Vorabentscheidung vorgelegt.

erstreckt sich die Informationspflicht des Diensteanbieters gem. § 5 Abs. 1 TMG auf diejenigen Angaben, die eine schnelle elektronische Kontaktaufnahme und unmittelbare Kommunikation ermöglichen, inkl. der E-Mail-Adresse (Nr. 2).[198] Die genannten Informationspflichten können über § 5a Abs. 4 UWG lauterkeitsrechtlich Bedeutung erlangen. Von einer entsprechenden Verpflichtung sieht § 5a Abs. 3 Nr. 2 UWG, der zeitlich in der vorgelagerten Marketing- oder Werbephase eingreift und sich daher auf Basisinformationen beschränkt, ab. In dessen Anwendungsbereich scheidet auch eine Pflicht zur Angabe weiterer Verbindungsdaten über § 5a Abs. 2 UWG aus.[199] Auf freiwilliger Basis kann der Unternehmer dem Verbraucher jedoch neben den Pflichtinformationen weitere Kontaktdaten mitteilen.

II. Identität

Als nächstes ist der Identitätsbegriff des § 5a Abs. 3 Nr. 2 UWG einer Auslegung zuzuführen, wobei von besonderem Interesse ist, ob er auch die präzise Firmenbezeichnung inkl. Rechtsformzusatz umfasst.

1. Wortlaut

Ausgangspunkt ist der Wortlaut: Der wenig konturierte, völlig offene Begriff der „Identität" spricht zunächst gegen eine Beschränkung auf nur eine denkbare Möglichkeit.[200] § 5a Abs. 3 Nr. 2 UWG nennt weder obligatorische noch fakultative bzw. beispielhafte Identifizierungsmerkmale. Der natürliche Wortsinn legt daher den Schluss nahe, dass es weniger auf konkrete, formale Merkmale ankommt. Vielmehr scheint die vorgeschriebene Identitätsangabe darauf gerichtet zu sein, den werbenden Unternehmer materiell zu identifizieren. Wäre dagegen eine formelle Begrenzung vom Gesetzgeber beabsichtigt gewesen, hätte er auch unmittelbar auf Begriffe wie Handelsname/-firma und Rechtsform zurückgreifen können.[201]

Der Name eines Kaufmanns, unter dem er seine Geschäfte betreibt, wird als Firma bezeichnet, § 17 Abs. 1 HGB. Sie muss nach § 19 Abs. 1 HGB die

---

198 Diese Pflichtangaben umfassen nicht zwingend eine Telefonnummer: EuGH, Urt. v. 16.10.2008 – C-298/07, NJW 2008, 3553 Rn. 40 – *Verbraucherzentrale Bundesverband/DIV*; *Lorenz*, WRP 2010, 1224, 1229.

199 Dazu ausführlich S. 139 f.; vgl. etwa hins. der Telefonnummer Büscher/*Büscher*, § 5a UWG Rn. 74.

200 So auch *von Walter/Kluge*, WRP 2013, 866 Rn. 22.

201 *Von Walter/Kluge*, WRP 2013, 866 Rn. 22; *Nowak/Smirra*, GRUR-RR 2013, 120, 121.

Bezeichnung „eingetragener Kaufmann", „offene Handelsgesellschaft" bzw. „Kommanditgesellschaft" oder eine jeweils allgemein verständliche Abkürzung enthalten. Die Rechtsformangabe ist auch Bestandteil der Firma einer Gesellschaft mit beschränkter Haftung (§ 4 GmbHG), Aktiengesellschaft (§ 4 AktG), Kommanditgesellschaft auf Aktien (§ 279 AktG), Partnerschaft (§ 2 PartGG) sowie einer Genossenschaft (§ 3 GenG). Die freien Berufe fallen dagegen nicht unter den Kaufmannsbegriff des HGB, da Ärzte, Rechtsanwälte, Steuerberater etc. kein Gewerbe betreiben. Bei Unternehmen, die keinen in kaufmännischer Weise eingerichteten Geschäftsbetrieb erfordern, meint Name den Vor- und Nachnamen des Unternehmers.[202]

Im Unterschied zur verkürzten, allgemein gehaltenen Umsetzung im UWG führt der zugrunde liegende Art. 7 Abs. 4 lit. b UGP-RL ausdrücklich eine beispielhafte Identitätsangabe an: In der deutschen Sprachfassung wird die Mitteilung der „Identität des Gewerbetreibenden, *wie sein Handelsname*" verlangt. Die Formulierung zeigt noch deutlicher als dies etwa bei „insbesondere" der Fall wäre, dass der Handelsname weder als zwingend erforderliche noch als abschließende Identitätsangabe zu verstehen ist.[203] Gleiches gilt für die englische („*such as*" statt „in particular") und französische („*par exemple*") Sprachfassung der UGP-RL. Aus dem Richtlinientext ergibt sich folglich nicht, dass die Mitteilung der Identität ausschließlich in Form des Handelsnamens inkl. Rechtsformzusatz erfolgen kann.[204] In § 5a Abs. 3 Nr. 2 UWG ist der fehlende Zusatz „*wie sein Handelsname*" im Wege richtlinienkonformer Auslegung hineinzulesen. Der deutsche Gesetzgeber wollte allem Anschein nach zur Verschlankung der Vorschrift beitragen und verhindern, dass die Ergänzung fälschlicherweise als abschließende Konkretisierung der Pflichtinformation über die Identität verstanden wird.

Für sich genommen ermöglicht der Wortlaut des § 5a Abs. 3 Nr. 2 UWG und der des Richtlinienvorbilds mithin kein zweifelsfreies Verständnis des

---

202 BGH, Urt. v. 18.10.2017 – I ZR 84/16, WRP 2018, 320 Rn. 20 – *Kraftfahrzeugwerbung*; *Helm/Sonntag/Burger* in UWG-HdB, § 59 Rn. 475; Fezer/Büscher/*Obergfell*, § 5a UWG Rn. 140; *Goldmann*, in: FS Fezer, S. 225, 244 f.

203 So auch *von Walter/Kluge*, WRP 2013, 866 Rn. 25.

204 Vgl. OLG Köln, Urt. v. 7.9.2012 – 6 U 86/12, WRP 2013, 191 Rn. 4 – *Kaufappell ohne Rechtsformzusatz* m. Anm. *Nowak/Smirra*, GRUR-RR 2013, 120, 121. A.A. wohl BGH, Urt. v. 18.4.2013 – I ZR 180/12, WRP 2013, 1459 Rn. 12 – *Brandneu von der IFA*, dessen Wortlautverständnis i.S.e. grundsätzlichen Pflicht zur Rechtsformangabe aus der Formulierung, dass diese „ferner" auf den Sinn und Zweck zurückzuführen sei, hervorgeht.

Identitätsbegriffs. Jedenfalls statuiert er explizit kein zwingendes Erfordernis, dass der Unternehmer seinen Namen inkl. Rechtsform mitzuteilen hat.

2. *Systematik*

Aufschluss über den Identitätsbegriff in § 5a Abs. 3 Nr. 2 UWG könnte aber ein Vergleich mit anderen Vorschriften, insb. verwandten Informationspflichten, geben.

a) § 5 Abs. 1 Nr. 1 TMG

Die Verwendung des von der UWG-Impressumspflicht („*Identität*“) abweichenden Terminus „*Name*“ in § 5 Abs. 1 Nr. 1 TMG ist auf eine wortlautgetreue Umsetzung der zugrunde liegenden EU-Richtlinienvorschriften zurückzuführen. Ob der Richtliniengeber die Begriffe als Synonyme versteht, bleibt mangels diesbezüglicher Aussagen in den Materialien unklar.

Im Gegensatz zur UGP-RL bezweckt die EC-RL allerdings nur eine Mindestharmonisierung,[205] sodass weitergehende nationale Vorschriften erlaubt sind. Insofern ließe sich § 5 Abs. 1 Nr. 1 TMG, der bei Telemedien von juristischen Personen neben der Namens- auch die Rechtsformangabe vorschreibt, als zulässige gegenüber Art. 5 Abs. 1 lit. a EC-RL strengere Umsetzung verstehen.[206] Dem vorgelagert ist allerdings die Frage zu klären, ob das europäische Begriffsverständnis des Namens bzw. der Identität nicht bereits die Rechtsform umfasst. Dann würde sich die Regelung im TMG lediglich als ausdrückliche Klarstellung ohne zusätzlichen Bedeutungsgehalt darstellen.

Der in der EC-RL verwendete Ausdruck „Name“ lässt zunächst an natürliche Personen als Diensteanbieter denken, bezieht sich aber auch auf juristische Personen. Bei letzteren ist die Firma gemeint, da sich die Einzelheiten der Namensbezeichnung nach den allgemeinen Bestimmungen richten.[207] Auch die Impressumspflicht der zeitlich späteren UGP-RL gilt für natürliche und juristische Personen, wie die Definition des Gewerbetreibenden in Art. 2 lit. b zeigt. Die Formulierung des Art. 7 Abs. 4 lit. b UGP-RL legt nahe, dass der Handelsname eine denkbare Ausprägung des Oberbegriffs der Identität darstellt. Einer dem Identitätsbegriff entsprechenden, weiten Auslegung ist auch der allgemeine Terminus des Namens in der EC-RL zugänglich. Die Angabe der Firma einschließlich der Rechtsform stellt mithin eine mögliche Namens- oder Identitätsangabe

---

205 Begr. zum RegE des EGG (2001), BT-Drucks. 14/6098, S. 21.

206 So *von Walter/Kluge*, WRP 2013, 866 Rn. 23; zum Inhalt der TMG-Impressumspflicht *Föhlisch* in Hoeren/Sieber/Holznagel, Teil 13.4 Rn. 125 f.

207 Begr. zum RegE des EGG (2001), BT-Drucks. 14/6098, S. 21.

dar. Eine Pflicht zu genau dieser Information i.R.d. § 5a Abs. 3 Nr. 2 UWG lässt sich der systematischen Gegenüberstellung zur Impressumspflicht des TMG und deren Richtlinienvorbild dagegen nicht entnehmen.

b) § 2 Abs. 1 Nr. 1 DL-InfoV und § 1 Abs. 1 Nr. 1 VVG-InfoV

Ein ähnliches Bild ergibt sich bei einem Vergleich des § 5a Abs. 3 Nr. 2 UWG mit § 2 Abs. 1 Nr. 1 DL-InfoV. Danach müssen Dienstleistungserbringer u.a. ihren Familien- und Vornamen, bei rechtsfähigen Personengesellschaften und juristischen Personen die Firma unter Angabe der Rechtsform mitteilen. Während sich die erste Variante auf natürliche Personen bezieht, dürfte die zweite Variante auch den Einzelkaufmann und die GbR erfassen. Denn das Richtlinienvorbild verlangt allgemeiner den „Namen des Dienstleistungserbringers (...) und seine Rechtsform" (Art. 22 Abs. 1 lit. a DL-RL). In der ausdrücklich geforderten Rechtsformangabe liegt der Unterschied zur lauterkeitsrechtlichen Impressumspflicht. Wie diese hat aber auch diejenige des Dienstleistungserbringers die Identifizierung des Vertragspartners zum Ziel (S. 157). Angesichts der teleologischen Gemeinsamkeit spricht der systematische Vergleich zu § 2 Abs. 1 Nr. 1 DL-InfoV jedenfalls nicht dagegen, dass der Identitätsbegriff des § 5a Abs. 3 Nr. 2 UWG die Rechtsformangabe umfasst. Entsprechend wird der Terminus etwa auch im Rahmen der unternehmensbezogenen Informationspflicht des Versicherers verstanden.[208]

c) Informationspflichten für Verbraucherverträge im BGB

Nach Ansicht des *BGH* sprechen auch systematische Erwägungen dafür, dass der Identitätsbegriff des § 5a Abs. 3 Nr. 2 UWG die Angabe der Rechtsform einschließt: Die Norm beruhe auf dem gleichen Grundgedanken (Verhinderung anonym erfolgender Wettbewerbsauftritte) wie die korrespondierende fernabsatzrechtliche Informationspflicht, bei der unter „Identität" der vollständige Name inkl. Rechtsform zu verstehen sei.[209] Diese Aussage erfolgte allerdings noch zum alten Recht. Der nunmehr für Fernabsatz- und Außergeschäftsraumverträge geltende Art. 246a § 1 Abs. 1 Satz 1 Nr. 2 EGBGB sieht den Zusatz „*beispielsweise seinen Handelsnamen*" vor. Damit setzt er anders als § 5a Abs. 3

---

208 MüKoVVG/*Armbrüster*, § 1 VVG-InfoV Rn. 2; Langheid/Rixecker/*Gal*, § 1 VVG-InfoV Rn. 18; HK-VVG/*Baroch Castellvi*, § 1 VVG-InfoV Rn. 3; vgl. Anlage D Abschnitt I Nr. 1a) zu § 10a VAG a.F.

209 BGH, Urt. v. 18.4.2013 – I ZR 180/12, WRP 2013, 1459 Rn. 14 – *Brandneu von der IFA*; so auch OLG München, Urt. v. 17.10.2013 – 6 U 3929/12 juris Rn. 41.

Nr. 2 UWG die zugrunde liegende Richtlinienvorschrift (Art. 6 Abs. 1 lit. b VR-RL) wortlautgetreu um. Gleiches gilt für die Informationspflicht bei Verbraucherverträgen außerhalb der besonderen Vertriebsformen (Art. 246 Abs. 1 Nr. 2 EGBGB bzw. Art. 5 Abs. 1 lit. b VR-RL). Der Handelsname wird aber jeweils nur als beispielhafte Identitätsangabe aufgeführt – wie in Art. 7 Abs. 4 lit. b UGP-RL. Während die Formulierungen im Deutschen minimal divergieren („*wie*" bzw. „*beispielsweise*"), heißt es in der englischen Sprachfassung der Richtlinien jeweils „*such as*". Die „enge Verzahnung"[210] der beiden Rechtsgebiete im deutschen und europäischen Recht spricht zusammen mit der teilweise übereinstimmenden Zielsetzung der Informationspflichten für eine einheitliche Auslegung des Identitätsbegriffs. Daher legt der Umstand, dass unter Identität in Art. 246, 246a EGBGB auch die Rechtsformangabe verstanden wird,[211] ein entsprechendes Begriffsverständnis im Rahmen der lauterkeitsrechtlichen Impressumspflicht nahe.

d) *Pressegesetze der Bundesländer*

Ähnliche Erwägungen ergeben sich auch bei einem Vergleich des § 5a Abs. 3 Nr. 2 UWG mit den Impressumspflichten, welche die Pressegesetze der Länder für Druckwerke vorsehen.[212] So verlangen z.B. das Saarländische Mediengesetz und das Berliner Pressegesetz, dass auf jedem im jeweiligen Geltungsbereich erscheinenden Druckwerk „Name oder Firma" und „Anschrift" bzw. „Wohnort oder Geschäftssitz" des Druckers und Verlegers genannt sind.[213] Entsprechende Vorschriften enthalten die meisten Landespressegesetze.

Indem die Pressegesetze ausdrücklich eine Namens- bzw. Firmenangabe fordern, statuieren sie konkrete formale Anforderungen. Für den Drucker oder Verleger besteht damit eine hohe Rechtssicherheit, das Impressum gesetzeskonform zu gestalten. Demgegenüber lässt sich die nach § 5a Abs. 3 Nr. 2 UWG mitzuteilende Identität weniger leicht bestimmen mit der Folge erhöhter Rechtsunsicherheit. Indes ermöglicht der Identitätsbegriff eine flexiblere, auf den jeweiligen Einzelfall zugeschnittene Auslegung unter Berücksichtigung des Normzwecks. Eine solche erscheint insb. vor dem Hintergrund der Vielschichtigkeit der von § 5a Abs. 3 Nr. 2 UWG erfassten Fälle (hins. der werbenden Unternehmen

---

210 *Zecca-Jobst*, S. 179.

211 BeckOKBGB/*Martens*, Art. 246 EGBGB Rn. 13, Art. 246a § 1 EGBGB Rn. 6.

212 So auch *von Walter/Kluge*, WRP 2013, 866 Rn. 23 mit Verweis auf Art. 7 Abs. 1 Bayerisches Pressegesetz.

213 Art. 8 Abs. 1 Saarländisches Mediengesetz; Art. 7 Abs. 1 Berliner Pressegesetz.

bzw. Vertriebssysteme, aber auch der Art der kommerziellen Kommunikation) durchaus sinnvoll. In diesem Punkt unterscheidet sich die Impressumspflicht des UWG entscheidend von denjenigen der Landespressegesetze. Die nach diesen geschuldete Namens-/Firmenangabe kann folglich zur Bestimmung des Identitätsbegriffs in § 5a Abs. 3 Nr. 2 UWG nicht fruchtbar gemacht werden.

e) Begrenzungen der Impressumspflicht innerhalb des § 5a UWG

Nach einer *Literaturstimme* soll in systematischer Hinsicht auch die Einschränkung für sich unmittelbar aus den Umständen ergebende Informationen die materielle Lesart der Identität bekräftigen: Sie liefe leer, würde man stets die Angabe der vollständigen Firma samt Rechtsformzusatz verlangen.[214] Dem kann jedoch nicht gefolgt werden, im Gegenteil: Ausnahmen von einer grundsätzlichen Pflicht zur Angabe von Handelsname/-firma inkl. Rechtsformzusatz wären über die Begrenzungen des § 5a Abs. 3 a.E. und Abs. 5 UWG möglich. Angesichts der Korrekturmöglichkeiten steht ein formalisiertes Identitätsverständnis einer einzelfallbezogenen Handhabung nicht entgegen, ist jedoch auch nicht zwingend durch die Existenz der Korrektive geboten. Die innere Systematik des § 5a UWG bzw. Art. 7 UGP-RL lässt folglich keine eindeutigen Schlussfolgerungen hins. des Identitätsbegriffs zu.

f) Firmenunterscheidbarkeit gem. §§ 18, 30 HGB

Als Argument gegen einen formalisierenden Ansatz hins. des Identitätsbegriffs in § 5a Abs. 3 Nr. 2 UWG wird ferner auf die Firmenunterscheidbarkeit gem. § 30 HGB verwiesen, bei deren Bestimmung Rechtsformzusätzen keine Bedeutung zukomme.[215] Allerdings hat die geforderte konkrete Unterscheidbarkeit vor Ort den Schutz des Rechtsverkehrs vor verwechslungsfähigen Firmen zum Ziel;[216] und richtet sich nach dem Gesamteindruck bzw. Klangbild für Auge und Ohr.[217] Insofern wird eine Verwechslungsgefahr wegen übereinstimmender Angaben im Firmenkern nicht durch Rechtsformzusätze beseitigt.[218] Auch die abstrakte Unterscheidungskraft und Kennzeichnungseignung nach § 18 Abs. 1 HGB wird nicht allein durch unterschiedliche Gesellschaftszusätze bei ansonsten identischen Firmen begründet.[219]

---

214 *Von Walter/Kluge*, WRP 2013, 866 Rn. 29.

215 *Becker*, GRUR-Prax 2013, 22 m.w.N.

216 MüKoHGB/*Heidinger*, § 30 Rn. 1; Oetker/*Schlingloff*, § 30 HGB Rn. 1.

217 Baumbach/Hopt/*Hopt*, § 30 HGB Rn. 5 m.w.N.; EBJS/*Reuschle*, § 30 HGB Rn. 18.

218 Oetker/*Schlingloff*, § 30 HGB Rn. 11; MüKoHGB/*Heidinger*, § 30 Rn. 11, 23.

219 Baumbach/Hopt/*Hopt*, § 18 HGB Rn. 4 f.; Oetker/*Schlingloff*, § 18 HGB Rn. 3, 12.

Die §§ 18, 30 HGB statuieren als allgemeiner Teil des Firmenbildungsrechts grundlegende, rechtsformunabhängige Anforderungen der Firmenbildung.[220] Daneben treten Sondervorschriften, insb. zur obligatorischen Angabe der Rechtsform (§§ 19 HGB, 4 GmbHG, 4 und 279 AktG, 2 PartGG, 3 GenG). Erst in diesem Zusammenspiel wird die Zielsetzung des Firmenrechts, Unternehmenspublizität zum Schutze des Geschäftsverkehrs bzw. der Marktteilnehmer,[221] erreicht. Demgegenüber stellt § 5a Abs. 3 Nr. 2 UWG die vollständige Regelung der lauterkeitsrechtlichen Informationspflicht über den Unternehmer dar. Und dessen Funktion beschränkt sich nicht auf die Individualisierung bzw. Unterscheidbarkeit des Unternehmensträgers (siehe S. 124 ff.). Daher kann die Unbeachtlichkeit des Rechtsformzusatzes im Rahmen der Firmenunterscheidbarkeit nach dem HGB nicht auf die Informationspflicht nach § 5a Abs. 3 Nr. 2 UWG übertragen werden.

3. *Telos*

Da eine definitive Bestimmung des Identitätsbegriffs anhand des Wortlauts und der Systematik des § 5a Abs. 3 Nr. 2 UWG bzw. Art. 7 Abs. 4 lit. b UGP-RL nicht möglich ist, kommt es entscheidend auf den Sinn und Zweck der Vorschriften an.

a) Formalisierende Betrachtungsweise

Eine Reihe von Oberlandesgerichten hat sich in den Jahren für eine formalisierende Auslegung des Identitätsbegriffs ausgesprochen: So sah etwa das *OLG Hamm* in dem Werbeprospekt eines Möbelhauses einen Verstoß gegen § 5a Abs. 3 Nr. 2 UWG, da dieser nicht die vollständige Firmierung des Handelsunternehmens inkl. Rechtsformzusatz enthielt.[222] Und auch das *OLG München* hielt im Rahmen der Identitätsangabe die vollständige Firmierung des werbenden Unternehmers gem. der Handelsregistereintragung und damit auch die Rechtsform für erforderlich, um Verwechslungen zu vermeiden, wie sie bei

---

220 EBJS/*Reuschle*, § 18 HGB Rn. 1.

221 MüKoHGB/*Heidinger*, § 18 Rn. 11, § 19 Rn. 1 f.; Baumbach/Hopt/*Hopt*, § 18 HGB Rn. 1, § 19 Rn. 1.

222 OLG Hamm, Beschl. v. 11.8.2011 – 4 W 66/11 juris Rn. 6 – *Roller*; Beschl. v. 13.10.2011 – 4 W 84/11 juris Rn. 20 – *Roller*; jeweils unter Hinweis auf Fezer/*Peifer*, 2. Aufl. 2010, § 5a UWG Rn. 50; auch LG Frankfurt, Urt. v. 24.11.2011 – 3/11 O 46/11 juris Rn. 26; ähnlich OLG Hamm, Urt. v. 2.2.2012 – 4 U 168/11, WRP 2012, 984 Rn. 30, 35: Mangels Nennung der Anschriften konnte offenbleiben, ob die geschäftliche Kennzeichnung „K." eine ausreichende Identitätsangabe darstellt.

Unklarheiten über die Rechtsform auftreten können.[223] Dabei lesen sich die Urteile beider Gerichte wie folgt: Die Pflicht zur exakten Firmenbezeichnung und Rechtsformangabe ist unter der Voraussetzung, dass § 5a Abs. 3 UWG einschlägig ist, genereller Natur und nicht von materiellen Kriterien wie einer tatsächlich bestehenden Verwechslungsgefahr abhängig.

Die formalisierende Betrachtungsweise wird ungeachtet des Bekanntheitsgrads des werbenden Unternehmens zugrunde gelegt. In Bezug auf eine Werbung des bekannten Modeunternehmens H&M entschied etwa das *OLG Hamburg*: Bei Handelsunternehmen sind jedenfalls die vollständige Firma und Rechtsform anzugeben.[224] Als unzureichende Identitätsangabe wurde auch der in einer Anzeige untergebrachte „Hinweis auf ‚A'" eingestuft, da die genaue Unternehmensbezeichnung auch bei bekannten Unternehmen nicht entbehrlich sei.[225] Die Zielsetzung der Firmenzuordnung könne nur ein klarer, unmissverständlicher und zweifelsfrei identifizierbarer Firmenname gewährleisten, nicht hingegen eine Abkürzung.[226]

b) Materielle Betrachtungsweise: konkrete Verwechslungsgefahr maßgeblich

Dagegen sind über die Jahre immer wieder Stimmen laut geworden, die in der fehlenden Rechtsformangabe nicht per se eine Irreführung sehen wollen und sich für eine materielle Definition des lauterkeitsrechtlichen Identitätsbegriffs aussprechen.

Da der Verkehr in einer Werbung keine Individualisierung des Unternehmensträgers erwarte, hält *Ullmann* die Angabe des Rechtsformzusatzes für entbehrlich, es reiche vielmehr die Geschäftsbezeichnung (z.B. Franchiselogo) aus.[227] Denn die Werbung solle nur das Interesse des Verbrauchers wecken, dem

223 OLG München, Urt. v. 20.10.2011 – 29 U 2357/11, WRP 2012, 230 Leitsatz und Rn. 3 – *Identität*.

224 OLG Hamburg, Beschl. v. 20.10.2011 – 5 W 134/11 juris Rn. 5; so auch LG München I, Urt. v. 4.6.2018 – 4 HKO 18527/17 juris Rn. 29, 31 hins. einer Printwerbung von „Amazon".

225 OLG Nürnberg, Beschl. v. 17.1.2013 – 3 U 2093/12 juris Rn. 8 f. („*Apollo-Optik*"), das sich ausdrücklich der Auffassung von OLG Hamm, Beschl. v. 13.10.2011 – 4 W 84/11 und OLG Hamburg, Beschl. v. 20.10.2011 – 5 W 134/11 anschließt; OLG Nürnberg, Urt. v. 19.8.2014 – 3 U 1081/14, GRUR-RR 2015, 117 Rn. 22 – *Komplette Gleitsichtbrille*.

226 OLG Rostock, Urt. v. 27.3.2013 – 2 U 21/12, WRP 2013, 1368 Rn. 29.

227 *Ullmann*, NJW 1994, 1255, 1261 f.

jedoch in diesem Stadium – anders als im individuellen, späteren Geschäftsverkehr – die Rechtsform und Haftungsstruktur des werbenden Unternehmens gleichgültig sei.[228]

Ob davon tatsächlich in dieser Absolutheit ausgegangen werden kann, erscheint angesichts der gebotenen Einzelfallbetrachtung wie auch im Hinblick auf die Funktionen des § 5a Abs. 3 Nr. 2 UWG äußerst zweifelhaft. Denn neben der Identifizierung des zukünftigen Vertragspartners soll es dem Verbraucher ermöglicht werden, sich weitergehend über diesen zu informieren. Hierfür kann in Einzelfällen die Mitteilung der Rechtsform notwendig sein, jedenfalls ansonsten nicht schaden. Und selbst *Ullmann* hält eine wettbewerbsrechtliche Irreführung ausnahmsweise für möglich, wenn besondere Umstände hinzutreten.[229] Doch in welchen Fällen sind solche anzunehmen?

Anhaltspunkte geben zwei Entscheidungen des *OLG Köln*: In den streitgegenständlichen Zeitungswerbungen waren nur Firmenschlagwort bzw. Name sowie die Internet- bzw. Postadresse und Telefonnummer des Unternehmens mitgeteilt.[230] Das *OLG Köln* hielt die eindeutige Identifizierung des anbietenden Unternehmens mangels Verwechslungsgefahr auch ohne Mitteilung der vollständigen Firma mit Rechtsformzusatz für möglich.[231] Darüber hinaus konnte in einem Fall angesichts der öffentlichen Berichterstattung von der drohenden Insolvenz des Unternehmens nicht die Rede davon sein, dass es seine Identität zu verschleiern versuche.[232] Im Umkehrschluss bedeutet das: Besondere Umstände wie die fehlende Identifizierbarkeit des Unternehmens oder der Verschleierungsversuch können eine Irreführung begründen.

Ob es in jedem Fall der Angabe des Handelsnamens und der Rechtsform bedarf, lässt auch das zuvor strenger urteilende *OLG Hamm* (s.o.) dahinstehen: Die Kenntnis der Registerlage sei zwar insb. bei nachvertraglichen Rechtsstreitigkeiten für den Verbraucher von Bedeutung.[233] Aber bei dem zu beurteilenden Werbeprospekt reiche die Benennung des Unternehmensschlagwortes nicht aus, da der

---

228 *Ullmann*, NJW 1994, 1255, 1261 mit Verweis auf *Gutachterausschuss für Wettbewerbsfragen*, WRP 1991, 679, 680.

229 *Ullmann*, NJW 1994, 1255, 1261.

230 OLG Köln, Beschl. v. 9.1.2012 – 6 W 3/12 juris Rn. 3; Urt. v. 7.9.2012 – 6 U 86/12, WRP 2013, 191 Rn. 1 – *Kaufappell ohne Rechtsformzusatz*.

231 OLG Köln, Beschl. v. 9.1.2012 – 6 W 3/12 juris Rn. 3; Urt. v. 7.9.2012 – 6 U 86/12, WRP 2013, 191 Rn. 4 f. – *Kaufappell ohne Rechtsformzusatz*; zustimmend *von Walter/Kluge*, WRP 2013, 866 Rn. 10 f., 33 ff.

232 OLG Köln, Beschl. v. 9.1.2012 – 6 W 3/12 juris Rn. 3.

233 OLG Hamm, Urt. v. 30.10.2012 – 4 U 61/12 juris Rn. 70 – *Unternehmensschlagwort*.

Namensbestandteil „I – Die Profi Baumärkte" in fünf deutschen Unternehmen verwendet werde.[234] Zum gleichen Ergebnis kam das *OLG München* bzgl. einer mit dem „Saturn"-Firmenlogo versehenen Werbeanzeige, die eine der zahlreichen im Saturn-Konzern verbundenen eigenständigen Rechtspersönlichkeiten allein geschaltet hatte: Hier sei die Gefahr von Verwechslungen ohne Kenntnis der präzisen Firmierung mitsamt Rechtsformzusatz nicht auszuschließen.[235]

Im Unterschied zur formalisierenden Betrachtungsweise halten die vorstehenden Entscheidungen die Angabe der vollständigen Firma des Unternehmens inkl. der Rechtsform nicht generell, sondern nur bei konkreter Verwechslungsgefahr für erforderlich.

c) Entscheidung des BGH in der Rechtssache „Brandneu von der IFA"

Die Uneinigkeit der Oberlandesgerichte auflösend urteilte der *BGH* in der Rechtssache *Brandneu von der IFA* in Bezug auf den notwendigen Inhalt der Identitätsangabe i.S.d. § 5a Abs. 3 Nr. 2 UWG zugunsten der formalisierenden Betrachtungsweise: Die unabhängig von einer konkreten Verwechslungsgefahr bestehende, grundsätzliche Pflicht zur Angabe der Rechtsform des Unternehmers stützen die Karlsruher Richter v.a. auf den Sinn und Zweck der Vorschrift,[236] worauf nachfolgend eingegangen wird.

d) Stellungnahme

Nachdem sich der *BGH* eindeutig und kategorisch der formalisierenden Betrachtungsweise des Identitätsbegriffs in § 5a Abs. 3 Nr. 2 UWG angeschlossen hat, sollte diese in der Praxis von werbenden Unternehmen ebenfalls zugrunde gelegt werden. Im Grundsatz heißt das: Pflicht zur Mitteilung der Firma inkl. Rechtsformzusatz. Entsprechend herrscht seither zu der Frage allgemeiner Konsens in *Rechtsprechung* und *Literatur*.[237] Unter Hinweis auf das „Brandneu von

---

234 OLG Hamm, Urt. v. 30.10.2012 – 4 U 61/12 juris Rn. 70 – *Unternehmensschlagwort*.

235 OLG München, Urt. v. 11.4.2013 – 6 U 2646/12 juris Rn. 18 – *Firmenlogo*: Allein im Stadtgebiet der drei Verkaufsstätten des beklagten Unternehmens fanden sich Geschäfte von zwei weiteren rechtlich eigenständigen Unternehmen des Saturn-Konzerns.

236 BGH, Urt. v. 18.4.2013 – I ZR 180/12, WRP 2013, 1459 Rn. 11, 13, 15 – *Brandneu von der IFA*.

237 BGH, Urt. v. 18.10.2017 – I ZR 84/16, WRP 2018, 320 Rn. 18, 21 – *Kraftfahrzeugwerbung*; OLG Hamm, Urt. v. 27.2.2014 – 4 U 144/13 juris Rn. 49 – *Aral Crossinos*; KG, Urt. v. 20.12.2016 – 5 U 134/15 juris Rn. 10; *Köhler*/Bornkamm/Feddersen, § 5a UWG Rn. 4.33; Götting/*Nordemann*, § 5a UWG Rn. 140.

der IFA"-Urteil ließen etwa die *Oberlandesgerichte München* und *Celle* die Mitteilung von Firmenschlagwort bzw. -bezeichnung in der Werbung, ohne Angabe der dahinter stehenden GmbH (&Co. KG), nicht genügen.[238] Für unzureichend befunden wurde auch die bloße Nennung der Fluglinien statt der Luftfahrtunternehmen.[239] Auch das *OLG Köln* hat sich mittlerweile ausdrücklich der formalisierenden Betrachtungsweise angeschlossen und seine zuvor vertretene Unternehmer-freundlichere, materielle Sichtweise aufgegeben.[240]

Für die von § 5a Abs. 3 Nr. 2 UWG bezweckte Identifizierung und problemlose Kontaktaufnahme ist die Angabe der Rechtsform sicherlich hilfreich bzw. unschädlich, aber auch nicht zwingend erforderlich. Selbst wenn die exakte Bezeichnung unterbleibt, sind Zustellungen möglich, sofern der Unternehmer identifiziert werden kann und Verwechslungen ausgeschlossen sind.[241] Mit dem *BGH* ist jedoch davon auszugehen, dass die Identitätsangabe den Verbraucher auch in die Lage versetzen soll, den Ruf des Unternehmers hins. Qualität und Zuverlässigkeit der von ihm angebotenen Produkte sowie dessen wirtschaftliche Potenz, Bonität und Haftung einzuschätzen.[242] Dafür benötigt der Verbraucher den Handelsnamen des Unternehmers einschließlich Rechtsformzusatz. Die weitreichende Funktion des § 5a Abs. 3 Nr. 2 UWG rechtfertigt die Heranziehung strengerer Maßstäbe gegenüber den Vorschriften der ZPO zur Zustellungs- und Rechtskraftwirkung.[243]

Die Entscheidung der Karlsruher Richter für ein formalisiertes Identitätsverständnis ist über den Aspekt der Rechtssicherheit hinaus auch inhaltlich überzeugend: Angenommen wird nur eine „*grundsätzliche Pflicht*"[244] zur Angabe der vollständigen Firma mitsamt Rechtsform. Die Ablehnung materieller Kriterien beschränkt sich auf das Merkmal der Identität in § 5a Abs. 3 Nr. 2 UWG, dessen Inhalt zunächst unabhängig von der konkreten Identifizierbarkeit zu bestimmen ist. Aus der Randnummer 19 des *BGH*-Urteils wird indes deutlich: Die Pflicht zur Rechtsformangabe soll nicht uneingeschränkt gelten, Ausnahmen sind

---

238 OLG München, Urt. v. 17.10.2013 – 6 U 3929/12 juris Rn. 11, 39, 41; OLG Celle, Beschl. v. 29.10.2013 – 13 W 79/13 juris Rn. 8 – *FlussErlebnis.*

239 OLG München, Urt. v. 16.7.2015 – 6 U 4681/14, WRP 2015, 1522 Rn. 64 – *Ticketschutz.*

240 OLG Köln, Urt. v. 25.10.2013 – 6 U 226/12 juris Rn. 7.

241 *Becker*, GRUR-Prax 2013, 22.

242 BGH, Urt. v. 18.4.2013 – I ZR 180/12, WRP 2013, 1459 Rn. 13 – *Brandneu von der IFA.*

243 A.A. wohl OLG Köln, Urt. v. 7.9.2012 – 6 U 86/12, WRP 2013, 191 Rn. 4; *Becker*, GRUR-Prax 2013, 22.

244 BGH, Urt. v. 18.4.2013 – I ZR 180/12, WRP 2013, 1459 Rn. 13 – *Brandneu von der IFA*; vgl. dazu auch die Anm. von *Birk*, GRUR-Prax 2013, 453.

möglich – wenn auch im konkreten Fall nicht einschlägig. Deren tatbestandlichen Anknüpfungspunkt bilden allerdings das „Vorenthalten" und die an dieser Stelle zu berücksichtigenden Umstände einschließlich der Beschränkungen des Kommunikationsmittels.[245] Einer Ausuferung wird ferner mit den Korrektiven des Benötigens für eine informierte geschäftliche Entscheidung und der geschäftlichen Relevanz (§ 5a Abs. 2 Satz 1 Nr. 1 und Nr. 2 UWG) begegnet. Infolgedessen besteht kein Anlass, dem Identitätsbegriff einzelfallbezogen unterschiedliche Bedeutungen beizumessen. Das Tatbestandsmerkmal sollte vielmehr im Interesse der Rechtssicherheit allgemeingültig – unter Berücksichtigung des Normzwecks – bestimmt werden. Überdies lässt sich für das Erfordernis einer konkreten Verwechslungsgefahr in der gesetzlichen Formulierung keine Stütze finden.

Dem Einwand, eine formalisierende Betrachtungsweise verschärfe den Platzmangel in Kleinanzeigen erheblich,[246] kann in dieser Absolutheit nicht gefolgt werden. Zum einen verkennt die Aussage, dass den Beschränkungen des Kommunikationsmediums auf Ebene des Vorenthaltens Rechnung getragen wird. Zum anderen gerät der Platz einer Werbeanzeige nicht schon dadurch an seine Grenzen, dass die vollständige Firma des Unternehmers mitsamt Rechtsformzusatz (z.B. GmbH) anzugeben ist.[247] Problematisch wird insofern erst die Mitteilung der Identitäten bei Vertriebssystemen, die eine Vielzahl von Standorten umfassen. Die Frage, welche Angaben dabei erforderlich sind, betrifft jedoch erst den Umfang der UWG-Impressumspflicht (dazu ab S. 231).

Unabhängig von der Rechtsform des Unternehmers muss die Identitätsangabe nicht nur vollständig, sondern auch „richtig" sein, d.h. mit der Registereintragung übereinstimmen, um nicht zusätzlich eine Irreführung gem. § 5 Abs. 1 Satz 2 Nr. 3 UWG zu begründen.[248]

245 BGH, Urt. v. 18.4.2013 – I ZR 180/12, WRP 2013, 1459 Rn. 19 – *Brandneu von der IFA*.

246 *Becker*, GRUR-Prax 2013, 22.

247 Vgl. BGH, Urt. v. 18.4.2013 – I ZR 180/12, WRP 2013, 1459 Rn. 19 – *Brandneu von der IFA*; OLG Köln, Urt. v. 25.10.2013 – 6 U 226/12 juris Rn. 13; OLG Hamm, Urt. v. 27.2.2014 – 4 U 144/13 juris Rn. 54 – *Aral Crossinos*; KG, Urt. v. 20.12.2016 – 5 U 134/15 juris Rn. 11 und sogar hins. der Firmen von 12 eigenständigen Gesellschaften einer Unternehmensgruppe Urt. v. 28.5.2013 – 5 U 93/12 juris Rn. 54.

248 OLG Hamm, Urt. v. 30.10.2012 – 4 U 61/12 juris Rn. 69 – *Unternehmensschlagwort*; OLG München, Urt. v. 14.11.2013 – 6 U 1888/13, WRP 2014, 591 Rn. 35-40; *Lorenz*, WRP 2010, 1224, 1227 f.

4. *Weitere unternehmensbezogene Angaben*

Neben der Rechtsform könnte die Pflicht zur Mitteilung der Identität weitere unternehmensbezogene Daten umfassen, etwa die Gesellschafter und vertretungsberechtigten Personen oder das öffentliche Unternehmensregister. Von Seiten der *Literatur* werden sie jedoch bei § 5a Abs. 3 Nr. 2 UWG nicht für erforderlich gehalten.[249] Auch in der *Rechtsprechung* blieb die fehlende Benennung des gesetzlichen Vertreters der Gesellschaft lauterkeitsrechtlich unbeanstandet.[250] Bekräftigt wird dieses Verständnis durch einen systematischen Vergleich mit den Informationskatalogen verwandter Normen. Nach § 5 Abs. 1 TMG ist bei juristischen Personen zusätzlich zum Namen des Diensteanbieters der Vertretungsberechtigte (Nr. 1) anzugeben und das Register, in das der Diensteanbieter eingetragen ist, mitsamt entsprechender Registernummer (Nr. 4). Ebenso erstreckt sich bei Fernabsatz- und Außergeschäftsraumverträgen über Finanzdienstleistungen die Informationspflicht auf das öffentliche Unternehmensregister und die zugehörige Registernummer sowie ggf. auf den Namen des Vertretungsberechtigten.[251] Vor dem Hintergrund, dass die ebenfalls richtlinienbasierten Vorschriften die zusätzlichen Angaben im Unterschied zu § 5a Abs. 3 Nr. 2 UWG explizit vorschreiben, werden sie von letzterem nicht umfasst. Die geringeren Informationsanforderungen lassen sich mit dem zeitlich früheren Eingreifen der lauterkeitsrechtlichen Impressumspflicht bereits ab der Werbephase begründen.

III. Zwischenergebnis zum Inhalt der UWG-Impressumspflicht

Die zur Erfüllung der UWG-Impressumspflicht mitzuteilende Anschrift des Unternehmers ist als geographische bzw. ladungsfähige Adresse zu verstehen, die in Deutschland in der Regel aus der Straße, Hausnummer, Postleitzahl und dem Ort besteht. Unzureichend ist die Angabe der Telefon- oder Telefaxnummer, der E-Mail- oder Internetadresse wie auch eines Postfachs oder eines die Post elektronisch weiterleitenden sog. „virtual office".

---

249 Fezer/Büscher/*Obergfell*, § 5a UWG Rn. 140; *Köhler*/Bornkamm/Feddersen, § 5a UWG Rn. 4.33; MüKoUWG/*Alexander*, § 5a Rn. 366.

250 KG, Urt. v. 21.9.2012 – 5 W 204/12, WRP 2013, 109 Rn. 13 ff. – *Vertretungsberechtigter im Impressum* zum französischen Pendant der GmbH (SARL).

251 Art. 246b § 1 Abs. 1 Nr. 1 und Nr. 4 EGBGB, dem Art. 3 Abs. 1 Nr. 1 Finanzdienstleistungs-Fernabsatz-RL zugrunde liegt; dazu näher BeckOKBGB/*Martens*, Art. 246b § 1 EGBGB Rn. 14 ff.

Die gem. § 5a Abs. 3 Nr. 2 UWG geforderte Identitätsangabe beinhaltet insb. aufgrund der Funktionen im Ausgangspunkt den Handelsnamen des Unternehmers; und zwar unabhängig vom Bestehen einer konkreten Verwechslungsgefahr. Insofern herrscht seit dem *Brandneu von der IFA*-Urteil des *BGH* Einigkeit über eine formalisierende Betrachtungsweise. Demnach erstreckt sich die Informationspflicht bei Kaufleuten grundsätzlich auf die vollständige Firmierung einschließlich Rechtsformzusatz, ein Firmenschlagwort oder -logo genügt nicht. Ausnahmen sind möglich, allerdings nicht im Rahmen des Identitätsbegriffs in § 5a Abs. 3 Nr. 2 UWG, sondern erst auf Ebene der Tatbestandselemente des Abs. 2 Satz 1 und Abs. 5. Weitere unternehmensbezogene Informationen etwa zu den Gesellschaftern, vertretungsberechtigten Personen oder zum Register verlangt § 5a Abs. 3 Nr. 2 UWG nicht, da sich die Vorschrift wegen des zeitlich frühen Einsetzens in der Werbephase auf die Festlegung von Basisinformationen beschränkt. Bei natürlichen Personen ist der bürgerliche Name anzugeben, d.h. der Nachname und mind. ein Vorname.

E. Umfang der Impressumspflicht des UWG

Im letzten Abschnitt wurde abstrakt der Inhalt der UWG-Impressumspflicht ermittelt. Darauf aufbauend ist der Frage nachzugehen, welche Identitäten und Anschriften in den verschiedenen Vertriebskonstellationen, insb. dem Franchising, konkret mitzuteilen sind.

I. Identität und Anschrift des Unternehmers

Ausgangspunkt ist dabei der Wortlaut des § 5a Abs. 3 Nr. 2 Hs. 1 UWG. Dieser birgt bei werbenden Einzelunternehmen mit einer einzigen Geschäftsadresse keine Schwierigkeiten. Denn die inhaltliche Bedeutung der Identität und Anschrift wurde bereits dargelegt.

Aus dem Wortlaut lässt sich ferner schließen: Unterbleibt bei einem Angebot i.S.d. § 5a Abs. 3 UWG jegliche, den inhaltlichen Anforderungen der Nr. 2 genügende Angabe, ist die Informationspflicht nicht gewahrt. Das gilt etwa für Werbung umfangreicher Vertriebssysteme, die weder über Identität und Anschrift der Unternehmenszentrale noch der einzelnen Ladengeschäfte informiert.[252]

252 Infolgedessen die abschließende Klärung der Frage, auf wen sich die Angaben hätten beziehen müssen, dahinstehen lassend OLG Hamm, Beschl. v. 13.10.2011 – 4 W 84/11 juris Rn. 19 f. – *Roller* i.R.e. Filialsystems; sowie Urt. v. 27.2.2014 – 4 U 144/13 juris

Doch welche Identitäten und Anschriften sind bei örtlichem Auseinanderfallen von Verwaltungssitz und Vertriebsstandorten oder bei Existenz mehrerer unselbständiger Filialen bzw. selbständiger Vertriebspartner erforderlich?

Wortlaut und Systematik des § 5a Abs. 3 Nr. 2 UWG („für den er *handelt*") legen nahe, dass der Adressat der Informationspflicht der werbende Unternehmer ist. Anzugeben sind mithin die Identität und Anschrift des Unternehmers, der die Werbung selbst schaltet oder in Auftrag gibt.[253] Mit anderen Worten geht es um den Unternehmer, der im Zeitpunkt der Kaufaufforderung als Verantwortlicher an den Verbraucher herantritt. Bei systematischer Auslegung des § 5a Abs. 3 Nr. 2 UWG besteht keine Veranlassung, im Rahmen des ersten Halbsatzes nach einer etwaigen Bindungswirkung der Kaufaufforderung für andere Unternehmer zu fragen, da Dreipersonenkonstellationen vom zweiten Halbsatz erfasst werden.

Für Werbung umfangreicher Vertriebssysteme, die überregional von der Systemzentrale geschaltet wird, bedeutet das: Letztere muss als gegenüber dem Verbraucher aktiv werdendes Unternehmen zunächst einmal ihre eigene Identität und Anschrift mitteilen.

II. Handeln für einen anderen Unternehmer

Nach § 5a Abs. 3 Nr. 2 Hs. 2 UWG hat der Unternehmer „gegebenenfalls die Identität und Anschrift des Unternehmers, *für den er handelt*", mitzuteilen. Bevor sich mit dem Eingreifen des Tatbestandsmerkmals in Franchise- und anderen Vertriebssystemen befasst wird, sind dessen Bedeutung und Reichweite allgemein zu analysieren.

1. *Kumulative Impressumspflicht*

Klärungsbedürftig ist zunächst folgende Frage: Wird § 5a Abs. 3 Nr. 2 Hs. 1 UWG durch die Regelung im zweiten Halbsatz erweitert oder ist letzterer als Konkretisierung hins. bestimmter Konstellationen zu verstehen, sodass die Angaben des anderen Unternehmers zur Erfüllung der UWG-Impressumspflicht notwendig, aber auch ausreichend sind?

Der Wortlaut ist diesbezüglich wenig ergiebig und lässt eine Auslegung in beide Richtungen zu. Die Klarstellung alternativen Charakters wäre dem

Rn. 49 f., 53 – *Aral Crossinos* bzgl. Vertrieb über im eigenen Namen und auf eigene Rechnung handelnde Tankstellenpartner.

253 Harte-Bavendamm/Henning-Bodewig/*Dreyer*, § 5a UWG Rn. 145 f.

Gesetzgeber durch Einfügen der Konjunktion „oder" zwischen den beiden Halbsätzen möglich gewesen. Allerdings wird selbst § 6a Abs. 2 Satz 1 Nr. 1 PAngV, dessen Wortlaut („Identität und Anschrift des Darlehensgebers *oder* gegebenenfalls des Darlehensvermittlers") nur die alternative Angabe vorzusehen scheint, als kumulative Informationspflicht verstanden.[254] Eine kumulative Aufzählung hätte indes durch Verbindung der beiden Halbsätze mithilfe der Konjunktion „und" verdeutlicht werden können – wie bei der zugrunde liegenden Regelung in Art. 7 Abs. 4 lit. b UGP-RL. Das Richtlinienvorbild lässt demnach keinen Zweifel, dass die Impressumsangaben des handelnden Unternehmers ergänzt, nicht hingegen ersetzt werden sollen. Einer entsprechenden Handhabung des § 5a Abs. 3 Nr. 2 UWG im Wege richtlinienkonformer Auslegung steht auch nicht dessen Wortlaut entgegen, da Aufzählungen auch durch Kommata erfolgen können.

So ist sich auch die *Literatur* über das Bestehen einer kumulativen Informationspflicht im Kontext des § 5a Abs. 3 Nr. 2 UWG einig:[255] Bei Eingreifen des zweiten Halbsatzes bleibt der handelnde Unternehmer zur Angabe seiner Identität und Anschrift verpflichtet.

Für Vertriebssysteme mit rechtlich selbständigen Vertriebsstellen, die im eigenen Namen auftreten, ließe sich angesichts der Funktion der UWG-Impressumspflicht, den Verbraucher über seinen zukünftigen Vertragspartner zu informieren, allerdings argumentieren: Die unternehmensbezogenen Angaben etwa der einzelnen Franchisenehmerbetriebe reichen aus, da der Verbraucher nicht in geschäftlichen Kontakt mit der Systemzentrale tritt. Er kann weder vom Franchisegeber die beworbenen Produkte erwerben noch im Falle einer rechtlichen Auseinandersetzung mit Erfolg gegen diesen vorgehen, weshalb die Angabe von dessen Identität und Anschrift zum Teil sogar als irreführend bezeichnet wird.[256] Andererseits dürfte den Verbraucher auch das werbende Unternehmen interessieren, das mit dem Angebot i.S.d. § 5a Abs. 3 UWG an ihn

---

254 Das gebiete die Zielsetzung, dem Verbraucher größtmögliche Transparenz zu gewährleisten und Missbrauch infolge möglicher Interessenkonflikte bei Inanspruchnahme der Dienste von Kreditvermittlern zu verhindern, Harte-Bavendamm/Henning-Bodewig/*Weidert*, § 6a PAngV Rn. 13.

255 Fezer/Büscher/*Obergfell*, § 5a UWG Rn. 143; Harte-Bavendamm/Henning-Bodewig/*Dreyer*, § 5a UWG Rn. 154; Spindler/Schuster/*Micklitz/Namysłowska*, § 5a UWG Rn. 38.

256 So das Vorbringen des beklagten Unternehmens vor dem OLG München, Urt. v. 15.5.2014 – 6 U 3500/13, ZVertriebsR 2015, 51 Rn. 41 – *McDonald's*; *DFV*, ZVertriebsR 2015, 63, 64 f.

herantritt. Ungeachtet der rechtlichen Selbständigkeit der einzelnen Standorte bildet der Franchisegeber das Dach der Vertriebsorganisation. Insofern muss er sich durch Mitteilung der eigenen Angaben als Verantwortlicher zu erkennen geben, wenn er zentral eine Werbung für sein Franchisesystem schaltet.[257] Das gilt erst recht, wenn der Franchisegeber seine Produkte neben den Franchisenehmerbetrieben auch über eigene Filialen oder einen eigenen Onlineshop vertreibt.[258] Denn in dieser, durch steigende Direktvertriebstendenzen immer häufiger auftretenden, Konstellation ist der Franchisegeber selbst potentieller Vertragspartner des Verbrauchers. Außerdem wird sich der Verbraucher keine Gedanken über die Vertriebsstruktur machen, für ihn besteht bei umfangreichen Vertriebssystemen häufig kein Unterschied zwischen Filialen und Franchisenehmerbetrieben. Auch vor dem Hintergrund von Mischsystemen erfasst die angestrebte Identifizierung bzw. Individualisierung daher in personeller Hinsicht auch den Werbenden, unabhängig von der rechtlichen Selbständigkeit der Standorte. Die Angabe der Identität und Anschrift der Systemzentrale ist mithin nicht entbehrlich, wenn der Vertragspartner des Verbrauchers nicht der Werbende, sondern ein selbständiger Vertriebspartner (z.B. Franchisenehmer) wird.

Damit lässt sich zusammenfassen: Handelt der Unternehmer im Zeitpunkt des Angebots i.S.v. § 5a Abs. 3 UWG für einen anderen Unternehmer, ist er nach Nr. 2 kumulativ zur Angabe von dessen Identität und Anschrift sowie den entsprechenden Informationen zu seiner eigenen Person verpflichtet.

2. Anwendung des Tatbestandsmerkmals

Nunmehr gilt es zu analysieren, in welchen Konstellationen § 5a Abs. 3 Nr. 2 Hs. 2 UWG die Informationspflicht des werbenden Unternehmers erweitert. Durch Auslegung wird ermittelt, wann allgemein ein Handeln für einen anderen Unternehmer i.S.d. Vorschrift anzunehmen ist. Diesbezügliche Aussagen in Rechtsprechung und Literatur sind einer kritischen Betrachtung zu unterziehen. Ferner werden Fälle aufgezeigt, in denen das Vorliegen bzw. Nichtvorliegen des Tatbestandsmerkmals als weitgehend unproblematisch oder geklärt anzusehen ist.

---

257 Vgl. OLG Frankfurt a.M., Beschl. v. 21.5.2013 – 6 U 60/13 juris Rn. 8, 13 zur Werbung eines Reisevermittlers.

258 LG Krefeld, Urt. v. 7.12.2011 – 11 O 83/11 juris Rn. 17 f.

a) Fälle der offenen Stellvertretung (z.B. Handelsvertretung)

Die Formulierung des „Unternehmers, für den er handelt“ legt zunächst eine Assoziation mit § 164 Abs. 1 BGB nahe. Dieser verlangt neben einer eigenen Willenserklärung des Vertreters innerhalb der ihm zustehenden Vertretungsmacht das *Handeln im fremden Namen* und damit „für einen anderen“ im rechtsgeschäftlichen Sinn. In Fällen dieser sog. offenen oder echten Stellvertretung wird unisono das Eingreifen von § 5a Abs. 3 Nr. 2 Hs. 2 UWG bejaht und soweit ersichtlich von niemandem in Frage gestellt.[259] Das implizieren auch die von der *Rechtsprechung* angestellten Überlegungen, wann § 5a Abs. 3 Nr. 2 Hs. 2 UWG über die Fälle der offenen Stellvertretung hinaus zur Anwendung kommen soll.[260]

Dem ist auch ohne entsprechende Aussagen in der UGP-RL und deren Erwägungsgründen zuzustimmen. Denn unter den Voraussetzungen der §§ 164 ff. BGB kann der offene Stellvertreter den Vertretenen berechtigen und verpflichten. In dieser Konstellation muss § 5a Abs. 3 Nr. 2 Hs. 2 UWG den Vertretenen als Vertragspartner des Verbrauchers erfassen, da die Vorschrift u.a. dessen Identifizierung bezweckt.

Der Handelnde ist aber nur Adressat der Informationspflicht, sofern er selbst Unternehmer ist. Das ergibt sich aus der Formulierung „für den *er* handelt“ in § 5a Abs. 3 Nr. 2 Hs. 2 UWG, die sich auf den im ersten Halbsatz genannten Unternehmer bezieht. Ein gegenüber dem Verbraucher in Erscheinung tretender Mitarbeiter des Unternehmers ist folglich nicht zur Angabe der eigenen Identität und Anschrift verpflichtet.[261] In diesen Fällen ist der vertretene Unternehmer selbst anbietender Unternehmer i.S.d. Vorschrift.

Selbständige Unternehmer, die im fremden Namen handeln, sind z.B. Handelsvertreter und Handelsmakler (§ 84 bzw. § 93 HGB). Sie müssen bei Schaltung

---

259 Fezer/Büscher/*Obergfell*, § 5a UWG Rn. 143; GK-UWG/*Lindacher*, § 5a Rn. 54; Götting/*Nordemann*, § 5a UWG Rn. 145; Harte-Bavendamm/Henning-Bodewig/*Dreyer*, § 5a UWG Rn. 148; *Köhler*/Bornkamm/Feddersen, § 5a UWG Rn. 4.39; Ohly/*Sosnitza*, § 5a UWG Rn. 76; *Billing/Lang*, ZVertriebsR 2013, 207, 209; *Lettl*, WRP 2013, 1105 Rn. 23.

260 BGH, Urt. v. 4.2.2016 – I ZR 194/14, NJW-RR 2016, 1439 Rn. 18 – *Fressnapf*; OLG München, Urt. v. 1.12.2011 – 6 U 1577/11, WRP 2012, 575 Rn. 22 – *Ballonfahrtgutscheine*; OLG Köln, Urt. v. 26.9.2014 – 6 U 56/14, MMR 2015, 391 Rn. 33.

261 Büscher/*Büscher*, § 5a UWG Rn. 110; *Köhler*/Bornkamm/Feddersen, § 5a UWG Rn. 4.39; vgl. BGH, Urt. v. 19.4.2018 – I ZR 244/16, NJW 2018, 3242 Rn. 30 – *Namensangabe*.

einer Werbung ihre eigene Identität und Anschrift sowie diejenige ihres Auftraggebers mitteilen.

b) *Fälle der verdeckten Stellvertretung (z.B. Kommissionsgeschäft)*

Bei Wahrung des Offenkundigkeitsprinzips[262], d.h. wenn ein Unternehmer im fremden Namen auftritt, handelt er für einen anderen Unternehmer i.S.d. § 5a Abs. 3 Nr. 2 Hs. 2 UWG. Doch wie steht es mit Situationen, in denen jemand zwar nicht im fremden – sondern im eigenen – Namen, aber für fremde Rechnung handelt? In Fällen dieser *unechten* oder *verdeckten Stellvertretung* wird der Handelnde im Interesse des Geschäftsherrn tätig. Klassisches Beispiel ist das Kommissionsgeschäft (§ 383 HGB), das etwa im Kunstgewerbe häufig anzutreffen ist: Hier vermarkten Kunsthändler und Auktionshäuser die Kunstwerke als Kommissionäre im eigenen Namen, aber für Rechnung des Auftraggebers (Kommittenten).[263]

In geschäftlichen Kontakt mit dem Kunden tritt allein der Vordermann (Kommissionär bzw. Kommissionsagent), während sein Auftraggeber im Hintergrund bleibt. Da der verdeckte Stellvertreter im eigenen Namen handelt, kommen die §§ 164 ff. BGB nicht zur Anwendung. Aus dem Geschäft mit dem Vertragspartner im Außenverhältnis wird nur der Vertreter berechtigt und verpflichtet (vgl. § 164 Abs. 2 BGB).

Der rechtlichen Bindung entsprechend beschränkt sich in dieser Konstellation die Pflicht nach § 5a Abs. 3 Nr. 2 UWG auf die Impressumsangaben des Vordermanns und ist nicht auf diejenigen des Hintermanns zu erstrecken. Nur so kann dessen legitimes Interesse, nicht in Erscheinung zu treten, gewahrt werden.[264] Dem Verbraucher entsteht dadurch auch kein Nachteil, da Identität und Anschrift seines alleinigen Vertragspartners offenbart werden.[265] Denn über diesen den Verbraucher zu informieren, ist Teil der Zielsetzung der UWG-Impressumspflicht (siehe S. 124 ff.). Und bei Vertragsschluss wie auch z.B. im

---

262 MüKoBGB/*Schubert*, § 164 Rn. 24, 110 ff.; vgl. § 164 Abs. 2 BGB.

263 *Anton*, ZVertriebsR 2013, 294, 296 mit einem Überblick auch zu anderen Vertriebsformen im Kunstmarkt. Zu Kommissionsgeschäft, Kommissionsagentursystemen sowie Abgrenzungsfragen siehe S. 54 f.

264 Ohly/*Sosnitza*, § 5a UWG Rn. 76; *ders.*, WRP 2008, 1014, 1032; *Lettl*, WRP 2013, 1105 Rn. 23. In diese Richtung auch: *Körber/Heinlein*, WRP 2009, 780, 786; GK-UWG/*Lindacher*, § 5a Rn. 54.

265 *Sosnitza*, WRP 2008, 1014, 1032; *Müller*, GRUR-Prax 2011, 118, 119; vgl. OLG München, Urt. v. 1.12.2011 – 6 U 1577/11, WRP 2012, 575 Rn. 24 – *Ballonfahrtgutscheine*; Fezer/Büscher/*Obergfell*, § 5a UWG Rn. 143; MüKoUWG/*Alexander*, § 5a Rn. 368.

Falle späterer Gewährleistungsansprüche muss sich der Verbraucher an seinen Vertragspartner, den Kommissionär oder Kommissionsagenten, halten. Diese werden dann im Innenverhältnis von ihren Verbindlichkeiten durch den Auftraggeber befreit.

c) *Keine Beschränkung auf offene Stellvertretung oder vergleichbare Konstellationen*

§ 5a Abs. 3 Nr. 2 Hs. 2 UWG erfasst Fälle der offenen, nicht hingegen der verdeckten Stellvertretung. Zu klären bleibt, ob die Erweiterung der unternehmensbezogenen Informationspflicht eine offene Stellvertretung oder vergleichbare Konstellation zwingend voraussetzt.

Dafür könnte Art. 6 Abs. 1 lit. f UGP-RL sprechen, der falsche Angaben zur Identität des Gewerbetreibenden oder seines „Vertreters" als irreführende Handlung einstuft.[266] Der systematische Vergleich zeigt aber vielmehr, dass sich der Richtliniengeber in Art. 7 Abs. 4 lit. b UGP-RL statt des bekannten Vertreterbegriffs für eine deutlich offenere und weniger rechtlich geprägte Formulierung entschieden hat. Das spricht gegen eine Beschränkung auf Fälle der Stellvertretung i.S.d. §§ 164 ff. BGB; und zwar unabhängig von der konkreten Reichweite des Vertreterbegriffs in Art. 6 Abs. 1 lit. f UGP-RL. Neben den rechtlichen auch die tatsächlichen Verhältnisse zu berücksichtigen, erscheint daher zumindest möglich.

Dagegen verlangen einzelne *Literaturstimmen*, dass der Handelnde den anderen Unternehmer als Vertragspartner des Verbrauchers wirksam verpflichten kann.[267] Dieser Auffassung hat der *BGH* jedoch eine klare Absage erteilt: Das Handeln für einen anderen Unternehmer i.S.d. § 5a Abs. 3 Nr. 2 Hs. 2 UWG erfordert nicht, dass das Angebot selbst bereits eine vertragliche Bindung an einen Dritten vorsieht und ein Fall der offenen Stellvertretung oder eine vergleichbare Fallgestaltung vorliegt.[268] Der negativen Feststellung lässt sich allerdings nicht entnehmen, in welchen Konstellationen ein „Handeln für einen anderen Unternehmer" anzunehmen ist. Diese sind anhand der Funktionen der UWG-Impressumspflicht zu bestimmen. Als Ausgangspunkt eignen sich die Ausführungen des *BGH*, mit denen dieser sein Auslegungsergebnis begründet: Nach dem systematischen Zusammenhang sowie Sinn und Zweck des § 5a Abs. 3

---

266 So *Müller*, GRUR-Prax 2011, 118, 119.

267 *Billing/Lang*, ZVertriebsR 2013, 207, 209 f.; *Lettl*, WRP 2013, 1105 Rn. 23.

268 BGH, Urt. v. 4.2.2016 – I ZR 194/14, NJW-RR 2016, 1439 Rn. 18 – *Fressnapf*; bestätigt durch Urt. v. 18.10.2017 – I ZR 84/16, WRP 2018, 320 Rn. 28 – *Kraftfahrzeugwerbung*.

Nr. 2 UWG gehe es um die Mitteilung der Anschrift und Identität desjenigen Unternehmers, für dessen Waren oder Dienstleistungen sich der Verbraucher auf der Grundlage des ihm gemachten Angebots i.S.d. Vorschrift entscheiden kann.[269] Demgemäß könnte der zweite Halbsatz neben dem Handeln im fremden Namen auch Fälle erfassen, in denen ein Unternehmer im Auftrag oder zugunsten eines anderen Unternehmers handelt.

Für ein solches Verständnis lässt sich auch ein systematischer Vergleich zur unternehmensbezogenen Informationspflicht bei Fernabsatz- und Außergeschäftsraumverträgen fruchtbar machen. Mitzuteilen sind hier ggf. die Anschrift und Identität des Unternehmers, „*in dessen Auftrag*" gehandelt wird (Art. 246a § 1 Abs. 1 Nr. 2 EGBGB bzw. Art. 6 Abs. 1 lit. c VR-RL). Die englische Sprachfassung des Richtlinienvorbilds lautet „geographical address and identity of the trader *on whose behalf he is acting*" und entspricht damit der englischen Formulierung des Art. 7 Abs. 4 lit. b UGP-RL. Da bei der Auslegung nicht allein die deutsche Sprachfassung zugrunde zu legen ist (S. 105 f.) und beide Richtlinien eine Vollharmonisierung bezwecken, sollte das Merkmal in der UGP-RL und der VR-RL sowie den jeweiligen nationalen Umsetzungsvorschriften einheitlich ausgelegt werden.

Überdies erscheint die Berücksichtigung tatsächlicher Verhältnisse gerade im Kontext der lauterkeitsrechtlichen Impressumspflicht geboten angesichts von deren Zielsetzung: Zu den angestrebten informierten geschäftlichen Entscheidungen zählt nicht nur der eine rechtliche Bindung nach sich ziehende Kaufentschluss, sondern auch tatsächliche Reaktionen des Verbrauchers wie das Aufsuchen eines Geschäfts oder der Internetseite des Unternehmers. Insofern kann § 5a Abs. 3 Nr. 2 Hs. 2 UWG auch Situationen erfassen, in denen ein Unternehmer in tatsächlicher Hinsicht für einen anderen Unternehmer handelt.[270]

d) Typische Dreipersonenkonstellationen

Probleme birgt die Anwendung des § 5a Abs. 3 Nr. 2 Hs. 2 UWG nicht nur im Franchisekontext. Einer genaueren Analyse bedürfen auch andere Dreipersonenkonstellationen, in denen dem Verbraucher vom werbenden Unternehmer ein Geschäft mit einem Dritten angeboten wird, etwa bei Vermittlungsleistungen

---

269 BGH, Urt. v. 9.10.2013 – I ZR 24/12, NJW-RR 2014, 817 Rn. 18 – *Alpenpanorama im Heißluftballon*; Urt. v. 4.2.2016 – I ZR 194/14, NJW-RR 2016, 1439 Rn. 18 – *Fressnapf*; Urt. v. 18.10.2017 – I ZR 84/16, WRP 2018, 320 Rn. 28 – *Kraftfahrzeugwerbung*.

270 Zu diesem Ergebnis kommen auch *Helm/Sonntag/Burger* in UWG-HdB, § 59 Rn. 475; *von Oelffen*, Rn. 605.

oder Internetverkaufsplattformen. Anders als für die Situation im Franchising wurde das Tatbestandsmerkmal des „Handelns für einen anderen Unternehmer" in anderen Dreipersonenkonstellationen bereits ausführlich thematisiert.

aa) Werbung für abgestimmte Finanzierungsdienstleistungen

Nicht selten preisen Werbemaßnahmen neben dem Erwerb konkreter Produkte auch deren kostengünstige Finanzierung durch einen Dritten an. In dieser Konstellation könnte § 5a Abs. 3 Nr. 2 Hs. 2 UWG den Werbenden – unabhängig davon, ob er ggf. zusätzlich selbst Vertragspartei des Kreditvertrags wird – verpflichten, die Identität und Anschrift des Kreditgebers mitzuteilen. Das wird nach Systematik und Telos der Regelung vom *BGH* bejaht.[271] Eine entsprechende Pflicht wird man jedoch nur annehmen können, sofern die Werbung hinreichend über die Eckdaten des Kreditvertrags informiert, sodass der Verbraucher auch insofern eine geschäftliche Entscheidung treffen kann.[272] Denn nur unter dieser Bedingung ist der Werbende auch hins. der Finanzierungsdienstleistung als anbietendes Unternehmen mit der Folge gesteigerter Informationspflichten anzusehen. Zu bejahen ist das im Fall der vom BGH beurteilten Kraftfahrzeugwerbung, da sie einen monatlichen „ab"-Preis nennt, der die Kfz-Versicherung inkludiert und durch das abgedruckte Finanzierungsbeispiel näher konkretisiert wird.

bb) Vermittlung von Reiseleistungen

Ein Dreipersonenverhältnis kann sich auch bei Reiseleistungen ergeben, da der Verbraucher diese häufig nicht beim Veranstalter selbst, sondern über ein Reisebüro bucht. Erforderlich ist hier auch die Angabe des Reiseveranstalters als Vertragspartner des Verbrauchers, da das Reisebüro in der Regel nicht die Verantwortung für die ordnungsgemäße Durchführung der Reiseleistungen, sondern nur deren Vermittlung übernimmt.[273] Die Informationspflicht des

---

271 BGH, Urt. v. 18.10.2017 – I ZR 260/16 juris Rn. 30 ff. sowie I ZR 84/16, WRP 2018, 320 Rn. 27 ff. – *Kraftfahrzeugwerbung*. Die streitgegenständliche Anzeige ist auf S. 183 abgedruckt (Abbildung 1).

272 In diese Richtung auch OLG Düsseldorf, Urt. v. 30.4.2015 – I-15 U 100/14, WRP 2015, 898 Rn. 32 – *0 %-Finanzierung*; OLG Hamm, Beschl. v. 13.10.2011 – 4 W 84/11 juris Rn. 21 – *Roller*, allerdings ohne die Konstellation explizit dem zweiten Halbsatz des § 5a Abs. 3 Nr. 2 UWG zuzuordnen.

273 OLG Celle, Beschl. v. 29.10.2013 – 13 W 79/13 juris Rn. 9 – *FlussErlebnis*.

Reisebüros als handelndes Unternehmen setzt jedoch ein konkretes Angebot i.S.d. § 5a Abs. 3 UWG voraus (dazu im Kontext von Reisewerbungen S. 187 ff.)

Entsprechend hat das *OLG München* die Betreiberin eines Online-Buchungsportals für Flugreisen („flug.de") gem. § 5a Abs. 3 Nr. 2 UWG als verpflichtet angesehen, dort neben ihrer eigenen Identität und Anschrift auch diejenigen der Luftfahrtunternehmen bereitzustellen, mit denen die Kunden den vermittelten Luftbeförderungsvertrag abschließen.[274]

cc) Vermittlungs-Plattformen

Im Vergleich zur Situation im Franchising ist das Vorliegen einer Dreipersonenkonstellation bei Vermittlungs-Plattformen für den Verbraucher offenkundiger. Die Rechtsbeziehungen zwischen den beteiligten Akteuren richten sich nach den jeweiligen vertraglichen Regelungen. Die folgenden Ausführungen beziehen sich allerdings auf Plattformen, welche die Stellung eines Vermittlers innehaben, d.h. Leistungen eines Dritten vermitteln. Letzterer ist in Bezug auf die angebotene Leistung alleiniger Vertragspartner des Verbrauchers, während mit dem Plattformbetreiber ein Nutzungsvertrag besteht bzw. geschlossen wird. Als Leistungsangebot kommen sowohl Waren (wie Gebrauchtwagen) als auch Dienstleistungen (z.B. Reinigung) in Betracht. In dieser Konstellation trifft die Informationspflicht des § 5a Abs. 3 Nr. 2 UWG den Plattformbetreiber, der durch sein Vermittlungsportal Geschäftsabschlüsse ermöglicht, und erstreckt sich gem. Hs. 2 auf die Identität und Anschrift der einzelnen Produktanbieter.[275]

Immer häufiger werden auch Gutscheine für Leistungen eines konkreten Drittunternehmens vertrieben. Solche kann der Verbraucher z.B. auf der Internetseite „groupon.de" in unterschiedlichen Rubriken (Beauty & Wellness, Essen & Trinken, Freizeit & Events etc.) zu Schnäppchenpreisen erwerben. Mit der Handhabung des § 5a Abs. 3 Nr. 2 UWG hins. der einzelnen Angebotsseiten auf der Plattform hat sich das *LG Düsseldorf* befasst: Diese stellen Angebote i.S.d. Vorschrift dar, sodass fehlende Angaben zum jeweiligen Leistungsanbieter gegen die Impressumspflicht des UWG verstoßen und auch nicht durch bloßen Hinweis auf die Partnerwebseite ersetzt werden können.[276] Dieses Ergebnis verdient

---

274 OLG München, Urt. v. 16.7.2015 – 6 U 4681/14, WRP 2015, 1522 Rn. 55, 59 ff. – *Ticketschutz* mit Verweis auf BGH, Urt. v. 9.10.2013 – I ZR 24/12, NJW-RR 2014, 817 Rn. 19 – *Alpenpanorama im Heißluftballon.*

275 I.E. auch LG München I, Endurt. v. 4.6.2019 – 33 O 6588/17, BeckRS 2019, 10541 Rn. 43 hins. der Ticketplattform „viagogo.de".

276 LG Düsseldorf, Urt. v. 30.8.2013 – 38 O 6/13, WRP 2013, 1665 Rn. 20 f. – *Anti-Aging Behandlung.*

unbedingte Zustimmung angesichts der Funktionen der Informationspflicht, dem Verbraucher die Identifizierung seines Vertragspartners und problemlose Kontaktaufnahme zu ermöglichen. Diesen Zweck erfüllen die Identität und Anschrift der Groupon-Plattform für sich genommen nicht. Denn diese ist nicht Anbieter der Leistung, ihre Tätigkeit besteht in der Vermittlung.[277] Groupon verkauft lediglich den Gutschein und stellt ihn dem Verbraucher zur Verfügung.[278] Dieser wiederum berechtigt den Inhaber zur Einlösung beim jeweiligen Partnerunternehmen, welches ausschließlicher Vertragspartner und Erbringer in Bezug auf die Leistung (Freizeitevent, Essen im Restaurant etc.) ist.[279] Daher ist der Plattformbetreiber als handelndes Unternehmen UWG-impressumspflichtig und das Einstellen der Gutscheinangebote als Handeln für die einzelnen Leistungsanbieter i.S.d. § 5a Abs. 3 Nr. 2 Hs. 2 UWG anzusehen.

dd) Rechtsprechung zum Vertrieb von sog. Erlebnisgutscheinen

Eine ganz ähnliche Konstellation, und zwar die Anwendung des § 5a Abs. 3 Nr. 2 UWG beim Vertrieb von sog. Erlebnisgutscheinen, war Gegenstand eines Gerichtsverfahrens bis hin zum BGH.[280] Der zugrunde liegende Sachverhalt lässt sich wie folgt zusammenfassen: Die Jochen Schweizer GmbH bietet auf ihrer Internetseite die entgeltliche Buchung von Erlebnissen wie z.B. der streitgegenständlichen Ballonfahrt an, wobei sie nach ihren AGB nur die Vermittlung der Veranstalter, nicht dagegen die Durchführung des Erlebnisses schuldet. Die Erlebnispartner sind auf der Internetseite nicht angegeben. Die Jochen Schweizer GmbH als vermittelndes Unternehmen sendet dem Kunden nach der Buchung einen Gutschein zu, welchen dieser oder ein Dritter flexibel innerhalb von drei

---

277 LG Düsseldorf, Urt. v. 30.8.2013 – 38 O 6/13, WRP 2013, 1665 Rn. 21 – *Anti-Aging Behandlung*; vgl. auch Gutschein-Verkaufsbedingungen der Groupon GmbH Deutschland, Abschnitt 1 Nr. 5.

278 Gutschein-Verkaufsbedingungen der Groupon GmbH Deutschland, Abschnitt 1 Nr. 5.

279 Gutschein-Verkaufsbedingungen der Groupon GmbH Deutschland, Abschnitt 1 Nr. 3-5, Abschnitt 6. Bei Einlösung des Gutscheins schließt der Verbraucher mit dem Partnerunternehmen (in den AGB als „Händler" bezeichnet) einen separaten Vertrag über die Leistung.

280 BGH, Urt. v. 9.10.2013 – I ZR 24/12, NJW-RR 2014, 817 – *Alpenpanorama im Heißluftballon*; OLG München, Urt. v. 1.12.2011 – 6 U 1577/11, WRP 2012, 575 – *Ballonfahrtgutscheine*; LG München I, Urt. v. 3.2.2011 – 17 HKO 21403/10; sowie im vorangegangenen Verfügungsverfahren OLG München, Urt. v. 9.9.2010 – 6 U 2690/10, WRP 2011, 134 – *Ballonfahrtgutscheine*; LG München I, Urt. v. 11.2.2010 – 17 HKO 20331/09, WRP 2010, 1071 – *Ballonfahrtgutschein*.

Jahren bei einem – ggf. aus mehreren auszuwählenden – Veranstalter einlösen kann. Somit erfolgt die Bestimmung bzw. Auswahl des Leistungserbringers hier im Unterschied zum Gutscheinvertrieb über die Plattform Groupon erst nach Erwerb des Gutscheins.

Unter Berufung auf den Sinn und Zweck des § 5a Abs. 3 Nr. 2 UWG lautete das Ergebnis des *BGH*: Zur Erfüllung der allein auf das angebotene Vermittlungsgeschäft bezogenen Informationspflicht reicht es aus, dass das beklagte Unternehmen als Vertragspartner des Verbrauchers seine eigene Identität und Anschrift angibt.[281] Bei der UWG-Impressumspflicht gehe es um die Offenbarung von Informationen über den Vertragspartner des angebotenen Geschäfts und nicht hins. solcher Unternehmer, die – möglicherweise – erst bei dessen späterer Durchführung eingebunden sind.[282] Insofern erfasst die Regelung in der konkreten Fallgestaltung, da die Vermittlerin der Erlebnisse selbst Vertragspartnerin wird, nach Ansicht des *BGH* nicht die Veranstalter.

Demgegenüber hatten alle Vorinstanzen ein Handeln der Jochen Schweizer GmbH für die Veranstalter i.S.d. § 5a Abs. 3 Nr. 2 Hs. 2 UWG angenommen und infolgedessen eine Pflicht zur Angabe auch von deren Identität und Anschrift bejaht.[283] Die Begründung: Bei Buchung des Gutscheins bindet sich der Verbraucher auch in Hinblick auf das Erlebnis bereits rechtlich und erwirbt einen Anspruch auf dessen Durchführung gegen ein Drittunternehmen.[284] Dieser Auffassung entzieht der *BGH* allerdings die Grundlage, indem er den sachlichen Anknüpfungspunkt der Informationspflicht auf das gem. § 5a Abs. 3 UWG angebotene Geschäft (hier die Buchung des Gutscheins bzw. der Vermittlungsleistung) beschränkt.

---

281 BGH, Urt. v. 9.10.2013 – I ZR 24/12, NJW-RR 2014, 817 Rn. 21 f., 18 – *Alpenpanorama im Heißluftballon*; in diese Richtung bereits GK-UWG/*Lindacher*, § 5a Rn. 54.

282 BGH, Urt. v. 9.10.2013 – I ZR 24/12, NJW-RR 2014, 817 Rn. 20 – *Alpenpanorama im Heißluftballon*.

283 OLG München, Urt. v. 9.9.2010 – 6 U 2690/10, WRP 2011, 134, 135 f. – *Ballonfahrtgutscheine*; Urt. v. 1.12.2011 – 6 U 1577/11, WRP 2012, 575 Rn. 18 ff. – *Ballonfahrtgutscheine*; LG München I, Urt. v. 11.2.2010 – 17 HKO 20331/09, WRP 2010, 1071, 1072 – *Ballonfahrtgutschein*.

284 OLG München, Urt. v. 9.9.2010 – 6 U 2690/10, WRP 2011, 134, 135 f. – *Ballonfahrtgutscheine* zieht als rechtliche Konstruktionen eine „Stellvertretung für den, den es angeht" oder die Ausstellung eines „kleinen Inhaberpapiers i.S.v. § 807 BGB in Betracht; Urt. v. 1.12.2011 – 6 U 1577/11, WRP 2012, 575 Rn. 18-22 – *Ballonfahrtgutscheine*; LG München I, Urt. v. 11.2.2010 – 17 HKO 20331/09, WRP 2010, 1071, 1072 – *Ballonfahrtgutschein*.

Die der Identitätsangabe vom *BGH* zugesprochene Funktion, die wirtschaftliche Potenz und den Ruf einschätzen zu können (S. 127 ff.), erfasst folglich nur dasjenige Unternehmen, das dem Verbraucher die Buchung des Erlebnisses anbietet. Indem sich der Verbraucher für den Gutscheinerwerb und gegen die direkte Buchung z.B. einer Ballonfahrt bei einem lokalen Veranstalter entscheidet, bringt er zum Ausdruck: Im Vordergrund steht für ihn das gebuchte Erlebnis und – gerade bei der Verwendung als Geschenk – die Möglichkeit des flexiblen zeitlichen, örtlichen und persönlichen Einlösens, die getroffene Vorauswahl und in der Regel der gute Ruf des Unternehmens für die Buchung von Erlebnissen, weniger hingegen die Person des Leistungserbringers; nicht zuletzt, da der Auswahl-Pool an Erlebnispartnern angesichts des Einlösezeitraums von drei Jahren keinen unerheblichen Veränderungen ausgesetzt sein dürfte (z.B. Neugewinnungen, Betriebsschließungen). Der im Vergleich zur Groupon-Plattform verlagerte Schwerpunkt weg vom Drittunternehmen rechtfertigt die abweichende Beurteilung in Bezug auf das Eingreifen des zweiten Halbsatzes des § 5a Abs. 3 Nr. 2 UWG.

Konsequenterweise verortet der *BGH* das Interesse des Verbrauchers an der Qualifikation und Zuverlässigkeit der Erlebnispartner, da diese letztlich ein wesentliches Merkmal der Vermittlungsleistung darstellen, bei § 5a Abs. 3 Nr. 1 UWG.[285] Für schutzwürdig hielt das oberste Zivilgericht jedoch nur das Informationsinteresse an der Identität – nicht hingegen an der Anschrift – der Drittunternehmen, sodass allenfalls eine diesbezügliche Informationspflicht des vermittelnden Unternehmens in Betracht käme.[286]

Hinter dem Verzicht auf die Nennung der jeweiligen Drittunternehmen auf der Internetseite für die Erlebnisgutscheine dürfte auf Anbieterseite die Intention stehen, das Geschäftsmodell zu schützen. So wird verhindert, dass sich der Verbraucher die Vorauswahl zunutze macht und – z.B. in Erwartung eines günstigeren Preises – unmittelbar an den Veranstalter wendet.[287] Der *BGH* stützt die Abweisung des Klageantrags auch darauf, dass dieser im Ergebnis auf ein vollständiges Verbot des Geschäftsmodells abzielt,[288] nämlich des Vertriebs

285 BGH, Urt. v. 9.10.2013 – I ZR 24/12, NJW-RR 2014, 817 Rn. 25 – *Alpenpanorama im Heißluftballon*. So auch LG Hamburg, Urt. v. 25.11.2014 – 406 HKO 135/14 juris Rn. 18 bzgl. der Werbung eines Unternehmens, das Neuwagen-Kaufverträge mit Porsche-Vertragshändlern vermittelt.

286 BGH, Urt. v. 9.10.2013 – I ZR 24/12, NJW-RR 2014, 817 Rn. 30 ff. – *Alpenpanorama im Heißluftballon*.

287 *Müller*, GRUR-Prax 2011, 118.

288 BGH, Urt. v. 9.10.2013 – I ZR 24/12, NJW-RR 2014, 817 Rn. 33 f. – *Alpenpanorama im Heißluftballon*.

flexibel einlösbarer Erlebnisgutscheine. Dieses Argument vermag jedoch nicht zu überzeugen: Denn die Wahl eines bestimmten Geschäftsmodells entbindet den Unternehmer nicht von den gesetzlichen Informationspflichten, vielmehr obliegt es ihm, dieses im Einklang mit den Vorgaben des UWG zu gestalten.[289]

ee) Online-Marktplätze

Die Erweiterung des § 5a Abs. 3 Nr. 2 UWG gem. Halbsatz 2 soll sicherstellen, dass dem Verbraucher auch dann die Identität und Anschrift seines Vertragspartners offenbart werden, wenn dieser beim Abschluss des Geschäfts nicht selbst in Erscheinung tritt, sondern ein Dritter dem Verbraucher das Geschäft anbietet.[290] Daher wird unter die Vorschrift auch das für einen anderen wirtschaftlich vorteilhafte Handeln in Form der Bewerbung von konkreten Waren Dritter gefasst.[291] Anzunehmen ist dies etwa bei Betreibern von Online-Marktplätzen, die ohne selbst Verkäufer zu sein in Printanzeigen Produkte bewerben, die über die Plattform bei Dritten bestellt werden können. In dieser Konstellation muss der Plattformbetreiber Informationen auch zum Vertragspartner des i.S.v. § 5a Abs. 3 UWG angebotenen Geschäfts mitteilen,[292] also die Identitäten und Anschriften der auf dem Online-Marktplatz verkaufenden Drittunternehmen. Überdies sieht hier die Ende 2019 verabschiedete sog. Omnibus-Richtlinie zum EU-Verbraucherrecht (S. 97) neben der Einfügung einer Definition des Online-Marktplatzes besondere Informationspflichten vor, u.a. ob es sich bei dem Produktanbieter um einen Gewerbetreibenden handelt oder nicht.[293]

---

289 Wie hier auch LG München I, Urt. v. 11.2.2010 – 17 HKO 20331/09, WRP 2010, 1071, 1073 – *Ballonfahrtgutschein*; *Altmann*, GRUR-Prax 2014, 210.

290 BGH, Urt. v. 9.10.2013 – I ZR 24/12, NJW-RR 2014, 817 Rn. 20 – *Alpenpanorama im Heißluftballon*; Beschl. v. 28.1.2016 – I ZR 231/14, GRUR 2016, 399 Rn. 30 – *MeinPaket.de*; Urt. v. 14.9.2017 – I ZR 231/14, GRUR 2017, 1269 Rn. 21 – *MeinPaket.de II*.

291 OLG Köln, Urt. v. 26.9.2014 – 6 U 56/14, MMR 2015, 391 Rn. 33; Fezer/Büscher/*Obergfell*, § 5a UWG Rn. 143; vgl. Büscher/*Büscher*, § 5a UWG Rn. 109.

292 BGH, Beschl. v. 28.1.2016 – I ZR 231/14, GRUR 2016, 399 Rn. 30 – *MeinPaket.de*; Urt. v. 14.9.2017 – I ZR 231/14, GRUR 2017, 1269 Rn. 21 – *MeinPaket.de II*; vgl. auch EuGH, Urt. v. 30.3.2017 – C-146/16, NJW 2017, 1873 Rn. 31 – *VSW/DHL Paket GmbH*.

293 Erwägungsgründe 24 ff. Omnibus-Richtlinie; Art. 2 lit. n, Art. 7 Abs. 4 lit. f UGP-RL 2020.

ff) Preisvergleichsportale und Preissuchmaschinen

Erfüllt Internetwerbung beispielsweise auf Preisvergleichsportalen oder in Preissuchmaschinen die Anforderungen an ein hinreichend konkretes Angebot i.S.d. § 5a Abs. 3 UWG, trifft die Impressumspflicht nach Nr. 2 den Betreiber der Seite: Dieser muss zunächst – wie auch nach § 5 Abs. 1 Nr. 1 TMG – über seine eigene Identität und Anschrift aufklären. Da er selbst keine Produkte verkauft, erstreckt sich in dieser Situation die Informationspflicht gem. § 5a Abs. 3 Nr. 2 Hs. 2 UWG auch auf die Identität und Anschrift der einzelnen Produktanbieter. Denn obgleich diese bei Kaufaufforderungen auf Preisvergleichsportalen oder in Preissuchmaschinen nicht selbst in Erscheinung treten, werden sie Vertragspartner des Verbrauchers in Bezug auf das gem. § 5a Abs. 3 UWG angebotene Geschäft. Sie werden demgegenüber nicht lediglich bei dessen späterer Durchführung eingebunden.

III. Situation im Franchisekontext

Den Schwerpunkt der Untersuchung zum zweiten Halbsatz des § 5a Abs. 3 Nr. 2 UWG soll die Anwendung im Franchisekontext bilden. Unter Rückgriff auf die allgemeinen Ausführungen zum Franchising im ersten Kapitel gilt es zu beleuchten, inwiefern sich dessen Rechtsnatur und Charakteristika (S. 42 ff.) auf die Handhabung der Regelung auswirken. Dabei werden auch die in den vorangegangenen Abschnitten aufgezeigten Maßstäbe sowie die im zweiten Kapitel gewonnenen Erkenntnisse zum Sinn und Zweck der richtlinienbasierten Impressumspflicht des UWG herangezogen.

1. Handeln der Franchisenehmer für den Franchisegeber

Bei Werbemaßnahmen in Franchisesystemen ist zunächst die Konstellation denkbar, dass die Werbung unmittelbar von den Franchisenehmern geschaltet wird. Dies betrifft bei der typischen Werbeverteilung in Franchiseverträgen (S. 45 ff.) v.a. die regionale Werbung. Aber stellen solche lokalen Werbemaßnahmen ein Handeln der Franchisenehmer für den Franchisegeber i.S.d. § 5a Abs. 3 Nr. 2 Hs. 2 UWG dar?

Hier lässt sich zunächst festhalten: Erfolgt die Franchisenehmer-Werbung nicht explizit auch im Namen des Franchisegebers und/oder anderer Franchisenehmer, wird jedenfalls im rechtsgeschäftlichen Sinne nicht für diese mitgehandelt (vgl. § 164 Abs. 1 BGB). Denn das franchisetypische einheitliche Erscheinungsbild begründet für sich genommen weder eine Verpflichtung kraft

Stellvertretung noch eine Rechtsscheinhaftung des Franchisegebers und/oder anderer Franchisenehmer (S. 43).

Absprechen lässt sich angesichts der gebildeten Imageeinheit zwar nicht, dass von lokalen Werbemaßnahmen einzelner Franchisenehmer das gesamte Franchisesystem profitiert. Insofern werden der Franchisegeber und sämtliche Franchisenehmer mitbegünstigt. Ob die übergeordnete Systemzentrale aber auch als mitverantwortliches Unternehmen angesehen werden kann, hängt von der konkreten vertraglichen Werbeverteilung ab, ist bei regionaler Werbung von Franchisenehmern aber in aller Regel zu verneinen.

Gegen eine Ausdehnung der Informationspflicht gem. § 5a Abs. 3 Nr. 2 Hs. 2 UWG auf Identität und Anschrift des Franchisegebers lässt sich auch ein systematischer Vergleich zu § 37a HGB fruchtbar machen: Die danach auf Geschäftsbriefen geschuldeten Angaben erfassen bei solchen der Zweigniederlassung eines Einzelkaufmanns lediglich deren Firma und Ort, nicht auch der Hauptniederlassung (S. 159 f.). Die bzgl. Zweigniederlassungen als organisatorisch wie rechtlich unselbständige Teile der Hauptniederlassung getroffene Wertung muss erst recht für den selbständigen Franchisenehmer gelten, der selbst Vertragspartner des Kunden wird. Und § 37a HGB dient wie § 5a Abs. 3 Nr. 2 UWG dem Schutz des Rechtsverkehrs; informiert werden soll jeweils über den zukünftigen Geschäftspartner. Dabei sind Anwendungsbereich und Umfang der Regelungen durch folgende Wechselwirkung gekennzeichnet: Während die UWG-Impressumspflicht bereits in der Werbephase und damit zeitlich früher einsetzt, fordert § 37a HGB umfangreichere Angaben etwa zum Register. Diese Systematik spricht gegen eine Auslegung des § 5a Abs. 3 Nr. 2 Hs. 2 UWG, die den werbenden Franchisenehmer zur Information auch über die Identität und Anschrift des Franchisegebers verpflichtet und damit inhaltlich über § 37a HGB hinausginge.

Im Falle eines Vertragsschlusses wird der werbende Franchisenehmer als selbständiger Unternehmer Vertragspartner des Verbrauchers. Letzterer tritt regelmäßig nicht in geschäftlichen Kontakt mit dem Franchisegeber, an dessen Sitz findet kein Kundenverkehr statt. Eine Erstreckung der Informationspflicht auf die Daten des Franchisegebers gebieten daher weder die bezweckte Identifizierung des Vertragspartners noch die Funktion der Zuordnung des Angebots zu Verkaufsstellen. Vor diesem Hintergrund ist bei dezentraler Franchisenehmer-Werbung die Angabe der Identität und Anschrift des Franchisegebers aus teleologischen Gründen nicht angezeigt. Diese Auslegung des § 5a Abs. 3 Nr. 2 UWG stützen auch Transparenzgesichtspunkte: In der Werbemaßnahme enthaltene Impressumsangaben der Systemzentrale erwecken den

Anschein überregionaler Werbung, die auch bei anderen Franchisenehmer-Standorten Gültigkeit beansprucht.

Nach alledem ist in lokalen Werbemaßnahmen von Franchisenehmern kein Handeln i.S.d. § 5a Abs. 3 Nr. 2 Hs. 2 UWG auch für den Franchisegeber und/oder alle dem System angeschlossenen Franchisenehmer zu sehen.

2. *Handeln des Franchisegebers für die Franchisenehmer*

In Franchisesystemen ergibt sich außerdem die Konstellation, dass der Franchisegeber überregionale bzw. systemweite Werbemaßnahmen durchführt, die den tatbestandlichen Anforderungen des § 5a Abs. 3 UWG genügen und damit u.a. die Impressumspflicht nach dessen Nr. 2 auslösen. Darin könnte ein Handeln des Franchisegebers für die Franchisenehmer liegen mit der Folge, dass auch deren Identitäten und Anschriften anzugeben sind. Oder beschränkt sich die Informationspflicht auf die Impressumsangaben des Franchisegebers?

a) Rechtsgeschäftliche Betrachtung

Angesichts der bereits thematisierten Fallgruppen der echten und unechten Stellvertretung (S. 235 ff.) ist hins. der Anwendbarkeit des § 5a Abs. 3 Nr. 2 Hs. 2 UWG auf Franchisegeber-Werbung der Blick zunächst auf die rechtsgeschäftliche Situation zu richten.

Ausgangspunkt ist dabei: Überregionale Werbung des Franchisegebers stellt keinen Fall rechtsgeschäftlichen Handelns für die Franchisenehmer im Sinne einer offenen Stellvertretung dar.[294] Listet der Franchisegeber in der Werbemaßnahme seine Franchisenehmer nicht auf, handelt er mangels Wahrung des Offenkundigkeitsprinzips nicht in deren Namen. Damit ist jedoch nur festgestellt, dass kein Handeln des Franchisegebers im rechtsgeschäftlichen Sinne für die Franchisenehmer gegeben ist. Begründete man darüber hinaus das Nichteingreifen des § 5a Abs. 3 Nr. 2 Hs. 2 UWG mit der fehlenden Nennung der Franchisenehmer-Angaben in der Werbung, käme das einem Zirkelschluss gleich. Das Vorliegen des die Informationspflicht erweiternden Tatbestandsmerkmals des „Handelns für einen anderen Unternehmer“ darf aber nicht zur Disposition des Werbenden stehen.

---

294 *Billing/Lang*, ZVertriebsR 2013, 207, 211; so wohl auch BGH, Urt. v. 4.2.2016 – I ZR 194/14, NJW-RR 2016, 1439 Rn. 18 f. – *Fressnapf*.

b) Fressnapf-Urteile des BGH und des OLG Düsseldorf

Für die Handhabung des § 5a Abs. 3 Nr. 2 Hs. 2 UWG im Franchisekontext ist v.a. das *BGH*-Urteil in der Rechtssache *Fressnapf*[295] von zentraler Bedeutung. Unter diesem Namen firmiert ein deutsches Franchisesystem für Tierbedarf & Tiernahrung, dessen Märkte von selbständigen Unternehmern eigenverantwortlich geführt werden. Gegenstand des Rechtsstreits war ein vom Franchisegeber, der die Werbung für seine Franchisenehmer zentral organisiert, in Umlauf gebrachter 24-seitiger Werbeprospekt. Die darin beworbenen Angebote waren in ihrer Gültigkeit zeitlich begrenzt und auf jeder Doppelseite am unteren Rand mit dem gängigen Hinweis „*Alle Angebote sind ausschließlich unverbindliche Preisempfehlungen und nur in teilnehmenden Märkten erhältlich*" versehen. Zur Veranschaulichung ist nachstehend die erste Seite des Prospekts wiedergegeben.

295 BGH, Urt. v. 4.2.2016 – I ZR 194/14, NJW-RR 2016, 1439.

Abbildung 8: Erste Seite des *Fressnapf*-Werbeprospekts (BGH, Urt. v. 4.2.2016 – I ZR 194/14)

In der Berufungsinstanz führte das *OLG Düsseldorf* aus:[296] Da der Franchisegeber diese Waren nicht anbiete, werbe er für die Fressnapf-Märkte, die

296 OLG Düsseldorf, Urt. v. 5.8.2014 – I-20 U 140/11, GRUR-RS 2016, 04247 Rn. 22.

die Waren anbieten. Er werbe damit für andere Unternehmen und sei gehalten, deren Namen und Anschrift anzugeben. Ergo bejahte das Gericht ohne nähere Begründung das Handeln für einen anderen Unternehmer gem. § 5a Abs. 3 Nr. 2 Hs. 2 UWG.

Auf der letzten Seite des nicht flächendeckend in Umlauf gebrachten Angebotsprospekts sind Impressumsangaben zu lediglich acht Märkten aus der Region aufgeführt. Dem entnimmt der Verbraucher nach Ansicht von Berufungs- und Revisionsgericht, dass er die beworbenen Produkte zu den angegebenen Preisen in allen, zumindest aber in den genannten Fressnapf-Märkten erwerben könne.[297] Damit hat der Franchisegeber – so der *BGH* – jedenfalls für die Betreiber der auf der letzten Seite genannten Fressnapf-Märkte gehandelt, die an der beworbenen Verkaufsaktion tatsächlich teilgenommen haben.[298] Da die Klage schon deshalb begründet war, musste nicht entschieden werden, ob der Werbeprospekt auch als Handeln für sämtliche nicht aufgeführte Fressnapf-Märkte (über 1100 in Europa) anzusehen ist.[299] Mit anderen Worten lässt sich dem *Fressnapf*-Urteil des BGH nicht entnehmen, dass Franchisegeber mit systemweiter Werbung für alle Systempartner handeln und damit gem. § 5a Abs. 3 Nr. 2 Hs. 2 UWG auch über deren Identitäten und Anschriften informieren müssen.

c) Teleologische Betrachtung der tatsächlichen Umstände

Wie die Auseinandersetzung mit anderen Dreipersonenkonstellationen gezeigt hat, kann § 5a Abs. 3 Nr. 2 Hs. 2 UWG auch bei wirtschaftlich vorteilhaftem Handeln für einen Dritten eingreifen. Denn ausreichen können Verhaltensweisen eines Unternehmers, die im Auftrag oder in tatsächlicher Hinsicht zugunsten eines anderen Unternehmers erfolgen (S. 237 f.). Insofern könnte die Erweiterung der Informationspflicht bei systemweiter Werbung des Franchisegebers einschlägig sein. Zur Beantwortung der Frage sind die nunmehr als gefestigt anzusehenden Beurteilungsmaßstäbe der Karlsruher Richter zugrunde zu legen. Danach erfordert das Handeln für einen anderen Unternehmer i.S.d. § 5a Abs. 3 Nr. 2 Hs. 2 UWG nicht, dass das Angebot selbst bereits eine vertragliche Bindung an einen Dritten vorsieht und ein Fall der offenen Stellvertretung oder

---

297 BGH, Urt. v. 4.2.2016 – I ZR 194/14, NJW-RR 2016, 1439 Rn. 14 f. – *Fressnapf*; OLG Düsseldorf, Urt. v. 5.8.2014 – I-20 U 140/11, GRUR-RS 2016, 04247 Rn. 18 f.

298 BGH, Urt. v. 4.2.2016 – I ZR 194/14, NJW-RR 2016, 1439 Rn. 17, 19 ff. – *Fressnapf*. Die letzte Seite des Werbeprospekts ist auf S. 293 (Abbildung 10) abgedruckt.

299 BGH, Urt. v. 4.2.2016 – I ZR 194/14, NJW-RR 2016, 1439 Rn. 21 – *Fressnapf*.

eine vergleichbare Fallgestaltung vorliegt.[300] Verpflichtet ist der Unternehmer allerdings nur zur Offenbarung von Informationen über den Vertragspartner des gem. § 5a Abs. 3 UWG angebotenen Geschäfts, nicht auch bzgl. erst bei dessen späterer Durchführung eingebundenen Unternehmern.[301]

An dieser Stelle kommt es nicht auf Praktikabilitätserwägungen an, die der Auflistung aller Franchisenehmer in überregionaler Werbung des Franchisegebers entgegenstehen. Diese sind erst bei der nachgelagerten Prüfung anzustellen, ob die Pflichtinformationen nach § 5a Abs. 3 Nr. 2 UWG dem Verbraucher vorenthalten werden. Zuvor gilt es jedoch den Umfang der Impressumspflicht des überregional werbenden Franchisegebers zu erforschen. Dass dieser wegen des kartellrechtlichen Preisbindungsverbots lediglich mit unverbindlichen Preisempfehlungen werben darf, ist unerheblich, da die Erweiterung nach Halbsatz 2 gerade nicht voraussetzt, dass der Handelnde den anderen Unternehmer rechtlich verpflichten kann.

Nach Ansicht von *Lettl* soll es für die Anwendung des § 5a Abs. 3 Nr. 2 UWG nicht darauf ankommen, ob der Werbende sowohl im eigenen als auch im fremden Interesse handelt.[302] Hiermit begründet er im Kontext der verdeckten Stellvertretung, dass dem Informationsinteresse des Verbrauchers mit den Angaben des Kommissionärs als alleinigem Vertragspartner Genüge getan wird. Dass generell ein Tätigwerden im fremden Interessenkreis unerheblich ist, kann der Aussage aber nicht entnommen werden. Denn durch den Franchisegeber erfolgt die Werbung wegen der Systemeinheitlichkeit und – anders als beim Kommissionsgeschäft – nicht aufgrund von Geheimhaltungsinteressen der Franchisenehmer.

Wegen der in Franchisesystemen gebildeten Imageeinheit verfolgen der Franchisegeber und seine Franchisenehmer parallele bzw. gleichgerichtete Interessen.[303] Eine vom Franchisegeber geschaltete Werbung kommt wegen ihrer absatzfördernden Wirkung jedem einzelnen Franchisenehmer des Systems zugute, liegt mithin auch in dessen Interesse.

---

300 BGH, Urt. v. 4.2.2016 – I ZR 194/14, NJW-RR 2016, 1439 Rn. 18 – *Fressnapf*; Urt. v. 18.10.2017 – I ZR 84/16, WRP 2018, 320 Rn. 28 – *Kraftfahrzeugwerbung*.

301 BGH, Urt. v. 9.10.2013 – I ZR 24/12, NJW-RR 2014, 817 Rn. 20 – *Alpenpanorama im Heißluftballon*; Urt. v. 18.10.2017 – I ZR 84/16, WRP 2018, 320 Rn. 28 – *Kraftfahrzeugwerbung*.

302 *Lettl*, WRP 2013, 1105 Rn. 23.

303 Vgl. *Billing/Metzlaff*, BB 2015, 1347, 1355; *Martinek*, ZVertriebsR 2015, 350, 351.

Darüber hinaus bildet die überregionale Werbung des Franchisegebers das Ergebnis eines umfangreichen Organisationsprozesses, in den auch die Franchisenehmer einbezogen werden. Denn erörtert werden die zentralen Marketing- und Werbemaßnahmen des Franchisesystems auch im typischerweise eingerichteten Werbebeirat oder in der Marketinggesellschaft. An diesen beratenden Organen sind neben der Systemzentrale auch Vertreter der Franchisenehmerschaft beteiligt. Ihnen ist zwar kein Stimmrecht für bindende Entscheidungen des Werbebeirats zuzugestehen bzw. dürfen dessen Entscheidungen nur empfehlenden Charakter haben, damit die Gremienarbeit keine kartellrechtswidrige Abstimmung bedeutet (S. 86). Insofern handelt der Franchisegeber aber bei der Umsetzung der Empfehlungen des Werbebeirats im Auftrag der Franchisenehmer. Letztere können – unter Wahrung der kartellrechtlichen Grenzen (S. 84 ff.) – ihre Interessen und Erfahrungen im Zuge des Gedanken- und Informationsaustauschs einbringen. Damit stellt sich die Schaltung der Werbemaßnahme durch den Franchisegeber in tatsächlicher Hinsicht als Handeln für die Franchisepartner dar.

Allerdings unterfällt die Organisation und Schaltung der systemweiten bzw. überregionalen Werbung auch dem Rechts- und Interessenkreis des Franchisegebers. Er kommt dadurch, wenn man von der klassischen vertraglichen Werbeverteilung in Franchisesystemen ausgeht (S. 45 ff.), seiner Pflicht aus dem Franchisevertrag nach. Im Gegenzug sind die Franchisenehmer in der Regel zur Zahlung einer umsatzabhängigen Werbegebühr verpflichtet. Damit handelt der Franchisegeber nicht nur zugunsten der Franchisenehmer, sondern in erster Linie aufgrund seiner eigenen vertraglichen Verpflichtung und mit dem Ziel, den Erfolg seines Franchisesystems voranzutreiben. Infolgedessen stützen einzelne Stimmen in der *Literatur* die Verneinung eines Handelns des Franchisegebers für die Franchisenehmer i.S.d. § 5a Abs. 3 Nr. 2 Hs. 2 UWG auf die Rechtsprechung zur nicht bestehenden Weitergabepflicht von Einkaufsvorteilen.[304] Danach besorgt der Franchisegeber durch das zentrale Aushandeln der Einkaufskonditionen kein fremdes Geschäft mit der Folge, dass ein Anspruch der Franchisenehmer auf Weiterleitung aus §§ 675 Abs. 1, 667, 666 BGB ausscheidet.[305] Die Heranziehung der zugrunde liegenden Maßstäbe auch i.R.d.

---

304 *Billing/Lang*, ZVertriebsR 2013, 207, 211 f.; *Lettl*, WRP 2013, 1105 Rn. 35.

305 OLG Düsseldorf, Urt. v. 13.12.2006 – VI-U (Kart) 36/05 juris Rn. 22, 24 (Zivilsache); bestätigt durch BGH, Beschl. v. 11.11.2008 – KVR 17/08, NJW 2009, 1753 Rn. 20 f. – *Bau und Hobby* („*Praktiker*", Kartellsache); OLG Düsseldorf, Urt. v. 6.4.2011 – U (Kart) 28/10 juris Rn. 34 ff. Dagegen bejaht Giesler/Nauschütt/*Giesler*, Kap. 5 Rn. 332 ff. einen gesetzlichen, allerdings abdingbaren Herausgabeanspruch.

§ 5a Abs. 3 Nr. 2 Hs. 2 UWG vermag jedoch nicht zu überzeugen. Geschäftsbesorgungsrechtliche Ansprüche betreffen das Innenverhältnis zwischen dem handelnden Geschäftsführer und demjenigen, in dessen Rechts- und Interessenkreis er tätig wird (Geschäftsherr). Daher können sie im Franchiseverhältnis unter Hinweis auf die Vertragspflichten abgelehnt werden. Demgegenüber dient die UWG-Impressumspflicht dem Schutz des Verbrauchers, der sich als Dritter außerhalb des Franchiseverhältnisses befindet. Somit steht hier das Argument der vertraglichen Pflicht des Franchisegebers zur Durchführung der überregionalen Werbung der Annahme eines Tätigwerdens im Interessenkreis der Franchisenehmer nicht entgegen. Vielmehr ist gerade eine Betrachtungsweise geboten, welche die tatsächlichen Verhältnisse aus der maßgeblichen Perspektive des von der Werbung angesprochenen Verkehrs berücksichtigt.

Nach Ansicht des *Gutachterausschusses für Wettbewerbsfragen* erfasst die UWG-Impressumspflicht auch Franchisenehmer, Verbundgruppen-Anschlusshäuser und andere selbständige Verkaufsstandorte mit eigener Rechtspersönlichkeit.[306] Das implizieren die angestellten Überlegungen, ob in einer Printwerbung bzgl. der „vollständigen Angaben" zu eben jenen auf eine Webseite verwiesen werden darf.

Nach dem systematischen Zusammenhang sowie Sinn und Zweck des § 5a Abs. 3 Nr. 2 UWG ist dem Verbraucher die Anschrift und Identität desjenigen Unternehmers mitzuteilen, für dessen Waren oder Dienstleistungen er sich auf der Grundlage des ihm gemachten Angebots entscheiden kann.[307] Dementsprechend erstreckt sich die UWG-Impressumspflicht auch auf denjenigen Unternehmer, der „wirtschaftlich das Geschäft tätigt", da der Kunde wissen soll, wer sein potentieller Vertragspartner ist.[308] Entscheidet sich der Verbraucher zum Kauf, wird sein Vertragspartner der selbständige Franchisenehmer, nicht der Franchisegeber. Damit handelt es sich bei den Franchisenehmern nicht lediglich um Unternehmer, die bei der späteren Durchführung des gem. § 5a Abs. 3 UWG angebotenen Geschäfts eingebunden sind. Im Hinblick auf seine Funktion, dem Verbraucher Informationen über seinen Vertragspartner zu verschaffen, bezieht

306 Vgl. *Gutachterausschuss für Wettbewerbsfragen*, WRP 2012, 924, 925 f.; in diese Richtung auch Büscher/*Büscher*, § 5a UWG Rn. 115.

307 BGH, Urt. v. 4.2.2016 – I ZR 194/14, NJW-RR 2016, 1439 Rn. 18 m.w.N. – *Fressnapf*; Urt. v. 18.10.2017 – I ZR 84/16, WRP 2018, 320 Rn. 28 – *Kraftfahrzeugwerbung*; Götting/*Nordemann*, § 5a UWG Rn. 145.

308 Götting/*Nordemann*, § 5a UWG Rn. 139.

sich § 5a Abs. 3 Nr. 2 UWG bei systemweiter Franchisegeber-Werbung folglich auch auf die einzelnen Franchisenehmerbetriebe.

d) Zwischenergebnis

Indem der Franchisegeber überregionale bzw. systemweite Werbung organisiert und schaltet, handelt er i.S.d. § 5a Abs. 3 Nr. 2 Hs. 2 UWG auch für die Franchisenehmer des Systems.

3. Vergleich des Franchisings zu anderen Vertriebssystemen

Nach der eingehenden Auseinandersetzung mit der Handhabung des § 5a Abs. 3 Nr. 2 Hs. 2 UWG in Bezug auf Franchisesysteme soll der Blick auf verschiedene andere Vertriebssysteme bzw. -methoden gerichtet werden: Filialsysteme und Verbundgruppen sowie der Vertrieb über Handelsvertreter, Kommissionsagenten sowie Fach- und Vertragshändler. Hier ist zu klären, ob bzw. inwieweit das im Franchisekontext erarbeitete Auslegungsergebnis auf diese übertragbar ist. Dabei gilt es herauszufinden, welchen Einfluss die im ersten Kapitel aufgezeigten Unterschiede auf den Umfang der UWG-Impressumspflicht haben. Und auch umgekehrt stellt sich angesichts der Besonderheiten des Franchisings die Frage, inwiefern die zu anderen Vertriebsformen im Hinblick auf das Merkmal des „Handelns für einen anderen Unternehmer" getroffenen Aussagen Geltung auch für Werbung des Franchisegebers beanspruchen.

a) Handhabung des § 5a Abs. 3 Nr. 2 UWG bei Filialsystemen

Bei der vergleichenden Untersuchung gilt ein besonderes Augenmerk der Handhabung des § 5a Abs. 3 Nr. 2 UWG in Bezug auf Filialsysteme (näher zum Begriff S. 50 f.).

aa) Literaturaussagen

Zur Frage, auf welche Identitäts- und Anschriftsangaben sich hier die Pflicht nach § 5a Abs. 2, Abs. 3 Nr. 2 UWG bezieht, besteht in der *Literatur* Einigkeit: Verfügt ein Unternehmen sowohl über unselbständige Zweigniederlassungen oder Filialen als auch über einen an anderer Adresse ansässigen, für den Kundenverkehr nicht zugänglichen Verwaltungssitz, soll die bloße Angabe der Standortadressen genügen.[309] Zur Begründung wird ausgeführt: In dieser Konstellation

---

309 *Köhler*/Bornkamm/Feddersen, § 5a UWG Rn. 4.34; *von Walter/Kluge*, WRP 2013, 866 Rn. 46.

werde auch durch Mitteilung lediglich der Filialanschriften gewährleistet, dass der Verbraucher ohne Schwierigkeiten mit dem Unternehmen in Kontakt treten kann.[310]

Insgesamt wird unter Orientierung am Schutzzweck des § 5a Abs. 3 Nr. 2 UWG danach differenziert, mit wem der Verbraucher in geschäftlichen Kontakt tritt. Besorgen verschiedene rechtlich selbständige Konzerngesellschaften das operative Geschäft, soll sich die UWG-Impressumspflicht auf die Angaben sämtlicher – oder zumindest der im Verbreitungsgebiet des Werbemediums gelegenen – Filialen beschränken.[311] Denn diese werden Vertragspartner des Verbrauchers. Sinn und Zweck sei es hingegen nicht, über die Unternehmenszentrale bzw. Muttergesellschaft als „für die Werbung Verantwortliche" zu informieren, wenn sie nur Verwaltungs- bzw. Koordinationsaufgaben wie die Steuerung zentraler Werbekampagnen wahrnimmt.[312]

Einzig der *Gutachterausschuss für Wettbewerbsfragen* lehnt bei unselbständigen Filialen bzw. Niederlassungen eine Pflicht zur Mitteilung von deren Anschriften ab.[313] § 5a Abs. 3 Nr. 2 UWG erfasse bei überregionalen Unternehmen mit unselbständigen Vertriebsstellen nur die Firma und Adresse der Zentrale.[314] Da der Gutachterausschuss explizit nach der rechtlichen Selbständigkeit der Vertriebsstandorte differenziert, sind die Wertungen nicht auf das Franchising übertragbar.

bb) Rechtsprechung zu Filialsystemen

Anders als die meisten Literaturstimmen hält die *oberlandesgerichtliche Rechtsprechung* die Angabe lediglich von Filialanschriften ohne Hinweis auf das die Werbung koordinierende Mutterunternehmen und dessen Firmen- bzw. Geschäftssitz für unzureichend.[315] Eine Filiale habe schon begrifflich keine Identität, sie komme erst dem Rechtsträger zu.[316] Das ist jedoch unzutreffend für

310 MüKoUWG/*Alexander*, § 5a Rn. 367; *von Walter/Kluge*, WRP 2013, 866 Rn. 46.

311 *Von Walter/Kluge*, WRP 2013, 866 Rn. 46.

312 *Von Walter/Kluge*, WRP 2013, 866 Rn. 46.

313 *Gutachterausschuss für Wettbewerbsfragen*, WRP 2012, 924, 925.

314 *Gutachterausschuss für Wettbewerbsfragen*, WRP 2012, 924, 925 unter Hinweis auf OLG München, Urt. v. 31.3.2011 – 6 U 3517/10 – *Identitätsangabe in der Prospektwerbung*.

315 OLG Brandenburg, Beschl. v. 26.6.2012 – 6 W 72/12 juris Rn. 14, 17; OLG Hamm, Urt. v. 30.10.2012 – 4 U 61/12 juris Rn. 68, 77 ff. – *Unternehmensschlagwort*; OLG Saarbrücken, Urt. v. 6.3.2013 – 1 U 41/12-13, WRP 2013, 940 Rn. 17 ff.; OLG München, Urt. v. 17.10.2013 – 6 U 3929/12 juris Rn. 45 f.

316 OLG Düsseldorf, Urt. v. 2.10.2012 – 20 U 223/11 juris Rn. 20; LG Stuttgart, Urt. v. 8.11.2012 – 35 O 8/12 KfH juris Rn. 36 – *Berliner Filiale*.

Filialen, die von rechtlich selbständigen Tochtergesellschaften des Mutterunternehmens betrieben werden. Und die Identität von unselbständigen Vertriebsstellen kann durch deren Namen bzw. Bezeichnung mitgeteilt werden.

Im Kontext von Filialsystemen heißt es: § 5a Abs. 3 Nr. 2 UWG verpflichtet zur Angabe des Rechtsträgers, mit dem im Falle eines Kaufs der Vertrag zustande kommt.[317] Begründen lässt sich das mit der Zielsetzung der UWG-Impressumspflicht, die über die Zuordnung des Angebots zu den Verkaufsstellen hinausgeht (siehe S. 124 ff.). Dem Verbraucher soll es ermöglicht werden, seinen Vertragspartner zu identifizieren und ohne Schwierigkeiten Kontakt zu diesem aufzunehmen. Letzteres könne aber nur die Adressangabe des Firmensitzes gewährleisten.[318] Demzufolge versteht die *Rechtsprechung* unter dem Begriff der Anschrift „jedenfalls auch die nach der jeweiligen Unternehmensform maßgebliche Geschäftsanschrift" (vgl. etwa § 8 Abs. 4 Nr. 1 i.V.m. § 7 GmbHG).[319]

Dem von Filialunternehmen vorgebrachten Argument, die Angabe der Filialanschrift reiche wegen der dort gegebenen Möglichkeit der Ersatzzustellung (§ 178 ZPO) aus, vermochten die Gerichte nicht zu folgen.[320] Gleiches gilt für § 21 ZPO, der lediglich eine zusätzliche Klagemöglichkeit des Verbrauchers am Sitz der Filiale begründet, nicht dagegen Zustellungen und Ladungen an diese Anschrift ermöglicht.[321]

Für ausreichend wurde die Angabe der Filialanschrift einzig in folgender Konstellation befunden: Das werbende Traditionsunternehmen und sein zentrales Geschäftslokal unter der genannten Adresse sind dem Publikum bekannt und die beworbene lokale Verkaufsaktion findet ausschließlich in der bezeichneten Zweigniederlassung statt.[322]

Aber im Regelfall sind den Gerichten zufolge bei überregionaler Werbung von Filialsystemen jedenfalls Identität und Anschrift der Unternehmens- bzw. Konzernzentrale anzugeben. Dagegen unterbleiben Aussagen darüber, ob sich die Pflicht nach § 5a Abs. 3 Nr. 2 UWG bei ausreichenden Angaben zum Mutterunternehmen auch auf die Filialen erstreckt.

---

317 OLG Düsseldorf, Urt. v. 2.10.2012 – 20 U 223/11 juris Rn. 20.

318 OLG München, Urt. v. 17.10.2013 – 6 U 3929/12 juris Rn. 46.

319 OLG Brandenburg, Beschl. v. 26.6.2012 – 6 W 72/12 juris Rn. 17; OLG Saarbrücken, Urt. v. 6.3.2013 – 1 U 41/12-13, WRP 2013, 940 Rn. 18.

320 OLG Saarbrücken, Urt. v. 6.3.2013 – 1 U 41/12-13, WRP 2013, 940 Rn. 20.

321 OLG Brandenburg, Beschl. v. 26.6.2012 – 6 W 72/12 juris Rn. 16; OLG Saarbrücken, Urt. v. 6.3.2013 – 1 U 41/12-13, WRP 2013, 940 Rn. 21; LG Stuttgart, Urt. v. 8.11.2012 – 35 O 8/12 KfH juris Rn. 39 – *Berliner Filiale*.

322 OLG Bamberg, Beschl. v. 9.4.2018 – 3 W 11/18, WRP 2018, 714 Rn. 25 f.

cc) Zusammenfassung und Übertragbarkeit auf das Franchising

Für die Handhabung des § 5a Abs. 3 Nr. 2 UWG bei Filialsystemen ergibt sich mithin folgendes Bild: Während in der Literatur die Filialadressen für ausreichend gehalten werden, ist die Identität und Anschrift des Mutterunternehmens nach Ansicht der Rechtsprechung und des Gutachterausschusses für Wettbewerbsfragen nicht entbehrlich. Im Unterschied zu letzterem bleiben die Gerichte aber eine Antwort schuldig, ob die Impressumspflicht der werbenden Systemzentrale auch die Filialstandorte umfasst. Angesichts des uneinheitlichen Meinungsbilds stellt sich die Frage, wie § 5a Abs. 3 Nr. 2 UWG im Kontext von Filialsystemen gehandhabt werden sollte und ob sich eine von Franchisesystemen abweichende Auslegung mit der unterschiedlichen rechtlichen Struktur rechtfertigen ließe.

Die Wertung, dass allein die Angabe der Filialanschriften unzureichend ist, kann nicht ohne weiteres auf Franchisesysteme übertragen werden, da hier der Kaufvertrag zwischen dem Verbraucher und dem einzelnen Franchisenehmer zustande kommt. Insofern spricht die unterschiedliche rechtliche Struktur von Franchise- und Filialsystemen, insb. in Bezug auf die Selbständigkeit der Verkaufsstellen, zunächst gegen eine Vergleichbarkeit.

Dem lässt sich jedoch entgegenhalten: Der Durchschnittsverbraucher hat regelmäßig keine Kenntnis vom Vertriebssystem des werbenden Unternehmens und dessen rechtlichen Besonderheiten. Ob es sich bei dem nahegelegenen Standort einer „Kette“ um einen Franchisenehmerbetrieb oder die Vertriebsstelle eines Filialsystems handelt, dürfte dem Verbraucher nur in den seltensten Fällen bekannt bzw. bewusst sein. Für ihn unterscheiden sich Franchisestandorte wegen deren einheitlichen Erscheinungsbilds und Auftretens am Markt nicht von solchen Verkaufsstellen, die vom Unternehmer in Eigenregie betrieben werden (Stichwort der Quasifilialität, siehe S. 45). Erstere können infolge der geschaffenen Imageeinheit („Gruppenimage“) aus Sicht der angesprochenen Verkehrskreise als unselbständige Filialen – und umgekehrt – wahrgenommen werden.[323]

Schaltet die Zentrale eines Filialsystems eine Werbung, muss sie zunächst nach § 5a Abs. 3 Nr. 2 Hs. 1 UWG als gegenüber dem Verbraucher Handelnde ihre eigene Identität und Anschrift mitteilen (S. 232). Insofern entspricht die Situation der Franchisegeber-Werbung. Geboten sind die Angaben zur

---

323 *Flohr* in Martinek/Semler/Flohr, § 29 Rn. 11, 20; vgl. OLG München, Urt. v. 31.3.2011 – 6 U 3517/10 juris Rn. 21 – *Identitätsangabe in der Prospektwerbung*; OLG Düsseldorf, Urt. v. 5.8.2014 – I-20 U 140/11, GRUR-RS 2016, 04247 Rn. 18, 21; Langen/Bunte/*Bahr*, Nach § 2 GWB Rn. 345.

Systemzentrale bei unselbständigen Vertriebsstellen und Zweigniederlassungen auch wegen der Zielsetzung der UWG-Impressumspflicht, dem Verbraucher die Identifizierung seines Vertragspartners und problemlose Kontaktaufnahme zu ermöglichen. Angesichts der weiteren Funktion der Zuordnung des Angebots zu Verkaufsstellen erstreckt sich die Informationspflicht auf die einzelnen Filialen; erst recht, wenn diese von rechtlich selbständigen Tochterunternehmen betrieben werden, die selbst Vertragspartner des Verbrauchers werden. Denn die systemweite Werbung kommt in tatsächlicher Hinsicht sämtlichen Filialstandorten zugute, die der Verbraucher zum Produkterwerb aufsuchen muss. Und § 5a Abs. 3 Nr. 2 Hs. 2 UWG erfasst, wie gesehen, auch wirtschaftlich vorteilhaftes Handeln zugunsten Dritter und erfordert gerade keine offene Stellvertretung oder vergleichbare Fallgestaltung. Die Unternehmenszentrale muss folglich bei überregionaler Werbung auch die Filialadressen angeben. Im Hinblick auf die zu offenbarende Identität genügt bei rechtlich unselbständigen Filialen deren Name bzw. Bezeichnung. Werden die Standorte von mit dem Mutterunternehmen verbundenen Tochtergesellschaften betrieben, ist deren Firmierung anzugeben.

dd) Beispiel aus der Praxis

Die wöchentlichen Werbeprospekte des Filialsystems ALDI Nord nennen den Handelsnamen und die Adresse der Systemzentrale am unteren Rand der letzten Seite, wie sich dem nachfolgend abgedruckten Ausschnitt entnehmen lässt. Bzgl. „Firma und Anschrift der regional tätigen Unternehmen" verweist die Werbung auf die Internetseite „aldi-nord.de unter ‚Filialen und Öffnungszeiten'" sowie auf die zur Verfügung stehende „kostenlose automatisierte telefonische Hotline unter 0800-7234870".

Abbildung 9: Ausschnitt ALDI Nord-Werbeprospekt (Nr. 13/2019, S. 36)

Diese Gestaltung trägt dem nach § 5a Abs. 3 Nr. 2 UWG bei Filialsystemen geschuldeten Informationsumfang Rechnung. Mitgeteilt werden Identität und Anschrift sowohl der Systemzentrale als auch der einzelnen Filialen. Ob die

Angaben zu letzteren in dem Werbeprospekt erfolgen müssten oder deren Auslagerung UWG-Impressumspflicht konform ist, stellt sich erst im Rahmen des Vorenthaltens.

b) Handelsvertreter- und Kommissionsagentursysteme

Der Vertrieb über Handelsvertreter und Handelsmakler stellt einen Fall der offenen Stellvertretung dar, da sie im rechtsgeschäftlichen Sinne für den Prinzipal handeln, den die rechtlichen Wirkungen treffen (§ 164 Abs. 1 BGB). Daher umfasst die Informationspflicht eines werbenden Handelsvertreters oder Handelsmaklers nach § 5a Abs. 3 Nr. 2 Hs. 2 UWG neben seiner Identität und Anschrift auch diejenige des Auftraggebers (S. 235 f.). Aber liegt auch umgekehrt in einer dem Anwendungsbereich des § 5a Abs. 3 UWG unterfallenden Werbung des Prinzipals ein Handeln für die Handelsvertreter bzw. Handelsmakler i.S.d. Nr. 2 Hs. 2?

Dem könnte der auf den zukünftigen Vertragspartner des Verbrauchers ausgerichtete Normzweck entgegenstehen. Das ist der Prinzipal, in dessen Namen und für dessen Rechnung der Handelsvertreter agiert.[324] Argumentieren ließe sich, dass der vertretene Unternehmer mit der Werbung lediglich eigene Interessen verfolgt. Dieser Einwand greift jedoch zu kurz, da sie den Handelsvertretern über die erfolgsabhängige Vergütung in Form der Provisionszahlung zugutekommt. Außerdem ist der selbständige Handelsvertreter die gegenüber dem Verbraucher in Erscheinung tretende Ansprechperson, auch wenn die rechtlichen Wirkungen den Prinzipal treffen. Zu den Funktionen des § 5a Abs. 3 Nr. 2 UWG zählen auch die vereinfachte Kontaktaufnahme zum Geschäftsabschluss und die Zuordnung der Kaufaufforderung zu den Verkaufsstellen. Aus diesen Gründen ist eine Erstreckung der UWG-Impressumspflicht des Prinzipals auf sämtliche Handelsvertreter der Situation im Franchising entsprechend gerechtfertigt.[325] Das gilt erst recht beim Einsatz von Kommissionären oder Kommissionsagenten, die im Unterschied zum Handelsvertreter selbst Vertragspartner des Verbrauchers werden.[326] Hier beschränkt sich die Informationspflicht allerdings auf die Identität und Anschrift der einzelnen Absatzmittler, damit das Geheimhaltungsinteresse des Kommittenten gewahrt bleibt (dazu ausführlich S. 236 f.).

§ 5a Abs. 3 Nr. 2 Hs. 2 UWG ist folglich auch bei der Werbung von Unternehmern, die Handelsvertreter- oder Kommissionsagentursysteme unterhalten,

---

324 *K. Schmidt*, JuS 2008, 665, 667.

325 So i.E. auch Flohr/Wauschkuhn/*Flohr*, § 5a UWG Rn. 25.

326 *K. Schmidt*, JuS 2008, 665, 667 f.

einschlägig. Das gilt ebenso hins. der nicht ständig betrauten Handelsmakler und Kommissionäre.

c) Vertragshändler- und Fachhändlersysteme

Bei Vertragshändlersystemen dürfte die Regelung des § 5a Abs. 3 Nr. 2 UWG weniger Probleme bereiten als im Franchisekontext. In dieser Konstellation beschränkt sich der Hersteller häufig auf reine Marken- bzw. Imagewerbung. Die konkrete Produktwerbung mit Preisangaben bleibt dagegen den Vertragshändlern überlassen, sie erfolgt etwa beim Kfz-Vertrieb als klassischem Anwendungsfeld im Regelfall durch ein Autohaus oder mehrere gemeinsam. Dieser Unterschied gegenüber der typischen Werbeverteilung im Franchising resultiert aus der geringeren Systemeinheitlichkeit von Vertragshändlersystemen. Das gilt erst recht für den Vertrieb über autorisierte Fachhändler, deren Integrationsgrad in die Absatzorganisation des Herstellers bzw. Lieferanten noch hinter demjenigen des Vertragshändlers zurückbleibt (siehe S. 57). Vertragshändler bekommen allerdings häufig von dem Unternehmen, in dessen Vertriebsnetz sie eingebunden sind, Muster zur Verfügung gestellt, die aufgrund des Händlervertrags verwendet und nur noch um einzelne Angaben ergänzt werden müssen.[327] So wird eine homogene Produktpräsentation erreicht, ohne die Werbung zentral für das gesamte Vertragshändlersystem schalten zu müssen. Um einen Konflikt mit dem kartellrechtlichen Preisbindungsverbot zu vermeiden, sollte das Muster keine Fest- oder Mindestpreisangaben enthalten.

Nichtsdestotrotz sind Fach- und Vertragshändler dem Franchisenehmer am ähnlichsten, da sie wie dieser gegenüber dem Kunden im eigenen Namen und für eigene Rechnung handeln. Demnach wird auch der Fachhändler bzw. Vertragshändler selbst Vertragspartner des Verbrauchers.[328] Vor diesem Hintergrund umfasst bei einer dem Anwendungsbereich des § 5a Abs. 3 UWG unterfallenden Werbemaßnahme des Herstellers bzw. Lieferanten die Impressumspflicht gem. Nr. 2 Hs. 2 auch sämtliche Fach- bzw. Vertragshändler.

d) Verbundgruppen

In den letzten Abschnitten wurde aufgezeigt, dass § 5a Abs. 3 Nr. 2 Hs. 2 UWG bei Werbung von Filialsystemen und vertikalen Vertriebssystemen mit selbständigen Standorten einschlägig ist. Daran anknüpfend stellt sich die Frage, ob die

---

327 So etwa die streitgegenständliche Printwerbung bei BGH, Urt. v. 18.10.2017 – I ZR 84/16, WRP 2018, 320 Rn. 2 – *Kraftfahrzeugwerbung*.

328 Vgl. *K. Schmidt*, JuS 2008, 665, 667 f. zum Vertragshändler.

Regelung auch bei Werbemaßnahmen der horizontalen Verbundgruppen insb. des Lebensmitteleinzelhandels eingreift.

Dafür spricht, dass die selbständigen Verbundgruppen-Anschlusshäuser – der Situation im Franchising entsprechend – Vertragspartner des Verbrauchers werden. Demgemäß wurde das Fehlen der Unternehmensangaben zu den Anschlusshäusern bei einer dem Anwendungsbereich des § 5a Abs. 3 UWG unterfallenden Werbeanzeige eines Einzelhandelsverbands vom *OLG Stuttgart* beanstandet.[329] Dass die Erweiterung der UWG-Impressumspflicht gem. dem zweiten Halbsatz der Nr. 2 auch Verbundgruppen erfasst, implizieren auch die vom *Gutachterausschuss für Wettbewerbsfragen* angestellten Überlegungen[330] zur Zulassung eines Medienbruchs bzgl. der umfangreichen Einzelinformationen. Die Annahme eines Handelns i.S.d. § 5a Abs. 3 Nr. 2 Hs. 2 UWG für die Verbundgruppen-Anschlusshäuser wird ferner dadurch bekräftigt, dass diese zugleich Genosse bzw. Gesellschafter und Kunde der Verbundgruppe sind (sog. Zweigleisigkeit der Rechtsbeziehungen, S. 60 f.). Zu beobachten ist außerdem ein Wandel der Verbundgruppen von reinen Einkaufskooperationen mittelständischer Unternehmen zu offensiven Marketinggesellschaften unter Leitung der Zentralen, die schrittweise mehr Funktionen hins. Werbung und Sortimentsplanung bis hin zum „Full-Service" übernommen haben (S. 59 f.). Durch die damit einhergehende Vereinheitlichung nähern sich die Verbundgruppen auch aus Verbrauchersicht immer stärker an Franchisesysteme an, weshalb werbende Verbundgruppenzentralen und Franchisegeber im Hinblick auf den Umfang der UWG-Impressumspflicht gleich behandelt werden sollten.

Folglich muss die von der Verbundgruppenzentrale geschaltete Absatzwerbung i.S.d. § 5a Abs. 3 UWG neben deren Identität und Anschrift auch die unternehmensbezogenen Informationen zu den einzelnen Anschlusshäusern bereithalten.

e) Einheitliche Handhabung bei den verschiedenen Vertriebsstrukturen

Für eine einheitliche Handhabung des § 5a Abs. 3 Nr. 2 Hs. 2 UWG in Bezug auf Vertriebssysteme mit unternehmenseigenen und den verschiedenen rechtlich selbständigen Standorten spricht auch folgender Aspekt: Die rechtliche Struktur und Charakteristik des werbenden Vertriebssystems sowie daraus resultierende Unterschiede dürften für den Verkehr nur in den seltensten Fällen erkennbar oder bekannt sein. Jedenfalls wird sich der angesprochene Verbraucher in aller

329 OLG Stuttgart, Urt. v. 12.12.2013 – 2 U 12/13 juris Rn. 58, 61.
330 *Gutachterausschuss für Wettbewerbsfragen*, WRP 2012, 924, 925.

Regel keine Gedanken darüber machen. Und wenn der Werbende sogar über Identität und Anschrift der in seinem Namen agierenden Handelsvertreter und unternehmenseigenen Filialen informieren muss, gilt das vor dem Hintergrund der auf den zukünftigen Vertragspartner ausgerichteten Funktionen der UWG-Impressumspflicht erst recht bzgl. der im eigenen Namen handelnden Vertriebsstellen der Franchisenehmer, Fach- und Vertragshändler, Kommissionsagenten sowie Verbundgruppen-Anschlusshäuser.

Dafür das Tatbestandsmerkmal des „Handelns für einen anderen Unternehmer" einheitlich zu handhaben, lässt sich ferner die Tatsache anführen, dass die verschiedenen Vertriebswege zum Teil kombiniert in sog. Mischsystemen auftreten (*dualer* oder *mehrgleisiger Vertrieb*, S. 61 ff.). Die Informationspflicht der werbenden Unternehmenszentrale muss sich in dieser Konstellation über ihre eigenen Angaben hinaus auf sämtliche Verkaufsstellen erstrecken, da andernfalls der Vorwurf intransparenter Bereitstellung im Raum steht (vgl. § 5a Abs. 2 Satz 2 Nr. 2 UWG). Den Verbraucher würde es verwirren, wären in der zentralen Werbung die Identitäten und Anschriften der Franchisestandorte, aber nicht diejenigen der unternehmenseigenen oder genossenschaftlichen Verkaufsstellen des Mischsystems genannt. Gleichwohl kann der Umfang der UWG-Impressumspflicht nicht davon abhängen, ob der Vertrieb neben den eigenen Filialstandorten zugleich über franchisenehmergeführte und/oder andere selbständige Standorte erfolgt. Zur Vermeidung von Widersprüchen ist allein die Anwendung einheitlicher Maßstäbe im Hinblick auf die verschiedenen Vertriebssysteme mit einer Vielzahl von selbständigen und/oder unselbständigen Verkaufsstellen zielführend; und zwar unabhängig davon, ob der Vertrieb im konkreten Fall ein- oder mehrgleisig erfolgt.

f) Zwischenergebnis

Die Annahme, dass sich die Informationspflicht des überregional werbenden Franchisegebers gem. § 5a Abs. 3 Nr. 2 Hs. 2 UWG auch auf die Franchisenehmerangaben erstreckt, begibt sich nicht in Widerspruch zu dessen Handhabung bei anderen Vertriebssystemen. Vielmehr ist die Regelung auch bei Gemeinschaftswerbung von Filialsystemen sowie für selbständige Handelsvertreter, Kommissionsagenten, Vertrags-/Fachhändler und Verbundgruppen-Anschlusshäuser einschlägig.

4. Zweigstellenbriefbogen-Urteil des BGH

Der *BGH* hat bzgl. eines Rechtsanwalts entschieden: Dieser ist nach § 5a Abs. 2, Abs. 3 Nr. 2 UWG nicht verpflichtet, auf den für seine anwaltliche Tätigkeit verwendeten Briefbögen neben der Kanzleianschrift sämtliche Standorte seiner Niederlassungen zu nennen.[331] Dazu scheint das erarbeitete Auslegungsergebnis zur UWG-Impressumspflicht des Franchisegebers, die sich grundsätzlich auf die Identitäten und Anschriften aller Systemstandorte erstreckt, in Widerspruch zu stehen. Doch angesichts der Funktionen der unternehmensbezogenen Informationspflicht lassen sich beide Positionen miteinander in Einklang bringen:

In der dem *Zweigstellenbriefbogen*-Urteil zugrunde liegenden Fallkonstellation war es dem Verbraucher durch die angegebene Kanzleianschrift möglich, problemlos Kontakt zu dem Rechtsanwalt als seinem Vertragspartner aufzunehmen. Die Erforderlichkeit der zusätzlichen Kennzeichnung der Zweigstellen nach § 5a Abs. 3 Nr. 2 UWG wurde, da es hierbei letztlich nur um die Anwesenheit des Anwalts am jeweiligen Standort ging,[332] vom *BGH* abgelehnt. Außerdem stand das Informationsausmaß in Geschäftsbriefen und nicht in der Werbephase in Rede. Bei Werbung von Franchisesystemen liegt die Situation dagegen anders: Allein die Angaben zur Systemzentrale erfüllen beim Produktvertrieb über selbständige Verkaufsstellen nicht den Normzweck, diesen das beworbene Angebot zuzuordnen und dem Verkehr die Identifizierung des Vertragspartners sowie problemlose Kontaktaufnahme u.a. zum Vertragsschluss zu ermöglichen. Hierfür sind vielmehr neben der Identität und Anschrift des Franchisegebers auch die entsprechenden Angaben zu den Franchisenehmerbetrieben notwendig.

Mit anderen Worten richtet sich der gem. § 5a Abs. 3 Nr. 2 UWG geschuldete Informationsumfang auch danach, welche Funktion den Unternehmens-/ Systemstandorten zukommt. Von solchen mit Kundenverkehr dergestalt, dass sie vom Verbraucher etwa zum Produkterwerb aufgesucht werden, ist – unabhängig von der rechtlichen Selbständigkeit – die Identitäts- und Anschriftsangabe geboten. Wird der Normzweck hingegen bereits durch eine Standortangabe erreicht, wie bei der Kanzleianschrift im *Zweigstellenbriefbogen*-Urteil des *BGH*, beschränkt sich die UWG-Impressumspflicht auf diese. Deshalb gebietet die

331 BGH, Urt. v. 16.5.2012 – I ZR 74/11, WRP 2013, 57 Rn. 26 ff., 34 ff. – *Zweigstellenbriefbogen*. Im konkreten Fall befanden sich diese Angaben sogar auf der Rückseite der Briefbögen (Rn. 37). Die Folgefrage, ob der Rechtsanwalt durch Verwendung der entsprechenden Begriffe kenntlich machen muss, wo er seine „Kanzlei" bzw. „Zweigstellen" unterhält, wurde vom BGH verneint (Rn. 42 f.).

332 Vgl. BGH, Urt. v. 16.5.2012 – I ZR 74/11, WRP 2013, 57 Rn. 30, 34 ff. – *Zweigstellenbriefbogen*.

BGH-Entscheidung keine Korrektur des in den letzten Abschnitten entwickelten Auslegungsergebnisses von § 5a Abs. 3 Nr. 2 UWG im Franchisekontext.

IV. Ausnahme für sich unmittelbar aus den Umständen ergebende Informationen

Die Impressumsinformationen gelten nur als wesentlich, „sofern sie sich nicht unmittelbar aus den Umständen ergeben“ (§ 5a Abs. 3 UWG a.E.). Diesen Ausnahmetatbestand hat der deutsche Gesetzgeber wortwörtlich aus Art. 7 Abs. 4 UGP-RL übernommen. Einschlägig dürfte er bei Daten sein, die der Verkehr leicht, d.h. ohne weitergehenden Rechercheaufwand, erkennen oder feststellen kann. Sind Informationen offenkundig, kann der Verbraucher diesbezüglich keine gesonderte Information und der Unternehmer deren Kenntnis auf Verbraucherseite erwarten.[333] Zählt eine Information zum Kenntnisstand des angesprochenen Verbrauchers, ist eine Informationsoffenbarung aus teleologischen Gründen entbehrlich, da der Normzweck einer ausreichend informierten Entscheidungsgrundlage gewahrt ist.[334] Doch in welchen Fällen kann der Unternehmer auf die Mitteilung der Impressumsangaben aus den vorstehenden Gründen vollständig oder teilweise verzichten?

Einige Konstellationen, in denen die Anschrift und/oder die Identität des Unternehmers als offensichtlich bzw. sich unmittelbar aus den Umständen ergebend betrachtet werden können, lassen sich den rechtlich unverbindlichen UGP-Leitlinien entnehmen.[335]

1. Schaufensterauslagen und Produkte am Verkaufsstandort

Als Erstes nennen die UGP-Leitlinien „die Anschrift eines Ladengeschäfts oder Restaurants, das der Verbraucher bereits betreten hat“.[336] Der Unternehmer soll nur auf die Angabe der Anschrift verzichten können, nicht auch auf diejenige der Identität. Begründen lässt sich das wie folgt: Offenkundig ist beim Aufsuchen der Verkaufsstelle ohne Hinzutreten weiterer Umstände zunächst nur eine geographische Adresse des Unternehmers, aber nicht dessen Firmierung inkl.

---

333 *Köhler*/Bornkamm/Feddersen, § 5a UWG Rn. 4.7.

334 So auch Fezer/Büscher/*Obergfell*, § 5a UWG Rn. 94, die Frage allerdings i.R.d. Vorenthaltens verortend. Ohne nähere Zuordnung: GK-UWG/*Lindacher*, § 5a Rn. 29; *Köhler*, WRP 2009, 109, 116.

335 *Kommissionsdienststellen*, UGP-Leitlinien 2016, SWD(2016) 163 final, S. 86 f.

336 *Kommissionsdienststellen*, UGP-Leitlinien 2016, SWD(2016) 163 final, S. 86.

Rechtsformzusatz. Demzufolge entfällt bei Angeboten i.S.d. § 5a Abs. 3 UWG am „Point of Sale“ die Informationspflicht über die Anschrift, da die bezweckte Zuordnung und leichte Kontaktaufnahme dem Verbraucher ohne Probleme möglich sind.

Entbehrlich ist ein Hinweisschild mit Anschrift und Identität neben einer mit Preisangabe versehenen Schaufensterauslage, wenn die örtliche Lage und der Geschäftsinhaber anhand der Frontbeschilderung erkennbar sind.[337] Das gilt nicht nur für Waren und Werbeplakate im Schaufenster, sondern allgemein für konkrete Angebote i.S.d. § 5a Abs. 3 UWG in Geschäften und Gaststätten (z.B. ausgepreiste Produkte). Denn aus der örtlichen Lage des Betriebs ergibt sich die Anschrift. Und im Eingangsbereich ist zumindest bei größeren Verkaufsstellen die vollständige Firmierung des Unternehmers ausgewiesen, auch wenn hierzu seit Aufhebung des § 15a GewO a.F. keine Verpflichtung mehr besteht.[338] Bei entsprechendem Hinweis wird der Verbraucher „vor Ort“ keine gesonderte Identitätsinformation erwarten.

Für zeitlich vorhergehende Angebote i.S.d. § 5a Abs. 3 UWG, also z.B. im Internet oder in Werbeprospekten, ergeben sich die Impressumsangaben dagegen gerade nicht „aus den Umständen“, sodass hier die Ausnahmemöglichkeit nicht einschlägig ist.

2. Lokale Niederlassung einer großen Einzelhandels- oder Restaurantkette

In die Ausnahmefallgruppe aus den Umständen ersichtlicher Informationen sollte nach der Ursprungsfassung der UGP-Leitlinien auch „die Anschrift einer lokalen Niederlassung einer großen Einzelhandels- oder Restaurantkette“ fallen, da diese dem Verbraucher erwartungsgemäß bekannt sei:[339] Eine landesweite Werbemaßnahme würde daher in der Regel „keine explizite[n] Angaben zur Anschrift erfordern, wenn davon auszugehen ist, dass sich die Aufforderung zum Kauf auf alle Verkaufsstellen des Gewerbetreibenden bezieht.“[340] Dabei ist zu beachten: Auch dieses Beispiel betrifft nur die Anschrift, die Angabe der

---

337 So auch Götting/*Nordemann*, § 5a UWG Rn. 123, 127; *Köhler*/Bornkamm/Feddersen, § 5a UWG Rn. 4.31, 4.7; Büscher/*Büscher*, § 5a UWG Rn. 87; *Peifer*, WRP 2008, 556, 560.

338 *Köhler*, WRP 2013, 1419 Rn. 29; GK-UWG/*Lindacher*, § 5a Rn. 52; i.E. auch MüKoUWG/*Alexander*, § 5a Rn. 359. Zu § 15a GewO a.F. siehe S. 158 f.

339 *Kommissionsdienststellen*, UGP-Leitlinien 2009, SEK(2009) 1666, S. 58.

340 *Kommissionsdienststellen*, UGP-Leitlinien 2009, SEK(2009) 1666, S. 58.

Identität des Unternehmers soll nicht automatisch auch entbehrlich sein.[341] Und die Anwendung der in den aktuellen UGP-Leitlinien nicht mehr auftauchenden Fallgruppe wäre mit immenser Rechtsunsicherheit verbunden, da sich die für ein Eingreifen erforderliche Größe der Kette schwer bestimmen lässt. Unter Berufung auf Rechtssicherheitsgesichtspunkte und die fehlende Bindungswirkung der UGP-Leitlinien vermochte sich auch das *OLG Brandenburg* in Bezug auf ein Filialsystem der Ausnahmefallgruppe nicht anzuschließen.[342] Im streitgegenständlichen Werbeprospekt fehlten allerdings nicht die Filialadressen, sondern die Geschäftsanschrift der Unternehmenszentrale. Zu dieser Konstellation äußern sich jedoch weder die alten noch die neuen UGP-Leitlinien, da dem Verbraucher – wenn überhaupt – die Anschriften der Verkaufsstellen bekannt sind.

Unklar ist angesichts der Unterschiede zwischen den Vertriebssystemen auch, ob die Ausnahmefallgruppe allgemein oder ausschließlich für Filialsysteme gelten sollte. Die Formulierungen „Niederlassung" und „Verkaufsstellen des Gewerbetreibenden" legen jedoch nahe, dass nur Filialen und andere unselbständige Verkaufsstellen eines Unternehmers gemeint sind, da letzterer hier selbst Vertragspartner des Verbrauchers wird. Das ist bei selbständigen Vertriebspartnern nicht der Fall. Insofern dürften beispielsweise Franchisesysteme keine „Kette" im Sinne der Ausnahmefallgruppe darstellen, bei der nach den ursprünglichen UGP-Leitlinien die Anschriftsinformationen zu den einzelnen Standorten unterbleiben konnten.

Dafür spricht auch die Tatsache, dass sich die Kaufaufforderung beim Franchising gerade nicht auf alle Verkaufsstellen bezieht. Denn die Unternehmenszentrale kann wegen des Kartellverbots nicht gewährleisten, dass die Angebote bei allen Systempartnern gelten (vgl. den gängigen Disclaimer *„Alle Angebote nur in teilnehmenden Märkten erhältlich"*). Fasst man Vertriebssysteme, deren Standorte im eigenen Namen und für eigene Rechnung handeln, auch unter den Begriff der „Kette", muss zumindest die in der Ursprungsfassung der UGP-Leitlinien enthaltene Einschränkung mitgelesen werden: „Betrifft die Aufforderung zum Kauf jedoch lediglich bestimmte Verkaufsstellen oder Restaurants einer Kette, so ist die Anschrift anzugeben, um zu verhindern, dass Verbraucher irregeführt werden."[343]

Selbst wenn man die Ausnahme auch auf Franchisesysteme bezieht, wäre diesbezüglich die Orientierung an den UGP-Leitlinien sehr heikel aufgrund

---

341 Das erkennt auch OLG Düsseldorf, Urt. v. 2.10.2012 – 20 U 223/11 juris Rn. 21.
342 OLG Brandenburg, Beschl. v. 26.6.2012 – 6 W 72/12 juris Rn. 18.
343 *Kommissionsdienststellen*, UGP-Leitlinien 2009, SEK(2009) 1666, S. 58.

der Unsicherheit, ob alle Franchisenehmer die unverbindlichen Preisempfehlungen befolgen: Nennt die Werbung des Franchisegebers keine Standortanschriften, wird beim Verbraucher der Eindruck erweckt, dass die Angebote in sämtlichen Systemstandorten erhältlich sind. Nimmt jedoch auch nur ein Franchisenehmerbetrieb nicht an der beworbenen Aktion teil, wäre ein Hinweis auf die teilnehmenden Verkaufsstellen erforderlich gewesen. Der Verzicht auf eine entsprechende Auflistung hätte zur Folge, dass sich die Anschriften nicht aus den Umständen ergeben und die Werbung daher gegen § 5a Abs. 3 Nr. 2 UWG verstößt.

Unsachgemäß erscheint aber auch die Handhabung des § 5a Abs. 3 UWG a.E. dergestalt, dass sich nur die Anschriften von unselbständigen Filialen, nicht hingegen von selbständigen Franchisenehmerbetrieben aus den Umständen ergeben. Darauf aufbauend gestaltete Werbung umfangreicher Mischsysteme würde den Transparenzanforderungen des § 5a Abs. 2 Satz 2 Nr. 2 UWG widersprechen. Gegen eine Differenzierung spricht ferner, dass der Durchschnittsverbraucher nicht erkennen wird, ob er es mit der Kaufaufforderung eines Filial- oder Franchisesystems zu tun hat. Aus Verbraucherschutzgesichtspunkten wäre die Ausnahmefallgruppe daher einheitlich anzuwenden.

Nach alledem erscheint es begrüßenswert, dass die nunmehr ausschließlich Geltung beanspruchende Neufassung der UGP-Leitlinien die Anschrift einer lokalen Niederlassung von großen Einzelhandels- oder Restaurantketten nicht mehr als Ausnahmefallgruppe nennt. Denn die damit einhergehende Rechtsunsicherheit wegen der Unklarheit sowohl der erforderlichen Größe als auch der Geltung für Franchise- und andere Vertriebssysteme mit selbständigen Standorten kann nicht hingenommen werden.

3. *Bekanntes Logo oder bekannter Markenname*

„Wenn eine Werbemaßnahme ein bekanntes Logo oder einen bekannten Markennamen enthält, sollte die Identität des Gewerbetreibenden aus dem Kontext der Werbemaßnahme hervorgehen, sodass sie nicht separat aufgeführt werden muss."[344] Damit war in den ursprünglichen UGP-Leitlinien auch ein Beispiel genannt, wann sich die Identität – und nicht die Anschrift – des Unternehmers unmittelbar aus den Umständen ergeben kann. Unter Verweis auf den Zweck der lauterkeitsrechtlichen Impressumspflicht wird es daher zum Teil für ausreichend gehalten, wenn in der Werbung lediglich ein eindeutig individualisierender

---

344 *Kommissionsdienststellen*, UGP-Leitlinien 2009, SEK(2009) 1666, S. 59.

Handelsname genannt oder eine bekannte Marke bzw. ein bekanntes Firmenlogo abgebildet ist.[345]

Ob der Verbraucher in diesen Fällen jedoch tatsächlich in die Lage versetzt wird, eine informierte geschäftliche Entscheidung zu treffen, erscheint sehr zweifelhaft. Jedenfalls, wenn eine eindeutige Zuordnung der Werbemaßnahme zu einem Unternehmen – z.B. im Hinblick auf Schwestergesellschaften mit übereinstimmendem Firmenbestandteil bzw. -schlagwort – ausscheidet, ergibt sich die Identität nicht unmittelbar aus den Umständen.[346] Gegen die geforderte Unmittelbarkeit spricht generell: Der Verbraucher müsste sich zusätzlich bemühen, die Firma und Rechtsform des dahinter stehenden Unternehmens in Erfahrung zu bringen.[347] Eben diese Angaben bilden aber den grundsätzlichen Inhalt der UWG-Impressumspflicht (dazu S. 227 ff.). So nahm das *OLG Hamm* an, dass sich die Kenntnis des Durchschnittsverbrauchers von dem Unternehmen „I (- Die Profi-Baumärkte)“ nicht auf dessen Rechtsform erstreckt.[348] Entsprechend ließen auch andere *Instanzgerichte* die Mitteilung des Unternehmensschlagworts trotz Bekanntheit nicht genügen.[349] Der *BGH* hält Ausnahmen von der grundsätzlichen Pflicht zur Rechtsformangabe zwar für möglich; verortet diese aber beim „Vorenthalten“ der unterbliebenen Identitätsangabe, welches aufgrund der Einzelfallumstände einschließlich der Beschränkungen des Kommunikationsmittels ausscheiden kann.[350] Dagegen erwähnen die Karlsruher Richter mit keinem Wort, dass sich die Rechtsform in bestimmten Fällen aus den Umständen ergeben könnte und damit schon nicht wesentlich i.S.d. § 5a Abs. 3 Nr. 2 UWG wäre.

Außerdem erschließen sich dem Verbraucher bei umfangreichen Vertriebssystemen durch die Angabe eines bundesweit bekannten Unternehmens- bzw.

---

345 *Von Walter/Kluge*, WRP 2013, 866 Rn. 36 f.; *Nowak/Smirra*, GRUR-RR 2013, 120, 121; *von Oelffen*, Rn. 598.

346 Vgl. OLG Düsseldorf, Urt. v. 2.10.2012 – 20 U 223/11 juris Rn. 21; OLG München, Urt. v. 11.4.2013 – 6 U 2646/12 juris Rn. 18 – *Firmenlogo*; KG, Urt. v. 28.5.2013 – 5 U 93/12 juris Rn. 41, 50 ff.

347 *Köhler*/Bornkamm/Feddersen, § 5a UWG Rn. 4.7.

348 OLG Hamm, Urt. v. 30.10.2012 – 4 U 61/12 juris Rn. 73 – *Unternehmensschlagwort*: Hier kam hinzu, dass deutschlandweit fünf Unternehmen diesen Namensbestandteil verwendeten.

349 OLG München, Urt. v. 17.10.2013 – 6 U 3929/12 juris Rn. 42, wobei das Gericht die Problematik nicht explizit bei § 5a Abs. 3 UWG a.E. verortet; LG Stuttgart, Urt. v. 8.11.2012 – 35 O 8/12 KfH juris Rn. 32 – *Berliner Filiale*.

350 BGH, Urt. v. 18.4.2013 – I ZR 180/12, WRP 2013, 1459 Rn. 19 – *Brandneu von der IFA*.

Konzernnamens oder Firmenschlagworts nicht die Identitäten der einzelnen Geschäftslokale.[351] Das betrifft sowohl den Vertrieb über selbständige Absatzmittler wie beim Franchising als auch durch unternehmenseigene Filialen.

Die Mitteilung der Unternehmensbezeichnung kann auch eine fehlende Anschriftsangabe nicht i.S.d. § 5a Abs. 3 UWG a.E. ersetzen. Das gilt selbst bei hinreichender Bekanntheit des werbenden Unternehmens und seiner Geschäftslokale.[352] In diesem Fall mag zwar für den Verbraucher die Ermittlung der exakten Identität und Anschrift seines potentiellen Vertragspartners deutlich leichter sein als bei unbekannten Unternehmen. Da die UWG-Impressumspflicht dem Verbraucher jedoch die Kontaktaufnahme ohne Nachforschungen ermöglichen soll, greift die Ausnahmeregelung hier mangels Unmittelbarkeit nicht ein.

Zusammenfassend lässt sich sagen: Allein durch Nennung eines bekannten Markennamens bzw. Logos in der Werbung ergeben sich Identität und Anschrift des Unternehmers nicht aus den Umständen i.S.d. § 5a Abs. 3 UWG a.E. Die Nichterwähnung auch dieser Ausnahmefallgruppe in den neuen UGP-Leitlinien ist daher zu begrüßen.

4. *Verwendung sog. Disclaimer*

Systemweite bzw. überregionale Werbung z.B. von Franchisesystemen enthält aus kartellrechtlichen Gründen in aller Regel Disclaimer wie *„Alle Angebote sind ausschließlich unverbindliche Preisempfehlungen und nur in teilnehmenden Märkten erhältlich"*. Die häufig als Sternchenhinweis am Seitenrand/-ende untergebrachten Hinweise vermögen der Werbung nicht den Angebotscharakter i.S.d. § 5a Abs. 3 UWG zu nehmen (siehe dazu S. 194 ff.).

In diesen Fällen kann der Verbraucher der Werbung entnehmen, dass die beworbenen Produkte zu den aufgeführten Preisen lediglich in den Märkten zur Verfügung stehen, die der Preisempfehlung des Werbenden folgen.[353] Diese Information erschließt sich unmittelbar aus dem Wortlaut des Disclaimers – unterstellt, dieser ist so in der Werbung positioniert, dass er vom Verbraucher zur Kenntnis genommen wird. Außerdem dürfte der Verkehr dem Hinweis die Aussage entnehmen, dass sein zukünftiger Vertragspartner nicht der Werbende

351 OLG Saarbrücken, Urt. v. 6.3.2013 – 1 U 41/12-13, WRP 2013, 940 Rn. 22; LG Mönchengladbach, Urt. v. 21.11.2011 – 8 O 50/11 juris Rn. 18: Im konkreten Fall gab es eine Vielzahl von Gesellschaften, unter denen die einzelnen Geschäftslokale betrieben wurden, und in der Werbung fehlte jegliche Anschriftsangabe.

352 OLG Hamburg, Beschl. v. 20.10.2011 – 5 W 134/11 juris Rn. 4 f.

353 *Lettl*, WRP 2013, 1105 Rn. 27.

ist, sondern ein diesem gegenüber selbständiges Unternehmen, das in der Festsetzung der Endverkaufspreise frei ist. Insofern kann als „unmittelbar aus den Umständen" ersichtlich i.S.v. § 5a Abs. 3 UWG a.E. auch die Notwendigkeit eines Vertragsschlusses mit selbständig handelnden Dritten betrachtet werden.[354] Auf welchen kartellrechtlichen Vorschriften und Prinzipien die Preisgestaltungsfreiheit der Verkaufsstandorte im Detail basiert, ergibt sich für den Verbraucher hingegen ebenso wenig allein durch den Disclaimer wie Rückschlüsse auf die Struktur des werbenden Vertriebssystems.

Jedenfalls hat der Hinweis auf die Unverbindlichkeit der angegebenen Preise und deren Erhältlichkeit nur in teilnehmenden Märkten aber nicht zur Folge, dass sich die Identität und/oder die Anschrift des werbenden Franchisegebers unmittelbar aus den Umständen ergeben. Das gilt gleichfalls für die Impressumsangaben der teilnehmenden Franchisenehmer. Daran, dass diese zum geschuldeten Informationsumfang gehören, ändert sich folglich durch den Disclaimer auch auf Ebene der Ausnahmemöglichkeit des § 5a Abs. 3 UWG a.E. nichts.

5. *Verweis auf eine Internetseite oder Telefonnummer*

Als entbehrlich gem. § 5a Abs. 3 UWG a.E. könnten die Impressumsangaben anzusehen sein, wenn sie über eine Internetadresse oder Telefonnummer abrufbar sind, auf welche in der Werbung des Unternehmers verwiesen wird.

Die Informationen sind für den Verbraucher auf diesem Wege zwar leicht erkennbar bzw. zugänglich. Aber sie werden z.B. über den Internetauftritt lediglich anderweitig zur Verfügung gestellt, ergeben sich hierdurch nicht schon unmittelbar aus den Umständen.[355] Denn in dem Verweis auf ein anderes Medium liegt eine gesonderte Information seitens des Unternehmers, der in diesen Fällen gerade nicht von der Offenkundigkeit der Daten für die Marktgegenseite ausgeht. Hierin besteht der entscheidende Unterschied zu den Fällen, in denen der Ausnahmetatbestand des § 5a Abs. 3 UWG a.E. einschlägig ist.

Damit stellt sich die Frage der Zulässigkeit eines Medienbruchs nicht schon im Rahmen der Wesentlichkeitsfiktion der Impressumsinformationen. Vielmehr markiert sie einen Aspekt des Vorenthaltens und ist tatbestandlich in § 5a Abs. 5 Nr. 2 UWG zu verorten.

---

354 So auch *Lettl*, WRP 2013, 1105 Rn. 27.

355 So auch OLG Hamm, Urt. v. 27.2.2014 – 4 U 144/13 juris Rn. 49 – *Aral Crossinos*; vgl. LG Hamburg, Urt. v. 1.8.2013 – 327 O 116/13, WRP 2013, 1668 Rn. 18 – *Gebrauchtwagenanzeige*.

V. Zwischenergebnis zum Umfang der UWG-Impressumspflicht

Der Unternehmer, der mit dem Angebot i.S.d. § 5a Abs. 3 UWG an den Verbraucher herantritt, ist gem. Nr. 2 zur Mitteilung seiner Identität und Anschrift verpflichtet. Diese Informationspflicht des Werbenden wird durch den zweiten Halbsatz ggf. erweitert auf die Identität und Anschrift des Unternehmers, für den er handelt.

Hierfür ist nach der Rechtsprechung des BGH nicht erforderlich, dass das Angebot selbst bereits eine vertragliche Bindung an einen Dritten vorsieht und ein Fall der offenen Stellvertretung oder eine vergleichbare Fallgestaltung vorliegt. Demnach sind neben den rechtlichen Verhältnissen auch tatsächliche Umstände zu berücksichtigen. Denn Systematik und Telos des § 5a Abs. 3 Nr. 2 UWG zielen auf die Identität und Anschrift derjenigen Unternehmer, die Vertragspartner des Verbrauchers im Hinblick auf das angebotene Geschäft werden. Auf erst bei dessen späterer Durchführung eingebundene Unternehmer erstreckt sich die UWG-Impressumspflicht des handelnden Unternehmers hingegen nicht.

Unter Anwendung dieser Maßstäbe ist der Franchisegeber bei einer dem Anwendungsbereich des § 5a Abs. 3 UWG unterfallenden Werbung grundsätzlich verpflichtet, kumulativ über seine eigene Identität und Anschrift sowie diejenigen sämtlicher Franchisenehmerbetriebe des Systems zu informieren. Das gilt entsprechend bzgl. anderer selbständiger Vertriebsstandorte und damit z.B. für überregional werbende Verbundgruppenzentralen sowie Unternehmen, die ihre Produkte über Vertrags-/Fachhändler, Handelsvertreter oder Kommissionsagenten vertreiben. Einzig in letzterem Fall entfällt die Informationspflicht hins. des werbenden Kommittenten wegen dessen Geheimhaltungsinteresse. Dagegen erstreckt sich auch bei Filialsystemen die UWG-Impressumspflicht der Unternehmenszentrale neben den eigenen Angaben zusätzlich auf diejenigen der unselbständigen Filialen. Geboten ist die einheitliche Handhabung des § 5a Abs. 3 Nr. 2 UWG bei den verschiedenen Vertriebssystemen bzw. -strukturen auch wegen deren Kombination in Mischsystemen (sog. dualer oder mehrgleisiger Vertrieb) und der aus Verbrauchersicht häufig fehlenden Unterscheidbarkeit.

Eine Erweiterung der unternehmensbezogenen Informationspflicht des § 5a Abs. 3 Nr. 2 UWG gem. dessen zweitem Halbsatz ergibt sich auch in folgenden Konstellationen: Bei hinreichend konkreter Werbung für abgestimmte Finanzierungsleistungen sind auch die Identität und Anschrift des Kreditgebers mitzuteilen. Und die UWG-Impressumspflicht von Vermittlungsunternehmen und -plattformen inkl. Gutscheinanbietern wie bspw. Groupon erstreckt sich auf die Informationen zu den einzelnen Produktanbietern. Das gilt entsprechend für

Preisvergleichsportale und Preissuchmaschinen sowie für Betreiber von Online-Marktplätzen hins. der als Verkäufer auftretenden Drittunternehmen. Anders beim Vertrieb flexibel einlösbarer Erlebnisgutscheine, wobei der Vermittler als Vertragspartner des Verbrauchers diesen nicht über Identität und Anschrift der Veranstalter informieren muss.

Nach § 5a Abs. 3 UWG a.E. entfällt die Informationspflicht, sofern sich die geschuldeten Angaben unmittelbar aus den Umständen ergeben. In diesem Sinne offenkundig ist bei Schaufensterauslagen und anderen Angeboten i.S.d. § 5a Abs. 3 UWG am „Point of Sale" die Anschrift und – sofern die Frontbeschilderung die vollständige Firmierung des Unternehmers ausweist – auch die Identität. Dagegen können die Impressumsangaben weder der Systemzentrale noch der einzelnen Verkaufsstellen von großen oder bekannten Ketten durch die Nennung eines Logos oder Markennamens ersetzt werden. Entbehrlich werden die Identitäts- und Anschriftsangaben des Franchisegebers und der Franchisenehmer auch nicht durch Disclaimer wie „Alle Angebote sind ausschließlich unverbindliche Preisempfehlungen und nur in teilnehmenden Märkten erhältlich". Ebenso wenig entfällt die Wesentlichkeit der unternehmensbezogenen Informationen durch deren Abrufbarkeit auf einer in der Werbung genannten Internetseite und/oder Telefonhotline.

F. Vorenthalten der Pflichtinformationen

Kernelement des Unlauterkeitstatbestands nach § 5a Abs. 2, Abs. 3 Nr. 2 UWG ist das „Vorenthalten" der geschuldeten Identitäts- und Anschriftsinformationen. Damit greift die nationale Umsetzungsvorschrift den Begriff des Art. 7 Abs. 1, Abs. 3 UGP-RL auf.

Die in der englischen und französischen Sprachfassung des Art. 7 UGP-RL verwendeten Formulierungen („*it omits*" bzw. „*elle omet*") zeigen deutlicher als der zunächst aktiv klingende deutsche Terminus, dass „Vorenthalten" als Unterlassen zu verstehen ist und keine Handlung im Sinne eines positiven Tuns voraussetzt.[356] Dieses Normverständnis wird durch die Überschriften des Art. 7 UGP-RL („Irreführende *Unterlassungen*") und des § 5a UWG („Irreführung durch *Unterlassen*") bekräftigt.

Als verhaltensbezogener Oberbegriff in § 5a Abs. 2 UWG erfasst das „Vorenthalten" neben der Nichtinformation (Satz 1) auch das Verheimlichen und die

---

356 BGH, Urt. v. 21.7.2016 – I ZR 26/15, WRP 2016, 1221 Rn. 26 – *LGA tested*; *Köhler*/Bornkamm/Feddersen, § 5a UWG Rn. 3.23.

im weitesten Sinne unklare oder nicht rechtzeitige Bereitstellung (Satz 2 Nr. 1 bis 3).[357] Mit anderen Worten enthält der Unternehmer dem Verbraucher die Impressumsangaben vor, wenn dieser sie nicht oder nicht so erhält, dass er sie bei seiner geschäftlichen Entscheidung berücksichtigen kann.[358] Dabei ist § 5a Abs. 2 UWG in Zusammenhang mit Abs. 5 zu lesen, der verschiedene im Rahmen der Beurteilung zu berücksichtigende Aspekte nennt.

I. § 5a Abs. 2 Satz 1 UWG: umfassende Interessenabwägung

Den Grundtatbestand des Vorenthaltens bildet § 5a Abs. 2 Satz 1 UWG. Diesen erfüllt nicht jedes Verschweigen bzw. Unterlassen der als wesentlich fingierten Identitäts- und Anschriftsangaben seitens des werbenden Unternehmers. Vielmehr ist eine Interessenabwägung unter Berücksichtigung aller Umstände einschließlich der Beschränkungen des gewählten Kommunikationsmittels vorzunehmen.[359]

Das Informationsmodell des Art. 7 UGP-RL ist das Ergebnis einer wirtschaftspolitischen Abwägung des europäischen Gesetzgebers, der im Grundsatz den Unternehmern die Informationslast inkl. der Kosten auferlegt.[360] Insofern kann das „Vorenthalten" nicht allein mit dem Argument, der Verbraucher hätte sich die Information selbst beschaffen können, verneint werden.[361] Dieser Umstand fließt aber neben dem Kosten-, Arbeits- und Zeitaufwand für den Unternehmer in die Interessenabwägung gegenüber dem konkreten Informationsnutzen für den Verbraucher unter Berücksichtigung des Produktwerts ein.[362]

---

357 Ohly/*Sosnitza*, § 5a UWG Rn. 12; Fezer/Büscher/*Obergfell*, § 5a UWG Rn. 91 f.; *Körber/Heinlein*, WRP 2009, 780, 784.

358 Vgl. BGH, Urt. v. 21.7.2016 – I ZR 26/15, WRP 2016, 1221 Rn. 27 m.w.N. – *LGA tested*; KG, Urt. v. 20.12.2016 – 5 U 134/15 juris Rn. 11; Büscher/*Büscher*, § 5a UWG Rn. 51; GK-UWG/*Lindacher*, § 5a Rn. 34.

359 Harte-Bavendamm/Henning-Bodewig/*Dreyer*, § 5a UWG Rn. 92; Spindler/Schuster/*Micklitz/Namyslowska*, § 5a UWG Rn. 21 ff.; *Steinbeck*, WRP 2006, 632, 635.

360 Fezer/Büscher/*Obergfell*, § 5a UWG Rn. 98 f.; Harte-Bavendamm/Henning-Bodewig/*Dreyer*, § 5a UWG Rn. 109; *Scherer*, WRP 2018, 659 Rn. 11.

361 EuGH, Urt. v. 16.4.2015 – C-388/13, WRP 2015, 698 Rn. 54 – *UPC*; vgl. OLG München, Urt. v. 11.4.2013 – 6 U 2646/12 juris Rn. 18 – *Firmenlogo*.

362 *Köhler*/Bornkamm/Feddersen, § 5a UWG Rn. 3.25.

1. Keine allgemeine Informationsbeschaffungspflicht

Erwägen ließe sich, dass der werbende Unternehmer nur Informationen vorenthalten kann, die ihm vorliegen. Das ist bei seinen eigenen Impressumsangaben problemlos der Fall. Anders stellt sich die Situation bzgl. der teilnehmenden Verkaufsstellen dar: Zwar sind dem Franchisegeber Identität und Anschrift seiner Franchisenehmer bekannt. Aber mangels kartellrechtlicher Zulässigkeit von unmittelbaren und mittelbaren Preisvorgaben hat der Franchisegeber keine sichere Kenntnis, welche Standorte an der zentralen Werbeaktion teilnehmen.

Klar ist zunächst: Es kann nicht Aufgabe des Lauterkeitsrechts sein, dem Unternehmer eine Beschaffungspflicht bzgl. sämtlicher Informationen aufzuerlegen, für die sich der Verbraucher interessiert. Daher wird zum Teil eine Beschaffungspflicht abgelehnt: Sind Informationen zum relevanten Zeitpunkt nicht im Besitz des Unternehmers, soll er sie – auch auf Nachfrage des Verbrauchers hin – nicht ausfindig machen müssen.[363] Mit anderen Worten markiert nach dieser Auffassung der Kenntnisstand des Unternehmers im Zeitpunkt der Kaufaufforderung die Grenze der Informationspflicht nach § 5a Abs. 3 Nr. 2 UWG.

Allerdings liefe es dem Verbraucherschutz zuwider, wenn der Unternehmer sich der UWG-Impressumspflicht unter Verweis darauf entziehen könnte, er müsse sich die Informationen erst noch beschaffen.[364] Aufgrund dessen ist die differenzierte Herangehensweise der jüngeren *Literatur* und *Rechtsprechung* zu begrüßen: Entscheidend für ein Vorenthalten i.S.v. § 5a Abs. 2 UWG ist die „Verfügbarkeit" der Information für den Unternehmer, d.h. sie muss zu seinem Geschäfts- und Verantwortungsbereich gehören oder für ihn jedenfalls mit zumutbarem Aufwand beschaffbar sein.[365] Die dahinter stehende Wertung entspricht dem *cheapest cost avoider*-Prinzip[366], wonach eine Information von demjenigen zur Verfügung zu stellen ist, bei dem dafür die geringsten Kosten anfallen. Den Unternehmerinteressen wird dadurch Rechnung getragen, dass nicht generell von der Wesentlichkeit der Information auf eine allgemeine Beschaffungspflicht geschlossen wird. Ist eine Information aber der Sphäre des Unternehmers

---

363 OLG Düsseldorf, Urt. v. 30.12.2014 – I-15 U 76/14, WRP 2015, 365 Rn. 74 – *LGA tested quality*; Götting/*Nordemann*, § 5a UWG Rn. 58; *Köhler*, WRP 2009, 109, 116.

364 Vgl. BGH, Urt. v. 21.7.2016 – I ZR 26/15, WRP 2016, 1221 Rn. 26 m.w.N. – *LGA tested.*

365 BGH, Urt. v. 21.7.2016 – I ZR 26/15, WRP 2016, 1221 Leitsatz a), Rn. 27 – *LGA tested*; Urt. v. 2.3.2017 – I ZR 41/16, NJW-RR 2017, 1190 Rn. 27 – *Komplettküchen*; MüKoUWG/*Alexander*, § 5a Rn. 248 ff.

366 Dazu näher *Kieffer*, S. 21 f., 122 m.w.N., der den Gedanken auch i.R.d. Wesentlichkeitsprüfung einbezieht.

zuzuordnen oder für ihn mit verhältnismäßig geringem Aufwand erhältlich, fällt die Abwägung zu seinen Lasten aus und er ist ausnahmsweise zur Beschaffung verpflichtet. Insofern „näher dran" ist der Werbende auch an den Identitäten und Anschriften der Systemstandorte. Die diesbezügliche Beschaffungspflicht kann nicht auf den Verbraucher abgewälzt werden, d.h. der Unternehmer darf sich nicht unter Hinweis auf Recherchemöglichkeiten des Verbrauchers aus der Verantwortung ziehen.

2. *Kartellrechtliche Unmöglichkeit der Informationsbeschaffung*

Bei systemübergreifenden Werbemaßnahmen muss der Franchisegeber nach § 5a Abs. 3 Nr. 2 Hs. 2 UWG auch die Identität und Anschrift der Franchisenehmer mitteilen (S. 247 ff.). Dabei könnte er angesichts der vorstehenden Erwägungen zur Informationsbeschaffung, welche Franchisenehmerbetriebe an der beworbenen Aktion teilnehmen, verpflichtet sein. Diese Annahme gerät jedoch in Konflikt mit dem Kartellrecht; und zwar bei sämtlichen Vertriebssystemen mit selbständigen Standorten, die nicht dem Handelsvertreterprivileg unterfallen.

a) Verbot rechtlicher und wirtschaftlicher Preisbindung

Der Franchisenehmer ist grundsätzlich frei in seiner Preisgestaltung. Denn vertikale Preisbindungen verstoßen gegen das Kartellverbot des Art. 101 Abs. 1 AEUV und § 1 GWB (S. 70 ff.). Unbenommen bleibt dem Franchisegeber jedoch die Aussprache und Übersendung unverbindlicher Preisempfehlungen, sofern sie nicht aufgrund von Druckausübung bzw. Anreizgewährung tatsächlich wie Fest- oder Mindestpreise wirken. Um zu verdeutlichen, dass die Aktionspreise nicht zwingend an jedem Standort gelten, weist überregionale Werbung von Franchisesystemen in aller Regel auf die Unverbindlichkeit der Preise und/oder deren Erhältlichkeit nur in teilnehmenden Märkten hin. Denn mangels kartellrechtlich zulässiger Preisvorgaben weiß der Franchisegeber nicht, welche Franchisepartner die Produkte tatsächlich zu den beworbenen Preisen anbieten.

Denkbar wäre aber eine Nachfrage des Franchisegebers bei seinen Franchisenehmern, ob und bzgl. welcher Produkte sie die Preisempfehlungen umsetzen. Werden dabei weder Anreize gesetzt noch Druck ausgeübt, ist zumindest eine faktische bzw. wirtschaftliche Preisbindung zu verneinen; vorausgesetzt die Werbung weist auf die Unverbindlichkeit der aufgeführten Preise für die Franchise-Systempartner hin. Das gilt insb. bei dualem Vertrieb über selbständige Franchisenehmerbetriebe einerseits und unternehmenseigene Filialen oder einen eigenen Onlineshop des Franchisegebers andererseits (dazu näher S. 78 f.).

b) Rechtliche Unzulässigkeit einer Teilnahmeabfrage der Franchisenehmer

Es stellt sich jedoch die Frage, ob nicht auch die reine Teilnahmeabfrage die Grenze zulässiger Kommunikation zwischen Franchisegeber und Franchisenehmer überschreitet und eine kartellrechtswidrige Verhaltenskoordinierung darstellt.

Hier ist unter Berücksichtigung der strengen Auffassung insb. des Bundeskartellamts (S. 76 f.) festzustellen: Kartellrechtlich unproblematisch ist nur die einseitige UVP-Mitteilung, ggf. unter Erläuterung der Gründe und/oder Strategie hins. der Positionierung und Vermarktung der Produkte. Dagegen läuft jede nachträgliche bzw. erneute Thematisierung der Preisempfehlungen durch den Franchisegeber Gefahr, per se als unzulässiger Einflussnahmeversuch eingestuft zu werden. Jedenfalls in nachdrücklichem Insistieren, d.h. der gezielten Bearbeitung der Franchisenehmer in Richtung einer UVP konformen und damit systemeinheitlichen Preisgestaltung, kann keine unverbindliche Preisempfehlung gesehen werden.

Demgemäß darf der Franchisegeber im Zuge der Nachfrage bei den Franchisenehmern, ob sie den Preisempfehlungen folgen, keine gezielten Überredungsstrategien mit dem Ziel einer positiven Antwort einsetzen. Angesichts der bisherigen Entscheidungspraxis des Bundeskartellamts könnte aber selbst eine „neutrale" Nachfrage des Franchisegebers als wettbewerbswidrige Preisbindungsmaßnahme eingestuft werden. Das mag zunächst überraschen, erscheint doch eine konkrete – etwa maschinelle – Ausgestaltung möglich, bei der die Beteiligung an der Werbeaktion ohne Druckausübung abgefragt wird. Außerdem lässt sich einwenden, dass Kommunikation im Vertikalverhältnis zwischen Franchisegeber und Franchisenehmer notwendig und im Ausgangspunkt legitim ist. Aber die Teilnahmeabfrage bedeutet in jedem Fall eine erneute Kontaktaufnahme nach UVP-Mitteilung und setzt für den Franchisenehmer durch dessen potentielle Erwähnung in der Werbung einen Anreiz zur Befolgung der Preisempfehlung.[367] Insofern läuft der Franchisegeber Gefahr, dass ihm die Teilnahmeabfrage als einseitiger – nach deutschem Recht bereits für sich genommen unzulässiger – Einflussnahmeversuch ausgelegt wird (§ 21 Abs. 2 Nr. 1 und Nr. 2 GWB).

Ferner könnte die Teilnahmeabfrage gegen das Kartellverbot des § 1 GWB bzw. Art. 101 Abs. 1 AEUV verstoßen, sofern eine Vereinbarung oder

---

367 So auch *Billing/Lang*, ZVertriebsR 2013, 207, 213; i.E. ebenso *DFV*, ZVertriebsR 2015, 63, 65; *Lettl*, WRP 2013, 1105 Rn. 42, 45.

Verhaltenskoordination bzw. Willensübereinstimmung vorliegt (dazu S. 79 ff.). Eine solche wird allerdings nicht allein dadurch begründet, dass einzelne oder sogar alle Franchisenehmer die tatsächlich unverbindlichen Preisempfehlungen befolgen. Erforderlich ist vielmehr ein weiteres Zusammenwirken mit dem Franchisegeber oder zwischen den Franchisenehmern (sog. Plusfaktoren). Der Wille des Franchisegebers, das Verhalten der Franchisenehmer zu beeinflussen, genügt hier gerade nicht. Bei Preisempfehlungen kommt v.a. die Tathandlungsalternative der aufeinander abgestimmten Verhaltensweisen in Betracht, d.h. Formen praktischer Zusammenarbeit. Die Franchisepartner unterliegen dem kartellrechtlichen Selbständigkeitspostulat, sodass jede Fühlungnahme zu unterlassen ist, die das Marktverhalten eines Konkurrenten beeinflusst oder diesen über das eigene geplante Marktverhalten ins Bild setzt oder eins von beidem bezweckt. Wann die Grenze einer unzulässigen Preisabstimmung überschritten ist, muss im Einzelfall unter Berücksichtigung aller Umstände ermittelt werden.

Solange jeder Franchisenehmer seinen Preis autonom festsetzt, ist die Gemeinschaftswerbung eines Franchisesystems mit dem Kartellverbot vereinbar. Die Teilnahmeabfrage seitens des Franchisegebers bedeutet aber eine Verständigung über die zukünftige Preisgestaltung der Franchisepartner, welche die Annahme einer diesbezüglichen Zusammenarbeit nahelegt. Insofern dürfte den betroffenen Unternehmen der Nachweis einer autonomen – und damit kartellrechtlich zulässigen – Entscheidung des Franchisenehmers zur UVP-Einhaltung „aus freien Stücken" schwerfallen. Augenfällig wird das im Falle einer positiven Beantwortung der Teilnahmeabfrage des Franchisegebers. Die Ankündigung des Franchisenehmers, die empfohlenen Verkaufspreise einzuhalten, verlässt „den Bereich des eindeutig und ohne nähere Prüfung kartellrechtskonformen Verhaltens".[368] Das *Bundeskartellamt* rät den Unternehmen von jeglichen Rückäußerungen ab, „die den Anschein einer Zusage erwecken, man werde die UVP befolgen".[369] Bei negativem Ausgang der Teilnahmeabfrage liegt demnach keine wettbewerbswidrige Koordinierung vor. Indem der Franchisenehmer dem Franchisegeber hingegen auf Nachfrage mitteilt, sich an dessen Preiswerbung zu beteiligen, sagt er die Einhaltung der Preisempfehlung zu. Denn die Teilnahmeabfrage zielt für den Franchisenehmer erkennbar auf verbindliche Aussagen zu seinen Verkaufspreisen, die der Franchisegeber für die systemweite Werbemaßnahme nutzen möchte. Insofern ist die Situation mit einer vom Hersteller

---

368 Vgl. *BKartA*, Hinweispapier Preisbindungsverbot, Rn. 58 für als Wiederverkäufer auftretende Händler.

369 *BKartA*, Hinweispapier Preisbindungsverbot, Rn. 58.

angestrebten marktweiten Preiserhöhung vergleichbar, für die das Bundeskartellamt die von den Handelsunternehmen erbetene Zusage als Zustimmung zur kartellrechtswidrigen Vereinbarung wertet.[370] Werden die Preisempfehlungen von mehreren Franchisenehmern im Bewusstsein gemeinsamen Handelns befolgt, kann darin auch eine über den Franchisegeber vermittelte, horizontale Verhaltenskoordination auf Franchisenehmerebene liegen (sog. *Hub and Spoke*, siehe S. 81).

Entgegenstehen könnte der Annahme einer Verhaltenskoordination allerdings folgende Überlegung: Anders als zwischen Wettbewerbern sind Gespräche und Verhandlungen über Preise im Vertikalverhältnis notwendig und bis zu einem gewissen Grad legitim, sodass der Franchisenehmer dem Franchisegeber u.a. auch seine Meinung zur UVP mitteilen darf.[371] Ist die Preissetzungsfreiheit des Franchisenehmers weder rechtlich noch faktisch beschränkt, kann er sich jederzeit umentscheiden, ob er die Preisempfehlung tatsächlich gegenüber den Endkunden umsetzt. Dieser Umstand rechtfertigt jedoch ebenso wenig wie ein etwaiger innerer Vorbehalt eine abweichende Beurteilung. Denn die positive Beantwortung der Teilnahmeabfrage geht über den Bereich einer bloß einseitigen Nennung des beabsichtigten Verkaufspreises hinaus. Bei zugesagter Teilnahme an einer Werbeaktion dürfte auf Seiten des Franchisenehmers die Hemmschwelle für abweichendes Preisverhalten ungleich höher sein als nach einer normalen Äußerung gegenüber dem Franchisegeber bzgl. der UVP-Einhaltung. Der Franchisenehmer weiß, dass auf der Basis seiner Zusage die Werbematerialien vom Franchisegeber gestaltet wurden und sein Betrieb darin oder auf der Webseite des Franchisesystems im Zusammenhang mit der Werbeaktion genannt wird. Und von den damit verbundenen verkaufsfördernden Wirkungen wird der Franchisenehmer regelmäßig profitieren wollen.

Nichtsdestotrotz kann eine im Vorfeld der Preisaktion vom werbenden Franchisegeber durchgeführte Teilnahmeabfrage nicht garantieren, dass sich die einzelnen Betriebe später tatsächlich ihrer Antwort entsprechend verhalten. Insofern liefe der Franchisegeber permanent Gefahr, wegen Umentscheidung auf Franchisenehmer-Seite in der veröffentlichten Werbung falsche bzw. irreführende Angaben gemacht zu haben. Eine auf die „teilnehmenden" Märkte

---

370 *BKartA*, Hinweispapier Preisbindungsverbot, Rn. 59 f.

371 *Grafunder/Kofler-Senoner*, NZKart 2018, 342, 345 halten sogar die bloße Information zur beabsichtigten Preissetzung für zulässig. Der Austausch aktueller bzw. zukunftsbezogener Daten wie Aktionspreise ist jedoch auch im Vertikalverhältnis problematisch (*BKartA*, Hinweispapier Preisbindungsverbot, Rn. 95 ff.).

beschränkte Standortliste in der Werbung hätte somit mangels Verlässlichkeit einen – wenn überhaupt – nur sehr geringen Mehrwert für den Verbraucher.

Folglich ist der Franchisegeber aus kartellrechtlichen Gründen gehindert, die Teilnahme der einzelnen Standorte an der systemweiten Werbung abzufragen.

c) *Gemeinschaftswerbung von Franchise- und anderen Vertriebssystemen*

Die vorstehenden Ausführungen bedeuten aber nicht, dass die Mitteilung der Anschriften und Identitäten der Franchisenehmerbetriebe in überregionaler Werbung von Franchisesystemen rechtlich unmöglich ist. Dem deutschen wie europäischen Kartellverbot zuwider läuft lediglich die Beschränkung der Auflistung auf die teilnehmenden Märkte, insb. wegen der dafür notwendigen Nachfrage des Franchisegebers bei den Franchisenehmern. Das gilt entsprechend für die Gemeinschaftswerbung anderer Vertriebssysteme und -strukturen, bei denen der Verbraucher die Produkte von selbständigen Unternehmen erwirbt, die nicht nur unbedeutende Absatzrisiken tragen (z.B. Verbundgruppen-Anschlusshäuser, Vertrags- und Fachhändler).

Bei Handelsvertretungen und Kommissionsagentursystemen gerät eine Auflistung der teilnehmenden Systempartner hingegen nicht in Konflikt mit dem Kartellrecht. Denn gegenüber echten Handelsvertretern sind Preisvorgaben – anders als im Franchisekontext – kartellrechtlich zulässig (sog. *Handelsvertreterprivileg*).[372]

Keine kartellrechtlichen Probleme birgt unabhängig vom Vertriebssystem eine umfassende – und in keiner Weise selektive – Bereitstellung der Pflichtangaben nach § 5a Abs. 3 Nr. 2 UWG zu allen Systemstandorten. Dabei muss etwa der werbende Franchisegeber allerdings ausdrücklich auf die Unverbindlichkeit der beworbenen Preise und ggf. deren Geltung nur in teilnehmenden Märkten hinweisen. Dass ein solcher Disclaimer der Eröffnung des Anwendungsbereichs der UWG-Impressumspflicht nicht entgegensteht, wurde bereits auf S. 194 ff. erläutert.

---

372 Dazu näher S. 56: Das Handelsvertreterprivileg gilt auch bei Kommissionären und Kommissionsagenten, sofern sie über das bloße Provisionsrisiko hinaus allenfalls unbedeutende finanzielle oder geschäftliche Risiken bzgl. der vom Auftraggeber übertragenen Tätigkeiten treffen.

3. *Praktikabilitätserwägungen hins. Informationsbeschaffung und -bereitstellung*

Neben den kartellrechtlichen Bedenken würde eine Teilnahmeabfrage den werbenden Franchisegeber auch in tatsächlicher Hinsicht vor immense Herausforderungen stellen. Denn eine Angebotswerbung, die verschiedene Produkte umfasst, müsste bei jedem einzelnen die jeweils teilnehmenden Märkte auflisten. Die zuvor bei allen Franchisenehmern durchzuführende Nachfrage hins. der Aktionsteilnahme bedeutet einen erheblichen Zeit- und Kostenaufwand, da Franchisesysteme nicht selten über mehrere hundert Franchisenehmer verfügen.

Praktische Schwierigkeiten birgt für Unternehmen, die zentral eine überregionale Werbung für eine Vielzahl unselbständiger Filialen oder selbständiger Vertriebspartner schalten, aber auch die kartellrechtlich unproblematische Auflistung aller Verkaufsstellen (näher S. 314 ff.). Ob diese für den Werbenden die Schwelle der praktischen Unmöglichkeit bzw. Unzumutbarkeit überschreitet, kann jedoch nicht pauschal für jede Gemeinschaftswerbung beantwortet werden. Erforderlich ist vielmehr eine Gesamtwürdigung der konkreten Einzelfallumstände, insb. der Beschränkungen des verwendeten Kommunikationsmittels sowie der Zahl der Vertriebspartner bzw. -standorte.

a) *Zumutbarkeit für den werbenden Unternehmer*

In die Abwägung fließt einerseits das Informationsinteresse des Verbrauchers ein. Dabei ist nach dem Schutzzweck des § 5a Abs. 3 Nr. 2 UWG von einer Wechselwirkung des Inhalts auszugehen, dass dem Unternehmer umso größere Anstrengungen zuzumuten sind, je bedeutsamer die Impressumsangaben im konkreten Fall für den Verbraucher sind.[373] Andererseits muss auch den Interessen des werbenden Unternehmers Rechnung getragen werden. Sonst begäbe man sich in Konflikt mit dem Primärrecht, wonach in der Union und den Mitgliedstaaten die unternehmerische Freiheit anerkannt ist (Art. 16 GRCh);[374] wie auch mit der in Art. 11 Abs. 1 GRCh und Art. 10 EMRK normierten Meinungs- und Informationsfreiheit. Einschränkungen müssen nach Art. 52 Abs. 1 GRCh dem Grundsatz der Verhältnismäßigkeit genügen. Unverhältnismäßigen Beschränkungen

---

373 OLG Karlsruhe, Urt. v. 28.8.2013 – 6 U 57/13 juris Rn. 21 – *gebrauchter Ferrari*; Harte-Bavendamm/Henning-Bodewig/*Dreyer*, § 5a UWG Rn. 75.

374 Vgl. *Böhler*, S. 141 f. zur i.R.d. Wesentlichkeit vorzunehmenden Interessenabwägung.

der durch Art. 10 EMRK und Art. 11, 16 GRCh gewährleisteten Werbefreiheit[375] sollen Art. 7 Abs. 1 und Abs. 3 UGP-RL sowie deren nationale Umsetzungsnormen entgegenwirken.[376]

Zu berücksichtigen ist auf Verbraucherseite auch der Gesichtspunkt des zu verhindernden *information overloads*. Dessen Einbeziehung in die vorzunehmende Interessenabwägung kann letztlich auch dem Unternehmer zugutekommen.

b) Problem des „information overloads" für den Verbraucher

Jeder Franchisenehmer hat eine eigene Firmierung, viele verfügen zusätzlich über verschiedene Firmierungen für die von ihnen betriebenen Verkaufsstandorte. So kann die Auflistung der Identitäts- und Anschriftsangaben aller, auch für den einzelnen Verbraucher lagemäßig irrelevanter Standorte ein Ausmaß erreichen, das dem Zweck des § 5a Abs. 3 Nr. 2 UWG zuwiderläuft. Die Folge wäre ein sog. *information overload* (siehe S. 130 f.) beim Verbraucher. Denn zumindest in der Werbung selbst würde ihn die Informationsfülle eher verwirren als ihm helfen.[377] Der Verbraucher wäre mit einem Übermaß aus seiner Sicht größtenteils nutzloser Informationen konfrontiert, wodurch die Wahrnehmung der für ihn wichtigen Angaben getrübt würde. Damit sähe sich der Verbraucher letztlich eher gehindert, eine informierte Entscheidung zu treffen, als dass eine solche gefördert würde. Das gilt erst recht bei einer für jedes Produkt separat erfolgenden Auflistung der teilnehmenden Märkte.

c) Beschränkung auf örtlich in der Nähe gelegene Verkaufsstellen

Um im Interesse beider Seiten die Menge der mitzuteilenden Impressumsinformationen bei umfangreichen Vertriebssystemen zu reduzieren, wäre eine Beschränkung auf die System-/Unternehmenszentrale sowie naheliegende

---

375 EuGH, Urt. v. 17.12.2015 – C-157/14, LMuR 2016, 12 Rn. 63 ff. – *Neptune Distribution*; BGH, Beschl. v. 14.6.2017 – I ZR 54/16, GRUR 2017, 930 Rn. 23 – *Werbeprospekt mit Bestellpostkarte*; *Lettl*, WRP 2013, 1105 Rn. 39.

376 Hins. Art. 16 GRCh: BGH, Urt. v. 14.9.2017 – I ZR 231/14, GRUR 2017, 1269 Rn. 27 – *MeinPaket.de II*; Büscher/*Büscher*, § 5a UWG Rn. 62; *Köhler*/Bornkamm/Feddersen, § 5a UWG Rn. 6.4.

377 Vgl. *Billing/Lang*, ZVertriebsR 2013, 207 f., 213; *Birk*, GRUR-Prax 2013, 453; *DFV*, ZVertriebsR 2015, 63; *Gutachterausschuss für Wettbewerbsfragen*, WRP 2012, 924, 925; *Köhler*, WRP 2013, 1419 Rn. 42; *von Walter/Kluge*, WRP 2013, 866 Rn. 48; *ZGV*, Stellungnahme zum RefE des UWG 2015, Rn. 8.

Verkaufsstellen denkbar.[378] Diese Gestaltung ermöglicht zwar keinen den Vorgaben des § 5a Abs. 3 Nr. 2 UWG genügenden, systemweiten Prospekt. Aber der Unternehmer könnte dadurch verschiedene lokale bzw. regionale Versionen einer zentralen Werbung in Umlauf bringen, die sich nur hins. der aufgeführten Identitäts- und Anschriftsangaben zu den örtlich in der Nähe gelegenen Verkaufsstandorten unterscheiden. Über die regelmäßig ebenfalls angegebene Webseite des Werbenden könnte der Verbraucher die restlichen Systempartner ausfindig machen. Damit ist dem Verbraucherschutz Genüge getan, da die Systemzentrale als für die Werbung verantwortliches Unternehmen und die unternehmensbezogenen Informationen der für den angesprochenen Verkehrskreis jeweils örtlich relevanten Standorte offengelegt werden.

Die Impressumsangaben in der Werbung zulässigerweise auf das werbende Unternehmen sowie naheliegende Verkaufsstellen zu beschränken, setzt allerdings die Zulässigkeit von Preisbindungen voraus. Demnach kommt eine solche Regionalisierung der Werbung nur bei unselbständigen Systemstandorten und dem Handelsvertreterprivileg unterfallenden Konstellationen in Betracht.[379] Dagegen würde sich die Auslegung z.B. bei Franchisenehmern wegen des kartellrechtlichen Preisbindungsverbots in Konflikt zu den Transparenzanforderungen des § 5a Abs. 2 Satz 2 Nr. 2 UWG begeben: In Werbeprospekten die örtlich naheliegenden, rechtlich selbständigen Unternehmen mit Name und Anschrift aufzunehmen, ohne anzugeben, ob sie tatsächlich zu den teilnehmenden Märkten gehören und die beworbenen Produkte zu den angegebenen Preisen anbieten, ist unzulässig.[380] Eine abweichende Beurteilung gebietet auch nicht die Möglichkeit des Verbrauchers, beim jeweiligen Markt dessen Teilnahme telefonisch zu erfragen.[381] Die kartellrechtlich geschützte Preissetzungsautonomie von Franchisenehmern, Vertrags-/Fachhändlern und Verbundgruppen-Anschlusshäusern hat somit zur Folge, dass sich werbende Systemzentralen in diesen Vertriebskonstellationen nicht auf die Nennung örtlich in der Nähe gelegener Verkaufsstellen beschränken dürfen. Für sich genommen wird durch die Benachteiligung insb. gegenüber Filialsystemen systemweite Werbung von Franchisegebern etc.

---

378 So auch *Billing/Lang*, ZVertriebsR 2013, 207, 210 f.

379 So aber ein Lösungsvorschlag von *Hilger*, GRUR-Prax 2016, 132 für die Werbung im Franchisekontext.

380 BGH, Urt. v. 4.2.2016 – I ZR 194/14, NJW-RR 2016, 1439 Rn. 24 – *Fressnapf*; OLG Düsseldorf, Urt. v. 5.8.2014 – I-20 U 140/11, GRUR-RS 2016, 04247 Rn. 22; *Köhler*/Bornkamm/Feddersen, § 5a UWG Rn. 4.37.

381 BGH, Urt. v. 4.2.2016 – I ZR 194/14, NJW-RR 2016, 1439 Rn. 24 – *Fressnapf*.

jedoch nicht unmöglich. Der Fülle bereitzustellender Impressumsinformationen kann über die gem. § 5a Abs. 5 UWG zu berücksichtigenden Beschränkungen des Kommunikationsmittels und anderweitigen Maßnahmen Rechnung getragen werden.

4. Systemeinheitlichkeit als besondere Charakteristik des Franchisings

Angesichts der umfangreichen UWG-Impressumspflicht bei überregionaler Werbung in Franchisesystemen ist eine weitere Erwägung anzustellen: Ist das systemeinheitliche Auftreten für das Franchising derart wesensprägend, dass dessen besondere Charakteristik und Rechtsnatur im Hinblick auf systemweite Werbung eine von den anderen Vertriebssystemen abweichende Beurteilung rechtfertigen könnte?

Die Systemeinheitlichkeit als besonderes Charakteristikum wird bei den Überlegungen zu einer UWG-Impressumspflicht konformen Werbungsgestaltung im Franchisekontext häufig verkannt. So etwa, wenn die Lösung in der Beschränkung des Franchisegebers auf reine Imagewerbung gesehen wird.[382] Dem kann nicht gefolgt werden, da das Gruppenimage von Franchisesystemen nicht zuletzt auf deren Produkten und der Preiswerbung dafür beruht.

In der *Literatur* wird überregional einheitliche Werbung bzw. allgemein die Abstimmung von Werbung in Franchisesystemen – da zur Förderung und Aufrechterhaltung des gemeinsamen Images der Systempartner erforderlich – für unerlässlich i.S.d. *Pronuptia*-Rechtsprechung des EuGH gehalten.[383] Um die Identität und einheitliche Außendarstellung des Franchisesystems zu wahren, dürfte auch die regelmäßig vereinbarte Zentralisierung der überregionalen Werbung beim Franchisegeber als funktionsnotwendige Nebenabrede

382 OLG Düsseldorf, Urt. v. 5.8.2014 – I-20 U 140/11, GRUR-RS 2016, 04247 Rn. 13, 23; *Hilger*, GRUR-Prax 2016, 132. Vgl. allg. auch OLG München, Urt. v. 8.2.2018 – 6 U 403/17, WRP 2018, 623 Rn. 27 – *25 % Geburtstagsrabatt auf fast alles*: Kann der Werbende wegen der Besonderheiten des verwendeten Mediums die in seinen Risikobereich fallende Informationspflicht nicht erfüllen, muss er ggf. Abstand von der Werbung nehmen.

383 Immenga/Mestmäcker/*Zimmer*, § 1 GWB Rn. 160; *Billing/Lang*, ZVertriebsR 2013, 207, 213; *Dück*, WRP 2018, 29 Rn. 3, 13 unter Verweis auf EuGH, Urt. v. 28.1.1986 – C-161/84, NJW 1986, 1415 Rn. 22 – *Pronuptia*; vgl. auch *Kommission*, Vertikal-LL, ABl. EU 2010 Nr. C 130/1, Tz. 191.

einzustufen sein.[384] Per se erfüllt die franchisetypische Werbeverteilung folglich nicht den Tatbestand des Kartellverbots. Das bedeutet aber nicht, dass gemeinsame verbindliche Preiswerbung der Franchisepartner und die damit verbundene Teilnahmeabfrage unerlässlich und damit zulässig sind. Denn der *EuGH* differenziert in seinem Pronuptia-Urteil: Eine Tatbestandsrestriktion rechtfertigen nur dem Franchising immanente, wesensprägende Beschränkungen, nicht schon jede nützliche Verhaltenskoordination (S. 68 ff.). Bei Preisvorgaben/-abstimmung kommen demnach die allgemein für das Verhältnis zwischen selbständigen Unternehmen geltenden Grundsätze zur Anwendung. Die Kartellrechtskonformität einer Gemeinschaftswerbung setzt voraus, dass die individuelle wettbewerbliche Handlungsfreiheit der Franchisepartner nicht beeinträchtigt wird, sodass bindende Preisangaben unzulässig sind.[385] Keine Wettbewerbsbeschränkung stellt dagegen Werbung mit unverbindlichen Preisempfehlungen dar, sofern hins. deren tatsächlicher Anwendung weder zwischen Franchisegeber und Franchisenehmer noch unter den Franchisenehmern eine Koordination stattfindet (S. 73-83). Die Unverbindlichkeit entfällt bei Werbemaßnahmen, die sich als faktische Preisbindung auswirken, etwa mangels expliziter Differenzierung zwischen Filial- und Franchisebetrieben.[386] Somit verstößt zumindest die zentral vom Franchisegeber für das System geschaltete Werbung mit rechtlich wie tatsächlich unverbindlichen Preisempfehlungen nicht gegen das Kartellverbot.

5. *Zwischenergebnis*

Ob die nach § 5a Abs. 3 Nr. 2 UWG geschuldeten Informationen dem Verbraucher i.S.d. Abs. 2 Satz 1 vorenthalten werden, ist im Wege einer umfassenden, einzelfallbezogenen Interessenabwägung zu ermitteln. Bzgl. der Identitäts- und Anschriftsangaben der Verkaufsstellen trifft den werbenden Unternehmer eine

384 Wohl a.A. LG München I, Teilurt. v. 26.10.2018 – 37 O 10335/15, ZVertriebsR 2019, 34 Rn. 62 ff. – *King des Monats*, das aber vom OLG München aufgehoben wurde, Urt. v. 7.11.2019 – 29 U 4165/18 Kart, ZVertriebsR 2020, 193.

385 *Hack/dos Santos Goncalves*, GWR 2015, 514, 516; zu weitgehend *Dück*, WRP 2018, 29 Rn. 6, der auch die Teilnahmeabsprache für unerlässlich zur Durchführung der franchisetypischen Systemwerbung hält.

386 BGH, Urt. v. 2.2.1999 – KZR 11/97 juris Rn. 32 ff. – *Preisbindung durch Franchisegeber*; Urt. v. 20.5.2003 – KZR 27/02 juris Rn. 34, 37 – *Preisbindung durch Franchisegeber II*; dazu näher S. 74 ff.

Informationsbeschaffungspflicht, da sie seinem Geschäfts- und Verantwortungsbereich zugehören.

Eine auf die teilnehmenden Märkte beschränkte Auflistung in überregionaler Gemeinschaftswerbung kommt allerdings nur bei Handelsvertretungen und Kommissionsagentursystemen in Betracht, da Preisbindungen hier zulässig sind. In Vertriebskonstellationen außerhalb des sog. Handelsvertreterprivilegs (z.B. beim Franchising) läuft die Teilnahmeabfrage bei den selbständigen Systempartnern hingegen angesichts der strengen Entscheidungspraxis v.a. des Bundeskartellamts dem deutschen wie europäischen Kartellrecht zuwider.

Die Zumutbarkeit der kartellrechtlich unproblematischen Auflistung der Identitäten und Anschriften sämtlicher Verkaufsstellen für die werbende Unternehmens-/Systemzentrale hängt von den konkreten Umständen des Falls ab; insb. der Beschränkungen des Kommunikationsmittels und der Anzahl der selbständigen und/oder unselbständigen Vertriebsstandorte. Gegeneinander abzuwägen sind das Informationsinteresse des Verbrauchers und der Kosten-, Arbeits- und Zeitaufwand des Unternehmers, dessen durch Art. 10 EMRK und Art. 11, 16 GRCh gewährleistete Werbefreiheit nicht unverhältnismäßig beschränkt werden darf. Einzubeziehen ist ferner das Problem eines information overloads: Auch ein Übermaß an Impressumsinformationen konterkariert informierte geschäftliche Entscheidungen des Verbrauchers und ist daher zu verhindern.

Eine Regionalisierung der Werbung dergestalt, die Impressumsangaben im Werbemedium auf das werbende Unternehmen sowie örtlich in der Nähe gelegene Verkaufsstellen zu beschränken, ist nur bei Filialsystemen, Handelsvertretungen und Kommissionsagentursystemen zulässig. Bei Franchisesystemen, Verbundgruppen sowie dem Vertrieb über Vertrags-/Fachhändler widerspräche sie wegen der aus dem kartellrechtlichen Preisbindungsverbot resultierenden Unsicherheit über die Aktionsteilnahme den Transparenzanforderungen des § 5a Abs. 2 Satz 2 Nr. 2 UWG.

Zur Wahrung der Identität und einheitlichen Außendarstellung des Franchisesystems ist die Abstimmung einheitlicher Werbemaßnahmen einschließlich der Zentralisierung der überregionalen Werbung erforderlich und daher als unerlässlich i.S.d. *Pronuptia*-Rechtsprechung des EuGH anzusehen. Nicht funktionsnotwendig ist dagegen gemeinsame verbindliche Preiswerbung der Franchisepartner und die damit verbundene Teilnahmeabfrage, sodass sich der Franchisegeber auf Werbung mit rechtlich wie tatsächlich unverbindlichen Preisempfehlungen beschränken muss. Die besondere Charakteristik des Franchisings gebietet folglich keine von den verwandten Vertriebssystemen abweichende Beurteilung.

II. § 5a Abs. 2 Satz 2 Nr. 1 bis 3 UWG

Als Vorenthalten der Pflichtinformationen gilt gem. § 5a Abs. 2 Satz 2 UWG auch deren Verheimlichen (Nr. 1), Bereitstellung in unklarer, unverständlicher oder zweideutiger Weise (Nr. 2) sowie deren nicht rechtzeitige Bereitstellung (Nr. 3). Diese tatbestandliche Erweiterung setzt den nahezu wortlautidentischen Art. 7 Abs. 2 UGP-RL um. Ins UWG haben die gleichgestellten Verhaltensweisen erst im Zuge der Novelle 2015 Eingang gefunden.[387] Aber auch zuvor waren sie im Wege richtlinienkonformer Auslegung vom Begriff des Vorenthaltens umfasst.[388] Eine materielle Rechtsänderung ist mit dem nunmehr ausdrücklich konkretisierten Gesetzeswortlaut folglich nicht verbunden.

Die Schlüsselfunktion einer Pflicht der Unternehmen, wesentliche Informationen eindeutig und rechtzeitig offenzulegen, erkannte die *Kommission* schon vor Erlass der UGP-RL.[389] So werde das Recht des Verbrauchers auf Information (Art. 169 AEUV) gewahrt.[390]

§ 5a Abs. 2 Satz 2 UWG stellt die alternativen Verhaltensweisen lediglich der Nichtinformation gleich. Ob darin ein Vorenthalten der Impressumsangaben liegt, erfordert eine einzelfallbezogene Prüfung unter Berücksichtigung u.a. der Beschränkungen des Kommunikationsmittels sowie das Vorliegen der in § 5a Abs. 2 Satz 1 Nr. 1 und Nr. 2 UWG normierten zusätzlichen Voraussetzungen.[391]

Inhaltlich handelt es sich bei den drei Tatbestandsvarianten des § 5a Abs. 2 Satz 2 UWG um besondere Ausprägungen des Transparenz- und Sachdienlichkeitsgebots.[392] Informationen soll der Verbraucher so erhalten, dass er sie bei seinen geschäftlichen Entscheidungen berücksichtigen kann.[393] Dabei handelt es sich um einen allgemeinen Grundgedanken des Verbraucherschutzes.[394]

---

387 Vgl. die Begr. zum RegE des UWG 2015, BT-Drucks. 18/4535, S. 16.

388 Begr. zum RegE des UWG 2008, BT-Drucks. 16/10145, S. 17, 25; Götting/*Nordemann*, § 5a UWG Rn. 55.

389 *Kommission*, Grünbuch v. 2.10.2001, KOM(2001) 531 endg., S. 16.

390 *Kommission*, Grünbuch v. 2.10.2001, KOM(2001) 531 endg., S. 16 noch zu Art. 153 EGV.

391 Vgl. Begr. zum RegE des UWG 2015, BT-Drucks. 18/4535, S. 16; Harte-Bavendamm/Henning-Bodewig/*Dreyer*, § 5a UWG Rn. 95.

392 *Alexander*, WRP 2016, 139 Rn. 50; Fezer/Büscher/*Obergfell*, § 5a UWG Rn. 102.

393 BGH, Urt. v. 21.7.2016 – I ZR 26/15, WRP 2016, 1221 Rn. 27 – *LGA tested*; KG, Urt. v. 20.12.2016 – 5 U 134/15 juris Rn. 11.

394 *Alexander*, WRP 2016, 139 Rn. 50.

1. Verheimlichen der Impressumsinformationen (Nr. 1)

Die mitzuteilende Identität und Anschrift wird verheimlicht i.S.d. § 5a Abs. 2 Satz 2 Nr. 1 UWG, wenn ihre Kenntnisnahme bewusst[395] vereitelt oder erschwert wird.[396] Im Vergleich zum bloßen Verschweigen weist das Verhalten des Unternehmers hier eine aktive Komponente auf, wie die englische („*hides*") und französische („*dissimule*") Sprachfassung des Art. 7 Abs. 2 UGP-RL noch deutlicher zeigen.

§ 5a Abs. 2 Satz 2 Nr. 1 UWG regelt in erster Linie Anforderungen an die Zugänglichkeit der Information, wobei diese dem Verbraucher nicht sofort „ins Auge springen" muss.[397] Ein Zurverfügungstellen „in hervorgehobener Weise" ist hier – anders als i.R.d. § 312j Abs. 2 BGB – nicht erforderlich. Die Pflichtinformationen nach § 5a Abs. 3 Nr. 2 UWG müssen aber angesichts ihrer Zielsetzung leicht erkennbar bzw. auffindbar sein.[398] Dafür sollten sie dort untergebracht werden, wo der Verbraucher sie erwartet.

a) Kaufaufforderung in Printmedien

Aus Verbraucherschutzgründen steht es dem Fehlen der Pflichtangaben des § 5a Abs. 3 Nr. 2 UWG gleich, wenn sie zwar in der Werbung enthalten, jedoch nicht hinreichend lesbar sind.[399] Die *Rechtsprechung* stellt darauf ab, ob ein Verbraucher mit normaler Sehkraft die Identitäts- und Anschriftsinformationen auffinden und aus angemessener Entfernung ohne Hilfsmittel, besondere Konzentration und Anstrengung lesen kann.[400] Bei der im Einzelfall vorzunehmenden

---

395 Büscher/*Büscher*, § 5a UWG Rn. 54; Fezer/Büscher/*Obergfell*, § 5a UWG Rn. 105; *von Oelffen*, Rn. 73.

396 *Köhler*/Bornkamm/Feddersen, § 5a UWG Rn. 3.27; *Helm/Sonntag/Burger* in UWG-HdB, § 59 Rn. 485.

397 *Alexander*, WRP 2016, 139 Rn. 51.

398 OLG München, Urt. v. 31.3.2011 – 6 U 3517/10 juris Rn. 28 f. – *Identitätsangabe in der Prospektwerbung*; Harte-Bavendamm/Henning-Bodewig/*Dreyer*, § 5a UWG Rn. 152; vgl. OLG Celle, Urt. v. 24.2.2011 – 13 U 172/10, GRUR-RR 2011, 278 – *6-Punkt*; Flohr/Wauschkuhn/*Flohr*, § 5a UWG Rn. 1.

399 So i.E. auch LG Berlin, Urt. v. 1.11.2012 – 91 O 118/12 juris Rn. 14 ff.; LG Dortmund, Urt. v. 16.3.2016 – 10 O 81/15 juris Rn. 39; vgl. BGH, Urt. v. 22.4.2009 – I ZR 14/07, GRUR 2009, 1180 Rn. 29 f. – *0,00 Grundgebühr* im Hinblick auf das Vorenthalten wesentlicher Preisbestandteile.

400 LG Dortmund, Urt. v. 16.3.2016 – 10 O 81/15 juris Rn. 39; vgl. BGH, Urt. v. 7.3.2013 – I ZR 30/12, WRP 2013, 1022 Rn. 13 – *Grundpreisangabe im Supermarkt* zur PAngV; KG, Beschl. v. 11.2.2011 – 5 W 17/11, WRP 2011, 497 – *Lesbarkeit*; OLG Celle, Urt. v. 24.2.2011 – 13 U 172/10, GRUR-RR 2011, 278 – *6-Punkt*.

Gesamtwürdigung der Wahrnehmbarkeit werden folgende Kriterien herangezogen: Die Schriftgröße und Positionierung der Angaben sowie die Gestaltung der Werbung (Gliederung, Druckbild, Papier, Farbe und Hintergrund).[401]

Sind die Impressumsangaben hochkant zum übrigen Text gedruckt, dürfte die notwendige Drehung in eine andere Leserichtung deren Wahrnehmung stets erschweren.[402] So auch das *LG Dortmund*, das bzgl. einer Printwerbung für Hörgeräte zwar von erhöhter Aufmerksamkeit des Lesers ausging, die hinreichende Erkennbarkeit aber wegen der unerwarteten Position sowie des optischen Gesamteindrucks verneinte:[403]

> *„Die Angaben befinden sich an einer Stelle, wo der Leser Angaben zu der Identität und der Anschrift der Beklagten nicht erwarten wird. Solche wird ein durchschnittlicher Leser dort erwarten, wo auch weitere Angaben zu der Beklagten zu finden sind, nämlich in dem grünunterlegten Rechteck auf der letzten Seite des Prospekts. Dieses enthält neben der Webadresse der Beklagten u.a. eine groß gedruckte Telefonnummer.“*

Für eine ganzseitige Werbeanzeige wurde die hinreichende Lesbarkeit vom *LG Berlin* aufgrund der zu kleinen 5-Punkt-Schriftgröße und der farblichen Gestaltung verneint:

> *„Während die sonstigen Angaben zu Telefonnummer, Internetadresse (...) in dem blauen Längs- und Querstreifen weiß gedruckt sind, ist die Identität der Beklagten in schwarz auf dunkelblau angegeben, was die Lesbarkeit weiter verschlechtert.“*[404]

Generell ist bei einer die 6-Punkt-Grenze unterschreitenden Schriftgröße die erforderliche leichte Erkennbarkeit abzulehnen, sofern nicht besondere Umstände die Deutlichkeit des Schriftbilds in seiner Gesamtheit fördern und daher ausnahmsweise eine abweichende Beurteilung rechtfertigen.[405]

---

401 LG Dortmund, Urt. v. 16.3.2016 – 10 O 81/15 juris Rn. 39; vgl. BGH, Urt. v. 7.3.2013 – I ZR 30/12, WRP 2013, 1022 Rn. 13 – *Grundpreisangabe im Supermarkt*; OLG Hamm, Beschl. v. 10.4.2014 – 4 U 155/13 juris Rn. 4 zur Lesbarkeit einer Testergebnis-Fundstellenangabe.

402 Vgl. BGH, Urt. v. 7.6.1990 – I ZR 206/88, NJW 1990, 2316 f. – *Leserichtung bei Pflichtangaben* zu § 4 Abs. 4 HWG a.F. i.V.m. § 1 UWG 1909; LG Berlin, Urt. v. 1.11.2012 – 91 O 118/12 juris Rn. 16; Urt. v. 4.9.2018 – 15 O 46/18 juris Rn. 20; LG Oldenburg, Urt. v. 8.1.2014 – 5 O 1901/13 juris Rn. 17 – *Etablissementbezeichnung*.

403 LG Dortmund, Urt. v. 16.3.2016 – 10 O 81/15 juris Rn. 40 ff.

404 LG Berlin, Urt. v. 1.11.2012 – 91 O 118/12 juris Rn. 16.

405 Vgl. zur Übertragbarkeit der i.R.d. § 4 Abs. 4 HWG a.F. ergangenen BGH-Rspr. auf § 5a Abs. 2 UWG: KG, Beschl. v. 11.2.2011 – 5 W 17/11, WRP 2011, 497 – *Lesbarkeit*; OLG Celle, Urt. v. 24.2.2011 – 13 U 172/10, GRUR-RR 2011, 278 – *6-Punkt*; OLG Bamberg, Urt. v. 27.7.2011 – 3 U 81/11 juris Rn. 7.

b) Kaufaufforderung im Internet

Sind die Pflichtinformationen auf einer Internetseite nur mit großem Aufwand nach Durchklicken vieler Untermenüs zu finden, werden sie vom Unternehmer „versteckt“ und damit verheimlicht i.S.d. § 5a Abs. 2 Satz 2 Nr. 1 UWG.[406] Hingegen soll das Erfordernis der Preisklarheit erfüllt sein, wenn Informationen zu einem Angebot auf mehreren Internetseiten verteilt sind, da dem durchschnittlichen Internetnutzer das Prinzip der Verlinkung bekannt ist.[407]

Für eine dem Anwendungsbereich des § 5a Abs. 3 UWG unterfallende Internetofferte – unmittelbar auf der Webseite des anbietenden Unternehmers oder in Preisvergleichsportalen oder -suchmaschinen – bedeutet das: Die nach Nr. 2 geschuldeten Impressumsangaben können zulässigerweise direkt auf der entsprechenden Bildschirmseite untergebracht oder an dieser Stelle im Wege der Verlinkung für den Verbraucher ersichtlich in Bezug genommen werden.[408] Heranziehen lässt sich insofern die zu anderen Informationspflichten ergangene Rechtsprechung[409]. Eine Bereitstellung unmittelbar auf der „Angebotsseite“ oder im Laufe des Bestellvorgangs dürfte indes auch im Kontext des § 5a Abs. 3 Nr. 2 UWG nicht zwingend erforderlich sein.[410] Möglich ist daher auch die Bereitstellung in Form einer gesondert auf der Webseite zum Download abrufbaren Liste.[411] Das kommt v.a. bei einer Vielzahl mitzuteilender Identitäten und Anschriften in Betracht, etwa bei Internetverkaufsplattformen oder Preisvergleichsportalen. Zu beachten ist allerdings: Ein Kaufinteressent ruft regelmäßig nur Rubriken auf, die er zur Information über das beworbene Produkt benötigt oder zu denen er durch klare Links bzw. Hinweise auf dem Weg zum

---

406 Harte-Bavendamm/Henning-Bodewig/*Dreyer*, § 5a UWG Rn. 97; *Alexander*, WRP 2016, 139 Rn. 51.

407 BGH, Urt. v. 4.10.2007 – I ZR 143/04, NJW 2008, 1384 Rn. 30 f. – *Versandkosten*; *Blasek*, GRUR 2010, 396, 398.

408 Vgl. allg. zu § 5a Abs. 2 UWG: Harte-Bavendamm/Henning-Bodewig/*Dreyer*, § 5a UWG Rn. 227; Spindler/Schuster/*Micklitz/Namyslowska*, § 5a UWG Rn. 46; *Scherer*, WRP 2018, 659 Rn. 32.

409 BGH, Urt. v. 4.10.2007 – I ZR 143/04, NJW 2008, 1384 Rn. 15 – *Versandkosten* im Kontext der PAngV; Urt. v. 16.7.2009 – I ZR 50/07, NJW-RR 2010, 915 Rn. 27, 32 – *Kamerakauf im Internet* bzgl. Erläuterungen zu den Versandkosten sowie der Fundstellenangabe bei Werbung mit Testergebnissen im Internet; Urt. v. 4.2.2016 – I ZR 181/14, NJW-RR 2016, 1379 Rn. 14, 22 f. – *Energieeffizienzklasse*.

410 Vgl. BGH, Urt. v. 20.7.2006 – I ZR 228/03, NJW 2006, 3633 Rn. 34, 17 ff. – *Anbieterkennzeichnung im Internet* zu § 312c BGB a.F. bzw. § 6 TDG.

411 OLG München, Urt. v. 16.7.2015 – 6 U 4681/14, WRP 2015, 1522 Rn. 67 – *Ticketschutz*.

Vertragsschluss geführt wird, auf weiteren Seiten wird er nicht nach zusätzlichen Informationen suchen.[412] Die leichte Erkennbarkeit und unmittelbare Erreichbarkeit hat der *BGH* bei den Links „Kontakt" oder „Impressum" bejaht, da sich diese Bezeichnungen im Verkehr durchgesetzt hätten, um auf Angaben zum Anbieter hinzuweisen.[413] Für ausreichend gehalten wurde sogar das Bereithalten der erforderlichen Informationen auf einer über zwei aufeinanderfolgende Links, d.h. in zwei Schritten, zu erreichenden Internetseite.[414] Die Maßstäbe sind auf § 5a Abs. 3 Nr. 2 UWG übertragbar. Denn Informationen zum werbenden Unternehmen erwartet der Verbraucher unter Menüpunkten wie „Kontakt", „Impressum" oder „Anbieterinformationen".[415] Und in Hinblick auf die einzelnen Verkaufsstandorte dürften die auf der Webseite über eine Marktsuche bzw. einen Filialfinder abrufbaren Identitäts- und Anschriftsangaben den Anforderungen an eine leichte Erkennbarkeit bzw. Auffindbarkeit genügen.[416] Hingegen wird der Verbraucher die Impressumsinformationen nicht hinter Links wie „Allgemeine Geschäftsbedingungen" oder „Service" vermuten.[417] In der Bereitstellung auf den dahinter verlinkten Internetseiten liegt folglich ein Verheimlichen i.S.d. § 5a Abs. 2 Satz 2 Nr. 1 UWG.

c) Kaufaufforderung im Radio und Fernsehen

Um bei hinreichend konkreter Radio- und Fernsehwerbung die Zugänglichkeit und Wahrnehmbarkeit der nach § 5a Abs. 3 Nr. 2 UWG geschuldeten Informationen sicherzustellen, müssen sie für den Verbraucher akustisch gut verständlich bzw. deutlich lesbar sein. So konkretisiert auch § 6a Abs. 6 PAngV die allgemeinen Formvorgaben bei Werbung für Verbraucherdarlehen in „flüchtigen Medien". Im Radio sind die Identitäts- und Anschriftsangaben dem Verbraucher in verbaler Form klar und verständlich mitzuteilen. Bei Fernsehwerbung wird eine gleichzeitige Aufklärung in Bild und Ton nicht für erforderlich gehalten,

---

412 So auch BGH, Urt. v. 4.10.2007 – I ZR 143/04, NJW 2008, 1384 Rn. 32 m.w.N. – *Versandkosten*.

413 BGH, Urt. v. 20.7.2006 – I ZR 228/03, NJW 2006, 3633 Rn. 17-20, 33 – *Anbieterkennzeichnung im Internet*.

414 BGH, Urt. v. 20.7.2006 – I ZR 228/03, NJW 2006, 3633 Rn. 22 f., 33 – *Anbieterkennzeichnung im Internet*.

415 Wie hier auch Fezer/Büscher/*Obergfell*, § 5a UWG Rn. 142; Götting/*Nordemann*, § 5a UWG Rn. 144; Harte-Bavendamm/Henning-Bodewig/*Dreyer*, § 5a UWG Rn. 152.

416 A.A. OLG Düsseldorf, Urt. v. 2.10.2012 – 20 U 223/11 juris Rn. 22.

417 Vgl. BGH, Urt. v. 4.10.2007 – I ZR 143/04, NJW 2008, 1384 Rn. 32 – *Versandkosten*.

vielmehr soll allein ein schriftlicher Hinweis in der Fußzeile genügen.[418] Vor diesem Hintergrund dürfte in TV-Werbespots die schriftliche Mitteilung der Impressumsinformationen ausreichen, zugleich aber auch notwendig sein. Denn Fernsehzuschauer verringern häufig in der Werbepause die Lautstärke im Vergleich zur eigentlichen Sendung oder schalten gar auf stumm. Erforderlich ist neben der hinreichenden Lesbarkeit entsprechend den Anforderungen bei Printmedien (S. 287 f.) eine ausreichende Einblendungszeit der geschuldeten Identitäts- und Anschriftsangaben.

2. Intransparente Bereitstellung der Impressumsinformationen (Nr. 2)

Der Tatbestand des Vorenthaltens ist auch erfüllt, wenn die Impressumsangaben dem Verbraucher zwar mitgeteilt werden, das aber auf *unklare, unverständliche oder zweideutige Weise* geschieht (§ 5a Abs. 2 Satz 2 Nr. 2 UWG). In diesen Fällen sind die Informationen für den Verbraucher ebenso nutzlos, als hätte er sie gar nicht erhalten.[419]

Demnach sind die Pflichtinformationen des § 5a Abs. 3 Nr. 2 UWG klar, verständlich und eindeutig mitzuteilen. Eine trennscharfe Abgrenzung der drei Erscheinungsformen ist weder möglich noch notwendig, sie überschneiden sich und können im konkreten Fall zusammentreffen.[420] § 5a Abs. 2 Satz 2 Nr. 2 UWG fordert die Transparenz der Informationsbereitstellung. Infolgedessen kann man sich an den Anforderungen orientieren, die das AGB-rechtliche Transparenzgebot aufstellt.[421] Denn auch § 307 Abs. 1 Satz 2 BGB setzt unionsrechtliche Vorgaben (Art. 4 Abs. 2, Art. 5 Satz 1 AGB-Richtlinie[422]) um. Eine unverständliche Information liegt vor, wenn der Durchschnittsverbraucher ihren Inhalt nicht erfassen kann.[423] Das kommt z.B. bei der Bereitstellung in einer fremden Sprache

---

418 Götting/*Nordemann*, § 5a UWG Rn. 60; *Helm/Sonntag/Burger* in UWG-HdB, § 59 Rn. 486; *Lettl*, WRP 2013, 1105 Rn. 47; jeweils unter Hinweis auf BGH, Urt. v. 11.9.2008 – I ZR 58/06, NJW-RR 2009, 470 Rn. 17 – *Fußpilz*.

419 Ohly/*Sosnitza*, § 5a UWG Rn. 15.

420 MüKoUWG/*Alexander*, § 5a Rn. 255; bei Götting/*Nordemann*, § 5a UWG Rn. 55 unterbleibt in der Folge eine weitergehende Differenzierung zwischen den drei Alternativen.

421 So auch *Alexander*, WRP 2016, 139 Rn. 54.

422 Richtlinie 93/13/EWG des Rates v. 5.4.1993 über mißbräuchliche Klauseln in Verbraucherverträgen, ABl. EG 1993 Nr. L 95/29.

423 *Von Oelffen*, Rn. 78; in diesem Sinne auch *Helm/Sonntag/Burger* in UWG-HdB, § 59 Rn. 485.

oder einem „starken" Dialekt in Betracht.[424] Zweideutigen Informationen lassen sich mind. zwei Bedeutungsgehalte entnehmen, sodass der Verbraucher über den Inhalt im Unklaren bleibt.[425] Eine unklare bzw. zweideutige Information ist beispielsweise anzunehmen, wenn eine Werbung widersprüchliche Angaben darüber enthält, für welche Verkaufsstellen sie Gültigkeit beansprucht.[426]

a) Fressnapf-Urteil des BGH

Um die Frage, ob die Bereitstellung der geschuldeten Identitäts- und Anschriftsinformationen den Transparenzanforderungen des UWG genügt, ging es auch in dem bereits thematisierten *BGH*-Urteil in der Sache *Fressnapf*. Auf der nachstehend abgebildeten, letzten Seite des streitgegenständlichen Werbeprospekts sind unter dem Hinweis „Fressnapf-Märkte in deiner Nähe!" acht Märkte mit Anschrift und Telefonnummer aufgeführt.[427]

---

424 *Köhler*/Bornkamm/Feddersen, § 5a UWG Rn. 3.30; vgl. zu fremdsprachigen Informationen auch *Kommissionsdienststellen*, UGP-Leitlinien 2016, SWD(2016) 163 final, S. 92; OLG Köln, Urt. v. 22.9.2009 – 6 U 26/09, NJW-RR 2010, 1132, 1133 f. – *„Wir erstatten die Differenz doppelt zurück"*.

425 Fezer/Büscher/*Obergfell*, § 5a UWG Rn. 108; MüKoUWG/*Alexander*, § 5a Rn. 258.

426 Angenommen von OLG Nürnberg, Urt. v. 16.10.2018 – 3 U 761/18, WRP 2019, 128 Rn. 17 – *Günstigere Preise* für eine Werbung, die einerseits ausführt „Diese Angebote gelten in allen N. Filialen in Z." und andererseits angibt „Die abgebildeten Artikel sind nicht in allen Filialen erhältlich".

427 BGH, Urt. v. 4.2.2016 – I ZR 194/14, NJW-RR 2016, 1439 – *Fressnapf*.

Abbildung 10: Letzte Seite des *Fressnapf*-Werbeprospekts (BGH, Urt. v. 4.2.2016 – I ZR 194/14)

Diese Auflistung erfüllt nach Ansicht der Karlsruher Richter nicht die Informationspflicht des § 5a Abs. 3 Nr. 2 UWG; vielmehr hätte der Franchisegeber bereits im Werbeprospekt klar, verständlich und eindeutig angeben müssen, welche der aufgeführten Märkte an der Werbeaktion teilnehmen und die beworbenen Produkte zu den angegebenen Preisen anbieten.[428] Weder genüge es, dass sich unter den genannten Märkten auch die örtlich nahegelegenen, teilnehmenden Märkte befinden, noch die Möglichkeit des Verbrauchers, sich durch einen Telefonanruf bei den einzelnen Märkten über die Teilnahme zu informieren.[429] Da den Verbrauchern die Information, welche der auf der letzten Seite des Prospekts genannten Märkte an der beworbenen Aktion teilnehmen, vorenthalten werde, sei die Werbung unlauter (§ 5a Abs. 2 Satz 1, Satz 2 Nr. 2, Abs. 3 Nr. 2 UWG).[430]

Und in dem Beschluss, mit dem der *BGH* die vom beklagten Franchisegeber erhobene Anhörungsrüge zurückweist, stellt er im Hinblick auf die intransparente Bereitstellung der Impressumsangaben noch einmal klar: Ausdrücklich habe er offengelassen, ob eine Pflicht besteht, in dem Werbeprospekt nicht aufgelistete Märkte, die an der beworbenen Aktion teilnehmen, zu nennen.[431] Wenn der Werbende allerdings die örtlich in der Nähe liegenden Märkte auflistet, sei er zur Nennung der an der beworbenen Aktion teilnehmenden Märkte verpflichtet.[432] Das beruhe auf der Erwägung, dass andernfalls der unzutreffende Eindruck erweckt werde, die aufgelisteten Märkte nähmen allesamt an der Aktion teil.[433]

Angesprochen sind damit letztlich Rechtsscheinerwägungen. Denn durch die Nennung sämtlicher naheliegender Franchisenehmerbetriebe gerät der Disclaimer und die individuelle Teilnahme- und Preisentscheidung der Systempartner in den Hintergrund. Es entsteht vielmehr der Eindruck der – Filialsystemen vorbehaltenen – systemweiten Gültigkeit der beworbenen Angebote. Mit anderen Worten: Enthält die Werbung eine selektive Auflistung von Verkaufsstandorten, darf diese bei Franchisesystemen nicht nur auf der örtlichen Lage beruhen,

---

428 BGH, Urt. v. 4.2.2016 – I ZR 194/14, NJW-RR 2016, 1439 Rn. 24 – *Fressnapf*; so auch OLG Nürnberg, Urt. v. 16.10.2018 – 3 U 761/18, WRP 2019, 128 Rn. 16 – *Günstigere Preise* zur Werbung des Netto-Filialsystems.

429 BGH, Urt. v. 4.2.2016 – I ZR 194/14, NJW-RR 2016, 1439 Rn. 24 – *Fressnapf*.

430 BGH, Urt. v. 4.2.2016 – I ZR 194/14, NJW-RR 2016, 1439 Rn. 10, 26-29 – *Fressnapf*; OLG Düsseldorf, Urt. v. 5.8.2014 – I-20 U 140/11, GRUR-RS 2016, 04247 Rn. 14, 24.

431 BGH, Beschl. v. 28.4.2016 – I ZR 194/14 juris Rn. 6; siehe auch S. 248 ff. Eine weitergehende Aussage hatte etwa *Hilger*, GRUR-Prax 2016, 132 dem Revisionsurteil entnommen.

432 BGH, Beschl. v. 28.4.2016 – I ZR 194/14 juris Rn. 5 unter Verweis auf Urt. v. 4.2.2016 – I ZR 194/14, NJW-RR 2016, 1439 Rn. 21, 24 – *Fressnapf*; zustimmend *Dück*, WRP 2018, 29 Rn. 10.

433 BGH, Beschl. v. 28.4.2016 – I ZR 194/14 juris Rn. 5.

sondern müsste zur Wahrung der Transparenzanforderungen auch die Aktionsteilnahme berücksichtigen. Einer derartigen Angabe und der erforderlichen Teilnahmeabfrage stehen jedoch kartellrechtliche Gründe entgegen (S. 275 ff.). Insofern lassen sich dem *Fressnapf*-Urteil des BGH keine konstruktiven Lösungsansätze entnehmen, sondern nur Aussagen darüber, wann eine Werbung nicht den Anforderungen des § 5a Abs. 2 Satz 2 Nr. 2, Abs. 3 Nr. 2 UWG entspricht. Eine Beschränkung auf die örtlich in der Nähe gelegenen Verkaufsstellen scheidet nicht nur im Franchisekontext aus, sondern auch bei Verbundgruppen und beim Vertrieb über Vertrags- und Fachhändler, da Preisbindungen wie auch eine Abfrage der Aktionsteilnahme in diesen Fällen ebenso kartellrechtlich unzulässig sind (siehe bereits S. 281 f.).

b) Keine weitergehenden Formanforderungen

An die Form der mitzuteilenden Impressumsangaben stellt § 5a UWG über das in Abs. 2 Satz 2 Nr. 2 statuierte Transparenzgebot hinaus keine Anforderungen. Auch die Wahlmöglichkeiten des Unternehmers im Hinblick auf das Kommunikationsmittel der geschäftlichen Handlung unterliegen keinen Beschränkungen.

Damit entsprechen die Formvorgaben denjenigen, die für die Informationspflichten bei Verbraucherverträgen gelten („in klarer und verständlicher Weise", Art. 246 Abs. 1 EGBGB). Indessen muss die Impressumsinformation bei außerhalb von Geschäftsräumen geschlossenen Verträgen im Grundsatz auf Papier, bei Fernabsatzverträgen in einer den benutzten Fernkommunikationsmitteln angepassten Weise erfolgen (Art. 246a § 4 Abs. 2 und 3 EGBGB). Hat der Vertrag Finanzdienstleistungen zum Gegenstand, sieht Art. 246b § 2 Abs. 1 EGBGB sogar die Information auf dauerhaftem Datenträger (§ 126b Satz 2 BGB) vor. Solche starren Vorgaben wären in Bezug auf die Pflichtinformationen des § 5a Abs. 3 Nr. 2 UWG nicht sinnvoll, da hier die konkreten Formanforderungen vom verwendeten Kommunikationsmittel abhängen.

3. Nicht rechtzeitige Bereitstellung der Impressumsinformationen (Nr. 3)

Die Informationspflicht nach § 5a Abs. 3 Nr. 2 UWG hat auch eine zeitliche Komponente. Denn gem. § 5a Abs. 2 Satz 2 Nr. 3 UWG muss die Bereitstellung rechtzeitig erfolgen. Es genügt folglich nicht, dass der Unternehmer dem Verbraucher die geschuldeten Identitäts- und Anschriftsangaben zu irgendeinem Zeitpunkt, etwa nach Vertragsschluss, zur Verfügung stellt. Doch wann sind sie spätestens mitzuteilen?

a) Bestimmung des maßgeblichen Zeitpunkts

Die Bestimmung des für die Rechtzeitigkeit der Information maßgeblichen Zeitpunkts muss sich am Zweck des § 5a Abs. 2 bis 5 UWG orientieren, informierte geschäftliche Entscheidungen des Verbrauchers zu ermöglichen (S. 115 f.). Die Mitteilung der Impressumsangaben ist folglich nur dann als rechtzeitig anzusehen, wenn der Verbraucher sie bei seinen „geschäftlichen Entscheidungen" berücksichtigen kann.[434] Die auf Art. 2 lit. k UGP-RL beruhende Definition dieses Schlüsselbegriffs[435] hat erst 2015 Eingang ins deutsche Recht in § 2 Abs. 1 Nr. 9 UWG gefunden.

Darunter fällt jedenfalls die endgültige Erwerbsentscheidung, sodass dem Verbraucher die Impressumsangaben spätestens in dem Moment vorliegen müssen, wenn er den Kauf vor Ort im Ladengeschäft oder per Bestellung im Fernabsatz vornehmen kann und möchte.[436] Denn die mit der UWG-Impressumspflicht bezweckte Identifizierung des potentiellen Vertragspartners und Vereinfachung der Kontaktaufnahme werden nicht erst in der Phase nach Vertragsschluss relevant, sondern auch, wenn der Verbraucher sich über die beworbenen Produkte erkundigt und diese ggf. erwirbt. Erst recht entfaltet die Funktion der Zuordnung des Angebots zu Verkaufsstellen ihre Bedeutung im Zeitraum vor Vertragsschluss.

Deshalb ist eine rechtzeitige Erfüllung der UWG-Impressumspflicht jedenfalls nicht darin zu sehen, dass der Verbraucher die notwendige präzise Firmenbezeichnung inkl. Rechtsform auf dem Kassenzettel oder in den Vertragsunterlagen – und damit nach Vertragsschluss – erfährt.[437] Ebenso wenig genügt der Abdruck auf der Innenseite der Verpackung, da der Verbraucher diese vor dem Kauf nicht öffnen darf.[438] Aber kann sich der Unternehmer z.B. mit Erfolg darauf berufen, dass die Informationen vom Verbraucher noch vor Vertragsschluss einem Aushang im jeweiligen Markt entnommen werden können?

---

434 Büscher/*Büscher*, § 5a UWG Rn. 59; MüKoUWG/*Alexander*, § 5a Rn. 259.

435 *Alexander*, in: FS Ahrens, S. 17; *Köhler*, WRP 2015, 1311, 1312.

436 *Köhler*, WRP 2013, 1419 Rn. 35 f.; Fezer/Büscher/*Obergfell*, § 5a UWG Rn. 109.

437 I.E. auch OLG Düsseldorf, Urt. v. 2.10.2012 – 20 U 223/11 juris Rn. 22; OLG München, Urt. v. 11.4.2013 – 6 U 2646/12 juris Rn. 18 – *Firmenlogo*; KG, Urt. v. 28.5.2013 – 5 U 93/12 juris Rn. 33 (jeweils unter anderem Prüfungspunkt, da vor Inkrafttreten des § 5a Abs. 2 Satz 2 Nr. 3 UWG); LG Stuttgart, Urt. v. 8.11.2012 – 35 O 8/12 KfH juris Rn. 44 f. – *Berliner Filiale*.

438 Vgl. BGH, Urt. v. 11.3.2009 – I ZR 194/06, NJW 2010, 612 Rn. 30 – *Geld-zurück-Garantie II* hins. der Inanspruchnahmebedingungen für Verkaufsförderungsmaßnahmen gem. § 4 Nr. 4 UWG a.F.

b) Reichweite und Grenzen des Begriffs der geschäftlichen Entscheidung

Die Begriffsdefinition der geschäftlichen Entscheidung in § 2 Abs. 1 Nr. 9 UWG ist richtlinienkonform am Maßstab des Art. 2 lit. k UGP-RL auszulegen. Somit erlangt auch im deutschen Normkontext das wegweisende *Trento Sviluppo*-Urteil[439] des *EuGH* zum Begriff der geschäftlichen Entscheidung Bedeutung: Erfasst werden sämtliche Entscheidungen des Verbrauchers, die mit der Entscheidung über den Erwerb oder Nichterwerb eines Produkts unmittelbar zusammenhängen, etwa vorbereitende Handlungen wie das Betreten des Geschäfts oder der Weg dorthin.[440] Und zu eben diesen zu veranlassen, bezweckt konkrete Produktwerbung i.S.d. § 5a Abs. 3 UWG. Denn aus Unternehmersicht soll sie einen Kaufimpuls dahingehend auslösen, dass der Verbraucher ein Verkaufsgeschäft oder Internetportal aufsucht und dort – die beworbenen und/oder andere – Produkte erwirbt.

Der erforderliche Geschäftsbezug ergibt sich durch den Zusammenhang mit der geschäftlichen Handlung, die lauterkeitsrechtlich das Pendant zur geschäftlichen Entscheidung des Verbrauchers bildet.[441] Kein taugliches Abgrenzungskriterium bildet die Entgeltlichkeit der Maßnahme bzw. des Geschäfts,[442] v.a. angesichts zunehmender Vielgestaltigkeit von Leistungsangeboten in der heutigen Zeit. Deren Inanspruchnahme ist für den Verbraucher teilweise zunächst oder dauerhaft kostenfrei und wird auf anderem Weg finanziert, z.B. durch Werbung oder Preisgabe von Daten des Verbrauchers, die insofern als Ersatzwährung fungieren. Auch erschöpfen sich die Leistungsbeziehungen häufig nicht im Zweipersonenverhältnis. Demzufolge liefe eine Einschränkung dergestalt, dass geschäftliche Entscheidungen nur in Bezug auf entgeltliche Erwerbsvorgänge in Betracht kommen, dem Verbraucherschutz zuwider. Vielmehr ist darauf abzustellen, ob der Unternehmer an der Entscheidung des Verbrauchers ein wirtschaftliches Interesse hat.[443]

---

439 EuGH, Urt. v. 19.12.2013 – C-281/12, WRP 2014, 161 Rn. 36 ff. – *Trento Sviluppo*; siehe bereits S. 117.

440 BGH, Urt. v. 18.12.2014 – I ZR 129/13, WRP 2015, 850 Rn. 20 – *Schlafzimmer komplett*; Urt. v. 2.3.2017 – I ZR 41/16, NJW-RR 2017, 1190 Rn. 28 – *Komplettküchen*; OLG Köln, Urt. v. 26.9.2014 – 6 U 56/14, MMR 2015, 391 Rn. 38; *Köhler*, WRP 2014, 259 Rn. 8 ff.; *Omsels*, WRP 2016, 553 Rn. 16 ff.

441 Harte-Bavendamm/Henning-Bodewig/*Keller*, § 2 UWG Rn. 219, 222; *Omsels*, WRP 2016, 553 Rn. 23 ff.

442 Harte-Bavendamm/Henning-Bodewig/*Keller*, § 2 UWG Rn. 222; *Omsels*, WRP 2016, 553 Rn. 43 ff.; a.A. wohl *Köhler*/Bornkamm/Feddersen, § 2 UWG Rn. 151, 156 f.

443 So auch *Köhler*/Bornkamm/Feddersen, § 2 UWG Rn. 156.

Nach *einer Ansicht* werden geschäftliche Entscheidungen im Kopf getroffen und müssen sich nicht in Handlungen niederschlagen.[444] Dem Begriff unterfallen soll daher auch der innere Entschluss, sich näher mit einem Angebot zu befassen, ein Produkt im Auge zu behalten oder sich bei Gelegenheit weiter informieren zu wollen.[445] Demgegenüber sieht der *BGH* in der Entscheidung des Verbrauchers, sich mit dem Angebot in einer Werbeanzeige näher zu befassen, mangels unmittelbaren Zusammenhangs mit einem Erwerbsvorgang noch keine geschäftliche Entscheidung i.S.v. UGP-RL und UWG.[446] Diese Wertung wurde ursprünglich im Kontext von blickfangmäßig herausgestellten Werbeaussagen getroffen. Ein hierdurch veranlasster Irrtum kann durch klarstellenden, am Blickfang teilhabenden Hinweis oder in Fällen, in denen sich der Verbraucher vor einer geschäftlichen Entscheidung eingehend mit der gesamten überschaubaren Werbung befassen wird, durch Angaben im weiteren Text ausgeschlossen werden.[447] Dann erhöht nämlich die Entscheidung des Verbrauchers, sich näher mit dem Angebot zu befassen, nicht die Wahrscheinlichkeit, dass er das Produkt auch tatsächlich kauft.[448] Doch wie sieht es mit der für das Eingreifen der UWG-Impressumspflicht maßgeblichen geschäftlichen Entscheidung aus: Erfasst der Begriff hier jedes Nähertreten in Richtung der Kaufaufforderung oder muss der Verbraucher vielmehr eine merkliche Schwelle hin zum vom Unternehmer final angestrebten Vertragsschluss überschreiten?

Der Begriff der Entscheidung beschränkt sich nicht auf rechtsgeschäftliche Maßnahmen; erfasst wird auch jede tatsächliche Reaktion des Verbrauchers in Richtung auf den erstrebten Geschäftsabschluss, die Vertragsdurchführung oder Rechtsausübung.[449] Unerheblich ist dabei, ob die vorgelagerte bzw. ergänzende

---

444 *Omsels*, WRP 2016, 553 Rn. 31.

445 *Omsels*, WRP 2016, 553 Rn. 30 f., 45. In diese Richtung auch Büscher/*Schilling*, § 2 Abs. 1 Nr. 9 UWG Rn. 8; *Becker*, GRUR-Prax 2013, 22; *von Walter/Kluge*, WRP 2013, 866 Rn. 16.

446 BGH, Urt. v. 18.12.2014 – I ZR 129/13, WRP 2015, 850 Rn. 20 – *Schlafzimmer komplett*; Urt. v. 2.3.2017 – I ZR 41/16, NJW-RR 2017, 1190 Rn. 23, 28 – *Komplettküchen*; dem folgend *Alexander*, WRP 2016, 139 Rn. 25.

447 BGH, Urt. v. 18.12.2014 – I ZR 129/13, WRP 2015, 850 Rn. 19 f. – *Schlafzimmer komplett*; Urt. v. 15.10.2015 – I ZR 260/14, WRP 2016, 184 Rn. 16 ff. – *All Net Flat*; Versäumnisurt. v. 21.9.2017 – I ZR 53/16, GRUR 2018, 320 Rn. 24 – *Festzins Plus*. Näher zu Blickfang-Werbungen auf S. 339 f.

448 *Köhler*/Bornkamm, 34. Aufl. 2016, § 2 UWG Rn. 159.

449 Harte-Bavendamm/Henning-Bodewig/*Keller*, § 2 UWG Rn. 223, 225; *Alexander*, in: FS Ahrens, S. 17, 24; *Köhler*, WRP 2014, 259 Rn. 10; vgl. *Omsels*, WRP 2016, 553 Rn. 24: jede marktbezogene Reaktion des Verbrauchers.

Entscheidung mit nachteiligen finanziellen Konsequenzen für den Verbraucher verbunden ist. Die vollständige Kenntnisnahme einer Werbung genügt für sich genommen allerdings nicht. Denn allein in der Wahrnehmung der geschäftlichen Handlung liegt noch keine geschäftliche Entscheidung des Verbrauchers.[450] Um als solche qualifiziert zu werden, muss ein über die reine Lektüre hinausgehendes „Nähertreten“[451] einen unmittelbaren Zusammenhang zur Erwerbsentscheidung aufweisen. Denn durch diese Bedingung hat der *EuGH* sein weites Begriffsverständnis auf den Produkterwerb vorbereitende Entschlüsse wie das Betreten des Geschäfts begrenzt. Daher ist ein vergleichbarer Intensitäts- bzw. Aktionsgrad für das Vorliegen einer geschäftlichen Entscheidung zu fordern. Nur unter dieser Voraussetzung unternimmt der Verbraucher aus Sicht des werbenden Unternehmers, dessen Interessen nicht unberücksichtigt bleiben dürfen, einen merklichen Schritt auf dem Weg zur angestrebten Kaufentscheidung. In diese Kategorie fällt auch die Kontaktaufnahme zwecks Einholung näherer Informationen, bei der sich das beim Verbraucher geweckte Interesse ebenfalls in einer Handlung manifestiert. Gleiches gilt für den Wechsel im Internet von der Übersichts- auf die Produktseite, um sich mit dem angebotenen Produkt im Detail zu beschäftigen.[452] Demgegenüber stellt der innere Entschluss des Verbrauchers, eine Kaufaufforderung interessiert im Kopf zu behalten, ohne Hinzutreten weiterer Umstände keine geschäftliche Entscheidung dar.

c) Vertragsschluss über Online-Verkaufsportale

Im elektronischen Geschäftsverkehr trifft der Verbraucher die endgültige Kaufentscheidung erst mit Absenden der Bestellung, regelmäßig durch Anklicken eines Buttons bzw. einer Schaltfläche. Dabei muss die Bestellsituation vom Unternehmer so gestaltet sein, dass der Verbraucher mit seiner Bestellung ausdrücklich bestätigt, dass er sich zu einer Zahlung verpflichtet (§ 312j Abs. 3 BGB).

aa) Das „Aufrufen der Webseite“ und „Einlegen in den virtuellen Warenkorb“ als geschäftliche Entscheidungen

In der Entscheidung *Kamerakauf im Internet* hat der *BGH* das „Einlegen in den virtuellen Warenkorb“ als geschäftliche Entscheidung eingestuft, für die

450 So auch *Omsels*, WRP 2016, 553 Rn. 32.

451 Die Entscheidung des Verbrauchers, ob er dem Angebot nähertreten möchte, lassen auch genügen: BGH, Urt. v. 7.5.2015 – I ZR 158/14, WRP 2015, 1464 Rn. 38 – *Der Zauber des Nordens*; Büscher/*Schilling*, § 2 Abs. 1 Nr. 9 UWG Rn. 4.

452 BGH, Urt. v. 7.3.2019 – I ZR 184/17, GRUR 2019, 746 Rn. 29 *Energieeffizienzklasse III*.

der Verbraucher alle wesentlichen Informationen benötigt.[453] Diese Beurteilung verdient unbedingte Zustimmung. Denn der Verbraucher legt eine Ware in aller Regel erst nach vorherigem Befassen mit dem Angebot und unter der Voraussetzung eines zumindest vorläufigen Kaufentschlusses in seinen virtuellen Einkaufskorb. Demzufolge ist die Einleitung des Online-Bestellprozesses als unmittelbar mit der endgültigen Erwerbsentscheidung in Form der Bestellerklärung zusammenhängende geschäftliche Entscheidung zu qualifizieren.[454]

Daran anknüpfend soll im Internetvertrieb bzw. E-Commerce für die Rechtzeitigkeit der Information entscheidend sein, ob der Verbraucher sie vor dem Einlegen des Kaufgegenstands in seinen virtuellen Warenkorb erhalten hat.[455] Dem kann für Kaufaufforderungen außerhalb des Internetverkaufsportals nicht gefolgt werden: Da bereits das Betreten des Geschäfts eine geschäftliche Entscheidung darstellt,[456] trifft der Verbraucher eine solche auch im stationären Handel nicht erst in dem Zeitpunkt, wenn er die Ware in den Einkaufskorb oder auf das Förderband der Kasse legt.[457] Mit dem Weg zum Ladenlokal vergleichbar ist das Aufrufen des Internetauftritts eines Unternehmers durch den Verbraucher, um das beworbene Produkt zu erwerben oder sich näher damit zu befassen. Daher ist mit der *herrschenden Meinung* dem als geschäftliche Entscheidung anerkannten „Betreten des Geschäfts" im Onlinebereich der Besuch von Internetverkaufsportalen mit unmittelbarer Bestellmöglichkeit gleichzustellen.[458] Bereits in diesem Zeitpunkt müssen

---

453 BGH, Urt. v. 16.7.2009 – I ZR 50/07, NJW-RR 2010, 915 Rn. 26, 24 – *Kamerakauf im Internet* überträgt damit seine zu § 1 PAngV entwickelten Grundsätze (Urt. v. 4.10.2007 – I ZR 143/04, NJW 2008, 1384 Rn. 33 – *Versandkosten*) auf das in Umsetzung der UGP-RL geänderte UWG.

454 So auch OLG Hamm, Urt. v. 4.8.2015 – 4 U 66/15, WRP 2015, 1381 Rn. 21.

455 Spindler/Schuster/*Micklitz/Namyslowska*, § 5a UWG Rn. 19; im Kontext des § 5a Abs. 3 Nr. 3 UWG (Information über Preisbestandteile): OLG Frankfurt a. M., Urt. v. 10.1.2019 – 6 U 19/18, NJW-RR 2019, 745 Rn. 21 ff.; Fezer/Büscher/*Obergfell*, § 5a UWG Rn. 109; Harte-Bavendamm/Henning-Bodewig/*Dreyer*, § 5a UWG Rn. 105, 160, 231.

456 EuGH, Urt. v. 19.12.2013 – C-281/12, WRP 2014, 161 Rn. 36 ff. – *Trento Sviluppo*; dazu S. 116 ff., 297 ff.

457 So auch OLG Düsseldorf, Urt. v. 29.8.2014 – I-20 U 175/13, WRP 2014, 1340 Rn. 18 – *Top Tagesgeld*.

458 BGH, Urt. v. 28.4.2016 – I ZR 23/15, NJW 2016, 3310 Rn. 34 – *Geo-Targeting*; Urt. v. 14.9.2017 – I ZR 231/14, GRUR 2017, 1269 Rn. 19 – *MeinPaket.de II*; OLG Düsseldorf, Urt. v. 29.8.2014 – I-20 U 175/13, WRP 2014, 1340 Rn. 17 ff. – *Top Tagesgeld*; Harte-Bavendamm/Henning-Bodewig/*Keller*, § 2 UWG Rn. 226; *Köhler*/Bornkamm/Feddersen, § 2 UWG Rn. 159; *von Stumm*, GWR 2017, 5, 6; vgl. implizit EuGH, Urt. v. 30.3.2017 – C-146/16, NJW 2017, 1873 Rn. 30 – *VSW/DHL Paket GmbH*.

die Pflichtinformationen nach § 5a Abs. 3 Nr. 2 UWG dem Verbraucher vorliegen. Dafür spricht v.a. die aus Verbrauchersicht inzwischen vielfach bestehende grundsätzliche Austauschbarkeit von Internet- und stationärem Handel.[459]

Aber selbst wenn sich der Verbraucher bereits in dem Medium befindet, das als Mittel für den Abschluss des Vertrags genutzt wird, stellt das Einlegen des Produkts in den virtuellen Warenkorb nicht zwingend die für die Rechtzeitigkeit der Impressumsinformation maßgebliche geschäftliche Entscheidung dar.[460] Das betrifft Angebote i.S.d. § 5a Abs. 3 UWG in Online-Shops bzw. -Marktplätzen, aber auch in Apps oder des Sprachassistenten (wie Apples Siri, Amazons Alexa, Microsofts Cortana und Googles Assistant). Zwischen diesen und dem Einlegen des Produkts in den virtuellen Warenkorb können weitere geschäftliche Entscheidungen liegen, etwa der Wechsel von der Übersichts- auf die Produktseite (S. 299). Erfüllt erstere bereits die Anwendungsvoraussetzungen des § 5a Abs. 3 Nr. 2 UWG, markiert sie den relevanten Zeitpunkt für die Mitteilung der Identitäts- und Anschriftsangaben.

bb) Situation bei Preisvergleichsportalen und Preissuchmaschinen

Bei konkreter Produktwerbung i.S.d. § 5a Abs. 3 UWG auf Preisvergleichsportalen oder in Preissuchmaschinen umfasst die Informationspflicht des Seitenbetreibers nach Nr. 2 auch die Identitäten und Anschriften der einzelnen Produktanbieter (S. 245). Hier stellt sich die Frage, ob die Bereitstellung auf der jeweiligen Webseite des Unternehmers, auf die der Verbraucher weitergeleitet wird, ausreicht.

Einer Auflistung sämtlicher Impressumsinformationen in der Preisvergleichsliste dürften in aller Regel räumliche Beschränkungen entgegenstehen. Die Weiterleitung auf die Internetseiten der Produktanbieter stellt sich zwar, da kein Wechsel etwa von einer Printwerbung zu einem Online-Verkaufsportal stattfindet, nicht als Medienbruch im eigentlichen Sinne dar. Aber indem der Verbraucher das „Angebot“ anklickt und in der Folge weitergeleitet wird, trifft er eine geschäftliche Entscheidung in Form des Aufsuchens der Webseite des anbietenden Unternehmens. Diese soll nach der Zielsetzung des § 5a Abs. 3 Nr. 2 UWG auf informierter Grundlage auch hins. des Vertragspartners erfolgen. Demgemäß müssen die Identitäten und Anschriften auch der einzelnen Produktanbieter dem Verbraucher unmittelbar auf dem Preisvergleichsportal oder in der Preissuchmaschine zur Verfügung gestellt werden. In der Information erst

459 Vgl. BGH, Beschl. v. 28.1.2016 – I ZR 231/14, GRUR 2016, 399 Rn. 16 f. – *MeinPaket.de*; krit. *Greiner/Leister*, GRUR-Prax 2017, 569.

460 So aber *Koch/Schmidt Hern*, WRP 2018, 671 Rn. 17; Spindler/Schuster/*Micklitz/Namyslowska*, § 5a UWG Rn. 62 für Sprachassistenz.

auf der Webseite des Dritten liegt hingegen eine nicht rechtzeitige Bereitstellung gem. § 5a Abs. 2 Satz 2 Nr. 3 UWG. Für dieses Ergebnis lässt sich auch ein Vergleich zur Handhabung der Informationspflicht über die Versandkosten (§ 5a Abs. 3 Nr. 3 UWG) fruchtbar machen: Sie dürfen nicht erst auf der Internetseite des Verkäufers genannt werden, die durch Anklicken der Warenabbildung oder des Produktnamens erreicht werden kann.[461] Als zulässig erachtet der *BGH* aber einen bei der Internetofferte platzierten Hinweis „zzgl. Versandkosten", bei dessen Ansteuern oder Anklicken sich ein Bildschirmfenster mit weitergehenden Informationen öffnet.[462] Dementsprechend genügt in der Übersicht die Nennung der Anbieter bzw. Onlineshops, sofern deren Identitäten und Anschriften an dieser Stelle durch einen Mouse-over-Effekt oder im Wege der Verlinkung bereitgestellt werden. In letzterem Fall müssen sich die Impressumsangaben der einzelnen Verkäufer allerdings auf Unterseiten des Preisvergleichsportals bzw. der Preissuchmaschine befinden. Denn nur so erhält der Verbraucher die Pflichtinformationen rechtzeitig bevor er durch Aufsuchen der Webseite des Drittunternehmens eine geschäftliche Entscheidung trifft und die Kaufaufforderung damit ihre Anlockwirkung entfaltet.

cc) Urteile des BGH und des EuGH in der Sache „MeinPaket.de"

Die Rechtzeitigkeit der mitzuteilenden Impressumsangaben bei Printwerbungen, die in den Anwendungsbereich des § 5a Abs. 3 Nr. 2 UWG fallen, war Gegenstand eines bis zum *BGH* geführten Verfahrens:[463] Die streitgegenständliche Werbeanzeige bewirbt auf der Online-Verkaufsplattform „MeinPaket.de"[464] erhältliche Produkte, die Verbraucher dort direkt von gewerblichen Anbietern kaufen können. Die Kaufverträge werden demnach nicht mit dem Plattformbetreiber geschlossen. Identität und Anschrift des jeweiligen Verkäufers konnte der Verbraucher nicht der Werbung, sondern erst beim Öffnen der entsprechenden Produktseite im Internet der Rubrik „Anbieterinformationen" entnehmen.[465]

---

461 Harte-Bavendamm/Henning-Bodewig/*Dreyer*, § 5a UWG Rn. 231 mit Verweis auf BGH, Urt. v. 16.7.2009 – I ZR 140/07, GRUR 2010, 251 – *Versandkosten bei Froogle.*

462 BGH, Urt. v. 16.7.2009 – I ZR 50/07, NJW-RR 2010, 915 Rn. 27 – *Kamerakauf im Internet*; Harte-Bavendamm/Henning-Bodewig/*Dreyer*, § 5a UWG Rn. 158, 231.

463 LG Bonn, Urt. v. 6.3.2014 – 14 O 75/13; OLG Köln, Urt. v. 26.9.2014 – 6 U 56/14, MMR 2015, 391; BGH, Beschl. v. 28.1.2016 – I ZR 231/14, GRUR 2016, 399 – *MeinPaket.de*; Urt. v. 14.9.2017 – I ZR 231/14, GRUR 2017, 1269 – *MeinPaket.de II.*

464 Der Online-Marktplatz von DHL firmierte seit April 2015 unter der Marke Allyouneed.com und wurde zum 1.12.2018 eingestellt.

465 Zum Öffnen der jeweiligen Produktseite konnte ein in der Anzeige genannter Code eingegeben werden.

Abbildung 11: Printwerbung der Internetverkaufsplattform *MeinPaket.de* (BGH, Beschl. v. 28.1.2016 – I ZR 231/14)

Der *BGH* tendierte dazu, dass im Falle einer auf das Aufsuchen eines Online-Verkaufsportals gerichteten Printwerbung die Pflichtangaben des § 5a Abs. 3 Nr. 2 UWG schon in der Werbung selbst zu machen sind, er vermochte der EuGH-Rechtsprechung eine dahingehende Aussage jedoch nicht mit ausreichender

Sicherheit zu entnehmen.[466] Daher setzte er das Verfahren aus und legte dem *EuGH* folgende Fragen zur Vorabentscheidung vor:[467]

1. *„Müssen die Angaben zu Anschrift und Identität des Gewerbetreibenden im Sinne von Art. 7 IV Buchst. b RL 2005/29/EG schon in der Anzeigenwerbung für konkrete Produkte in einem Printmedium gemacht werden, auch wenn die Verbraucher die beworbenen Produkte ausschließlich über eine in der Anzeige angegebene Website des werbenden Unternehmens erwerben und die nach Art. 7 IV der Richtlinie erforderlichen Informationen auf einfache Weise auf dieser oder über diese Website erhalten können?"* (Vorlagefrage 1)
2. *„Kommt es für die Antwort auf Frage 1 darauf an, ob das in dem Printmedium werbende Unternehmen für den Verkauf eigener Produkte wirbt und für die nach Art. 7 IV RL 2005/29/EG erforderlichen Angaben direkt auf eine eigene Website verweist, oder ob sich die Werbung auf Produkte bezieht, die von anderen Unternehmen auf einer Internetplattform des Werbenden verkauft werden, und die Verbraucher die Angaben nach Art. 7 IV der Richtlinie erst in einem oder mehreren weiteren Schritten (Klicks) über eine Verlinkung mit den Internetseiten dieser anderen Unternehmen erhalten können, die auf der in der Werbung allein angegebenen Website des Plattformbetreibers bereitgestellt wird?"* (Vorlagefrage 2)

(1) Vorlagefrage 1

In seiner Antwort stellt der *EuGH* zunächst fest: Die in Art. 7 Abs. 4 lit. b UGP-RL genannten Angaben zu Anschrift und Identität des Gewerbetreibenden müssen grundsätzlich in der die Anforderungen an eine „Aufforderung zum Kauf" erfüllenden Printanzeige gemacht werden.[468] Die Vorverlagerung der Informationspflicht auf den Zeitpunkt der Werbung fügt sich in das durch die *Trento Sviluppo*-Entscheidung der Luxemburger Richter vorgezeichnete Bild: Diese misst dem Begriff der geschäftlichen Entscheidung (Art. 2 lit. k UGP-RL) eine frühzeitig einsetzende, weitreichende Bedeutung bei (S. 117). Da der Verbraucher nach dem Telos der UGP-RL im Entscheidungszeitpunkt über die Pflichtinformationen verfügen soll, ist das vorherige Einsetzen der Impressumspflicht die notwendige Konsequenz.

---

466 BGH, Beschl. v. 28.1.2016 – I ZR 231/14, GRUR 2016, 399 Rn. 17 f., 21 – *MeinPaket.de*; anders noch die Vorinstanz OLG Köln, Urt. v. 26.9.2014 – 6 U 56/14, MMR 2015, 391 Rn. 37 f.

467 BGH, Beschl. v. 28.1.2016 – I ZR 231/14, GRUR 2016, 399 Rn. 6, 9, 26 – *MeinPaket.de.*

468 EuGH, Urt. v. 30.3.2017 – C-146/16, NJW 2017, 1873 Rn. 30 – *VSW/DHL Paket GmbH.*

Allerdings spricht der EuGH von einer *grundsätzlichen* Pflicht zur Mitteilung der Impressumsangaben bereits in der Printwerbung und präzisiert, dass dies nicht zwingend geschehen müsse, wenn das verwendete Werbemedium räumliche Beschränkungen auferlegt.[469] Ohne selbst die vollständigen Impressumsangaben zu nennen, könne eine Werbeanzeige, die unter den Begriff der „Aufforderung zum Kauf" fällt, die in Art. 7 Abs. 4 lit. b UGP-RL vorgesehene Informationspflicht erfüllen:[470]

> *„Es ist Sache des vorlegenden Gerichts, in jedem Einzelfall zu prüfen, ob es aufgrund räumlicher Beschränkungen in dem Werbetext gerechtfertigt ist, Angaben zum Anbieter nur auf der Online-Verkaufsplattform zur Verfügung zu stellen und gegebenenfalls, ob die nach Art. 7 IV Buchst. b der Richtlinie erforderlichen Angaben zu der Online-Verkaufsplattform einfach und schnell mitgeteilt werden."*[471]

Damit wird dem Unternehmer im Einzelfall die Mitteilung der Identitäts- und Anschriftsinformationen außerhalb des Werbemediums ermöglicht, von der Informationspflicht im Zeitpunkt der „Aufforderung zum Kauf" wird er hingegen nicht befreit. Die vom EuGH anerkannte Ausnahmemöglichkeit betrifft folglich nur den Ort, nicht die zeitliche Komponente der Informationsbereitstellung.

(2) Vorlagefrage 2

Ob die besondere Konstellation der Anzeigenwerbung für eine Internetverkaufsplattform, auf der dritte Unternehmen ihre Produkte zum Kauf anbieten, Auswirkungen auf die Beurteilung der ersten Vorlagefrage hat, hielt der *BGH* für nicht ausgeschlossen;[472] überließ die endgültige Klärung jedoch dem *EuGH*.

Dieser äußerte sich zur zweiten Vorlagefrage (S. 304) wie folgt: Die grundsätzlich bestehende Verpflichtung, die Pflichtinformationen des Art. 7 Abs. 4 lit. b UGP-RL in einer „Aufforderung zum Kauf" zu machen, hängt nicht davon ab, „ob der Anbieter der betroffenen Produkte oder ein Dritter Verfasser dieser Aufforderung ist. Wenn in einem Druckmedium für Produkte verschiedener Anbieter geworben wird, bleiben folglich die (...) erforderlichen

---

469 EuGH, Urt. v. 30.3.2017 – C-146/16, NJW 2017, 1873 Rn. 30 – *VSW/DHL Paket GmbH*; dazu näher S. 314.

470 EuGH, Urt. v. 30.3.2017 – C-146/16, NJW 2017, 1873 Rn. 33 – *VSW/DHL Paket GmbH*.

471 EuGH, Urt. v. 30.3.2017 – C-146/16, NJW 2017, 1873 Rn. 33 – *VSW/DHL Paket GmbH*.

472 BGH, Beschl. v. 28.1.2016 – I ZR 231/14, GRUR 2016, 399 Rn. 27 – *MeinPaket.de*.

Angaben – vorbehaltlich der (...) räumlichen Beschränkungen – weiterhin notwendig."[473] Demnach müssen die Impressumsangaben auch für den Fall, dass der Vertragspartner des Verbrauchers und das werbende Unternehmen nicht identisch sind, im Grundsatz bereits in der Werbung erfolgen. Der *EuGH* hat damit der Auffassung, der Besuch eines Internetportals mit Produkten von Drittanbietern bedeute für den Inserenten bzw. Plattformbetreiber zwar eine positive Kanalisationswirkung, aber noch keine geschäftliche Entscheidung zugunsten eines Drittprodukts,[474] eine klare Absage erteilt.

Letztlich knüpft auch die *EuGH*-Antwort zur zweiten Vorlagefrage an das weite Begriffsverständnis der geschäftlichen Entscheidung an, um dessen volle Wirkung auch im Dreipersonenverhältnis sicherzustellen.

(3) Übertragbarkeit auf Werbung von Franchise- und anderen Vertriebssystemen

Als Fortführung der Rechtsprechung zum Begriff der geschäftlichen Entscheidung muss die *EuGH*-Antwort in der Sache *MeinPaket.de* gleichermaßen hins. Printwerbung für auch oder ausschließlich offline erhältliche Produkte gelten. Denn nur so kann dem Umstand Rechnung getragen werden, dass bereits das Aufsuchen des Ladenlokals bzw. Verkaufsportals im Internet – und nicht erst der etwaige spätere Produkterwerb – eine für die Rechtzeitigkeit der Impressumsangaben maßgebliche geschäftliche Entscheidung darstellt.

Das Luxemburger Urteil erging zwar zu einer vom Franchising abweichenden Vertriebskonstellation, aber die im Kontext der Online-Verkaufsplattform gemachten Ausführungen sind nicht auf Eigenwerbung beschränkt, sondern beziehen sich gerade auf Fremdwerbung. Die getroffenen Wertungen lassen sich auf Franchise- und vergleichbare Vertriebssysteme angesichts der auch hier gegebenen Personenverschiedenheit zwischen Werbendem und Vertragspartner des Verbrauchers übertragen. Aber auch für Vertriebssysteme mit unselbständigen Filialen beansprucht die *MeinPaket.de*-Entscheidung Geltung, da sie nicht auf die Vertriebsstruktur, sondern auf den Zeitpunkt der geschäftlichen Entscheidung abstellt.

---

473 EuGH, Urt. v. 30.3.2017 – C-146/16, NJW 2017, 1873 Rn. 31 – *VSW/DHL Paket GmbH*.
474 *Böckenholt*, GRUR-Prax 2016, 133.

d) Vergleich zu Insiderinformationen

Die zeitliche Vorverlagerung der UWG-Impressumspflicht in den Prozess der Entscheidungsbildung des Käufers findet eine überraschende Bestätigung in der Rechtsprechung des EuGH zur Konkretisierung der Insiderinformation.[475] Danach erfasst das Verbot von Insidergeschäften und unrechtmäßiger Offenlegung von Insiderinformationen (Art. 14 Marktmissbrauchs-VO[476]) eine Information, sobald ihr Inhalt so präzise gefasst ist, dass er zur Grundlage einer Marktentscheidung werden kann.[477] Das europäische Marktmissbrauchsrecht stellt wie die UGP-RL ein Marktordnungsrecht dar, das die Funktionsfähigkeit der Märkte eng an die Informiertheit der Nachfrageentscheidung bindet.[478] Daher ist auch vor dem Hintergrund dieses systematischen Vergleichs das frühzeitige Einsetzen der lauterkeitsrechtlichen Impressumspflicht zu begrüßen.

e) Stellungnahme

Die vorstehenden Ausführungen haben gezeigt: Für die rechtzeitige Erfüllung des § 5a Abs. 3 Nr. 2 UWG ist ungeachtet der Struktur des werbenden Vertriebssystems nicht allein der finale Kaufentschluss des Verbrauchers ausschlaggebend, sondern dessen geschäftliche Entscheidungen insgesamt. Auf informierter Basis soll bereits der Besuch des Ladengeschäfts oder Online-Verkaufsportals erfolgen. Daher genügt etwa die deutlich sichtbare Angabe des vollständigen Firmennamens im Eingangsbereich der Verkaufsstellen nur in Hinblick auf Kaufaufforderungen am „Point of Sale", nicht dagegen für vorhergehende in anderen Medien. Identität und Anschrift sind dem Verbraucher vielmehr bereits bei Unterbreitung des Angebots i.S.d. § 5a Abs. 3 UWG zu erteilen.[479] Damit ist lediglich die zeitliche Komponente der Impressumspflicht des UWG angesprochen. Zum unmittelbar im Werbemedium bereitzustellenden Informationsumfang ist keine

---

475 *Oechsler*, LMK 2016, 377692.

476 Verordnung (EU) Nr. 596/2014 des Europäischen Parlaments und des Rates v. 16.4.2014 über Marktmissbrauch (Marktmissbrauchsverordnung) und zur Aufhebung der Richtlinie 2003/6/EG des Europäischen Parlaments und des Rates und der Richtlinien 2003/124/EG, 2003/125/EG und 2004/72/EG der Kommission, ABl. EU 2014 Nr. L 173/1.

477 Vgl. EuGH, Urt. v. 11.3.2015 – C-628/13, NJW 2015, 1663 Rn. 31 ff. – *Lafonta*; nunmehr Art. 7 Abs. 2 Marktmissbrauchs-VO.

478 *Oechsler*, LMK 2016, 377692.

479 In diesem Sinne auch BGH, Urt. v. 14.9.2017 – I ZR 231/14, GRUR 2017, 1269 Rn. 23 – *MeinPaket.de II* mit Verweis auf EuGH, Urt. v. 30.3.2017 – C-146/16, NJW 2017, 1873 Rn. 30 – *VSW/DHL Paket GmbH*.

Aussage getroffen,[480] denkbar wäre auch eine Auslagerung durch Verweis auf ein anderes Medium. Anders gesagt sind die Pflichtinformationen „im Grundsatz mit der Werbung zu verbinden“[481]; und zwar unabhängig davon, ob eine Online- oder Offline-Kaufmöglichkeit angeboten wird.

4. *Zwischenergebnis*

Der Verbraucher muss die Pflichtinformationen nach § 5a Abs. 3 Nr. 2 UWG so erhalten, dass er sie bei seinen geschäftlichen Entscheidungen berücksichtigen kann. Der Nichtinformation werden daher in Abs. 2 Satz 2 verschiedene alternative Verhaltensweisen gleichgestellt, deren Vorliegen nicht zwingend ein Vorenthalten darstellt, sondern eine einzelfallbezogene Prüfung unter Berücksichtigung u.a. der Beschränkungen des Kommunikationsmittels erfordert.

Um die Identitäts- und Anschriftsangaben nicht i.S.d. § 5a Abs. 2 Satz 2 Nr. 1 UWG zu *verheimlichen*, sollte der Unternehmer sie dort unterbringen, wo der Verbraucher sie erwartet, sodass sie leicht erkennbar bzw. auffindbar sind. Hierfür sind in Printmedien die Positionierung, hinreichende Lesbarkeit und der optische Gesamteindruck einschließlich der Leserichtung maßgeblich, während die Impressumsinformationen bei Radio- und Fernsehwerbung akustisch gut verständlich bzw. deutlich lesbar sein müssen. Im Internet können sie direkt auf der Bildschirmseite des konkreten Angebots untergebracht oder an dieser Stelle im Wege der Verlinkung für den Verbraucher ersichtlich in Bezug genommen werden. Anzunehmen ist das bzgl. der Informationen zum anbietenden Unternehmen bei Links wie „Kontakt“, „Impressum“ oder „Anbieterinformationen“ und in Hinblick auf die Verkaufsstellen z.B. bei einer „Marktsuche“ oder einem „Filialfinder“. Eine Vielzahl von Identitäten und Anschriften kann auch in einer auf der Internetverkaufsplattform oder dem Preisvergleichsportal zum Download abrufbaren Liste bereitgestellt werden.

Ferner darf die Information nicht in *unklarer, unverständlicher oder zweideutiger Weise* erfolgen (§ 5a Abs. 2 Satz 2 Nr. 2 UWG). Eine intransparente Bereitstellung in diesem Sinne ist z.B. bei Impressumsangaben in einer fremden Sprache oder bei widersprüchlichen Angaben zu den an der Werbeaktion teilnehmenden Verkaufsstellen anzunehmen. Dementsprechend hat der BGH in Bezug auf einen Werbeprospekt des *Fressnapf*-Franchisesystems entschieden: Werden darin einzelne örtlich in der Nähe gelegene Märkte aufgelistet, darf

---

480 Unzutreffend daher auch die Kritik von *Hamacher*, WRP 2018, 161 Rn. 23 an der Einbeziehung der „geschäftlichen Entscheidungen“.

481 *Köhler*, WRP 2013, 1419 Rn. 37.

der Werbende nicht auf die Information über deren jeweilige Aktionsteilnahme verzichten. Da jedoch in Franchisesystemen, Verbundgruppen wie auch beim Vertrieb über Vertrags- und Fachhändler weder Preisbindungen noch eine Teilnahmeabfrage kartellrechtskonform sind, verstößt hier eine auf örtlich naheliegende Verkaufsstellen beschränkte Auflistung gegen das Transparenzgebot.

Eine *nicht rechtzeitige Bereitstellung* der Impressumsinformationen gem. § 5a Abs. 2 Satz 2 Nr. 3 UWG liegt vor, wenn der Verbraucher sie nicht bei seinen „geschäftlichen Entscheidungen" berücksichtigen kann. Dazu zählt nicht nur die Entscheidung über den Erwerb oder Nichterwerb eines Produkts, sondern auch damit unmittelbar zusammenhängende Entscheidungen, insb. das Aufsuchen eines Geschäfts oder Internetverkaufsportals. Infolgedessen müssen die nach § 5a Abs. 3 Nr. 2 UWG geschuldeten Identitäts- und Anschriftsangaben dem Verbraucher bereits im Zeitpunkt des konkreten Angebots i.S.d. Vorschrift mitgeteilt werden. Daran ändert auch die Möglichkeit einer Auslagerung der Informationen im Falle von räumlichen Beschränkungen des verwendeten Werbemediums nichts, da sie allein den Ort der Informationsbereitstellung betrifft. Die Maßstäbe gelten gleichermaßen für offline wie online erhältliche Produkte und unabhängig vom werbenden Unternehmen bzw. Vertriebssystem. Sie kommen daher auch bei hinreichend konkreter Produktwerbung z.B. von Online-Marktplätzen, Franchise- oder Filialsystemen zur Anwendung.

III. Einschränkungen gem. § 5a Abs. 5 UWG

In die Prüfung, ob die erforderlichen Impressumsangaben dem Verbraucher vorenthalten werden, sind gem. § 5a Abs. 5 UWG auch folgende zwei Kriterien einzubeziehen: die räumlichen oder zeitlichen Beschränkungen durch das für die geschäftliche Handlung gewählte Kommunikationsmittel (Nr. 1) sowie alle Maßnahmen des Unternehmers, um dem Verbraucher die Informationen auf andere Weise als durch das verwendete Kommunikationsmittel zur Verfügung zu stellen (Nr. 2). Die Heranziehung liegt nicht im Ermessen des Gerichts, sondern stellt eine echte Verpflichtung dar („*sind zu berücksichtigen*").[482]

Die Einschränkungen wurden erst im Zuge der UWG-Novelle 2015 an den Wortlaut des zugrunde liegenden Art. 7 Abs. 3 UGP-RL angepasst und in einen eigenen Absatz verschoben.[483] Die sog. *Medienklausel*[484] zielt erkennbar darauf

482 Vgl. *Köhler*, WRP 2013, 1419 Rn. 41 zu Art. 7 Abs. 3 UGP-RL.

483 Begr. zum RegE des UWG 2015, BT-Drucks. 18/4535, S. 9, 16.

484 Harte-Bavendamm/Henning-Bodewig/*Dreyer*, § 5a UWG Rn. 92; *Alexander*, GRUR Int. 2012, 1, 2.

ab, die Werbetauglichkeit von modernen Kommunikationsmedien zu gewährleisten. Ins deutsche Recht war sie durch das Gebot zu richtlinienkonformer Auslegung auch vor der expliziten Verankerung hineinzulesen.[485] Dem stand aufgrund des Vollharmonisierungsansatzes der UGP-RL die unzureichende Umsetzung im UWG 2008 nicht entgegen.

Die Formulierung des Art. 7 Abs. 3 UGP-RL macht deutlich, dass alternative Maßnahmen des Werbenden zur Bereitstellung der Informationen nur relevant sind, wenn das verwendete Kommunikationsmittel räumlich und/oder zeitlich beschränkt ist. Entsprechend gilt auch für die Umsetzungsvorschrift: Bestehen keine nennenswerten Beschränkungen, kann sich der Unternehmer nicht darauf berufen, er habe dem Verbraucher die Informationen an anderer Stelle zur Verfügung gestellt.[486]

1. *Rechtliche Verankerung im UWG*

Nach § 5a Abs. 2 UWG 2008 handelte noch unlauter, „wer die Entscheidungsfähigkeit von Verbrauchern im Sinne des § 3 Abs. 2 dadurch beeinflusst, dass er eine Information vorenthält, die im konkreten Fall unter Berücksichtigung aller Umstände einschließlich der Beschränkungen des Kommunikationsmittels *wesentlich* ist“ [Hervorh. d. Verf.]. Die Formulierung erweckte den Eindruck, dass die Einschränkung in den Fällen der als wesentlich fingierten Impressumsinformationen keine Wirkung entfaltet. Denn die Grenzen des Werbemediums sollten in die Interessenabwägung auf tatbestandlicher Ebene der Wesentlichkeit einfließen. Darin lag jedoch eine unzureichende Umsetzung des Richtlinienvorbilds.[487]

Dem Richtlinienvorbild entsprechend ordnet § 5a Abs. 5 UWG die Beschränkungen des Kommunikationsmittels nunmehr dem Tatbestandsmerkmal des

485 Vgl. Begr. zum RegE des UWG 2008, BT-Drucks. 16/10145, S. 25; EuGH, Urt. v. 26.10.2016 - C-611/14, WRP 2017, 31 Rn. 28 ff. – *Canal Digital Danmark* zum dänischen Recht; OLG Hamm, Urt. v. 27.2.2014 - 4 U 144/13 juris Rn. 52 – *Aral Crossinos*; Harte-Bavendamm/Henning-Bodewig/*Dreyer*, § 5a UWG Rn. 224; *Billing/Lang*, ZVertriebsR 2013, 207, 210.

486 BGH, Urt. v. 27.7.2017 – I ZR 153/16, GRUR 2018, 199 Rn. 28 f. – *19% MwSt. GESCHENKT*; Fezer/Büscher/*Obergfell*, § 5a UWG Rn. 98; *Köhler*/Bornkamm/Feddersen, § 5a UWG Rn. 6.11.

487 Vgl. Fezer/Büscher/*Obergfell*, § 5a UWG Rn. 8, 96; *von Oelffen*, Rn. 312 ff.; *Alexander*, WRP 2013, 716 Rn. 22; a.A. wohl *Bornkamm*, WRP 2012, 1, 4; *Lettl*, WRP 2013, 1105 Rn. 37.

Vorenthaltens zu. Für eine Berücksichtigung der medienspezifischen Besonderheiten bei der Wesentlichkeitsprüfung besteht kein Anknüpfungspunkt mehr.

2. *Anwendbarkeit auf § 5a Abs. 3 Nr. 2 UWG*

Durch die tatbestandliche Verortung beim „Vorenthalten" sind die Beschränkungen des Kommunikationsmittels und anderweitigen Informationsmaßnahmen des Unternehmers auch i.R.d. § 5a Abs. 3 Nr. 2 UWG zu berücksichtigen. Das verdeutlicht auch die systematische Stellung der Einschränkungen in einem eigenen, hinter dem Grundtatbestand und den besonderen Informationspflichten platzierten Absatz.

An dieser Stelle sei die Systematik des Unlauterkeitstatbestands in Erinnerung gebracht: Die Frage, ob angesichts der Medienklausel Identitäts- und Anschriftsangaben ausnahmsweise nicht vorenthalten werden, stellt sich erst, wenn trotz Beschränkungen ein hinreichend konkretes Angebot i.S.d. § 5a Abs. 3 UWG gegeben ist (dazu S. 170 ff.).

3. *Beschränkungen des Kommunikationsmittels, § 5a Abs. 5 Nr. 1 UWG*

In Bezug auf die Erleichterung der fernabsatzrechtlichen Informationspflichten bei begrenzter Darstellungsmöglichkeit hat der *BGH* dem EuGH folgende Frage zur Vorabentscheidung vorgelegt: Kommt es darauf an, ob das Fernkommunikationsmittel abstrakt seiner Art nach nur begrenzten Raum oder begrenzte Zeit für die dem Verbraucher zu erteilenden Informationen bietet oder konkret in der vom Unternehmer gewählten Gestaltung?[488] Die Ausnahmevorschrift des Art. 8 Abs. 4 VR-RL (umgesetzt in Art. 246a § 3 Satz 1 EGBGB) setzt voraus, dass der Vertrag „mittels eines Fernkommunikationsmittels geschlossen [wird], auf dem für die Darstellung der Informationen nur begrenzter Raum bzw. begrenzte Zeit zur Verfügung steht". Ob das im konkreten Fall angenommen werden kann, ist dem *EuGH* zufolge „unter Berücksichtigung sämtlicher technischer Eigenschaften der *Werbebotschaft des Unternehmers* zu beurteilen".[489] Gemeint sind damit, insofern ist die englische Formulierung klarer („the trader's marketing communication"), Umfang und Format des Werbemittels, für das sich der

---

488 BGH, Beschl. v. 14.6.2017 – I ZR 54/16, GRUR 2017, 930 Rn. 17 – *Werbeprospekt mit Bestellpostkarte.*

489 EuGH, Urt. v. 23.1.2019 – C-430/17, NJW 2019, 1363 Rn. 39. Hervorh. nur hier.

Unternehmer entschieden hat.[490] Irrelevant sollen aber die Entscheidungen des Unternehmers hins. Aufteilung und Nutzung des Raums und der Zeit sein.[491] Somit stellt der EuGH im fernabsatzrechtlichen Kontext, ohne die Differenzierung des BGH explizit aufzugreifen, auf das Kommunikationsmittel in seiner konkret gewählten Form ab, sodass die Ausnahmeregelung z.B. auch bei Printmedien zur Anwendung kommen kann.

§ 5a Abs. 5 Nr. 1 UWG ordnet demgegenüber die Berücksichtigung der räumlichen oder zeitlichen Beschränkungen durch das *für die geschäftliche Handlung gewählte* Kommunikationsmittel an. Hier lässt bereits der konkretisierende Einschub erkennen, dass sich die Beurteilung nach der vom Unternehmer gewählten Gestaltung des Werbemittels richtet.[492] Das ist bei der in der Werbephase eingreifenden UWG-Impressumspflicht geboten, um die Funktionsfähigkeit kommerzieller Kommunikation und die Wahlmöglichkeiten hins. des Mediums weitgehend aufrechtzuerhalten. Überdies widerspräche eine abstrakte Bestimmung der Beschränkungen der erforderlichen Einzelfallbetrachtung (S. 169 f.), da auch die Anzahl der mitzuteilenden Informationen maßgeblich ist.

Somit ist ein Kommunikationsmittel räumlich und/oder zeitlich beschränkt i.S.v. § 5a Abs. 5 UWG, wenn es im konkreten Fall nicht geeignet ist, dem Verbraucher die Pflichtinformationen so mitzuteilen, dass dieser sie für eine informierte geschäftliche Entscheidung nutzen kann.[493] Von Bedeutung ist dabei auch, wie viele Informationen dem Verbraucher insgesamt zugemutet werden können,[494] womit das Problem des sog. *information overloads* (S. 130 f., 281) angesprochen ist. Das wiederum hängt nicht zuletzt vom gewählten Medium ab.

a) Freie Wahl des Kommunikationsmittels

Aus § 5a Abs. 5 Nr. 1 UWG / Art. 7 Abs. 3 UGP-RL ergibt sich im Umkehrschluss, dass der Unternehmer in der Wahl des Kommunikationsmittels frei ist.

---

490 Vgl. EuGH, Urt. v. 23.1.2019 – C-430/17, NJW 2019, 1363 Rn. 38 f.; zustimmend *Schirmbacher*, WRP 2019, 315 Rn. 7 ff.; a.A. noch *GA Tanchev*, SchlA v. 20.9.2018, Rs. C-430/17, ECLI:EU:C:2018:759 Rn. 53, der sich für einen objektiven, abstrakten Ansatz ausspricht.

491 EuGH, Urt. v. 23.1.2019 – C-430/17, NJW 2019, 1363 Rn. 39.

492 So i.E. auch BGH, Urt. v. 14.9.2017 – I ZR 231/14, GRUR 2017, 1269 Rn. 27 f. – *Mein-Paket.de II*; Büscher/*Büscher*, § 5a UWG Rn. 64.

493 OLG Bamberg, Urt. v. 22.6.2016 – 3 U 18/16, WRP 2016, 1147 Rn. 38 – *Sternchenhinweis im Medienbruch*.

494 *Köhler*/Bornkamm/Feddersen, § 5a UWG Rn. 6.7; vgl. auch *Scherer*, WRP 2018, 659 Rn. 46.

Er muss sich nicht für dasjenige entscheiden, welches den Verbraucher bestmöglich informiert, unterliegt mithin keinem Optimierungsgebot.[495] Vielmehr trägt der Gesetzgeber dem Interesse der Unternehmen an effektiver und kostengünstiger Werbung dadurch Rechnung, dass er ihnen die Verwendung von räumlich und/oder zeitlich beschränkten Kommunikationsmedien zugesteht. Das betrifft etwa In-App-Werbung, die zur Finanzierung von Gratis-Apps dient und aus Unternehmersicht im Vergleich zu herkömmlichen Werbeformen den Vorteil der gezielteren Personalisierbarkeit bietet.[496] Als Werbemittel kommen folglich Internet, Radio, Fernsehen sowie z.B. Handzettel, Prospekte, Werbeplakate und Anzeigen in Printmedien in Betracht.

b) Räumlich beschränkte Kommunikationsmittel

Bestimmte Kommunikationsmittel weisen bereits ihrer Art nach, d.h. generell, Beschränkungen in räumlicher Hinsicht auf. Das ist der Fall, wenn platzmäßig nur eine geringe Informationsmenge untergebracht werden kann, ohne die Werbewirksamkeit des Mediums vollständig zu zerstören.[497] Hierfür geradezu typisch sind wegen des beschränkten Bildschirmplatzes mobile Endgeräte, Apps, SMS oder Twitter-Mitteilungen.[498] Auch die zu den eingegebenen Keywords passenden Adwords-Anzeigen beim Suchmaschinenbetreiber Google verfügen nur über begrenzten Raum für Informationen.[499] Gleiches gilt für Plakatwerbung.

Räumliche Beschränkungen können ferner, unabhängig von der Summe der im konkreten Fall geschuldeten Informationen, durch den Anbieter des Werbemediums entstehen (z.B. von Seiten des Verlegers begrenzter Anzeigenraum).[500] So sind etwa Kleinanzeigen in Zeitungen, Zeitschriften und Internetportalen in räumlicher Hinsicht beschränkt.

---

495 MüKoUWG/*Alexander*, § 5a Rn. 281; Fezer/Büscher/*Obergfell*, § 5a UWG Rn. 98.

496 Vgl. *Steinmetz*, WRP 2018, 1415 Rn. 2 f., der darüber hinaus die geringere Betroffenheit von Ad-Blocker-Technologien gegenüber Werbung auf Webseiten herausstellt.

497 Spindler/Schuster/*Micklitz/Namyslowska*, § 5a UWG Rn. 45.

498 *Alexander*, WRP 2016, 139 Rn. 59; *Peifer*, WRP 2008, 556, 559; *von Oelffen*, Rn. 401.

499 BGH, Urt. v. 12.5.2011 – I ZR 119/10, WRP 2012, 961 Rn. 11 – *Innerhalb 24 Stunden*; Spindler/Schuster/*Micklitz/Namyslowska*, § 5a UWG Rn. 14, 45, § 5 UWG Rn. 146 f.

500 *Köhler*/Bornkamm/Feddersen, § 5a UWG Rn. 6.6; in diese Richtung auch Büscher/*Büscher*, § 5a UWG Rn. 63.

c) *Zeitlich beschränkte Kommunikationsmittel*

Zeitliche Beschränkungen kommen v.a. bei Werbespots in „flüchtigen Medien" wie Hörfunk/Radio und Fernsehen sowie Telemarketing in Betracht.[501] Hier steht für die Informationsvermittlung nur ein kurzes Zeitfenster zur Verfügung. Infolgedessen besteht grundsätzlich eine gegenüber Printmedien deutlich höhere Gefahr, dass Informationen vom Verbraucher nicht oder nur unzureichend wahrgenommen und verarbeitet werden.[502] Am Telefon wird sich der Unternehmer schon aus werbetaktischen Gründen kurz halten, beim Rundfunk – d.h. im Radio und Fernsehen (einschließlich Teleshopping) – kommen Werbezeitbeschränkungen hinzu, denen die Sender nach §§ 16, 45 RStV unterliegen.

Diese Erwägungen gelten auch für das ebenfalls „flüchtige Medium" der Sprachsteuerung. Denn die mündliche Informationsvermittlung ist für den Verbraucher angesichts von dessen begrenzten Informationsverarbeitungs- und -aufnahmekapazitäten mit Nachteilen verbunden. Ferner läuft es dem vom Verbraucher angestrebten schnellen und bequemen Spracheinkauf zuwider, wenn ihm zuvor eine Fülle von Informationen aufgesagt wird. Daher stellen die digitalen Sprachassistenten Siri, Alexa und Cortana je nach einzelfallabhängigem Umfang der Pflichtinformationen zeitlich beschränkte Kommunikationsmittel dar.

d) *Beschränkungen aufgrund von Informationsfülle*

Bei großen Mengen mitzuteilender Informationen geraten nicht nur ihrer Art nach beschränkte Kommunikationsmittel an ihre Grenzen. Im Vergleich z.B. zu Adwords-Anzeigen bieten Print- oder Onlineanzeigen und Fernsehwerbung zwar mehr Platz, dieser reicht aber nicht zwingend für alle produkt- und unternehmensbezogenen Daten aus. Steht für die Darstellung der im konkreten Fall erforderlichen Informationen nur eingeschränkter Platz zur Verfügung, können demnach räumliche Beschränkungen bestehen.[503] So auch der *EuGH* zu folgender Konstellation: In einem Printmedium wird für eine Internetverkaufsplattform geworben und dabei eine große Anzahl von Kaufmöglichkeiten

---

501 Fezer/*Peifer*, 2. Aufl. 2010, § 5a UWG Rn. 34; hins. TV-Werbung auch EuGH, Urt. v. 26.10.2016 – C-611/14, WRP 2017, 31 Rn. 60 – *Canal Digital Danmark*; BGH, Urt. v. 11.3.2009 – I ZR 194/06, NJW 2010, 612 Rn. 42 – *Geld-zurück-Garantie II*; Urt. v. 9.7.2009 – I ZR 64/07, NJW 2010, 616 Rn. 15 – *FIFA-WM-Gewinnspiel.*

502 Für Fernsehwerbung BGH, Urt. v. 9.7.2009 – I ZR 64/07, NJW 2010, 616 Rn. 15 – *FIFA-WM-Gewinnspiel.*

503 MüKoUWG/*Alexander*, § 5a Rn. 284; Fezer/Büscher/*Obergfell*, § 5a UWG Rn. 97; siehe bereits S. 312.

bei verschiedenen Gewerbetreibenden angeboten.[504] In Umsetzung der EuGH-Antwort kam der *BGH* allerdings zu dem Ergebnis, dass die streitgegenständliche, ganzseitige *MeinPaket.de*-Zeitungsanzeige keinen räumlichen Beschränkungen unterliegt, die eine Auslagerung der Angaben zu den Anbietern der lediglich fünf beworbenen Produkte rechtfertigen.[505] Mangels Erforderlichkeit war ein Medienbruch im konkreten Fall unzulässig. Maßgeblich ist allein der geschuldete Informationsumfang, nicht die Struktur des Unternehmens. Somit lassen sich die Aussagen auf Gemeinschaftswerbungen einer Vielzahl von Unternehmen in Franchise- und ähnlichen Vertriebssystemen übertragen.

Identität und Anschrift der Systemzentrale lassen sich z.B. in herkömmlichen Werbeprospekten unterbringen, ohne dass dies auf Seiten des Werbenden einen unverhältnismäßigen Verwaltungsaufwand erfordern würde.[506]

Ganz anders sieht das wiederum bei den unternehmensbezogenen Angaben sämtlicher Standorte großer Vertriebssysteme aus, seien es unselbständige Filialen oder selbständige Systempartner wie z.B. Franchisenehmer. Man stelle sich etwa den Werbeprospekt oder -spot eines Franchisesystems vor, der am Ende mehrere hundert oder gar tausend Standorte mit ihren Identitäten und Anschriften nennt. Denn hier scheidet eine Beschränkung auf örtlich in der Nähe gelegene Verkaufsstandorte aus (dazu näher S. 281 ff.). Aber selbst wenn diese Möglichkeit – wie etwa bei Filialsystemen – besteht, lassen sich dadurch lediglich regionale Versionen einer Werbung, nicht hingegen eine systemweite Ausführung realisieren. Der Auflistung aller Standortinformationen stehen in Bezug auf Fernsehen, Radio und einzelne Printmedien bereits Vorgaben auf Anbieterseite entgegen. Existieren solche wie in Prospekten oder Katalogen nicht, ist die Angabe der Identitäten und Anschriften sämtlicher Verkaufsstellen im Werbemedium selbst theoretisch möglich. Man könnte jedoch sagen: Das Aufstellen derartiger Anforderungen würde Gemeinschaftswerbung von Filial- und Franchisesystemen, Verbundgruppen etc. in Medien wie Fernsehen, Zeitung oder Prospekt unwirtschaftlich und damit faktisch unmöglich machen.[507] Unter

---

504 EuGH, Urt. v. 30.3.2017 – C-146/16, NJW 2017, 1873 Rn. 29 – *VSW/DHL Paket GmbH*. Eine Abbildung der verfahrensgegenständlichen Werbeanzeige findet sich auf S. 303.

505 BGH, Urt. v. 14.9.2017 – I ZR 231/14, GRUR 2017, 1269 Rn. 26, 28 – *MeinPaket.de II*; eine abweichende Einschätzung will *Birk*, GRUR-Prax 2017, 194 dem EuGH-Urteil zwischen den Zeilen entnehmen.

506 Vgl. OLG Brandenburg, Beschl. v. 26.6.2012 – 6 W 72/12 juris Rn. 19.

507 So etwa *DFV*, ZVertriebsR 2015, 63; *DIHK*, WRP 2014, 1426 Rn. 29; *Gutachterausschuss für Wettbewerbsfragen*, WRP 2012, 924, 925; *Köhler*, WRP 2013, 1419 Rn. 42; *ZAW*, WRP 2015, 180 Rn. 27; *ZGV*, Stellungnahme zum RefE des UWG 2015, Rn. 8;

diesem Gesichtspunkt bestehen Zweifel an der Zumutbarkeit für Unternehmen, die eine überregionale Werbung für eine Vielzahl unselbständiger Filialen oder selbständiger Vertriebspartner (z.B. Franchisenehmer, Vertrags-/Fachhändler, Verbundgruppen-Anschlusshäuser) schalten.

Allerdings kann nicht pauschal für jede Gemeinschaftswerbung von der Unzumutbarkeit der Informationsbereitstellung unmittelbar im Werbemedium ausgegangen werden. Ob im konkreten Fall angesichts der mitzuteilenden Impressumsangaben der Verkaufsstandorte ein beschränktes Kommunikationsmittel gegeben ist, bedarf vielmehr einer Gesamtwürdigung aller Umstände der Kaufaufforderung. Dabei sind Beschränkungen des Kommunikationsmittels – wie der *BGH* ausdrücklich klargestellt hat – nicht erst dann anzunehmen, wenn es objektiv unmöglich ist, die fraglichen Angaben bereits in der Werbung zu machen.[508]

Die mit erhöhtem Platzbedarf einhergehenden Mehrkosten der Werbeanzeige können für sich genommen jedoch nicht die Annahme räumlicher Beschränkungen begründen.[509] Denn die Einschränkung des § 5a Abs. 5 Nr. 1 UWG dient keinesfalls dazu, dem Unternehmer die Kosten für denjenigen Werberaum zu ersparen, den er für die Mitteilung der Pflichtinformationen benötigt.[510] Der finanzielle Aufwand, den die Nennung sämtlicher Standortangaben in der Werbung für den Unternehmer mit sich bringt, darf aber nicht gänzlich unberücksichtigt bleiben. Daher sind die entstehenden Kosten neben der Fähigkeit des Verbrauchers zur Aufnahme und Speicherung der Impressumsangaben in die Gesamtbetrachtung einzubeziehen.[511] Gleiches gilt für Alternativen, die dem Werbenden zur Verfügung stehen. Hierbei ist allerdings zu beachten, dass die Nennung lediglich einzelner Franchisenehmerbetriebe eine intransparente

---

vgl. auch Flohr/Wauschkuhn/*Flohr*, § 5a UWG Rn. 19; *Billing/Lang*, ZVertriebsR 2013, 207, 212; *Lettl*, WRP 2013, 1105 Rn. 40.

508 BGH, Urt. v. 14.9.2017 – I ZR 231/14, GRUR 2017, 1269 Rn. 27 – *MeinPaket.de II* unter Hinweis auf EuGH, Urt. v. 12.5.2011 – C-122/10, WRP 2012, 189 Rn. 55 – *Ving Sverige*; Urt. v. 30.3.2017 – C-146/16, NJW 2017, 1873 Rn. 28 – *VSW/DHL Paket GmbH*; zustimmend *Möller*, NJW 2018, 1579, 1582.

509 Vgl. OLG Karlsruhe, Urt. v. 28.8.2013 – 6 U 57/13 juris Rn. 23 – *gebrauchter Ferrari*; OLG Bamberg, Urt. v. 22.6.2016 – 3 U 18/16, WRP 2016, 1147 Rn. 22 – *Sternchenhinweis im Medienbruch*.

510 OLG Karlsruhe, Urt. v. 28.8.2013 – 6 U 57/13 juris Rn. 23 – *gebrauchter Ferrari* unter Hinweis auf Fezer/*Peifer*, 2. Aufl. 2010, § 5a UWG Rn. 33; OLG Bamberg, Urt. v. 22.6.2016 – 3 U 18/16, WRP 2016, 1147 Rn. 22 – *Sternchenhinweis im Medienbruch*.

511 So auch *Köhler*/Bornkamm/Feddersen, § 5a UWG Rn. 4.37.

Bereitstellung und damit keine Ausweichmöglichkeit darstellt (§ 5a Abs. 2 Satz 2 Nr. 2 UWG, siehe S. 292 ff.). Und zumindest im Franchisekontext kann die Systemzentrale nicht darauf verwiesen werden, dass alternativ die Werbung auch dezentral unter individueller Gestaltung erfolgen könnte. Denn das einheitliche Auftreten am Markt ist für das Franchising wesensprägend und erfasst auch die gemeinsame Werbung, um so in Konkurrenz zu Filialsystemen treten zu können.

e) Zwischenergebnis

Der Unternehmer ist in der Wahl des Kommunikationsmittels frei. Die Werbetauglichkeit von modernen Kommunikationsmedien soll dabei durch die Medienklausel des Art. 7 Abs. 3 UGP-RL bzw. § 5a Abs. 5 Nr. 1 UWG gewährleistet werden. Danach sind die räumlichen und zeitlichen Beschränkungen durch das verwendete Kommunikationsmittel auf tatbestandlicher Ebene des Vorenthaltens zu berücksichtigen. Somit erlangen sie auch bei den gem. § 5a Abs. 3 Nr. 2 UWG als wesentlich fingierten Impressumsinformationen Bedeutung. Während man im Internet und bei Printmedien von räumlichen Beschränkungen spricht, treten zeitliche Beschränkungen v.a. bei den „flüchtigen Medien" Radio, Fernsehen, Telemarketing sowie Sprachsteuerung auf. Maßgeblich ist die vom Unternehmer gewählte Gestaltung des Werbemittels. Ein Kommunikationsmittel ist folglich räumlich und/oder zeitlich beschränkt, wenn nicht alle im konkreten Fall mitzuteilenden Pflichtinformationen untergebracht werden können. Das kann sich aus der Art des Kommunikationsmittels (einschließlich Vorgaben vom Anbieter), aber auch aufgrund des Umfangs der geschuldeten Identitäts- und Anschriftsangaben ergeben. Ob deren Bereitstellung im Werbemedium selbst dem Unternehmer zugemutet werden kann – objektive Unmöglichkeit ist nicht erforderlich –, ist durch eine Gesamtwürdigung aller Umstände der Kaufaufforderung zu ermitteln. Eine solche ist auch bei überregionalen Werbemaßnahmen z.B. von Filial- oder Franchisesystemen sowie Verbundgruppen mit vielen Vertriebsstandorten vorzunehmen. Einzubeziehen sind u.a. die Fähigkeiten des Verbrauchers zur Aufnahme und Speicherung der Impressumsinformationen sowie die dem Werbenden entstehenden Kosten und zur Verfügung stehenden Alternativen.

4. Anderweitige Maßnahmen des Unternehmers, § 5a Abs. 5 Nr. 2 UWG

Für berücksichtigenswert bei der Prüfung des Vorenthaltens erklärt § 5a Abs. 5 Nr. 2 UWG neben den Beschränkungen des Kommunikationsmittels alle Maßnahmen des Unternehmers, um dem Verbraucher die Pflichtinformationen auf andere Weise zur Verfügung zu stellen. Die Vorschrift knüpft an die Grundsätze der sog. *labelling doctrin* an:[512] Danach ist die verbleibende Gefahr, dass Mitglieder des angesprochenen Verkehrs trotz aufklärender Hinweise irregeführt werden, hinzunehmen und begründet keine beachtliche Irreführung.[513]

Eine anderweitige Bereitstellung wird der Unternehmer anstreben, wenn es ihm unmöglich oder jedenfalls unzumutbar ist, die vollständigen Impressumsangaben der Systempartner über das gewählte Kommunikationsmittel sachgerecht zur Verfügung zu stellen. Aber genügt hins. der mitzuteilenden Identitäten und Anschriften in überregionaler Printwerbung, die etwa Franchisegeber umfangreicher Systeme schalten, der Verweis auf ein anderes Medium?

a) *Verweis auf Informationen „vor Ort" unzureichend*

Bereits im Zeitpunkt einer die Anforderungen des § 5a Abs. 3 UWG erfüllenden Werbung greifen die Funktionen der Impressumspflicht nach Nr. 2 ein. Dem gesetzgeberischen Willen, den Verbraucher über das anbietende Unternehmen bzw. den zukünftigen Vertragspartner u.a. zur Kontaktaufnahme zu informieren, wird nicht hinreichend Rechnung getragen, wenn dieser zur Erlangung der unternehmensbezogenen Angaben ein Verkaufsgeschäft aufsuchen muss.[514] Folglich scheidet der Verweis in der Werbung auf einen Aushang am jeweiligen Verkaufsstandort, dem sich Name bzw. Firma und Kontaktadresse entnehmen lassen, als anderweitige Maßnahme i.S.d. § 5a Abs. 5 Nr. 2 UWG aus.

b) *Verweis auf die Internetseite des Unternehmers als möglicher Lösungsansatz*

Der Umstand, dass die Pflichtinformationen irgendwo auffindbar sind, hat für sich genommen nicht den Charakter einer Informationsmaßnahme.[515] Hierfür muss der Unternehmer die aus der Werbung „ausgelagerten" Pflichtangaben selbst zur Verfügung stellen. Gängig ist der Verweis auf eine Internetseite und Telefonhotline des Werbenden, wie ihn z.B. der wöchentliche Angebotsprospekt des Lebensmitteldiscounters Lidl enthält:

---

512 Harte-Bavendamm/Henning-Bodewig/*Dreyer*, § 5a UWG Rn. 107, 233.

513 Harte-Bavendamm/Henning-Bodewig/*Dreyer*, § 5a UWG Rn. 107, 233.

514 OLG München, Urt. v. 31.3.2011 – 6 U 3517/10 juris Rn. 31 – *Identitätsangabe in der Prospektwerbung*; Urt. v. 11.4.2013 – 6 U 2646/12 juris Rn. 18 – *Firmenlogo*.

515 Vgl. *GA Mengozzi*, SchlA v. 3.2.2011, Rs. C-122/10 – *Ving Sverige*, ECLI:EU:C:2011:47 Rn. 61.

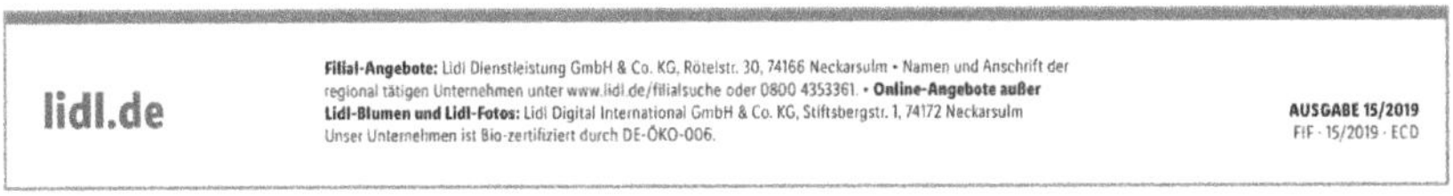

Abbildung 12: Ausschnitt Lidl-Werbeprospekt (S. 1, Gültigkeitszeitraum: 8.-13.4.2019)

Ob die auf diesem Wege bereitgestellten Informationen zu den einzelnen Standorten der UWG-Impressumspflicht genügen, hängt von der Zumutbarkeit für den Verbraucher ab. Dabei kommt es auf den konkreten Einzelfall an. Nach dem Telos des § 5a Abs. 2, Abs. 3 Nr. 2 UWG soll der Verbraucher die Impressumsangaben für seine geschäftlichen Entscheidungen nutzen können. Generell ist die Zumutbarkeitsgrenze nur bei Informationsquellen, deren Zugang nicht von zusätzlichen Kosten abhängt, gewahrt. Andernfalls würde man die Informationspflicht des Werbenden zu einer Informationsbeschaffungslast des Verbrauchers machen.[516] Unzureichend ist daher auch die Bereitstellung auf einer Internetseite, deren Einsehbarkeit eine Registrierung voraussetzt. Ebenso wenig ermöglicht § 5a Abs. 5 Nr. 2 UWG einen mehrfachen Verweis („Kettenverweis") auf alternative Informationswege.[517]

Würde man allerdings im Aufsuchen des alternativen Kommunikationsmediums eine *geschäftliche Entscheidung* im Sinne des weiten Begriffsverständnisses (dazu S. 116 ff., 297 ff.) sehen, müsste die Impressumsinformation vor dem Medienwechsel erfolgen. Dann wäre aber die in § 5a Abs. 5 Nr. 2 UWG explizit vorgesehene anderweitige Bereitstellung generell unzureichend, um die lauterkeitsrechtliche Impressumspflicht zu erfüllen. Dieser Zirkelschluss lässt sich vermeiden, indem man die beim Vorenthalten zu verortende Frage der Verweisungsmöglichkeit auf eine Webseite oder Telefonnummer vom Tatbestandsmerkmal der geschäftlichen Entscheidung abstrahiert.[518]

aa) Webseite des Werbenden

Die wichtigste anderweitige Maßnahme dürfte in der heutigen Zeit die Informationsbereitstellung auf der Internetseite des Werbenden sein. Denn – anders als

---

516 Vgl. *Peifer*, WRP 2008, 556, 559.

517 So auch MüKoUWG/*Alexander*, § 5a Rn. 290.

518 *Scherer*, WRP 2018, 659 Rn. 38, 42; in diese Richtung auch *Hamacher*, WRP 2018, 161 Rn. 24 f.; i.E. auch *Helm/Sonntag/Burger* in UWG-HdB, § 59 Rn. 486, die § 5a Abs. 5 Nr. 2 UWG insoweit als lex specialis ansehen.

zuweilen das gewählte Kommunikationsmittel – bietet das Internet im Prinzip unbegrenzten Platz für Informationen. Außerdem sind die hier zur Verfügung gestellten Informationen jederzeit und überall auf der Welt, wo ein Zugang zum Netz besteht, ohne großen Aufwand abrufbar und gehen nicht verloren (sog. Ubiquität des Internets).[519] Da der Internetzugang heutzutage gewöhnlich in Form von Flatrates erworben wird, entstehen für den Verbraucher durch die alternative Informationsbereitstellung auf der Webseite keine zusätzlichen Kosten. Auch das Datenvolumen ist bei Festnetzanschlüssen im Unterschied zu Mobilfunkverträgen unbegrenzt oder jedenfalls so hoch, dass der mit dem Informationsabruf einhergehende Datenverbrauch nicht ins Gewicht fällt.

(1) Internetzugangsmöglichkeiten und Verbraucherleitbild des UWG

Dem alternativen Informationsweg „Internet" wird zum Teil mit dem Argument unzureichender Zugangsmöglichkeiten der Verbraucher entgegengetreten. Die Abrufbarkeit der Informationen auf der Webseite des Unternehmers sei unzulänglich, insb. im Hinblick auf die allgemein bekannte Tatsache, dass viele ältere Menschen keinen Internetzugang besäßen.[520] Dem kann in dieser Absolutheit jedoch nicht gefolgt werden. Denn sofern eine Werbung nicht speziell für ältere Menschen konzipiert ist, richtet sich ihre lauterkeitsrechtliche Beurteilung nach der Sicht des Durchschnittsverbrauchers (§ 3 Abs. 4 UWG).[521]

Ebenso wenig durchgreifen können im Ergebnis die in den Jahren 2012 / 2013 von diversen *Oberlandesgerichten* vorgebrachten Bedenken, dass ein nicht unerheblicher Teil der Verkehrskreise noch immer ohne Internetzugang sei.[522] Denn 2019 verfügten nach den Daten des Statistischen Bundesamts bereits 91% der privaten Haushalte in Deutschland über einen Internetzugang.[523] Und der Anteil der Personen zwischen 16 und 74 Jahren, die einen tragbaren Computer oder ein Handheld-Gerät zum Internetzugang außerhalb von Wohnung oder

---

519 *Sosnitza*, GRUR-Beilage 2014, 93; *Köhler*, WRP 2013, 1419 Rn. 42.

520 LG Mönchengladbach, Urt. v. 21.11.2011 – 8 O 50/11 juris Rn. 20.

521 Siehe dazu näher S. 121 ff.; wie hier auch *Lettl*, WRP 2013, 1105 Rn. 30.

522 OLG Düsseldorf, Urt. v. 2.10.2012 – 20 U 223/11 juris Rn. 22 allerdings die grundsätzliche Eignung eines Verweises auf eine Internetseite hins. der Identitäts- und Anschriftsangaben dahinstehen lassend; OLG Rostock, Urt. v. 27.3.2013 – 2 U 21/12, WRP 2013, 1368 Rn. 32; OLG Celle, Beschl. v. 29.10.2013 – 13 W 79/13 juris Rn. 17 – *FlussErlebnis*.

523 Link: https://www.destatis.de/DE/Themen/Gesellschaft-Umwelt/Einkommen-Konsum-Lebensbedingungen/Ausstattung-Gebrauchsgueter/Tabellen/zeitvergleich-ausstattung-ikt.html (zuletzt geprüft am 31.12.2019).

Arbeitsplatz verwenden, ist in Deutschland von 31% (2012) auf 80% (2018) gestiegen.[524] Angesichts der enormen Verbreitung des Internets in den letzten Jahren im geschäftlichen Verkehr wie auch für den privaten Verbraucherbereich sollte dem Internet der Charakter als anderweitiger Ort zur Informationsbereitstellung nicht mehr abgesprochen werden.[525] Dass ein geringer Teil der Bevölkerung über keinen Internetzugang verfügt, rechtfertigt vor dem Hintergrund der Maßgeblichkeit des Durchschnittsverbrauchers keine abweichende Beurteilung.

Auch das im UWG geltende Leitbild eines „durchschnittlich informierten, situationsadäquat aufmerksamen und verständigen Verbrauchers" (S. 121 ff.) spricht dafür, die Mitteilung der Impressumsangaben auf der Webseite anzuerkennen. Denn dem Durchschnittsverbraucher bleibt es überlassen, ob er sich bei Bedarf durch Aufrufen der angegebenen Internetadresse die dort vom Unternehmer bereitgestellten, jederzeit zur Verfügung stehenden und nicht verloren gehenden Informationen beschafft;[526] z.B. im Falle einer Gemeinschaftswerbung die Anschriften und Identitäten aller Märkte des Vertriebssystems. Mit einzubeziehen ist dabei auch die Tatsache, dass die Recherche im Internet mittlerweile eine zentrale Rolle beim typischen Informationsverhalten des Durchschnittsverbrauchers spielt.[527]

(2) Ausnahmekonstellationen

Lediglich in bestimmten Ausnahmekonstellationen ist das Internet als Ort der anderweitigen Informationsbereitstellung ungeeignet. Ist der Adressat der geschäftlichen Handlung im Unterschied zum Durchschnittsverbraucher nicht mit dem Medium Internet vertraut, ist gem. § 3 Abs. 4 Satz 1 Alt. 2 UWG ein modifiziertes Verbraucherleitbild zugrunde zu legen. Das betrifft in erster Linie speziell an ältere Menschen gerichtete Werbung, bei der jedenfalls zusätzlich die Angabe einer Telefonhotline als alternativer Informationsweg erforderlich ist. Ein Verweis auf die Webseite des Unternehmers hins. der geschuldeten Impressumsinformationen muss auch ausscheiden, wenn offline für einen Internetanschluss

---

524 Erfasst insb. Internetnutzung über Laptops, Tablets und Smartphones. Quelle: https://ec.europa.eu/eurostat/tgm/table.do?tab=table&init=1&language=de&pcode=tin00083&plugin=1 (zuletzt geprüft am 31.12.2019).

525 So auch *von Stumm*, GWR 2017, 5, 7. In diese Richtung weist auch das Grundsatzurteil BGH, Urt. v. 24.1.2013 – III ZR 98/12, NJW 2013, 1072 Rn. 17, wonach die ständige Verfügbarkeit des Internetzugangs für die eigenwirtschaftliche Lebenshaltung von zentraler Bedeutung ist.

526 So auch *Köhler*, WRP 2013, 1419 Rn. 42.

527 *Scherer*, WRP 2018, 659 Rn. 48 f.

geworben wird.[528] Denn zumindest teilweise verfügt der angesprochene Verkehr über keinen Internetzugang.

bb) Telefonhotline des Werbenden

Werbende Unternehmen verweisen ggf. zusätzlich zur Webseite auf eine Telefonhotline, um dem Verbraucher die Identitäts- und Anschriftsangaben auf andere Weise als über das verwendete Kommunikationsmittel zur Verfügung zu stellen. Diese alternative Informationsquelle wird in der *Literatur* kritisch bewertet: Hingewiesen wird auf die möglicherweise einhergehenden Nachteile, wie für den Verbraucher entstehende Kosten, Wartezeiten und die Notwendigkeit des Mitschreibens.[529] Zu beachten sind jedoch die vielfältigen Möglichkeiten, wie die Telefonhotline im Einzelnen ausgestaltet sein kann.

Im Hinblick auf den Kostenaspekt dürfte die Zumutbarkeitsgrenze gewahrt sein, sofern der Verbraucher auf die Abrufbarkeit der Informationen über eine aus dem Fest- und Mobilfunknetz kostenfrei erreichbare (z.B. 0800-)Telefonnummer verwiesen wird. Die Gleichbehandlung erscheint geboten, da heutzutage viele Verbraucher infolge günstiger Mobilfunkverträge und steigender Mobilität über kein Festnetztelefon mehr verfügen bzw. dieses nicht aktiv nutzen. Die meisten Festnetz- und Mobilfunkverträge enthalten Flatrates ins deutsche Festnetz, sodass die Informationsbereitstellung über eine Hotline zum Ortstarif ebenfalls zumutbar sein dürfte. Hierfür spricht auch die Wertung des richtlinienbasierten[530] § 312a Abs. 5 Satz 1 BGB, wonach dem Verbraucher für das Erreichen der Kundendienst-Hotline keine über den Grundtarif hinausgehenden Kosten auferlegt werden dürfen. Abweichend zu beurteilen sind hingegen solche Telefonhotlines, für die der anrufende Verbraucher ein erhöhtes bzw. zusätzliches Entgelt zu entrichten hat.[531]

Im Grundsatz zutreffend ist das vorgebrachte Argument, das notwendige Mitschreiben der erfragten Informationen stelle sich als Nachteil für den Verbraucher dar. Allerdings sind Konstruktionen denkbar, die hier zumindest zu

---

528 Vgl. Harte-Bavendamm/Henning-Bodewig/*Dreyer*, § 5a UWG Rn. 108, 234; *von Oelffen*, Rn. 416.

529 *Köhler*, WRP 2013, 1419 Rn. 41; vgl. LG Berlin, Urt. v. 1.11.2012 – 91 O 118/12 juris Rn. 17.

530 Art. 21 UAbs. 1 VR-RL; vgl. zum Begriff „Grundtarif" EuGH, Urt. v. 2.3.2017 – C-568/15, GRUR 2017, 395 Rn. 32 – *Zentrale zur Bekämpfung unlauteren Wettbewerbs Frankfurt a.M./comtech.*

531 I.E. auch Harte-Bavendamm/Henning-Bodewig/*Dreyer*, § 5a UWG Rn. 108, 234; GK-UWG/*Lindacher*, § 5a Rn. 35.

einer Nachteilsminimierung führen würden. Zum einen kann dem Verbraucher durch Weiterverbindung geholfen werden, wenn er die Telefonnummer eines Standorts erfragt. Für weitere Informationen wie die Identität und Anschrift oder eine mehrfache Kontaktaufnahme hilft diese Option jedoch nicht weiter. Zum anderen ist eine Erweiterung des Services dahingehend denkbar, dass dem Anrufenden die gewünschten Informationen per Kurzmitteilung (SMS) gesendet werden. Diese Möglichkeit stößt allerdings an ihre Grenzen, wenn der Verbraucher z.B. die Identität und Anschrift mehrerer Standorte des Vertriebssystems erfragt. Voraussetzung ist darüber hinaus ein Mobil- oder Festnetztelefon mit SMS-Empfangsfunktion.

Für die Zumutbarkeit ist ferner der erwähnte Aspekt der Wartezeit von Bedeutung. In deren Unvermeidbarkeit bei Telefonhotlines liegt ein entscheidender Unterschied zur alternativen Informationsquelle „Internet", wo die Informationen jederzeit sofort erhältlich sind. Insofern müsste die in der Werbung angegebene Hotline rund um die Uhr geschaltet sein, um der ständigen Verfügbarkeit des Internets zu entsprechen. Unzureichend ist dagegen eine eingeschränkte Erreichbarkeit, etwa während der Geschäftszeiten.

Die aufgezeigten Nachteile für den Verbraucher sprechen gegen die Anerkennung einer Telefonhotline als alleinige alternative Informationsquelle i.R.d. § 5a Abs. 3 Nr. 2 UWG. Im Ergebnis ist sie damit allenfalls als zusätzliche Maßnahme geeignet.[532]

c) Problem des „Medienbruchs"

Erfolgt die den Anforderungen des § 5a Abs. 3 UWG genügende geschäftliche Handlung außerhalb des Internets, geht mit dem Verweis auf die Webseite und ggf. zusätzlich auf die Telefonhotline des Unternehmers zwangsläufig ein sog. *Medienbruch*[533] einher: Zum Abrufen der Identitäts- und Anschriftsinformationen muss der Verbraucher vom Printmedium, Radio oder Fernsehen in ein anderes Medium (Internet, Telefon) wechseln.

aa) Gesetzesmaterialien zum UWG

Die Regierungsbegründung zum UWG 2015 nennt als Beispiel im Kontext des § 5a Abs. 5 UWG Werbeanzeigen oder Werbezettel, die nicht über ausreichenden Platz für sämtliche nach Abs. 3 und 4 wesentlichen Informationen verfügen,

---

532 So auch *Köhler*, WRP 2013, 1419 Rn. 41; *Gutachterausschuss für Wettbewerbsfragen*, WRP 2012, 924, 925.

533 *Köhler*/Bornkamm/Feddersen, § 5a UWG Rn. 6.1; *Scherer*, WRP 2018, 659 Rn. 3.

aber in deutlicher Weise auf eine Internetseite verweisen.[534] Folglich scheint der nationale Gesetzgeber einen Medienbruch bzgl. der Impressumsangaben generell für möglich zu erachten.

bb) Aussagen auf europäischer Ebene

Angesichts des Richtlinienhintergrunds der UWG-Impressumspflicht sind allerdings zunächst auf europäischer Ebene Aussagen zur Beurteilung eines Medienbruchs zu suchen, die im Wege europarechtskonformer Auslegung i.R.d. § 5a Abs. 2, Abs. 3 Nr. 2 UWG fruchtbar gemacht werden können.

Allerdings äußern sich weder die UGP-RL selbst noch die von den Kommissionsdienststellen veröffentlichten UGP-Leitlinien zu den Möglichkeiten eines Verweises auf die Webseite des Unternehmens. Ob ein solcher in den Augen des Richtliniengebers den Anforderungen des Art. 7 UGP-RL genügt, bleibt daher unklar.

(1) EuGH-Aussagen im Kontext von Online-Verkaufsplattformen

Im Vorabentscheidungsverfahren *MeinPaket.de* (S. 302 ff.) hat der *EuGH* bei beschränkten Kommunikationsmitteln eine Ausnahme von der Pflicht des Unternehmers, die Impressumsangaben bereits in der Aufforderung zum Kauf mitzuteilen, unter folgenden Voraussetzungen anerkannt:

> *„sofern die Verbraucher, die die beworbenen Produkte über die in der Werbeanzeige genannte Website des dafür werbenden Unternehmens kaufen können, diese Informationen auf einfache Weise auf dieser oder über diese Website erhalten können.“*[535]

Diese Formulierung erweckt den Eindruck, als werde für einen zulässigen Medienbruch kumulativ zu den Anforderungen der Medienklausel des Art. 7 Abs. 3 UGP-RL verlangt, dass der Produkterwerb über die Internetseite erfolgt, auf der die Impressumsangaben zur Verfügung gestellt werden. Wenn auch im konkreten Fall gegeben, enthalten die Urteilsgründe aber keine Begrenzung der Ausnahmemöglichkeit auf ausschließlichen Vertrieb über das Internet. Explizit äußert sich der *EuGH* weder zur Problematik des Medienbruchs noch zur Frage, ob bei auch oder nur den stationären Handel betreffenden Kaufaufforderungen eine abweichende Beurteilung geboten ist.

---

534 Begr. zum RegE des UWG 2015, BT-Drucks. 18/4535, S. 16 mit Verweis auf EuGH, Urt. v. 12.5.2011 – C-122/10, WRP 2012, 189 Rn. 56 – *Ving Sverige.*

535 EuGH, Urt. v. 30.3.2017 – C-146/16, NJW 2017, 1873 Rn. 30 – *VSW/DHL Paket GmbH.*

(2) *Ansicht des EuGH zu Art. 7 Abs. 4 lit. a und lit. c UGP-RL*

Zur Frage, ob über den Sonderfall von Online-Verkaufsplattformen hinaus ein Medienbruch zulässig sein kann, hat sich der *EuGH* bislang nur im Zusammenhang mit Art. 7 Abs. 4 lit. a und lit. c UGP-RL (umgesetzt durch § 5a Abs. 3 Nr. 1 und Nr. 3 UWG) geäußert: Es könne genügen, „nur bestimmte der ein Produkt kennzeichnenden Merkmale anzugeben, wenn der Gewerbetreibende im Übrigen auf seine Website verweist, sofern sich dort wesentliche Informationen über die maßgeblichen Merkmale des Produkts, dessen Preis und die übrigen Erfordernisse gemäß Art. 7 der Richtlinie finden."[536] Da zu letzteren auch die Identität und Anschrift des Unternehmers zählen, scheint der *EuGH* diesbezüglich einen Medienbruch nicht generell auszuschließen. Ob der Verbraucher trotz Nennung nur bestimmter Produktmerkmale in der Werbung in die Lage versetzt wird, eine informierte geschäftliche Entscheidung zu treffen, sei unter Berücksichtigung aller Einzelfallumstände zu beurteilen.[537]

(3) *Übertragbarkeit auf die Impressumsangaben und andere Vertriebsstrukturen*

Gegenstand der Urteile sind allerdings die Informationspflichten des Unternehmers über die wesentlichen Produktmerkmale bzw. den Gesamtpreis. Die Pflichtinformationen nach Art. 7 Abs. 4 lit. a und lit. c UGP-RL sind nach Ansicht des *EuGH* nicht zwingend vollumfänglich in der Aufforderung zum Kauf mitzuteilen, ein Medienbruch ist hier möglich. Daran anknüpfend stellt sich die Frage, ob die Wertungen auf Art. 7 Abs. 4 lit. b UGP-RL und § 5a Abs. 3 Nr. 2 UWG übertragbar oder diesbezüglich andere Maßstäbe anzulegen sind. Für die Allgemeingültigkeit spricht zumindest, dass der EuGH von einem Durchschnittsverbraucher auszugehen scheint, der über Internetzugang und -nutzungsfähigkeit verfügt.[538]

Diverse *Instanzgerichte* halten den Verweis auf eine Webseite bzgl. der Impressumsangaben nach § 5a Abs. 3 Nr. 2 UWG – anders als bei den produktbezogenen Informationen gem. Nr. 1 – nicht für ausreichend.[539] Denn nur soweit

536 EuGH, Urt. v. 12.5.2011 – C-122/10, WRP 2012, 189 Rn. 59 – *Ving Sverige* zu Art. 7 Abs. 4 lit. a UGP-RL i.R.e. Printwerbung; mit ähnlichem Wortlaut Urt. v. 26.10.2016 – C-611/14, WRP 2017, 31 Rn. 63 – *Canal Digital Danmark* hins. Art. 7 Abs. 4 lit. c UGP-RL bei einem TV-Werbespot.

537 EuGH, Urt. v. 12.5.2011 – C-122/10, WRP 2012, 189 Rn. 59 – *Ving Sverige.*

538 *Billing/Lang*, ZVertriebsR 2013, 207, 210.

539 OLG Hamm, Urt. v. 2.2.2012 – 4 U 168/11, WRP 2012, 984 Rn. 33 ff.; OLG Düsseldorf, Urt. v. 2.10.2012 – 20 U 223/11 juris Rn. 22; OLG Rostock, Urt. v. 27.3.2013 – 2 U 21/

letztere in Rede stehen, könne sich der Werbende darauf beschränken, *„im angemessenen Umfang* Angaben zu machen".[540] Angesprochen ist die in § 5a Abs. 3 Nr. 1 UWG a.E. explizit vorgesehene, von der angebotenen Ware/Dienstleistung und dem verwendeten Kommunikationsmittel abhängende Beschränkung. Damit sollen die Informationspflichten insb. bei geringwertigen Gegenständen des täglichen Bedarfs auf ein angemessenes Maß reduziert werden.[541] Angesichts der Tatsache, dass § 5a Abs. 3 Nr. 2 UWG und dessen Richtlinienvorbild keinen entsprechenden Zusatz enthalten, könnte die unternehmensbezogene Informationspflicht abweichend zu behandeln und hier ein Medienbruch als unzulässig einzustufen sein.

Die Systematik legt aber eine andere Lesart nahe: Der letzte Teilsatz des § 5a Abs. 3 Nr. 1 UWG schränkt dem Wortlaut nach die Wesentlichkeit ein, begrenzt folglich den Umfang der Pflichtinformationen. Ob ihr auf dieser Tatbestandsebene ein für die nachfolgenden Nummern geltender, allgemeiner Rechtsgedanke zu entnehmen ist, kann hier dahinstehen. Angesichts der systematischen Stellung bei einer der enumerativ aufgezählten Informationspflichten – und nicht „vor die Klammer gezogen" – dürfte dies abzulehnen sein. Der Grund für die Differenzierung liegt wohl darin, dass bei den Produktmerkmalen ein die Darstellungsmöglichkeiten erheblich übersteigender Informationsumfang besonders nahe liegt. Bzgl. der Anschrifts- und Identitätsangaben, z.B. bei Gemeinschaftswerbung für eine Vielzahl unselbständiger Filialen oder selbständiger Vertriebspartner, ist der Problematik hingegen beim Merkmal des Vorenthaltens zu begegnen. Hierauf bezieht sich der Zusatz in § 5a Abs. 3 Nr. 1 UWG a.E. nicht, sodass ihm auf dieser Ebene keine Bedeutung zukommt. Folglich stellt er auch keine unnötige Wiederholung der nunmehr in § 5a Abs. 5 Nr. 1 UWG kodifizierten Medienklausel dar.[542]

Mithin gebietet die Regelung des § 5a Abs. 3 Nr. 1 UWG a.E. keinen zwingenden Umkehrschluss, der einer Übertragung der im Hinblick auf dessen Richtlinienvorbild vom *EuGH* angestellten Überlegungen zur Zulassung eines Medienbruchs auf die Impressumspflicht nach Nr. 2 entgegenstünde.

12, WRP 2013, 1368 Rn. 35; LG Hamburg, Urt. v. 1.8.2013 – 327 O 116/13, WRP 2013, 1668 Rn. 17 – *Gebrauchtwagenanzeige*.

540 LG Hamburg, Urt. v. 1.8.2013 – 327 O 116/13, WRP 2013, 1668 Rn. 17 – *Gebrauchtwagenanzeige*.

541 Begr. zum RegE des UWG 2008, BT-Drucks. 16/10145, S. 26.

542 So aber hins. der Berücksichtigung des Mediums GK-UWG/*Lindacher*, § 5a Rn. 47; *Kieffer*, S. 160.

Überregionale, von der Systemzentrale geschaltete Werbung muss grundsätzlich auch die Identitäten und Anschriften der einzelnen Standorte des Vertriebssystems enthalten. Da sich Ausnahmen von der grundsätzlichen Informationspflicht unmittelbar in der Werbung aufgrund medienspezifischer Besonderheiten – und damit unabhängig vom Vertriebssystem – ergeben können, lassen sich auch die dahingehenden Kernaussagen des *EuGH*-Urteils in der Sache *MeinPaket.de* verallgemeinern (siehe bereits S. 306). Die Kriterien, nach denen sich ein zulässiger Medienbruch bestimmt, bleiben die Luxemburger Richter allerdings schuldig, sodass weiterhin Rechtsunsicherheit besteht.

cc) Nationale Rechtsprechung

Anders als der deutsche Gesetzgeber und der EuGH steht die nationale Rechtsprechung einem Medienbruch im Kontext des § 5a Abs. 3 Nr. 2 UWG kritisch gegenüber. Angemerkt wird z.B., dass der Verbraucher die Impressumsangaben bei Zeitungswerbung nicht unbedingt wie bei Online-Werbung im Wege der Durchsicht des Internetauftritts ermitteln wird.[543] Es gibt aber auch Gerichte, die die Möglichkeit der Verweisung auf eine Internetseite zumindest in Hinblick auf umfangreiche Vertriebssysteme nicht generell ausschließen.

(1) Auffassung der Oberlandesgerichte Frankfurt a.M. und Köln

Das *OLG Frankfurt a.M.* ließ etwa offen, ob in der Printwerbung, die ein Franchisegeber unter seiner Marke geschaltet hatte, auch die Impressumsangaben der ca. 300 dem Franchisesystem angeschlossenen Reisebüros hätten genannt werden müssen.[544] Und das *OLG Köln* bewertet die Zulässigkeit außerhalb der Kaufaufforderung bereitgestellter Identitäts- und Anschriftsinformationen einzelfallbezogen, wobei der Verweis auf eine Webseite des Unternehmens nicht von vornherein ausgeschlossen erscheine.[545]

(2) Position des OLG München

Mit der Frage, ob Printwerbung zur Erfüllung der UWG-Impressumspflicht auf die Internetseite des Werbenden verweisen kann, hat sich auch das *OLG München* befasst: 2011 konnte es die Antwort in Bezug auf eine Prospektwerbung

---

543 OLG Celle, Beschl. v. 29.10.2013 – 13 W 79/13 juris Rn. 17 – *FlussErlebnis*.

544 OLG Frankfurt a.M., Beschl. v. 21.5.2013 – 6 U 60/13 juris Rn. 7 musste über den Medienbruch nicht abschließend entscheiden, da der erforderliche Hinweis fehlte (vgl. S. 343 ff.).

545 OLG Köln, Beschl. v. 9.1.2012 – 6 W 3/12 juris Rn. 2 im konkreten Fall verneint.

des Filialsystems *Netto* noch dahinstehen lassen, da der enthaltene Hinweis auf die Homepage inhaltlich nicht den Anforderungen des § 5a Abs. 3 Nr. 2 UWG genügte.[546] Dabei legt die detaillierte Prüfung der Verweisung allerdings nahe, dass das Gericht eine Bereitstellung der Impressumsinformationen auf der Internetseite des Unternehmers – anders als im Eingangsbereich der Verkaufsstellen – nicht kategorisch für unzureichend hält.

Im Jahr 2014 ging es vor dem OLG München um eine Zeitungsanzeige des Unternehmens *McDonald's*, das weltweit direkt oder indirekt über Tochtergesellschaften und Franchisenehmer Restaurants der Systemgastronomie betreibt.[547] Trotz Nennung lediglich eines „ab"-Preises als unverbindliche Preisempfehlung löst die Werbung die Informationspflicht nach § 5a Abs. 3 Nr. 2 UWG aus (S. 189 ff.). Identitäten und Anschriften waren indes nicht abgedruckt, lediglich der Hinweis, dass „Informationen zu Produkten und teilnehmenden Restaurants unter: www.mcdonalds.de" abrufbar sind.

Zur Eigenwerbung für die selbst betriebenen Geschäftslokale urteilte das Gericht: Insofern zeichne sich die Unternehmenszentrale auch selbst verantwortlich für das angepriesene Warenangebot und da die Mitteilung ihrer Identität und Anschrift in der Werbung ohne weiteres möglich gewesen wäre, wurde der bloße Verweis auf den Internetauftritt „grundsätzlich nicht für ausreichend erachtet".[548] Die Formulierung ist als generelle Ablehnung eines Medienbruchs hins. der Impressumsangaben der Unternehmenszentrale und damit bei Eigenwerbung zu lesen. Das verdeutlichen die in Bezug genommenen Gerichtsentscheidungen, außerdem werden die Beschränkungen des Kommunikationsmittels als relevantes Kriterium explizit abgelehnt.[549]

Die Klage war auf die Eigenwerbung beschränkt, sodass im Hinblick auf Angaben zu den Franchisenehmern, für welche die Werbung ebenfalls geschaltet war, eine Zulässigkeitsprüfung des Medienbruchs dahinstehen konnte. Bei solchen Gemeinschaftswerbungen hält das *OLG München* aber wegen des Medienvorbehalts in Art. 7 Abs. 3 UGP-RL einen Hinweis auf einen die Pflichtangaben

---

546 OLG München, Urt. v. 31.3.2011 – 6 U 3517/10 juris Rn. 29 – *Identitätsangabe in der Prospektwerbung*; zur unzureichenden Verweisung ausführlicher S. 345 f.

547 OLG München, Urt. v. 15.5.2014 – 6 U 3500/13, ZVertriebsR 2015, 51 Rn. 2 – *McDonald's*.

548 OLG München, Urt. v. 15.5.2014 – 6 U 3500/13, ZVertriebsR 2015, 51 Rn. 36-39 – *McDonald's*.

549 OLG München, Urt. v. 15.5.2014 – 6 U 3500/13, ZVertriebsR 2015, 51 Rn. 39 – *McDonald's*. Der Verweis auf OLG Saarbrücken, Urt. v. 6.3.2013 – 1 U 41/12-13, WRP 2013, 940 geht allerdings fehl, da sich dort keine Aussagen zur Abrufbarkeit der Informationen im Internet finden.

zu den teilnehmenden Unternehmen enthaltenden Internetauftritt ausdrücklich für möglich.[550]

(3) Auffassung der Oberlandesgerichte Hamm und Brandenburg

Zur Erfüllung des § 5a Abs. 3 Nr. 2 UWG hält es das *OLG Hamm* nicht für ausreichend, dass der Verbraucher sich die in der Werbung fehlenden Informationen zur Identität und Anschrift des Unternehmers über dessen Internetseite „beschaffen könnte".[551] Aufgeführt waren auf der letzten Seite der streitgegenständlichen Angebotsprospekte der Möbelhauskette *Roller* lediglich einige Filialanschriften und die Internetseite von dem die Werbung koordinierenden Mutterunternehmen. Dass das Gericht darin nicht nur einen unzureichenden Verweis auf die alternative Informationsquelle sieht, sondern einen Medienbruch im Kontext der UWG-Impressumspflicht generell für unzulässig hält, machen die Entscheidungsgründe deutlich:

> *„Wenn der Verbraucher erst Internetseiten aufrufen (...) muss, um die für erforderlich gehaltenen Informationen zu erhalten, wird dem gewünschten Verbraucherschutz nicht hinreichend Genüge getan."*[552]

Dieser Satz lässt erkennen, dass schon der Wechsel zum Medium „Internet" für sich genommen als dem Verbraucher unzumutbare Schwierigkeit bei der Informationsaufnahme angesehen wird. Eine Auseinandersetzung mit den Grenzen des Werbemediums findet nicht statt. Das Gericht begründet seine Auffassung mit der Funktion der Impressumsangaben, welche dem Verbraucher eine leichte Kontaktaufnahme mit dem anbietenden Unternehmen ermöglichen sollen.[553] Da diese Zielsetzung von der Struktur des werbenden Vertriebssystems unabhängig und daher die Argumentation nicht Filialsystem-spezifisch ist, dürfte

---

550 OLG München, Urt. v. 15.5.2014 – 6 U 3500/13, ZVertriebsR 2015, 51 Rn. 37, 39 – *McDonald's*.

551 OLG Hamm, Beschl. v. 11.8.2011 – 4 W 66/11 juris Rn. 5 f. – *Roller*; Beschl. v. 13.10.2011 – 4 W 84/11 juris Rn. 19 f. – *Roller*; bestätigt durch LG Bielefeld, Urt. v. 23.9.2011 – 17 O 95/11 juris Orientierungssatz 2.

552 OLG Hamm, Beschl. v. 11.8.2011 – 4 W 66/11 juris Rn. 5 – *Roller*; Beschl. v. 13.10.2011 – 4 W 84/11 juris Rn. 19 – *Roller*; Urt. v. 2.2.2012 – 4 U 168/11, WRP 2012, 984 Rn. 31; Urt. v. 30.10.2012 – 4 U 61/12 juris Rn. 74 – *Unternehmensschlagwort* (Thematisierung i.R.d. § 5a Abs. 3 UWG a.E. bedeutet mangels gesonderter Prüfung des Vorenthaltens keine abweichende inhaltliche Bewertung).

553 OLG Hamm, Beschl. v. 11.8.2011 – 4 W 66/11 juris Rn. 5 – *Roller*; Beschl. v. 13.10.2011 – 4 W 84/11 juris Rn. 19 – *Roller*; ausführlich zu dieser Funktion S. 126 f.

das *OLG Hamm* in Bezug auf Printwerbung von Franchisesystemen zu keinem anderen Ergebnis kommen.

Auf die wiedergegebene Aussage des OLG Hamm berief sich u.a. das *OLG Brandenburg* und ließ infolgedessen die in der Werbung genannte Internetadresse nicht genügen: Vielmehr seien die Identität und Anschrift im Werbeträger selbst anzugeben, da dem Verbraucher nicht angesonnen werden könne, sie anderweitig zu recherchieren.[554] Die Aussage geht über den konkreten Fall hinaus, in dem hins. der Angaben zum werbenden Unternehmen ein Ausweichen auf ein anderes Medium nicht geboten war, beansprucht mithin allgemeine Gültigkeit.

(4) Entscheidung des LG Stuttgart

Befürworter eines Medienbruchs zur Erfüllung der Impressumspflicht des UWG verweisen zustimmend auf eine Entscheidung des *LG Stuttgart* zur Zeitungsanzeige eines Einkaufsverbands: Die Aufnahme der Anschriften von hunderten Händlern scheide angesichts des nach Art. 7 Abs. 3 UGP-RL zu berücksichtigenden Platzmangels aus.[555] Demzufolge habe das Gericht im konkreten Fall den Verweis auf eine Webseite und Telefonnummer akzeptiert.[556] Denn anders als in der im letzten Abschnitt dargestellten Entscheidung des OLG Brandenburg ging es nicht mehr allein um die Impressumsangaben der Unternehmenszentrale. Die Begründung, dass die Informationsfülle einer Mitteilung unmittelbar in der Werbung entgegensteht, lässt sich über die streitgegenständliche Werbung eines Einkaufsverbands hinaus auf andere umfangreiche Vertriebsstrukturen wie Franchise- oder Filialsysteme übertragen.

dd) Literaturaussagen

In der *Literatur* finden sich zur Beurteilung eines Medienbruchs i.R.d. § 5a Abs. 3 Nr. 2 UWG eine Reihe allgemeiner, nicht auf Internetverkaufsplattformen beschränkter Aussagen. Bei Eigenwerbung wird ein bloßer Verweis auf einen Internetauftritt für unzulässig gehalten.[557] Gemeinschaftswerbung von großen

---

554 OLG Brandenburg, Beschl. v. 26.6.2012 – 6 W 72/12 juris Rn. 20.

555 *Von Walter/Kluge*, WRP 2013, 866 Rn. 51 mit Verweis auf LG Stuttgart, Entsch. v. 30.7.2012 – 38 O 50/12 KfH, n.v.; vgl. in diese Richtung auch OLG Stuttgart, Urt. v. 12.12.2013 – 2 U 12/13 juris Rn. 61 f.

556 Vgl. *von Walter/Kluge*, WRP 2013, 866 Rn. 51.

557 Unter Berufung auf die oberlandesgerichtliche Rspr.: Fezer/Büscher/*Obergfell*, § 5a UWG Rn. 142; Götting/*Nordemann*, § 5a UWG Rn. 140; Ohly/*Sosnitza*, § 5a UWG Rn. 76.

Franchise- oder Filialsystemen sowie Verbundgruppen müsse aus Verbraucherschutzgründen das hauptverantwortliche Unternehmen identifizieren, darüber hinaus sollen online zur Verfügung gestellte Impressumsinformationen aber je nach den Umständen des Einzelfalls ausreichen.[558] Hier wird die Zulassung eines Medienbruchs als praxistaugliche Lösung angesehen, die sowohl dem berechtigten Informationsbedürfnis der Verbraucher als auch den Unternehmerinteressen Rechnung trägt.[559]

Der Verbraucher werde dadurch nicht unzumutbar belastet, da ihm der *BGH* im Irreführungskontext teilweise noch umfangreichere Recherchetätigkeiten auferlegt.[560] Bzgl. der Impressumsangaben soll Art. 7 Abs. 3 UGP-RL (nunmehr in § 5a Abs. 5 UWG umgesetzt) seine Bedeutung entfalten und dem Unternehmer die Bereitstellung im Internet ermöglichen, sofern diese über das gewählte Kommunikationsmittel selbst nicht sachgerecht möglich ist.[561] Dementsprechend sei es bei einer in den Anwendungsbereich des § 5a Abs. 3 UWG fallenden systemweiten Werbung des Franchisegebers mit der kartellrechtlich gebotenen Einschränkung „nur in teilnehmenden Märkten" zulässig, wenn die Namen und Anschriften der Franchisenehmerbetriebe über eine Internetadresse in Erfahrung gebracht werden können.[562] Denn die Verpflichtung, dass die Werbung vollständige Angaben zu allen Vertriebspartnern enthalten muss, besäße prohibitiven Charakter und würde gemeinschaftliche Werbung für eine Vielzahl von Unternehmen unmöglich machen.[563]

ee) Position des Gutachterausschusses für Wettbewerbsfragen

Mit dem Umfang und Bereitstellungsort der nach § 5a Abs. 3 Nr. 2 UWG bei überregionaler Prospektwerbung von Verbundgruppen, Franchisegebern oder

558 Fezer/Büscher/*Obergfell*, § 5a UWG Rn. 142; Ohly/*Sosnitza*, § 5a UWG Rn. 76; *Möller*, GRUR-Prax 2015, 44; *von Stumm*, GWR 2017, 5, 6 f. unter Hinweis auf Art. 7 Abs. 3 UGP-RL, insb. wenn die Geschäfte mit den Verbrauchern nur übers Internet abgeschlossen werden sollen.

559 *Köhler*/Bornkamm/Feddersen, § 5a UWG Rn. 4.37; *ders.*, WRP 2013, 1419 Rn. 42; *von Walter/Kluge*, WRP 2013, 866 Rn. 48 f.; *Lettl*, WRP 2013, 1105 Rn. 27 ff., 38; *Dück*, WRP 2018, 29 Rn. 11 f.

560 *Lettl*, WRP 2013, 1105 Rn. 28 mit Verweis auf BGH, Urt. v. 30.11.1995 – I ZR 233/93, WRP 1996, 286, 287 – *Saustarke Angebote*.

561 *Alexander*, WRP 2013, 716 Rn. 33 f.; *ders.*, WRP 2016, 139 Rn. 60 f.; *Köhler*, WRP 2013, 1419 Rn. 42.

562 *Köhler*/Bornkamm/Feddersen, § 5a UWG Rn. 4.37.

563 MüKoUWG/*Alexander*, § 5a Rn. 369; *ders.*, WRP 2016, 139 Rn. 61.

Unternehmen mit großem Filialnetz offenzulegenden Informationen hat sich auch der *Gutachterausschuss für Wettbewerbsfragen*[564] befasst. Stellung bezogen hat er u.a. zur Frage, ob jedes einzelne Verbundgruppen-Anschlusshaus, jeder Franchisenehmer bzw. jede Filiale mit genauer Unternehmensbezeichnung, Rechtsform und Anschrift unmittelbar in der Printwerbung aufgelistet werden muss: Ausreichend sei stattdessen der Verweis auf eine Internetseite, auf der die vollständigen Angaben zu sämtlichen Standorten zu finden sind.[565] Der Gutachterausschuss weist dabei auf die enorme Kostenbelastung für das werbende Unternehmen, aber auch auf die negativen Auswirkungen für die Umwelt hin.[566] Die Zulassung des Medienbruchs wird neben der Unzumutbarkeit für den Unternehmer, im Werbeprospekt sämtliche Einzelinformationen abzudrucken, mit dem zweifelhaften Nutzen einer solchen Handhabung für den Verbraucher begründet: Dieser kenne in der Regel seinen Lebensmittel- oder Sportfachhändler und könne die genauen Angaben zur Identität seines potentiellen Geschäftspartners leicht herausfinden.[567] Relevant werden sie – so der *Gutachterausschuss* – für den Verbraucher erst, wenn er im Begriff ist, einen Vertrag abzuschließen.[568] Zuvor solle er zwar schon Kontakt aufnehmen können ohne die Verkaufsfläche selbst aufsuchen zu müssen, die Informationspflicht in der Werbung diene aber nicht dazu, den Blick ins Handelsregister zu ersetzen.[569]

Zu einem anderen Ergebnis kommt der *Gutachterausschuss* für überregional tätige Anbieter mit unselbständigen Filialen: Hier soll bereits in der Werbung die vollständige Firmenangabe und Adresse der Unternehmenszentrale angegeben werden, da es sich im Gegensatz zu den anderen Organisationsformen nur um ein einziges Unternehmen handelt.[570]

---

564 Das beim Deutschen Industrie- und Handelskammertag (DIHK) gebildete Gremium erteilt auf Antrag einer IHK, der Wettbewerbszentrale, von Gerichten, Behörden oder Verbraucherzentralen im Einzelfall Auskünfte zu lauterkeitsrechtlichen Fragestellungen sowie öffentliche Gutachten in Fällen wettbewerbsrechtlicher Relevanz.

565 *Gutachterausschuss für Wettbewerbsfragen*, WRP 2012, 924, 925 f.

566 *Gutachterausschuss für Wettbewerbsfragen*, WRP 2012, 924, 926.

567 Vgl. *Gutachterausschuss für Wettbewerbsfragen*, WRP 2012, 924, 925 f.; *DIHK*, WRP 2014, 1426 Rn. 29.

568 *Gutachterausschuss für Wettbewerbsfragen*, WRP 2012, 924, 925.

569 *Gutachterausschuss für Wettbewerbsfragen*, WRP 2012, 924, 925 f.

570 *Gutachterausschuss für Wettbewerbsfragen*, WRP 2012, 924, 925; siehe dazu bereits S. 255.

ff) Stellungnahmen verschiedener Verbände zum RefE des UWG 2015

Für die Zulassung eines Medienbruchs im Kontext des § 5a Abs. 3 Nr. 2 UWG sprechen sich auch eine Reihe von Stellungnahmen diverser Wirtschaftsverbände zum Referentenentwurf des UWG 2015 aus: Ausreichen soll zur Erfüllung der Informationspflicht bei überregionaler Werbung von Verbundgruppen, Genossenschaften, Franchisesystemen etc. ein Verweis auf eine Internetseite, wo die Identitäten und Anschriften bereitgestellt sind.[571]

Die Verbände bemängeln die im Gesetzentwurf fehlende Regelung bzw. Klarstellung zu den Identitäts- und Anschriftsangaben von Vertriebsstellen mit eigener Rechtspersönlichkeit in komplex organisierten Unternehmen, obwohl die Problematik um deren Darstellung bekannt und in der Praxis heftig umstritten war und ist.[572]

Der Deutsche Franchiseverband e.V. (DFV), der Handelsverband Deutschland (HDE) und der Mittelstandsverbund – ZGV e.V. forderten eine ausdrückliche Kodifikation, dass die Vorgaben bei gemeinsamer Werbung mehrerer selbständiger Unternehmen auch durch eindeutigen und lesbaren Verweis auf eine Internetadresse erfüllt werden können.[573] Allerdings nur, sofern die Angaben dort ohne weitere Verlinkungen unmittelbar abgerufen werden können und eine Mitteilung unmittelbar in der Werbung wegen der Begrenzungen des verwendeten Kommunikationsmittels unzumutbar ist.[574] Dabei zieht zumindest der DFV auch eine Regelung in den Gesetzesmaterialien in Erwägung.[575]

gg) Zwischenergebnis

Während der *nationale Gesetzgeber* den Verweis auf eine Internetseite i.R.d. § 5a Abs. 3 UWG ausdrücklich für möglich hält, fehlen zur Zulässigkeit eines Medienbruchs in diesem Kontext – über die Existenz der sog. Medienklausel in Art. 7

571 *DIHK*, WRP 2014, 1426 Rn. 29, 39; *Markenverband*, WRP 2015, 46 Rn. 24; *DFV*, ZVertriebsR 2015, 63, 64; *HDE*, WRP 2014, 1430 Rn. 31 f., 45; *ZAW*, WRP 2015, 180 Rn. 30; *ZGV*, Stellungnahme zum RefE des UWG 2015, Rn. 8; auch *BdS*, Stellungnahme zum RegE des UWG 2015, S. 1 ff.

572 *DFV*, ZVertriebsR 2015, 63 ff.; *DIHK*, WRP 2014, 1426 Rn. 29 f.; *HDE*, WRP 2014, 1430 Rn. 30 ff.; *Markenverband*, WRP 2015, 46 Rn. 24; *ZAW*, WRP 2015, 180 Rn. 25 ff.; *ZGV*, Stellungnahme zum RefE des UWG 2015, Rn. 8.

573 *DFV*, ZVertriebsR 2015, 63, 64; *HDE*, WRP 2014, 1430 Rn. 32; *ZGV*, Stellungnahme zum RefE des UWG 2015, Rn. 8. Allgemeiner gehalten ist der Vorschlag des *ZAW*, WRP 2015, 180 Rn. 30.

574 *HDE*, WRP 2014, 1430 Rn. 32; *ZGV*, Stellungnahme zum RefE des UWG 2015, Rn. 8.

575 *DFV*, ZVertriebsR 2015, 63, 64.

Abs. 3 UGP-RL hinaus – Aussagen des Richtliniengebers. Der *EuGH* hat bzgl. der Printwerbung einer Internetverkaufsplattform entschieden, dass der Werbende unter bestimmten Voraussetzungen die Identitäts- und Anschriftsangaben auf seiner in der Werbung genannten Webseite bereitstellen darf. Außerdem hat er die Möglichkeit eines Medienbruchs dergestalt, hins. der Erfordernisse des Art. 7 UGP-RL auf eine Webseite zu verweisen, in anderen Urteilen zu den Informationspflichten über die Produktmerkmale und den Gesamtpreis anerkannt. Der Übertragung dieser Rechtsprechung auf die lauterkeitsrechtliche Impressumspflicht steht die der Wesentlichkeit zuzuordnende Einschränkung in Art. 7 Abs. 4 lit. a UGP-RL a.E. („in dem für das Medium und das Produkt angemessenen Umfang") bzw. § 5a Abs. 3 Nr. 1 UWG a.E. nicht entgegen. Ferner gelten die getroffenen Wertungen unabhängig von der Struktur des Vertriebssystems.

Wesentlich kritischer wird die Problematik von der *nationalen Rechtsprechung* beurteilt. So halten die Oberlandesgerichte Hamm und Brandenburg einen Medienbruch im Kontext des § 5a Abs. 3 Nr. 2 UWG ausnahmslos für unzulässig. Dagegen schließen die Oberlandesgerichte Frankfurt a.M. und Köln die Möglichkeit eines Verweises auf eine Webseite des werbenden Unternehmens nicht generell aus; ebenso wenig das OLG München bei Gemeinschaftswerbung z.B. für Franchisenehmer, wohl aber für Eigenwerbung und damit hins. der Impressumsangaben der Unternehmenszentrale. Entsprechend hat das LG Stuttgart bei der Werbung eines Einkaufsverbands den Verweis auf eine Webseite und Telefonnummer für ausreichend zur Erfüllung der UWG-Impressumspflicht über die einzelnen Vertriebsstandorte befunden.

Von Seiten der *Literatur* wird zwischen Eigen- und Gemeinschaftswerbung differenziert: Während bei ersterer ein Medienbruch unzulässig sei, können einzelfallabhängig die Namen und Anschriften einer Vielzahl von Vertriebsstandorten im Internet zur Verfügung gestellt werden, sofern das hauptverantwortliche Unternehmen in der Werbung selbst identifiziert werde. Auch der *Gutachterausschuss für Wettbewerbsfragen* spricht sich für die Zulassung eines Medienbruchs aus: Bei überregionaler Prospektwerbung genüge der Verweis auf eine Internetseite, auf der die Identitäten und Anschriften sämtlicher Verbundgruppen-Anschlusshäuser, Franchisenehmer bzw. Filialen zu finden sind. Einen Schritt weiter gehen die *Stellungnahmen diverser Wirtschaftsverbände zum UWG-Referentenentwurf 2015*: Vom DFV, HDE und ZGV wurde sogar die ausdrückliche Kodifikation der Voraussetzungen eines zulässigen Medienbruchs durch einen Verweis auf eine Internetadresse gefordert.

hh) Stellungnahme

Feststellen lässt sich zunächst, dass eine schwarz-weiß Betrachtung dergestalt, einen Medienbruch bzgl. der Pflichtinformationen nach § 5a Abs. 3 Nr. 2 UWG generell zuzulassen oder abzulehnen, der Komplexität der Thematik nicht gerecht wird. Durchzuführen ist vielmehr eine Einzelfallbetrachtung unter Berücksichtigung des konkret eingesetzten Werbemediums sowie von Umfang und Struktur des werbenden Unternehmens bzw. Vertriebssystems. Das gilt auch in Bezug auf Werbemaßnahmen für mehrere selbständige bzw. unselbständige Vertriebsstellen, sodass hier ein Medienbruch nicht per se zulässig ist. Denn ob eine solche Gemeinschaftswerbung tatsächlich räumliche und/oder zeitliche Beschränkungen aufweist, die eine Auslagerung der Informationen rechtfertigen, hängt von den Umständen des konkreten Falls ab und lässt sich nicht pauschal beantworten.

Von diesem Grundsatz ist auch für überregionale Werbung von Franchisegebern keine Ausnahme, z.B. wegen des kartellrechtlichen Preisbindungsverbots, zu machen. Dem Einwand, die Darstellung der an der Werbeaktion teilnehmenden Franchisenehmer sei kartellrechtskonform nur über das Internet möglich, da dort eine ständige Anpassung der Informationen möglich ist,[576] kann nicht gefolgt werden. Denn eine Auflistung der teilnehmenden Märkte verstößt, wie auf S. 275 ff. erörtert, gegen das deutsche wie europäische Kartellverbot.

Und auch das vorgebrachte Argument, bei allein den stationären Handel in einzelnen Märkten betreffenden Fallgestaltungen bestehe von vornherein nicht die Gefahr, dass sich Anbieter in der Anonymität des Internets verstecken,[577] überzeugt im Ergebnis nicht: Zum einen dient § 5a Abs. 3 Nr. 2 UWG generell der Verhinderung anonym erfolgender Wettbewerbsauftritte, d.h. bei allen Vertriebskanälen. Zum anderen könnten einem Medienbruch die weiteren Funktionen der Regelung entgegenstehen, v.a. die bezweckte Identifizierung des potentiellen Vertragspartners und Vereinfachung der Kontaktaufnahme; und zwar unabhängig davon, ob der Vertragsschluss später online oder offline erfolgt.

Die Zulässigkeit eines Medienbruchs hins. der Identitäts- und Anschriftsinformationen ist im Wege einer umfassenden, auf den konkreten Fall bezogenen Abwägung der Verbraucher- und Unternehmerinteressen zu ermitteln. Bedeutung erlangen dabei verschiedene Aspekte, die in den folgenden Abschnitten erörtert werden.

576 *ZAW*, WRP 2015, 180 Rn. 27.
577 *Lettl*, WRP 2013, 1105 Rn. 31.

(1) Sonderkonstellation Online-Verkaufsplattformen

Unabhängig vom Kommunikationsmittel könnte man erwägen, Werbungen reiner Online-Händler bzw. -Verkaufsplattformen im Hinblick auf die Zulassung eines Medienbruchs einer gesonderten Behandlung zu unterziehen; und zwar dahingehend, hier die Bereitstellung der Impressumsinformationen im Internet generell für zulässig und ausreichend zu halten. Das Prinzip des § 5a Abs. 5 UWG bzw. Art. 7 Abs. 3 UGP-RL könnte die Entlastung z.B. einer Printanzeige durch Auslagerung der geschuldeten Identitäts- und Anschriftsangaben auf eine in der Werbung in Bezug genommene Internetseite rechtfertigen, sofern die beworbenen Produkte ausschließlich über diese erworben werden können.[578]

Für eine abweichende Beurteilung bei Online-Verkaufsplattformen und -shops spricht, dass der angesprochene Kundenkreis für den Vertragsschluss zwangsläufig die Internetseite aufsuchen muss.[579] Insofern ließe sich argumentieren, dass gar kein Medien-"Bruch" stattfindet. Ein solcher liegt jedoch zwischen der in den Anwendungsbereich des § 5a Abs. 3 UWG fallenden Werbung und der Informationsbereitstellung auf der Webseite des Unternehmers. Und in diese Zeitspanne fallen die geschäftlichen Entscheidungen des Verbrauchers wie das Aufsuchen der Internetseite,[580] die auf informierter Basis erfolgen sollen.

Die einschlägigen *EuGH*-Urteile differenzieren hins. der Problematik des Medienbruchs nicht explizit zwischen Kaufaufforderungen für im Internet bzw. auch oder nur im stationären Handel erhältliche Produkte. Der Argumentationsfokus der Luxemburger Richter liegt auf dem verwendeten Werbemedium und dessen Beschränkungen, wofür es keine Rolle spielt, ob der Vertragsschluss später online oder offline erfolgt. Auch vor diesem Hintergrund erscheint es nicht geboten, die Zulassung eines Medienbruchs hins. der Impressumsangaben auf Werbungen für Internetverkaufsplattformen oder Onlineshops zu beschränken.

(2) Werbung in „flüchtigen Medien"

In „flüchtigen Medien" wie Radio und Fernsehen sind die mitgeteilten Informationen nach Ende des Werbespots nicht mehr aufrufbar. Selbst wenn hier die Werbung eines Vertriebssystems sämtliche Identitäten und Anschriften nennt, kann nicht angenommen werden, dass der zuhörende bzw. zuschauende

---

578 So etwa *Oechsler*, LMK 2016, 377692; implizit auch KG, Urt. v. 20.12.2016 – 5 U 134/15 juris Rn. 11.

579 *Billing/Lang*, ZVertriebsR 2013, 207, 211; *Oechsler*, LMK 2016, 377692.

580 Vgl. BGH, Beschl. v. 28.1.2016 – I ZR 231/14, GRUR 2016, 399 Rn. 24 – *MeinPaket.de*; Urt. v. 14.9.2017 – I ZR 231/14, GRUR 2017, 1269 Rn. 30 – *MeinPaket.de II*.

Verbraucher die für ihn relevanten Angaben herausfiltert und sich merkt. Demzufolge erscheint bzgl. einer Vielzahl zu offenbarender Impressumsinformationen jedenfalls bei Kaufaufforderungen im Radio oder Fernsehen der Verweis auf die Internetseite des Unternehmers als sachgemäße Lösung. Denn die dort gegebene ständige Verfügbarkeit der Informationen kann den Funktionen der UWG-Impressumspflicht besser Rechnung tragen als deren Bereitstellung im Werbemedium selbst.

Entsprechendes gilt für Kaufaufforderungen digitaler Sprachassistenten wie Siri, Alexa und Cortana, da auch in der Situation der hier angebotenen unmittelbaren Bestellmöglichkeit die Informationsaufnahmefähigkeit und -bereitschaft des Verbrauchers begrenzt ist. Daher stellt sich hins. Informationsmengen, deren Mitteilung durch den sprachgesteuerten Einkaufsassistenten dem Unternehmer nicht zugemutet werden kann, ein Verweis auf eine App oder einen Webshop als praktikabler Lösungsweg dar, der auch die Verbraucherinteressen wahrt. Dafür spricht zudem, dass der Nutzer von Sprachsteuerung technisch zumindest so versiert ist, dass er auf eine App oder Webseite zugreifen kann, da auch die Sprachassistenz mittels App aktiviert wird.[581]

(3) Unternehmerinteressen und deren Schutz durch Grundrechtecharta und EMRK

Die Frage, ob die Identitäts- und Anschriftsangaben zwingend im gewählten Kommunikationsmedium selbst erfolgen müssen oder insofern ein Medienbruch zulässig ist, hat auch eine grundrechtliche Dimension. Da § 5a Abs. 2, Abs. 3 Nr. 2 UWG der Umsetzung der UGP-RL dient, sind bei der Auslegung die europäischen Grundrechte heranzuziehen (Art. 51 Abs. 1 GRCh).[582] Die Verbreitung von Informationen geschäftlicher Art durch den Unternehmer einschließlich der Werbung unterfällt dem Schutzbereich des Art. 16 GRCh (unternehmerische Freiheit) und des Kommunikationsgrundrechts[583] der

581 Das erkennen auch *Koch/Schmidt-Hern*, WRP 2018, 671 Rn. 28 ff., die allerdings das Ausweichen auf eine App oder einen Webshop lediglich außerhalb der Kerninformationen des § 5a Abs. 3 UWG für möglich halten; dem folgend Spindler/Schuster/*Micklitz/Namyslowska*, § 5a UWG Rn. 62.

582 *Köhler*/Bornkamm/Feddersen, § 3 UWG Rn. 1.22; vgl. EuGH, Urt. v. 26.2.2013 – C-617/10, NJW 2013, 1415 Rn. 19 ff. – *Åklagare/Hans Åkerberg Fransson.*

583 GK-UWG/*Lindacher*, Vor §§ 5, 5a Rn. 54 f.; Calliess/Ruffert/*Calliess*, Art. 11 GRCh Rn. 5.

Meinungs- und Informationsfreiheit (Art. 11 Abs. 1 GRCh, Art. 10 EMRK).[584] In diese grundrechtlich geschützte Position greift die UWG-Impressumspflicht ein und bedarf daher einer besonderen Rechtfertigung. Denn nach Art. 52 Abs. 1 GRCh stehen die Unionsgrundrechte unter einem Schrankenvorbehalt[585]: Jede Einschränkung muss deren Wesensgehalt achten und gesetzlich vorgesehen sein. Unter Wahrung des Verhältnismäßigkeitsgrundsatzes muss sie erforderlich sein und den von der Union anerkannten Gemeinwohlbelangen oder den Erfordernissen des Schutzes der Rechte und Freiheiten anderer tatsächlich entsprechen. Als legitime Ziele in diesem Sinne anerkannt sind der Schutz der Verbraucher und der Lauterkeit des Handelsverkehrs.[586] Als Mittel zu deren Förderung ist § 5a Abs. 2, Abs. 3 Nr. 2 UWG auch geeignet, da der Verbraucher Informationen über seinen zukünftigen Vertragspartner erhält. Was die Erforderlichkeit angeht, lässt sich zunächst festhalten: Gegenüber einem generellen Werbeverbot oder dem Verbot bestimmter Werbeformen stellt sich das Informationsgebot als milderes Mittel dar. Allerdings bestehen Zweifel an der Erforderlichkeit einer Bereitstellung der Impressumsangaben unmittelbar in der Kaufaufforderung, da ein Verweis auf die Internetseite als gleich geeignetes (dazu S. 319 ff.), aber für den Werbenden milderes Mittel in Betracht kommt. Während bei „flüchtigen Werbemedien" das Internet als Informationsort sogar besser geeignet ist (S. 336 f.), kann bei Printmedien der dortigen Informationsbereitstellung zumindest nicht generell die Erforderlichkeit abgesprochen werden. Hier muss im Einzelfall durch Interessenabwägung geklärt werden, ob der Grundsatz der Verhältnismäßigkeit die Möglichkeit eines Medienbruchs zur Erfüllung der lauterkeitsrechtlichen Impressumspflicht gebietet. Dabei lässt sich feststellen: Die Zulassung eines Medienbruchs bzgl. der Impressumsinformationen ermöglicht aus Unternehmersicht eine flexible und praxisnahe Handhabung des § 5a Abs. 3 Nr. 2 UWG, die den Besonderheiten von Vertriebsmodellen bzw. -strukturen mit einer Vielzahl von Verkaufsstellen Rechnung trägt. Zugleich werden so die Basisinformationen der Zielsetzung der Informationspflicht entsprechend bei hinreichend konkreter Werbung bereits in diesem Zeitpunkt zur Verfügung gestellt. Dadurch wird der Verbraucher in die Lage versetzt, auch dem finalen Kaufentschluss vorgelagerte geschäftliche Entscheidungen informiert zu treffen.

---

584 EuGH, Urt. v. 17.12.2015 – C-157/14, LMuR 2016, 12 Rn. 63 ff. – *Neptune Distribution*; siehe bereits S. 280.

585 GK-UWG/*Lindacher*, Vor §§ 5, 5a Rn. 55.

586 GK-UWG/*Lindacher*, Vor §§ 5, 5a Rn. 55; Calliess/Ruffert/*Kingreen*, Art. 52 GRCh Rn. 67.

Die Informationsauslagerung in ein anderes Medium erscheint daher – jedenfalls in bestimmten Konstellationen bzw. unter im Folgenden aufzuzeigenden Voraussetzungen – als praktikable Lösung, um die Interessen von Verbrauchern und werbenden Unternehmen in angemessenen Ausgleich zu bringen.

Dass kommerzielle Kommunikation einschließlich Wirtschaftswerbung auch in den Wirkbereich der Art. 12, 5 Abs. 1 GG (Berufsausübungs- bzw. Meinungsfreiheit) fällt,[587] erlangt im Kontext der vorliegenden Untersuchung keine Bedeutung. Denn einfaches deutsches Recht, das auf zwingendem EU-Richtlinienrecht beruht, darf wegen des Anwendungsvorrangs des Unionsrechts nicht an den Grundrechten des Grundgesetzes gemessen werden.[588] Da die UGP-RL eine vollständige Harmonisierung des Rechts der unlauteren Geschäftspraktiken im B2C-Bereich bezweckt, sind ausschließlich die Unionsgrundrechte als Maßstab heranzuziehen.[589] Folglich genießen die Unternehmerinteressen, die es bei der Auslegung des richtlinienbasierten § 5a Abs. 2, Abs. 3 Nr. 2 UWG gegenüber dem Verbraucherschutz abzuwägen gilt, nur den grundrechtlichen Schutz der GRCh und EMRK.

(4) Medienbruch als praktikable Lösung: Parallele zu Blickfang-Werbung

Für dieses Verständnis lassen sich auch die Zulässigkeitsanforderungen eines Medienbruchs im Kontext von Blickfang-Werbung fruchtbar machen: Ein etwaiger Irrtum kann nach ständiger *BGH-Rechtsprechung* grundsätzlich nur durch einen am Blickfang teilhabenden, klaren und unmissverständlichen Hinweis aufgeklärt werden, da blickfangmäßig herausgestellte Angaben für sich genommen nicht unrichtig oder missverständlich sein dürfen.[590] Handelt es sich etwa um eine Werbung für langlebige und kostspielige Güter, mit der sich der Verbraucher eingehend und nicht nur flüchtig befasst und die er aufgrund ihrer kurzen und übersichtlichen Gestaltung insgesamt zur Kenntnis nehmen wird,

---

587 GK-UWG/*Lindacher*, Vor §§ 5, 5a Rn. 58. Zur Meinungsfreiheit auch: BVerfG, Beschl. v. 1.8.2001 – 1 BvR 1188/92, NJW 2001, 3403, 3404 – *Werbung für Generikum-Präparat / Therapeutische Äquivalenz*; Beschl. v. 12.7.2007 – 1 BvR 2041/02, GRUR 2008, 81 – *Pharmakartell*; BGH, Urt. v. 19.5.2011 – I ZR 147/09, WRP 2012, 77 Rn. 27 – *Coaching-Newsletter*; *von Stumm*, GWR 2017, 5, 7.

588 Harte-Bavendamm/Henning-Bodewig/*Ahrens*, Einl. G Rn. 78; GK-UWG/*Lindacher*, Vor §§ 5, 5a Rn. 59; BGH, Urt. v. 19.5.2011 – I ZR 147/09, WRP 2012, 77 Rn. 28 – *Coaching-Newsletter*.

589 GK-UWG/*Lindacher*, Vor §§ 5, 5a Rn. 60.

590 BGH, Urt. v. 19.4.2007 – I ZR 57/05, NJW 2008, 231 Rn. 23 m.w.N. – *150% Zinsbonus*.

kann ausnahmsweise eine Klarstellung im weiteren Text genügen.[591] Bewegt sich der Verbraucher demgegenüber nicht innerhalb desselben Mediums und erfolgt die Klarstellung erst nach dem Medienbruch, ist die Aufklärung einer Fehlvorstellung deutlich schwieriger. Gegenstand eines Rechtsstreits bis zum *BGH* war eine Printwerbung („*19% MwSt. geschenkt auf Möbel, Küchen und Matratzen + zusätzlich 5% Extrarabatt*"), die hins. der Einschränkungen neben einem Sternchenhinweis auf die Internetseite des werbenden Unternehmers verwies.[592] Darin sah der *BGH* eine lauterkeitsrechtlich unzulässige Irreführung, da die Bereitstellung der gem. § 5a Abs. 2 UWG zu erteilenden Informationen in der Anzeige möglich gewesen wäre.[593] Nur wenn die Eigenart der Verkaufsförderungsmaßnahme und die Beschränkungen des verwendeten Kommunikationsmediums dies nicht zuließen, könne ein Medienbruch in Form eines Verweises auf eine Webseite zulässig sein.[594] Das Urteil besagt folglich nicht, dass wesentliche Informationen nach § 5a Abs. 2 bis 4 UWG dem Verbraucher generell vor dem Übergang in ein anderes Medium mitzuteilen sind. Und die Differenzierung nach den Umständen des konkreten Falls ist allgemeingültig, da sie nicht auf Spezifika von Blickfang-Werbungen fußt.

(5) Entfernung des Verbrauchers zum Vertragsschluss

Einfließen dürfte in die Beurteilung nach Art. 7 Abs. 3 UGP-RL auch die Nähe des Verbrauchers zum Vertragsschluss im Sinne der Theorie abgestufter Informationspflichten.[595] Das bedeutet zwar nicht, dass der Verbraucher für unmittelbar mit dem Kaufentschluss zusammenhängende geschäftliche Entscheidungen wie das Aufsuchen eines Verkaufsstandorts (dazu S. 116 ff., 297 ff.) die vollständigen Identitäts- und Anschriftsangaben noch nicht benötigt.[596] Aber je größer die zeitliche und räumliche Entfernung zum Vertragsschluss noch ist, desto eher dürfte

---

591 BGH, Urt. v. 18.12.2014 – I ZR 129/13, WRP 2015, 850 Rn. 19 – *Schlafzimmer komplett*; Urt. v. 15.10.2015 – I ZR 260/14, WRP 2016, 184 Rn. 16 ff. – *All Net Flat*; Versäumnisurt. v. 21.9.2017 – I ZR 53/16, GRUR 2018, 320 Rn. 24 – *Festzins Plus*.

592 BGH, Urt. v. 27.7.2017 – I ZR 153/16, GRUR 2018, 199 – *19% MwSt. GESCHENKT*.

593 BGH, Urt. v. 27.7.2017 – I ZR 153/16, GRUR 2018, 199 Rn. 21, 33 – *19% MwSt. GESCHENKT*.

594 BGH, Urt. v. 27.7.2017 – I ZR 153/16, GRUR 2018, 199 Rn. 33 – *19% MwSt. GESCHENKT* mit Verweis auf EuGH, Urt. v. 26.10.2016 – C-611/14, WRP 2017, 31 Rn. 63 – *Canal Digital Danmark*.

595 In diese Richtung auch *Steinbeck*, WRP 2006, 632, 635; Harte-Bavendamm/Henning-Bodewig/*Glöckner*, Einl. B Rn. 335; a.A. *von Oelffen*, Rn. 396.

596 So aber *Köhler*/Bornkamm/Feddersen, § 5a UWG Rn. 6.10 hins. der Rechtsformangabe.

das Ergreifen anderweitiger Maßnahmen seitens des Unternehmers zur Vermittlung der Impressumsinformationen genügen. Eine dahingehende Differenzierung wird gerade durch die gebotene Einzelfallbetrachtung ermöglicht. Außerdem ist das Konzept abgestufter Informationspflichten dem § 5a Abs. 2, Abs. 3 Nr. 2 UWG immanent, wie dessen Systematik zeigt (S. 171 f.): Die darin aufgeführten Informationen müssen nicht in jeder Werbung enthalten sein, sondern nur, wenn die Schwelle zu einem hinreichend konkreten Angebot überschritten ist. Dann sind nämlich die Einflussmöglichkeiten auf den Verbraucher erhöht, womit zwangsläufig eine gesteigerte Informationsverantwortung des Unternehmers einhergeht.

Bei Verkaufsförderungsmaßnahmen am „Point of Sale" – z.B. am Regal im Ladengeschäft oder auf dem Produkt selbst – hält der *BGH* es nicht für ausreichend, wenn die genauen Informationen auf einer Internetseite zur Verfügung gestellt werden.[597] Seine Kaufentscheidung treffe der Kunde im Supermarkt in der Regel sofort an Ort und Stelle und habe dort häufig keine Möglichkeit, die angegebene Internetseite aufzurufen.[598] Diese Argumentation hins. der Inanspruchnahmebedingungen von Verkaufsförderungsmaßnahmen ist auf die Impressumsangaben übertragbar. Das gilt insb. vor dem Hintergrund, dass Beschränkungen des Teilnehmerkreises auf Anbieterseite eine Bedingung i.S.d. § 4 Nr. 4 UWG a.F. darstellen.[599] Entgegenhalten ließe sich zwar die seit dem Urteil stetig zunehmende Verbreitung von Internet und Smartphones. Aber der mit dem Informationsabruf einhergehende Verbrauch mobiler Daten führt auch bei den heutzutage gängigen „Flatrates" zu Nachteilen für den Verbraucher: Das begrenzte Datenvolumen ist schneller aufgebraucht mit der Folge gedrosselter Datenübertragungsgeschwindigkeit oder deren automatischer kostenpflichtiger Erhöhung. Werden dagegen WLAN-Netze im Verkaufsgeschäft bereitgestellt, treffen den Verbraucher weder Kosten noch Datenverbrauch. Ein Teil der Verbraucher verfügt jedoch generell über kein Smartphone oder aber führt es beim Besuch des Ladengeschäfts gar nicht bzw. ohne Akku mit sich. Für das anbietende Unternehmen ist es ein Leichtes, seine Identität in der Frontbeschilderung mitzuteilen, eine Information an jedem Regal oder Produkt (auch in Form von

597 BGH, Urt. v. 11.3.2009 – I ZR 194/06, NJW 2010, 612 Rn. 31 – *Geld-zurück-Garantie II* zu § 4 Nr. 4 UWG a.F. So auch *Sosnitza*, GRUR-Beilage 2014, 93, 96; *von Oelffen*, Rn. 420, 82 unter Hinweis auf Spezialkonstellationen wie die Werbung im Flugzeug für an Bord zu erwerbende Waren.

598 BGH, Urt. v. 11.3.2009 – I ZR 194/06, NJW 2010, 612 Rn. 31 – *Geld-zurück-Garantie II.*

599 *Lettl*, WRP 2013, 1105 Rn. 4.

Scancodes in Verbindung mit Scan-Stationen im Geschäft)[600] ist hingegen nicht erforderlich. Und die Anschrift ergibt sich bei Angeboten i.S.d. § 5a Abs. 3 UWG am Verkaufsstandort bereits aus den Umständen (S. 264 f.). Bzgl. der Identitätsangaben ist daher bei geschäftlichen Handlungen am „Point of Sale" ein Medienbruch in Gestalt eines Verweises auf eine Internetseite unzulässig.

Demgegenüber ist dem Verbraucher im Stadium einer dem Anwendungsbereich des § 5a Abs. 3 UWG unterfallenden Werbung z.B. im Fernsehen oder in Printmedien ein Medienbruch eher zumutbar. Denn angesichts der Entfernung des Verbrauchers zum Vertragsschluss ist die Informationspflicht des § 5a Abs. 2, Abs. 3 Nr. 2 UWG weniger streng zu handhaben, als wenn dieser unmittelbar bevorsteht. Bestätigung findet die Differenzierung in der *Rechtsprechung* des *BGH* zum Medienbruch im Kontext des § 4 Nr. 4 und Nr. 5 UWG a.F.: Bei Fernseh- und Radiowerbung könne es im Einzelfall genügen, hins. der Inanspruchnahmebedingungen auf leicht zugängliche Quellen wie eine Internetseite zu verweisen.[601] Dieselben Grundsätze gelten für konkrete Produktwerbung in Printmedien.[602]

(6) Differenzierung zwischen Eigen- und Fremd- bzw. Gemeinschaftswerbung

Die Zulassung eines Medienbruchs im Kontext des § 5a Abs. 2, Abs. 3 Nr. 2 UWG kann nicht unabhängig vom Umfang der im konkreten Fall mitzuteilenden Impressumsangaben beurteilt werden. Dass aufgrund dessen räumliche bzw. zeitliche Beschränkungen des Werbemediums bestehen (dazu S. 314 ff.), ist stets zwingende Zulässigkeitsvoraussetzung. Sinnvoll erscheint insofern folgende Differenzierung:

Bei Eigenwerbung – mit anderen Worten hins. der Informationen nach § 5a Abs. 3 Nr. 2 Hs. 1 UWG – ist der Verweis auf ein anderes Medium in aller Regel nicht geboten und somit unzulässig. Das betrifft nicht nur Werbemaßnahmen von Einzelunternehmen, sondern auch der Unternehmenszentralen umfangreicher Vertriebssysteme in Bezug auf deren eigene Identität und Anschrift. Die

---

600 Dazu Ohly/*Sosnitza*, § 5a UWG Rn. 19; *ders.*, GRUR-Beilage 2014, 93, 96 f. unter Hinweis auf sog. Quick Response Codes (QRC).

601 BGH, Urt. v. 11.3.2009 – I ZR 194/06, NJW 2010, 612 Rn. 37 ff. – *Geld-zurück-Garantie II*; Urt. v. 9.7.2009 – I ZR 64/07, NJW 2010, 616 Rn. 15 ff. – *FIFA-WM-Gewinnspiel*. Ein zulässiger Medienbruch komme jedoch nur in Betracht, sofern es nicht um überraschende Teilnahmebedingungen geht und die Werbung lediglich eine Ankündigung ohne gleichzeitige Möglichkeit der Inanspruchnahme enthält.

602 Vgl. BGH, Urt. v. 21.7.2011 – I ZR 192/09, GRUR 2012, 402 Rn. 18 – *Treppenlift*; OLG Köln, Urt. v. 22.9.2009 – 6 U 26/09, NJW-RR 2010, 1132, 1133 f. – *„Wir erstatten die Differenz doppelt zurück"*.

diesbezügliche Informationspflicht besteht auch bei rechtlicher Selbständigkeit der einzelnen Vertriebsstellen z.B. in Franchisesystemen (S. 232 ff.).

Die nach § 5a Abs. 3 Nr. 2 Hs. 2 UWG mitzuteilenden Identitäten und Anschriften der Unternehmer, für die der Werbende i.S.d. Vorschrift handelt, können hingegen die Grenzen des Kommunikationsmittels überschreiten. Infolgedessen kommt bei Fremd- bzw. Gemeinschaftswerbung eine zulässige Auslagerung der erforderlichen unternehmensbezogenen Informationen der einzelnen Produktanbieter oder Vertriebsstandorte in Betracht. Das gilt unabhängig davon, ob letztere von selbständigen Absatzmittlern wie Franchisenehmern betrieben werden oder es sich um unternehmenseigene Filialen handelt.

(7) Anforderungen an den Verweis auf die alternative Informationsquelle

Mit der Feststellung, dass für den Unternehmer die Möglichkeit eines Medienbruchs bzgl. der Pflichtinformationen des § 5a Abs. 3 Nr. 2 UWG bestehen kann, hat es nicht sein Bewenden. Daran anknüpfend ist der Frage nachzugehen, wie der Verweis auf den Internetauftritt und ggf. zusätzlich auf die Telefonhotline des Werbenden konkret ausgestaltet sein muss, um eine taugliche Alternativmaßnahme zur Informationsbereitstellung darzustellen. Die Ermittlung der Anforderungen in inhaltlicher wie auch in formaler Hinsicht hat unter Berücksichtigung des verbraucherschützenden Normzwecks von § 5a Abs. 3 Nr. 2 UWG zu erfolgen.

— Inhaltliche Kriterien

Der in der Werbung untergebrachte Verweis muss den Verbraucher darüber aufklären, dass die benannte Informationsquelle die vollständigen Identitäts- und Anschriftsangaben bereithält.[603] Durch die kommentarlose Nennung einer Internetseite bzw. Telefonhotline wird dies jedoch nicht erreicht. Dass dort die unternehmensbezogenen Informationen sämtlicher Verkaufsstellen und der Systemzentrale schnell und unkompliziert einsehbar sind, trägt für sich genommen dem Informationsinteresse des Verbrauchers nicht hinreichend Rechnung.

So auch das *OLG Hamm*, welches zwar zugeben musste, dass die nachfolgend abgedruckte Zeitschriftenanzeige nicht genügend Platz bietet, um die erforderlichen Informationen über alle ein Aral-„Petit Bistro" unterhaltenden, selbständigen Tankstellenbetreiber abzudrucken.[604] Notwendig sei jedoch ein konkreter und ausdrücklicher Hinweis, über welche Quelle sie in Erfahrung gebracht

603 *Von Walter/Kluge*, WRP 2013, 866 Rn. 50; vgl. KG, Urt. v. 28.5.2013 – 5 U 93/12 juris Rn. 42 ff., 60; OLG Celle, Beschl. v. 29.10.2013 – 13 W 79/13 juris Rn. 18 – *FlussErlebnis*.

604 OLG Hamm, Urt. v. 27.2.2014 – 4 U 144/13 juris Rn. 55 – *Aral Crossinos*. Zur Entscheidung auch S. 180.

werden können.[605] Diese Voraussetzung erfüllt die streitgegenständliche Werbung nicht, da sie sich auf den Abdruck der Internetadresse „www.aral.de“ am oberen, rechten Seitenrand beschränkt.

Abbildung 13: Werbung für „Aral Crossinos“ mit kommentarloser Homepageangabe (OLG Hamm, Urt. v. 27.2.2014 – 4 U 144/13)

605 OLG Hamm, Urt. v. 27.2.2014 – 4 U 144/13 juris Rn. 55 – *Aral Crossinos*; so auch OLG Frankfurt a.M., Beschl. v. 21.5.2013 – 6 U 60/13 juris Rn. 7; vgl. *Koch/Schmidt-Hern*, WRP 2018, 671 Rn. 29.

Indes hatte das *OLG München* über einen Werbeprospekt des Filialsystems *Netto* zu entscheiden, dessen erste Seite am unteren Rand immerhin folgenden Hinweis enthielt:

> *„Sie suchen den nächsten Netto-Markt in Ihrer Nähe? Info unter 0800/200 00 15 (...) oder auf unserer Homepage www.netto-online.de".*[606]

Diesem kann der angesprochene Verkehr entnehmen, dass über die genannte Telefonhotline und Internetseite Informationen zu den einzelnen Filialen erhältlich sind. Auf das werbende Unternehmen und dessen Firmensitz erstreckt sich der Verweis seinem Wortlaut nach dagegen nicht. § 5a Abs. 3 Nr. 2 UWG verpflichtet jedoch auch zur Angabe der Identität und Anschrift der Unternehmenszentrale des Filialsystems (S. 257 f.). Da sie in dem abgedruckten Hinweis keine Erwähnung findet, wurde die Erfüllung der UWG-Impressumspflicht zu Recht verneint.[607] Denn selbst wenn die Webseite – etwa über den Link „Filial-Finder" und die aufzurufende Rubrik „Impressum" –[608] alle erforderlichen Informationen bereithält, entnimmt der Verbraucher dem Hinweis keine dahingehende Auskunft.

Für die inhaltlichen Anforderungen an den Verweis auf einen alternativen Informationsort spricht auch folgender Aspekt: Der Unternehmer muss die Pflichtinformationen des § 5a Abs. 3 UWG nach der Gesetzesbegründung „von sich aus, d.h. nicht erst auf Nachfrage hin zur Verfügung stellen".[609] Werden die Identitäts- und Anschriftsangaben anderweitig zur Verfügung gestellt, muss der Verbraucher die Webseite aufrufen bzw. die Telefonhotline anrufen. Das scheint auf den ersten Blick gegen die geforderte freiwillige, eigeninitiative Bereitstellung durch den Unternehmer zu sprechen. Weist die Werbung jedoch auf die Abrufbarkeit der Informationen über die benannte Quelle hin, ist der Zwischenschritt als unwesentlich zu bewerten: Vom Verbraucher wird lediglich das passive Verfolgen eines vorgezeichneten Pfads gefordert, nicht hingegen eine aktive Handlung im Sinne einer „Nachfrage". Anders liegt die Situation bei bloßer Nennung

---

606 OLG München, Urt. v. 31.3.2011 – 6 U 3517/10 juris Rn. 29 f. – *Identitätsangabe in der Prospektwerbung.*

607 OLG München, Urt. v. 31.3.2011 – 6 U 3517/10 juris Rn. 29 f. – *Identitätsangabe in der Prospektwerbung.*

608 OLG München, Urt. v. 31.3.2011 – 6 U 3517/10 juris Rn. 30 – *Identitätsangabe in der Prospektwerbung.*

609 Begr. zum RegE des UWG 2008, BT-Drucks. 16/10145, S. 25. Unter diesem Gesichtspunkt lehnte das OLG München, Urt. v. 11.4.2013 – 6 U 2646/12 juris Rn. 18 – *Firmenlogo* den Einwand der Beklagten ab, der Verbraucher könne die erforderlichen Angaben durch einen Blick ins Telefonbuch in Erfahrung bringen (Rn. 8).

einer Webseite bzw. Telefonhotline, worin nach den vorstehenden Ausführungen gerade kein zulässiger Medienbruch liegt. Es kann daher resümiert werden: Nur wenn dem Verbraucher verdeutlicht wird, dass der angegebene Informationsort die vollständigen Impressumsangaben bereithält, ist auch dem Erfordernis der Informationsbereitstellung durch den Unternehmer „von sich aus" genügt.[610]

Um zu gewährleisten, dass dem Verbraucher die Impressumsangaben rechtzeitig zur Verfügung stehen (vgl. insofern auch die Wertung des § 5a Abs. 2 Satz 2 Nr. 3 UWG), erfordert ein zulässiger Medienbruch den Verweis auf eine existierende, aktuelle sowie richtig benannte anderweitige Informationsquelle. Denn weder ist dem angesprochenen Verbraucher das Ausprobieren alternativer Schreibweisen respektive Ziffernkombinationen der angegebenen Internetadresse bzw. Telefonnummer zumutbar. Dass diese sich im Zeitpunkt der Veröffentlichung der Werbemaßnahme noch im Aufbau befinden, ist ebenfalls unzureichend.

Auf der in der Werbung genannten Webseite des Unternehmers müssen die Identitäts- und Anschriftsangaben für den Verbraucher mit zumutbarem Aufwand, d.h. direkt auf der Startseite oder über einen entsprechenden Menüpunkt (hierzu näher S. 289 f.), auffindbar sein.[611]

— *Formale Kriterien*

Neben den aufgezeigten inhaltlichen Anforderungen muss der Verweis auf den alternativen Informationsort auch visuell bzw. akustisch so in der Werbung platziert werden, dass der Verbraucher ihn ohne Schwierigkeiten direkt wahrnimmt. Bei welcher dem Unternehmer zumutbaren Positionierung das der Fall ist, hängt vom verwendeten Kommunikationsmittel ab.

Bei Fernsehwerbung können schriftliche aufklärende Hinweise in der Fußzeile genügen, eine gleichzeitige Aufklärung in Bild und Ton wird nicht für erforderlich gehalten.[612] Daran anknüpfend dürfte auch bzgl. der Verweisung auf die andernorts bereitgestellten Impressumsangaben ein in der TV-Werbung

610 So auch *DFV*, ZVertriebsR 2015, 63, 64; *von Walter/Kluge*, WRP 2013, 866 Rn. 50; *ZGV*, Stellungnahme zum RefE des UWG 2015, Rn. 8.

611 Vgl. OLG Frankfurt a.M., Urt. v. 16.11.2017 – 6 U 182/14, WRP 2018, 109 Rn. 13 hins. Informationspflicht über Testfundstelle; Harte-Bavendamm/Henning-Bodewig/*Dreyer*, § 5a UWG Rn. 108, 234; Fezer/Büscher/*Obergfell*, § 5a UWG Rn. 98.

612 Götting/*Nordemann*, § 5a UWG Rn. 60; *Helm/Sonntag/Burger* in UWG-HdB, § 59 Rn. 486; *Lettl*, WRP 2013, 1105 Rn. 47; jeweils unter Hinweis auf BGH, Urt. v. 11.9.2008 – I ZR 58/06, NJW-RR 2009, 470 Rn. 17 – *Fußpilz*.

eingeblendeter Text ausreichend, aber auch notwendig sein. Dafür spricht auch, dass Fernsehzuschauer häufig in der Werbepause die Lautstärke im Vergleich zur eigentlichen Sendung verringern oder gar auf stumm schalten. Einen nur in verbaler Form mitgeteilten Hinweis würden sie daher verpassen. Der schriftliche Hinweis muss so auf dem Bildschirm platziert sein, dass er vom Verbraucher wahrgenommen wird. Hier gelten die gleichen Anforderungen, die an die leichte Erkennbarkeit bzw. Auffindbarkeit der Identitäts- und Anschriftsinformationen selbst gestellt werden (S. 287 ff.). Anzugeben ist außerdem eine einfache Internetadresse, die sich der Verbraucher mühelos merken und ggf. notieren kann.[613]

Entsprechend gilt für Radiowerbung: Da der Verweis auf die alternative Informationsquelle hier nur verbal erfolgen kann, sollte z.B. der Webseitenname so einfach sein, dass er dem Verbraucher vom bloßen Zuhören im Gedächtnis präsent bleibt bzw. mitgeschrieben werden kann. Neben der Einprägsamkeit ist eine deutliche, akustisch gut verständliche Aussprache der Internetadresse und ggf. der Telefonnummer zu fordern. Teilweise wird sogar eine Wiederholung verlangt.[614]

In Printmedien sind an den Verweis auf die alternative Informationsquelle die gleichen Anforderungen wie an die erforderliche leichte Erkennbarkeit bzw. Auffindbarkeit der Impressumsinformationen (S. 287 f.) zu stellen. Bei mehrseitigen Werbeprospekten dürfte ein Verweis auf der ersten oder letzten Seite genügen, da er hier vom Verkehr erwartet wird. Am unteren Rand jeder Seite auf die im Internet und ggf. telefonisch erhältlichen Impressumsinformationen hinzuweisen, erscheint ebenfalls zulässig. Auf einen Sternchen-Hinweis an den einzelnen beworbenen Produkten sollte dabei allerdings verzichtet werden, da die Methodik den Verbraucher hins. der unternehmensbezogenen Angaben eher verwirren würde.

(8) Keine Auswirkungen auf den geschuldeten Informationsumfang

Die Anerkennung des Verweises auf eine Internetseite als zulässigen Alternativweg zur Informationsvermittlung i.R.d. § 5a Abs. 2, Abs. 3 Nr. 2 UWG bei räumlich bzw. zeitlich beschränkten Kommunikationsmitteln – unter den in den letzten Abschnitten erörterten Voraussetzungen – betrifft lediglich den Informationsort. Davon unabhängig ist die Frage nach Inhalt und Umfang der Informationspflicht. Es genügt folglich nicht, auf der Webseite nur die Anschriften der

---

613 Vgl. BGH, Urt. v. 11.3.2009 – I ZR 194/06, NJW 2010, 612 Rn. 44 – *Geld-zurück-Garantie II.*

614 *Von Oelffen*, Rn. 415.

Verkaufsstätten anzugeben.[615] Vielmehr sind dort die Pflichtinformationen nach § 5a Abs. 3 Nr. 2 UWG vollumfänglich bereitzustellen.

(9) Keine ausdrückliche Normierung für Franchise- und andere Vertriebssysteme

Eine explizite Regelung im Gesetzeswortlaut zur Zulässigkeit eines Medienbruchs, wie sie die Verbände in ihren Stellungnahmen zum UWG 2015 fordern (S. 333), wäre zwar angesichts der bestehenden Rechtsunsicherheit im Interesse sowohl der werbenden Unternehmen als auch der Verbraucher zu begrüßen. Das Gleiche gilt für Bestrebungen, den § 5a UWG insgesamt für den Rechtsanwender klarer und verständlicher zu formulieren. Aber im vorliegenden Fall muss das Ziel der Rechtsklarheit und Transparenz hinter der Bindung des nationalen Gesetzgebers an die Vorgaben der vollharmonisierenden UGP-RL zurücktreten. Denn der vom deutschen Gesetzgeber unternommene Versuch einer „schlanken" Umsetzung des Art. 7 UGP-RL wurde vom *EuGH* beanstandet, da dem Erfordernis der Rechtssicherheit allein durch richtlinienkonforme Auslegung der Umsetzungsvorschrift nicht genügt werde.[616] Die gleiche Problematik ergäbe sich, würden die Informationspflicht-Maßstäbe der UGP-RL wie die Medienklausel in der ihrerseits richtlinienkonform auszulegenden UWG-Norm etwa hins. Werbung umfangreicher Vertriebssysteme ergänzt.

Nichtsdestotrotz wären klarstellende Ausführungen zur Handhabung der lauterkeitsrechtlichen Impressumspflicht bei Werbemaßnahmen umfangreicher Vertriebssysteme in den Gesetzesmaterialien zur Erleichterung der Rechtsanwendung begrüßenswert. Wegen des unionsrechtlichen Hintergrunds des § 5a Abs. 3 Nr. 2 UWG ist hier indes der Richtliniengeber gefragt: Dabei ist allerdings nicht mit einer Regelung in der UGP-RL zu rechnen, denn das würde ihrem Charakter als abstrakt gehaltene Rahmenrichtlinie (dazu näher S. 99 ff.) widersprechen. Dementsprechend sieht die Ende 2019 verabschiedete sog. Omnibus-Richtlinie zum EU-Verbraucherrecht (S. 97) keine konkretisierenden Ergänzungen bzw. Ausführungen zur Handhabung des Art. 7 Abs. 4 lit. b UGP-RL bspw. im Kontext von Vertriebssystemen mit einer Vielzahl von Standorten vor. Aber die *UGP-Leitlinien* der Kommissionsdienststellen könnten bei deren – im Hinblick auf die Umsetzung der Omnibus-Richtlinie ohnehin anstehenden – Neuauflage zum Themenkomplex detaillierter Stellung beziehen und

---

615 *Köhler*, WRP 2013, 1419 Rn. 43; *Möller*, GRUR-Prax 2015, 44.

616 EuGH, Urt. v. 10.5.2001 – C-144/99, NJW 2001, 2244 Rn. 21 – *Kommission/Niederlande*; dazu auch S. 109 f.

Handlungsempfehlungen für werbende Unternehmen aussprechen. Zu beachten ist dabei das Erfordernis der Einzelfallbetrachtung. Möglich wären dennoch allgemeingültige Orientierungshilfen dergestalt, dass ein die vorstehend erörterten Anforderungen wahrender Medienbruch z.B. bei Gemeinschaftswerbung für mehrere rechtlich selbständige Vertriebspartner oder unselbständige Systemstandorte der Erfüllung der lauterkeitsrechtlichen Impressumspflicht nicht entgegensteht. Die UWG-Materialien könnten im Zuge der nächsten Reform entsprechend ergänzt werden.

(10) Zusammenfassung

Abhängig von den Umständen des konkreten Falls ist in Bezug auf die Pflichtinformationen nach § 5a Abs. 3 Nr. 2 UWG ein Medienbruch in Form des Verweises auf eine Internetseite und ggf. zusätzlich auf die Telefonhotline des Werbenden zuzulassen. Dessen generelle Ablehnung würde die durch Art. 10 EMRK und Art. 11, 16 GRCh geschützten Unternehmerinteressen unverhältnismäßig beschränken. Sie sind bei der Auslegung der richtlinienbasierten UWG-Impressumspflicht in angemessenen Ausgleich mit den Verbraucherinteressen zu bringen. Vorzunehmen ist eine einzelfallbezogene Interessenabwägung, ob und inwieweit das eingesetzte Werbemedium angesichts der mitzuteilenden Identitäts- und Anschriftsangaben des Unternehmens bzw. Vertriebssystems räumliche und/oder zeitliche Beschränkungen aufweist, die deren Auslagerung rechtfertigen. Das gilt gleichermaßen für alle Kaufaufforderungen unabhängig davon, ob der Vertragsschluss später online oder offline erfolgt. Auch bei Werbungen von Internetverkaufsplattformen oder Onlineshops ist ein Medienbruch nicht generell zulässig, da bereits das Aufsuchen der Webseite als geschäftliche Entscheidung in Kenntnis der Impressumsinformationen erfolgen soll. Im Falle von Gemeinschaftswerbung für eine Vielzahl unselbständiger Filialen und/oder selbständiger Vertriebspartner (z.B. Franchisenehmer) – oder allgemeiner: bzgl. der Identitäten und Anschriften der Unternehmer, für die der Werbende gem. § 5a Abs. 3 Nr. 2 Hs. 2 UWG handelt – stellt sich der Verweis auf dessen Internetseite als praktikable Lösung dar. Dagegen scheidet hins. der Informationen nach Halbsatz 1 (sog. Eigenwerbung) eine zulässige Auslagerung in aller Regel aus, sodass Werbemaßnahmen umfangreicher Vertriebssysteme jedenfalls die Identität und Anschrift der Unternehmens-/Systemzentrale nennen müssen.

Gestützt wird die Zulassung eines Medienbruchs auch durch die Rechtsprechung im Kontext von Blickfang-Werbung: Hier kann ein Verweis auf eine Webseite zulässig sein, sofern die Eigenart der Verkaufsförderungsmaßnahme und die Beschränkungen des verwendeten Kommunikationsmediums eine

Bereitstellung der gem. § 5a Abs. 2 UWG zu erteilenden Informationen nicht zulassen. Die Möglichkeit eines Medienbruchs ist allerdings auf Werbemaßnahmen außerhalb des „Point of Sale" zu beschränken, da er dort dem Verbraucher angesichts der Nähe zum Vertragsschluss nicht zugemutet werden kann (sog. Theorie abgestufter Informationspflichten). Als sachgemäße Lösung erscheint der Verweis auf den Internetauftritt insb. bei Werbemaßnahmen in „flüchtigen Medien", da die Informationen im Unterschied zur Bereitstellung im Internet oder Printmedium nach Nennung im Radio-/TV-Werbespot oder durch einen sprachgesteuerten Einkaufsassistenten nicht verfügbar bleiben.

Ein zulässiger Medienbruch setzt außerdem voraus, dass der Hinweis auf den alternativen Informationsort visuell bzw. akustisch so in der Werbung platziert ist, dass der Verbraucher ihn ohne Schwierigkeiten direkt wahrnimmt. Und er muss den Verbraucher darüber aufklären, dass die anderweitige Informationsquelle die vollständigen Identitäts- und Anschriftsangaben bereithält, und darf sich nicht auf die Nennung der Internetadresse und ggf. Telefonhotline beschränken. Die Informationsauslagerung betrifft allein den Informationsort, der nach § 5a Abs. 3 Nr. 2 UWG geschuldete Informationsumfang bleibt unverändert.

Aufgrund des vollharmonisierenden Richtlinienhintergrunds der UWG-Impressumspflicht kommt eine ausdrückliche Normierung der Anforderungen an einen zulässigen Medienbruch in diesem Kontext z.B. für umfangreiche Vertriebssysteme nicht in Betracht. Als Orientierungshilfe wären allerdings detailliertere Ausführungen in den UGP-Leitlinien wünschenswert.

5. *Zwischenergebnis*

In die umfassende Interessenabwägung auf Tatbestandsebene des „Vorenthaltens" fließen nach § 5a Abs. 5 Nr. 1 und Nr. 2 UWG auch die räumlichen oder zeitlichen Beschränkungen des verwendeten Kommunikationsmittels und alle anderweitigen Maßnahmen des Werbenden zur Bereitstellung der Impressumsinformationen ein. Räumlich und/oder zeitlich beschränkt ist ein Kommunikationsmittel, wenn nicht alle im konkreten Fall mitzuteilenden Pflichtinformationen untergebracht werden können. Nur dann sind die Alternativmaßnahmen zu berücksichtigen. Ob die Bereitstellung der Identität(en) und Anschrift(en) im Werbemedium dem Unternehmer objektiv unmöglich oder jedenfalls unzumutbar ist, erfordert eine Gesamtwürdigung aller Umstände der Kaufaufforderung, einschließlich der Fähigkeiten des Verbrauchers zur Aufnahme und Speicherung der Impressumsinformationen sowie der dem Werbenden entstehenden Kosten und zur Verfügung stehenden Alternativen. Das gilt auch hins. überregionaler Gemeinschaftswerbung für eine Vielzahl unselbständiger Filialen oder selbständiger Vertriebspartner (z.B. Franchisenehmer, Vertrags-/Fachhändler, Verbundgruppen-Anschlusshäuser).

Als alternative Informationsquellen sind dem Verbraucher nur solche zumutbar, deren Zugang ihm keine zusätzlichen Kosten abverlangt. Somit scheidet der alleinige Verweis auf einen Aushang „vor Ort" am jeweiligen Verkaufsstandort oder auf eine Telefonhotline bzgl. der Identitäts- und Anschriftsangaben aus, aber deren Auslagerung auf eine Internetseite des Werbenden stellt einen möglichen Lösungsansatz dar. Denn der Durchschnittsverbraucher verfügt über Internetzugang und bei seinem Informationsverhalten spielt das Internet u.a. wegen der ständigen Verfügbarkeit eine zentrale Rolle. Während der deutsche Gesetzgeber und der EuGH den Verweis auf eine Internetseite ausdrücklich für möglich halten, steht die nationale Rechtsprechung dem damit verbundenen Medienbruch im Kontext der UWG-Impressumspflicht kritisch gegenüber. Die Unternehmerinteressen dürfen indessen nicht unverhältnismäßig beschränkt werden, sondern sind in angemessenen Ausgleich mit den Verbraucherinteressen zu bringen. Vorzunehmen ist eine einzelfallbezogene Interessenabwägung, ob das Werbemedium angesichts der Pflichtinformationen des § 5a Abs. 3 Nr. 2 UWG räumliche/zeitliche Beschränkungen aufweist, die deren Auslagerung rechtfertigen. Das gilt für alle Kaufaufforderungen (auch von Onlineshops und -verkaufsplattformen) außerhalb des „Point of Sale". Bei Eigenwerbung ist ein Medienbruch in aller Regel unzulässig, weshalb Werbemaßnahmen umfangreicher Vertriebssysteme nicht auf die Angabe der Identität und Anschrift der Unternehmens-/Systemzentrale verzichten können. Dagegen bildet der Verweis auf den Internetauftritt des Werbenden im Hinblick auf die nach § 5a Abs. 3 Nr. 2 Hs. 2 UWG mitzuteilenden Informationen, etwa bei Gemeinschaftswerbung für eine Vielzahl von Vertriebsstellen, eine praktikable Lösung. Zuzulassen ist der Medienbruch allerdings nur, wenn der in der Werbung untergebrachte Hinweis auf die anderweitige Informationsquelle leicht erkennbar bzw. wahrnehmbar ist und den Verbraucher darüber aufklärt, dass dort die vollständigen Identitäts- und Anschriftsinformationen abrufbar sind.

IV. Zwischenergebnis zum Vorenthalten

Das Vorliegen des für eine Verletzung des § 5a Abs. 2, Abs. 3 Nr. 2 UWG notwendigen Vorenthaltens der geschuldeten Identitäts- und Anschriftsangaben ist im Wege einer umfassenden Interessenabwägung zu ermitteln. Maßgeblich ist, ob der Verbraucher sie bei seiner geschäftlichen Entscheidung berücksichtigen kann. Dabei trifft den Unternehmer keine allgemeine Beschaffungspflicht, die Daten müssen für ihn verfügbar sein, d.h. zu seinem Geschäfts- und

Verantwortungsbereich gehören oder für ihn jedenfalls mit zumutbarem Aufwand beschaffbar sein. Der Tatbestand kann dabei neben dem gänzlichen Unterlassen der Information auch durch Verheimlichen, intransparente oder nicht rechtzeitige Bereitstellung (§ 5a Abs. 2 Satz 2 Nr. 1 bis 3 UWG / Art. 7 Abs. 2 UGP-RL) erfüllt werden.

Franchisegeber können aus kartellrechtlichen Gründen nur mit unverbindlichen Preisen werben. Denn unzulässig sind nicht nur unmittelbare und mittelbare Preisvorgaben, sondern auch die Informationsbeschaffung, ob und bzgl. welcher Produkte die Franchisenehmer an der beworbenen Aktion teilnehmen. Auch der auf Systemeinheitlichkeit ausgelegte Charakter von Franchisesystemen vermag keine verbindliche Preiswerbung zu rechtfertigen. Im Unterschied zur Beschränkung auf die teilnehmenden Märkte ist die Auflistung aller Systemstandorte in überregionaler Gemeinschaftswerbung auch im Hinblick auf Franchisenehmer und andere Unternehmen, die nicht nur unbedeutende Absatzrisiken tragen, kartellrechtlich zulässig. Dabei ist jedoch zwingend auf die Unverbindlichkeit der Preisangaben bzw. deren Geltung nur für teilnehmende Standorte hinzuweisen.

Bei Gemeinschaftswerbung umfangreicher Vertriebssysteme z.B. kann für den Werbenden aber auch die kartellrechtlich unproblematische Auflistung aller Standorte praktisch unmöglich bzw. unzumutbar sein. Das hängt von den Umständen des konkreten Falls ab, insb. der Zahl der Vertriebspartner bzw. -standorte und den Beschränkungen des Kommunikationsmittels. Angesichts der Medienklausel des § 5a Abs. 5 UWG / Art. 7 Abs. 3 UGP-RL, wonach auch die anderweitigen Maßnahmen zur Informationsbereitstellung zu berücksichtigen sind, erscheint u.a. zur Verhinderung eines „information overloads" beim Verbraucher der Verweis auf eine Internetseite des werbenden Unternehmers ggf. mit zusätzlicher Telefonhotline-Angabe als praktikabler Lösungsansatz. Wegen des damit verbundenen Medienbruchs ist er jedoch nur unter besonderen Voraussetzungen als alternative Informationsmaßnahme zuzulassen, um die Verbraucher- und Unternehmerinteressen in angemessenen Ausgleich zu bringen. Unabhängig davon, ob der Vertragsschluss später online oder offline erfolgt, muss die Unterbringung der Pflichtinformationen des § 5a Abs. 3 Nr. 2 UWG in der Werbung selbst dem Unternehmer im konkreten Fall unmöglich oder unzumutbar sein, während sie auf dessen Webseite vollständig abrufbar sind. Außerdem darf der Verweis nicht nur die anderweitige Informationsquelle nennen, sondern muss klarstellen, dass dort die Identitäten und Anschriften bspw. der Verkaufsstandorte eingesehen werden können. Zudem muss er für den Verbraucher visuell bzw. akustisch leicht wahrnehmbar sein.

Im Unterschied zur Auslagerung ist die Beschränkung der Impressumsinformationen in der Werbung auf das werbende Unternehmen sowie naheliegende Verkaufsstellen nur bei unselbständigen Systemstandorten zulässig. Eine solche Regionalisierung der Werbung ist bei Franchise- und vergleichbaren Vertriebssystemen nicht mit den Transparenzanforderungen des § 5a Abs. 2 Satz 2 Nr. 2 UWG vereinbar.

G. Bedeutung für die Verbraucherentscheidung: Relevanz im weiteren Sinne

Ein Verstoß gegen die UWG-Impressumspflicht liegt nach § 5a Abs. 2 Satz 1 Nr. 1 UWG nur vor, wenn der Verbraucher die ihm vorenthaltenen Angaben je nach den Umständen benötigt, um eine informierte geschäftliche Entscheidung zu treffen. Ferner muss deren Vorenthalten geeignet sein, den Verbraucher zu einer geschäftlichen Entscheidung zu veranlassen, die er andernfalls nicht getroffen hätte (§ 5a Abs. 2 Satz 1 Nr. 2 UWG). Die beiden Einschränkungen setzen die nahezu wortgleiche Regelung des Art. 7 Abs. 1 UGP-RL um und sind auf dessen Sinn und Zweck zurückzuführen, dem Verbraucher das Fällen informierter geschäftlicher Entscheidungen zu ermöglichen. In das UWG wurden § 5a Abs. 2 Satz 1 Nr. 1 und Nr. 2 allerdings erst 2015 zusammen mit der Definition der geschäftlichen Entscheidung (§ 2 Abs. 1 Nr. 9) eingeführt. Die der Übersichtlichkeit halber in Gestalt einer Nummerierung genannten Tatbestandsmerkmale müssen kumulativ erfüllt sein („und").[617] Sie stellen die Verbindung zwischen dem Vorenthalten der Pflichtinformationen des § 5a Abs. 3 Nr. 2 UWG und dessen Bedeutung für den Entscheidungsprozess auf Seiten des Verbrauchers her.

Bei § 5a Abs. 2 Satz 1 Nr. 1 und Nr. 2 UWG handelt es sich um zusätzliche Elemente des Unlauterkeitstatbestands. Sie sind daher selbständig neben dem Vorenthalten der Identitäts- und Anschriftsinformationen zu prüfen,[618] sie werden nicht unwiderleglich vermutet. Denn § 5a Abs. 3 Nr. 2 UWG fingiert nur die Wesentlichkeit, dagegen erübrigt sich nicht die Prüfung der weiteren Merkmale des Absatz 2.[619] Allerdings sieht der *BGH* eine Beweiserleichterung

617 Begr. zum RegE des UWG 2015, BT-Drucks. 18/4535, S. 16; Fezer/Büscher/*Obergfell*, § 5a UWG Rn. 70.

618 BGH, Urt. v. 18.10.2017 – I ZR 84/16, WRP 2018, 320 Rn. 24 – *Kraftfahrzeugwerbung*; KG, Urt. v. 20.12.2016 – 5 U 134/15 juris Rn. 17 f.; *Köhler*, WRP 2017, 1 Rn. 33 ff., 44.

619 *Köhler*, WRP 2013, 1419 Rn. 20 f.; Harte-Bavendamm/Henning-Bodewig/*Dreyer*, § 5a UWG Rn. 113, 115; *Kieffer*, S. 144 f.; *Zecca-Jobst*, S. 31; a.A. Fezer/Büscher/*Obergfell*, § 5a UWG Rn. 129; *Klagge*, S. 147 f.

vor: Den Unternehmer, der geltend macht, dass der Verbraucher – abweichend vom Regelfall – eine ihm vorenthaltene wesentliche Information für eine Kaufentscheidung nicht benötigt und das Vorenthalten dieser Information den Verbraucher nicht zu einer anderen Kaufentscheidung veranlassen kann, trifft insoweit eine sekundäre Darlegungslast.[620] Das gilt gleichermaßen für mit der Erwerbsentscheidung unmittelbar zusammenhängende Entscheidungen des Verbrauchers wie das Aufsuchen des Geschäfts oder Internetverkaufsportals (vgl. S. 116 ff., 297 ff.). Die Umstände, aus denen sich die Bedeutung für die Verbraucherentscheidung ergibt, gehören jedoch nicht zum Geschäftsbereich des beklagten Unternehmers, sodass kein Informationsgefälle besteht, das die Anwendung der prozessualen Grundsätze über die sekundäre Darlegungslast rechtfertigen würde.[621] Aber nach der Lebenserfahrung ist von einem *Regel-Ausnahme-Verhältnis* auszugehen, wonach das Vorenthalten der geschuldeten Identitäts- und Anschriftsinformationen zur Begründung eines Regelfalls im Hinblick auf das Vorliegen der Voraussetzungen des § 5a Abs. 2 Satz 1 Nr. 1 und Nr. 2 UWG ausreicht.[622] Bei der Frage, ob es besondere Umstände gibt, die eine Information entbehrlich machen, stellt der *BGH* darauf ab, ob der Informationserfolg auf anderem Wege als durch die vorgeschriebene Information bereits erreicht worden ist.[623] Dabei unterbleibt eine Trennung der Nr. 1 und Nr. 2 des § 5a Abs. 2 Satz 1 UWG. Der Eintritt des Informationserfolgs, d.h. das Vorliegen der Pflichtinformationen beim Verbraucher im Zeitpunkt seiner geschäftlichen Entscheidung auch ohne Mitteilung durch den Unternehmer, ist allerdings keine notwendige Bedingung.[624] Auch in anderen Fällen kann dem Vorenthalten der unternehmensbezogenen Informationen die Relevanz für die Verbraucherentscheidung fehlen.

---

620 BGH, Urt. v. 2.3.2017 – I ZR 41/16, NJW-RR 2017, 1190 Rn. 32 – *Komplettküchen*; Urt. v. 31.10.2018 – I ZR 73/17, GRUR 2019, 82 Rn. 32 – *Jogginghosen*; zustimmend *Helm/Sonntag/Burger* in UWG-HdB, § 59 Rn. 488; zurückhaltender *Möller*, NJW 2018, 1579, 1581.

621 Wie hier auch *Büscher*, WRP 2019, 1249 Rn. 16 ff.

622 So auch die Entscheidungspraxis des BGH, Urt. v. 18.10.2017 – I ZR 84/16, WRP 2018, 320 Rn. 25 f. m.w.N. – *Kraftfahrzeugwerbung*; krit. *Büscher*, WRP 2019, 1249 Rn. 20 ff.

623 BGH, Urt. v. 7.3.2019 – I ZR 184/17, GRUR 2019, 746 Rn. 30 – *Energieeffizienzklasse III*.

624 So auch *Büscher*, WRP 2019, 1249 Rn. 32 f.

I. § 5a Abs. 2 UWG a.F.

Im Gegensatz zur aktuellen Gesetzesfassung lautete § 5a Abs. 2 UWG a.F. bis 2015:

> „*Unlauter handelt, wer die Entscheidungsfähigkeit von Verbrauchern im Sinne des § 3 Abs. 2 UWG dadurch beeinflusst, dass er eine Information vorenthält, die im konkreten Fall unter Berücksichtigung aller Umstände (...) wesentlich ist.*" [Hervorh. d. Verf.]

Damit enthielt der Unlauterkeitstatbestand kein eigenes Relevanzerfordernis. Der diesbezügliche Verweis auf die Verbrauchergeneralklausel des § 3 Abs. 2 Satz 1 UWG 2008 stellte im Hinblick auf Art. 7 Abs. 1 UGP-RL keine europarechtskonforme Umsetzung dar.

Wurden Informationen vorenthalten, die das Unionsrecht als wesentlich einstuft, sah der *BGH* in ständiger Rechtsprechung zu § 5a Abs. 2 UWG a.F. das Erfordernis der Spürbarkeit nach § 3 Abs. 2 Satz 1 zugleich als erfüllt an.[625] Auch bei § 5a Abs. 3 UWG 2008 wurde unwiderleglich vermutet, dass sich die Informationspflichtverletzung auf die geschäftliche Entscheidung des Kunden auswirken kann.[626] Infolgedessen erübrigte sich eine gesonderte Relevanz- bzw. Spürbarkeitsprüfung.[627] Dem schlossen sich Teile der *Literatur* an.[628] Zur Begründung führte *Bornkamm* – seinerzeit Vorsitzender des I. Zivilsenats des BGH – aus:

> „*Die Frage, ob eine wesentliche Informationspflicht iSv § 5[a] II [UWG a.F.] verletzt ist, lässt sich von der Frage nach der geschäftlichen Relevanz nicht trennen. Eine wesentliche Information, die der Verbraucher nicht benötigt, um eine informationsgeleitete Entscheidung zu treffen, ist ein Widerspruch in sich. (...) Dies bedeutet: Mit der Bejahung der Wesentlichkeit sind unwiderleglich auch die Erfordernisse des § 3 II erfüllt, weil sich die*

---

625 BGH, Urt. v. 4.2.2010 – I ZR 66/09, NJW-RR 2010, 1560 Rn. 21 – *Gallardo Spyder*; Urt. v. 21.12.2011 – I ZR 190/10, NJW 2012, 2276 Rn. 25 – *Neue Personenkraftwagen*; Urt. v. 18.4.2013 – I ZR 180/12, WRP 2013, 1459 Rn. 19 – *Brandneu von der IFA*.

626 BGH, Urt. v. 29.4.2010 – I ZR 99/08, GRUR 2011, 82 Rn. 33 – *Preiswerbung ohne Umsatzsteuer*; Urt. v. 19.2.2014 – I ZR 17/13, WRP 2014, 686 Rn. 23 – *Typenbezeichnung*.

627 Vgl. OLG München, Urt. v. 20.10.2011 – 29 U 2357/11, WRP 2012, 230 Rn. 4 – *Identität*; OLG Brandenburg, Beschl. v. 26.6.2012 – 6 W 72/12 juris Rn. 21; OLG Hamm, Urt. v. 27.2.2014 – 4 U 144/13 juris Rn. 56 – *Aral Crossinos*.

628 Köhler/*Bornkamm*, 33. Aufl. 2015, § 5a UWG Rn. 57; *ders.*, WRP 2012, 1, 5; *Peifer*, WRP 2008, 556, 559. A.A. gesonderte Relevanzprüfung: Harte-Bavendamm/Henning-Bodewig/*Dreyer*, 2. Aufl. 2009, § 5a UWG Rn. 46; *Steinbeck*, WRP 2011, 1221, 1223 f. jedenfalls bei § 5a Abs. 3 und 4 UWG.

Wesentlichkeit nach § 5a II gerade dadurch definiert, dass der Verbraucher ‚im Sinne des § 3 Abs. 2 ... beeinflusst' wird."[629]

Dieses Verständnis des § 5a Abs. 2 UWG a.F. lief auf ein Per-se-Verbot des Vorenthaltens wesentlicher Informationen hinaus, das mit der Systematik und den Vorgaben der UGP-RL nicht vereinbar ist,[630] wie auch ein Blick auf Art. 7 UGP-RL zeigt: Abs. 4 konkretisiert nur die Wesentlichkeit, entbindet jedoch nicht von der in Abs. 1 ausdrücklich aufgestellten Erheblichkeitsschwelle. Würde man beim Vorenthalten der Informationen nach § 5a Abs. 3 Nr. 2 UWG keine Relevanzprüfung vornehmen, käme die Vorschrift einem abstrakten Gefährdungsdelikt mit erheblichem Potential, die unternehmerische Tätigkeit zu behindern, gleich.[631]

Zu begrüßen ist daher, dass die jüngere Rechtsprechung zum alten Recht auch i.R.d. UWG-Impressumspflicht die geschäftliche Relevanz prüfte und insofern nicht mehr von einem Automatismus ausging.[632]

II. Benötigen der Information für eine informierte geschäftliche Entscheidung

Bei § 5a Abs. 2 Satz 1 Nr. 1 UWG handelt es sich um ein gegenüber der Wesentlichkeit eigenständiges Tatbestandsmerkmal mit Bezug zum Entscheidungsprozess des Verbrauchers.[633] Somit ist das Korrektiv auch i.R.v. § 5a Abs. 3 Nr. 2 UWG zu prüfen.

1. § 5a Abs. 2 Satz 1 Nr. 1 UWG: Regel-Ausnahme-Prinzip

Im Regelfall benötigt der Verbraucher nach der Lebenserfahrung die Identitäts- und Anschriftsinformationen für eine informierte geschäftliche Entscheidung, wie angesichts der Funktionen der Impressumspflicht des UWG die *herrschende*

629 Köhler/*Bornkamm*, 33. Aufl. 2015, § 5a UWG Rn. 56; vgl. *ders.*, WRP 2012, 1, 5; zustimmend Fezer/Büscher/*Obergfell*, § 5a UWG Rn. 83.

630 *Böhler*, S. 158 ff.; *Köhler*, WRP 2014, 1410 Rn. 11, 14 f.; *ders.*, WRP 2017, 1 Rn. 14-18; *Omsels*, WRP 2016, 553 Rn. 52; *Steinbeck*, WRP 2011, 1221, 1224; Harte-Bavendamm/Henning-Bodewig/*Dreyer*, 3. Aufl. 2013, § 5a UWG Rn. 82; a.A. Fezer/Büscher/*Obergfell*, § 5a UWG Rn. 80 ff., 129.

631 *Ohly*, GRUR 2014, 1137, 1144.

632 BGH, Urt. v. 4.2.2016 – I ZR 194/14, NJW-RR 2016, 1439 Rn. 25 – *Fressnapf*; KG, Urt. v. 20.12.2016 – 5 U 134/15 juris Rn. 12.

633 *Köhler*/Bornkamm/Feddersen, § 5a UWG Rn. 3.38; MüKoUWG/*Alexander*, § 5a Rn. 264 f.; Spindler/Schuster/*Micklitz/Namyslowska*, § 5a UWG Rn. 29.

Meinung feststellt.[634] Dafür sprechen auch die Erwägungsgründe zur UGP-RL, wonach Art. 7 Abs. 4 „Basisinformationen fest[legt], die der Verbraucher benötigt, um eine informierte geschäftliche Entscheidung treffen zu können".[635] Letztere erfordert die Kenntnis der Sachlage, d.h. der für eine rationale Entscheidung relevanten Informationen.[636] Die eigentliche Bedeutung des § 5a Abs. 2 Satz 1 Nr. 1 UWG liegt in dem Kriterium „*je nach den Umständen*", sodass es auch hier auf die Umstände des Einzelfalls ankommt.[637]

So stellte der *BGH* in seinem *Fressnapf*-Urteil ohne nähere Auseinandersetzung mit dem einschränkenden Tatbestandsmerkmal fest: „Der Verbraucher benötigt nach den Umständen die Information über die an der Verkaufsaktion teilnehmenden Märkte (...), um zu entscheiden, in welchem Markt er die beworbenen Produkte erwerben möchte."[638] Der Kaufentschluss ist hier lediglich als beispielhafte geschäftliche Entscheidung zu verstehen. Denn auch diesem vorgelagerte Entscheidungen, etwa ein bestimmtes Geschäft zu betreten, umfasst der Begriff.[639] § 5a Abs. 3 Nr. 2 UWG soll u.a. die Identifizierung des zukünftigen Vertragspartners und problemlose Kontaktaufnahme ermöglichen (S. 124 ff.). Demnach benötigt der Verbraucher die Impressumsangaben in der Regel bereits für die geschäftliche Entscheidung, ob bzw. welches Verkaufsgeschäft er aufsucht, und nicht erst für die endgültige Erwerbsentscheidung.

Liegen keine besonderen Umstände vor, ist folglich auch das Unlauterkeitsmerkmal des § 5a Abs. 2 Satz 1 Nr. 1 UWG erfüllt, wenn der Werbende dem Verbraucher die Identitäts- und/oder Anschriftsangaben vorenthält.

---

634 BGH, Urt. v. 18.10.2017 – I ZR 84/16, WRP 2018, 320 Rn. 25 – *Kraftfahrzeugwerbung*; eine widerlegbare Vermutung nehmen an: Ohly/*Sosnitza*, § 5a UWG Rn. 66; *Alexander*, WRP 2016, 139 Rn. 42.

635 Erwägungsgrund 14 Satz 3 UGP-RL; vgl. auch Begr. zum KommE der UGP-RL v. 18.6.2003, KOM (2003) 356 endg., Tz. 64.

636 EuGH, Urt. v. 16.4.2015 – C-388/13, WRP 2015, 698 Rn. 40 – *UPC* („*in voller Kenntnis der Sachlage*"); *Köhler*/Bornkamm/Feddersen, § 5a UWG Rn. 3.37; *Lettl*, WRP 2019, 1265 Rn. 5, 8; vgl. die franz. Sprachfassung der UGP-RL („*décision commerciale en conaissance de cause*").

637 So auch *Köhler*/Bornkamm/Feddersen, § 5a UWG Rn. 3.39 ff.; *ders.*, WRP 2017, 1 Rn. 33; i.E. auch *Büscher*, WRP 2019, 1249 Rn. 24 f.; vgl. in diesem Sinne bereits *DIHK*, WRP 2014, 1426 Rn. 28 vor der Kodifikation des Merkmals im dt. Recht.

638 BGH, Urt. v. 4.2.2016 – I ZR 194/14, NJW-RR 2016, 1439 Rn. 30 – *Fressnapf*.

639 EuGH, Urt. v. 19.12.2013 – C-281/12, WRP 2014, 161 Rn. 36 ff. – *Trento Sviluppo*. Siehe S. 116 ff., 297 ff.

2. *Ausnahme-Konstellationen, insb. Bargeschäfte des täglichen Lebens*

Als vom Unternehmer darzulegende Konstellationen, in denen der Verbraucher die ihm vorenthaltene Information ausnahmsweise nicht für eine informierte geschäftliche Entscheidung benötigt, werden in der *Literatur* folgende genannt: Identität und Anschrift sind dem Verbraucher bereits aus einem vorangegangenen Geschäftskontakt mit dem Unternehmer bekannt oder nach der Art des Geschäftsabschlusses (z.B. auf einem Flohmarkt) nicht wichtig.[640] Beide Beispiele betreffen die Impressumsangaben insgesamt. So ist etwa bei der Bestellung einer Maß Bier in einem Oktoberfestzelt nicht erforderlich, dass die Bedienung dem Besucher zuvor noch den Namen und die ladungsfähige Anschrift des Festwirts mitteilt.[641] Eine andere Beurteilung wäre lebensfern, da eine mündliche Impressumsinformation vom Verbraucher bei Bargeschäften des täglichen Lebens in Imbissläden, Kiosken wie auch an Markt- und anderen Verkaufsständen eher mit Desinteresse bzw. Verständnislosigkeit als mit Begeisterung quittiert würde.

Abhängig vom konkreten Fall kann der Verbraucher auch lediglich auf einzelne Bestandteile nicht angewiesen sein, sodass gem. § 5a Abs. 2 Satz 1 Nr. 1 UWG etwa nur die Angabe der Rechtsform, nicht hingegen von Name und Anschrift des Unternehmers entbehrlich ist. Den Prüfungsmaßstab bilden die Funktionen des § 5a Abs. 3 Nr. 2 UWG.

So nimmt etwa *Köhler* an: Bei der Angebotswerbung eines Fastfood-Restaurants dürfte den Verbraucher für die geschäftliche Entscheidung, das Restaurant aufzusuchen bzw. das beworbene Frühstück (Kaffee und Croissant) zu bestellen, die Rechtsformangabe des Restaurantbetreibers kaum interessieren.[642] Und auch nach den rechtlich unverbindlichen *UGP-Leitlinien* braucht ein Fastfood-Anbieter seine Rechtsform (GmbH, AG, GmbH & Co. KG usw.) in der Werbung nicht anzugeben.[643] Vielmehr soll zur Erfüllung der Identitätsangabe im Einzelfall der Handelsname des Unternehmers ohne Rechtsform

---

640 Harte-Bavendamm/Henning-Bodewig/*Dreyer*, § 5a UWG Rn. 85; *Alexander*, WRP 2016, 139 Rn. 41; zurückhaltender hins. der zweiten Fallgruppe nunmehr MüKoUWG/*Alexander*, § 5a Rn. 266; vgl. *Köhler*, WRP 2013, 1419 Rn. 39 mit dem Beispiel eines „fliegenden" Zeitungsverkäufers; a.A. Fezer/Büscher/*Obergfell*, § 5a UWG Rn. 145, die in diesen Fällen jedoch schon das Vorenthalten ablehnt.

641 *Köhler*, WRP 2013, 1419 Rn. 30.

642 *Köhler*, WRP 2017, 1 Rn. 39; in diese Richtung bereits *BdS*, Stellungnahme zum RegE des UWG 2015, S. 3.

643 *Kommissionsdienststellen*, UGP-Leitlinien 2016, SWD(2016) 163 final, S. 87.

ausreichen.[644] Verallgemeinernd könnte man sagen: Für informierte geschäftliche Entscheidungen rund um Bargeschäfte des täglichen Lebens benötigt der Verbraucher die Rechtsformangabe nicht.[645] Denn hier treten Haftungs- und Bonitätsfragen in den Hintergrund. Außerdem ist bei diesen Alltagsgeschäften die Dauer des Entscheidungsprozesses angesichts der geringen finanziellen Investitionen in aller Regel kürzer als bei teureren und langlebigeren Produkten.

Für eine solche Auslegung ließe sich auch Art. 246 Abs. 2 EGBGB fruchtbar machen, wonach u.a. die Informationspflicht über Identität und Anschrift des Unternehmers (Abs. 1 Nr. 2) auf Verbraucherverträge, die Geschäfte des täglichen Lebens zum Gegenstand haben und bei Vertragsschluss sofort erfüllt werden, nicht anzuwenden ist.[646] Den unionsrechtlichen Hintergrund der Regelung bildet Art. 5 Abs. 3 VR-RL. Die Übertragung des Rechtsgedankens auf die UWG-Impressumspflicht ist jedoch nicht zwingend. Dass Art. 7 UGP-RL keine explizite Ausnahme für Bargeschäfte des täglichen Lebens vorsieht, könnte auch im Umkehrschluss heißen: Einschränkungen dieser Informationspflichten sollen von anderen Kriterien abhängen. Gegen diese Lesart spricht allerdings, dass die UGP-RL einige Jahre vor der VR-RL in Kraft getreten ist. Ferner dürfte hinter der weiten Formulierung des § 5a Abs. 2 Satz 1 Nr. 1 UWG und von dessen Richtlinienvorbild der Gedanke stehen, verschiedenartige Konstellationen zu erfassen. Vor diesem Hintergrund wären in den Erwägungsgründen zur UGP-RL Beispiele wünschenswert gewesen, in denen Informationspflichtverstöße ausnahmsweise ohne negative Auswirkung auf die geschäftliche Entscheidung des Verbrauchers bleiben. Jedenfalls im Kontext von Bargeschäften des täglichen Lebens z.B. in Kiosken, Imbissläden und Fastfood-Restaurants sowie diesbezüglicher Werbung kann die UWG-Impressumspflicht durch § 5a Abs. 2 Satz 1 Nr. 1 eingeschränkt sein. Gleiches gilt für Werbemaßnahmen von Unternehmen des Lebensmitteleinzelhandels, sofern lediglich Produkte des täglichen

---

644 *Kommissionsdienststellen*, UGP-Leitlinien 2016, SWD(2016) 163 final, S. 86 f. lassen die Mitteilung der offiziellen Bezeichnung mitsamt Rechtsform in den Geschäftsbedingungen genügen.

645 So auch *Helm/Sonntag/Burger* in UWG-HdB, § 59 Rn. 487 für Situationen des sofortigen Verbrauchs einer Ware (z.B. Restaurantbesuch). A.A. OLG München, Urt. v. 17.10.2013 – 6 U 3929/12 juris Rn. 43: Für eine Einschränkung bei einfachen und niedrigpreisigen Artikeln fehle es an einem Anknüpfungspunkt im Gesetzeswortlaut. Allerdings setzt sich das Urteil nicht mit dem nunmehr in § 5a Abs. 2 Satz 1 Nr. 1 UWG kodifizierten Merkmal auseinander.

646 So auch *Köhler*/Bornkamm/Feddersen, § 5a UWG Rn. 3.40a; *ders.*, WRP 2017, 1 Rn. 41 f.

Bedarfs von geringem Wert beworben werden. Erstreckt sich die Werbung dagegen auch auf höherpreisige Artikel wie Haushaltsgegenstände – so regelmäßig bei Supermärkten und Kaufhäusern der Fall –, werden Anschrift und Identität des Unternehmers einschließlich der Rechtsformangabe vom Verbraucher für eine informierte geschäftliche Entscheidung benötigt und sind daher nicht entbehrlich. Aufgrund dessen begeben sich die vorstehenden Ausführungen zu den Ausnahme-Konstellationen i.R.d. § 5a Abs. 2 Satz 1 Nr. 1 UWG auch nicht in Widerspruch zum *Brandneu von der IFA*-Urteil des *BGH* (dazu S. 227 ff.), wonach eine grundsätzliche Pflicht zur Angabe der vollständigen Firma mitsamt Rechtsform besteht. Denn Ausnahmen hielten die Karlsruher Richter ausdrücklich für möglich, aber im konkreten Fall nicht für einschlägig. Das gilt nicht nur in Hinblick auf die räumlichen Beschränkungen, sondern auch für § 5a Abs. 2 Satz 1 Nr. 1 UWG, da die streitgegenständliche Zeitungsbeilage jedenfalls auch hochpreisige Elektro- und Elektronikgeräte bewirbt. Daher benötigt der Verbraucher hier die Rechtsformangabe des Unternehmers, um eine informierte geschäftliche Entscheidung treffen zu können.

III. Geschäftliche Relevanz, § 5a Abs. 2 Satz 1 Nr. 2 UWG

Seit der UWG-Reform 2015 ist das Relevanzerfordernis nicht mehr zentral in der Verbrauchergeneralklausel angesiedelt, sondern wurde in die einzelnen Unlauterkeitstatbestände integriert. Diese Angleichung des UWG an die Systematik der UGP-RL ist zu begrüßen. Im neu gefassten Tatbestandsmerkmal des § 5a Abs. 2 Satz 1 Nr. 2 UWG geht auch die noch in § 3 Abs. 1 UWG 2008 vorgesehene Eignung zur spürbaren Beeinträchtigung der Entscheidungsfähigkeit auf. Die Spürbarkeit im Sinne einer Bagatellklausel ist folglich nur noch als Teil der sog. geschäftlichen Relevanz zu prüfen.[647] Damit ist die Unlauterkeit zweigliedrig aufgebaut und setzt sich aus dem Unwertkriterium (Vorenthalten der Impressumsangaben, die der Verbraucher für eine informierte geschäftliche Entscheidung benötigt) und dessen Relevanz für die geschäftliche Entscheidung des Verbrauchers zusammen.[648]

Nach dem klaren Gesetzeswortlaut ist allein die Eignung zur Entscheidungsveranlassung notwendig, aber auch ausreichend.[649] Nicht erforderlich ist ein

647 *Sosnitza*, GRUR 2015, 318, 322.

648 Vgl. *Kieffer*, S. 139 f.; *Alexander*, WRP 2016, 139 Rn. 18; *Köhler*, GRUR 2012, 1073, 1074 f.

649 Vgl. *Kommissionsdienststellen*, UGP-Leitlinien 2016, SWD(2016) 163 final, S. 46; *Omsels*, WRP 2016, 553 Rn. 8.

Erfolg dergestalt, dass der Verbraucher sich tatsächlich entschließt, tätig zu werden. Denn die insofern bestehende Möglichkeit begründet bereits die Unzulässigkeit des unternehmerischen Verhaltens.

An der richtlinienwidrigen Handhabung des § 5a Abs. 2 UWG als Per-se-Verbot kann angesichts der Neufassung der Vorschrift keinesfalls festgehalten werden, wie auch der *BGH* ausdrücklich konstatiert.[650] Die selbständige Prüfung der geschäftlichen Relevanz dürfte jedoch in der Regel kurz ausfallen. Denn benötigt der Verbraucher die Impressumsangaben, um eine informierte geschäftliche Entscheidung zu treffen – womit § 5a Abs. 2 Satz 1 Nr. 1 UWG erfüllt ist – liegt die Annahme durchaus nahe, dass auch die geschäftliche Relevanz zu bejahen ist. Diese Schlussfolgerung wird im Sinne einer tatsächlichen, widerlegbaren Vermutung im Regelfall passen, anders als bei einem Per-se-Verbot sind aber Ausnahmen möglich.[651] Für diese Lesart spricht auch die Einleitung der Relevanzklausel in Art. 7 Abs. 1 UGP-RL mit dem verbindenden Wort „somit",[652] das im Wege europarechtskonformer Auslegung auch in den Tatbestand des § 5a Abs. 2 Satz 1 UWG hineinzulesen ist. Entsprechend formuliert der *BGH* in jüngeren Urteilen zur Impressumspflicht des UWG: Sofern im konkreten Fall keine besonderen Umstände vorliegen, ist *grundsätzlich* davon auszugehen, dass das Vorenthalten wesentlicher Informationen, die der Verbraucher zum Fällen einer informierten Entscheidung benötigt, geeignet ist, den Verbraucher zu einer geschäftlichen Entscheidung zu veranlassen, die er andernfalls nicht getroffen hätte.[653] Das gilt nicht nur in Bezug auf Werbung für mitsamt Finanzierung angebotene Kraftfahrzeuge, sondern auch für andere langlebige, hochwertige und hochpreisige Wirtschaftsgüter wie Standard-Einbauküchen oder Haushaltsgeräte.[654]

---

650 BGH, Urt. v. 2.3.2017 – I ZR 41/16, NJW-RR 2017, 1190 Rn. 31 – *Komplettküchen*.

651 *Köhler*, WRP 2017, 1 Rn. 44; *Alexander*, WRP 2016, 139 Rn. 42. Dagegen steht *Omsels*, WRP 2016, 553 Rn. 39 f. einer Vermutung skeptisch gegenüber und hält eine positive Feststellung im Einzelfall für erforderlich.

652 Ähnlich *Köhler*, WRP 2017, 1 Rn. 44. Wie hier bereits Köhler/*Bornkamm*, 28. Aufl. 2010, § 5a UWG Rn. 55 und Fezer/Büscher/*Obergfell*, § 5a UWG Rn. 115, die jedoch infolgedessen die geschäftliche Relevanz stets als erfüllt ansehen.

653 BGH, Urt. v. 18.10.2017 – I ZR 260/16 juris Rn. 28 sowie I ZR 84/16, WRP 2018, 320 Rn. 26 – *Kraftfahrzeugwerbung*.

654 Vgl. zu § 5a Abs. 3 Nr. 1 UWG: BGH, Urt. v. 21.7.2016 – I ZR 26/15, WRP 2016, 1221 Rn. 55 – *LGA tested* hins. eines Haarentfernungsgeräts; Urt. v. 2.3.2017 – I ZR 41/16, NJW-RR 2017, 1190 Rn. 34 – *Komplettküchen*.

Dagegen können die Informationen nach § 5a Abs. 3 Nr. 2 UWG über Name (inkl. Rechtsform) und Anschrift des Unternehmers bei Zeitungen, Zigaretten oder sonstigen Artikeln des täglichen Lebensbedarfs nach der Art des Vertriebs (z.B. am Kiosk) irrelevant für die Verbraucherentscheidung sein. Infolgedessen wird in diesen Fällen von einigen *Literaturstimmen* die geschäftliche Relevanz verneint.[655] Beim Produkterwerb in Kiosken und an Verkaufsständen stellt sich das Vorenthalten der unternehmensbezogenen Informationen jedoch bereits nach § 5a Abs. 2 Satz 1 Nr. 1 UWG nicht als unlauter dar, weil der Verbraucher diese nicht für eine informierte geschäftliche Entscheidung benötigt (S. 358). Gleiches gilt hins. der Rechtsformangabe des Unternehmers generell bei Werbung für Bargeschäfte des täglichen Lebens, z.B. von Fastfood-Restaurants oder Unternehmen des Lebensmitteleinzelhandels. Dazu stellt auch das *OLG Bamberg* fest: An der Relevanz der vorenthaltenen Rechtsformangabe des werbenden Unternehmens kann es fehlen, wenn weder hochwertige bzw. hochpreisige Wirtschaftsgüter noch – wie in den Fällen einer zentral organisierten Marktwerbung – das Warensortiment anderer Unternehmer beworben werden.[656] Die Verortung i.R.d. § 5a Abs. 2 Satz 1 Nr. 2 UWG und nicht beim Tatbestandsmerkmal der Nr. 1 ist darauf zurückzuführen, dass das Gericht letzteres der Wesentlichkeit zuordnet.[657] Bei der streitgegenständlichen Werbeanzeige dürfte, da neben Pflanzkästen u.a. ein Kugelgrill für 259 Euro und eine Spielanlage für 179 Euro angeboten werden, die Relevanz für die Verbraucherentscheidung allenfalls aufgrund des besonderen Charakters der lokalen Verkaufsaktion entfallen. Sofern dagegen im konkreten Fall keine besonderen Umstände vorliegen, gilt bzgl. sämtlicher Produkte: Das Vorenthalten der Identitäts- und Anschriftsinformationen, die der Verbraucher zum Fällen einer informierten Entscheidung benötigt, ist *grundsätzlich* geeignet, den Verbraucher zu einer geschäftlichen Entscheidung zu veranlassen, die er andernfalls nicht getroffen hätte.

Auch hins. des *Fressnapf*-Werbeprospekts für Tierbedarf & Tiernahrung bejaht der *BGH* das Merkmal der geschäftlichen Relevanz mit der knappen Feststellung:

> *„Es liegt (...) auf der Hand, dass die unzureichende Information über die an der Verkaufsaktion teilnehmenden Märkte Verbraucher dazu veranlassen kann, einen der genannten Märkte aufzusuchen und dass die Verbraucher diese geschäftliche Entscheidung nicht*

---

655 *Köhler*/Bornkamm/Feddersen, § 5a UWG Rn. 3.44; *Helm/Sonntag/Burger* in UWG-HdB, § 59 Rn. 488.

656 OLG Bamberg, Beschl. v. 9.4.2018 – 3 W 11/18, WRP 2018, 714 Rn. 29.

657 Vgl. OLG Bamberg, Beschl. v. 9.4.2018 – 3 W 11/18, WRP 2018, 714 Rn. 27 f.

getroffen hätten, wenn sie gewusst hätten, dass der aufgesuchte Markt nicht an der Verkaufsaktion teilnimmt."[658]

In Bezug auf die Information über die teilnehmenden Verkaufsstandorte wurde die geschäftliche Relevanz allerdings in folgender Konstellation verneint: Die in der Werbung enthaltene, widersprüchliche Einschränkung, dass die beworbenen Produkte nicht in allen Filialen erhältlich sind, hält den angesprochenen Verbraucher eher vom Aufsuchen eines Geschäftslokals des Werbenden ab.[659]

IV. Zwischenergebnis zur Relevanz für die Verbraucherentscheidung

Unlauter ist das Vorenthalten der Pflichtinformationen nach § 5a Abs. 3 Nr. 2 UWG nur unter den zusätzlichen, selbständig zu prüfenden Voraussetzungen des § 5a Abs. 2 Satz 1 Nr. 1 und Nr. 2. Nach der Lebenserfahrung ist dabei aber von folgendem *Regel-Ausnahme-Verhältnis* auszugehen: Im Regelfall benötigt der Verbraucher die Identitäts- und Anschriftsangaben für eine informierte geschäftliche Entscheidung und das Vorenthalten dieser Informationen kann den Verbraucher zu einer anderen geschäftlichen Entscheidung veranlassen. Entsprechend legt der BGH dem Unternehmer, der besondere Umstände geltend macht, aufgrund derer ausnahmsweise die Bedeutung für die Verbraucherentscheidung abzulehnen ist, eine sekundäre Darlegungslast auf. In der Möglichkeit von Ausnahmen liegt der entscheidende Unterschied zu einem mit der Systematik und den Vorgaben der UGP-RL nicht zu vereinbarenden Per-se-Verbot.

An der erforderlichen Relevanz fehlt es u.a., wenn der Informationserfolg auf anderem Wege als durch Mitteilung der Information seitens des Unternehmers bereits erreicht worden ist. Maßgeblich sind die Umstände des Einzelfalls, wie sich auch dem Kriterium des § 5a Abs. 2 Satz 1 Nr. 1 UWG entnehmen lässt („*je nach den Umständen*"). Der Verbraucher benötigt die unternehmensbezogenen Informationen ausnahmsweise nicht für eine informierte geschäftliche Entscheidung, wenn sie ihm bereits bekannt (z.B. aufgrund eines vorangegangenen Geschäftskontakts) oder nach der Art des Geschäftsabschlusses nicht wichtig sind. Letzteres betrifft insb. Alltagseinkäufe in Imbissläden, Kiosken und an Verkaufsständen. Und generell kann die Rechtsformangabe des Unternehmers in Bezug auf Bargeschäfte des täglichen Lebens auch bei der Werbung

658 BGH, Urt. v. 4.2.2016 – I ZR 194/14, NJW-RR 2016, 1439 Rn. 31 – *Fressnapf.*
659 OLG Nürnberg, Urt. v. 16.10.2018 – 3 U 761/18, WRP 2019, 128 Rn. 18 ff. – *Günstigere Preise.*

außerhalb des „Point of Sale“ entbehrlich sein. Hier können z.B. bei Fastfood- und Lebensmittel-Anbietern einzelfallabhängig die Angabe des Namens und der Anschrift des Unternehmers zur Erfüllung der Impressumspflicht des UWG ausreichen.

Die geschäftliche Relevanz i.S.d. § 5a Abs. 2 Satz 1 Nr. 2 UWG ist bei unzureichenden Informationen über die an der Verkaufsaktion teilnehmenden Märkte sowie bei vorenthaltenen Identitäts- und/oder Anschriftsangaben, die der Verbraucher für eine informierte geschäftliche Entscheidung benötigt, grundsätzlich anzunehmen. Abzulehnen ist das Erfordernis allerdings, wenn die in der Werbung enthaltenen Informationen zu den teilnehmenden Verkaufsstellen den angesprochenen Verbraucher eher vom Aufsuchen eines Geschäftslokals des werbenden Unternehmers bzw. Vertriebssystems abhalten.

H. Kein Verschuldenserfordernis

Zu klären bleibt, ob die Verletzung der UWG-Impressumspflicht bzw. der daraus resultierende Unterlassungsanspruch neben den objektiven Tatbestandsmerkmalen auch Anforderungen in subjektiver Hinsicht stellt. Denkbar wäre ein Verschuldenserfordernis, wonach der Unternehmer – entsprechend dem für Schuldverhältnisse im allgemeinen Zivilrecht in § 276 Abs. 1 Satz 1 BGB geregelten Grundsatz – nur Vorsatz und Fahrlässigkeit zu vertreten hat. Dem Wortlaut weder des § 5a Abs. 2, Abs. 3 Nr. 2 UWG noch der §§ 3 Abs. 1, 8 Abs. 1 lässt sich ein entsprechendes Erfordernis entnehmen.

Auch der Richtlinienhintergrund gebietet es nicht, an die Erfüllung des Unlauterkeitstatbestands subjektive Anforderungen zu stellen. Insofern konstatiert der *EuGH* i.R.v. Art. 6 UGP-RL: Die Durchsetzung der von den Mitgliedstaaten zur Bekämpfung unlauterer Geschäftspraktiken ergriffenen Maßnahmen setzen nicht den Nachweis voraus, „dass der Gewerbetreibende vorsätzlich oder fahrlässig gehandelt hat oder auch, dass dem Verbraucher ein tatsächlicher Schaden entstanden ist.“[660] Denn eine Geschäftspraxis gilt nicht nur bei falschen bzw. unwahren Angaben als irreführend, sondern auch, wenn sie z.B. durch die Art und Weise der Präsentation den Verbraucher täuscht oder zu täuschen geeignet ist. Demnach trägt allein der Unternehmer das Risiko, dass sich die in der

---

660 EuGH, Urt. v. 16.4.2015 – C-388/13, WRP 2015, 698 Rn. 48 – *UPC* mit Verweis auf Art. 11 UGP-RL; von einem verschuldensunabhängigen Ansatz ausgehend bereits *GA Nils Wahl*, SchlA v. 13.6.2013, Rs. C-435/11 – *CHS Tour Services*, ECLI:EU:C:2013:403 Rn. 23 bei Art. 6 UGP-RL.

Werbung gemachten Aussagen trotz aller Vorkehrungen und Absicherungen als objektiv unrichtig und damit irreführend erweisen.[661]

Die Position des EuGH zu Art. 6 UGP-RL lässt sich wegen der Parallelität der Tatbestände auf Art. 7 und im Wege richtlinienkonformer Auslegung auf § 5a Abs. 2 UWG übertragen. Hinter der klaren Risikoverteilung zulasten des Unternehmers dürfte in erster Linie das von der UGP-RL bezweckte hohe Verbraucherschutzniveau stehen.[662] § 5a Abs. 2, Abs. 3 Nr. 2 UWG setzt folglich kein vorsätzliches oder fahrlässiges Verhalten des Unternehmers voraus.[663] Insofern ist der Einwand fehlenden Verschuldens bzw. der Unvermeidbarkeit ebenso irrelevant wie die Gutgläubigkeit des Werbenden beim Vertrauen auf Angaben seiner Lieferanten und selbständigen Absatzmittler.[664]

Überdies wird die Unlauterkeit vorenthaltener Impressumsangaben unabhängig von einem Erfolg im Sinne eines tatsächlich beim Verbraucher eingetretenen Schadens begründet. Das heißt: Es kommt nicht darauf an, ob der Verbraucher auf unzureichender Informationsbasis tatsächlich eine für ihn ungünstige geschäftliche Entscheidung trifft, indem er z.B. eine nicht an der Werbeaktion teilnehmende Verkaufsstelle aufsucht. Denn § 5a Abs. 2, Abs. 3 Nr. 2 UWG statuiert ein fehlvorstellungsunabhängiges Informationsgebot (S. 133). Daher scheidet auch eine Exkulpationsmöglichkeit des Franchisegebers aus, wenn alle Franchisenehmer die beworbenen Produkte zu den genannten oder günstigeren Preisen führen und der Verbraucher mithin keinen Franchisestandort „umsonst" aufsuchen würde.

Festzuhalten bleibt, dass der richtlinienbasierte § 5a Abs. 2, Abs. 3 Nr. 2 UWG keine subjektiven Anforderungen wie ein Verschuldenserfordernis vorsieht. Ein Verstoß ist gegeben, wenn die objektiven Tatbestandsmerkmale erfüllt sind. Ebenso wenig hängt die Verletzung der UWG-Impressumspflicht von einem Schaden auf Seiten des Verbrauchers – wie einer Fehlvorstellung oder ungünstigen geschäftlichen Entscheidung – ab.

---

661 *Scherer*, in: FS Köhler, S. 607, 609.

662 Vgl. EuGH, Urt. v. 19.9.2013 – C-435/11, WRP 2014, 38 Rn. 47 – *CHS Tour Services*; *GA Nils Wahl*, SchlA v. 13.6.2013, Rs. C-435/11 – *CHS Tour Services*, ECLI:EU:C:2013:403 Rn. 24.

663 So ohne nähere Begründung auch LG München I, Urt. v. 4.6.2018 – 4 HKO 18527/17 juris Rn. 35.

664 Vgl. *Scherer*, in: FS Köhler, S. 607, 609; BGH, Urt. v. 31.3.2016 – I ZR 86/13, WRP 2016, 1004 Rn. 35 ff. – *Himalaya Salz*; OLG Köln, Urt. v. 19.4.2013 – 6 U 192/12 juris Rn. 34 f. – *Himalaya Salz*.

I. Zwischenergebnis zum dritten Kapitel

Dem Richtlinienvorbild in Art. 7 UGP-RL entsprechend gilt § 5a Abs. 2, Abs. 3 Nr. 2 UWG nur für Angebote i.S.d. Vorschrift von Unternehmern gegenüber Verbrauchern, d.h. im B2C-Verkehr. Bei der Auslegung und Handhabung kommt dem Erfordernis der Einzelfallbetrachtung ein genereller Grundgedanke zu.

Der Anwendungsbereich der UWG-Impressumspflicht ist eröffnet, wenn die Werbung den Verbraucher hinreichend über das beworbene Produkt und dessen Preis informiert, um eine „geschäftliche Entscheidung" treffen zu können. Eine solche stellt nicht nur die Entscheidung über den Erwerb oder Nichterwerb eines Produkts dar, sondern auch damit unmittelbar zusammenhängende Entscheidungen wie insb. das Aufsuchen des Geschäfts. Abzulehnen ist die erforderliche Konkretisierung und Individualisierung bei bloßer Aufmerksamkeitswerbung (z.B. für eine gesamte Marke) oder bei Produktwerbung ohne jegliche Preisangaben. Dagegen steht die Verwendung von „ab"-Preisen oder unverbindlichen Preisempfehlungen dem Angebotscharakter nicht entgegen, da eine exakte Endpreisangabe nicht notwendig ist. Ein Angebot i.S.d. § 5a Abs. 3 UWG setzt keine unmittelbare Kauf-/Bestellmöglichkeit voraus, wodurch das Merkmal vor Ort im Ladengeschäft sowie auf Internetseiten, aber auch bei Radio-, Fernseh- und Printwerbung in Betracht kommt.

§ 5a Abs. 3 Nr. 2 UWG verpflichtet den werbenden Unternehmer zur Mitteilung seiner Identität und Anschrift sowie ggf. der entsprechenden Angaben von dritten Unternehmern, die nicht nur zur Durchführung des angebotenen Geschäfts eingebunden, sondern diesbezüglich Vertragspartner des Verbrauchers werden (z.B. Verkäufer auf Online-Marktplätzen). Daran anknüpfend ist auch bei überregionaler Werbung von Vertriebssystemen mit einer Vielzahl selbständiger und/oder unselbständiger Verkaufsstellen einheitlich eine kumulative Informationspflicht anzunehmen: Anzugeben sind die Identität und Anschrift des Franchisegebers, der Verbundgruppen- bzw. Unternehmenszentrale sowie der einzelnen Franchisenehmerbetriebe, Verbundgruppen-Anschlusshäuser und Filialen. Entsprechend erstreckt sich die Informationspflicht auf die systemzugehörigen Vertrags-/Fachhändler, Handelsvertreter oder Kommissionsagenten, wobei nur in letzterem Fall der werbende Unternehmer (Kommittent) wegen dessen Geheimhaltungsinteresse nicht zu offenbaren ist. Anschrift beschreibt die geographische bzw. ladungsfähige Adresse, welche in Deutschland in der Regel aus der Straße, Hausnummer, Postleitzahl und dem Ort besteht. Die mitzuteilende Identität beinhaltet bei Kaufleuten im Grundsatz den vollständigen Handelsnamen des Unternehmers einschließlich Rechtsformzusatz, bei natürlichen Personen sind der Nachname und mind. ein Vorname anzugeben.

Impressumsangaben, die sich unmittelbar aus den Umständen ergeben, erfasst die UWG-Impressumspflicht von vornherein nicht. Das betrifft sämtliche Angebote i.S.d. § 5a Abs. 3 UWG vor Ort am „Point of Sale", da die Anschrift und – bei entsprechender Frontbeschilderung – auch die Identität des Unternehmers offenkundig sind. Hingegen fällt unter die Ausnahme nicht die Abrufbarkeit der Informationen an anderem Ort und die Impressumsinformationen werden auch bei großen bzw. bekannten Ketten nicht durch Verwendung bekannter Logos oder Markennamen entbehrlich.

Ob der Verbraucher die Identitäts- und Anschriftsangaben nicht oder nicht so erhält, dass er sie bei seiner geschäftlichen Entscheidung berücksichtigen kann, und sie ihm damit vorenthalten werden, ist anhand einer umfassenden Interessenabwägung zu ermitteln. Dabei können auch ein Verheimlichen sowie eine intransparente oder nicht rechtzeitige Bereitstellung der Informationen durch den Unternehmer den Tatbestand erfüllen (§ 5a Abs. 2 Satz 2 Nr. 1 bis 3 UWG). In überregionaler Werbung von Vertriebssystemen ist eine Auflistung aller Systemstandorte kartellrechtlich zulässig, während die Beschränkung auf die teilnehmenden Märkte bzgl. Franchisenehmern und anderen Unternehmen, die nicht nur unbedeutende Absatzrisiken tragen, ausscheidet. Auch eine Regionalisierung dergestalt, in der Werbung lediglich die Identitäten und Anschriften des werbenden Unternehmens sowie naheliegender Verkaufsstellen anzugeben, ist nur bei unselbständigen Systemstandorten und dem Handelsvertreterprivileg unterfallenden Konstellationen möglich. Keinesfalls in Betracht kommt die Auslagerung der Impressumsangaben allein auf eine Telefonhotline, einen Aushang „vor Ort" am jeweiligen Verkaufsstandort oder gar auf den Kassenzettel. Zulässig kann dagegen bei Gemeinschaftswerbung für eine Vielzahl von Vertriebsstellen – oder allgemeiner: bzgl. der Identitäten und Anschriften der Unternehmer, für die der Werbende gem. § 5a Abs. 3 Nr. 2 Hs. 2 UWG handelt – der Verweis auf dessen Internetseite sein. Der damit verbundene Medienbruch ist dem Verbraucher jedoch nur zuzumuten, wenn die Unterbringung der Pflichtinformationen des § 5a Abs. 3 Nr. 2 UWG in der Werbung dem Unternehmer unmöglich oder unzumutbar ist, sie aber auf dessen Webseite vollständig eingesehen werden können. Maßgeblich sind die Umstände des konkreten Falls, insb. die Zahl der Vertriebspartner bzw. -standorte sowie die räumlichen und zeitlichen Beschränkungen des Werbemediums (vgl. die Medienklausel des § 5a Abs. 5 UWG / Art. 7 Abs. 3 UGP-RL). Überdies muss der Verweis aus Verbrauchersicht visuell bzw. akustisch leicht wahrnehmbar sein und darf sich nicht auf die Nennung der anderweitigen Informationsquelle beschränken, sondern muss die dortige Abrufbarkeit der unternehmensbezogenen Informationen verdeutlichen. Die Identität und Anschrift der Unternehmens-/Systemzentrale überschreiten in aller Regel nicht die Grenzen des eingesetzten Kommunikationsmittels, sodass diesbezüglich und allgemein bei Eigenwerbung ein Medienbruch unzulässig ist.

Im Regelfall benötigt der Verbraucher die Identitäts- und Anschriftsangaben für eine informierte geschäftliche Entscheidung und deren Vorenthalten kann ihn zu einer anderen geschäftlichen Entscheidung veranlassen. Die einschränkenden Merkmale des § 5a Abs. 2 Satz 1 Nr. 1 und Nr. 2 UWG sind jedoch selbständig zu prüfen und können im Einzelfall abzulehnen sein, wenn z.B. der Informationserfolg auf anderem Wege bereits erreicht wurde. Der Verbraucher benötigt die Impressumsinformationen ausnahmsweise nicht für eine informierte geschäftliche Entscheidung, wenn sie ihm bereits bekannt oder wie z.B. in Imbissläden, Kiosken und an Verkaufsständen nicht wichtig sind. Hins. Bargeschäften des täglichen Lebens kann ferner auch bei Werbemaßnahmen außerhalb des „Point of Sale“ z.B. von Fastfood- und Lebensmittel-Anbietern einzelfallabhängig die Rechtsformangabe des Unternehmers entbehrlich sein. Liegen im konkreten Fall keine besonderen Umstände vor, ist beim Vorenthalten der Identitäts- und/oder Anschriftsangaben, die der Verbraucher zum Fällen einer informierten Entscheidung benötigt, grundsätzlich auch die geschäftliche Relevanz zu bejahen.

Eine Verletzung des § 5a Abs. 2, Abs. 3 Nr. 2 UWG erfordert über das Vorliegen der objektiven Tatbestandsmerkmale hinaus weder ein Verschulden des Unternehmers noch eine Fehlvorstellung oder einen sonstigen Schaden auf Seiten des Verbrauchers.

Viertes Kapitel – Rechtsfolgen eines Verstoßes gegen die Impressumspflicht des UWG

Die Unzulässigkeit einer nach § 5a Abs. 2, Abs. 3 Nr. 2 UWG unlauteren geschäftlichen Handlung folgt aus § 3 Abs. 1. Somit ist eine gegen die lauterkeitsrechtliche Impressumspflicht verstoßende Werbung zunächst verboten. Als Sanktionen kommen Ansprüche auf Beseitigung und bei Wiederholungsgefahr auf Unterlassung, auf Schadensersatz sowie Gewinnabschöpfung in Betracht (§§ 8 bis 10 UWG). Aus dem Richtlinienhintergrund des § 5a Abs. 2, Abs. 3 Nr. 2 UWG ergaben sich bislang keine zusätzlichen Sanktionsanforderungen.[1]

Das ändert sich allerdings durch die neuen Vorgaben der sog. Omnibus-Richtlinie zum EU-Verbraucherrecht (S. 97): Der neu eingefügte Art. 11a Abs. 1 UGP-RL 2020 fordert „Zugang [der geschädigten Verbraucher] zu angemessenen und wirksamen Rechtsbehelfen, einschließlich Ersatz des dem Verbraucher entstandenen Schadens sowie gegebenenfalls Preisminderung oder Beendigung des Vertrags". Ein klarer Rahmen für individuelle Rechtsbehelfe soll die private Rechtsdurchsetzung erleichtern, wobei den Mitgliedstaaten die Festlegung der Anwendungsvoraussetzungen und Folgen überlassen ist.[2] Ferner wurden die Anforderungen an die Sanktionsvorschriften verschärft. Während zuvor die Mitgliedstaaten die Bemessung der Sanktionen festlegen konnten, sieht der überarbeitete Art. 13 UGP-RL 2020 in Abs. 2 einen nicht abschließenden, beispielhaften Kriterienkatalog für die Verhängung der Sanktionen vor. Die konkrete Umsetzung durch den nationalen Gesetzgeber bleibt abzuwarten, zu rechnen ist aber mit einer Erweiterung der Sanktionsnormen.

---

1 So auch MüKoUWG/*Alexander*, § 5a Rn. 122.

2 Erwägungsgrund 16 Satz 2, 5 f. Omnibus-Richtlinie; Art. 11a Abs. 1 Satz 2 f. UGP-RL 2020.

A. Die möglichen Sanktionen im Überblick

De lege lata bildet der Beseitigungs- und Unterlassungsanspruch[3] in § 8 Abs. 1 UWG die bedeutendste Sanktion der Informationspflichtverletzung.

Wer anspruchsberechtigt und klagebefugt[4] ist, richtet sich nach Abs. 3: Mitbewerber (Nr. 1, vgl. die Definition in § 2 Abs. 1 Nr. 3 UWG), auch wenn die Impressumspflicht in erster Linie dem Verbraucherschutz dient;[5] daneben unter bestimmten Voraussetzungen Wirtschafts- und Berufsverbände (Nr. 2, z.B. Wettbewerbszentrale, Kammern der freien Berufe). Außerdem stehen die Ansprüche den in die Liste nach § 4 UKlaG eingetragenen qualifizierten Einrichtungen (u.a. die Verbraucherzentralen der Bundesländer) sowie den Industrie-, Handels- und Handwerkskammern (§ 8 Abs. 3 Nr. 3 und Nr. 4 UWG) zu.

Der Verbraucher ist Schutzsubjekt des UWG, aber nach der abschließenden Regelung in § 8 Abs. 3 UWG derzeit als Einzelner nicht anspruchsberechtigt.[6] Die Entscheidung gegen private „Class Actions" im deutschen Lauterkeitsrecht lässt sich darauf zurückführen, dass letzteres im Unterschied zum Vertragsrecht nicht den individuellen Fall adressiert.[7] Infolgedessen bezwecken die Normen des Lauterkeitsrechts im Vertikalverhältnis keinen Individualschutz für Verbraucher und sonstige Marktteilnehmer.[8] Das wird sich de lege ferenda angesichts des *private enforcement*-Trends im deutschen und europäischen Recht ändern. Für den Bereich des Lauterkeitsrechts muss der deutsche Gesetzgeber die auf der letzten Seite dargestellten Vorgaben der Omnibus-Richtlinie in das UWG umsetzen. Bis dahin können sich Verbraucher an die anspruchsberechtigten Verbraucherverbände wenden, damit diese gegen den Wettbewerbsverstoß vorgehen.

Nach aktuell geltendem Recht ist der Unternehmer den Mitbewerbern – und nur diesen – bei vorsätzlicher oder fahrlässiger Zuwiderhandlung zum Ersatz des

---

3 Ein solcher Anspruch ergibt sich parallel aus § 2 Abs. 1 Satz 1 UKlaG, da § 5a Abs. 2, Abs. 3 Nr. 2 UWG ein Verbraucherschutzgesetz i.S.d. Norm darstellt, vgl. *Köhler*/Bornkamm/Feddersen, § 2 UKlaG Rn. 30a.

4 BGH, Urt. v. 7.5.2015 – I ZR 158/14, WRP 2015, 1464 Rn. 13 – *Der Zauber des Nordens*; Urt. v. 27.4.2017 – I ZR 55/16, WRP 2017, 1468 Rn. 10 – *Preisportal*.

5 Vgl. Harte-Bavendamm/Henning-Bodewig/*Goldmann*, § 8 UWG Rn. 277 f.; siehe zur geplanten Einschränkung der Anspruchsberechtigung und Klagebefugnis mit dem Ziel, Abmahnmissbräuche zu verhindern, Begr. zum RegE eines Gesetzes zur Stärkung des fairen Wettbewerbs (2019), BT-Drucks. 19/12084, S. 1, 26.

6 Vgl. BGH, Urt. v. 15.12.2015 – VI ZR 134/15, NJW 2016, 870 Rn. 9 – *„No-Reply"-E-Mails*.

7 Vgl. *Peifer*, EuCML 2015, 193, 195, 197; *Zecca-Jobst*, S. 161 f.

8 *Köhler*/Bornkamm/Feddersen, § 9 UWG Rn. 1.10; Ohly/*Sosnitza*, § 5 UWG Rn. 11.

daraus entstehenden Schadens verpflichtet (§ 9 Satz 1 UWG). Allerdings dürfte bei einem Verstoß gegen § 5a Abs. 2, Abs. 3 Nr. 2 UWG der Nachweis eines individuellen Vermögensschadens dem Mitbewerber deutlich schwerer fallen als hins. vorenthaltener Produktinformationen. Auch die Anspruchsvoraussetzungen des zivilrechtlichen Schadensersatzanspruchs gem. § 823 Abs. 1 BGB erfüllt wettbewerbswidriges Verhalten nicht per se.[9] Eine Schadensersatzpflicht des Werbenden gem. § 823 Abs. 2 Satz 1 BGB kommt bei einem Verstoß gegen § 5a Abs. 2, Abs. 3 Nr. 2 UWG nicht in Betracht. Denn obgleich die Vorschrift dem Schutz der Verbraucher dient, handelt es sich nicht um ein Schutzgesetz i.S.d. Vorschrift.[10] Begründen lässt sich das mit dem abschließenden Charakter des im UWG vorgesehenen Haftungsregimes bzgl. der Anspruchsgrundlagen, Klagebefugnis und zivilrechtlichen Rechtsfolgen.[11]

Vorgesehen ist ferner eine Gewinnabschöpfung durch die gem. § 8 Abs. 3 Nr. 2 bis 4 UWG zur Geltendmachung eines Unterlassungsanspruchs berechtigten Verbraucherorganisationen und -verbände: Gelingt ihnen der Beweis eines kausal auf einer vorsätzlichen Zuwiderhandlung beruhenden, zu Lasten einer Vielzahl von Abnehmern erzielten Gewinns, können sie dessen Herausgabe an den Bundeshaushalt verlangen (§ 10 Abs. 1 UWG).

Bedeutung hat in der Praxis auch das einstweilige Verfügungsverfahren. Zur Sicherung des Unterlassungsanspruchs begründet § 12 Abs. 2 UWG eine Dringlichkeitsvermutung, die allerdings widerlegt ist, wenn der Antragsteller durch sein Verhalten selbst zu erkennen gibt, dass es ihm nicht eilig ist.[12] Zu beachten ist in diesem Kontext: Die Verbraucherverbände trifft im Allgemeinen keine Marktbeobachtungspflicht im Hinblick auf Verstöße gegen die Impressumspflicht oder andere Vorschriften des UWG.[13]

---

9 So auch LG Limburg, Urt. v. 21.11.2014 – 5 O 18/14, MMR 2015, 186 Leitsatz 1 und Rn. 23.

10 LG Limburg, Urt. v. 21.11.2014 – 5 O 18/14, MMR 2015, 186 Rn. 24 ff.; Harte-Bavendamm/Henning-Bodewig/*Dreyer*, § 5 UWG Teil A Rn. 93; MüKoUWG/*Alexander*, § 5a Rn. 124.

11 Begr. zum RegE des UWG 2004, BT-Drucks. 15/1487, S. 22; BGH, Urt. v. 30.5.2008 – 1 StR 166/07, GRUR 2008, 818 Rn. 87 – *Strafbare Werbung im Versandhandel*.

12 KG, Urt. v. 17.10.2014 – 5 U 63/14, GRUR-RR 2015, 181 Rn. 30 f. – *Faxversendung ohne Beglaubigungsvermerk*; Ohly/*Sosnitza*, § 12 UWG Rn. 115 f.

13 OLG Hamm, Beschl. v. 11.8.2011 – 4 W 66/11 juris Rn. 3 – *Roller*; Urt. v. 2.2.2012 – 4 U 168/11, WRP 2012, 984 Rn. 20, 23; Fezer/*Büscher*/Obergfell, § 12 UWG Rn. 80.

B. Der Einwand des Rechtsmissbrauchs

Die Geltendmachung des Beseitigungs- und Unterlassungsanspruchs ist unzulässig, wenn sie unter Berücksichtigung der Gesamtumstände missbräuchlich ist, insb. vorwiegend der Entstehung eines Erstattungsanspruchs dient (§ 8 Abs. 4 Satz 1 UWG). Von einem Missbrauch i.S.d. Vorschrift ist auszugehen, wenn sich der Gläubiger bei der Verfahrenseinleitung überwiegend von sachfremden Motiven leiten lässt.[14] Das ist in der Regel dann anzunehmen, wenn an der Verfolgung des Rechtsverstoßes kein nennenswertes wirtschaftliches Interesse besteht.[15] Neben dem Gebührenerzielungsinteresse kommen als mögliche Fallgruppen die selektive Schuldnerauswahl und fremdbestimmte Rechtsverfolgung in Betracht.[16] Anhaltspunkte für missbräuchliches Vorgehen können sich ferner daraus ergeben, dass der Anspruchsberechtigte bei einheitlichen Wettbewerbsverstößen ohne sachlichen Grund getrennte Verfahren anstrengt und dadurch die Kostenlast erheblich erhöht, obwohl die Inanspruchnahme in einem Verfahren für ihn mit keinerlei Nachteilen verbunden wäre.[17] Dass ein wettbewerbsrechtlicher Unterlassungsanspruch gegen einen Mitbewerber erst aus Anlass eigener Inanspruchnahme im Sinne einer „Retourkutsche" geltend gemacht wird, begründet für sich genommen aber kein rechtsmissbräuchliches Verhalten.[18] Das Gleiche gilt für selektives Vorgehen eines Verbands nur gegen Außenstehende, nicht aber gegen in derselben wettbewerbswidrigen Weise werbende Verbandsmitglieder.[19]

Der Einwand des Rechtsmissbrauchs wird häufig an der erforderlichen subjektiven Komponente scheitern: Unbeanstandet blieb beispielsweise die

---

14 BGH, Urt. v. 22.4.2009 – I ZR 14/07, GRUR 2009, 1180 Rn. 20 – *0,00 Grundgebühr*; OLG München, Urt. v. 14.11.2013 – 6 U 1888/13, WRP 2014, 591 Rn. 24.

15 BGH, Versäumnisurt. v. 26.4.2018 – I ZR 248/16, WRP 2019, 180 Rn. 21 ff. – *Abmahnaktion II*; OLG München, Urt. v. 14.11.2013 – 6 U 1888/13, WRP 2014, 591 Rn. 27 f.

16 *Ohly*/Sosnitza, § 8 UWG Rn. 159 ff. Zur geplanten Kodifikation der Fallgruppen, in denen Rechtsmissbrauch vermutet wird siehe Begr. zum RegE eines Gesetzes zur Stärkung des fairen Wettbewerbs (2019), BT-Drucks. 19/12084, S. 29 f. (§ 8b).

17 BGH, Urt. v. 22.4.2009 – I ZR 14/07, GRUR 2009, 1180 Rn. 20 – *0,00 Grundgebühr* überträgt die Maßstäbe auf gleichartige, ähnlich gelagerte Wettbewerbsverstöße jedenfalls zwischen denselben Parteien.

18 OLG München, Urt. v. 14.11.2013 – 6 U 1888/13, WRP 2014, 591 Rn. 26.

19 BGH, Urt. v. 23.1.1997 – I ZR 29/94, NJW 1997, 2757, 2758 f. – *Produktwerbung*; OLG München, Urt. v. 15.5.2014 – 6 U 3188/13 juris Rn. 35. Im Falle planmäßigen Duldens kann ein Rechtsmissbrauch aber zu bejahen sein, vgl. OLG Hamm, Urt. v. 13.7.2010 – I-4 U 21/10, GRUR-RR 2011, 17, 18 ff. – *Glücksspielverband*.

gesonderte Abmahnung der an einer überregionalen Gemeinschaftswerbung beteiligten Einzelhändler und die jeweils geltend gemachte Kostenpauschale.[20] Auch ein zeitversetztes Vorgehen gegen denselben Werbeprospekt („Salami-Taktik") ist nicht rechtsmissbräuchlich, sofern der Antragsteller bei der früheren Abmahnung keine Kenntnis von dem weiteren Lauterkeitsverstoß hatte.[21]

C. Kein „unclean hands"-Einwand

Angesichts bislang fehlender positiver Aussagen in der Rechtsprechung, wie Gemeinschaftswerbungen in Einklang mit der Pflicht nach § 5a Abs. 3 Nr. 2 UWG gestaltet werden können, herrscht diesbezüglich auf Unternehmerseite massive Rechtsunsicherheit.

Denkbar erscheint insofern, dass sich das Unternehmen, dessen Werbung lauterkeitsrechtlich angegriffen wird, mit dem sog. „unclean hands"-Einwand verteidigt. Dieser besagt, der Kläger habe seinerseits in gleicher oder vergleichbarer Weise wettbewerbswidrig gehandelt, und stellt sich damit als Missbrauchseinwand dar.[22] Es geht demnach z.B. um Fälle, in denen sich ein Unternehmer durch Angriff der Werbemaßnahme eines Mitbewerbers in Widerspruch zu seinem eigenen Werbeverhalten begibt. Indessen kommt der „unclean hands"-Einwand nicht zur Anwendung, wenn es um andersartige Wettbewerbsverstöße oder um Verstöße mehrerer Verletzer geht, bei denen nur gegen einzelne vorgegangen wird.[23] Ferner lässt die *Rechtsprechung* die Einwendung von vornherein nicht zu, wenn der Verstoß zugleich Interessen Dritter, v.a. der Allgemeinheit, berührt.[24] Das ist jedoch der Fall bei der Impressumspflicht des UWG, die in erster Linie den Verbraucher und nur mittelbar den Mitbewerber schützt. Dementsprechend kann der Unternehmer im Kontext des § 5a Abs. 2, Abs. 3 Nr. 2 UWG mit dem Einwand, Mitbewerber würden in gleicher Weise wettbewerbswidrig handeln und ihre Informationspflichten verletzen, nicht durchdringen.[25]

---

20 LG Berlin, Urt. v. 31.5.2012 – 52 O 43/12 juris Rn. 15, 18.

21 So auch OLG Hamm, Urt. v. 2.2.2012 – 4 U 168/11, WRP 2012, 984 Rn. 25.

22 OLG Zweibrücken, Urt. v. 19.7.1996 – 2 U 15/96 juris Rn. 31; MüKoUWG/*Ottofülling*, § 12 Rn. 67.

23 MüKoUWG/*Fritzsche*, § 11 Rn. 278; Einwand wegen selektiver Schuldnerauswahl abgelehnt von OLG Hamm, Urt. v. 13.7.2010 – I-4 U 21/10, GRUR-RR 2011, 17, 19 – *Glücksspielverband*.

24 OLG Frankfurt a.M., Urt. v. 24.7.2008 – 6 U 73/08 juris Rn. 5; OLG Düsseldorf, Urt. v. 4.12.2014 – I-2 U 30/14, NJW-RR 2015, 816 Rn. 36 m.w.N. – *Ostsee-Resort*.

25 Wie hier OLG München, Urt. v. 31.3.2011 – 6 U 3517/10 juris Rn. 34 – *Identitätsangabe in der Prospektwerbung*.

Dem „unclean hands"-Einwand kommt mithin bei der lauterkeitsrechtlichen Impressumspflicht wegen deren verbraucherschützender Zweckrichtung keine entscheidende Bedeutung zu. Damit erübrigt sich hier auch eine nähere Auseinandersetzung mit der herrschenden *Literaturansicht*[26], die der Einwendung kritisch bzw. ablehnend gegenübersteht.

D. Zwischenergebnis zum vierten Kapitel

Eine nach § 5a Abs. 2, Abs. 3 Nr. 2 UWG unlautere geschäftliche Handlung ist gem. § 3 Abs. 1 unzulässig und kann Ansprüche auf Beseitigung und bei Wiederholungsgefahr auf Unterlassung, auf Schadensersatz sowie Gewinnabschöpfung nach sich ziehen (§§ 8 bis 10 UWG). Anspruchsberechtigt sind de lege lata v.a. Mitbewerber sowie Wirtschafts- und Verbraucherverbände (§ 8 Abs. 3 UWG), nicht dagegen der einzelne Verbraucher. Allerdings ergibt sich für den deutschen Gesetzgeber Reformbedarf in den Bereichen Rechtsschutz und Sanktionen durch die Vorgaben der Omnibus-Richtlinie zum EU-Verbraucherrecht von 2019: Ein klarer Rahmen für individuelle Rechtsbehelfe soll die private Rechtsdurchsetzung (*private enforcement*) erleichtern.

Lässt sich der Gläubiger bei der Verfahrenseinleitung überwiegend von sachfremden Motiven (z.B. Gebührenerzielungsinteresse, selektive Schuldnerauswahl) leiten, ist die Geltendmachung des Beseitigungs- und Unterlassungsanspruchs rechtsmissbräuchlich. Gegen Ansprüche wegen Verletzung der UWG-Impressumspflicht können sich Unternehmer nicht mit dem Einwand verteidigen, dass Mitbewerber in gleicher Weise wettbewerbswidrig handeln und ihre Informationspflichten verletzen (sog. „unclean hands"-Einwand).

26 *Köhler*/Bornkamm/Feddersen, § 11 UWG Rn. 2.39; *Ohly*/Sosnitza, § 8 UWG Rn. 183.

Zusammenfassung und Fazit

Die vorliegende Untersuchung zeigt, dass die Informationspflicht des § 5a Abs. 2, Abs. 3 Nr. 2 UWG auch im Kontext moderner Vertriebsformen einer Auslegung zugänglich ist. Der Normierung einer neuen, speziell auf Franchise- und andere vergleichbare Vertriebssysteme zugeschnittenen Regelung bedarf es nicht. Einer solchen steht für das deutsche Recht zunächst der Richtlinienhintergrund in der UGP-RL entgegen, die eine vollständige Harmonisierung des Lauterkeitsrechts im B2C-Bereich bezweckt, sodass der europäische Normgeber gefragt wäre. Jedoch ermöglicht die abstrakte Formulierung der Impressumspflicht des UWG und des zugrunde liegenden Art. 7 UGP-RL eine flexible Handhabung im Hinblick auf bereits verbreitete, aber auch neu entstehende Vertriebssysteme und -strukturen. Der Vertrieb ist erfahrungsgemäß von extremer Dynamik und Innovation geprägt, nicht zuletzt durch die fortschreitende Digitalisierung. Mit der damit verbundenen permanenten Entwicklung neuer Vertriebsmodelle könnte eine auf bestehende Vertriebsstrukturen ausgerichtete gesetzliche Spezifizierung der lauterkeitsrechtlichen Impressumspflicht nicht Schritt halten. Aufgrund der Vielschichtigkeit moderner Vertriebsformen ist das Vertriebsrecht als Rechtsgebiet generell durch die Vertriebspraxis und die dazu ergangene Rechtsprechung sowie Literaturaussagen geprägt. Kodifiziert ist einzig das Handelsvertreterrecht, wobei die §§ 84 ff. HGB auch auf Kommissionäre und Kommissionsagenten angewendet werden, während selbst seit Jahrzehnten praktizierte und anerkannte Vertriebsformen wie der Vertragshandel und das Franchising bislang keine gesetzliche Regelung erfahren haben.

Um u.a. angesichts des vordringenden Internetvertriebs wettbewerbsfähig zu bleiben, gehen Unternehmen Vertriebspartnerschaften ein. Zu beobachten sind neben der Konvergenz der Absatzkanäle die unterschiedlichsten Kooperationen selbständiger Unternehmen, auf horizontaler Ebene und entlang der Vertriebskette. Vor diesem Hintergrund kann die Untersuchung des § 5a Abs. 2, Abs. 3 Nr. 2 UWG im Franchisekontext als exemplarisch angesehen werden: Die erlangten Erkenntnisse sind zugleich als Ausgangspunkt für die Anwendung der Vorschrift auf andere moderne Vertriebspartnerschaften nutzbar. Auch für neu entstehende netzwerkartige Kooperationsformen können die zum Franchising als deren Prototyp entwickelten Maßstäbe herangezogen werden.

Für eine einheitliche Handhabung des § 5a Abs. 2, Abs. 3 Nr. 2 UWG in Bezug auf die verschiedenen Vertriebssysteme und -strukturen spricht auch die Tatsache, dass sie nicht selten in sog. Mischsystemen kombiniert werden (dualer oder mehrgleisiger Vertrieb). Das gilt auch, wenn der Vertrieb im konkreten Fall eingleisig erfolgt und unabhängig von der rechtlichen Selbständigkeit der einzelnen Standorte bzw. Vertriebspartner. Denn der Verbraucher macht sich in aller Regel keine Gedanken über die Vertriebsorganisation des werbenden Unternehmers und wird daher bspw. nicht erkennen, ob es sich bei dem nahegelegenen Standort einer „Kette" um eine unternehmenseigene Filiale oder einen Franchisenehmerbetrieb handelt. Insofern kommt die Verwendung einheitlicher Informationsmodelle auch der Marktgegenseite zugute und trägt entscheidend zu erhöhter Transparenz für den Verbraucher bei.

Der Untersuchungsthematik liegt der Konflikt zweier widerstreitender, grundrechtlich geschützter Rechtspositionen zugrunde: Das Informationsinteresse des Verbrauchers (Art. 38 GRCh, Art. 169 AEUV) und das Unternehmerinteresse am Erhalt der Funktionsfähigkeit kommerzieller Kommunikation (Art. 10 EMRK, Art. 11, 16 GRCh). Diese müssen bei der Auslegung der lauterkeitsrechtlichen Impressumspflicht in angemessenen Ausgleich gebracht werden. Die vorzunehmende Interessenabwägung und der umfangreiche, diverse Tatbestandsmerkmale beinhaltende Wortlaut des § 5a Abs. 2 bis 5 UWG bzw. Art. 7 UGP-RL legen nahe, dass sich jede schematische Beurteilung verbietet. Folglich ist auch bei überregionaler Gemeinschaftswerbung großer Vertriebssysteme die Beschränkung auf die Identität und Anschrift der Systemzentrale und ein Medienbruch hins. der Informationen zu den einzelnen Standorten nicht generell zuzulassen. Abhängig von den Beschränkungen des Werbemediums und der Anzahl der Vertriebsstellen stellt der Verweis auf eine Internetseite des Unternehmers aber einen Lösungsansatz dar, der dem Informationsbedürfnis der Verbraucher gerecht wird und zugleich Praktikabilität für werbende Unternehmen gewährleistet. Denn eine nicht zu bewältigende Informationsflut in der Werbung („information overload") führt nicht zur angestrebten wettbewerbsfördernden Überwindung der Informationsasymmetrien. Die Informationspflicht soll den Verbraucher in die Lage versetzen, informierte und deshalb effektive geschäftliche Entscheidungen zu treffen, ohne ihn oder den Werbenden zu überfordern.

Um der bestehenden Rechtsunsicherheit hins. Umfang und Grenzen der lauterkeitsrechtlichen Impressumspflicht entgegenzuwirken, wären allerdings Ausführungen des Richtliniengebers zu deren Handhabung bei Werbemaßnahmen umfangreicher Vertriebssysteme und komplexer Vertriebsstrukturen wünschenswert. Zur Erleichterung der Rechtsanwendung könnten die UGP-Leitlinien zum Themenkomplex detaillierter Stellung beziehen und Handlungsempfehlungen für werbende Unternehmen aussprechen, insb. zu den in der vorliegenden Untersuchung erarbeiteten Anforderungen an einen zulässigen

Medienbruch. Hier sollte die Gelegenheit einer – im Hinblick auf die Umsetzung der Ende 2019 verabschiedeten Omnibus-Richtlinie zum EU-Verbraucherrecht ohnehin anstehenden – Neuauflage der UGP-Leitlinien nicht ungenutzt gelassen werden.

A. Zentrale Untersuchungsergebnisse zur Impressumspflicht des UWG im Franchisekontext

Die wesentlichen Ergebnisse der vorliegenden Arbeit lassen sich in Bezug auf Werbemaßnahmen von Franchisesystemen thesenartig wie folgt zusammenfassen:

1. Die Impressumspflicht nach § 5a Abs. 2, Abs. 3 Nr. 2 UWG kommt auch bei Gemeinschaftswerbung, die zentral vom Franchisegeber für die selbständigen Franchisenehmerbetriebe geschaltet wird, zur Anwendung.
2. Die Systemeinheitlichkeit als besondere Charakteristik des Franchisings rechtfertigt zwar die Abstimmung und Zentralisierung der überregionalen Werbung, aber gebietet keine abweichende Behandlung hins. deren UWG-Impressumspflicht konformer Gestaltung im Franchisekontext gegenüber solcher von Filial- oder anderen Vertriebssystemen.
3. Die Informationspflicht gilt nicht für jegliche Werbemaßnahme des Franchisegebers, sondern nur für im Hinblick auf Produktmerkmale und Preis hinreichend konkrete Absatzwerbung im B2C-Geschäftsverkehr.
4. Hinweise wie „*Alle Angebote sind ausschließlich unverbindliche Preisempfehlungen und nur in teilnehmenden Märkten erhältlich*“ stehen der Anwendbarkeit der UWG-Impressumspflicht ebenso wenig entgegen wie sog. „ab“-Preise.
5. Bei systemweiter Werbung muss der Franchisegeber neben seiner eigenen Identität und Anschrift auch diejenigen sämtlicher Franchisenehmer des Systems angeben.
6. Unter „Anschrift“ ist die jeweilige geographische bzw. ladungsfähige Adresse zu verstehen und „Identität“ beschreibt den Handelsnamen einschließlich Rechtsformangabe. Letztere kann bei der Angebotswerbung von Fastfood- und Lebensmittel-Anbietern für Produkte des täglichen Bedarfs von geringem Wert entbehrlich sein.
7. Der Franchisegeber darf sich nicht auf die Auflistung der „teilnehmenden Märkte“ beschränken. Vielmehr umfasst die UWG-Impressumspflicht alle Franchisenehmer-Standorte, da eine Teilnahmeabfrage kartellrechtlich unzulässig ist.
8. Eine Regionalisierung der Werbung dergestalt, die Impressumsangaben in der Werbung auf den Franchisegeber sowie nahegelegene Verkaufsstellen zu

begrenzen, scheidet bei Franchisesystemen aus Transparenzgründen wegen der infolge des kartellrechtlichen Preisbindungsverbots bestehenden Unsicherheit über die Aktionsteilnahme aus.

9. Die Pflichtangaben des § 5a Abs. 3 Nr. 2 UWG müssen nicht zwingend unmittelbar in der Werbung erfolgen: Ausreichen kann ein Verweis auf die Webseite (und ggf. Telefonhotline) des Franchisegebers, sofern die Bereitstellung im verwendeten Werbemedium aufgrund räumlicher/zeitlicher Beschränkungen dem Unternehmer unzumutbar ist.

B. Überblick über die Erkenntnisse der einzelnen Kapitel

Abschließend seien die in den einzelnen Kapiteln der vorliegenden Untersuchung gewonnenen Erkenntnisse zusammengefasst:

Im *ersten Kapitel* werden unterschiedliche Vertriebsmethoden beleuchtet, wobei der Fokus auf dem Franchising und dessen spezifischer Charakteristik liegt. Franchisesysteme werden gegenüber anderen Formen des indirekten Vertriebs durch selbständige Absatzmittler wie Handelsvertreter, Kommissionsagenten und Fach-/Vertragshändler sowie gegenüber Filialsystemen und Verbundgruppen abgegrenzt. Unter den selbständigen Vertriebsstellen weisen Franchisenehmer den höchsten Grad vertikaler Integration auf („Quasi-Filialen"). Ein klarer Trend geht in Richtung von Kooperationsmodellen und Mischsystemen, die verschiedene Formen des Fremdvertriebs nutzen und/oder diesen mit dem Direktvertrieb – auch über das Internet – kombinieren. Dabei ist eine zunehmende Vernetzung insb. von stationärem und Online-Handel zu beobachten (sog. Multi-Channel- und Cross-Channel-Vertrieb). Durch die stetige Zunahme von dualen bzw. mehrgleisigen Vertriebssystemen wird die aus Verbrauchersicht häufig fehlende Unterscheidbarkeit z.B. von unternehmenseigenen Filialen und Franchisenehmerbetrieben verstärkt. Denn letztere sind eng in die Absatzorganisation des Franchisegebers eingebunden und verfügen wie Filialsysteme über ein einheitliches äußeres Erscheinungsbild, das u.a. durch gemeinsame Werbung erreicht wird. Daher ist der Franchisegeber nach der typischen vertraglichen Werbeverteilung für die überregionale Werbung sowie Dachmarken- und Image-Kampagnen zuständig, während die Franchisenehmer die regionale bzw. lokale Werbung übernehmen.

Das erste Kapitel setzt sich auch mit der unterschiedlichen kartellrechtlichen Behandlung der Vertriebssysteme auseinander. Beim Produktabsatz über unternehmenseigene Vertriebsstellen stationärer und virtueller Art sind Preisbindungen und systemweite Preiswerbung ohne weiteres zulässig. Demgegenüber sind Franchisenehmer trotz des Gruppenimages selbständige Unternehmen und tragen das Absatzrisiko mit der Folge, dass Vertriebsfranchiseverträge dem Anwendungsbereich des deutschen und EU-Kartellverbots unterfallen und das sog. Handelsvertreterprivileg nicht eingreift. Kartellrechtlich zulässig sind allerdings Regelungen, die zum Schutz des vermittelten Know-hows und/ oder zur Wahrung von Identität und Ansehen des Franchisesystems unerlässlich sind, wie z.B. Werberichtlinien und Zustimmungsvorbehalte des Franchisegebers, nicht dagegen Preisbindungen. Mit dem Kartellverbot vereinbar sind rechtlich wie tatsächlich unverbindliche Preisempfehlungen (UVP) und damit auch überregionale Preiswerbung des Franchisegebers, sofern explizit auf die Unverbindlichkeit der Preise hingewiesen wird. Jede über die reine Mitteilung hinausgehende Thematisierung der UVP läuft angesichts der strengen Praxis insb. des Bundeskartellamts Gefahr, als unzulässiger Einflussnahmeversuch gewertet zu werden. Da das Befolgen der UVP auch auf einer autonomen Entscheidung des Franchisenehmers beruhen kann, setzt die Annahme einer wettbewerbswidrigen Verhaltenskoordination hinzutretende Umstände voraus. Wie Franchisenehmer sind Fach-/Vertragshändler und Verbundgruppen-Anschlusshäuser rechtlich selbständig und agieren gegenüber dem Kunden im eigenen Namen und für eigene Rechnung. Demzufolge sind hier Preisbindungen und gemeinsame verbindliche Preiswerbung ebenso kartellrechtswidrig. Darin liegt ein entscheidender Unterschied zum kartellrechtlich privilegierten Vertrieb über Handelsvertreter und Kommissionsagenten, die höchstens unbedeutende Absatzrisiken tragen.

Im *zweiten Kapitel* werden die Entstehungsgeschichte der Impressumspflicht des UWG, deren Sinn und Zweck sowie die Systematik im Detail analysiert. Interpretation und Verständnis des § 5a Abs. 2, Abs. 3 Nr. 2 UWG werden maßgeblich durch das Erfordernis zu richtlinienkonformer Auslegung im Lichte des zugrunde liegenden Art. 7 UGP-RL bestimmt. Die UGP-RL bezweckt eine vollständige Harmonisierung des Lauterkeitsrechts der Mitgliedstaaten im B2C-Verkehr, enthält mithin abschließende Regelungen für unlautere Geschäftspraktiken von Unternehmen gegenüber Verbrauchern einschließlich der Informationspflichten. Die Gerichte und alle anderen mit der Rechtsanwendung befassten Träger hoheitlicher Gewalt in den Mitgliedstaaten müssen die Auslegung der UWG-Impressumspflicht soweit wie möglich am Wortlaut und Zweck der UGP-RL ausrichten, um deren Ziel und praktische Wirksamkeit zu erreichen. Hierfür sind die Richtlinienbestimmungen zunächst autonom und einheitlich auszulegen, wobei neben der deutschen auch andere Sprachfassungen heranzuziehen sind. Zentrale Bedeutung kommt auch der Rechtsprechung des EuGH und den UGP-Leitlinien zu. Letztere sind zwar rechtlich nicht verbindlich, können den Rechtsanwendern aber als Auslegungs- und Orientierungshilfe für ein einheitliches Richtlinienverständnis dienen.

Die richtliniengeprägte Zielsetzung des § 5a Abs. 3 Nr. 2 UWG ist in erster Linie auf die Identifizierung des potentiellen Vertragspartners und eine erleichterte Kontaktaufnahme zu diesem gerichtet. Während eine weitere Funktion der Anschriftsangabe in der Zuordnung des Angebots zu den Verkaufsstandorten liegt, soll die Informationspflicht über die Identität den Verbraucher in die Lage versetzen, Bonität und Haftung des Unternehmers sowie dessen Ruf etwa hins. der Produktqualität einzuschätzen. Außerdem dient die UWG-Impressumspflicht der Verhinderung anonym erfolgender Wettbewerbsauftritte, sie will den Verbraucher zugleich vor einem sog. „information overload" schützen. Damit trägt die Impressumspflicht zur zentralen Zielsetzung der UGP-RL bei, informierte geschäftliche Entscheidungen des Verbrauchers zu ermöglichen. Indessen soll die Funktionsfähigkeit kommerzieller Kommunikation nicht unverhältnismäßig eingeschränkt werden. Der klare Fokus des § 5a Abs. 2, Abs. 3 Nr. 2 UWG liegt auf dem Verbraucherschutz, die Mitbewerber werden lediglich mittelbar geschützt. Im Kontext der lauterkeitsrechtlichen Impressumspflicht ist auf die Sicht des durchschnittlich informierten und verständigen Verbrauchers abzustellen, der einer Werbung die der Situation angemessene Aufmerksamkeit entgegenbringt. Diese hängt vom beworbenen Produkt und Werbemedium ab. Bei Werbung gegenüber geschäftlich erfahrenen oder besonders schutzbedürftigen Verbrauchergruppen ist das Verbraucherleitbild anzupassen.

Der richtlinienbasierte § 5a Abs. 2, Abs. 3 Nr. 2 UWG statuiert ein fehlvorstellungsunabhängiges Informationsgebot für den B2C-Verkehr. Über den Katalog des § 5a Abs. 3 UWG hinausgehende Informationspflichten bestehen bei dessen tatbestandlichem Eingreifen nicht. Hingegen kann die geschäftliche Handlung auch nach § 4 (Mitbewerberschutz) und § 5 UWG (Irreführungsverbot) unlauter sein. Bei Hinzutreten einer Fehlvorstellung des Verbrauchers hins. der Identität ist ein paralleler Verstoß gegen § 5 Abs. 1 Nr. 3 UWG denkbar. Außerhalb ihres Anwendungsbereichs ist die UWG-Impressumspflicht nicht über § 5a Abs. 2 Satz 1 auf vorhergehende Werbesituationen auszuweiten, aus der Vorschrift kann sich jedoch z.B. im Zeitraum nach Vertragsschluss oder im C2B-Verkehr eine Pflicht zur Mitteilung der Identität und Anschrift des Unternehmers ergeben. Neben dem allgemeinen, bereits in der Werbephase einsetzenden § 5a Abs. 3 Nr. 2 UWG erhalten verwandte Informationspflichten über Absatz 4 lauterkeitsrechtliche Beachtung, soweit sie unionsrechtliche Vorgaben umsetzen. Das betrifft etwa die Impressumspflicht des TMG sowie die unternehmerbezogenen Informationspflichten für Verbraucherverträge im BGB, für Dienstleistungserbringer nach der DL-InfoV, des Versicherers (VVG-InfoV) oder § 6a PAngV bei Werbung für Verbraucherdarlehen. Ein von den Vorgaben der vollharmonisierenden UGP-RL abweichendes Ergebnis ist hier indes auch nicht über den Rechtsbruchtatbestand des § 3a UWG möglich.

Unter Heranziehung der Ausführungen und Erkenntnisse der ersten beiden Kapitel setzt sich das *dritte Kapitel* mit den einzelnen Elementen des in § 5a Abs. 2, Abs. 3 Nr. 2 UWG geregelten Unlauterkeitstatbestands auseinander. Dieser gilt dem Richtlinienvorbild in Art. 7 UGP-RL entsprechend nur für Angebote i.S.d. Vorschrift von Unternehmern gegenüber Verbrauchern, d.h. im B2C-Geschäftsverkehr. Bei der Auslegung und Handhabung kommt dem Erfordernis der Einzelfallbetrachtung ein genereller Grundgedanke zu. Eine geschäftliche Handlung fällt in den Anwendungsbereich der UWG-Impressumspflicht, wenn sie den Verbraucher hinreichend über das beworbene Produkt und dessen Preis informiert, um eine „geschäftliche Entscheidung" treffen zu können. Darunter fällt nicht nur die Entscheidung über den Erwerb oder Nichterwerb eines Produkts, sondern auch damit unmittelbar zusammenhängende Entscheidungen wie z.B. das Aufsuchen des Geschäfts oder Internetverkaufsportals. Eine unmittelbare Kaufmöglichkeit setzt § 5a Abs. 3 UWG nicht voraus, sodass vor Ort im Ladengeschäft, auf Internetseiten sowie bei sprachgesteuerten Einkaufsassistenten (Siri, Alexa & Co), aber auch bei Radio-, Fernseh- und Printwerbung ein Angebot i.S.d. Vorschrift gegeben sein kann. Die hierfür erforderliche Individualisierung fehlt bei bloßer Aufmerksamkeitswerbung (z.B. für eine gesamte Marke) oder bei Produktwerbung ohne jegliche Preisangaben (wie die typischerweise auf die Anpreisung von Rabattcodes beschränkte Influencer-Werbung in sozialen Netzwerken). Da eine exakte Endpreisangabe entbehrlich sein kann, steht die Verwendung von „ab"-Preisen oder unverbindlichen Preisempfehlungen dem Angebotscharakter nicht entgegen.

Im dritten Kapitel werden auch der Inhalt und Umfang der UWG-Impressumspflicht bei Franchise- und anderen Vertriebssystemen einer eingehenden Analyse unterzogen. § 5a Abs. 3 Nr. 2 UWG verpflichtet den werbenden Unternehmer zur Mitteilung seiner Identität und Anschrift sowie ggf. der entsprechenden Angaben von dritten Unternehmern, die nicht nur zur Durchführung des angebotenen Geschäfts eingebunden, sondern diesbezüglich Vertragspartner des Verbrauchers werden (z.B. Verkäufer auf Online-Marktplätzen). Demgemäß besteht auch bei überregionaler Werbung von Vertriebssystemen mit mehreren Standorten einheitlich eine kumulative Informationspflicht: Anzugeben sind die Identität und Anschrift des Franchisegebers, der Verbundgruppen- bzw. Unternehmenszentrale sowie der einzelnen Franchisenehmerbetriebe, Verbundgruppen-Anschlusshäuser und Filialen. Ebenso umfasst die Informationspflicht systemzugehörige Vertrags-/Fachhändler, Handelsvertreter oder

Kommissionsagenten, wobei nur in letzterem Fall der werbende Unternehmer wegen dessen Geheimhaltungsinteresse nicht zu offenbaren ist. Anschrift beschreibt die geographische bzw. ladungsfähige Adresse, die in Deutschland in der Regel aus der Straße, Hausnummer, Postleitzahl und dem Ort besteht. Die zu offenbarende Identität beinhaltet bei Kaufleuten im Grundsatz den Handelsnamen des Unternehmers einschließlich Rechtsformzusatz. Bei natürlichen Personen sind der Nachname und mind. ein Vorname anzugeben. Nach § 5a Abs. 3 UWG a.E. entfällt die Informationspflicht, sofern sich die geschuldeten Angaben unmittelbar aus den Umständen ergeben. Das betrifft sämtliche Angebote i.S.d. § 5a Abs. 3 UWG vor Ort am „Point of Sale" inklusive Schaufensterauslagen, da die Anschrift und – sofern die Frontbeschilderung die vollständige Firmierung ausweist – auch die Identität des Unternehmers offenkundig sind. Dagegen können die unternehmensbezogenen Informationen weder der Systemzentrale noch der einzelnen Verkaufsstellen von großen oder bekannten Ketten durch die Nennung eines Logos oder Markennamens ersetzt werden. Ebenso wenig fallen unter die Ausnahme die Abrufbarkeit der Impressumsangaben an anderem Ort (z.B. auf einer in der Werbung genannten Internetseite) und die Verwendung von Disclaimern wie „Alle Angebote sind ausschließlich unverbindliche Preisempfehlungen und nur in teilnehmenden Märkten erhältlich".

Das Vorliegen des für eine Verletzung des § 5a Abs. 2, Abs. 3 Nr. 2 UWG notwendigen Vorenthaltens der Pflichtinformationen ist anhand einer umfassenden Interessenabwägung zu ermitteln. Der Tatbestand kann dabei auch durch Verheimlichen, intransparente oder nicht rechtzeitige Bereitstellung (§ 5a Abs. 2 Satz 2 Nr. 1 bis 3 UWG) erfüllt werden. Maßgeblich ist, ob der Verbraucher die Identitäts- und Anschriftsangaben bei seiner geschäftlichen Entscheidung berücksichtigen kann. In überregionaler Werbung von Vertriebssystemen ist eine Auflistung sämtlicher Standorte kartellrechtlich zulässig, während die Beschränkung auf die teilnehmenden Märkte bzgl. Franchisenehmern und anderen Unternehmen, die nicht nur unbedeutende Absatzrisiken tragen, ausscheidet. Auch die Möglichkeit, in der Werbung nur die Identitäten und Anschriften des werbenden Unternehmens sowie naheliegender Verkaufsstellen anzugeben, besteht lediglich bei unselbständigen Systemstandorten und dem Handelsvertreterprivileg unterfallenden Konstellationen. Keinesfalls in Betracht kommt die Auslagerung der Impressumsangaben allein auf eine Telefonhotline, einen Aushang „vor Ort" am jeweiligen Verkaufsstandort oder gar auf den Kassenzettel. Zulässig kann dagegen bei Gemeinschaftswerbung für eine Vielzahl von Vertriebsstellen – oder allgemeiner: bzgl. der Identitäten und Anschriften der Unternehmer, für die der Werbende gem. § 5a Abs. 3 Nr. 2 Hs. 2 UWG handelt – der Verweis auf dessen Internetseite sein. Der damit verbundene

Medienbruch ist dem Verbraucher jedoch nur zuzumuten, wenn die Unterbringung der Pflichtinformationen des § 5a Abs. 3 Nr. 2 UWG in der Werbung dem Unternehmer unmöglich oder unzumutbar ist, er sie aber vollständig auf seiner Webseite bereitstellt. Das hängt von den Umständen des konkreten Falls ab, insb. der Zahl der Vertriebspartner bzw. -standorte und den räumlichen/zeitlichen Beschränkungen des Kommunikationsmittels (vgl. die Medienklausel des § 5a Abs. 5 UWG). Überdies muss der Verweis aus Verbrauchersicht visuell bzw. akustisch leicht wahrnehmbar sein und darf nicht nur die anderweitige Informationsquelle nennen, sondern muss die dortige Abrufbarkeit der Identitäten und Anschriften z.B. der Verkaufsstandorte verdeutlichen. Die Informationsauslagerung kommt unabhängig davon, ob der Vertragsschluss später online oder offline erfolgt, in Betracht. Unzulässig ist ein Medienbruch aber bei Eigenwerbung, da die Identität und Anschrift eines Unternehmers bzw. der Unternehmens-/Systemzentrale in aller Regel nicht die Grenzen des eingesetzten Werbemediums überschreiten.

Im Regelfall benötigt der Verbraucher nach der Lebenserfahrung die Identitäts- und Anschriftsangaben für eine informierte geschäftliche Entscheidung und deren Vorenthalten kann ihn zu einer anderen geschäftlichen Entscheidung veranlassen. Die beiden zusätzlichen, selbständig zu prüfenden Voraussetzungen des § 5a Abs. 2 Satz 1 Nr. 1 und Nr. 2 UWG können jedoch im Einzelfall abzulehnen sein, wenn z.B. der Informationserfolg auf anderem Wege als durch Mitteilung seitens des Unternehmers bereits erreicht wurde. Der Verbraucher benötigt die Identität und Anschrift ausnahmsweise nicht für eine informierte geschäftliche Entscheidung, wenn sie ihm z.B. aufgrund eines vorangegangenen Geschäftskontakts bereits bekannt oder nach der Art des Geschäftsabschlusses nicht wichtig sind. Letzteres betrifft insb. Alltagseinkäufe in Imbissläden, Kiosken und an Verkaufsständen. Hins. Bargeschäften des täglichen Lebens kann ferner auch bei Werbemaßnahmen außerhalb des „Point of Sale" etwa von Fastfood- und Lebensmittel-Anbietern einzelfallabhängig die Rechtsformangabe des Unternehmers entbehrlich sein. Liegen im konkreten Fall keine besonderen Umstände vor, ist bei vorenthaltenen Identitäts- und/oder Anschriftsangaben, die der Verbraucher für eine informierte geschäftliche Entscheidung benötigt, grundsätzlich auch die geschäftliche Relevanz zu bejahen. Abzulehnen ist das Erfordernis allerdings, wenn die in der Werbung enthaltenen Informationen zu den teilnehmenden Verkaufsstellen den Verbraucher eher vom Aufsuchen eines Geschäftslokals des werbenden Unternehmers bzw. Vertriebssystems abhalten.

Der Unlauterkeitstatbestand des § 5a Abs. 2, Abs. 3 Nr. 2 UWG verlangt über das Vorliegen der objektiven Merkmale hinaus weder ein Verschulden des

Unternehmers noch eine Fehlvorstellung oder einen sonstigen Schaden auf Seiten des Verbrauchers.

Abschließend werden im *vierten Kapitel* die Rechtsfolgen eines Verstoßes gegen die Impressumspflicht des UWG behandelt. Eine nach § 5a Abs. 2, Abs. 3 Nr. 2 UWG unlautere geschäftliche Handlung ist, ohne dass die Kriterien der Verbrauchergeneralklausel (§ 3 Abs. 2) zu prüfen sind, gem. § 3 Abs. 1 unzulässig und kann Ansprüche auf Beseitigung und bei Wiederholungsgefahr auf Unterlassung, auf Schadensersatz sowie Gewinnabschöpfung nach sich ziehen (§§ 8 bis 10 UWG). Anspruchsberechtigt sind de lege lata v.a. Mitbewerber sowie Wirtschafts- und Verbraucherverbände (§ 8 Abs. 3 UWG), nicht dagegen der einzelne Verbraucher. Hier sind aufgrund der Vorgaben der sog. Omnibus-Richtlinie von 2019 allerdings Änderungen zu erwarten, denn ein klarer Rahmen für individuelle Rechtsbehelfe soll die private Rechtsdurchsetzung („private enforcement") erleichtern. Gegen Ansprüche wegen Verletzung der UWG-Impressumspflicht können sich Unternehmer nicht mit dem Einwand verteidigen, dass Mitbewerber in gleicher Weise wettbewerbswidrig handeln und ihre Informationspflichten nicht erfüllen (sog. „unclean hands"-Einwand). Indessen ist die Geltendmachung des Beseitigungs- und Unterlassungsanspruchs rechtsmissbräuchlich, wenn sich der Gläubiger bei der Verfahrenseinleitung überwiegend von sachfremden Motiven leiten lässt.

Literatur- und Quellenverzeichnis

Alexander, Christian: Bedarf § 5a UWG einer Korrektur?, WRP 2013, 716

Alexander, Christian: Die „Aufforderung zum Kauf" im Lauterkeitsrecht, WRP 2012, 125

Alexander, Christian: Die geschäftliche Entscheidung des Verbrauchers, in: Festschrift für Hans-Jürgen Ahrens, Carl Heymanns Köln 2016, S. 17

Alexander, Christian: Die Neufassung von § 5a UWG, WRP 2016, 139

Alexander, Christian: Die Umsetzung von Art. 7 der Richtlinie 2005/29/EG über unlautere Geschäftspraktiken in Deutschland und Österreich, GRUR Int. 2012, 1

Alexander, Christian: UWG 2015 – Ende des schwierigen Weges zur Richtlinienkonformität?, BB 2016 Heft 5, Die erste Seite (Editorial)

Alexander, Christian: Verbraucherschützende Informationspflichten des Unionsrechts und Rechtsbruch, in: Festschrift für Karl-Heinz Fezer, C.H. Beck München 2016, S. 901

Altmann, Sebastian: Informationspflichten nach § 5a III Nr. 2 UWG (Anmerkung zu BGH, Urt. v. 9.10.2013 – I ZR 24/12, NJW-RR 2014, 817 – *Alpenpanorama im Heißluftballon*), GRUR-Prax 2014, 210

Anton, Michael: Vertrieb gefälschter Kunst – Teil 1: Vertriebsformen und Kunstfälschungen im Kaufrecht, ZVertriebsR 2013, 294

Ausschuss für Recht und Verbraucherschutz: Beschlussempfehlung und Bericht v. 4.11.2015 zu dem Gesetzentwurf der Bundesregierung – Drucksache 18/4535 – Entwurf eines Zweiten Gesetzes zur Änderung des Gesetzes gegen den unlauteren Wettbewerb, BT-Drucks. 18/6571

Bamberger, Heinz Georg / Roth, Herbert / Hau, Wolfgang / Poseck, Roman (Hrsg.): Beck'scher Online-Kommentar BGB, 52. Edition, C.H. Beck München 2019 (zitiert: BeckOKBGB/*Bearbeiter*)

Baumbach, Adolf / Hopt, Klaus J.: Handelsgesetzbuch, Reihe Beck'sche Kurz-Kommentare, Band 9, 38. Auflage, C.H. Beck München 2018

Beater, Axel: Unlauterer Wettbewerb, Mohr Siebeck, Tübingen 2011

Becker, Jörn: Kaufappell ohne Rechtsformzusatz nicht stets unlauter (Anmerkung zu OLG Köln, Urt. v. 7.9.2012 – 6 U 86/12, WRP 2013, 191), GRUR-Prax 2013, 22

Billing, Tom / Lang, Jan Moritz: Grenzen der Werbemöglichkeiten eines Franchisegebers durch die Impressumspflicht des § 5a Abs. 3 Nr. 2 UWG, ZVertriebsR 2013, 207

Billing, Tom / Metzlaff, Karsten: E-Commerce in Franchise- und anderen Vertriebssystemen – zulässiger Vertriebskanal oder vertragswidrige Konkurrenz durch den Franchisegeber?, BB 2015, 1347

Billing, Tom: Zum Risiko einer Rechtsscheinhaftung des Franchisegebers, in: Deutscher Franchiseverband e.V., Jahrbuch Franchising 2009, ZAP Bonn, S. 178

Birk, Axel: „Angebot" iSv § 5a III UWG verlangt auch Angabe der Rechtsform (Anmerkung zu BGH, Urt. v. 18.4.2013 – I ZR 180/12, WRP 2013, 1459 – *Brandneu von der IFA*), GRUR-Prax 2013, 453

Birk, Axel: Printwerbung für Internetverkaufsplattform muss nicht zwingend Anbieterinformationen enthalten (Anmerkung zu EuGH, Urt. v. 30.3.2017 – C-146/16, NJW 2017, 1873 – *VSW/DHL Paket GmbH*), GRUR-Prax 2017, 194

Birk, Axel: Wann enthält eine Werbung ein „Angebot"?, GRUR-Prax 2014, 100

Blasek, Katrin: Kostenfallen im Internet – ein Dauerbrenner, GRUR 2010, 396

Böckenholt, Rudolf: Erforderliche Angaben in Printanzeigen – Vorlage an EuGH (Anmerkung zu BGH, Beschl. v. 28.1.2016 – I ZR 231/14, GRUR 2016, 399 – *MeinPaket.de*), GRUR-Prax 2016, 133

Böhler, Christian: Die wesentliche Information in § 5a II UWG – Eine Gratwanderung zwischen unternehmerischer Freiheit und Verbraucherschutz, GRUR 2018, 886

Böhler, Christian: Verbraucherschützende Informationspflichten im Lauterkeitsrecht – Eine Untersuchung im Lichte der „Behavioral Economics", Deutscher Fachverlag, Fachmedien Recht und Wirtschaft Frankfurt a. M. 2017 (zugleich Diss. Bayreuth 2017)

Böhner, Reinhard: Verbot von Preisempfehlungen im Sixt-Autovermiet-Franchisesystem nach § 38 Abs. 1 Nr. 11 GWB, BB 1997, 1427

Bornkamm, Joachim / Montag, Frank / Säcker, Franz Jürgen (Hrsg.): Münchener Kommentar Europäisches und Deutsches Wettbewerbsrecht, Band 1: Europäisches Wettbewerbsrecht, 2. Auflage, C.H. Beck München 2015 (zitiert: MüKo-KartellR/*Bearbeiter*)

Bornkamm, Joachim: Irrungen, Wirrungen – Der Tatbestand der Irreführung durch Unterlassen, WRP 2012, 1

Buck-Heeb, Petra / Dieckmann, Andreas: Der Franchisenehmer als Vertreter des Franchisegebers?, JuS 2008, 583

Bundeskartellamt: Beschluss v. 26.8.2015 – Rechtswidrige Beschränkungen des Online-Vertriebs bei Laufschuhen von ASICS, Az. B2-98/11 („ASICS"), abrufbar unter: https://www.bundeskartellamt.de

Bundeskartellamt: Entscheidung v. 25.9.2009 – Wettbewerbsbeschränkende Vereinbarungen über Wiederverkaufspreise von Kontaktlinsen - Ausschluss des Internethandels und der Verhinderung speziell des Ebay-Handels von Kontaktlinsen sowie Maßnahmen der sog. „Preispflege", Az. B3-123/08 – Kontaktlinsen („CIBA Vision"), abrufbar unter: https://www.bundeskartellamt.de

Bundeskartellamt: Hinweise zum Preisbindungsverbot im Bereich des stationären Lebensmitteleinzelhandels, Stand Juli 2017, abrufbar unter: https://www.bundeskartellamt.de

Bundeskartellamt: Online-Werbung, Schriftenreihe „Wettbewerb und Verbraucherschutz in der digitalen Wirtschaft", Februar 2018, abrufbar unter: https://www.bundeskartellamt.de/SharedDocs/Publikation/DE/Schriftenreihe_Digitales/Schriftenreihe_Digitales_3.pdf?__blob=publicationFile&v=5 (zuletzt geprüft am 23.12.2019)

Bundeskartellamt: Pressemitteilung v. 1.2.2018: Sektoruntersuchung im Bereich Online-Werbung, abrufbar unter: https://www.bundeskartellamt.de

Bundeskartellamt: Pressemitteilung v. 25.7.2017: Bußgelder gegen Wellensteyn und P&C Düsseldorf, abrufbar unter: https://www.bundeskartellamt.de

Bundeskartellamt: Pressemitteilung v. 8.1.2008: Geldbußen gegen Hildesheimer Apotheken, abrufbar unter: https://www.bundeskartellamt.de

Bundeskartellamt: Vertikale Beschränkungen in der Internetökonomie, Tagung des Arbeitskreises Kartellrecht v. 10.10.2013, Hintergrundpapier, abrufbar unter: https://www.bundeskartellamt.de

Bundeskartellamt: Vorläufige Bewertung von Verhaltensweisen in Verhandlungen zwischen Herstellern von Markenartikeln, Großhändlern und Einzelhandelsunternehmen zum Zwecke der Konkretisierung der Kooperationspflichten, Vorsitzendenschreiben v. 13.4.2010, WuW 2010, 786

Bundesministerium der Justiz und für Verbraucherschutz (BMJV): Referentenentwurf eines Zweiten Gesetzes zur Änderung des Gesetzes gegen den unlauteren Wettbewerb, GRUR 2014, 1180

Bundesregierung: Entwurf eines Dritten Gesetzes zum Abbau bürokratischer Hemmnisse insbesondere in der mittelständischen Wirtschaft (Drittes Mittelstandsentlastungsgesetz), Gesetzentwurf v. 7.10.2008, BT-Drucks. 16/10490 (zitiert: Begr. zum RegE des MEG III (2008))

Bundesregierung: Entwurf eines Ersten Gesetzes zur Änderung des Gesetzes gegen den unlauteren Wettbewerb, Gesetzentwurf v. 20.8.2008, BT-Drucks. 16/10145 (zitiert: Begr. zum RegE des UWG 2008)

Bundesregierung: Entwurf eines Gesetzes gegen den unlauteren Wettbewerb (UWG), Gesetzentwurf v. 22.8.2003, BT-Drucks. 15/1487 (zitiert: Begr. zum RegE des UWG 2004)

Bundesregierung: Entwurf eines Gesetzes gegen Wettbewerbsbeschränkungen, Gesetzentwurf v. 22.1.1955, BT-Drucks. 2/1158 (zitiert: Begr. zum RegE des GWB 1957)

Bundesregierung: Entwurf eines Gesetzes über rechtliche Rahmenbedingungen für den elektronischen Geschäftsverkehr (Elektronischer Geschäftsverkehr-Gesetz – EGG), Gesetzentwurf v. 17.5.2001, BT-Drucks. 14/6098 (zitiert: Begr. zum RegE des EGG (2001))

Bundesregierung: Entwurf eines Gesetzes zur Neuregelung des Kaufmanns- und Firmenrechts und zur Änderung anderer handels- und gesellschaftsrechtlicher Vorschriften (Handelsrechtsreformgesetz – HRefG), Gesetzentwurf v. 29.8.1997, BT-Drucks. 13/8444 (zitiert: Begr. zum RegE des HRefG (1998))

Bundesregierung: Entwurf eines Gesetzes zur Stärkung des fairen Wettbewerbs, Gesetzentwurf v. 31.7.2019, BT-Drucks. 19/12084 (zitiert: Begr. zum RegE eines Gesetzes zur Stärkung des fairen Wettbewerbs (2019))

Bundesregierung: Entwurf eines Gesetzes zur Umsetzung der Verbraucherkreditrichtlinie, des zivilrechtlichen Teils der Zahlungsdiensterichtlinie sowie zur Neuordnung der Vorschriften über das Widerrufs- und Rückgaberecht, Gesetzentwurf v. 21.1.2009, BT-Drucks. 16/11643 (zitiert: Begr. zum RegE des Gesetzes zur Umsetzung der Verbraucherkredit-RL (2009))

Bundesregierung: Entwurf eines Gesetzes zur Umsetzung der Wohnimmobilienkreditrichtlinie, Gesetzentwurf v. 7.9.2015, BT-Drucks. 18/5922 (zitiert: Begr. zum RegE eines UmsG der Wohnimmobilienkredit-RL (2015))

Bundesregierung: Entwurf eines Gesetzes zur Vereinheitlichung von Vorschriften über bestimmte elektronische Informations- und Kommunikationsdienste (Elektronischer-Geschäftsverkehr-Vereinheitlichungsgesetz – ElGVG), Gesetzentwurf v. 23.10.2006, BT-Drucks. 16/3078 (zitiert: Begr. zum RegE des ElGVG (2006))

Bundesregierung: Entwurf eines Siebten Gesetzes zur Änderung des Gesetzes gegen Wettbewerbsbeschränkungen, Gesetzentwurf v. 12.8.2004, BT-Drucks. 15/3640 (zitiert: Begr. zum RegE des GWB 2005)

Bundesregierung: Entwurf eines Zweiten Gesetzes zur Änderung des Gesetzes gegen den unlauteren Wettbewerb, Gesetzentwurf v. 1.4.2015, BT-Drucks. 18/4535 (zitiert: Begr. zum RegE des UWG 2015)

Bundesverband der Systemgastronomie e.V. (BdS): Stellungnahme v. 16.4.2015 zu den Empfehlungen der Bundesregierung zur Änderung des Gesetzes gegen den unlauteren Wettbewerb (UWG) (zitiert: *BdS*, Stellungnahme zum RegE des UWG 2015)

Bundeswettbewerbsbehörde (BWB): Standpunkt zu vertikalen Preisbindungen, Stand Juli 2014, abrufbar unter: https://www.bwb.gv.at

Bunte, Hermann-Josef (Hrsg.): Langen/Bunte Kartellrecht, Kommentar, Band 1: Deutsches Kartellrecht, Band 2: Europäisches Kartellrecht, 13. Auflage, Luchterhand München 2018

Büscher, Wolfgang (Hrsg.): Gesetz gegen den unlauteren Wettbewerb, Kommentar, Wolters Kluwer Köln 2019

Büscher, Wolfgang: Das Regel-Ausnahme-Verhältnis und die sekundäre Darlegungslast bei der geschäftlichen Entscheidung des Verbrauchers, WRP 2019, 1249

Calliess, Christian / Ruffert, Matthias (Hrsg.): EUV /AEUV, Das Verfassungsrecht der Europäischen Union mit Europäischer Grundrechtecharta, Kommentar, 5. Auflage, C.H. Beck München 2016

Canaris, Claus-Wilhelm: Die richtlinienkonforme Auslegung und Rechtsfortbildung im System der juristischen Methodenlehre, in: Festschrift für Franz Bydlinski, Springer Wien/New York 2002, S. 47

Canaris, Claus-Wilhelm: Handelsrecht, 24. Auflage, C.H. Beck München 2006

Dauses, Manfred A. / Ludwigs, Markus (Hrsg.): Handbuch des EU-Wirtschaftsrechts, Stand: 48. Ergänzungslieferung, C.H. Beck München Juli 2019

Deutsch, Andreas: Vertragsschluss bei Internetauktionen – Probleme und Streitstände, MMR 2004, 586

Deutscher Bundestag: Plenarprotokoll Nr. 18/133 vom 5. November 2015, abrufbar unter: https://dipbt.bundestag.de

Deutscher Franchiseverband e.V. (DFV): Ethikkodex v. 16.5.2008, abrufbar unter: https://www.franchiseverband.com

Deutscher Franchiseverband e.V. (DFV): Stellungnahme zum Referentenentwurf eines Zweiten Gesetzes zur Änderung des Gesetzes gegen den unlauteren Wettbewerb (UWG), ZVertriebsR 2015, 63

Deutscher Franchiseverband e.V. (DFV): Zahlen, Daten & Fakten, Franchisestatistik 2018, abrufbar unter: https://www.franchiseverband.com

Deutscher Industrie- und Handelstag (DIHK): Stellungnahme zum Referentenentwurf eines Zweiten Gesetzes zur Änderung des Gesetzes gegen den unlauteren Wettbewerb, WRP 2014, 1426

Dück, Hermann: Franchise-Werbung aus Sicht des Wettbewerbsrechts und Erfordernis eines Regelungsrahmens für das Vertriebsrecht, zugleich Besprechung von BGH, Urteil vom 04.02.2016 – I ZR 194/14 und Beschluss vom 28.04.2016 – Fressnapf, WRP 2018, 29

Emde, Raimond / Valdini, Daniel: Online-Hotelportale als Handelsvertreter, BB 2016, 899

Ensthaler, Jürgen / Gesmann-Nuissl, Dagmar / Müller, Stefan: Technikrecht, Springer Berlin 2012

Europäische Kommission: Bericht v. 10.5.2017 an den Rat und das Europäische Parlament, Abschlussbericht über die Sektoruntersuchung zum elektronischen Handel, COM(2017) 229 final, abrufbar unter: https://ec.europa.eu

Europäische Kommission: Entscheidung v. 2.12.1988 über ein Verfahren nach Artikel 85 EWG-Vertrag (IV/31.697, Charles Jourdan), ABl. EG Nr. L 35/31

Europäische Kommission: Grünbuch zum Verbraucherschutz in der Europäischen Union v. 2.10.2001, KOM(2001) 531 endg.

Europäische Kommission: Mitteilung der Kommission an das Europäische Parlament, den Rat und den Europäischen Wirtschafts- und Sozialausschuss v. 14.3.2013 über die Anwendung der Richtlinie über unlautere Geschäftspraktiken, COM(2013) 138 final, abrufbar unter: https://eur-lex.europa.eu

Europäische Kommission: Pressemitteilung v. 17.4.2019, Digitaler Binnenmarkt: Kommission begrüßt die Zustimmung des Europäischen Parlaments zu den neuen Vorschriften für mehr Fairness und Transparenz auf Online-Plattformen, abrufbar unter: https://ec.europa.eu

Europäische Kommission: Vorschlag für eine Richtlinie des Europäischen Parlaments und des Rates über unlautere Geschäftspraktiken im binnenmarktinternen Geschäftsverkehr zwischen Unternehmen und Verbrauchern und zur Änderung der Richtlinien 84/450/EWG, 97/7/EG und 98/27/EG (Richtlinie über unlautere Geschäftspraktiken), KOM (2003) 356 endg., abrufbar unter: https://eur-lex.europa.eu

Europäische Kommission: Weissbuch über die Modernisierung der Vorschriften zur Anwendung der Artikel 85 und 86 EG-Vertrag, ABl. EG 1999 Nr. C 132/1

Europäisches Parlament: Entwurf einer Entschließung zur Franchisingpraxis im Einzelhandel v. 9.1.2017, 2016/2244(INI)

Fezer, Karl-Heinz (Hrsg.): Lauterkeitsrecht: Kommentar zum Gesetz gegen den unlauteren Wettbewerb (UWG), 2. Auflage, C.H. Beck München 2010

Fezer, Karl-Heinz / Büscher, Wolfgang / Obergfell, Eva Inés (Hrsg.): Lauterkeitsrecht: Kommentar zum Gesetz gegen den unlauteren Wettbewerb (UWG), 3. Auflage, C.H. Beck München 2016

Flohr, Eckhard / Wauschkuhn, Ulf (Hrsg.): Vertriebsrecht, Handelsvertreterrecht, Vertragshändlerrecht, Franchiserecht, Kommissionsrecht, Kommentar, 2. Auflage, C.H. Beck München 2018

Flohr, Eckhard: Franchise-Vertrag, 4. Auflage, C.H. Beck München 2010

Giesler, Jan Patrick / Nauschütt, Jürgen (Hrsg.): Franchiserecht, 3. Auflage, Carl Heymanns Köln 2016

Göhre, Stefan: Frischer Wind aus Brüssel? Der Vorschlag der Europäischen Kommission für eine Verordnung über Verkaufsförderung im Binnenmarkt und das Grünbuch der Europäischen Kommission zum Verbraucherschutz in der Europäischen Union, WRP 2002, 36

Goldmann, Michael: Die Pflicht zur Anbringung des eigenen Namens am Geschäftslokal – zwischen Geistigem Eigentum, Marktkommunikation und Verbraucherschutz, in: Festschrift für Karl-Heinz Fezer, C.H. Beck München 2016, S. 225

Götting, Horst-Peter / Nordemann, Axel: UWG, Handkommentar, 3. Auflage, Nomos Baden-Baden 2016

Graf von Westphalen, Friedrich / Thüsing, Gregor (Hrsg.): Vertragsrecht und AGB-Klauselwerke, Stand: 43. Ergänzungslieferung, C.H. Beck München April 2019

Grafunder, René / Kofler-Senoner, Bernhard: Die Beurteilung vertikaler Preisbindungen durch das deutsche Bundeskartellamt und die österreichische Bundeswettbewerbsbehörde, NZKart 2018, 342

Greiner, Uli / Leister, Alexander: Informationspflicht bei Werbung für Produkte Dritter – MeinPaket.de II (Anmerkung zu BGH, Urt. v. 14.9.2017 – I ZR 231/14, GRUR 2017, 1269 – *MeinPaket.de II*), GRUR-Prax 2017, 569

Gutachterausschuss für Wettbewerbsfragen: Gutachten 3/1991: Erfordernis des Rechtsformzusatzes in der Werbung, WRP 1991, 679

Gutachterausschuss für Wettbewerbsfragen: Gutachten März 2012, WRP 2012, 924

Hack, Sebastian / Dos Santos Goncalves, David-Julien: Kartellrechtliche Grenzen der Werbung in Franchisesystemen, GWR 2015, 514

Hamacher, Karl: MeinPaket.de II – Zum Verhältnis des Vorenthaltens wesentlicher Informationen zur geschäftlichen Entscheidung im Rahmen von Art. 7 Abs. 1 UGP-RL, zugleich Besprechung von BGH, Urteil vom 14. 09. 2017 – I ZR 231/14 – MeinPaket.de II, WRP 2018, 161

Handelsverband Deutschland (HDE): Online-Monitor 2019, abrufbar unter: https://einzelhandel.de/online-monitor (zuletzt geprüft am 23.12.2019)

Handelsverband Deutschland (HDE): Stellungnahme zu dem Referentenentwurf eines Zweiten Gesetzes zur Änderung des Gesetzes gegen den unlauteren Wettbewerb, WRP 2014, 1430

Harte-Bavendamm, Henning / Henning-Bodewig, Frauke: Gesetz gegen den unlauteren Wettbewerb (UWG), Kommentar, 2. Auflage, C.H. Beck München 2009

Harte-Bavendamm, Henning / Henning-Bodewig, Frauke: Gesetz gegen den unlauteren Wettbewerb (UWG), Kommentar, 3. Auflage, C.H. Beck München 2013

Harte-Bavendamm, Henning / Henning-Bodewig, Frauke: Gesetz gegen den unlauteren Wettbewerb (UWG), Kommentar, 4. Auflage, C.H. Beck München 2016

Heermann, Peter W. / Schlingloff, Jochen (Hrsg.): Münchener Kommentar zum Lauterkeitsrecht (zitiert: MüKoUWG/*Bearbeiter*)

Band 1: §§ 1-7 UWG, Grundlagen des Lauterkeitsrechts, Internationales Wettbewerbs- und Wettbewerbsverfahrensrecht, Unionsrechtlicher Rahmen, Vorabentscheidungsverfahren, 3. Auflage, C.H. Beck München 2020

§§ 8 ff. UWG werden zitiert aus Band 2: §§ 5-20 UWG, 2. Auflage, C.H. Beck München 2014

Helm, Horst: Der Abschied vom „verständigen“ Verbraucher, WRP 2005, 931

Henning-Bodewig, Frauke: Der Schutzzweck des UWG und die Richtlinie über unlautere Geschäftspraktiken, GRUR 2013, 238

Henning-Bodewig, Frauke: Erneute UWG-Reform? Einige Anmerkungen zum Referentenentwurf 2014, WRP 2014, 1407

Henning-Bodewig, Frauke: Influencer-Marketing – der „Wilde Westen des Werbens“?, WRP 2017, 1415

Herresthal, Carsten: Die richtlinienkonforme und die verfassungskonforme Auslegung im Privatrecht, JuS 2014, 289

Hetmank, Sven: Im Korsett der UGP-Richtlinie, GRUR 2015, 323

Hilger, Jens: Angabe von teilnehmenden Franchisenehmern in Printwerbung (Anmerkung zu BGH, Urt. v. 4.2.2016 – I ZR 194/14, NJW-RR 2016, 1439 – *Fressnapf*), GRUR-Prax 2016, 132

Hoeren, Thomas / Sieber, Ulrich / Holznagel, Bernd (Hrsg.): Handbuch Multimedia-Recht, Stand: 49. Ergänzungslieferung, C.H. Beck München Juli 2019

Hoffmann-Becking, Michael / Gebele, Alexander (Hrsg.): Beck'sches Formularbuch Bürgerliches, Handels- und Wirtschaftsrecht, 13. Auflage, C.H. Beck München 2019 (zitiert: BeckFormB BHW/*Bearbeiter*)

Immenga, Ulrich / Mestmäcker, Ernst-Joachim / Körber, Torsten (Hrsg.): Immenga/Mestmäcker Wettbewerbsrecht, Band 2: GWB, Kommentar zum Deutschen Kartellrecht, 5. Auflage, C.H. Beck München 2014

Industrie- und Handelskammer des Saarlandes: Merkblatt „Zweigniederlassung, unselbstständige Zweigstelle (Filiale, Betriebsstätte)“, Stand Oktober 2016, abrufbar unter: https://www.saarland.ihk.de/ihk-saarland/Integrale?MODULE=Frontend.Media&ACTION=ViewMediaObject&Media.PK=4633&Media.Object.ObjectType=full (zuletzt geprüft am 23.12.2019)

Industrie- und Handelskammer zu Berlin: Gründung von Zweigniederlassungen in Berlin, abrufbar unter: https://www.ihk-berlin.de/Service-und-Beratung/recht_und_steuern/Firma_und_Rechtsformen/Rechtsformen_fuer_Unter nehmen/mb-gruendung-von-zweigniederlassungen/4337390 (zuletzt geprüft am 23.12.2019)

Joost, Detlev / Strohn, Lutz (Hrsg.): Ebenroth/Boujong/Joost/Strohn, Handelsgesetzbuch, Band 1: §§ 1-342e HGB, 4. Auflage, C.H. Beck München 2020 (zitiert: EBJS/*Bearbeiter*)

Kieffer, Michael: Die Informationspflichten des § 5a UWG und die Bedeutung des Informationsmodells für das Privatrecht, Herbert Utz München 2014 (zugleich Diss. München 2014)

Kiethe, Kurt: Schadensersatzansprüche von Franchisenehmern gegen Franchisegeber wegen unerlaubter Preisbindungen, WRP 2004, 1004

Kirchhoff, Wolfgang: Die UWG-Novelle 2015 – nur Kodifizierung der Rechtsprechung oder substantiell Neues?, WRP 2015, 659

Klagge, Julian: Normative Kohärenz des deutschen Lauterkeitsrechts – Analyse zur Umsetzung der Dogmatik der UGP-Richtlinie in das deutsche UWG, De Gruyter Berlin 2017 (zugleich Diss. Berlin 2016)

Koch, Benjamin / Schmidt-Hern, Kai: Alexa, wo bitte geht es hier zum BGH?, WRP 2018, 671

Köhler, Helmut / Bornkamm, Joachim (Hrsg.): Gesetz gegen den unlauteren Wettbewerb, Reihe Beck'sche Kurz-Kommentare, Band 13a, 28. Auflage, C.H. Beck München 2010

Köhler, Helmut / Bornkamm, Joachim (Hrsg.): Gesetz gegen den unlauteren Wettbewerb, Reihe Beck'sche Kurz-Kommentare, Band 13a, 30. Auflage, C.H. Beck München 2012

Köhler, Helmut / Bornkamm, Joachim (Hrsg.): Gesetz gegen den unlauteren Wettbewerb, Reihe Beck'sche Kurz-Kommentare, Band 13a, 32. Auflage, C.H. Beck München 2014

Köhler, Helmut / Bornkamm, Joachim (Hrsg.): Gesetz gegen den unlauteren Wettbewerb, Reihe Beck'sche Kurz-Kommentare, Band 13a, 33. Auflage, C.H. Beck München 2015

Köhler, Helmut / Bornkamm, Joachim / Feddersen, Jörn (Hrsg.): Gesetz gegen den unlauteren Wettbewerb, Reihe Beck'sche Kurz-Kommentare, Band 13a, 34. Auflage, C.H. Beck München 2016

Köhler, Helmut / Bornkamm, Joachim / Feddersen, Jörn (Hrsg.): Gesetz gegen den unlauteren Wettbewerb, Reihe Beck'sche Kurz-Kommentare, Band 13a, 38. Auflage, C.H. Beck München 2020

Köhler, Helmut: Alternativentwurf (UWG-AE) zum Regierungsentwurf (UWG-E) eines 2. Gesetzes zur Änderung des Gesetzes gegen den unlauteren Wettbewerb, WRP 2015, 1311

Köhler, Helmut: Der Regierungsentwurf zur UWG-Novelle 2015: Nur Klarstellungen oder doch tiefgreifende Änderungen?, WRP 2015, 275

Köhler, Helmut: Die Umsetzung der Richtlinie über unlautere Geschäftspraktiken in Deutschland – eine kritische Analyse, GRUR 2012, 1073

Köhler, Helmut: Die UWG-Novelle 2008, WRP 2009, 109

Köhler, Helmut: Stellungnahme zum Referentenentwurf eines Zweiten Gesetzes zur Änderung des UWG, WRP 2014, 1410

Köhler, Helmut: UWG 2015: Neue Maßstäbe für Informationspflichten der Unternehmer, WRP 2017, 1

Köhler, Helmut: Zum Vorenthalten wesentlicher Informationen am Beispiel der Impressumsangaben, WRP 2013, 1419

Köhler, Helmut: Zur „geschäftlichen Relevanz" unlauterer geschäftlicher Handlungen gegenüber Verbrauchern, WRP 2014, 259

Kommissionsdienststellen: Leitlinien zur Umsetzung/Anwendung der Richtlinie 2005/29/EG über unlautere Geschäftspraktiken, Arbeitspapier v. 3.12.2009, SEK(2009) 1666 (zitiert: UGP-Leitlinien 2009)

Kommissionsdienststellen: Leitlinien zur Umsetzung/Anwendung der Richtlinie 2005/29/EG über unlautere Geschäftspraktiken, Arbeitsunterlage v. 25.5.2016, SWD(2016) 163 final (zitiert: UGP-Leitlinien 2016)

Körber, Thomas C. / Heinlein, Katharina: Informationspflichten und neues UWG, WRP 2009, 780

Körber, Torsten / Schweitzer, Heike / Zimmer, Daniel (Hrsg.): Immenga/Mestmäcker Wettbewerbsrecht, Band 1: EU, Kommentar zum Europäischen Kartellrecht, 6. Auflage, C.H. Beck München 2019

Kubitza, Marc Philip: Die Vorwirkung von Richtlinien – die richtlinienbezogene Auslegung und ihre Grenzen, EuZW 2016, 691

Langheid, Theo / Rixecker, Roland / Gal, Jens / Grote, Joachim / Muschner, Jens: Versicherungsvertragsgesetz mit Einführungsgesetz und VVG-Informationspflichtenverordnung, Kommentar, 6. Auflage, C.H. Beck München 2019 (zitiert: Langheid/Rixecker/*Bearbeiter*)

Langheid, Theo / Wandt, Manfred (Hrsg.): Münchener Kommentar zum Versicherungsvertragsgesetz, Band 1: §§ 1-99, VVG-InfoV, 2. Auflage, C.H. Beck München 2016 (zitiert: MüKoVVG/*Bearbeiter*)

Lederer, Beatrice: Das Verbraucherleitbild im Internet, NJOZ 2011, 1833

Lettl, Tobias: Der Schutz der Verbraucher nach der UWG-Reform, GRUR 2004, 449

Lettl, Tobias: Die geschäftliche Relevanz nach §§ 3 Abs. 2, 3a, 4a Abs. 1, 5 Abs. 1 S. 1 und 5a Abs. 1, Abs. 2 S. 1 Nr. 2 UWG, WRP 2019, 1265

Lettl, Tobias: Haftung eines Unternehmens (z.B. Hersteller) für Werbung unter Bezug auf das Angebot anderer selbständiger Unternehmen (z.B. Vertragshändler) insbesondere nach § 5a Abs. 2, Abs. 3 Nr. 2 UWG, WRP 2013, 1105

Lettl, Tobias: Informationsaustausch über die Preisgestaltung als vertikale Wettbewerbsbeschränkung, WRP 2013, 1272

Lettl, Tobias: Kartellverbot nach Art. 101 AEUV, §§ 1, 2 GWB und vertikale Preisempfehlung/Preisbindung, WRP 2011, 710

Liebscher, Christoph / Flohr, Eckhard / Petsche, Alexander (Hrsg.): Handbuch der EU-Gruppenfreistellungsverordnungen, 2. Auflage, C.H. Beck München 2012

Liesegang, Helmuth: Die Bedeutung des AGB-Gesetzes für Franchiseverträge, BB 1991, 2381

Loewenheim, Ulrich / Meessen, Karl M. / Riesenkampff, Alexander / Kersting, Christian / Meyer-Lindemann, Hans Jürgen (Hrsg.): Kartellrecht, Kommentar, 3. Auflage, C.H. Beck München 2016

Lorenz, Bernd: Auswirkungen der Dienstleistungs-Informationspflichten-Verordnung auf Internetangebote, VuR 2010, 323

Lorenz, Bernd: Die Wettbewerbswidrigkeit einer mangelhaften Anbieterkennzeichnung, WRP 2010, 1224

Loschelder, Michael / Danckwerts, Rolf (Hrsg.): Handbuch des Wettbewerbsrechts, 5. Auflage, C.H. Beck München 2019, begründet von Wolfgang Gloy (zitiert: *Bearbeiter* in UWG-HdB)

Mallick, Rani / Weller, David: Aktuelle Entwicklungen im Influencer Marketing – Ein Blick aus der Praxis, WRP 2018, 155

Marcks, Peter / Neumann, Dirk / Bleutge, Peter et al.: Landmann/Rohmer Gewerbeordnung und ergänzende Vorschriften, Kommentar, Stand: 82. Ergänzungslieferung, C.H. Beck München Oktober 2019

Markenverband: Position zum Entwurf eines Zweiten Gesetzes zur Änderung des Gesetzes gegen den unlauteren Wettbewerb, WRP 2015, 46

Martinek, Michael / Semler, Franz-Jörg / Flohr, Eckhard (Hrsg.): Handbuch des Vertriebsrechts, 4. Auflage, C.H. Beck München 2016

Martinek, Michael: ALI BABA UND DIE VIERZIG RÄUBER, ZVertriebsR 2014, 273

Martinek, Michael: Compliance im Vertriebsrecht – Die Rechtsinstrumente des Risikomanagements in vertraglichen Vertriebssystemen, ZVertriebsR 2019, 138

Martinek, Michael: Die rechtsdogmatische Aporetik komplexer vertraglicher Vertriebssysteme, ZVertriebsR 2015, 350

Martinek, Michael: Moderne Vertragstypen, Band II: Franchising, Know-how-Verträge, Management- und Consultingverträge, C.H. Beck München 1992

Martinek, Michael: Schwankt das Preisbindungsverbot? – Zur erneuten kartellrechtlichen und wettbewerbspolitischen Diskussion über die Preisbindung der zweiten Hand, ZVertriebsR 2013, 3

Martinek, Michael: Vertriebsrecht und Innovation – Vertriebsvertragsrecht als Infrastruktur und Instrument für technische und administrative Innovationen, ZVertriebsR 2018, 139

Mestmäcker, Ernst-Joachim / Schweitzer, Heike: Europäisches Wettbewerbsrecht, 3. Auflage, C.H. Beck München 2014

Metzlaff, Karsten (Hrsg.): Praxishandbuch Franchising, C.H. Beck München 2003

Mittelstandsverbund – ZGV e.V.: Stellungnahme v. 22.10.2014 zum Referentenentwurf eines Zweiten Gesetzes zur Änderung des Gesetzes gegen den unlauteren Wettbewerb (UWG), abrufbar unter: https://www.mittelstandsverbund.de/media/8737d4fc-7b07-411e-b59f-595a8b135f81/LcJAxw/Import/mz_stellungnahme-uwg-reform-22-10-2014.pdf (zuletzt geprüft am 23.12.2019) (zitiert: *ZGV*, Stellungnahme zum RefE des UWG 2015)

Möller, Mirko: Die aktuellen Entwicklungen im Lauterkeitsrecht, NJW 2018, 1579

Möller, Ralf: Bei Printwerbung keine ausreichende Identifizierung des Werbenden durch Verweis auf Internetauftritt (Anmerkung zu OLG München, Urt. v. 15.5.2014 – 6 U 3500/13), GRUR-Prax 2015, 44

Müller, Andreas: Abenteuer online: Zur Informationspflicht des Anbieters nach § 5a Abs. 3 Nr. 2 UWG, GRUR-Prax 2011, 118

Nebel, Jürgen / Schulz, Albrecht / Flohr, Eckhard: Das Franchise-System, Handbuch für Franchisegeber und Franchisenehmer, 4. Auflage, Vahlen München 2008

Nowak, Jamie / Smirra, Nikolas: Kaufappell ohne Rechtsformzusatz – Identitätsangabe in Zeitungswerbung (Anmerkung zu OLG Köln, Urt. v. 7.9.2012 – 6 U 86/12), GRUR-RR 2013, 120

Oechsler, Jürgen: BGH: Konflikt wettbewerbsrechtlicher Aufklärungspflichten mit den Funktionsbedingungen kommerzieller Kommunikation – MeinPaket.de (Anmerkung zu BGH, Beschl. v. 28.1.2016 – I ZR 231/14, GRUR 2016, 399 – *MeinPaket.de*), LMK 2016, 377692

Oetker, Hartmut (Hrsg.): Handelsgesetzbuch, Kommentar, 6. Auflage, C.H. Beck München 2019

Ohly, Ansgar / Sattler, Andreas: 120 Jahre UWG im Spiegel von 125 Jahren GRUR, GRUR 2016, 1229

Ohly, Ansgar / Sosnitza, Olaf: Gesetz gegen den unlauteren Wettbewerb, Kommentar, 7. Auflage, C.H. Beck München 2016

Ohly, Ansgar: Alternativentwurf („Große Lösung") zum Regierungsentwurf eines 2. Gesetzes zur Änderung des Gesetzes gegen den unlauteren Wettbewerb, WRP 2015, 1443

Ohly, Ansgar: Das neue UWG im Überblick, GRUR 2016, 3

Ohly, Ansgar: Nach der Reform ist vor der Reform – Anmerkungen zum Referentenentwurf eines Zweiten Gesetzes zur Änderung des UWG, GRUR 2014, 1137

Omsels, Hermann-Josef: Die geschäftliche Entscheidung, WRP 2016, 553

Peifer, Karl-Nikolaus: Die Zukunft der irreführenden Geschäftspraktiken, WRP 2008, 556

Peifer, Karl-Nikolaus: Germany: The Impact of the UCP Directive on National Contract and Tort Law, EuCML 2015, 193

Pielow, Johann-Christian (Hrsg.): Beck'scher Online-Kommentar GewO, 48. Edition, C.H. Beck München 2019 (zitiert: BeckOKGewO/*Bearbeiter*)

Redeker, Sandra Sophia / Pres, Sascha: UWG-Novelle 2015: Erste Betrachtung der finalen Gesetzesänderung, GRUR-Prax 2016, 7

Rohrßen, Benedikt: Handelsvertreter als Ein- und Mehrfirmenvertreter sowie im Nebenberuf: Die Irrelevanz von Tätigkeitsort und -art (stationär, ambulant oder online), ZVertriebsR 2019, 153

Roth, Wulf-Henning: Die richtlinienkonforme Auslegung, EWS 2005, 385

Rüffer, Wilfried / Halbach, Dirk / Schimikowski, Peter (Hrsg.): Versicherungsvertragsgesetz Handkommentar, 3. Auflage, Nomos Köln 2015 (zitiert: HK-VVG/*Bearbeiter*)

Sachs, Michael / Schmitz, Heribert (Hrsg.): Stelkens/Bonk/Sachs Verwaltungsverfahrensgesetz, Kommentar, 9. Auflage, C.H. Beck München 2018

Säcker, Franz Jürgen / Rixecker, Roland / Oetker, Hartmut / Limperg, Bettina (Hrsg.): Münchener Kommentar zum Bürgerlichen Gesetzbuch (zitiert: MüKoBGB/*Bearbeiter*)

Band 1: §§ 1-240 BGB, AllgPersönlR, ProstG, AGG, 8. Auflage, C.H. Beck München 2018

Band 4: §§ 433-534 BGB, 8. Auflage, C.H. Beck München 2019

Scherer, Inge: „Unternehmerisches Risiko" im Lauterkeitsrecht, in: Festschrift für Helmut Köhler, C.H. Beck München 2014, S. 607

Scherer, Inge: Die Problematik des Medienbruchs – Bruchloses System oder unsystematische Regellosigkeit?, WRP 2018, 659

Schirmbacher, Martin: Kommentar zu EuGH, Urt. v. 23.1.2019 – C-430/17, NJW 2019, 1363 – *Walbusch Walter Busch/Zentrale zur Bekämpfung unlauteren Wettbewerbs*, WRP 2019, 315

Schlachter, Monika / Ohler, Christoph (Hrsg.): Europäische Dienstleistungsrichtlinie, Handkommentar, Nomos Baden-Baden 2008 (zitiert: HK-DL-RL/*Bearbeiter*)

Schmidt, Karsten (Hrsg.): Münchener Kommentar zum Handelsgesetzbuch, Band 1: §§ 1-104a HGB, 4. Auflage, C.H. Beck/Verlag Vahlen München 2016 (zitiert: MüKoHGB/*Bearbeiter*)

Schmidt, Karsten: Vom Handelsvertreterrecht zum modernen Vertriebsrecht – Handelsrecht, Vertriebspraxis und Kartellrecht, JuS 2008, 665

Schultze, Jörg-Martin / Pautke, Stephanie / Wagener, Dominique S.: Die Gruppenfreistellungsverordnung für vertikale Vereinbarungen, Praxiskommentar, 4. Auflage, Fachmedien Recht und Wirtschaft Frankfurt a.M. 2019

Schulze, Reiner / Dörner, Heinrich / Ebert, Ina et al. (Hrsg.): Bürgerliches Gesetzbuch, Handkommentar, 10. Auflage, Nomos Baden-Baden 2019 (zitiert: HK-BGB/*Bearbeiter*)

Sekunde, Alexander: Preisbindung quo vadis? – Tagungsbericht des 2. Wettbewerbstages des Markenverbandes, NZKart 2016, 168

Skaupy, Walther: Zu den Begriffen „Franchise", „Franchisevereinbarungen" und „Franchising", NJW 1992, 1785

Sosnitza, Olaf: Das Internet als Rahmenbedingung und neue Handlungsform im Marken- und Lauterkeitsrecht, GRUR-Beilage 2014, 93

Sosnitza, Olaf: Der Gesetzentwurf zur Umsetzung der Richtlinie über unlautere Geschäftspraktiken, WRP 2008, 1014

Sosnitza, Olaf: Der Regierungsentwurf zur Änderung des Gesetzes gegen den unlauteren Wettbewerb, GRUR 2015, 318

Sosnitza, Olaf: Die Richtlinie über unlautere Geschäftspraktiken – Voll- oder Teilharmonisierung?, WRP 2006, 1

Spindler, Gerald / Schuster, Fabian (Hrsg.): Recht der elektronischen Medien, Kommentar, 4. Auflage, C.H. Beck München 2019

Steinbeck, Anja: Irrwege bei der Irreführung durch Unterlassen, WRP 2011, 1221

Steinbeck, Anja: Richtlinie über unlautere Geschäftspraktiken: Irreführende Geschäftspraktiken – Umsetzung in das deutsche Recht, WRP 2006, 632

Steinmetz, Patrick: Lauterkeitsrechtliche Beurteilung von In-App-Werbung, WRP 2018, 1415

Teplitzky, Otto / Peifer, Karl-Nikolaus / Leistner, Matthias (Hrsg.): UWG, Großkommentar, Band 2 §§ 4-7, 2. Auflage, De Gruyter Berlin 2013 (zitiert: GK-UWG/*Bearbeiter*)

Thume, Karl-Heinz: Paralleler Online-Vertrieb des Herstellers im Spannungsfeld seiner Dispositionsfreiheit und Treuepflicht, BB 2018, 770

Timm-Wagner, Birte: Die Umsetzung der Richtlinie über unlautere Geschäftspraktiken in Deutschland, GRUR 2013, 245

Ullmann, Eike: Die Verwendung von Marke, Geschäftsbezeichnung und Firma im geschäftlichen Verkehr, insbesondere des Franchising, NJW 1994, 1255

Von Graevenitz, Albrecht: Mitteilungen, Leitlinien, Stellungnahmen – Soft Law der EU mit Lenkungswirkung, EuZW 2013, 169

Von Oelffen, Sabine: § 5a UWG – Irreführung durch Unterlassen – Ein neuer Tatbestand im UWG, Carl Heymanns Köln 2012 (zugleich Diss. München 2011)

Von Stumm, Ferdinand: Verbraucherschutz des UWG in der Internet geprägten Informationsgesellschaft contra Meinungsfreiheit, GWR 2017, 5

Von Walter, Axel / Kluge, Antje: Identitätsangaben nach § 5a Abs. 3 Nr. 2 UWG – Ein Plädoyer gegen das Impressumsdenken, WRP 2013, 866

Walz, Robert (Hrsg.): Beck'sches Formularbuch Zivil-, Wirtschafts- und Unternehmensrecht Deutsch – Englisch, 4. Auflage, C.H. Beck München 2018 (zitiert: BeckFormB ZivilR/*Bearbeiter*)

Weidert, Stefan: Angebot gemäß PAngV bei Hinweis auf Herstellerpreisempfehlung (Anmerkung zu BGH, Urt. v. 12.9.2013 – I ZR 123/12, WRP 2014, 435 – *DER NEUE*), GRUR-Prax 2014, 137

Weise, Stefan / Krauß, Hans-Frieder (Hrsg.): Beck'sche Online-Formulare Vertrag, 50. Edition, C.H. Beck München 2019 (zitiert: BeckOF Vertrag/*Bearbeiter*)

Wiedemann, Gerhard (Hrsg.): Handbuch des Kartellrechts, 3. Auflage, C.H. Beck München 2016 (zitiert: Wiedemann/*Bearbeiter*, HdB KartellR)

WirtschaftsWoche: Artikel v. 30.3.2016: Sportartikel-Hersteller verärgern Fachhändler, abrufbar unter http://www.wiwo.de

Zecca-Jobst, Barbara: Informationspflichten im Lauterkeits- und im Vertragsrecht, LIT Berlin 2015 (zugleich Diss. Regensburg 2015)

Zentralverband der deutschen Werbewirtschaft ZAW e.V.: Anmerkungen zum Entwurf eines Zweiten Gesetzes zur Änderung des Gesetzes gegen den unlauteren Wettbewerb, WRP 2015, 180

Abbildungsverzeichnis

www.ingramcontent.com/pod-product-compliance
Ingram Content Group UK Ltd.
Pitfield, Milton Keynes, MK11 3LW, UK
UKHW021830290926
8980IPUK00004B/361